Records of 'Restoration' of the Victims' Refugee Lives in the Great East Japan Earthquake

# 東日本大震災と〈復興〉の生活記録

吉原直樹
似田貝香門
松本行真
編著

六花出版

# 東日本大震災と〈復興〉の生活記録　目次

## 第Ⅰ部　さまざまな復興

## 第II部　復興とコミュニティ・メディア・ネットワーク

## 第Ⅲ部　復興支援と市民社会・ボランティア

# 序　復興への途――さまざまな記録を介して

東日本大震災から五年を経た現在、多くの復興論や復興政策と、現実の被災地の復旧・復興のさまざまな状況が、あらためて復興のありようを問う声として広まっている。阪神・淡路大震災以来、熊本地震にいたるまで、少なからず共通している公的な復興計画は、「創造的復興」というコンセプトを軸に打ち立てられてきた。

このコンセプトは、阪神・淡路大震災以前の災害復旧・復興とは異にして、被災地の原形復旧、改良復旧、原形復興を乗り越え、地域が自立的に発展していける「創造的復興」へ、という希望を託したものであろう。同時に、それは経済成長以降の社会的、制度的に新たな構築、新しい社会のあり方を構想するチャンスでもある。こうした「創造的復興」の構想が、東日本大震災の現実的な復旧復興過程でどのように実現し、どのように実現できていないのかの中間的検証が必要である。

ここでまず、「創造的復興」というテーマを謳った阪神経済復興の姿を手短に論じておこう。復旧復興の仕組みの検証をしっかりと行うことが、東日本大震災の検証に役立つからである。行政ベースでみれば、震災五年後、神戸市は、それまでの復興過程を総括・検証し、残された課題を整理し、今後の市の取り組みの方向づけを行っている。兵庫県の復興検証は、震災から一〇年後、一〇年間の創造的復興の取り組みを通じて、〝できたこと、できなかったこと、なぜできなかったのか〟などについて、六分野五四テーマにわたって総括的に検証する「復興一〇年総括検証・提言事業」が実施されている。

本書は被災者の復興への生活記録が主テーマであるので、この視点からみると、五年めで被災地市民の立場からの検証が行われたことに注目したい。被災地の内外で支援活動のボランタリーな活動を続けてきた市民活動団体のリーダー、研究者、ジャーナリストらによる、震災復興への市民検証という試みが私たちに大きな示唆を与えている。

「震災復興の五年間を、自らの経験と複眼的な発想を生かしてさまざまな現場の事実を結び合わせ、ようやく胎動しはじめた「新しい市民社会」の仕組みを紡ぎだそう」として、市民による検証活動の記録と新しい市民社会の形成に向けた、市民が行うべき行動指針（アクションプラン）の提案を行っている。この市民による検証活動とアクションプランの提案は一〇年、二〇年と引き継がれている。この検証活動に貫かれているのは、「震災後の被災者の生活再生は不可避に『市民社会』の立て直し（レストラクチュアリング）を必要としている」という考え方である。

今年三月一一日で東日本大震災の六年めに入る。この六年間の復興の検証、中間総括は、誰によって、どのように行われ、その結果、今後の復興のあり方について、いかなる課題と提案、行動計画がなされているのであろうか。

研究者からの検証は、『東日本大震災　復興の検証――どのようにして「惨事便乗型復興」を乗り越えるか』、『東日本大震災　復興五年目の検証――復興の実態と防災・減災・縮災の展望』、『大震災復興過程の政策比較分析――関東、阪神・淡路、東日本の三大震災の検証（検証・防災と復興）』等が行われている。

しかし、これらの検証は、東日本大震災の復興過程を素材として、「防災貧国」から「人間の復興」への転換、復興過程の諸問題を総合的に分析・解明し、そこから引き出された教訓をもとに、南海トラフ大地震や首都直下型地震などきたる巨大複合災害に対する防災・減災・縮災の課題と展望を論じ、復旧・復興体制を考察し、災害時の強固な統治体制や日本社会のあり方への認識を深める、というものである。被災地の復興そのものをどのように検証し、そこからみえてきた東日本大震災の課題点を、どのような主体によって、どのように進めていくか、というものではない。

また、阪神・淡路大震災以降の震災、災害の復興過程とどのように異なっているのか、あるいは従前の復興手法ではうまくいかない点は何か、なぜその手法では駄目なのか、それに代替する新たな方法は何か、等の内在的な検証と提案、それらを担う諸主体の行動計画等が、究明されているわけではない。これらの検証は、いわば日本の災害復興というマクロの視点から、あるいはマクロの視点に集約する方法である。

他方、復興過程を記録として追跡し、そこから課題群を紡ぐものとして、岩手日報「再建の道　いわて東日本大震災の復興検証と提言」、岩手県野田村での支援活動を記した『東日本大震災からの復興「たちあがるのだ――北リアス・岩手県九戸郡野田村のＱＯＬを重視した災害復興研究」』（全三巻）がある。

本書との関係でいえば、被災地における地域や人々の復興状況や過程を記録し、そこから課題群を立ち上げていく方法に注目したい。何よりも被災地域や被災者の目を介して記録されるからである。

ここでいう記録とは、単に聞き書きと事実の記録を指すのみではない。かつて阪神・淡路大震災で調査をしていたとき、突然、支援者に、「これからはあなた方がボランティアである」（和田耕一、一九九七・七・三〇）といわれたことがある。驚いて「どういう意味ですか」と尋ねた。「いま神戸で何が起きているのか、何が求められているのか、何が生み出されようとしているのか。このことを知ることは今、重要である。それらを記録し、外へ情報発信しているあなたがたはボランティアである」というのである。

この支援者の発話は、調査者への一つの呼びかけであった。別言すれば、記録するとは、記録者が、被災地・被災者に対し、人々の苦しい現状とそこからの希望とを世界に発信することを〈約束・関与＝責任 engagement〉するということである。

阪神・淡路大震災復興過程で「被災地責任」という言葉が生まれた（兵庫県西宮市の市民団体「公的補償を求める有志の会」が機関誌創刊号で提唱）。それは、被災者および被災地には災害の体験を誰にでもわかる形にして伝えていく責務があるという考え方である。わたし流にまとめると、被災者および被災地には災害を体験したものや、被災地にかかわる研究者、実践者にとって、災害事例、復興の過程事例から、成功事例も失敗事例も、つぶさに観察・分析して、その内容を記録に残し、防災・減災への技術・学問はもとより、次の被災地の復興や、新しい社会の仕組みの形成への道標となるようにしていく責任がある、という考え方だ。

記録するとは、他者に伝える（られる）ことである。記録することへの責任とは、〈語られると共に語り直される〉必要がある。記録者が語りつづけられるためには、被災地・被災者によって「語られた事実」を受け取り、自己の体験をとおして、その事実を再度あらわす必要がある。この試みが記録、すなわち「語りなおし」である。伝える言葉が、歴史の中を残ってゆくには、記録者の被災地の状況が自らの経験に入り込み、それらの経験を、新たなる出来事として、他者に伝達する力を陶冶しなければならない。

人間の学としての人文知の基本は「ことば」である。人間が「社会」を形成し維持するには、「ことば」はもっとも基礎的で不可欠な技術である。文字記録を含む「ことば」がなければ、人間社会の活動は次世代に継承されなくなる。

私たちは務めて、被災者の心情とともに、人々の全生活史と重ねながら、おぼろげな抽象世界である復興の未来の内実をえぐりだし、共有したいと思う。このような地点に立脚し、それによって被災者とともに、いまわれわれの生きているこの現在が過去とどのようにつながり、それが未来にどのようにつながるのか、を見通すような作業過程を記録主義的モノグラフと呼びたい。

これから期待される記録の内容は、以下のとおりであろう。

いわば官製の〈創造的復興〉論を、被災地から、既存の原形復旧、改良復旧、原形復興を超えた、地域が自立的に発展していける「創造的復興」への希望へとつなげることが必要である。阪神・淡路大震災後、地域復興の原則として、「被災者の離散を最小限に留め、地域に結集して、本格的復興の体制づくりのため」「地域一括原則、被災地近接原則、被災者主体原則、生活総体原則」が挙げられた（仮設市街地研究会、二〇〇八、『提言！仮設市街地――大地震に備えて』学芸出版社）。

この考え方に沿えば、住民主体の復興計画、復興プロジェクトは、新たな地域再生としての経過的中間点、そして将来へと結びつける通過的媒体、苗床的媒体の役割を果たすことが期待される。そこでは被災地の住民の実践力、組織力が問われることになる（似田貝、二〇〇八）。

すでに触れたように、阪神・淡路大震災被災地では、五年、一〇年、二〇年と、地元の支援組織が連携し、自ら市民として復興の検証活動を行い、そこでの課題を市民自らの行動計画を行った。東日本大震災ではどうだろうか。被災地からの復興検証の声は小さい。公的な復興資金、膨大に集まった寄附による復興金等の受け皿として、言葉は悪いが、短期間ににわかＮＰＯや中間支援団体が生まれた。震災から六年めに入る現在、神戸のような動きがこうした団体にはなかなか生まれてこない。そこには東北の特異な政治・社会の堅固さがあるのであろうか。もし東北なりの主体性がありうるとしたら、復興主体論のありようとその行動原理が何であるのかが問われよう。

東日本大震災の支援活動の中で私がみて特筆すべき動きは、被災者へのケア支援である。

災害は、被災者のかつての生活環境の全面的欠如状況、絶望的な震災前後の自己の隔たり（差異）という距離の中で、自己のこころとの闘いが始まる。阪神・淡路大震災での「孤独死」や自立への途の困難さから、こころのケアが大きな問題であった。この課題は、東日本大震災ではさらに、支援者のケア、ケアする人のケアの必要性へと広げられた。

ケア活動は、被災者が自己の中で、受難した過去を圧縮し、現在と未来を見渡せるような状況へと導き、それによって、生の賦活、奮い立つ生命が呼び出される可能性を生み出すものである。こころの自律なしには、社会での自立は生まれない（似田貝、二〇一五a、b）。臨床心理士や足湯ボランティア、そして傾聴支援活動が今回定着した。このような活動をさらに、生と死をめぐる癒やし、現世と彼方を媒介し、再び現世での〈希望〉を可能化する試みを行おうとした、超宗派的宗教者の支援活動は、東日本大震災支援活動が生み出した大きな成果と思う。現在の日本の問題の負の要因が重層し複合化した、福島の復興問題は、まだまだ長期的なフォローが不可欠である。

本書は、復興のさまざまな領域、視点からの記録を試みたものである。

似田貝香門

**参考文献**


似田貝香門、二〇〇八、「防災の思想――まちづくりと都市計画の《転換》へむけて」吉原直樹編集『防災シリーズ1』東信堂

似田貝香門・村井雅清編、二〇一五a、『被災者と足湯ボランティア――「つぶやき」から自立へと向かうケアの試み』生活書院

似田貝香門、二〇一五b、「被災者の『身体の声』を聴く」似田貝香門・吉原直樹編著『震災と市民――自立と復興』第Ⅱ巻支援とケア、東京大学出版会

# 第I部 さまざまな復興

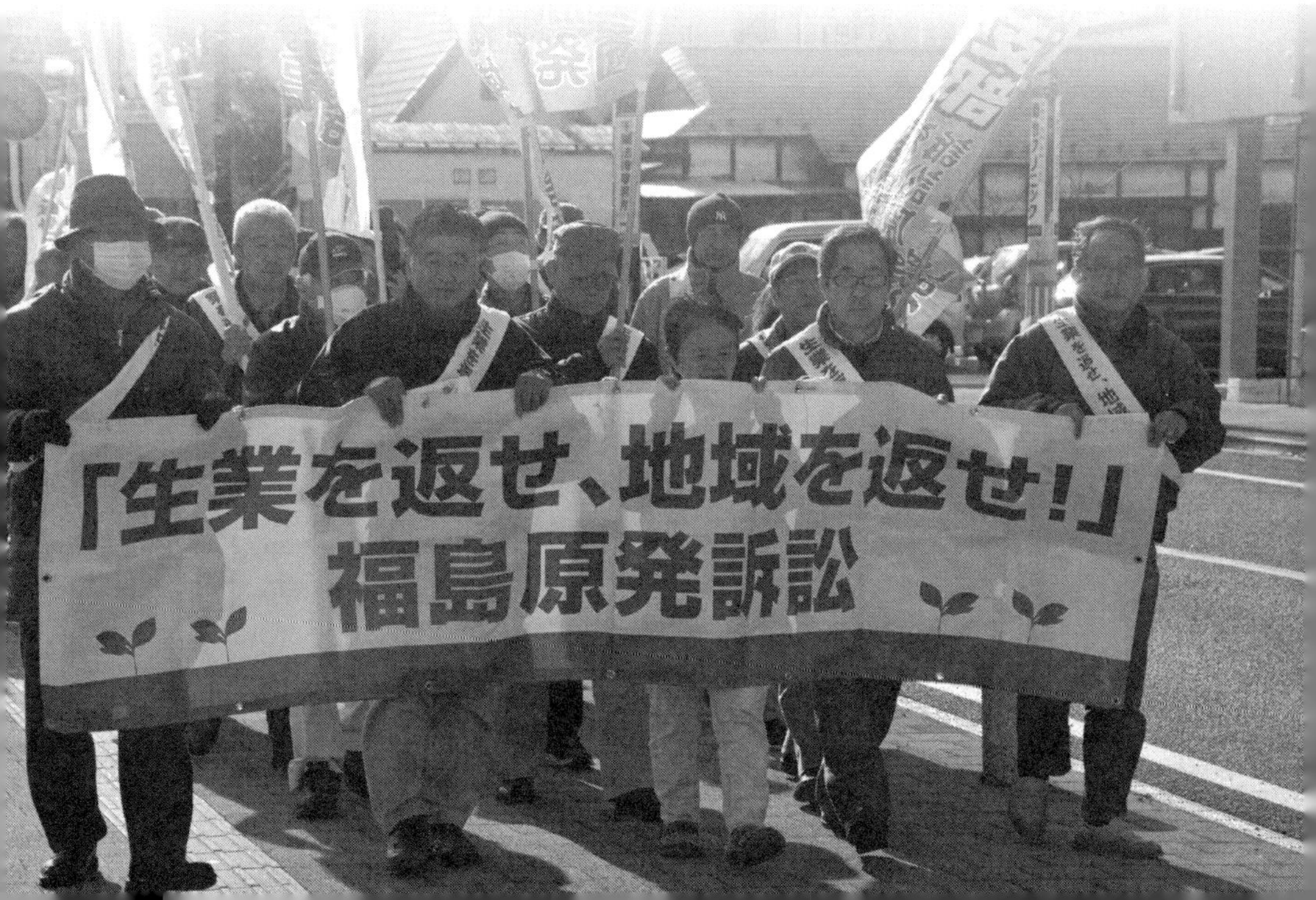

写真：「生業を返せ、地域を返せ！」福島原発事故訴訟原告団、裁判前の行進
（福島地方裁判所前、2016 年 12 月 12 日）

# 「小文字の復興」のために

吉原直樹

全体によって活気づこうと欲するなら、
全体を極小のものの中にも看取しなければならない。

——ゲーテ『神と心情と世界』

## はじめに

3・11から六年が過ぎようとしている。被災者にとっては、「一律にお金をいただいたからといって、失ってしまった土地も、人のつながりも、あの日々の暮らしも買えない」(渡邊 二〇一三：九九)という「思い」は、いまも強い。しかし社会全体が3・11を忘却の河に流そうとしており、こうした「思い」はまさに過去のものになろうとしている。3・11直後、論壇において「日本は変わるかもしれない」、「日本は変わらなければならない」といった声が沸き起こった[1]。しかし実際のところ、どうであったのであろうか。あるいは、どう変わったのであろうか。詳述はさておき、いま復興を問うことは、こうした疑問に答えることの一つの契機になるように思われる。

　復興については、さまざまなことがいわれてきた。そして現にいわれている。しかし、それが「壮大なもの」であればあるほど被災者を素通り《スルー》していると感じるのは、果たして筆者だけであろうか。復興の現場で目立っているのは、ナオミ・クラインのいう「ショック・ドクトリン／惨事便乗型資本主義」（Klein 2007＝二〇一一）である。それは、大災害を奇貨として「公的なものの私物化」を通してビジネス・チャンスの拡大をもくろむ市場原理主義のことである。後述するインフラ復旧と「ハコモノ」建設は、こうした「公共領域に群がる……原理資本主義」（同上）の喰いものになっている。その反面、被災者の生活再建は驚くほど遅れている。

　ここに来て、復興の速度は落ちているようにみえる。しかし「経済的」復興ということでいえば、ますます加速している。考えてみれば、「創造的復興」といわれてきたものは、一貫してこの「経済的」復興であった。そしていまや、被災地を牽引役としてあらたな成長戦略をもくろむ「経済的」復興の性格がより露わになっている。そうした「経済的」復興政策の下で、被災者支援政策はますます後景にしりぞくようになるとともに、新自由主義的な「復興景」が広がっている。こうした復興景を特徴づけるのは、何よりも、そこにさまざまな分断《ディバイド》が埋め込まれていることである。詳述はさておき、そこから読み取れるのは、被災者の生活再建の難しさであり、しかもそれが錯綜した様相[2]を呈していることである。

　同時に、困難ながらも、「生活の共同」を打ちたてるなかで、そうした事態に向き合い、超えていこうとする集合的企てがみられることもたしかである。本稿では、そうした企てを「小文字の復興」と位置づけ、それが有する可能性を、そこに内在するあらたな関係性の形成にともなう時間と空間の意味変容をふまえながら明らかにする。

表1　復興・創生期間の事業規模（見込み）

（単位：兆円）

| 区分 | 集中復興期間（2011〜2015年度） | 復興・創生期間（2016〜2020年度） |
|---|---|---|
| ①被災者支援（健康・生活支援） | 2.1 | 0.4 |
| ②住宅再建・復興まちづくり | 10.0 | 3.4 |
| ③原子力災害からの復興・再生 | 1.6 | 0.5 |
| ④産業・生業（なりわい）の再生 | 4.1 | 0.4 |
| ⑤その他（震災特交など） | 7.8 | 1.7 |
| 合計 | 25.5 | 6.5 |

出所：復興庁のホームページ（http://www.soumu.go.jp/main_content/000370334.pdf）より作成

## 一　「大文字の復興」の先にあるもの

二〇一六（平成二八）年三月一一日、二〇一六年度以降五年間のいわゆる「復興・創生期間」における東日本大震災からの復興の基本方針が閣議決定された。その内容をみると、それまでの「集中復興期間」にたいして明らかに後退している。ためしに、復興の規模を示す復興事業費をみると、集中復興期間は二五・五兆円であったのにたいして、復興・創生期間は六・五兆円となっている。しかし、「住宅再建・復興まちづくり」に全体の五二・三％（三・四兆円）が計上されており、集中復興期間同様、あるいはそれ以上に「住宅・復興まちづくり」への傾斜が目立っている。ちなみに、集中復興期間には「住宅再建・復興まちづくり」に一〇兆円が投じられており、それは復興事業費全体の三九・二％であった（**表1**）。ともあれ、復興の中心がインフラ復旧や「ハコモノ」建設にあったこと、そして今後もそれが続くばかりかいっそう加速するであろうことは想像にかたくない。

筆者がフィールドに据えてきた大熊町に目を移してみると、こうした傾向はとりわけ顕著にみられ、集中復興期間に大川原地区を「復興拠点の橋頭堡」として、大々的に除染と復興工事を推し進め、イノベーション・コースト構想で高らかに標榜されている、新産業、新技術にいざなわれた「廃炉産業の町」の前進基地としての役割を担うようになった。そして**写**

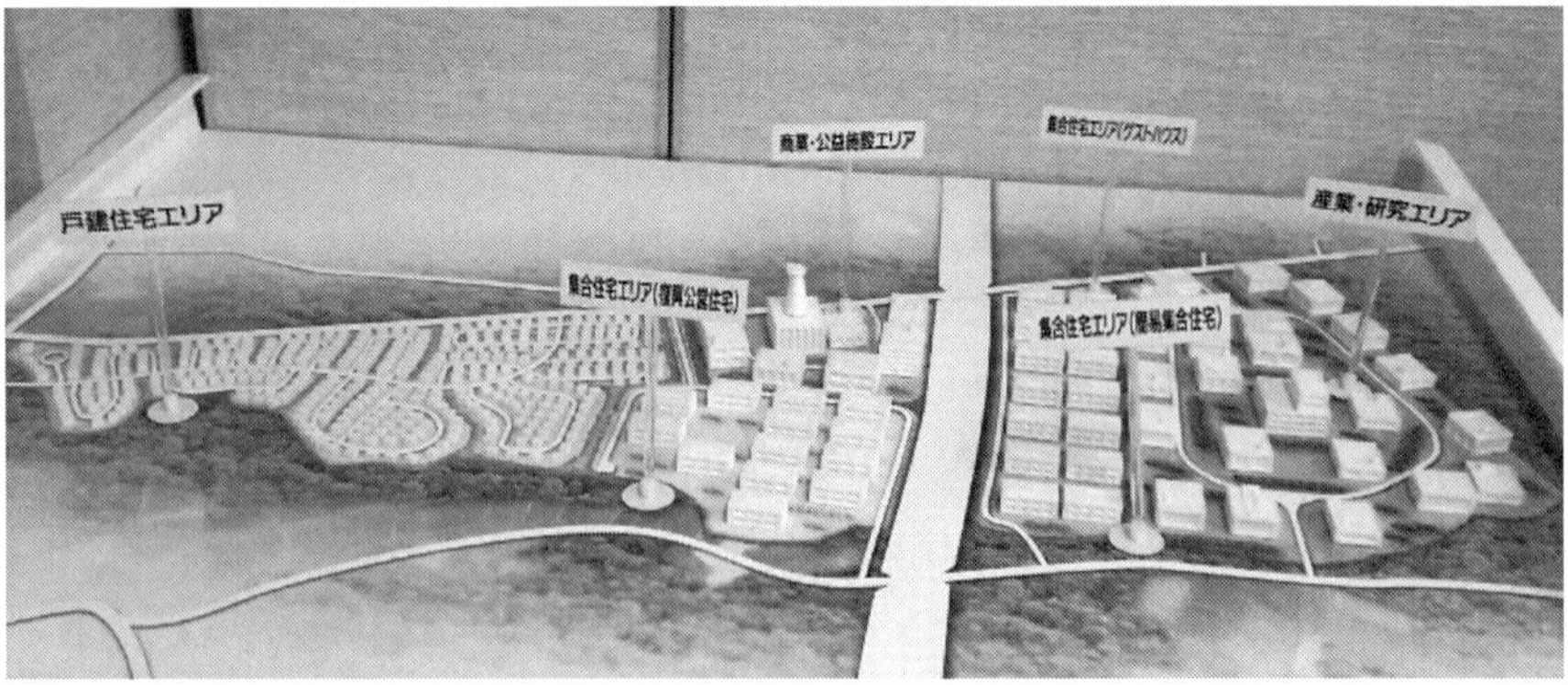


**写真１　「作業員の町」の模型図**

出所：大熊町仮庁舎内の展示物

**真1**でみられるような「作業員の町」としてのインフラ復旧と「ハコモノ」建設を進め、いまや中央のグローバル企業主導の復興プロジェクトのショーウインドウのようになっている。(3) 大沢真理はこうした「経済的」復興の性格をかなり早い段階で「大文字の復興」と喝破しているが（大沢　二〇一三：二）、こうした大文字の復興は今日まで一貫した基調となっている。いうまでもなく、こうした大文字の復興は、基本的には個々の被災者の生活再建の取り組みを後回しにしたうえで成り立つものである。

むろん、「経済的」復興がまったく無駄であるというわけではない。問題は、それが個々の被災者の被災の実態を無視して、被災者をもっぱら「支援される者」と一義的に捉えて推し進められていることである。またそうした点でいうと、上から方向づけられた「単線型の復興」としての性格を色濃くとどめている。大熊町についていうと、上記の「作業員の町」として行われようとしている定住と帰還の推進には、自治体が地方公共団体として存続するために、空間を確保し、そこに人を貼り付けようという意図（つまり、被災者の生活再建ではなく、人の住めない避難区域そのものをなくすというねらい）がみえ隠れしている。(4) そして結果的に、避難指示の解除をもくろむ政府や県の意向に寄り添うことになるとともに、政府からできるだけ多くの復興資金を引き出すことに意を注ぐようになるのである。こうして復興は、どちらかというと、被災者の内的な感性/感情を無視し、生きる意味、つまり被災者一人一人のいのちの尊厳、かけがえのなさへの配慮を欠いて進められている。そしてそうであればこそ、必然的に「数字」だけが一人歩きする復興にならざるをえなくなるのである(この点は後述する)。

いま求められているのは、単線型の復興ではなく「複線型の復興」[5]である。言い換えると、「ひとつの復興」ではなく「いくつもの復興」である。そしてこうした復興を具体化するためにも、大文字の復興から、多様な被災者支援のありようを中心に据えた「小文字の復興」へと舵取りをする必要がある。しかし、それは容易なことではない。ここでは、その前提となる大文字の復興がどのようになされてきたのか、そして現になされているのかを上からの帰還推進策とコミュニティ施策に照準をあわせて明らかにする。そしてそれをふまえて、小文字の復興が成り立つための要件をさぐる。

## 二　帰還の推進からみえてくる復興のかたち

### (一)　帰還の推進とメディアの動向

さて、上記した大文字の復興の一環として、あるいはそれを下支えするものとして、政府サイドから、県そして自治体を通して半ば強制的に行われているのが帰還の推進である。それは、避難指示区域の解除および損害・賠償の打ち切りとセットで打ち出されている。ちなみに、政府は二〇一五年六月一二日の閣議で、帰還困難区域を除く避難指示区域の解除を二〇一七年三月までに行うことを決定している。またそれに符節を合わせるようにして、労働不能損害賠償はすでに二〇一五年二月で打ち切っており、引き続いて二〇一七年二月には営業損害賠償を、同年三月には避難区域外の自主避難者の住宅補助を、さらに二〇一八年三月には精神的損害賠償を打ち切ることを決めている。詳述はさておき、損害賠償を打ち切り、帰還を上から推進しようとする政府の意図は、いまや誰の目にも明らかである。だが何よりも問題なのは、被災者の生活の実態、つまりどの程度生活が回復しているのかを検証しないままに、加害者の側が一方的に損害賠償を打ち切ろうとしていること、そして帰還しない被災者を「自己責任」の論理で事実上切り棄てようとしている（「棄民化」）ことである。[6]

ここであらためて注目されるのは、上述の帰還の推進にたいして地元メディアの果たしている役割である。詳述は避けるが、この間、明らかにメディアの論調は帰還の推進に偏しているようにみえる。たとえば、実際には取り上げるような数にいたっていないにもかかわらず、一時帰宅とか特例宿泊を大々的に取り上げ、被災者を帰還にいざなうための重要な旗振り役を演じている。これを裏づける記事が、二〇一六年八月一二日の『福島民報』に載っている。そこでは、お盆に合せて特例宿泊をした被災者の「何よりも自宅は落ち着く」という声とともに、「ほっとした様子」が大々的に取り上げられている。ちなみに、復興公営住宅にいて将来がみえず、途方にくれているSは、こうした事態にたいして、「自分たちの故郷を思う気持を政府は都合のいいようにねじまげているし、メディアは自分たちの叫びを県や政府に伝えていない」と述べている。

地元メディアが帰還を急がせる政府に共振していることは、ある意味で構造的な問題として捉えることができる。地元メディアと原子力ムラとの関係は、今日、いろいろなところで取りざたされているが、[7]より被災者に近いところにいる地元メディアがどのようなスタンスをとるかは、復興の今後に大きな影響をもたらすものと思われる。来春には帰還宣言を出す自治体が続出するであろうと考えられるが、そのとき地元メディアがどう報じるかは、きわめて興味深い。

## (二) 帰還を拒む被災者たち

ところで、政府は、みられるように地元メディアを取り込んで大々的に帰還を推し進めているにもかかわらず、被災者の帰還意識はきわめて低い水準にとどまっている。ちなみに、大熊町に限定してみると、復興庁、県と共同で行った過去三回(二〇一一年六月、二〇一三年一〇月、二〇一五年八月)の意向調査では、「帰らない」と答えた人の割合(対全体)は、それぞれ九・〇%、六七・一%、六三・五%となっており(ただし、二〇一五年八月調査は、「帰りたい」は条件付き回答肢となっているために参考資料にとどまる)、帰還政策とのあいだに著しいズレが生じている。[8] こうしたズレは、周辺の避難指示区域を抱えている市町村でも多かれ少なかれみられる。たとえば、二〇一五年九月五日にいち早く全町民を対象に帰還宣言を行った楢葉町の場合、三カ月たっても帰還者は全町民のわずか五・七%(四二一人)にすぎず、上述のズレはいっそう大きなものになっている。

被災者は「帰らない」理由として、「線量が高くて、帰ると被曝の恐れがある」、「また地震が起きたら再び事故が発生するかもしれない」、「帰っても、生活インフラが使いものにならなくて生活ができない」、「移住先の生活がすでに軌道に乗っている」などをあげているが、何よりも大きいのは放射線量の問題である。被曝のリスクは今後数十年にわたって続くと考えられており、とくに子どもを持つ母親たちにとっては、帰ることを妨げる、まさに「越えられない壁」となっている。むろんそうであればこそ、帰還以外の道を選ぶことは自らの存立の基盤を閉ざしてしまうと考えている自治体にとっては、線量を下げるための除染が不可欠となる。そして政府の方針を丸呑みすることになる。しかし政府の除染は、少なくともこれまでは、(帰還困難区域を除く)避難指示区域と自宅敷地から二〇メートル以内の山林を対象とする、もっぱら空間線量を下げるための除染であったために、その効果をめぐっては専門家のあいだで意見が分かれている。[9] ただ、地元メディアは、政府や自治体が「数字」を駆使して強調する除染の効果を結果的に認めるような論調を展開している。そしてそうすることによって、前述したように帰還をうながす政府や自治体に与しているのである。

## (三)「安全」と「安心」の間——「数字」をめぐるせめぎあい

他方、被災者はといえば、除染の効果について懸念を示しているだけでなく、線量を基準にして「安全」を強調する政府や自治体に違和感を抱いている。少なくとも線量という「数字」をもって被災者を説得し、帰還をうながそうとする政府や自治体の姿勢に不信感を抱いている。実際、被災者のなかには、そうした姿勢を「強圧的」であると感じる者も少なくない(10)。この点に関連して、清水亮は、政府・自治体と被災者のあいだで「安全」と「安心」をめぐって重大な齟齬/食い違いが生じているという。清水はこう説明する(清水 二〇一五：五五)。

「(行政が口にする)『安全』というのは、ある条件の下で行われた調査で得られた数字に対して、『専門家』が決めた一定の基準を当てはめて判断された一つの評価である。住民も、もちろんそれを全く理解せずにいたずらに不信感を表明しているのではない。住民が求めているのは自分の家の飲用水に対する精度の高い測定結果であり、それを見ながら自分自身で『安心』できるかどうかを納得しようとしているのである」

そして続けて次のように主張する(同上：五六)。

「放射能問題に関して、『専門家』や行政のいう『安全』を盲目的に信じる他人任せの態度は、少なくとも福島の人たちにとってはもはや過去のことである。帰還のための生活安全を考える上では、住民の『安心』は欠かすことのできないきわめて大切な要素である。『安心』なくして、帰還はない。そして、『安心』が個々の主観に基づく以上、それぞれの住民の状況に合わせた細やかな『配慮』が必要となる」

ともあれ、「納得できる賠償の実施や雇用・住居の安定を図る『社会的ケア』」（日野 二〇一四：一五九）がなされないままに、「数字」だけが一人歩きし、気がついたら被災者は「押し切られる」か「切り捨てられる」かといった状況に置かれているのである。被災者の生の回復どころか、いのちの尊厳そのものが根こそぎにされているといわざるをえない。被災者のいのちの尊厳、そして「生きられた世界」の再確立のためには、「帰りたい人」にはどうしたら帰れるかを示す一方で、「帰れない人」にはそれぞれの被災の状況をふまえたきめ細かい支援を続ける必要があるが、政府、そしてそれに追随する自治体の帰還政策は一方的な「数字」の押しつけにとどまっている。

そうした点でいうと、次にみるコミュニティ施策も被災者の「思い」や苦悩をまるで無視しているようにみえる。

## 三　リアリティに欠ける地域を与件とするコミュニティ

### （一）「元あるコミュニティの維持」の虚と実

大熊町では、被災後いちはやく仮設住宅を設置した。その際、「元あるコミュニティの維持」「従前のコミュニティの復活」という政府の方針にしたがって、旧行政区ごとの入居をおしすすめた。そして自治会を上から結成した。自治会長には、行政の指示で旧行政区の区長とか副区長などといった旧行政区の役職者たちが就いた。筆者はそうした自治会を「国策自治会」と呼んできたが、それは旧行政区の下に担保されてきた「生活の共同」の伝統（いわゆる共同性）をひきつぐという点では、一見、合理的にみえた。しかしここでは、原発立地以降、集落意識が衰微し、「元あるコミュニティ」「従前のコミュニティ」の基盤がすでに掘り崩されていたこと、また被災直後の避難行動において広範囲に立ちあらわれた、地域を与件とするコミュニティである区会、その下での班がほとんど機能しなかったこと、すなわち「あるけど、ない」状況[11]をふまえたものではなかった。

「元あるコミュニティ」「従前のコミュニティ」がかつて保持していた助け合いとか生活保障（ケア）などの慣行を賛美する人は多い。筆者はそれを頭から否定するものではない。しかしそこでは常に「同じであること」への強制がつきまとっていたことも忘れてはならない。そこから派生するある種の閉鎖性ないし排除性について、会津若松市のM仮設住宅に身を寄せているTは、自治会主導の見守りに感謝しながらも、「息がつまりそうになる」といっている。同じ仮設住宅に住む、他の地区から移ってきたNは、そうした閉鎖性になじまないために、かえって「自分が置き去りにされている」ともいっている。詳述はさておき、コミュニティの美質と語られているものが、仮設住宅のある人びとにとっては、「抑圧」とか「孤絶」などと映じているのである。

## （二）コミュニティ・オン・ザ・ムーブ

大熊町では、復興基金を使って二〇一六年四月より行政区絆維持補助金制度を開始した。二一の全行政区にたいして、「行政区の存続と絆維持を図ること」を目的として、三年間に世帯割り（世帯数×単価三〇、〇〇〇円）と均等割り（定額一、〇〇〇、〇〇〇円）を合わせて総額一一、九九〇、〇〇〇円を与えるというものである（表2）。これは一言でいうと、ポスト仮設住宅の段階における「元あるコミュニティ」「従前のコミュニティ」の維持をねらったものであるといえるが、そこでは被災者を帰還にいざなおうとする「水路づけ」とともに、定住を前提と

表２　行政区別配分額

（単位：円）

| 行政区 | 世帯数 | 単価 | ①世帯数×単価 | ②定額 | ①＋②配分額 |
|---|---|---|---|---|---|
| 中屋敷区 | 13 | 30,000 | 390,000 | 1,000,000 | 1,390,000 |
| 野上１区 | 68 | 30,000 | 2,040,000 | 1,000,000 | 3,040,000 |
| 野上２区 | 111 | 30,000 | 3,330,000 | 1,000,000 | 4,330,000 |
| 下野上１区 | 202 | 30,000 | 6,060,000 | 1,000,000 | 7,060,000 |
| 下野上２区 | 219 | 30,000 | 6,570,000 | 1,000,000 | 7,570,000 |
| 下野上３区 | 181 | 30,000 | 5,430,000 | 1,000,000 | 6,430,000 |
| 大野１区 | 193 | 30,000 | 5,790,000 | 1,000,000 | 6,790,000 |
| 大野２区 | 185 | 30,000 | 5,550,000 | 1,000,000 | 6,550,000 |
| 大川原１区 | 67 | 30,000 | 2,010,000 | 1,000,000 | 3,010,000 |
| 大川原２区 | 43 | 30,000 | 1,290,000 | 1,000,000 | 2,290,000 |
| 熊１区 | 304 | 30,000 | 9,120,000 | 1,000,000 | 10,120,000 |
| 熊２区 | 158 | 30,000 | 4,740,000 | 1,000,000 | 5,740,000 |
| 熊３区 | 290 | 30,000 | 8,700,000 | 1,000,000 | 9,700,000 |
| 町区 | 100 | 30,000 | 3,000,000 | 1,000,000 | 4,000,000 |
| 熊川区 | 154 | 30,000 | 4,620,000 | 1,000,000 | 5,620,000 |
| 野馬形区 | 143 | 30,000 | 4,290,000 | 1,000,000 | 5,290,000 |
| 小入野区 | 46 | 30,000 | 1,380,000 | 1,000,000 | 2,380,000 |
| 大和久区 | 276 | 30,000 | 8,280,000 | 1,000,000 | 9,280,000 |
| 夫沢１区 | 89 | 30,000 | 2,670,000 | 1,000,000 | 3,670,000 |
| 夫沢２区 | 64 | 30,000 | 1,920,000 | 1,000,000 | 2,920,000 |
| 夫沢３区 | 127 | 30,000 | 3,810,000 | 1,000,000 | 4,810,000 |
| 計 | 3,033 | | 90,990,000 | 21,000,000 | 111,990,000 |

注：世帯数は 2011 年１月１日現在
出所：大熊町所蔵資料より作成

するこれまでのコミュニティ施策の基調を引き継ごうとする意図が見え隠れしている。だが現実には、多くの行政区では、この補助金をどう使うかについて苦慮しており、「仲間内」の懇親会および総会の開催に要する費用に充てているという。ちなみに、元区長のＥは、この点について次のように述べている。

「制度の趣旨からするなら、絆資金は多くの人びとと交わり、自分が気づかなかったことや自分とは他の考え方があることを知ることで、自分たちがどうすればいいかを一緒に考える場をつくりだすはずだったのに、そうはなっていない。名称はさておき、町としては何としても、行政区を残したいんだろう」

つまり被災者が自分たちの困難な生活を

見つめ、少しでも改善するために手をつなぎ、知識を共有し、活動を行うような被災地コミュニティをつくるためというよりは、行政が自己の存在証明のために行政区＝コミュニティを利用／包絡しようとして絆補助金制度を立ち上げたようにみえる。したがって「元あるコミュニティ」「従前のコミュニティ」の維持／存続というのは、この制度の下では行政的起用の文脈で重要になってくるのである。もっとも、この行政的起用ということでいえば、大熊町が一種の「空間を越えた地方自治体」（真淵　二〇一四：二七）であることを忘れてはならない。まさにそこに、地域コミュニティの再現／回復を要請せざるをえない、自治体の正当性のゆらぎをみてとることができるのである。ちなみに、筆者はこの点を次のように記している（吉原　二〇一六：二二四）。

「原理的に考えると、被災者の生活再建にかかわる公共的な意思決定は、まぎれもなく行政区画という領域を基礎にして行われる。それは決定の正当性《レジティマシー》を保持するために欠かせない。だが、原発被災地域では、法制度上「想定外」の事態である『空間を越えた地方自治体』が常態化しており、上記の正当性が揺らいでいる」

考えようによっては、上記の絆補助金制度は、この正当性のゆらぎを取り繕おうとする一つの試みであるといえないこともない。とはいえ、「移動し分散する」被災者にすれば、「空間を越えた地方自治体」の下でまとまった共同生活を営んでいるわけではないし、利益の共通性が望めるわけでもない。利益の共通性を前提とする帰属対象は広域化し複層化している。だからコミュニティを想到するとすれば、もはや「元あるコミュニティ」「従前のコミュニティ」、つまり絆補助金制度が対象とする行政区―班が担保していた共通の利害とメンバーシップを支える人的結合ではなく、たえず揺れ動き、外に拡がる関係性／集合性とともにあるネットワーク資源に依拠するということになる。それは地域を与件としないコミュニティであり、まさにコミュニティ・オン・ザ・ムーブ[12]と呼ぶことのできるものである。

### （三）地域を与件としないコミュニティ

けれども、地域を与件としないコミュニティは、いまのところ復興の現場ではそれほど多く立ちあらわれてはいない。筆者が大熊町でその範型をなしているとみなすものは、せいぜいFサロン、会津会、會空ぐらいであり、しかもその存在は被災者のあいだで必ずしも認知されているわけではない。ただ、こうしたコミュニティは、被災の現場で「生活の共同」の只中からあらわれている問題に照準しているだけに、今後、被災者にとってますます重要な存在になってくるだろう。

同時に、地域を与件としないコミュニティが単純に地域の否定の上にあるのではないということを指摘しておく必要がある。実は大熊町はずっと昔、多くの移民を受け入れた経験がある。ある民話によると、こう伝えられている（鎌田　二〇一六：二一、二二）。

「天保大飢饉より約五〇年前の天明大飢饉の際に、相馬は話にもならないほどひどかったんだと。八万九千人の人口が、天明七年には三万二千余人に減ってな。多くが餓死、病気、逃亡であったど。そのため、藩では人口を増やさなければ藩の存亡にかかわるので、外からの移民を受け入れることにしたんだど」

爾来、こうした移民たち、そしてその末裔たちは「外の人」といわれてきた。しかしこの「外の人」たちを組み込むことによって、それなりの流動性と自由度がある集落が維持されてきた。そして大熊町が原発を受け入れるまでは、集落にはいまだこうした流動性と自由度が残存していた。原発立地はこうした流動性と自由度をもつ集落を壊すとともに、誰もが原発による受益体制の下で私化する地域社会を生み出した。上記の地域を与件としないコミュニティは、たしかにこうした地域社会からは出てこない。しかし、かつての集落が保持していた流動性と自由度を時を隔てて引き継ぐものであるといえる。そしてその点に鋭意に着目するなら、地域を与件としないコミュニティは、実は地域を水脈としているのである（「ないけど、ある」状況）。いずれにせよ、先に記した大文字の復興に組み敷かれたコミュニティではない、（地域に足を下しながらも）地域を与件としないコミュニティの形成がのぞまれる。

## むすびにかえて――「数字」に依拠する復興からの脱却に向けて

いま、地域を与件としないコミュニティが少数ながらも、あちこちの被災地で立ちあらわれている。大熊町に限定するなら、先に言及したように、Fサロン、会津会、會空がそうしたコミュニティの「範型」をなしている。それらは、出自の形態／活動の内容においてさまざまであるが、「あるけど、ない」地域コミュニティとは明らかに異系のものであるという点では共通の地平に立っている。本来なら、そのうえで、それらが被災者の「あいだ」を、異他性（平たくいうと、皆「違う」ということ）に基づいてつないでいるということを指摘するべきであるが、その点については別稿で詳述しているので繰り返さない。[13] ここでは、地域を与件としないコミュニティが「数字」に依拠する復興をどう相対化する可能性があるのかについて言及して、本稿のむすびにかえることにしたい。

先に触れたように、「数字」に依拠する復興は多様な被災者を諸量に還元したうえで「支援される対象」として一括りにする。そして、「数字」によってあらわされた基準（たとえば、安全基準）を被災者に押しつける。そこでは被災者の内的な感情／感性は捨象され、被災者は自分たちに従う存在として位置づけられる。だから、「数字」に依拠する復興を相対化するには、何よりもまず、緩くつながりながら「思い」を共有することをエレメンタリーな原理とするような、「数字」ではおよそ律し切れないコミュニティを形成することが求められる。そしてそうしたオルタナティヴなコミュニティの形成を可能にする「復興する主体」(萩原・大沢　二〇一三：vi)を具体化する必要がある。そこであらためて重要になってくるのは、被災者それぞれが他者とともにいて復興の希望を作り出すこと——「思い」を語り合うこと——である。その場合鍵となるのは、「数字」に依拠する復興の基底にある、一方向的に流れる時間と内へと囲い込む空間、つまり被災者がありのままでいることを許さない、強制的で暴力的な時空間を被災者自身がどのように内破するかということである。

ここで想起されるのは、萩原久美子らのいう、長いあいだ東北地方の人びとを特徴づけてきた「『がまん強い』ことと『無言』」(萩原・大沢　二〇一三：vii)が被災者を広範囲に覆っていることである。それは一見、消極的な現象のようにみえるが、以下に指摘するようにきわめて能動的な契機をはらんでいる。この「がまん強い」ことと「無言」は、ある意味、大熊町民にもあてはまるものであったが、大熊町民が原発を受け入れ私化を膨らませていくなかで、いったんは無化されてしまった。ちなみに、原発の受け入れは効率と結果を優先する地域振興策を選んだことであり、地域が原発のもたらす受益構造にすっかり包み込まれることを意味していた。それ自体、戦後日本の開発主義体制の一翼を担っていたわけだが、大熊町に関していうと、多くの町民が内山節のいう「縦軸の時間」(内山　一九九三)世界の下で私化(=個人主義的消費生活様式の進展)の道を歩むことでもあった。そしてそれはポスト3・11の地層にも一部引き継がれている。(14)

しかしいま、この「がまん強い」ことと「無言」が半ば強いられた状態であるとはいえ、「数字」に依拠する復興への被災者の違和感、不信を示すものとして再び立ちあらわれている。そして生きられた時空間の(再)獲得とあらたな関係性の構築をうながすようになり、地域を与件としないコミュニティに参加する人びとの共鳴板となっている。こうして被災者たちは、地域を与件としないコミュニティにおいて大文字の復興に向き合い、自分たちが異なる他者とともに存在することの意味／価値を確認するようになっているのである。とはいえ、それはようやく緒に就いたばかりである。大勢としては、被災者支援政策の「不在」が続いており、「現地の要望に沿った復興策」がいわれながら「被災者たちの多様性を考慮に入れない」（加瀬　二〇一三：一〇三）政策が跋扈している。いずれにせよ、小文字の復興は容易ではない。

**注**

（1）とくに「べき」論が論壇を席捲した。啓蒙主義的な市民社会論、ポストモダン論議、リスク社会論等が接点的領域をもたないままに放恣に交わされた。また３・11を「連続」、あるいは「非連続」の地平で捉えるのかどうかも議論になった。しかしいまから考えると、復興の方向がよくみえない段階での議論に特有の限界がそこには露呈していた。とくに、包括的な歴史認識のもとに３・11を捉えるという視点の欠如がその限界を如実に示していたように思われる。

（2）生活再建をめぐってさまざまな格差が生じるとともに、それらにたいして政府や自治体が技術主義的／用具主義的に対応することによって、格差が分断に転じるようになっている。また昨今、新聞やテレビでしばしば報じられる被災者にたいするいじめ問題も、こうした分断の深まりをよく示している。いずれにせよ、被害の構造がきわめて複雑化しており、被災者の尊厳が根底から音をたてて崩れている。

（3）山本俊明は、そこでみられる復興景を次のように描いている（山本　二〇一四：一七八）

「大川原地区は渡辺町長の地元。農地が広がる中、広大な敷地の渡辺町長宅から一五〇メートルほどしか離れていない地点に、除染などを行うゼネコンの大きなプレハブ建ての事務所が立っている。屋根には仕事を請け負っている清水建設、大林組、熊谷組の大手ゼネコンの看板がある。かなり大きなプレハブ建てで、日中は数百人の作業員が出入りしている……」

（4）なお、大熊町の「経済的」復興を考える場合、中間貯蔵施設の立地問題を抜きにすることはできない。中間貯蔵施設の立地は被災者の帰還をますます困難なものにする。しかし「作業員の町」の広がりをうながすという一面も有している。

また賠償補償をめぐって政府の統制がいっそう強まるとともに、被災者間に深刻な亀裂をもたらす惧れもある。また地権者と政府との交渉をみてきたある論者は、原発誘致の際の「驕慢な構造」（斎藤貴男）が見え隠れしていると指摘している。いずれにせよ、大熊町にとって中間貯蔵施設の立地は、ケイオスを深めるものとしてある。

（5）二〇一六年九月一九日に開催された日本学術会議主催の公開シンポジウム「原発事故被災長期避難住民の暮らしをどう再建するか」における山川充夫報告（「原子力災害被災地の復興計画と帰還問題」）より引用。なお、複線型といった場合、一方向的なものではなく双方向的なものであること、さらにガバメント（統治）型ではなくガバナンス（共治／協治）型であることが求められる。

（6）新自由主義的な震災復興の性格を示すものである。これは被災者を一方で取り込み、他方で切り棄てるのによく用いられる。通常、「自己責任」といった場合、「自己決定」と対になっている。しかし今回の震災復興では、被災者の「自己決定」はほとんど許容されていない。にもかかわらず、「自己責任」は一方的に押しつけられている。ここに「棄民」を大々的に生み出す一つの要因があるが、それは同時に成長戦略としての震災復興の隘路を示すものともなっている。

（7）たとえば、二〇一六年の知事選において泉田裕彦新潟県知事を不出馬に追いやった新潟日報の報道姿勢の裡に原子力ムラの影響を見て取る議論を参照されたい。ほぼ同様の議論は、元福島県知事佐藤栄佐久の贈収賄事件にまつわる地元メディアの報道姿勢についてもなされている。いずれも原子力ムラの闇の部分を示している。なお、若杉冽『原発ホワイトアウト』も参照のこと（若杉　二〇一三）

（8）アンケートでは、「帰りたい」と思っている人の理由を明確な形では聞き取っていない。ちなみに、この夏（二〇一六年八月）墓参を兼ねて一時帰宅したMに聞いてみた。Mは「ほどほどの明るさと喜びにみちた大熊の生活が懐かしく、帰りたい」と思っていたが、「実際に墓の前にたって過去を思い起こすうちに、それが決して誇りを持てるような過去でなかったことに気づき、帰らないことに決めた」という。Mに限らず、多くの被災者たちは、帰郷と移住のあいだを揺れ動いている。

（9）大きくは「専門性」に閉じこもるかどうかで意見が分かれるようである。だがいずれの立場に立つにしても、領域的に区分されたところで議論していることには違いない。筆者はこうしたありようにたいして、専門的研究者がすすんで「地域専門家」となり、被災者と専門的処理機関（行政等）を橋渡しする役割を積極的ににないうべきだと主張している（吉原二〇一六）。

（10）加害－被害の構造において一方が決めたものを他方に一方的に押しつけるという政府のやり方は、被災者にとっては、不条理にとどまらず「暴力的」でさえある。そうした政府の「強圧的」な姿勢にたいして、県はあたかも自分たちもまた被害者であるかのようにふるまっているが、そしてことあるごとに原発事故↓復興は政府の責任であると言明しているが、結局のところ、政府の意向に沿う形で動いていて、被災者の側に目を向けているとはいいがたい。

(11) 平たくいうと、組織／システムとしては存在するが、機能していないということである。筆者は、別のところで述べているように（吉原　二〇一三）、こうした状況の端緒は原発立地時点に遡って検証することができると考えている。つまり、原発立地とともに地域に強固な受益構造ができあがり、それに地域社会が丸ごと呑み込まれることによって「あるけど、ない」状況が生じた、と捉えているのである。ちなみに、この「あるけど、ない」状況にたいしては、実は「ないけど、ある」ではないかという指摘がなされている。筆者は「あるけど、ない」と「ないけど、ある」は、構造を強調するか、それとも機能を強調するかの違いでないかと考えている。その点では、両者はコインの両面としてあるといってもよい。

(12) 避難が移動であり、被災者がサイードのいう「エグザイル」（サイード　一九九四＝一九九五）としてあることを考えると、被災地コミュニティは基本的には動きながら形成されるということになる。しかし、こうしたコミュニティ・オン・ザ・ムーブは、何も原発事故被災地に特有のものではない。グローカル化の進展がいわれるようになってから久しいが、その下でのコミュニティは、何ほどかはコミュニティ・オン・ザ・ムーブとしての性格を帯びてこざるをえない。

(13) 吉原（二〇一三、二〇一六）を参照されたい。なお、「あいだ」をつなぐ異他性から派生する新たな関係性／集合性に基軸を据えるコミュニティ論議は、一見したところポストモダン論議と親和性を有しているようにみえるが、基本的にはモダニティの両義性に着目するところから始まっている。序にいうと、このモダニティの両義性は、地域コミュニティとネットワーク・コミュニティという件の二分法の適否を判断する際にも基礎的な視点になる。

(14) 「がまん強い」ことと「無言」は、ある意味で内山のいう「横軸の時間」に通脈している（内山　一九九三）。だがここで「横軸の時間」といった場合、かつてその下でみられた「同じであること」とそれにともなう抑圧的な機制に回収されるものではない。お互いに違う被災者たちが「縦軸の時間」に向き合いながら、「生活の共同」を維持しその内実を担保することを可能にするような「横軸の時間」のことである。「がまん強い」ことと「無言」は上記の抑圧的な機制を相対化する契機をはらんでおり、その点では「縦軸の時間」と「横軸の時間」が弁証法的にせめぎあう状態のなかにあるといえる。

## 参考文献

荻原久美子・大沢真理、二〇一三、「はしがき」荻原久美子・皆川満寿美・大沢真理編『復興を取り戻す――発信する東北の女たち』岩波書店、vi－viii
日野行介、二〇一四、『福島原発事故被災者支援政策の欺瞞』岩波新書
鎌田清衛、二〇一六、『残しておきたい大熊のはなし』歴史春秋社
加瀬和俊、二〇一三、「沿岸漁業復興の論理と課題」荻原久美子・皆川満寿美・大沢真理編、前掲書、一〇〇－一一二
Klein, N., 2007, *The Shock Doctrine: The rise of disaster capitalism*, Metropolitan Books.（＝二〇一一、幾島幸子・村上由見子訳『ショック・ドクトリン』岩波書店）
真淵勝、二〇一四、「空間を越えた地方自治体」『書斎の窓』六三五、二四－二八
大沢真理、二〇一三、「はじめに」荻原久美子・皆川満寿美・大沢真理編、前掲書、一－八
Said, E. W., 1994, *Representation of the Intellectual: The 1993 Reith lectures*, Vintage.（＝一九九五、大橋洋一訳『知識人とは何か』平凡社）
清水亮、二〇一五、「帰還と生活安全」似田貝香門・吉原直樹編『震災と市民2　支援とケア』東京大学出版会、五三－五六
内山節、一九九三、『時間についての十二章』岩波書店
若杉冽、二〇一三、『原発ホワイトアウト』講談社
渡邊とみ子、二〇一三、「『かーちゃん』たちが目指す復興／復幸」荻原久美子・皆川満寿美・大沢真理編、前掲書、九〇－九九
山本俊明、二〇一四、「中間貯蔵施設と〝帰還幻想〟」『世界』八六一、一七四－一八五
吉原直樹、二〇一三、『「原発さまの町」からの脱却――大熊町から考えるコミュニティの未来』岩波書店
――――、二〇一六、『絶望と希望――福島・被災者とコミュニティ』作品社

**追記**　本稿は、二〇一六～一七年度日本学術振興会科学研究費・挑戦的萌芽研究「ポスト3・11と原発事故被災者の『難民』化の実相」（研究代表者吉原直樹・課題番号16K13423）で得られた成果の一部を集成したものである。

# 「東日本大震災と東北圏広域地方計画の見直し」のその後——見直し中断の影響と国土形成計画の変容

野々山和宏

## はじめに

二〇一一（平成二三）年三月の東日本大震災を受けて、その見直しが模索された東北圏広域地方計画[1]は、一年強にわたる議論を経て計画変更素案を確定するにいたったが、当初予定していた二〇一三年春には計画変更として結実しなかった。[2]そこには二〇一二年末の自由民主党・公明党連立政権の誕生による国土計画をめぐる大きな政策変更があったとされる。[3]その後、東北圏広域地方計画は、二〇一五年八月に変更が閣議決定された「新たな国土形成計画（全国計画）」[4]等をふまえ、他圏域の広域地方計画と足並みをそろえるかたちで、二〇一六年三月にその改定が国土交通大臣決定された。この「新たな東北圏広域地方計画」[5]は計画期間をおおむね一〇年間とし、めざすべき東北圏の将来像を「震災復興から自立的発展へ——防災先進圏域の実現と、豊かな自然を活かし交流・産業拠点を目指す「東北にっぽん」」と表現した計画である。

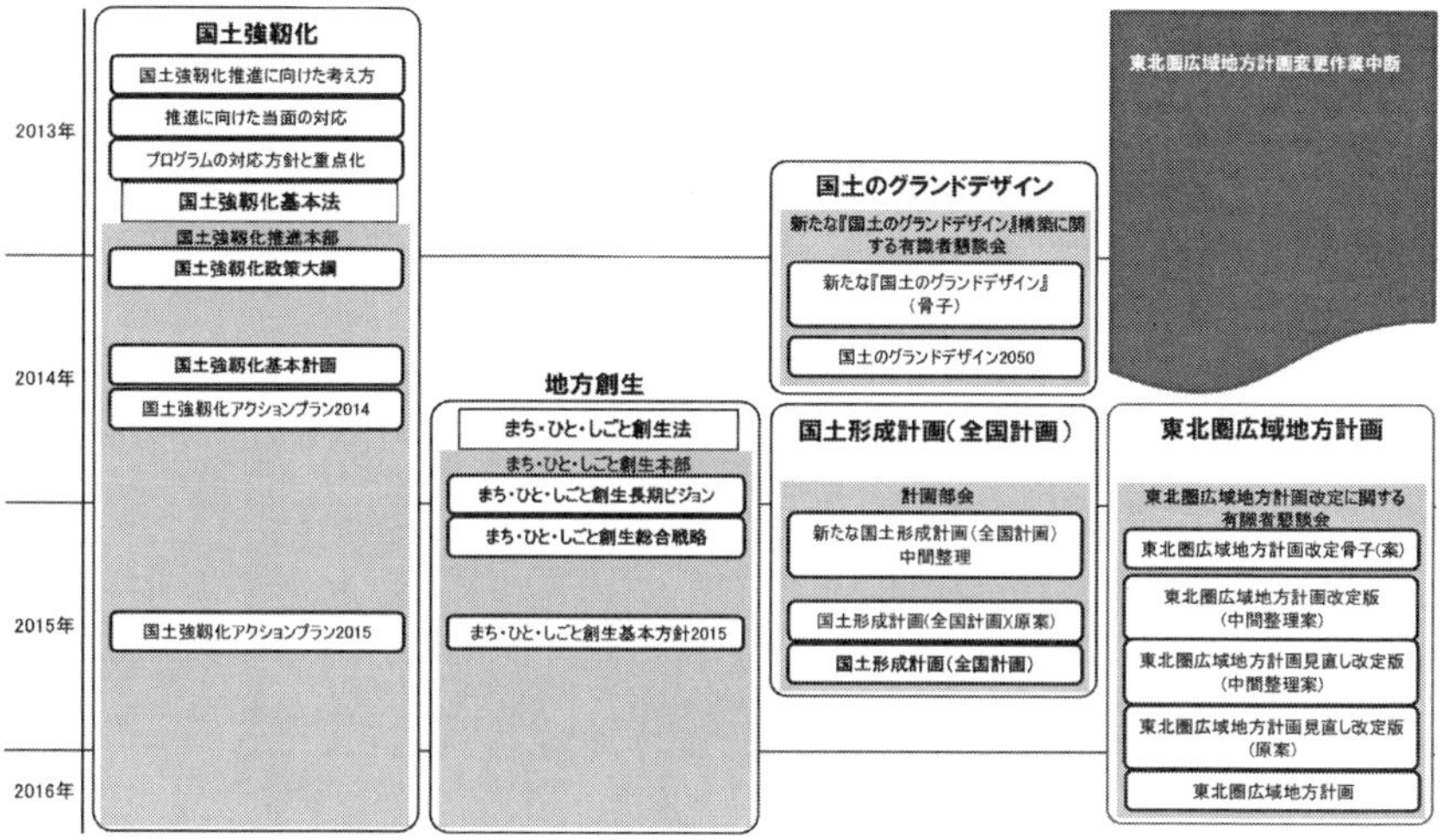


**図１　東北圏広域地方計画見直し中断後の国土計画を巡る動き**

出所：内閣官房国土強靭化推進室、まち・ひと・しごと創生本部、国土交通省、東北圏広域地方計画推進室等の各ウェブサイト等から筆者作成

ところで、先の東北圏広域地方計画見直しのように計画変更作業が途中で止まってしまうことは、国土計画分野においてはあまり類例がない。東北圏広域地方計画はその後に改定されたが、この中断は計画にいかなる影響を与えたのだろうか。また、その中断の要因とされる政権交代は、国土形成計画を中心とする国土計画体系になんらかの変容を求めたのか。

本稿では、上記の問題意識のもと、二〇一三年の東北圏広域地方計画見直し中断以降の国土計画を巡る動きをまとめ、その過程で示された資料等から新たな国土形成計画を検討する。これにより、計画見直しの中断が国土形成計画に与えた影響を検証し、新政権が求めた国土計画を考察することが目的である。**図1**は、東北圏広域地方計画見直し中断後の国土計画を巡る動きを時系列にまとめたものである。まずは、これに従って国土計画を取り巻く環境の変化を確認することから、稿を起こしたい。

## 一　東北圏広域地方計画見直し中断後の国土計画をめぐる動き

### (一) 自由民主党・公明党の連立政権への政権交代と「国土強靭化基本計画」

二〇一二年末に行われた第四六回衆議院議員選挙により、それまでの民主党政権に代わって自由民主党・公明党の連立政権が誕生した。この選挙に臨むにあたって、自由民主党は政権公約「日本を取り戻す　重点政策二〇一二」を発表したが、この中で「事前防災を重視した国土強靭化」を掲げている。自由民主党はこの前年の二〇一一年一〇月、東日本大震災等を受けて党内に国土強靭化総合調査会を設置し、災害に強い国土づくりに向けた議論を開始していた（自民党国土強靭化総合調査会編　二〇一四：一一九）。

政権交代後の二〇一三年三月、政府はさまざまな分野の学識経験者や民間企業等から構成される「ナショナル・レジリエンス（防災・減災）懇談会」を開催し[6]、「国土強靭化の推進に関する関係府省庁連絡会議」（以下、連絡会議）を設置した。連絡会議は四月に国土強靭化推進に向けた考え方を示し[7]、「強くてしなやかな（強靭な）」国づくりの基本的な方針として、①人命は何としても守り抜く、②行政・経済社会を維持する重要な機能が致命的な損傷を負わない、③財産・施設等に対する被害をできる限り軽減し、被害拡大を防止する、④迅速な復旧・復興を可能にする、の四点（四原則）を掲げた。

また、連絡会議は国土強靭化についての検討の一環として「自然災害等に対する脆弱性評価[8]」を実施した。脆弱性評価では、これまでの各府省庁等の取り組みでは災害等による危険回避が十分ではない事態が整理され、これらの事態を改善するために必要な四五の施策パッケージ（プログラム）がまとめられた。連絡会議は、各府省庁の施策を行政機能・生活・経済社会・国土等の府省横断的な視点で一二の分野に分類し[9]、先の四五のプログラム

**図2　アンブレラ計画のイメージ**

出所:内閣官房国土強靱化推進室「国土強靱化とは?」p.9

に各府省庁の施策を対応させることで、対策や連携に関する課題が確認できるよう整理を行った。これらの結果をふまえ、連絡会議は同年五月に国土強靱化推進に向けた当面の対応[10]を公表し、八月には四五のプログラムについての今後の対応方針と重点化すべき一五のプログラムをとりまとめた[11]。

このように、政府は国土強靱化推進に向けた対応を加速化させる一方で、国土強靱化に関する法制の準備も進めた。同年一二月、「強くしなやかな国民生活の実現を図るための防災・減災等に資する国土強靱化基本法」(以下、国土強靱化基本法)が成立し、内閣に総理大臣を本部長とする国土強靱化推進本部が設置された。国土強靱化推進本部は同月、国土強靱化の施策の推進や関係する国の計画等の指針となる「国土強靱化政策大綱」を発表した。この政策大綱はこれまでの国土強靱化についての取り組みをまとめたものであり、上述した「強くてしなやかな(強靱な)」国づくりの基本方針(四原則)を基本理念として、わが国の経済社会システムが事前に備えるべき八つの目標や四五のプログラムを列挙している。ただし、分野横断的な課題には「リスクコミュニケーション」のほかに、「老朽化対策」と「研究開発」が加えられた。

二〇一四年六月、国土強靱化政策大綱をもとに「国土強靱化基本計画」が閣議決定された。この国土強靱化基本計画は国土強靱化基本法に規定された法定計画であり、「国土の健康診断にあたる脆弱性評価を踏まえて、強靱な国づくりのためのいわば処方箋を示したもの」である(国土強靱化基本計画:一)。その基本理念等は国土強靱化政策大綱等を踏襲しており、まずは大規模な自然災害を対象として、[12]府省庁横断的に、地方公共団体や民間とも連携して、国土強靭化に向けた取り組みを総合的に推進することが基本方針とされた。[13]

以上でみたように、国土強靭化に関する検討や施策は相当のスピード感をもって進められた。国土計画の視点から国土強靭化基本計画を眺めれば、住宅・都市分野における耐震化対策や環境分野での災害廃棄物処理システムの構築、土地利用（国土利用）分野では多重性・代替性を高めるための日本海側と太平洋側の連携等、後述する「新たな国土形成計画（全国計画）」や「新たな東北圏広域地方計画」に盛り込まれた内容を随所に確認することができる。また、この国土強靭化基本計画は、従前の国土計画体系の最上位計画であった国土形成計画（全国計画）の上に位置づけられており（アンブレラ計画：図2）、その意味からも特徴的であった。

## （二）新たな「国土のグランドデザイン」構築に関する有識者懇談会と「国土のグランドデザイン二〇五〇」

国土交通省は二〇一三年一〇月、「国土形成計画策定後の国土を巡る大きな状況の変化や厳しい現状を受け止めつつ、国民の将来への不安感を払拭し、今後の国土・地域づくりの指針となる中長期（概ね二〇五〇年）を見据えたグランドデザインを構築するため」[14]として、「新たな『国土のグランドデザイン』構築に関する有識者懇談会」（以下、グランドデザイン懇談会）を設置した。[15]グランドデザイン懇談会は[16]二〇一四年六月までに九回開催され、同年七月に最終報告書として「国土のグランドデザイン二〇五〇」をとりまとめた。[17]

ここで、グランドデザイン懇談会の意見要旨から東日本大震災に関する言及を確認すると、それはとても少ないことがわかる。例示すれば、東北ブロックの復興には広域連携戦略がなく「首都機能分散」という視点（震災対応プロジェクトの進化）が問われるといった内容やこれからの都市のあり方について東日本大震災の教訓をどう取り込んでいくかとの発言が確認できる程度である。[18] ただし、グランドデザイン懇談会の中間報告となるグランドデザイン骨子のとりまとめに関して議論された第六回懇談会では、「(骨子に)決定的に抜けているのは、福島。三〇年から五〇年かけて復興していかなくてはならないという中で、グランドデザインで全く触れていないのは致命的。復興もしっかり考えているという点を示しつつ、日本全国に共通するような人口減少等の問題を取り上げていくべき」[19] との意見があり、この後東日本大震災の被災地、とりわけ原子力災害の被災地域についての対応が盛り込まれることになった。

また、防災面についての言及も決して多いとはいえないが、首都直下地震や南海トラフ巨大地震といった巨大災害の切迫が問題意識として取り上げられる中で「大規模災害が切迫する中、危ないところには住まないという現実的な政策に対し、国土のグランドデザインとして芯を通すことが重要」[20] との指摘等があった。ただ、意見要旨を読む限りではあまり多くの意見がないようにみえた防災面の議論は、グランドデザイン懇談会における主要論点整理[21]から中間報告、最終報告[22]へと進むほどその内容が増えていった。そして国土強靭化やインフラの老朽化の論点とも重なり、「国土のグランドデザイン二〇五〇」では多くの比重を占めている。

「国土のグランドデザイン二〇五〇」は冒頭で「我が国は、今、(人口減少と巨大災害の切迫という)二つの大きな危機に直面している」との認識を示し、「コンパクト＋ネットワーク」をめざす地域構造のキーワードとして掲げている。このコンセプトはその後の「新たな国土形成計画(全国計画)」や「新たな東北圏広域地方計画」でも取り入れられているが、各種サービス(医療や商業、行政等)を効率的に集約化(コンパクト化)し、それらの地域や圏域をネットワークで結ぶことを想定する。これをふまえ、「国土のグランドデザイン二〇五〇」は、二〇五〇年を見据えた国土づくりの理念を「多様性(ダイバーシティ)」「連携(コネクティビティ)」「災害への粘り強くしなやかな対応(レジリエンス)」の三つとした。そして、「日本海・太平洋二面活用型国土と圏域間対流の促進」や「美しく、災害に強い国土」等の一二の基本戦略を設定している。加えて、この最終報告書には現行の国土形成計画（全国計画および広域地方計画）の見直しに着手することも明記された。[23]

## (三) 地方創生の動きと「まち・ひと・しごと創生総合戦略」

二〇一四年九月三日、内閣改造が行われた。内閣総理大臣は「改造内閣の最大の課題の一つが、元気で豊かな地方の創生」であるとし、「人口減少や超高齢化といった地方が直面する構造的な課題に真正面から取り組み、若者が将来に夢や希望を持つことができる魅力あふれる地方を創り上げて」いくため「ありとあらゆる地方政策に関わる権限を集中して、新たに地方創生担当大臣を創設」[24]し、地方創生の動きを本格化させた。これを受けて同日、政府は人口急減・超高齢化という大きな課題に対し政府一体となって取り組み、各地域がそれぞれの特徴を生かした自律的で持続的な社会を創生できるよう内閣に「まち・ひと・しごと創生本部」[25]を設置している。[26]

この地方創生の動きは、同年一一月に「まち・ひと・しごと創生法」として法制化され、一二月には日本の人口の現状と将来の姿を示す「まち・ひと・しごと創生長期ビジョン」およびそのために二〇一五年から五カ年の政策パッケージ等をまとめた「まち・ひと・しごと創生総合戦略」（以下、総合戦略）が閣議決定された。この総合戦略では、地方創生に向けた政策の基本目標として、①地方における安定した雇用を創出する、②地方への新しいひとの流れをつくる、③若い世代の結婚・出産・子育ての希望をかなえる、④時代に合った地域をつくり、安心な暮らしを守るとともに、地域と地域を連携する、の四つが挙げられ、それぞれにさまざまな施策を盛り込んだ政策パッケージがまとめられた。[27] また、施策にはその効果を検証するため、重要業績評価指標（ＫＰＩ：Key Performance Indicator）が設定されている。[28] なお、総合戦略の中で国土計画に関連する事項としては、地域の広域連携に関連する「連携中枢都市圏」構想について、国土形成計画への反映が求められた。[29]

## 二　国土形成計画（全国計画）の変更と東北圏広域地方計画の改定

前節で確認したような国土計画を取り巻く環境変化を受けて、二〇一四年九月一八日に開催された第一五回国土審議会では、国土形成計画（全国計画）の変更を審議するべく計画部会の設置が承認された。また、同時期に各圏域においても広域地方計画の改定に向けた動きが始まっていた。[30]本節では、国土形成計画（全国計画）の変更および東北圏広域地方計画の改定の検討経緯をまとめ、新たな計画を概観する。

### （一）国土形成計画（全国計画）の変更過程と東北圏広域地方計画の改定経緯

**図3**は、国土形成計画（全国計画）の変更過程および東北圏広域地方計画の改定経緯をまとめたものである。図の左側が全国計画変更について、右側が東北圏広域地方計画改定についてであり、それぞれの策定主体の動きを中心にまとめている。

国土形成計画（全国計画）の改定[31]に関する調査審議を任務とされた国土審議会計画部会[32]は、二〇一四年一〇月二日に第一回部会が開催された。第一回部会では国土形成計画の改定の背景と改定に向けての視点について議論されたが、背景としては「国土のグランドデザイン二〇五〇」でも示された人口減少や災害の切迫等が指摘され、政府の取り組みとして前節でみたグランドデザインや国土強靱化、地方創生の動向が挙げられている。[33]改定に向けてもやはり「国土のグランドデザイン二〇五〇」がベースとなり、「個性ある地方の創生」や「安全・安心で持続可能な国土の形成」等六つの視点[34]からの検討を求めていた。なお、この部会の冒頭では国土交通審議官が地方創生に関連して「（国土形成）計画を、（中略）まち・ひと・しごと本部とも密接に調整をしながら、従来のイン

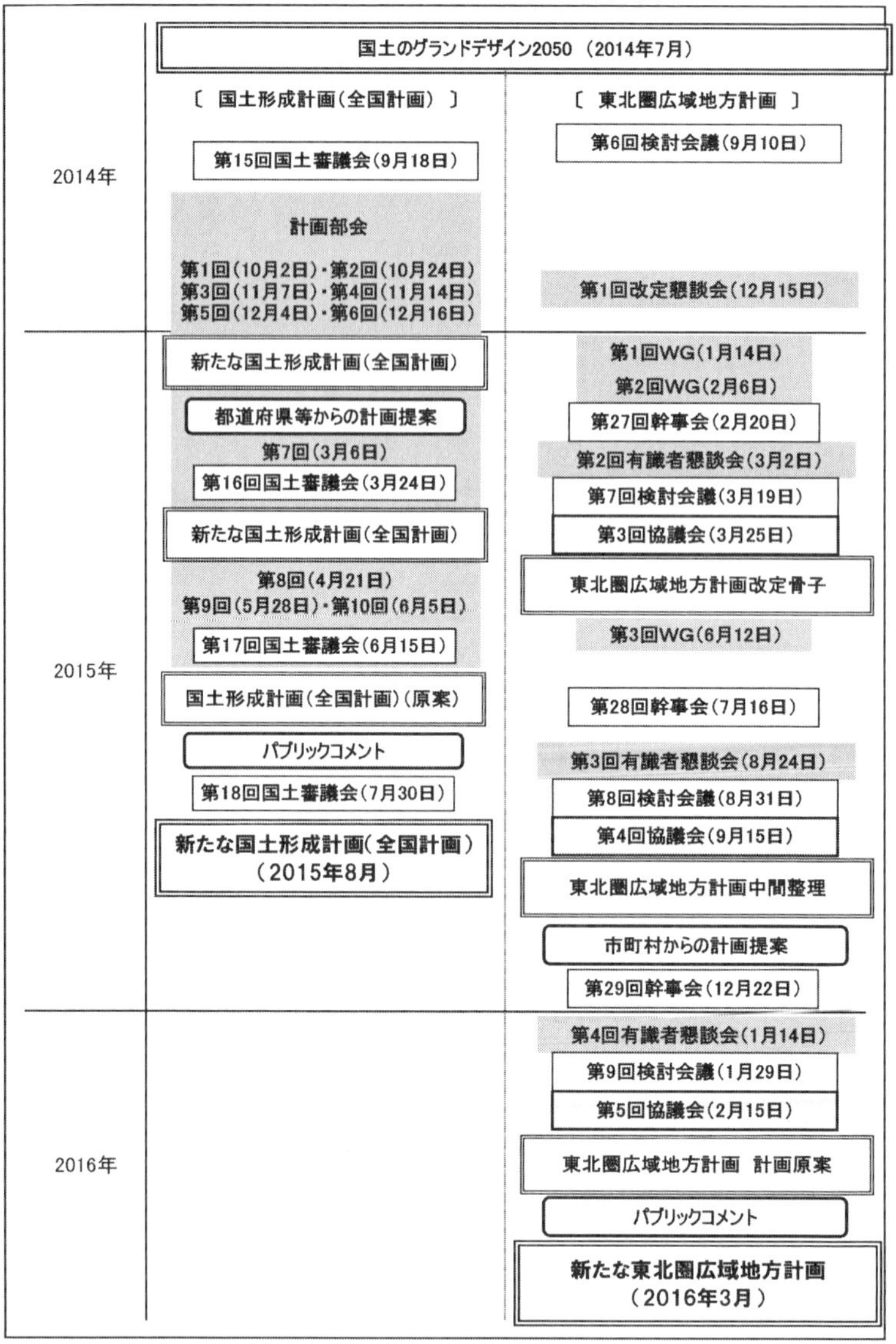


図3　国土形成計画（全国計画）の変更過程および東北圏広域地方計画の改定の検討経緯

出所：国土交通省ウェブサイト・東北地方整備局ウェブサイト・新聞記事等より著者作成

フラ中心の計画から脱却した、政府全体の政策をカバーする抜本的な改定を行うこととしたところでございます[35]」と説明している。

一方、国土審議会に計画部会が設置される八日前、東北圏では計画策定を担う東北圏広域地方計画協議会（以下、協議会）[36]において「第六回東北圏広域地方計画協議会検討会議」（以下、検討会議）が開かれ、東北圏広域地方計画の見直し（改定）を進めることが了解された。同年一二月一五日には計画改定に向け学識経験者から意見を聴くため「東北圏広域地方計画改定に関する有識者懇談会」（以下、有識者懇談会）が設置され、第一回懇談会が開催された。この席で「東北圏においては、東日本大震災以降に「東日本大震災に伴う東北圏広域地方計画の見直し作業」を実施し、改訂の素案まで作成しているため、その素案をベースとし、付け加えるべき事項は付け加えていく事とする[37]」と改定作業の進め方が確認された。

その後、両計画とも審議検討を重ねて計画の中間整理をまとめ、自治体からの計画提案[38]を募った。そして、これらをふまえるかたちで計画原案を確定し、パブリックコメントに臨むという手順を踏んで最終的に計画決定がなされた。なお、全国計画では計画部会の検討内容を本会である国土審議会において議論するかたちで計画案等がとりまとめられたが、東北圏広域地方計画では改定作業の要所で有識者懇談会、検討会議および協議会（本会）を集中的に開催し、計画の要諦を議論するスタイルが採られた。

## （二）「新たな国土形成計画（全国計画）」のコンセプトと国土計画を取り巻く環境変化の反映

ここで改めて「新たな国土形成計画（全国計画）」の概要を確認したい。この計画は、国土を取り巻く潮流と課題を急激な人口減少や異次元の高齢化、国際競争の激化やインフラの老朽化等と認識し、ライフスタイルの多様化といった国民の価値観の変化および荒廃農地や空き家の増加といった国土空間の変化も指摘している。そのうえで、今後一〇年間を「日本の命運を決する一〇年」と位置づけ、その国土づくりの目標を①安全で、豊かさを実感することのできる国、②経済成長を続ける活力ある国、③国際社会の中で存在感を発揮する国、の三点とした。

全国計画の基本構想は「対流促進型国土」の形成であり、それを図るための国土・地域構造は「コンパクト＋ネットワーク」と表現される。これらは「国土のグランドデザイン二〇五〇」で取り上げられたコンセプトであり、他にも東京一極集中の是正やスーパー・メガリージョン[39]の形成等、「新たな国土形成計画（全国計画）」は「国土のグランドデザイン二〇五〇」の内容を軸として作成された。

また、全国計画はその推進にあたって「まち・ひと・しごと創生及び国土強靭化の施策と連携する」[40]ことを求めており、地方創生の実現や国土強靭化の推進に関する事項は計画の随所にちりばめられている。このように「新たな国土形成計画（全国計画）」は、前節で確認した国土計画を取り巻く環境変化を色濃く反映した内容となっている。

## (三)「新たな東北圏広域地方計画」の概要と東日本大震災を受けての計画変更素案との関係

二〇一六年三月に改定が決定された「新たな東北圏広域地方計画」は、二〇〇九年策定の旧計画と同様、最初に計画の目的を示したうえで、有史以来の歴史から説き起こして東北圏を取り巻く状況と地域特性をまとめている。これらをふまえてめざすべき東北圏の将来像は本稿の冒頭で述べたとおりだが、そのための戦略的目標として「東日本大震災からの被災地の復興」や「災害に強い防災先進圏域の実現」等の七つが挙げられている。[41]なお、この計画は前項でみた全国計画を基本として作成されており、目標実現のための主要施策には「コンパクト＋ネットワーク」等のコンセプトや地方創生、国土強靭化からの反映箇所も多い。また、「新たな東北圏広域地方

**表１　東日本大震災を受けての東北圏広域地方計画変更（案）と「新たな東北圏広域地方計画」の比較**

| | （東日本大震災を受けての）東北圏広域地方計画　計画変更（案） | 新たな東北圏広域地方計画 |
|---|---|---|
| 施策の基本的方向性 | 1．東日本大震災の迅速な復興 | ○ 東日本大震災からの迅速な復興 |
| | 2．原発事故の克服 | ○ 地域の個性の磨き上げと連携強化 |
| | 3．東北の活力を支える産業の育成と形成 | ○ 東北を支える産業の強化と人材の育成 |
| 計画の基本方針 | (1) 人と自然が共生し地球に優しく生命力あふれる空間の形成 | 1．震災からの復興とともに世界に発信する防災先進圏域の実現 |
| | (2) 自立的・持続的な成長を実現する東北にっぽん自立経済圏の形成 | 2．人と自然が共生し地球に優しく生命力あふれる空間の形成 |
| | (3) 一人ひとりの自立意識と協働で創る東北圏の形成 | 3．豊かな自然と地域資源を活かし持続的な成長を実現する「東北にっぽん自立経済圏」の形成 |
| | | 4．一人ひとりの自立意識と交流・協働で創る東北圏 |
| 戦略的目標 | (1) 東日本大震災からの復興と災害に強い先進圏域の実現 | Ⅰ 東日本大震災からの被災地の復興 |
| | | Ⅱ 災害に強い防災先進圏域の実現 |
| | (2) 恵み豊かな自然と共生する環境先進圏域の実現 | Ⅲ 恵み豊かな自然と共生する環境先進圏域の実現 |
| | (3) 雪にも強く安心して暮らせる温もりのある人に優しい圏域の実現 | Ⅳ 雪にも強くて人に優しく暮らしやすい魅力的な対流促進型の地方の創生 |
| | (4) 地域の資源、特性を活かした世界に羽ばたく産業による自立的な圏域の実現 | Ⅴ 地域の資源、特性を活かした世界に羽ばたく産業による自立的な圏域の実現 |
| | (5) 交流・連携機能の強化による世界に開かれた圏域の実現 | Ⅵ 交流・連携機能の強化による世界と対流する圏域の実現 |
| | (6) 東北圏民が一体となって地域を考え行動する圏域の実現 | Ⅶ 地域を支える人材の育成と共助による住民主導の地域運営の実現 |
| 広域連携プロジェクト | 1 新しい東北圏を創造する東日本大震災からの復興プロジェクト | 1．新しい東北圏を創造する東日本大震災からの復興プロジェクト |
| | 2 東北圏のポテンシャルを活かした低炭素・循環型社会づくりプロジェクト | 2．安全・安心な東北圏を形成する大規模地震災害対策プロジェクト |
| | 3 歴史・伝統文化、自然環境の保全・継承プロジェクト | 3．東北圏における人口減少対策プロジェクト |
| | 4 大規模地震災害プロジェクト | 4．都市と農山漁村の連携・共生などによる持続可能な地域構造形成プロジェクト |
| | 5 地球温暖化に伴い高まる自然災害リスクへの適応策プロジェクト | 5．雪国東北の暮らし向上プロジェクト |
| | 6 豪雪地域の暮らし向上プロジェクト | 6．東北圏の生活を支える地域医療支援プロジェクト |
| | 7 都市と農山漁村の連携・共生による持続可能な地域構造形成プロジェクト | 7．次世代産業の研究・産業集積拠点形成プロジェクト |
| | 8 地域医療支援プロジェクト | 8．東北圏の資源を活かした農林水産業の収益力向上プロジェクト |
| | 9 次世代自動車関連産業集積拠点形成プロジェクト | 9．「四季の魅力溢れる東北」を体験できる滞在交流型観光圏の創出プロジェクト |
| | 10 農業・水産業の収益力向上プロジェクト | 10．東北圏の発展を牽引する日本海・太平洋2面活用によるグローバル・ゲートウェイ機能強化プロジェクト |
| | 11「日本のふるさと・原風景」を体験できる滞在型観光圏の創出プロジェクト | 11．地球温暖化等にともない高まる自然災害リスクへの適応策プロジェクト |
| | 12 グローバル・ゲートウェイ機能強化プロジェクト | 12．東北圏のポテンシャルを活かした低炭素・循環型社会づくりプロジェクト |
| | 13 環日本海広域交流圏の形成プロジェクト | 13．東北圏の自然環境の保全・継承プロジェクト |
| | 14 地域づくりコンソーシアム創出による地域支援プロジェクト | 14．「東北にっぽん」を創造する多様な主体が連携・協働する地域づくり支援プロジェクト |
| | | 15．首都圏・北海道・北陸圏等との連携強化プロジェクト |

出所：第４回東北圏広域地方計画変更に関する有識者懇談会配布資料、第５回東北圏広域地方計画協議会（本会）配布資料等から筆者作成

計画」では主要施策をもとに重点的に進めていくおもな取り組みとして一五の広域連携プロジェクトが列挙されている。

ところで、この「新たな東北圏広域地方計画」とそのベースとなった東日本大震災を受けての見直し作業で作成された計画変更素案は、その内容がどの程度異なるのだろうか。この検討のため、二つの計画（案）の基本方針等を比較したのが**表1**である。[42] 表中の矢印は、計画変更素案の内容が新たな計画に取り入れられた関係を示すが、破線の矢印はその内容（文言）が一部変更されて取り込まれたことを表している。**表1**から明らかなように、内容が一部変更されているものを含めて、計画変更素案の多くの部分が「新たな東北圏広域地方計画」に引き継がれている。広域連携プロジェクトの「新しい東北圏を創造する東日本大震災からの復興プロジェクト」のように新たな計画へそのまま組み入れられたものもあるが、戦略的目標の「雪にも強くて人に優しく暮らしやすい魅力的な対流促進型の地方の創生」のように多くは国土のグランドデザインや地方創生、国土強靭化からの施策等によってアレンジされて計画に組み込まれた。ただ、施策の基本的方向性の「原発事故の克服」のように新たな計画ではコンセプトから外れたようにみえる内容も、計画本文には確かに組み入れられている。[43] このように「新たな東北圏広域地方計画」は東日本大震災を受けての計画変更素案をベースとして、その後の国土計画を取り巻く環境変化を加味するかたちで作成、策定されたのである。

## 三　東北圏広域地方計画における計画見直し中断の影響と国土形成計画の変容

本節では、本稿の当初の問題意識であった政権交代による計画見直し中断が「新たな東北圏広域地方計画」に

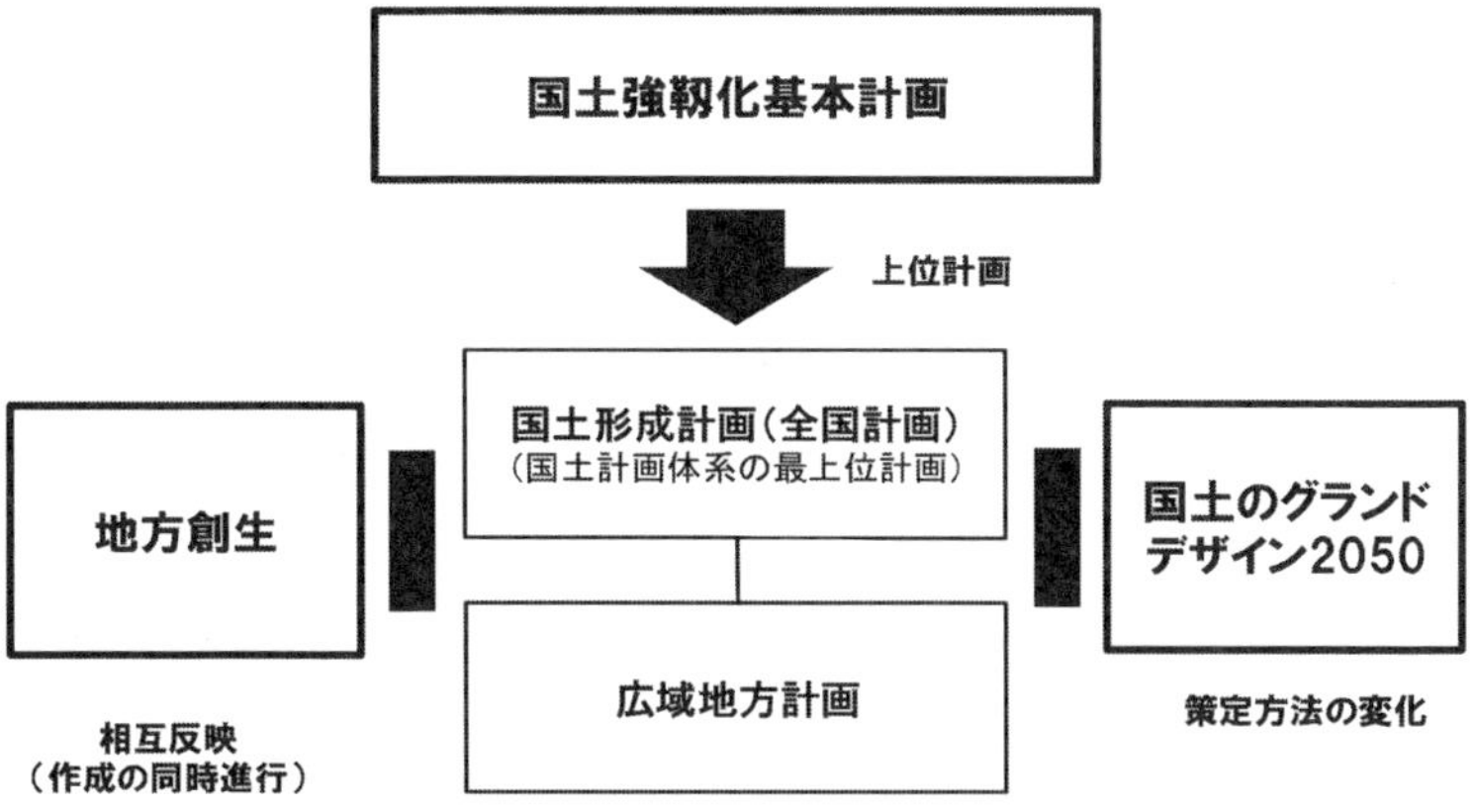


図４　政権交代後の国土計画を取り巻く環境変化が国土形成計画に与えた影響

与えた影響を検討し、国土計画を取り巻く環境変化が国土形成計画に何をもたらしたのか考察したい。

　前節でみたように、「新たな東北圏広域地方計画」は計画見直し中断前に作成された計画変更素案の内容の多くを、政権交代によって推進された国土強靭化や地方創生等の施策によってアレンジされながらも引き継いでいた。この点から考えれば、計画見直し中断が東北圏広域地方計画に大きな内容変更を求めたわけではないことがわかる[44]。このことを積極的に評価すれば、計画見直しの中断は東北圏広域地方計画の内容と国土強靭化等の施策との関連性を強めたといえ、計画の実効性を強めるように作用したと考えられる。ただ、計画変更素案と計画内容が大きく相違しないことから、東北圏広域地方計画の策定が約三年遅れただけとの見方もできる。たしかに、今回のように他圏域の広域地方計画との同時改定でなく、東日本大震災を受けての東北圏単独での計画変更だったならば、そのインパクトは大きかっただろう。

　二〇一二年末の政権交代は、国土計画を取り巻く環境を大きく変化させ、東北圏広域地方計画のみならず国土計画全体にも大きなインパクトを与えた。**図４**はこれまでの検討をふまえ、二〇一三年以降の国土計画を取り巻く環境変化が国土形成計画に与えた影響をまとめたものである。**図４**について、国土強靭化基本計画が国土形成計画の上位計画に位置づけられたことはすでに述べたが、地方創生においてはその総合戦略の策定と符節を合わせるかたちで全国計画変更の中間とりまとめの検討が進められた[45]。すなわち、全国計画と総合戦略は相互に関連性をもたせるため同時進行で作成されていたのである。

また、「国土のグランドデザイン二〇五〇」については、その内容が国土形成計画の変更や改定のベースになっただけでなく、変更や改定の計画策定方法にも大きな変化をもたらした。二〇〇八年に閣議決定された旧国土形成計画（全国計画）は、その法的な策定主体である国土審議会計画部会において約三年間の審議により作成されたが、今回の全国計画変更についてはグランドデザイン懇談会および国土審議会計画部会にて約二年という短期間の検討で策定された。しかも、グランドデザイン懇談会は法的な位置づけを与えられたものではなく、「国土のグランドデザイン二〇五〇」は国土交通大臣の肝いりで策定されたという[46]。加えて、広域地方計画は全国計画を基本として策定されることになっているが、今回はグランドデザインが全国計画のベースとなることもあって、全国計画変更と同時期に広域地方計画の改定作業が開始された[47]。

以上の影響は、国土形成計画にいかなる変容を求めたのだろうか。おそらく、それは二点あるように思われる。一つは、国土形成計画の実効性の強化である。これは先にみた東北圏広域地方計画での議論と同様であるが、従来から国土形成計画を筆頭とする日本の国土計画は理念先行で具体性に乏しいと批判され[48]、かつてはその不要論まで唱えられた[49]。国土形成計画は従前の全国総合開発計画を含めこれまでに七回策定されているが、その初期は高度経済成長期でありインフラ整備計画としての側面が強かった[50]。日本が高度経済成長から安定成長期、低成長期へ移行する中で、国土計画もインフラ整備の前提とされた人口フレームの推計や産業構造の予測といった機能を昇華させることで将来ビジョンの構築や望ましい社会のありようを示す計画へと変化してきた[51]。これらが日本の国土計画は理念先行と批判される主因であるが、今回の環境変化により国土強靭化等の他の政策のよりどころとされることによってとはいえ、国土形成計画の実効性が強化されたと考えることもできよう。だが、それは同時に国土形成計画の主体性や自立性の減衰も意味する。これが国土形成計画のもう一つの変容である。

なお、「国土のグランドデザイン二〇五〇」による国土形成計画の策定方法の変更は、国土形成計画を短時間で作成するための方法であったともいえる。先述の裏返しになるが、国土形成計画にある特定の政策を反映させることは、その施策を法定計画に位置づけたことになり一定の正当性が担保される。自由民主党・公明党の連立政権としては、その主要政策である国土強靭化や地方創生を一刻も早く推進したい思いがあったに違いない。そのために国土形成計画を活用したようにも感じられるのである。

## むすびにかえて

第四六回衆議院議員選挙により誕生した現政権は、幾度かの内閣改造を経ながら、まもなく五年目を迎える。比較的高い内閣支持率を維持し、日本においては長期政権といえる。前節で考察したように、今回の国土形成計画の変更や改定には現政権の主要政策による強い影響があった。それが国土形成計画の実効性を強めるように作用したとも評価できるが、一政権の意向がおおむね一〇年を射程とする国土形成計画にどこまで反映されるべきなのか。いささかの疑問が残る。

本稿では、東日本大震災を受けての東北圏広域地方計画見直し作業の中断について、直接的な要因や関係主体の動向等その子細まで踏み込むことはできなかった。そのため想像の域を越えないが、現政権や政策担当者が国土形成計画を自己の政策実現の道具立てとして捉えすぎているように感じる。この検証は今後の課題としたい。

**注**

（1）広域地方計画とは国土形成計画法に規定された国土形成計画の一つであり、全国計画を基本として全国八つの広域ブロック（広域地方計画区域）それぞれについて国土の形成（国土の利用、整備および保全）に関する方針や目標を定めるものとされる。なお、東北圏広域地方計画の対象区域（圏域）は、東北六県（青森県、岩手県、宮城県、秋田県、山形県、福島県）に新潟県を加えた七県である。

（2）この東北圏広域地方計画見直しの経緯については野々山（二〇一五）を参照されたい。

（3）たとえば、二〇一四年一二月一六日付『河北新報』朝刊や同月一七日付『建設通信新聞』等

（4）国土形成計画（全国計画）は、かつての全国総合開発計画とは異なり、内容変更によってそのタイトルが改変されていない。そのため、変更された新しい計画には「新たな国土形成計画（全国計画）」や「第二次国土形成計画（全国計画）」等の呼称が便宜的に用いられている。本稿では、国土交通省が概要説明で用いた「新たな国土形成計画（全国計画）」をその呼称として用いる（国土交通省国土政策局総合計画課　二〇一五）

（5）広域地方計画もその改定によってタイトルが改変されない。ただし、今回改定された近畿圏広域地方計画はタイトルが「関西広域地方計画」とされた。なお、広域地方計画にはその広域ブロックのめざすべき将来像等がサブタイトルとして付されているが、今回の改定によってこれは変更されている。本稿では全国計画と同様に、改定された広域地方計画を国土交通省が概要説明で用いた「新たな広域地方計画」と呼ぶ（国土交通省国土政策局広域地方政策課　二〇一六）

（6）この「ナショナル・レジリエンス（防災・減災）懇談会」は三月五日に第一回が開催され、現在まで継続されている。ちなみに、二〇一六年一一月九日には第二九回懇談会が開かれた。なお、連絡会議も現在まで続いている。

（7）国土強靱化の推進に関する関係府省庁連絡会議「国土強靱化（ナショナル・レジリエンス（防災・減災））推進に向けた考え方」

（8）この脆弱性評価は国土強靱化推進に向けた基本方針（四原則）に基づいて、東日本大震災のような低頻度大規模災害が発生した場合にわが国の経済社会システムが事前に備えるべき八つの目標を設定し、各目標に照らして現行の施策・事業が目標実現にどの程度貢献しているか、現状と目標の乖離について総合的に分析し評価するとの指針のもとで実施された（国土強靱化の推進に関する関係府省庁連絡会議『「自然災害等に対する脆弱性評価」を実施するための指針』）

（9）一二の分野とは、①行政機能／警察・消防等、②住宅・都市、③保健医療・福祉、④エネルギー、⑤金融、⑥情報通信、

⑦産業構造、⑧交通・物流、⑨農林水産、⑩国土保全、⑪環境、⑫土地利用（国土利用）である（国土強靭化基本計画：一〇）

（10）この中で、プログラム別の課題について国家機能への直結性や広域性、影響の大きさや緊急度等から重点化・優先順位の考え方が示された。国土強靭化推進に向けた当面の対応としては、同年七月末を目途に、各府省庁へプログラム別の課題についての今後の対応方針の検討とそれらの重点化・優先順位の具体化を求め、必要なものは二〇一四年度概算要求に反映させるとした。また、分野横断的な課題として「リスクコミュニケーションの推進」についても、ワーキング・グループを設置して検討を行うこととされた（国土強靭化の推進に関する関係府省庁連絡会議「国土強靭化（ナショナル・レジリエンス（防災・減災））推進に向けた当面の対応」）

（11）重点化すべき一五のプログラムには「広域にわたる大規模津波等による多数の死者の発生」や「首都圏での中央官庁機能の機能不全」等が含まれていた（国土強靭化の推進に関する関係府省庁連絡会議「国土強靭化（ナショナル・レジリエンス（防災・減災））の推進に向けたプログラムの対応方針と重点化について」）

（12）国土強靭化基本計画では、「国民生活・国民経済に影響を及ぼすリスクとしては、自然災害のほかに、原子力災害などの大規模事故やテロ等も含めたあらゆる事象が想定され得る」としている（国土強靭化基本計画：三）

（13）国土強靭化基本計画の閣議決定にあわせて、国土強靭化推進本部は計画の着実な進捗を図るためとして「国土強靭化アクションプラン二〇一四」を決定した。その後、アクションプランは毎年度作成されている。

（14）国土交通省二〇一三年一〇月二四日付報道発表「第一回新たな『国土のグランドデザイン』構築に関する有識者懇談会の開催について」(http://www.mlit.go.jp/report/press/kokudoseisaku03_hh_000058.html)

（15）なお、国土交通省は国土形成計画法第七条の規定に基づき、二〇一一年度および二〇一二年度に国土形成計画（全国計画）の政策レビューを実施し、その結果を評価書として公表している。それによれば、国土形成計画（全国計画）の枠組み自体は有効性が保たれているものの、「災害に強いしなやかな国土の形成」等の戦略的目標に関する記載内容等については、計画の進捗状況と社会経済情勢の変化等をふまえつつ点検作業を行うべきとされた（国土交通省「平成二四年度政策レビュー結果（評価書）国土形成計画（全国計画）」(https://www.mlit.go.jp/common/000992849.pdf)）

（16）このグランドデザイン懇談会の下には、その施策・プロジェクトのアイディア出し等を行うため、国土交通省内の関係各局若手職員による「タスクフォース二〇五〇」が設けられた。

(17) なお、グランドデザイン懇談会は二〇一四年三月に中間報告として「新たな『国土のグランドデザイン』(骨子)」を公表している。ただし、この骨子は同年四月にその一部が加筆修正された。
(18) 首都機能分散については第二回グランドデザイン懇談会の配布資料三(寺島実郎委員プレゼンテーション資料)、これからの都市のあり方については第四回グランドデザイン懇談会意見要旨、三
(19) 第六回グランドデザイン懇談会意見要旨、五
(20) 第一回グランドデザイン懇談会意見要旨、二
(21) グランドデザイン懇談会の主要論点整理は第五回懇談会において議論された。
(22) グランドデザイン懇談会では、最終報告の仮タイトルを「新たな「国土のグランドデザイン」(案)」としていた。
(23) 「国土のグランドデザイン二〇五〇」三五
(24) 首相官邸ウェブサイト「平成二六年九月三日安倍内閣総理大臣記者会見」(http://www.kantei.go.jp/jp/96_abe/statement/2014/0903kaiken.html)
(25) 閣議決定により設置されたこの「まち・ひと・しごと創生本部」は、内閣総理大臣を本部長、地方創生担当大臣および内閣官房長官を副本部長とする組織である。なお、二〇一四年一二月の「まち・ひと・しごと創生法」成立により、「まち・ひと・しごと創生本部」は同法に定められた法定の本部となった。
(26) 同年九月一二日、まち・ひと・しごと創生本部会合が開催され、地方創生に向けての基本方針が決定された。後述するが、国土形成計画(全国計画)の改定に向けて計画部会の設置が承認された第一五回国土審議会(二〇一四年九月一八日開催)において、国土政策局総合計画課長はこの基本方針について「この中にも、国土のグランドデザインの考え方がかなり反映をされておりまして、基本的な考え方を一つにしながら、国土交通省としても取り組んでいきたいと思ってございます」と説明している(「第一五回国土審議会議事録」一〇)
(27) 二〇一五年以降、これら個別施策や政策パッケージについて今後の対応の方向を取りまとめた基本方針が毎年作成されている。
(28) 「まち・ひと・しごと創生総合戦略」七
(29) 「連携中枢都市圏」構想は、総合戦略の基本政策のうち「④時代に合った地域をつくり、安心な暮らしを守るとともに、地域と地域を連携する」に関係する施策である。

(30) 同年六月二七日に開かれた第九回グランドデザイン懇談会において、「事務局から説明のあった全国計画と広域地方計画の同時見直しについては、グランドデザインが全国計画のベースに十分なりうるものと考えられるので、そのような進め方もあると思う」との委員の発言があった（第九回グランドデザイン懇談会意見要旨、二）

(31) 二〇一五年八月に閣議決定されたのは国土形成計画（全国計画）の「変更」であったが、国土審議会の議論等では国土形成計画の「改定」との表現が用いられていた。以下、この件について本稿では原則として「変更」を用いるが、審議会での発言等については議事録等の記載されたとおり「改定」と表記する。

(32) 国土審議会計画部会は、国土利用計画の改定に向けた調査審議もその任務としていた。

(33) 第一回計画部会の配布資料三では、その他の政府の取り組みとして経済財政諮問会議の動きも触れられている。なお、二〇一五年六月に閣議決定された「経済財政運営と改革の基本方針二〇一四」（いわゆる骨太方針）には、「人口減少、巨大災害の切迫など、近年の我が国の国土を取り巻く状況の変化を踏まえて新たな「国土のグランドデザイン」を策定し、これも踏まえて、国土形成計画を見直す」とある（一七－一八）

(34) 六つの視点には他に「活力ある大都市圏の整備」「グローバル化への対応」「国土基盤の維持・整備・活用の方向性」「地域を支える人づくり、共助社会づくり」があった。

(35) 第一回計画部会議事録、二。なお、注26も参照のこと。

(36) 協議会は東北圏内の県や政令市、国の地方行政機関等で構成されている。協議会の検討体制としては、その構成機関の長で構成される「東北圏広域地方計画協議会」（本会）の下に、各機関の部長クラスで構成される「東北圏広域地方計画検討会議（検討会議）」および各機関の課長クラスで構成される「東北圏広域地方計画検討会議幹事会（幹事会）」が置かれた。なお、協議会の事務局は国土交通省東北地方整備局に置かれた東北圏広域地方計画推進室である。詳しくは野々山（二〇一五）を参照のこと。

(37) 第一回有識者懇談会議事要旨、一

(38) これらの計画提案は国土形成計画法第八条および第一一条に規定されたものである。なお、全国計画についての計画提案は二〇一五年一月から二月にかけて都道府県および（政令）指定都市を対象に行われ、三五団体の単独提案と二つの共同提案があったという（国土審議会第八回計画部会議事録、六）。また、東北圏広域地方計画については圏域内の市町村を対象に同年一〇月から一一月にかけて実施され、六市から一八の提案がなされた（第四回有識者懇談会配布資料四）

(39) スーパー・メガリージョンとは三大都市圏間のエリアを一つの巨大都市圏と捉えるものであり、将来の東京、名古屋および大阪を結ぶリニア中央新幹線開業によって形成を図るとされる。
(40) 「(新たな)国土形成計画(全国計画)」一六三
(41) 他の戦略的目標は「恵み豊かな自然と共生する環境先進圏域の実現」「雪にも強くて人に優しく暮らしやすい魅力的な対流促進型の地方の創生」「地域の資源、特性を活かした世界に羽ばたく産業による自立的な圏域の実現」「交流・連携機能の強化による世界と対流する圏域の実現」「地域を支える人材の育成と共助による住民主導の地域運営の実現」である。
(42) ただし、計画変更素案は公表されていない。そのため、表1の作表には計画変更の検討を担った「東北圏広域地方計画変更に関する有識者懇談会」の第四回懇談会(二〇一二年一一月三〇日開催)に配布された「東北圏広域地方計画　計画変更の概要(案)」(配布資料二)を用いた。また、「新たな東北圏広域地方計画」についても第五回協議会(本会)の配布資料四「東北圏広域地方計画　計画原案(案)要約版」等を参考にした。
(43) たとえば、原子力発電所事故の対応については、戦略的目標「東日本大震災からの被災地の復興」の中で「3．東京電力福島第一原子力発電所の事故による災害への対応と継続的な取組」として組み込まれている(「(新たな)東北圏広域地方計画」四七‐四九)
(44) 二〇一四年九月に東北圏広域地方計画改定作業が開始(再開)される前、協議会の事務局である東北圏広域地方計画推進室において計画変更素案と国土強靱化基本計画の内容確認が行われ、両者に大きな齟齬がないことを確認していたという(筆者が二〇一六年九月に行った有識者懇談会委員へのヒアリング調査)。なお、このこともあって、計画改定作業開始(再開)後の有識者懇談会でも計画見直しの中断についてとくに異論等はなかったとのことだった。
(45) 第一回計画部会において国土政策局総合計画課長が「(地方創生に関する)国の長期ビジョンと総合戦略を年内に決定するという予定になってございますので、国土形成計画の見直しの検討も年内に何らかの基本的な方向を出したいということで、中間とりまとめを年内に打ち出したいということで検討をお願いしたいというふうに思ってございます」と説明している(第一回計画部会議事録、八)
(46) 第一回計画部会議事録、一七
(47) ただし、前回の東北圏広域地方計画策定においても全国計画の決定を待って開始されたわけではない。閣議決定の約一年半前の全国計画に関する「計画部会中間とりまとめ」の公表前後から計画検討は始まっていた(野々山　二〇一五：三八)

(48) グランドデザイン懇談会でも「国土計画については、現在実行力を問われている」との発言があった（第六回グランドデザイン懇談会意見要旨、五）

(49) たとえば、中村剛治郎「国土計画の時代は終った――地域経済の確立をめざす計画を優先せよ」『エコノミスト』六五（二五）、三四－三九、一九八七等

(50) 山﨑（一九九八）は、「国土計画は、（中略）ハードな社会資本整備を時間軸・空間軸のなかで総合的に調整するための計画」とし、一九六九年に決定された新全国総合開発計画をその開発方式である新ネットワーク構想から「国土計画らしい国土計画」と評価している（二〇三）。また、本間（一九九二）は「もともとわが国の国土計画はハード面に特化していた」と批判的に捉えている（五）

(51) 市川（二〇一六）は、一九九八年に策定された第五次の全国総合開発計画である「二一世紀の国土のグランドデザイン」について、曖昧な基本目標設定により「それまでの全総計画から大きく変換した」とし、資金的な見積りをやめたことによって「国土計画での具体的なプロジェクトが担保されなくなったという意味で大きな転換点であった」と評している（二九四－二九五）。なお、二〇〇八年策定の国土形成計画については「「全総後」の全国計画でありながら明快なビジョンはなく、世界に誇れるだけの崇高な理念に裏打ちされた全総とは無関係の、単なるバインディングにすぎない現状追認型の計画」と批評している（三〇八）

## 参考文献

市川宏雄、二〇一六、「都市政策の転換――国土の均衡ある発展の終焉と東京の役割」竹中平蔵編『バブル後二五年の検証』東京書籍、二七六－三一〇

国土交通省国土政策局広域地方政策課、二〇一六、「新たな国土形成計画（広域地方計画）の概要」『人と国土21』四二（二）六－九

国土交通省国土政策局総合計画課、二〇一四、「「国土のグランドデザイン二〇五〇」の検討経緯と今後の進め方について」『人と国土21』四〇（三）、三－八

――、二〇一五、「新たな国土形成計画（全国計画）の概要」『人と国土21』四一（四）一八－二五

自民党国土強靱化総合調査会編、二〇一四、『国土強靱化　日本、アジア、そして世界における災害と対峙する』一般財団法人

東亜総研
内閣官房まち・ひと・しごと創生本部事務局、二〇一五、「まち・ひと・しごと創生「長期ビジョン」と「総合戦略」について」『人と国土21』四〇（六）、一五－一八
野々山和宏、二〇一五、「東日本大震災と東北圏広域地方計画の見直し」吉原直樹・仁平義明・松本行真編著『東日本大震災と被災・避難の生活記録』六花出版、三三一－五六
―――、二〇一六、「東日本大震災の教訓からみた「新たな国土形成計画（全国計画）」」『東北都市学会研究年報』一五・一六、三五－五四
本間義人、一九九二、『国土計画の思想――全国総合開発計画の三〇年』日本経済評論社
山﨑朗、一九九八、『日本の国土計画と地域開発』東洋経済新報社

# 原発事故の被害構造

## ――福島県中通り九市町村の母子の生活健康調査からの報告

成　元哲

### 一　新しい種類の困難

アメリカの社会学者エリクソン（K. Erikson）は、原子力発電所における事故を「新しい種類の困難」と呼んだ。彼自身、スリーマイル島原発事故の被害者を長年調査した経験がある。そのため、放射能災害は被害者にとって終わりはないということを自覚していた。[1] チェルノブイリ原発事故後の避難者の調査を続けているアメリカの心理学者ブロメット（E. Bromet）も、原発事故の影響は長期化することと、母親と原発作業員がもっとも弱い集団であるという。[2] ここでは福島原発事故が福島県中通り九市町村[3]の母子の生活に及ぼす影響を紹介してみたい。

「福島子ども健康プロジェクト」[4]では、福島市、郡山市、二本松市、伊達市、桑折町、国見町、大玉村、三春町、本宮市の福島県中通り九市町村の二〇〇八年度出生児の子どもを持つ母親（保護者）全員を対象に、二〇一三年一月（第一回調査）、二〇一四年一月（第二回調査）、二〇一五年一月（第三回調査）、二〇一六年一月（第四回調査）に、

表1　地区ごとの回答状況（A調査対象者数　B回答数　C回答率［%］）

| | 第1回調査(2013年) | | | 第2回調査(2014年) | | | 第3回調査(2015年) | | | 第4回調査(2016年) | | |
|---|---|---|---|---|---|---|---|---|---|---|---|---|
| 地区 | A | B | C | A | B | C | A | B | C | A | B | C |
| 福島市 | 2137 | 883 | 41.3 | 883 | 525 | 59.5 | 525 | 379 | 72.1 | 410 | 327 | 79.8 |
| 桑折町 | 70 | 34 | 48.6 | 34 | 22 | 64.7 | 22 | 19 | 86.4 | 20 | 13 | 65.0 |
| 国見町 | 63 | 27 | 42.9 | 27 | 13 | 48.1 | 13 | 11 | 84.6 | 12 | 11 | 91.7 |
| 伊達市 | 404 | 175 | 43.3 | 175 | 118 | 67.4 | 118 | 88 | 74.6 | 94 | 74 | 78.7 |
| 郡山市 | 2644 | 1076 | 40.7 | 1076 | 629 | 58.5 | 629 | 476 | 75.7 | 514 | 389 | 75.7 |
| 二本松市 | 397 | 176 | 44.3 | 176 | 111 | 63.1 | 111 | 76 | 68.5 | 80 | 71 | 88.8 |
| 大玉村 | 81 | 44 | 54.3 | 44 | 27 | 61.4 | 27 | 21 | 77.8 | 22 | 20 | 90.9 |
| 本宮市 | 290 | 125 | 43.1 | 125 | 82 | 65.6 | 82 | 59 | 72.0 | 62 | 48 | 77.4 |
| 三春町 | 105 | 34 | 32.4 | 34 | 15 | 44.1 | 15 | 10 | 66.7 | 12 | 10 | 83.3 |
| その他* | | 54 | | 54 | 63 | | 63 | 68 | | 71 | 52 | 73.2 |
| 計 | 6191 | 2628 | 42.4 | 2628 | 1605 | 61.1 | 1605 | 1207 | 75.2 | 1297 | 1015 | 78.3 |

*「その他」は、調査対象地域の住民基本台帳に2012年10月から12月までに記載されていた方で、各調査時点で9市町村外に転居された人の人数である。

*第2回調査（2014年）と第3回調査（2015年）において、「その他」の回答数が対象者数を上回っている。これは、前回の調査票に記入された住所に送付したが、転居等で9市町村外に移動があった場合、「その他」に分類されるためである。

*第4回調査の対象者数が第3回調査の回答数を上回っている。これは、追跡調査における脱落者を減らすために、第4回調査は第3回調査回答者に加えて、「第1回調査回答者」のうち「第3回調査未回答者」のなかから再協力者を募った結果、90名が追加された。

それぞれ、定点観測による被害実態調査である「福島原発事故後の親子の生活と健康に関する調査」を行ってきた。**表1**は、各調査における調査対象者数、回答数、回答率である。なお、第四回調査の回答数は、二〇一六年四月一一日時点で一〇一五通（つまり、子ども一〇一五名分）である。

## 二　原発事故後の生活変化

原発事故後の日常生活の変化について、二〇一三年一月の第一回調査では一二項目を「事故直後」「事故半年後」「この1ヶ月間」の三つの時期に分けて質問した。第二回調査以降は、上記一二項目に加えて、「放射能に関してどの情報が正しいのかわからない」、「原発事故後、福島に住んでいることでいじめや差別を受けることに対して不安を感じる」の二項目を追加して一四項目を質問した。

**表2　原発事故後の生活変化（「あてはまる」＋「どちらかといえばあてはまる」の割合）**

単位：％

| | 事故直後 | 事故後半年 | 2年後 2013年 | 3年後 2014年 | 4年後 2015年 | 5年後 2016年 |
|---|---|---|---|---|---|---|
| 地元産の食材を使用しない | 90.5 | 84.5 | 50.2 | 39.3 | 28.5 | 21.8 |
| 洗濯物の外干しはしない | 93.9 | 80.5 | 44.9 | 36.4 | 32.3 | 26.5 |
| 放射線量の低いところに保養に出かけたいと思う | 91.5 | 89.0 | 74.8 | 66.0 | 55.1 | 44.5 |
| できることなら避難したいと思う | 85.0 | 74.5 | 45.7 | 31.8 | 24.5 | 20.0 |
| 放射能の健康影響についての不安が大きい | 95.2 | 91.3 | 79.5 | 63.7 | 58.5 | 51.4 |
| 福島で子どもを育てることに不安を感じる | 92.9 | 87.3 | 71.8 | 60.3 | 50.7 | 42.8 |
| 原発事故によって親子関係が不安定になった | 16.3 | 14.8 | 9.6 | 8.1 | 5.5 | 5.3 |
| 放射能に関してどの情報が正しいのか分からない | — | — | — | 75.4 | 69.6 | 63.7 |
| 放射能への対処をめぐって夫（配偶者）との認識のずれを感じる | 32.8 | 28.2 | 18.8 | 21.1 | 17.2 | 16.2 |
| 放射能への対処をめぐって両親との認識のずれを感じる | 35.3 | 31.1 | 24.5 | 25.8 | 20.7 | 20.4 |
| 放射能への対処をめぐって近所や周囲の人と認識のずれを感じる | 39.2 | 36.6 | 29.9 | 28.0 | 23.0 | 22.4 |
| 原発事故の補償をめぐって不公平感を覚える | 73.7 | 74.8 | 73.0 | 70.8 | 70.2 | 67.4 |
| 原発事故後、何かと出費が増え、経済的負担を感じる | 84.2 | 80.7 | 70.4 | 65.2 | 58.8 | 50.5 |
| 原発事故後、福島に住んでいることでいじめや差別を受けることに対して不安を感じる | — | — | — | 54.2 | 51.2 | 47.3 |

ここでは、二〇一三年一月から二〇一六年一月までの四時点の原発事故による生活変化の傾向を示す。

「福島子ども健康プロジェクト」は、二〇一三年一月以降、毎年、「原発事故が母子の日常生活と健康に及ぼす影響」を把握するためにアンケート調査を実施している。この調査によれば、母子の生活変化には大きく四つの傾向がみられた。

一つめは、事故後五年が経過してもなお多くの人があてはまると回答している項目が二つある。それらは「補償をめぐる不公平感」と「放射能に関してどの情報が正しいのか分からない」である。二つめは、ゆるやかな減少傾向にありながらも半数程度の人があてはまると回答している項目には次の五つがある。すなわち、「経済的負担感」「放射能の健康影響への不安」「保養への意欲」「いじめや差別への不安」「福島での子育てへの不安」である。三つめは、あてはまる人が急激に減少し、その後、横ばいとなっている項目として、「地元産の食材を使用しない」「洗濯物の外干しをしない」「避難願望」がある。四つめは、事故直後から該当者が少ないながらも、一定の割合で推移している項目として「放射能への対処をめぐる配偶者、両親、周囲の人との認識のずれ」がある。

以上の事実は、原発事故から五年以上が経過したものの、子どもを持つ母親の生活にはいまだ大きな影響が及んでいることを示している。

## 三　自由回答欄にあらわれた生活変化と不安・心配

「福島子ども健康プロジェクト」の調査には、毎回、多くの母親の声が寄せられてきた。それは、調査票の最後にある自由回答欄である。自由回答欄に記入があったのは第一回調査では一二〇三人（回答総数二六二八人の四五・八％）、第二回調査では七一八人（回答総数一六〇五人の四四・七％）、第三回調査では七四六人（回答総数一二〇七人の六一・八％）、第四回調査では六一一人（回答総数一〇二一人の五九・九％）である。第一回調査から第四回調査まで、子育て中の母親の声のうち一貫してもっとも多いのは、原発事故後、それまでの日常生活が一変してしまったという声（「生活変化」）と、子どもの将来に対する不安・心配の声（「不安・心配」）である。ここでは、二〇一六年の調査の自由回答欄の記述から「生活変化」と「不安・心配」の声に着目して紹介してみたい。

### （一）生活変化に着目した分類

まず、原発事故から五年になろうとしていた二〇一六年一月の調査の自由記述を「生活変化」に着目して大きく五つに分類することができた。以下、分類ごとに、おもな記述を具体的に挙げる。

第一は、いまだに原発事故前の生活に戻っていない。

「震災から五年経とうとしている今も、まだ、『もし原発事故さえなかったら』という思いが、何度もくり返し思う。外あそび、散歩が大すきな息子は当時二歳。毎日自分の興味に沿い、外あそび、自然遊びを楽しんでいた。毎日子どもの目線で新しい発見があり、親も純粋に子どもの感性に感動していた。子ども中心のゆったりとした、ささやかなあたり前の日常があった。子どもの成長が幸せだった。原発事故後、素人の母親は子どもを守るため、情報を必死に集め、自己責任で行動を選択することを強いられた。ひっこしもし、家族の形も変わり、結果、母子二人で実家に戻り、現在に至る。（中略）それだけが原因ではないことは百も承知で、だれかのせいにしたいだけなのはわかっているが、それでもまだ『原発事故さえなければ』と思ってしまう自分がいる。ささやかな日常の中にあった輝いていた幸せがなつかしい」

「五年は早いです。しかし、いまだに家の周りを除染作業しており、県外から作業員が来ていて、いろいろ恐いうわさや、事件をきくととても恐くて、子どもを外であそばせることも不安があります。除染もいまさら、意味のあるものなのかと思うこともあります」

「普段の生活ではあまり気にする事もなくなったが、いまだに子供を外で遊ばせる事はほとんどない。食べ物ももらい物は町の検査を受けてから食べている。外にあまり出ない事で子供の健康面は心配。上の子は時々鼻血が出るのも気になる。全く心配ない生活に戻るのはあきらめかけている感じで悲しいと思う時もある」

「事故によって失われた日常は戻っていない」「未だ元の状態に戻っていない」「時間は経つが、何も変わっていない」といったこれらの声は二〇一三年調査に比べ、二〇一六年調査では数字的には減ってきたが、その訴えは強く、かけがえのない日常を奪われた悲しみは癒えていないことが端的に示されている。

第二に、ほぼ原発事故前の生活に戻ったが、将来、不安がないわけではない。

「まだ五年、もう五年　そんな心境です。震災後、避難して二年後にまた福島へ戻ってきました。福島産の野菜や米は、食べないようにしたり、外遊びに抵抗を感じたり、戻ってきた直後は、いろいろ気を使っていましたが、今は空間線量もだいぶ下がり、大手スーパーなら、信頼できるかな……と福島産のものを購入したり、外遊びは全く心配しなくなりました。ただ、一〇年後、二〇年後のことが、不安になってきています。子供達が、病気にならないでこのまま元気でいてくれることを願うばかりです」

「事故前の生活に戻ってきています。我が家では、洗たく物は室内干しを続けていましたが、家の中のカビ発生がひどくなり、除染はまだ終わってないのですが、一日数時間だけときめて、去年の夏より外干しをするようになりました。しかし、食物に関してはまだまだ汚染地域のものを子供たちに食べさせたくはないと思っており、なるべく安全な地域からとりよせて食べています。チェルノブイリの事故では、事故後五年から甲状腺ガンが増えてきたとの結果もあるので、これからの子供達の健康状態をしっかり見据えなくては と、気を引き締めたいところです」

「震災前と何も変わらない生活のように思えるが、環境がどのように私たちの体に影響を与えているのか心配です。誰も分からないので、福島の人たちは人体実験をされているかのように思えます。除染したところで、完全にはなくならない。こちらでは安全だと言われている水道水も実際本当に大丈夫なのか？　何十年後に、ガンなどの病気になってしまうのか……不安、心配」

二〇一六年調査ではこちらの声が多数を占めるようになってきた。原発事故前の生活状態に戻っているが、将来に対して不安がないわけではない。将来安全だと思っているわけではない。加えて、「放射能による健康影響への不安」がなくなってきたと回答している母親の自由記述欄を確認してみると、「子ども達の甲状腺の本格検査が始まります。大丈夫であって欲しいと願うばかりです」と、かなり不安げである。

第三に、放射能のある生活に慣れてしまった、要するに、生活変化が生活の一部になってしまった。

「放射線量や食品に対する検査がされているかなど、以前とは違った部分も習慣になってしまっている感じです」

「近くの公園の汚染度が高いので、子供を遊びに行かせるのは桜の時期など限定しています。外遊びの機会が少ないですが、それすら普通の日常と感じるようになってしまいました」

「今でも庭には、除染で出た袋がうめられたまま。なぜかその上だけは、雑草も生えず、気持ちは良い物でもありませんね。何か変わったか……慣れてしまった。ただそれだけの気がします」

「時間が経つにつれ放射能に対しても順応してしまっている気がします。子供に持たせている線量計の数値もだいぶ低くなっていて、外で遊ぶことも年々増えてきています。事故の収束もしていないのに、原発を再稼動させている政府にイラだちを感じます」

二〇一六年の調査の自由回答欄ではこちらの声も増えてきた。「福島県以外の土を使い、子供に土遊びをさせてくれるクッシー先生の放課後クラブに通い」、「長期の休み、連休にはなるべく県外保養に行くようにしています」という声も、原発事故前にはなかった日常が生活の一部になってきたことを示している。

第四に、放射線量を意識していたら、福島で暮らしていけない。

「原発も風化しはじめ、あまり気にしなくなってきた。（気にしていたら住んでいられない）安全だと信じて住み続けているので正確な情報を伝えてほしいと思います」

「この様な状況でもこの場所で生活していかなければならないので気持ちは前向きに頑張りたいと思っています」

「正直、あまり深く考えてもストレスがたまるだけ……と思ってしまう。ストレスためて、子どもにあたってしまったり、イライラするくらいなら何も考えずに気楽に生活したい。とひらきなおっている部分もある」

「考えると不安になる、心の安定のために考えないようにしている」といった行動は、「心理的閉め出し」の反応である。

第五に、原発事故前の生活にほぼ戻った、落ち着きを取り戻した。

「正直、放射線に関しては、全く気にしていないといっていいような生活をしています。しかし、原発はまだ全く解決の糸口もない状態で、子供達のために、未来の福島のために、大人である我々が何かしなければならないと思っています」

「だいぶ、元の生活に戻ってきました。外でするスポーツも、積極的に行っても、なにも不安に思うことはなくなりました」

「あまり原発事故の話など、友達のあいだで話が出なくなりました。しようと思えばできる環境ですが、してどうするの？　という感じでしょうか」

こちらの意見は少しずつ増えてきたが、日常生活でさまざまな制約が残っていることを示唆している。

以上、「生活変化」に着目した二〇一六年の自由記述から、福島県中通りに住む子育て中の母親にとって原発事故は、それまでの生活を一変させる出来事であり、生活変化そのものが被害であることがわかる。けっして甲状腺がんや白血病などの健康影響だけが被害ではない。まもなく五年になろうとしている二〇一六年一月の時点でも、生活変化が持続するのは原発事故がもたらした最大の被害である。原発事故は、日常生活の秩序を掻き乱す過去の一撃（Post-Traumatic Stress Disorder）であるだけでなく、その影響は今なお持続し、将来においても不安と不適応をもたらす脅威であり続けていることを明確に示している。すなわち、原発事故は、それまでの日常を一変させ、今も持続するトラウマ（Continuous Traumatic Stress）である。[5]

## （二）不安・心配に着目した分類

福島県中通りの母親の不安・心配は大きく①子どもの将来の健康不安、②差別不安の二つに分けることができる。以下、二〇一六年の自由回答の分類ごとに、おもな記述を具体的に挙げる。

第一に、健康不安。

子どもの将来の健康が不安であると回答している母親の割合は、第一回から第四回調査までの自由記述欄にもっとも多い。

「子どもの健康のことが一番心配です。将来、病気にかからないか等、一生この不安はなくならないと思います」

「日々の生活の中で原発事故を意識することが少なくなってきました。が、大人よりも子供達の将来の健康不安が大きいです」

「一番は、子どもの健康面と将来、子どもが、福島を離れた際に、差別的な扱いを受けるのではないか……という不安はあります」

健康不安に関する自由記述は、「将来の健康不安」「現在の健康不安」「体力低下による健康不安」「出産への不安」の四つに分けられたが、「不安・心配」のうちもっとも多いのは「将来の健康不安」である。第四回調査においても「将来の健康不安」が消えていないどころか、現在は特段不安を感じずになんとか過ごせているが、将来において安全であることを保障することにはならないことを指摘している。

第二に、差別不安。

「今後、子供の健康に関して原発事故がどの様に影響を及ぼすか不安です。いわれのない差別や偏見がおこらないことを切に願っています」

「私自身ときどき子供達の将来の健康や県外に出たときの差別など不安になる時もありますが、ほとんど震災前と変わらない生活をしていると思います。一〇年後・二〇年後に体に影響が出た場合などの保障がきちんと行ってもらえるような制度ができると安心です」

「今は、子供たちが、将来福島で育ったということで、偏見や差別を受けないかが、とても心配です」

以上の結果から、原発事故は福島に住んでいる子育て中の母親にとってトラウマ体験である。しかし、原発事故の特徴は過去のトラウマだけではなく、現在と将来においてトラウマ曝露である点である。

## 四　原発事故の被害構造と関連要因

福島原発事故のように、有害物質が広範囲に及び、集団被害に発展した事例では、特有の社会的要因が人々の不安やストレス、リスク対処行動、生活の質、心身の健康に大きな影響を及ぼす。そのため、これらの心理社会的要因や社会経済的要因が被害の実態解明や支援策の検討にとってきわめて重要な意味を持っている。

結論を先取りして述べると、放射線量の多寡でもってただちに原発事故の被害が決まるわけではない。じつは、放射線量と心理社会的要因ならびに社会経済的要因が相互に関連して具体的な被害が規定されるのである。母子の生活変化、生活の質の低下、それによるさまざまな健康影響の発生との関連を単純化して図式化すると、図1のようになる。

原発事故により、福島県中通り地域は、これまで暮らしてきた生活空間に放射能（A）が降り注いだ。このことが母子のこれまでの生活を大きく変え、母親は子どもの外遊びや食生活など日常生活において大きな不安（B）を抱えながら暮らしている。その際、放射線量が高いか低いかといった点に加えて、放射能の健康影響を

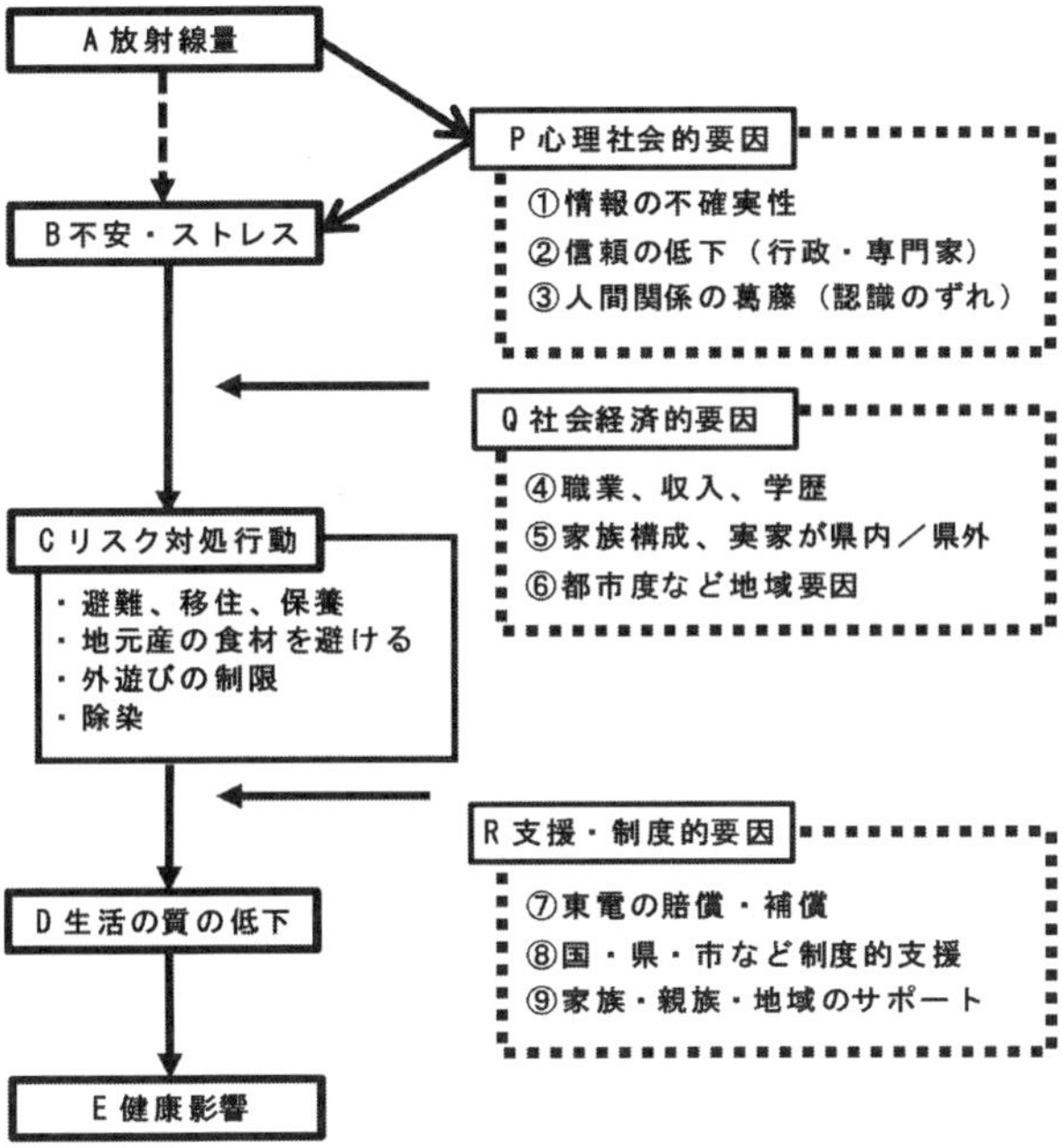


図１　原発事故の被害構造と関連要因

めぐる情報の不確実性（①）が母子にとって大きな不安要因となっている。その結果、将来、後悔しないために何か対策や行動をとりたいが、どの方法が正しいかわからない状況が事故当初から継続している。

情報内容の矛盾や情報発信主体に対する不信（②）は、過少・過剰な対処行動（C）の原因となり、これを解消するのは容易ではない。また、苦痛をともなう不安やストレスに加えて、諦めの感情をも生んでいる。夫婦、両親や親族とのあいだに「放射能が安全かそうでないか」「避難するべきかそうでないか」「どのように子どもを守っていくか」等の認識のずれ（③）があり、人間関係に苦しむ声が多い。つまり、意見の対立による葛藤と摩擦が生じ、関係の破綻にいたるケースもある。

放射線に対する恐怖に心理社会的要因（P）が加わることによって、不安やストレス（B）が増幅されるが、こうした不安やストレスに対して、「避難・移住・保養」「地元産の食材を避ける」「子どもの外遊び制限」「自ら行う除染」などのリスク対処行動（C）がとられる。リスク対処行動には、仕事（④）、経済的事情（④）、避難先候補としての実家が県外にあるか否か（⑤）、学齢期の年長きょうだいがいるかどうか（⑤）などの社会経済的要因（Q）が関連している。

リスク対処行動は社会経済的要因が大きくかかわってくるので、リスク対処行動をとることによって経済的負担が生じ、生活の質が低下（D）することになる。その生活環境の悪化を防止する外的支援（R）として「国・県・市など制度的支援」（⑧）、「東電の賠償・補償」（⑦）、「家族・親族・地域のサポート」（⑨）が挙げられる。しかしながら、十分でない実情が浮き彫りにされている。社会保障への関心も高まっており、子どもの健康や経済的な不安を社会保障の次元で取り組んでほしいという気持ちの表れであると考えられる。

これらさまざまな要因の結果、生活の質が低下し、それに起因するさまざまな健康影響（E）が発生している。子どもたちにみられる健康影響には、「家族が離れ離れになることによる情緒不安定」「外遊びの制限による体力の低下・ストレス・体重増加」等の意見が多い。子どもの将来の健康への影響に対しては、継続的な検査による早期発見と予防が適切に実施されることが望まれる。

一方、母親への健康影響は、放射能汚染に起因する不安・ストレスが精神健康の低下に表れてきている。子どもの健康および差別への不安、人間関係から感じるストレス、経済的負担によって生じるフラストレーションを原因とする愁訴・体調不良などが指摘されている。

以上の結果から、避難区域に隣接する地域における原発事故の影響は依然深刻であり、原発事故の影響が慢性化していることがわかる。こうした意味で、今なお終わらない被災の時間が続いていることを示している。

**付記**　本研究は科学研究費助成事業（15H01971）の研究成果である。

## 注

（1）Erikson, K., 1994, *A New Species of Trouble: The Human Experience of Modern Disasters*, W. W. Norton & Company.

（2）Bromet, E. J., 2014, Emotional consequences of nuclear power plant disasters, *Health Physics*. 106(2): 206-10.

（3）これらの市町村は、「避難区域外」の自主的避難等対象区域である。避難区域より放射線量が低いが、局所的なホットスポットは存在する。

（4）成元哲・牛島佳代・松谷満・阪口祐介編、二〇一五、『終わらない被災の時間——原発事故が福島県中通りの親子に与える影響』石風社を参照。

（5）Eagle, G. & Kaminer, D., 2013, Continuous Traumatic Stress: Expanding the Lexicon of Trau-matic, *Peace and Conflict: Journal of Peace Psychology*. Vol.19, No.2, 85-99.

# 復興の「ものさし」にみる宮城県内被災者の生活復興過程

佐藤翔輔

## はじめに

長期にわたって被災者・被災地に影響を与える大災害の場合において、被災者や被災地の『今』の現状と課題」をモニタリングすることは、被災者・被災地の全体像把握や適切な支援において重要であることはいうまでもない。一九九五年阪神・淡路大震災や二〇〇四年新潟県中越地震といった過去に発生した大規模災害についても、被災自治体や学術機関によって、郵送質問紙調査にもとづく継続的なモニタリングがなされてきた(1,2)。

著者は、以上のような問題意識のもと、東日本大震災の被災地の一部である宮城県沿岸市町に居住していた被災者を対象に、東北大学災害科学国際研究所(震災発生当時は東北大学大学院工学研究科附属災害制御研究センター)と宮城県を中心とする地元新聞社である河北新報社と合同で質問紙調査を二〇一二年一～二月、二〇一三年一～二月、二〇一四年一～二月、二〇一五年一～二月、二〇一六年一～二月と発生から五年間計五回継続してきた。本稿で

表１　調査の概要

| | 対象 | 調査法 | 回収標本数 | |
|---|---|---|---|---|
| 1年後調査 | プレハブ仮設住宅入居世帯 | 訪問面接調査法 | 1,097 | 1,097 |
| 2年後調査 | プレハブ仮設住宅入居世帯 | 訪問面接調査法 | 1,150 | 1,150 |
| 3年後調査 | プレハブ仮設住宅入居世帯<br>(2年後調査の継続同意世帯) | 郵送調査 | 354 | 4,356 |
| | モニター世帯のうち被災世帯 | インターネット調査 | 4,002 | |
| 4年後調査 | プレハブ仮設住宅入居世帯<br>(2年後調査の継続同意世帯) | 郵送調査 | 255 | 3,253 |
| | モニター世帯のうち被災世帯 | インターネット調査 | 2,998 | |
| 5年後調査 | プレハブ仮設住宅入居世帯<br>(2年後調査の継続同意世帯) | 郵送調査 | 188 | 3,470 |
| | モニター世帯のうち被災世帯 | インターネット調査 | 2,998 | |
| | 復興公営住宅入居世帯 | ポスティング調査 | 284 | |

は、五年間の調査にみられる宮城県沿岸の被災者の生活復興の状況について、先行研究で開発・利用されている、いくつかの「ものさし」で概観する。また、筆者らは、宮城県名取市において、名取市と共同で、別途の調査を実施しており全被災者を対象とした関連する趣旨の悉皆調査を行っているため、併せて本稿で紹介する。

## 一　調査の方法

**表1**に、過去五回の調査の概要を示す。一年後調査では、宮城県沿岸一二市町（沿岸市町：気仙沼市、南三陸町、石巻市、女川町、東松島市、七ヶ浜町、多賀城市、仙台市、名取市、岩沼市、亘理町、山元町　※松島町、塩釜市、利府町は除く）に存在するプレハブ仮設住宅居住世帯を対象にした。調査は、質問紙を用いた調査員による訪問面接調査法によって行った。該当市町のプレハブ仮設住宅エリアにおいてランダムに対象世帯を設定し、往訪のうえ調査依頼を行った。性別、年齢層別のクォータ法に準じた依頼・回収活動を行ったが、調査期間中に可能な範囲の対応となり、若年層において割り付けが一様でないことに留意されたい。二年後調査でも、ほぼ同様の

調査法を実施した。以降、調査対象者を固定して継続的にモニタリングするパネル調査の形式にするために、調査のおりに「継続調査同意」を付随して取り付ける方法をとった。一一五〇世帯回収のうち、継続調査に同意した世帯は六〇一世帯（五二・三％）であった。三年後調査では、継続調査同意世帯については、訪問面接調査法から郵送調査法に移行した。また、継続調査同意数がおよそ半分にしか満たなかったため、以降のパネル調査での回収数が徐々に減少していくことを見込んで、この時点で調査対象数の大幅な補塡を図った。具体的には、実査支援機関であるサーベイリサーチセンター社で調査可能な登録モニターを対象に加え、インターネット調査によって行った、登録モニターのうち、津波もしくは地震（揺れ）によって一部損壊以上の罹災判定を受けたモニターを対象にした。三年後調査では、継続調査同意世帯のうち実際に回答した世帯と、インタビュー調査による回収数を合わせ、四三五六票となった。四年後調査は、三年後調査の方法を踏襲し、全部でそれぞれ三二五三票となった。さらに、五年後調査では、災害公営住宅への入居が県内で進んだことから、任意の災害公営住宅へのポスティングによってもサンプル数を補完した。

## 二　調査の内容

調査の内容（設問）は、こころとからだのストレス程度、テーマ別の不安の程度、世帯の収入の変化、生活復興感、国に求める支援、地域の復旧・復興状況（主観的評価）などがある。これらの多くは、毎年同じ設問で問うている。一部、各調査においては、毎年異なる設問を設置しており、一年後調査では震災発生数カ月間の生活実態、二年後調査では今後の津波避難の方針、三年後調査では自由回答で「あなたがこの一年で一番良かったと思うこと」、四年後調査と五年後調査では自由回答で「現在（二〇一五年一月）、あなたにとって「生活再建を進める

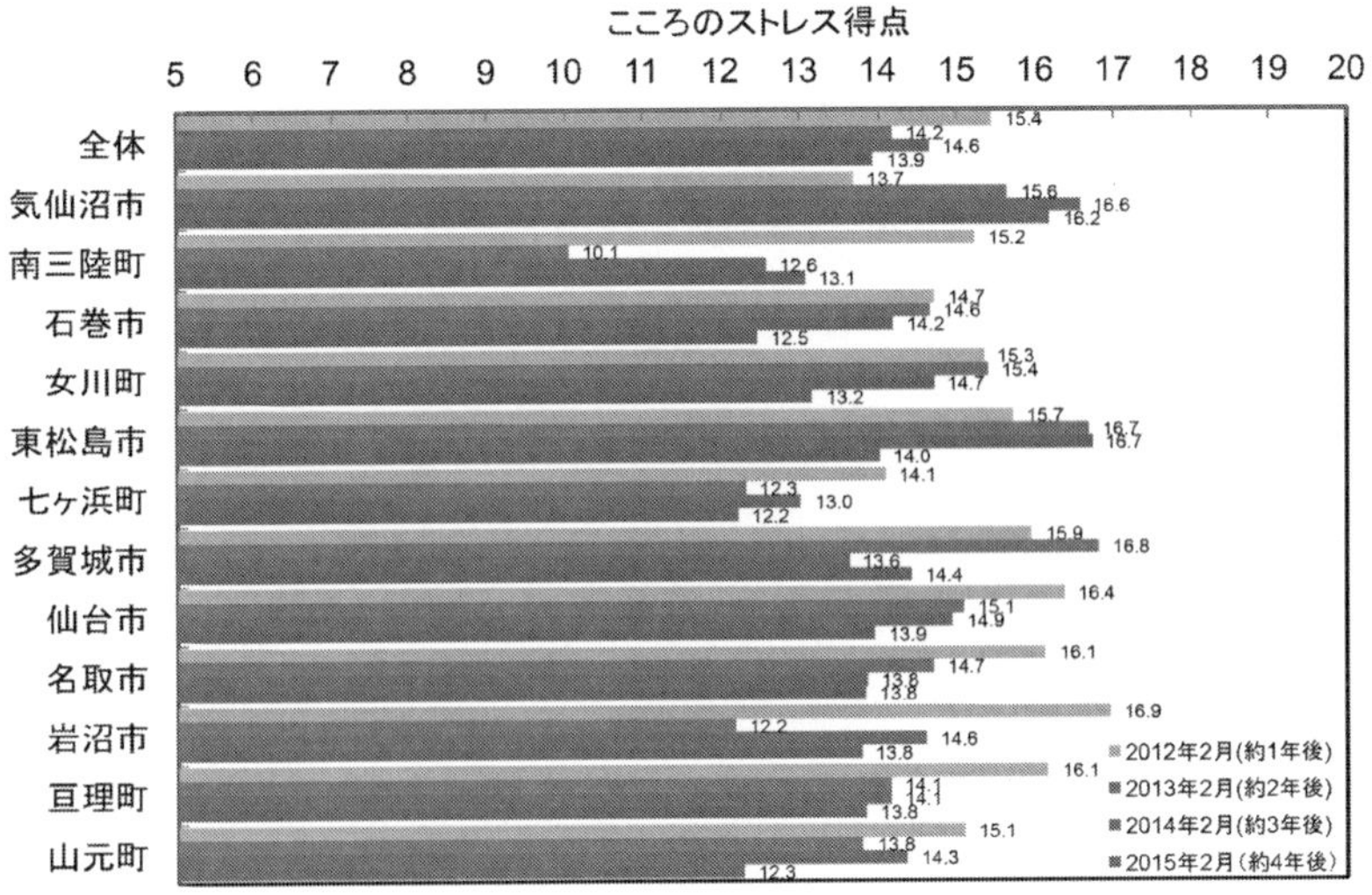


**図1　こころのストレス得点の経年変化**（パネル回答のみ）

上で重要だと思うこと」は何ですか」を問うた。

## 三　こころとからだのストレス

**図1**にこころのストレス得点の経年変化を、**図2**にからだのストレス得点の経年変化を示した。「あなたは、最近一カ月の間に、次のような「こころとからだの状態」を、どのくらい体験しましたか」という設問を、「一.まったくない」「二.まれにあった」「三.たまにあった」「四.たびたびあった」「五.いつもあった」の五段階で問う（単一回答）ものである。「こころとからだの状態」に関する項目として、「こころ」は「気持ちが落着かない」「寂しい気持ちになる」「気分が沈む」「次々とよくないことを考える」「集中できない」「何をするのもおっくうだ」の六項目で、「からだ」は「動悸がする」「息切れがする」「頭痛、頭が重い」「胸がしめつけられるような痛みがある」「めまいがする」「のどがかわく」の六項目である。**図1**と**図2**に示しているのは、各回答者について、選択肢の番号を「こころ」と「から

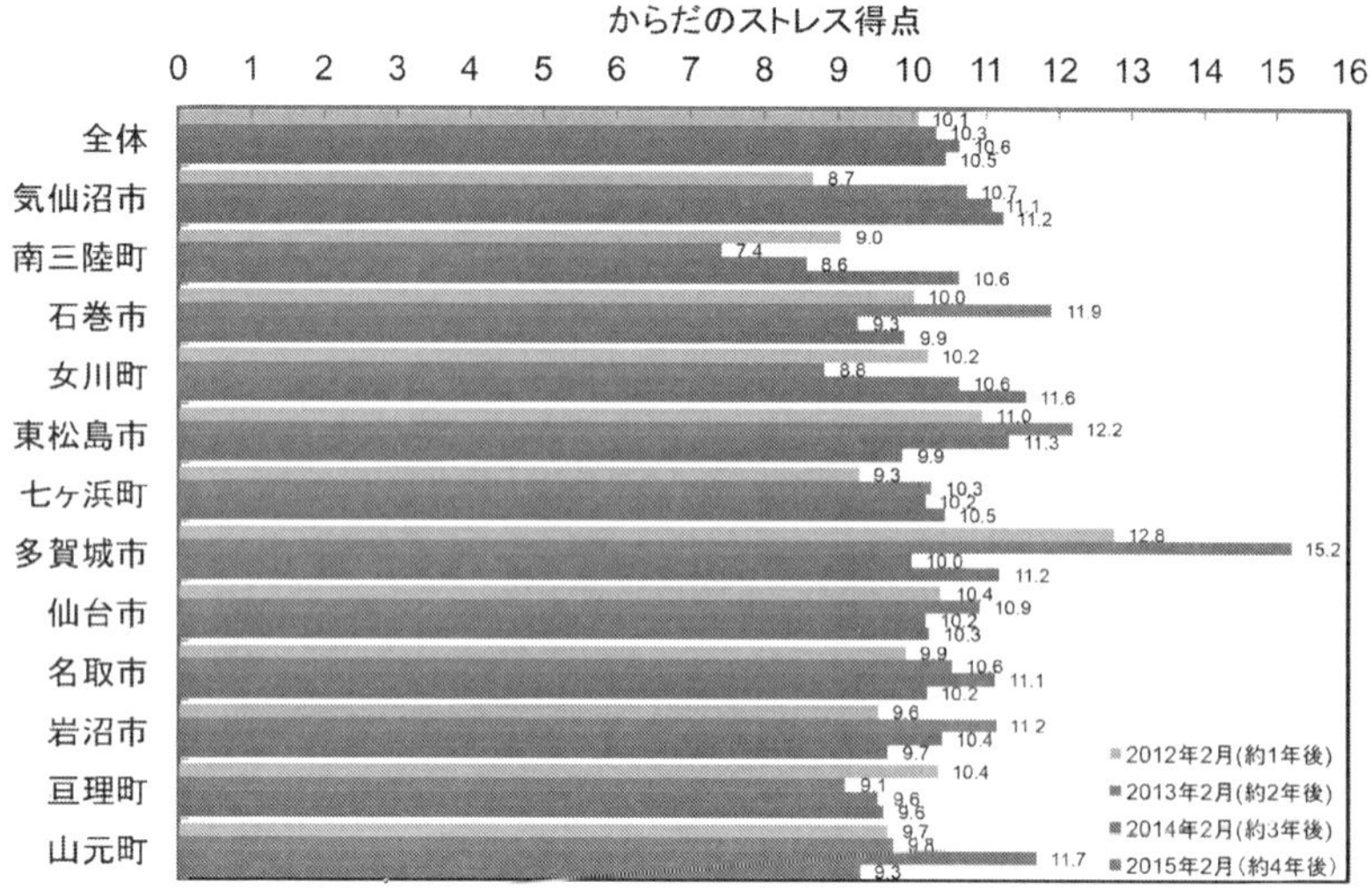


**図2　からだのストレス得点の経年変化**（パネル回答のみ）

だ」のそれぞれで平均値をとり、全体や市町の代表値として、さらに平均値を求めたものを調査年ごとに示している。なお、五年後調査については、諸般の事情で、同設問を問うことができなかったので、一年〜四年後調査の結果を示している。さらに、二年〜四年後調査の結果は、同期間すべて回答した被災者によるパネル回答データになっている（N＝二五五）。一年後調査のデータは、パネル回答ではないが、参考値として示している。

全体の平均値をみると、三年後から四年後にかけて、こころとからだのいずれのストレス得点も減少していることがわかる。こころのストレス得点でみれば、一年後から四年後にかけて全体的な減少のトレンドがあることもみて取れる。調査対象地全体でみれば、こころやからだのストレスは改善傾向にあると読み取れる。一部の自治体では、四年後の段階で、からだのストレス得点が上昇しているものの、この四年間で最大値となることはない。多くの自治体で、震災発生から二年後もしくは三年後に、こころやからだのストレスが最大となるのが特徴的である。

## 四　生活復興感

図3に、生活復興感得点の経年変化を示す。生活復興感は、「生活の充実度」「生活の満足度」「一年後の生活の見通し」の三つに関する質問項目からなる。[1]「生活の充実度」は、「あなたは、現在の生活を、震災前の生活に比べてどのように感じておられますか。あてはまる番号に○をつけてください」として八項目をあげて、「一．かなり減った」「二．少し減った」「三．変わらない」「四．少し増えた」「五．かなり増えた」の五段階評定で質問している。その八項目は、「忙しくて活動的な生活を送ることは」「自分のしていることに生きがいを感じることは」「まわりの人びととうまく付き合っていくことは」「日常生活を楽しく送ることは」「自分の将来を明るいと感じることは」「元気ではつらつとしていることは」「家で過ごす時間は」「仕事の量は」からなる。「生活の満足度」は、「あなたは、現在、次にあげることがらについて、どの程度満足されていますか。それぞれの質問を読み、あてはまる番号に○をつけてください。（○は一つずつ）」として六項目をあげて「一．たいへん不満である」「二．やや不満である」「三．どちらでもない」「四．やや満足している」「五．たいへん満足している」の五段階評定で質問した。その六項目は「毎日のくらしに」「ご自分の健康に」「今の人間関係に」「今の家計の状態に」「今の家庭生活に」「ご自分の仕事に」からなる。「一年後の生活の見通し」については、「一年後のあなたを想像してください。あなたは、今よりも生活がよくなっていると思いますか、どうですか。あなたの印象にあてはまるもの一つに○をつけてください」として、「一．かなり良くなる」「二．やや良くなる」「三．かわらない」「四．やや悪くなる」「五．かなり悪くなる」の五段階評定で質問した。これらの選択肢の番号を得点として、総和することで、生活復興感を得点として表すことができる（得点化の際、「一年後の生活の見通し」の番号を逆転させることに留意）。これまで、阪神・淡路大震災、新潟県中越地震、中越沖地震の被災者に対しても同様の測定が行

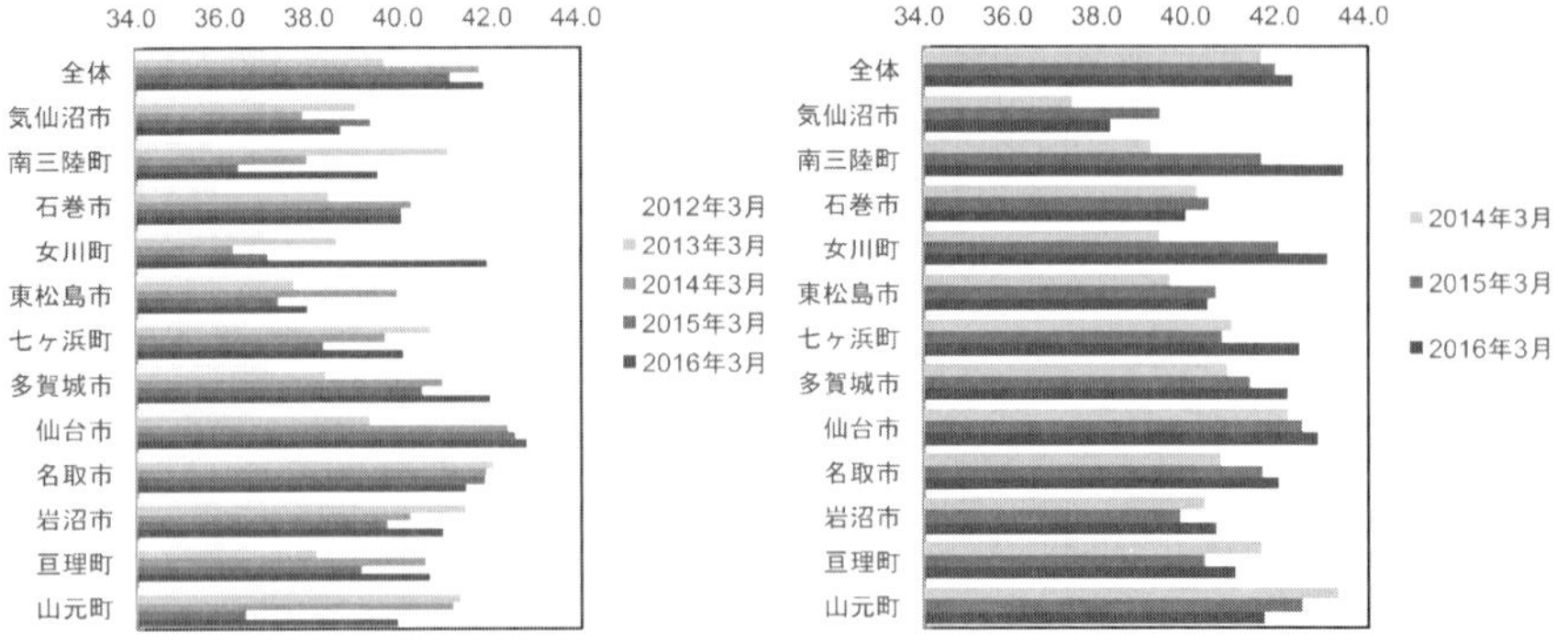


**図3　生活復興感得点の経年変化**（左：全データ、右：パネルデータのみ）

われており、高い安定性が確認されている。(1)

**図3**には、二種類の結果を示している。左は、パネルデータではなく、毎年の調査のサンプルをすべて用いて計算した結果である（一年後N＝一〇九七、二年後N＝一一五〇、三年後N＝四三五六、四年後N＝三二五三、五年後N＝三四七〇）。右は、三年後〜五年後にかけてすべて回答を行ったサンプルを対象にしている（N＝一八六八）。

いずれも全体（図の一番上）は、時間経過とともに生活復興感が上昇傾向にあることがわかる。ところが、被災市町別でみると、すべての市町で上昇傾向がみられるわけではない。左（全データ）と右（パネルデータのみ）の両方で同じ傾向を示す市町に着目すると、次のような傾向がみえる。仙台市、多賀城市、女川町ではおおむね上昇傾向が、山元町では下降傾向がみられる。さらに、全体よりも生活復興感がおおむね高い傾向を示したのが仙台市、多賀城市、名取市、低めの傾向を示したのが石巻市、気仙沼市、東松島市となっている。復興に対する被災者の主観的評価において、宮城県内では、仙台都市圏の仙台市と多賀城市が総じて良好であることがわかる。宮城県北の沿岸では、県南に比べて被害が甚大だったせいか、生活復興感がやや低く評価されている。とくに、石巻市は、東日本大震災において、人的・物的な被害が被災市町の中でもっとも甚大であった。阪神・淡路大震災において同様の指標で評価とその詳細な分析が行われた先行研究では、生活復興感に対して住まいの被害程

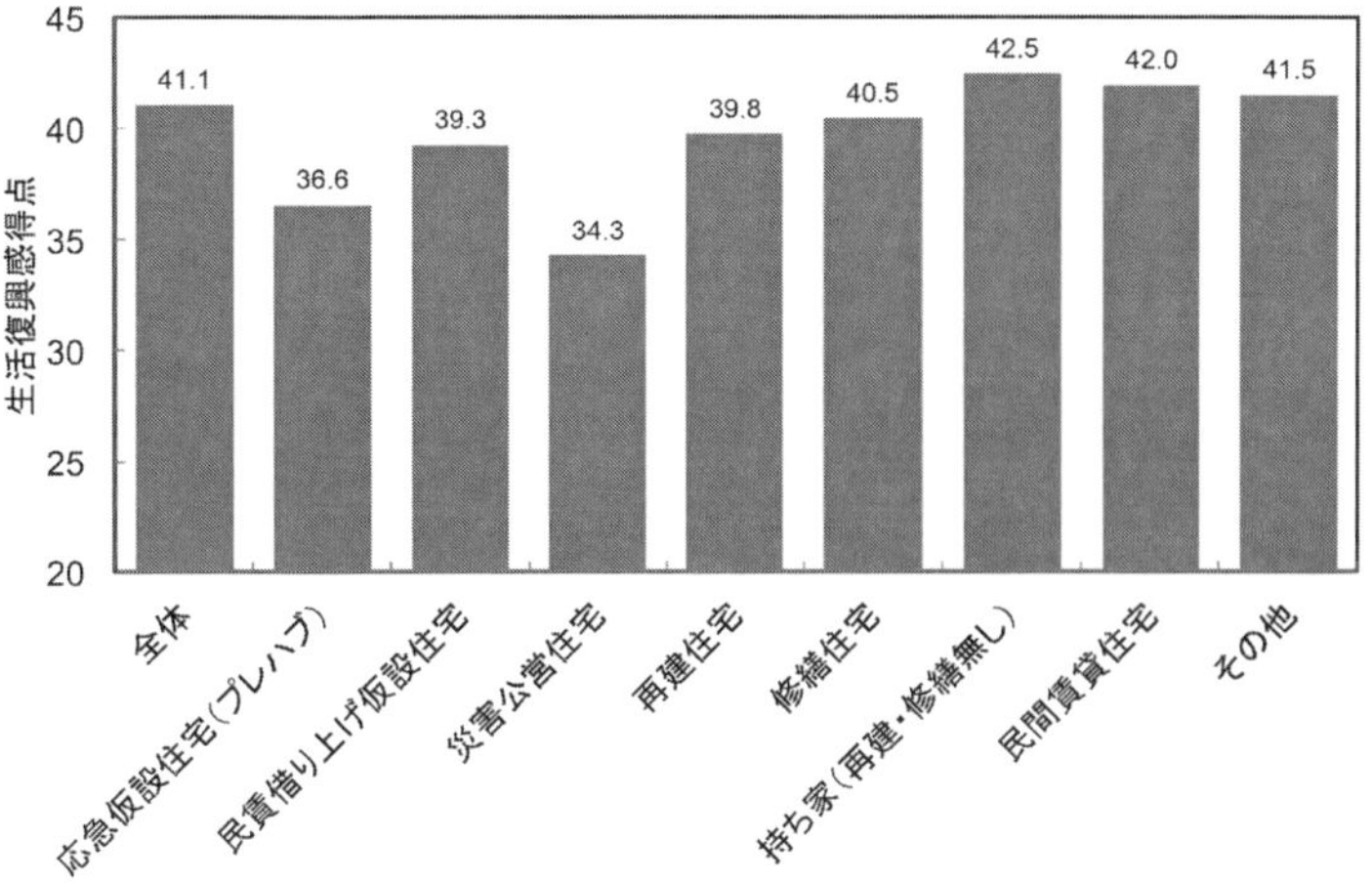


**図4　4年後調査における住まい形態別にみた生活復興感**

度が負の影響をもたらすことが知られており、この傾向と整合しているといえる。

本調査データにおける生活復興感の高低に及ぼす影響の分析は今後の課題であるが、宮城県内だけをみても、復興の主観的評価に被災市町のあいだで大きな差があることがわかる。

**図4**に、住まい形態で生活復興感得点を比較した結果を示す（四年後調査）。図の一番左側にある「全体」は、全サンプルの平均を表す。相対的に生活復興感得点が低い住まい形態として、プレハブの応急仮設住宅と災害公営住宅が挙げられる。災害公営住宅は、仮設住宅から住まいを変更してきた被災者が多く住んでおり、そういった意味で「仮設住宅を退去」という、再建された住まいという位置づけもあるにもかかわらず、生活復興感得点がプレハブの応急仮設住宅よりも低いだけでなく、住まい形態の中でももっとも低い値を示した。災害公営住宅を選択する被災者の傾向として、もともと経済面や健康面、年齢が高齢であるなど、自力での再建が困難な人であり、そのような被災者が集中して住まうために生活復興感得点が著しく低い値を示したと考えられる。

着目すべき点として、民賃借り上げ仮設住宅は、再建住宅や修繕住宅と、ほぼ同等の生活復興感得点を示していることが挙げられる。東日本大震災では、民間賃貸住宅を被災県が借り上げることによって、応急仮設住宅と「みなして」供与する制度がはじめて大規模に採用された（みなし仮設住宅とも呼ばれる）。民賃借り上げ仮設住宅は、普段使いされている民間賃貸の集合住宅や戸建住宅であり、「空間的には平時」の中に存在する住宅である。このような状況が、再建住宅や修繕住宅と生活復興感があまり変わらない背景にあると考えられる。

## 五　生活復興過程感

先行研究では、前記の生活復興感のほかに、「生活復興過程感」という尺度で評価することも試みられている。この設問は、「これから、どのように暮らしていけば良いのか、そのめどが立っている」「「生きることには意味がある」と強く感じる」「その後の人生を変える出会いがあった」「自分が被災者だと意識しなくなった」を「一．まったくそう思う」「二．どちらかと言えばそう思う」「三．どちらとも言えない」「四．どちらかと言えばそう思わない」「五．まったくそう思わない」の五段階択一で問うものである。

**図5**に、生活復興過程感の問いを集計した結果を示す。「一．まったくそう思う」「二．どちらかと言えばそう思う」を合わせた割合（「そう思う割合」）がもっと高いのは「「生きることには意味」がある」で、全体の四六・五％と約半分であった。これは、東日本大震災という万人規模が犠牲者になった災害において、回答者が「生き残った被災者」であることが強く影響しているものと考えられる。この後に、「自分が被災者だと意識しなくなった」「これから、どのように暮らしていけば良いのか、そのめどが立っている」と続き、もっとも「そう思う」割合が低いのは「その後の人生を変える出会いがあった」となった。

この中で、主観的な生活復興をもっとも強く反映する項目として「自分が被災者だと意識しなくなった」に着

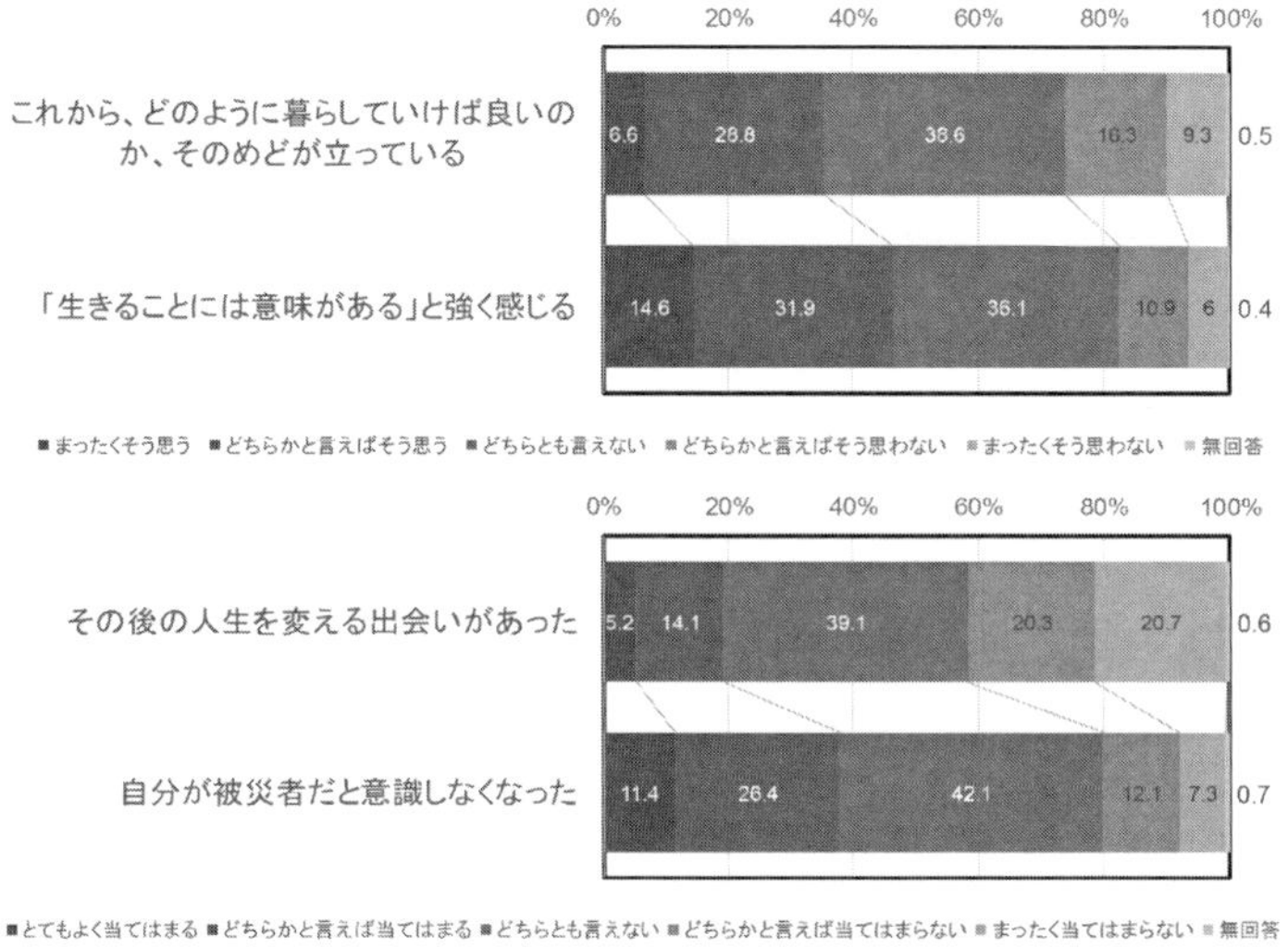


図5　生活復興過程感（5年後調査）

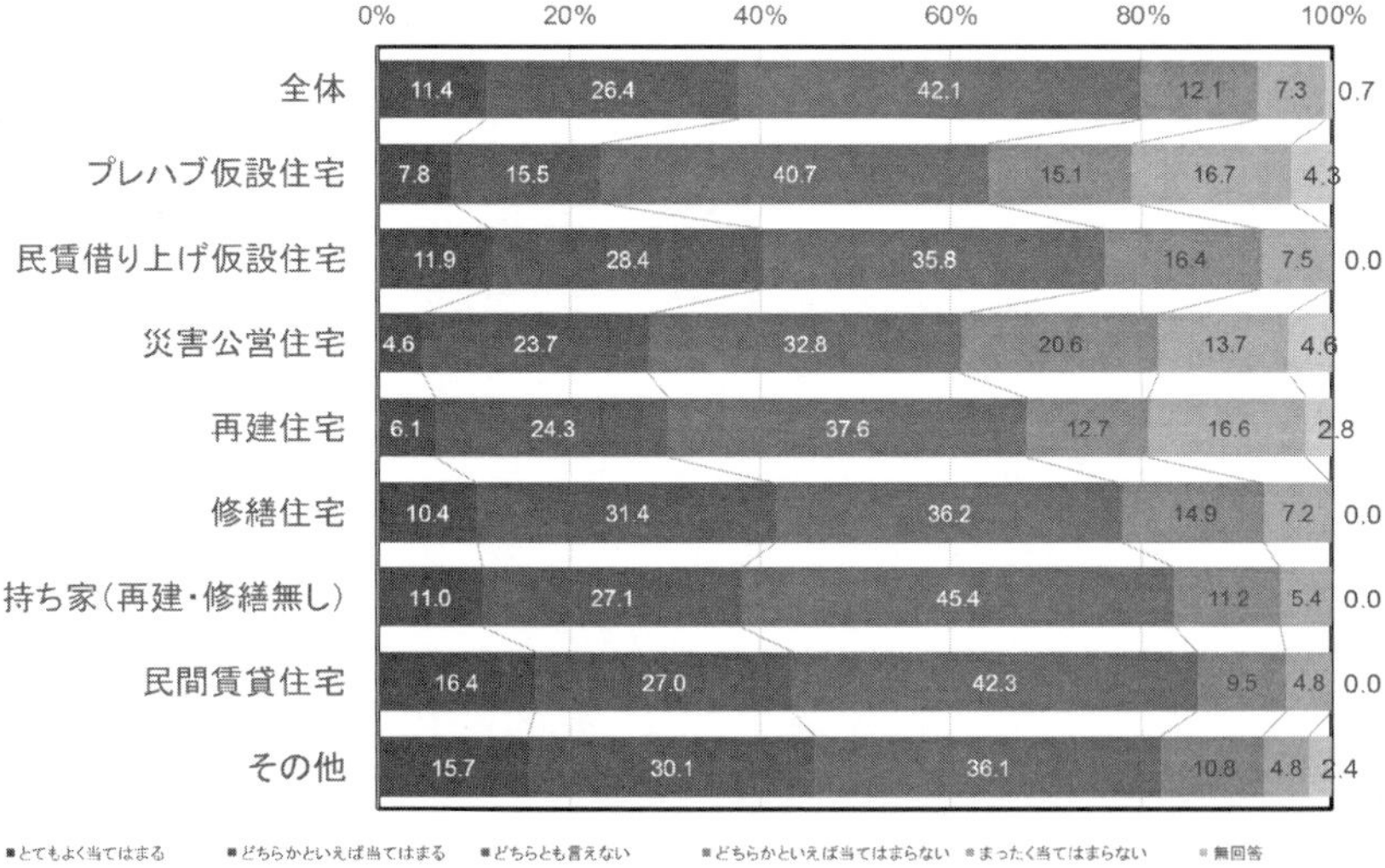


図6　「被災者だと意識しなくなった」回答者の割合

目し、住まいの形態別に内訳をみた結果を図6に示した。ここでも「とてもよく当てはまる」「どちらかと言えば当てはまる」の合計でみてみると、図4で住まい形態別に生活復興感得点を比較した際と同様に、プレハブ仮設住宅や災害公営住宅で「当てはまる」の割合が相対的に低くなっており、プレハブ仮設住宅と災害公営住宅が「災害を受けて特別に設置された建物」に住んでいるか否かが、被災者であるか否かという意識に強く影響していることが考えられる。図6（当てはまる）で、図4（生活復興感）と異なる傾向を示したのは「再建住宅」である。図4では、再建住宅は民賃借り上げ仮設住宅や修繕住宅とほぼ同等の値を示した。一方、図6では、再建住宅の「当てはまる」の割合は、民賃借り上げ仮設住宅や修繕住宅よりも一〇％程度少ない傾向を示している。再建住宅に居住する被災者は、「再建」に多大な費用を投じており、ローンを抱えている例も大いにある。この住まいの再建にともなう多大な負担が「被災者でないと思えない」ことに強く影響していることが考えられる。

## 六　生活再建七要素

阪神・淡路大震災の被災地である神戸市において、市民を対象にしたワークショップが開催され、「あなたにとって生活の再建を進める上で大切なことは何ですか？」という問いに対して回答されたカードが整理されたところ、これらは「すまい」「つながり」「まち」「こころとからだ」「そなえ」「くらしむき」「行政とのかかわり」の七種類に集約された(3)。これは、「すまいがもとに戻ってこそ生活再建」「人と人のつながりがもとに戻る、あるいは新たに作られないと自分の生活がもとに戻ったとは思えない」「まちの復興ができない限り、個人の生活の再建は無理だ」「こころとからだのストレスが緩和されてはじめて自分にとっての生活再建だ」「次の災害へのそなえができて、安全で安心できるまちになることが生活の再建の重要な要素だ」「職業や家計、なりわい、くら

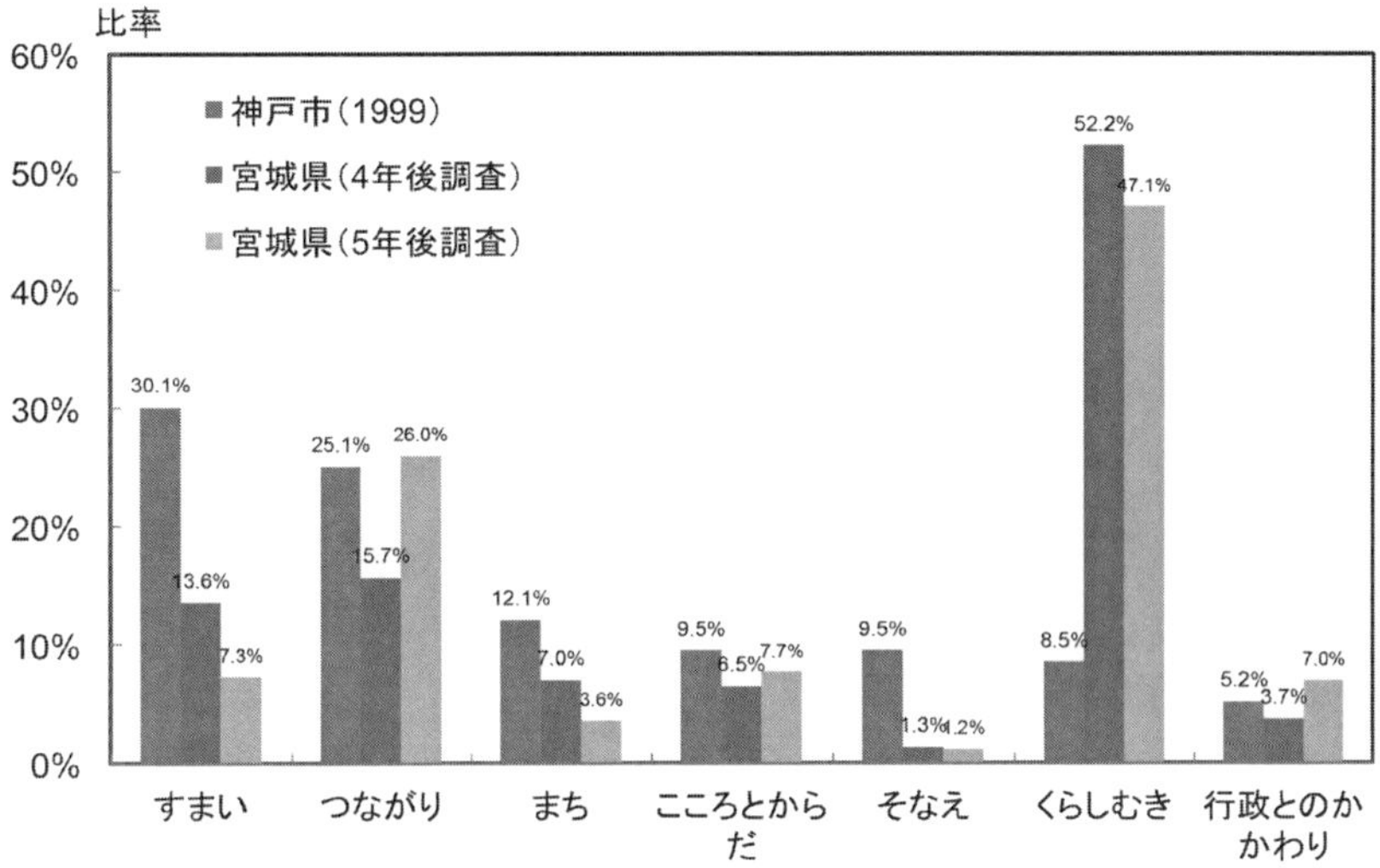


**図7　生活再建7要素のカード・回答の分布**

しむきが安定することが生活の再建だ」「このような生活の再建を進めていく上で、行政はどのように被災者を支援すればいいのか」といったことを表しており、生活再建七要素モデルといわれている。なお、阪神・淡路大震災の神戸市においては、この順序がカードの多い順序であり、「すまい」と「つながり」が全体の約半数を占めていた。

四年後調査と五年後調査において、同様の趣旨を問うものとして「あなたにとって「生活再建を進める上で重要だと思うこと」は何ですか？」という問いを自由回答形式で求めた。得られた回答については、複数の内容が書かれているものについては、分かち書きを行い、生活再建七要素ごとに自由回答（カード）を整理していった。その結果を**図7**に示す（神戸市：N＝一六一二、宮城県四年後調査N＝二四二一、宮城県五年後調査N＝三四四〇）。

阪神・淡路大震災（神戸市、一九九五年、四年後）では、「すまい」がもっとも多かったのに対して、東日本大震災（宮城県）では、「くらしむき」が突出して多くなっていることがわかる。これには、次のような原因が考えられる。まず、「時代」に関する原因である。阪神・淡路大震災が発生した頃は、わが国はバブル崩壊後であるが、人口やGDPはやや上昇傾向にあった。一方、東日本大震災発生の直前や直後は、人口・GDPともやや下降傾向を示している。次に「場所」に関する原因である。宮城県において、津波で被災した地域は、沿岸部であり、宮城県における重要産業である漁業・水産加工業に影響を及ぼしている。これらの、経済的な背景や経済への直接的な影響があったことが「くらしむき」という、職・雇用や金銭的な要素が「生活再建にとって最も重要なもの」として浮かびあがったと考えられる。

## おわりにかえて――名取市における民賃借り上げ仮設住宅居住者の生活復興過程

ここまでの中でも述べてきたが、東日本大震災における被災者の住まい形態として、民賃借り上げ仮設住宅は、同震災ではじめて大規模に採用されたものであり、特徴的な制度である。図8〜図10に名取市において、実施された被災者の見守り活動の訪問履歴を地図化したものを三種類示す。[5] 図8をみると、北は北海道、南は九州・熊本県にまで及んでいるほか、関東圏、山形県、福島県、新潟県に多い。宮城県外の居住者に対しては直接訪問を行っているわけではなく、電話によって聞き取りを行っている。図9の宮城県内の訪問対象世帯の分布と図10の名取市内の訪問対象世帯の分布は、特定の位置をぼかす意図でカーネル密度推定によって示している。名取市がもっとも高い密度を示しており、近隣の仙台市にも多い（図9）。気仙沼市、大崎市など、県内でも五〇キロメートル以上離れた場所にも訪問対象世帯が位置している（図9）。名取市内であっても広範囲に、被災者が分散して住んでいることがわかる。これまでの災害においては、プレハブ仮設住宅に対する見守り活動が実施されている。このような場合においては、プレハブ仮設住宅の域内や周辺にサポートセンター機能や支援員が常駐することで活動が行われてきた。そのうえで、名取市のように域内外に分散する民賃借り上げ仮設住宅の被災者、住宅再建

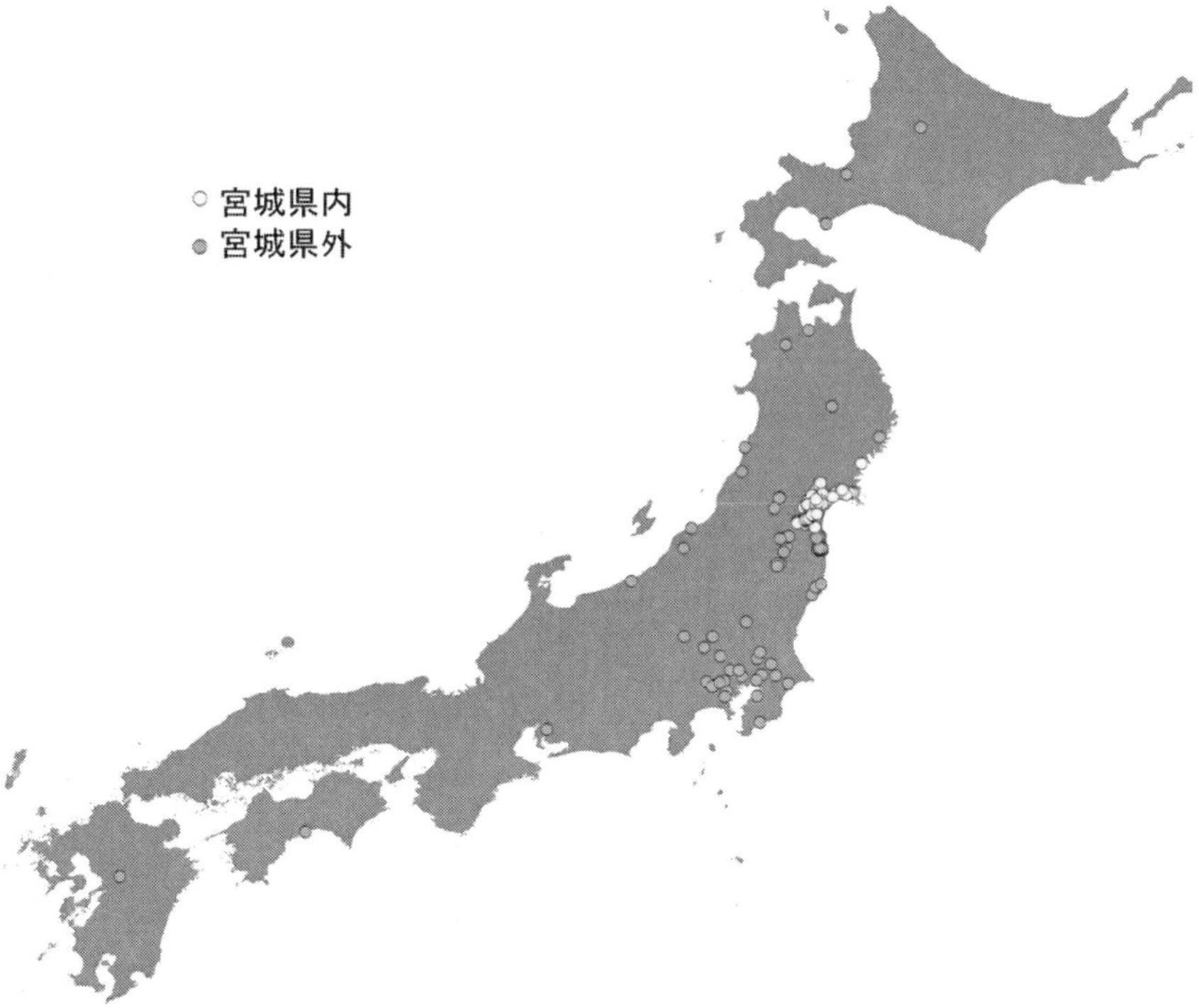


図8　全国における名取市の被災者の分布

（全国、被災者「見守り活動」の電話対応記録から作成）

が済み新しい住居をかまえた被災者への見守り活動は、まさに手探りの状況の中で行われている。

**図11**と**図12**に、名取市の被災者に対して生活復興感を評価した結果を、プレハブ仮設住宅と民賃借り上げ仮設住宅の居住者に分けて示す(4)。この結果は、名取市が筆者らと共同で実施した全被災者を対象にした悉皆調査にもとづいている。応急仮設住宅（プレハブ、みなし）に居住する全世帯で、調査時点で満一八歳以上の個人を対象にしている。調査は二〇一五年一月一三日～三月四日で、七二・二％回収された。**図11**と**図12**は、それぞれ、回答者が単身高齢者であるか否か、回答者世帯の中に障がい者

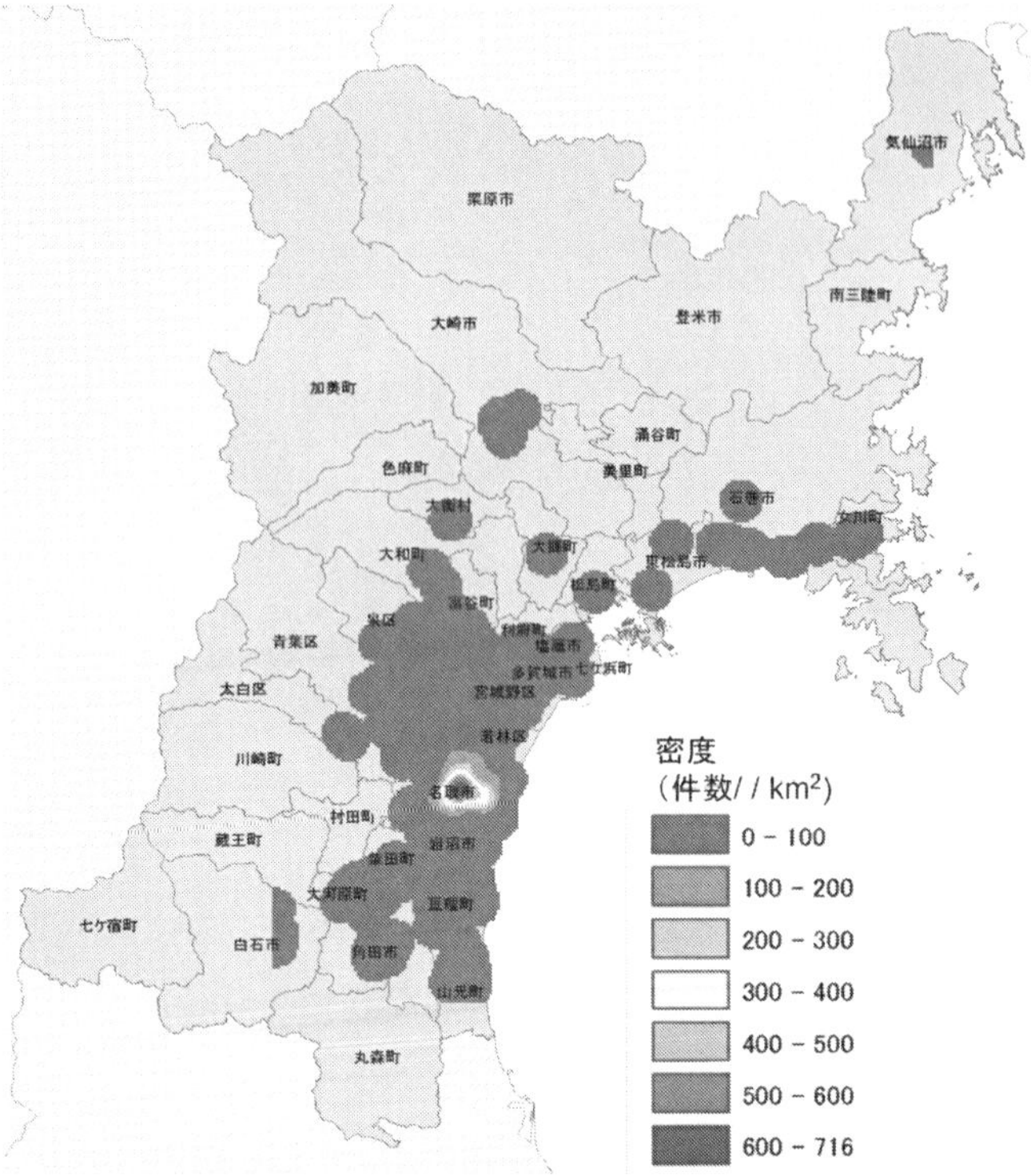


**図９　宮城県における名取市の被災者の分布**

（宮城県内、被災者「見守り活動」の訪問対応記録から作成）

がいるかいないかで区分している。第四節では、住まい形態別にみた生活復興感として、プレハブ仮設住宅に比べて民賃借り上げ仮設住宅のほうが高い値を示したことを述べた。**図11**と**図12**でも、単身高齢者でない場合、また、世帯に障がい者がいない場合は、同様に民賃借り上げ仮設住宅の居住者の生活復興感は高い。一方で、これが単身高齢者である場合、世帯に障がい者がいる場合には、プレハブ仮設住宅と民賃借り上げ仮設住宅で生活復興感の評価が逆転する。多くの被災者にとって、プレハブ仮設住宅、「いわゆる仮設住宅」よりも、民賃借り上げ仮設住宅のほうが生活復興感を高めるうえで重要であったのに対し

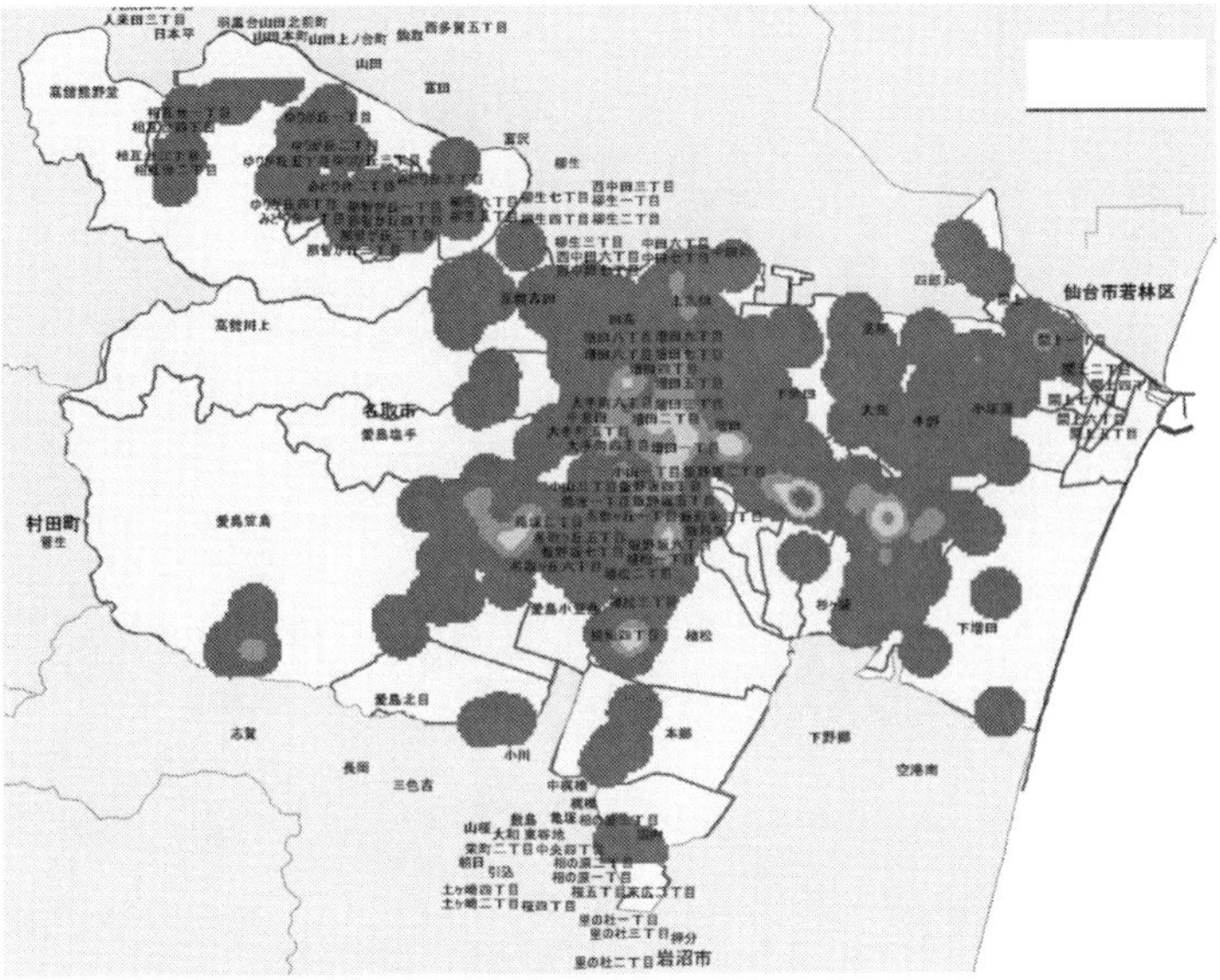


**図 10　名取市の被災者の分布（名取市内）**

（名取市内、被災者「見守り活動」の訪問対応記録から作成）

て、普段の生活に支障がある単身高齢者や障がい者にとっては、プレハブ仮設住宅のほうが重要であったことがわかる。**図8~図10**で示したように、民賃借り上げ仮設住宅は、広範囲に分散しているサポートが必要な被災者にとっては、プレハブ仮設住宅の環境の中で集中的な支援が受けられる環境に居住することが適しているといえる。

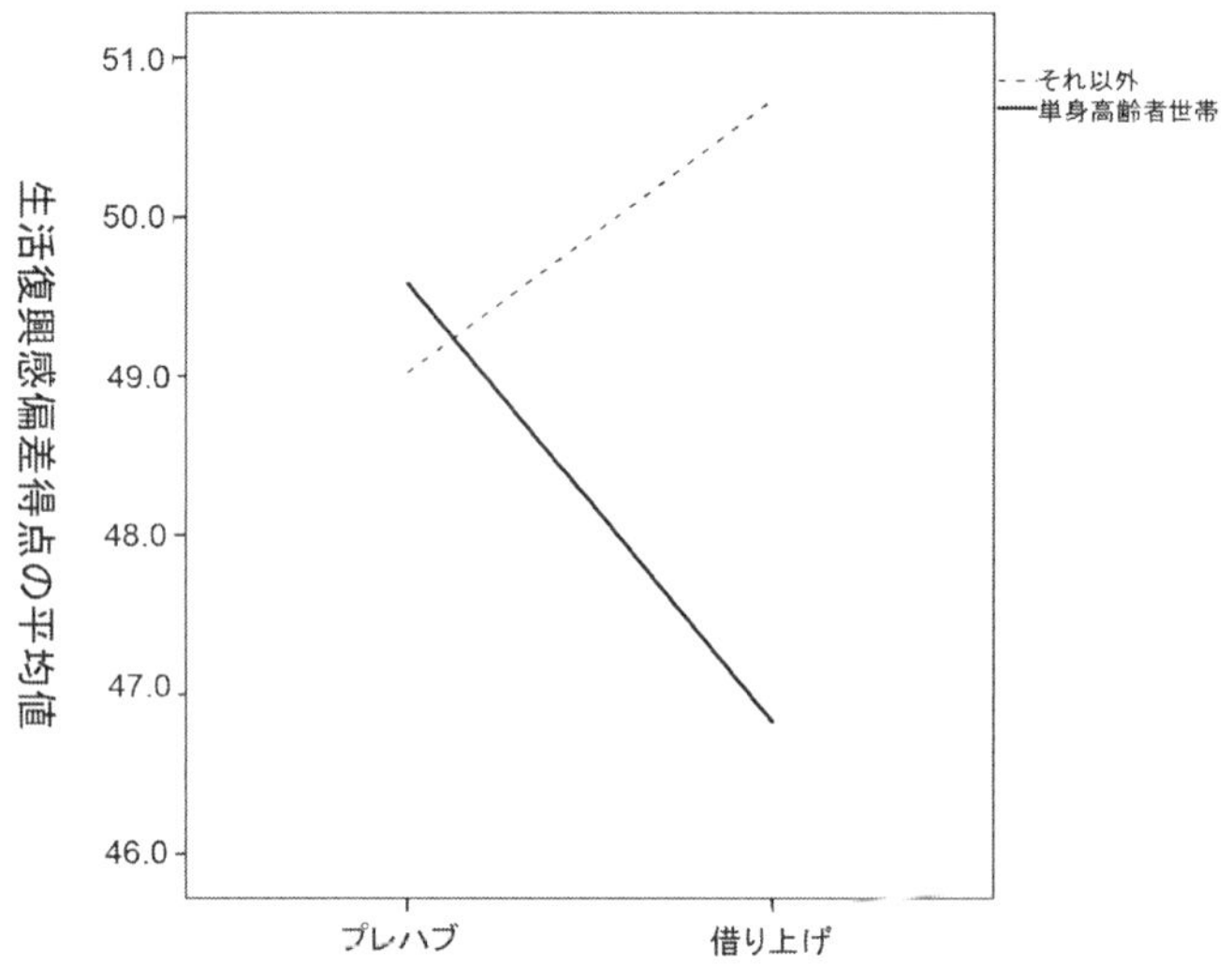


**図 11　名取市被災者における生活復興感**
（仮設住宅のタイプ別の単身高齢者世帯とそれ以外の世帯との比較）

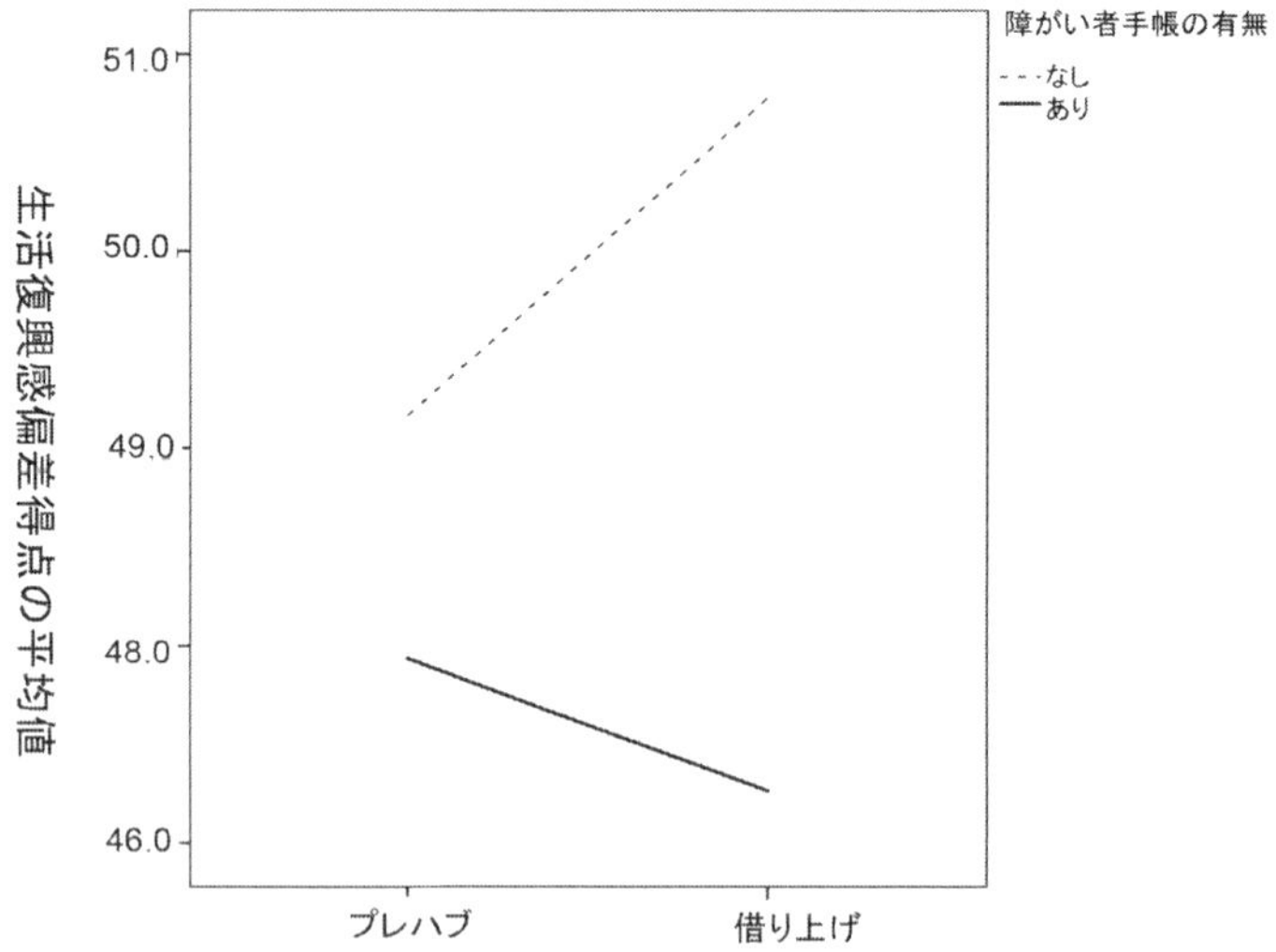


**図 12　名取市被災者における生活復興感**
（仮設住宅のタイプ別および障がい者手帳の有無別の比較）

**謝辞**　調査に協力いただいた被災者の皆様に心より感謝申し上げます。本調査は科学技術振興機構（一年後調査）、文部科学省委託事業南海トラフ広域地震防災プロジェクト（三～五年後調査）の支援を一部受けている。また、計五回の調査においては、株式会社サーベイリサーチセンター東北事務所から多大なサポートをいただいた。また、質問紙設計や各種指標の計算においては、同志社大学・立木茂雄教授、人と防災未来センター・松川杏寧研究員にご指導いただいた。なお、名取市における調査等は、名取市震災復興部生活再建支援課のご協力、ならびに（独）科学技術振興機構 戦略的創造研究推進事業（社会技術研究開発）「借り上げ仮設住宅被災者の生活再建支援方策の体系化」（研究代表者：立木茂雄）の助成を受けた。

**注**

（1）木村玲欧・林春男・田村圭子・立木茂雄・野田隆・矢守克也・黒宮亜希子・浦田康幸「社会調査による生活再建過程モニタリング指標の開発——阪神・淡路大震災から一〇年間の復興のようす」『地域安全学会論文集』第八号、四一五－四二四、二〇〇六

（2）木村玲欧・田村圭子・井ノ口宗成・林春男・浦田康幸「災害からの被災者行動・生活再建過程の一般化の試み——阪神・淡路大震災、中越地震、中越沖地震復興調査結果討究」『地域安全学会論文集』第一三号、一七五－一八五、二〇一〇

（3）立木茂雄『災害と復興の社会学』萌書房、二〇一六、二五〇

（4）復興の教科書、http://fukko.org/

（5）佐藤翔輔・立木茂雄・重川希志依・田中聡「名取市における「被災者見守り活動」の実態に関する一次的分析」『地域安全学会東日本大震災特別論文集』第三号、二〇一四、三三－三四

# 釜石市唐丹の集落復興プロジェクト第一幕

神田　順

## 一　復興への契機

津波で被災した釜石を最初に見て回ったのは、震災二カ月後の五月三日のことである。唐丹《とうに》の小白浜《こじらはま》が気になったのは、かつて学生のときに泊めてもらった家の記憶がそうさせた。一九七一（昭和四六）年四月、三陸海岸が見たくて唐桑《からくわ》半島から北山崎まで車で沿岸を回ったのであるが、たまたま父の仕事の関係の知り合いで、故藤巻徳三郎宅に一晩お世話になった。朝の食事前に、養殖しているワカメを採るのに舟で湾に出て、「松島は有名だけど、唐丹湾はそれに負けない美しさだ」という自慢を聞いた。用意された朝食は食卓一杯に皿が並び、いろいろに調理されたワカメの新鮮な味が驚きとともに印象に残っている。ふつうの若者らしく魚より肉を好んでいたのであるが、このときばかりは海の幸の豊かさと味に感激した。

津波の翌年の秋に亡くなった義母斎藤貞子は一関在住であったが、義父斎藤健治のルーツを教えてくれた。義父の祖母にあたる、ふくという人が小白浜で生まれたという。その母親は、いまも親戚付き合いのある尾崎白浜の前川家の出であるが、唐丹小白浜に嫁に来て娘を三人生んだが、父親が亡くなって子どもを連れてまた尾崎白浜に戻った、その三人のうちの一人である。なんだか因縁を感じさせるきっかけが、唐丹小白浜にある。

建築を学んで、研究としては建築構造の中で、とくに地震や風を設計でどのように扱うかということをテーマに三二年間、東京大学に籍を置いたのであるが、柏キャンパスに新領域創成科学研究科が立ち上がるのを機会に、工学の枠組みを取り払って、より幅広い視点で環境学の創成に携わった。具体的には建築構造安全論を環境学の枠の一つとして位置づけることに挑戦した。定年退職の一年前に東日本大震災に遭遇し、自分にできることは何かを考えることとなった。いってみれば環境学の実践でもある。

日本建築学会では農村計画分野の重村力（神奈川大学教授）がいち早く動いておられて、コンタクトを取った。五月一三日にはじめてフェイスブックを立ち上げて、東日本大震災への対応をスタートさせた。東京大学としては、もともと大槌町《おおつちちょう》に大気海洋研究所の国際沿岸海洋研究センターがあって、そこが被災したこともあり、多くの先生方が釜石にも応援に入っていた。少し離れた唐丹を対象にすることが自分の役割分担としても何となく自然に思えたこともある。これが復興プロジェクトの始点である。経験がないだけに、見て聞いて感じたことを書いておくことで、それをもとに行動を考えるということにもなるのであろう。

柏キャンパスでは社会文化環境学の空間環境形成論演習を担当し、研究科の創立時以来毎年、外部講師を呼んで、建築や都市の環境問題への取り組みを講義してもらっていたが、ちょうど大野秀敏研究室卒業生の平野彰秀が岐阜県の山奥の石徹白《いとしろ》集落のまちづくりに取り組む話を聞いた。その後、石徹白はみごとに活性化して、中山間地のまちづくりのお手本のようになっているが、農村と漁村の違いこそあれ、大都市経済圏と距離を置くかたちで、まちが持続可能となることについての根本は変わらない。津波はある意味で一過性の出来事であり、津波があろうがなかろうが、まちの再生へ向けてすべきことも変わらない。若い世代の取り組みに刺激をもらって、復興まちづくりに向けて具体的に動き出すこととなった。

## 二　津波被害調査

六月一八日から二一日にわたり、東京大学神田研究室として修士課程の学生三人と、釜石市唐丹町小白浜および尾崎白浜と佐須浜の三集落の津波被害調査を実施した（東京大学新領域創成科学研究科神田研究室「唐丹小白浜・尾崎白浜における建物の津波被害外観調査報告書」二〇一一年八月）。宿が気になったが、被災したもののすぐに営業を開始していた、釜石駅前のステーションホテルに宿泊できた。まだ市内や港には腐臭の漂っている状況であった。

一九日は八時三〇分から一六時五〇分まで、小白浜においてほぼ全数の建物について、その外観から無被害、軽微、小破、中破、大破、倒壊・流出の六区分の判定を行った。日本建築学会の被災判定区分を参考とし、四人で具体的に複数の建物を判定して基準の相互確認を行ったうえで地域を分担した。標高一五メートル程度の、かつての商店街通称シキッチ通りの、崖から下の約七〇棟のすべてが倒壊か流出している。集計結果は、全四一五棟に対して倒壊・流出一一六棟、大破二三棟、中破七棟、小破二〇棟、軽微四三棟となった。人命喪失はヒアリングにより二人とした。明治三陸津波で四六〇人、昭和三陸津波で六人という記録からすると、教訓は確実に生きているといえる。

標高一二・五メートルの防潮堤が、一〇億円の工費で一九九〇（平成二）年に完成しているが、その中央部分の五つのブロックが転倒している（**写真1**）。かつての川筋にあたり地盤が十分な強度を有しなかったと考えられるところで、複数回の越流が、想定以上の水圧作用に加え、越流水による地盤面の洗掘作用も働いたと考えられる。津波の勢いを弱めたということはいえるかもしれないが、越流しては防潮堤としての役割を果たせていない

**写真１　唐丹小白浜防潮堤被災の状況**（2011年６月）

ということである。

翌二〇日は、午前中に釜石湾側の尾崎白浜、午後は、そこから峠を越えた唐丹湾側の佐須浜を調査した。当時、瓦礫の処理が最優先で進められており、すでに大型ダンプが行きかっている。尾崎白浜の全二四一棟のうち、倒壊・流出五八棟、大破七棟、中破六棟、小破五棟、軽微二〇棟という結果であった。浜は緩やかな傾斜になっているが、休憩させていただいた前川宅がちょうど浸水限度で、車が浮き上がる状況であったという話を聴いた。佐須浜は、全六九戸ほどの小さな集落であるが、倒壊・流出二三棟、大破三棟を確認した。

二一日は、引き上げる前に、釜石市沿岸広域復興局の企画部と水産部を訪ねて、調査の概要をお伝えするとともに、復興現状のご説明をいただいた。防潮堤の復旧については、かなりの予算を要することもあり、どのようにするか検討することになっている。漁業復興については、舟の手配および補助に最大の対応を図っているとのことである。まちの復興については、細かい地域ごとに市としてヒアリングを行い、すでに二巡目に入っているという説明があった。しかし地域から自主的なまちづくりの声はなかなか聞こえてこないようである。

## 三　建築基本法制定準備会の提言

建築基準法の一九九八年改正以後、社会制度としての現行法制度に問題ありとの認識のもとで、二〇〇三年八月に、建築にかかわる専門家を中心に建築基本法制定準備会を立ち上げ、活動を展開しているが（神田順「建築基本法をつくろう」『建築ジャーナル』二〇〇九年四月から二〇一〇年二月までの連載、神田順『安全な建物とはなにか』技術評論社、二〇一〇）、復興のあり方についても、国の一律基準の展開の危惧をもって、会として次のような提言をとりまとめ公表した。

東日本大震災被害からの復興にあたっての提言

平成二三年八月九日

建築基本法制定準備会（会長：神田順）

1　自然の脅威に対する新たな知見の活用方法について

今回の震災からは、地震動の特性をはじめ、津波による破壊のメカニズム、地盤の液状化の実態など、自然の力の脅威について新たな知見が得られました。これらの知見を活用し、次の災害に備えるためには、画一的、強制的な規制によるのではなく、専門家の知識と能力を多面的に活用することが可能となるよう、学会や業界団体の指針やガイドライン等として整備することが必要です。

2　地域の特性に応じたまちづくりと建築基準等の考え方について

被災地の復興にあたっては、各地域の特性に応じたまちづくりと建築の実現ができるよう、必要な基準類は地域ごとの条例や協定によって定められるべきです。既往の建築基準法等との齟齬が生じる場合に、特区制度の適用などの柔軟な方法によって、地域の特性を反映した住民の総意の実現が優先されるよう立法的な措置を活用すべきと考えます。

3　復興に向けての専門家の知識と能力の活用について

復興計画の立案とその実践においては、地域住民への十分な情報公開と相互の意見交換に裏付けられた地域ごとの合意形成に基づいてなされるべきと考えます。この過程において有効な支援を行うため、まちづくりと建築にかかわる専門家の知識と能力が、それぞれの地域において機動的に活用される仕組みを早急に整備すべきであることを訴えます。

以上

その後、建築基本法制定準備会の幹事会での議論を重ね、唐丹地区の復興支援を実施する中から、さらに社会制度の議論を盛り上げようということになり、毎年、唐丹町小白浜において意見交換会を町会と連携し開催することにいたっている。

## 四　第一回意見交換会をばねに活動

建築基本法制定準備会からは、西一治と一一月三日、四日の二日間、釜石市の平田仮設、尾崎白浜、唐丹小白浜を訪ね地元の方々の声を聴き、九月の選挙で市議会議員に当選した木村琳蔵からはまちづくり基本計画なども送ってもらって議論を重ねた。東京でも復興まちづくりについてのさまざまな会合に顔を出した。一二月二三日には東京経済大学での報告会を聞き、自分なりに次のようなメモを作成した。

一　市単位の計画やキーワードをさぐると、漁業の復興の声があまりみえない。三陸復興の基本は、漁業である。
二　津波防災のソフトというが、漁村においては浜に山が迫っていることもあり、基本的に皆逃げられている。もちろん、あと一つ間違えばということはあったにせよ、逃げることは可能という実績が示されたことは大きい。
三　基本目標として、ぜひ「豊かな自然を生かすまちづくり」を入れるべきだろう。農業で当たり前に行われている、消費者との新しい流通システムによる生産者と消費者の顔の見える関係を作ることが、海の豊かさをさらに価値あるものにする。
四　子どもについては、単に教育が大切というだけでなく、具体的に小学校校区が維持できるまちの規模と、そのための若い家族を呼び込む政策づくりだ。
五　防潮堤整備についても、大市街地で必要とされる意味とかなり異なる。逃げられるのであれば高潮対策は必要かもしれないが、津波を防潮堤で防ぐということが本当に必要か、再度考える意味は大きい。
六　早い時期にまちづくり協議会を作るとか、そのための根拠の場所確保、まちの一人一人の声を聞くことなど、そろそろ動きをみえるようにしないと、市の方針だけで予算が決まっていったりすると、過疎化の促進になりかねない。

年も改まり二月一八日、一九日、二〇日には水津秀夫も加わり三人で、市の復興計画についての懇談会に出席するとともに、市議会議員の木村琳蔵、小白浜仮設団地の自治会長の上村年恵（漁業組合長上村勝利の妻）を訪ねて、復興住宅の計画などについての考え方の意見を交換したりした。そして、三月に入り、復興住宅の計画案を図面にして唐丹に送った。議員から漁協や市の復興本部にも届けてもらえた。防潮堤の二メートルかさ上げのこと、それをもととして、建築基準法三九条に基づく災害危険区域指定の問題も大変に気になるところである。

五月三日、四日も三人で唐丹を訪ね、やはり木村琳蔵、上村年恵と意見交換、防潮堤の二メートルかさ上げの意味がないこと、具体的な漁業復興やまちづくりのための計画、復興住宅の進展への議論をした。八月には長めの滞在と幅広い議論の可能性を考えた。

六月二三日、二四日、二五日の訪問では、尾崎白浜や鵜住居《うのすまい》の状況を見て回った。建築家集団による「みんなの家」も平田仮設や釜石市中心部にできて、復興への足がかりにしているようすを実感する。一方で、副市長を訪ねて、危険地域指定がまちづくりを壊すことになりかねないことの申し入れを行った。八月は、住民の声の聴けるワークショップにしたいという方向が定まった。そして、七月二二日、二三日には西と二人で訪れ、NPO「しゃくなげネット釜石」の代表、木村富勝とワークショップ開催についての全面協力の合意をもらい、さらに小学校も訪ねて、子どもたちの参加についてのお願いもすることができた。地元タウン誌の取材も受けた。

第一回の唐丹小白浜におけるワークショップ（住民の方からはわかりにくいということで、第二回からは地元では意見交換会と呼ぶこととした）は、八月一七日から一九日の三日間である。唐丹本郷のコミュニティセンターに宿泊して、NPOしゃくなげネット釜石の主催。前日準備と翌日片づけもということで、五日間の滞在となった。

初日の一七日は、模型材料のスチレンボードを等高線に合わせてカッターで切り取り、スプレー糊で貼りあわせる作業を開始。二日間で、常時四人くらいの作業により、縮尺一〇〇〇分の一で、一キロメートル×二キロメートルの範囲の地形を再現。子どもたちには主要建物や船を置いてもらうかたちで参画してもらう。「将来の夢」の絵を描いてもらう企画は、まずはなんでも好きなもの、そして慣れたら、どんなまちに住みたいかと質問を投げてみると、反応良く立派な作品を残してくれた。一年生から五年生の男女、全部で一〇人が、入れ替わり立ち替わり現れ、そして外で遊んだり散歩したりして、夏休みの最後を楽しんでもらった。岩手日報には、詳細な取材と撮影などもあり、記事が後日、届けられた（**写真2**）。

一九日は、シンポジウム。公民館に模型を中央に置き、子どもたちの絵や被害調査のポスター、航空写真、そ

写真２　第１回意見交換会の紹介記事（『岩手日報』2012年8月22日付刊）

してまちづくりの関係図書や論文などを展示。講演は、「地震に強い家とは」（神田順）、「生活を支える家づくりまちづくり」（薬袋奈美子）、「長洞《ながほら》元気村の紹介」（森反章夫・村上誠二）。その後、パネル討論の形式で意見交換をした。復興事業の推進が行政の縦割りに拘束されて住民参加のかたちになかなかなっていない、防潮堤の意味についても基本から見直したいという意見も登場。シキッチ通り（中心となる商店街の通り）は、一部津波の来襲を受けてはいるが、災害危険地域からは外す知恵が必要ではないかと問題提起する。また、まちづくり協議会による住民の意見集約が必要ということでは、理解できても現実にその状況を作ることは難しそうという印象であった。被災者がどこに住みたいと思っているか、地権者がどこまで協力できるか、まだまだスタート台での課題が多い。地元の参加者は二二名。唐丹小白浜まちづくり宣言をする。

「唐丹小白浜のまちづくりワークショップを開催し、ここにまちづくり宣言をします。小白浜の将来を考え、一人ひとりの気持ちを大切にした議論を積み重ね、美しく快適で安全なまちを、つくっていきます。参加者一同」

一〇月四日、五日は、八月の意見交換会の報告書を持って、水津、西と三人で、釜石市を訪ねた。市には、島田副市長、藤井復興担当係長に改めて防潮堤のかさ上げの疑問を呈し、復興住宅についての戸建て木造の可能性を問いかけ、避難道路の整備を優先してもらうことも申し入れた。遠藤幸徳市議、佐々木啓二町会長、木村琳蔵市議、上村勝利漁協組合長、木村富勝NPO理事長らと住民主体のまちづくりのことを議論するが、現実は、まちづくり協議会ができても、住民の声を反映させること、本音の議論をすることは、なかなか難しいことを改めて感じた。

公営復興住宅のプロポーザルが実施されるということで、一一月一六日、一七日と市の復興事業を手伝っているRCF（一般社団法人：Revalue for Coordinator for the Future）のメンバーに、まちづくり協議会の進展具合をヒアリング。唐丹小白浜での地権者連絡会には、地権者でないということで出席を拒まれたが、市のまちづくり意見交換会には顔を出して、東北大学の小野田泰明のまちづくりの考え方の説明も聞いた。われわれの三月に提案した復興住宅の案がプロポーザルの基本にもなっているようで、プロポーザルの応募や根拠地づくりについての意を固めた。

## 五　第二回意見交換会へ向けての活動

年が改まり二〇一三年一月三一日は、一人で釜石を訪問し、市議会を傍聴した。そして、その後で開催された震災復興特別委員会も許可を得て傍聴できた。市議会議員は二〇名中一八名の出席で、まちづくり協議会、地権者連絡会の位置づけも全体像の中で理解できた。そして民間アパートに仮住まいの藤巻和夫訪問。翌日は木村琳蔵、木村冨勝との意見交換を行った。平田仮設団地も訪問したが、すでに自力再建で仮設を出た人も現れ始めたという。また、花露辺《けろべ》では、他の浜に先駆けて、復興公営住宅の建設が始まっている。木村冨勝は、町内会内で、まちづくり協議会の進め方を議論しているが、体制作りに苦労をしており、思うように議論ができていないという。

三月五日、六日は水津秀夫と二人で、三月二一日、二二日は西一治と二人で唐丹を訪ね、遠藤市議、木村冨勝、上村年恵仮設団地自治会長、木村琳蔵市議、佐々木町会長、市の復興推進本部の担当者に会って状況を聞き、防潮堤内側の低地の計画なども視野に入れた話をする。また、根拠地づくりということから、借家や借地についても具体的に話を聴いて検討を始めた。

四月一六日は、建築基本法制定準備会の活動の一環として毎年開催している議員シンポジウムにおいて、衆議院第二議員会館にて、「自然災害から生命と財産をどのように守るか」というテーマで開催、芝浦工大の南一誠からは成熟社会のための社会制度の話、準備会からは西に釜石の漁村集落復興に向けての活動紹介をしてもらった。

そして、六月一五日の建築基本法制定準備会の総会に佐々木啓二唐丹小白浜の町会長をお呼びするため、直前の一一日に訪ねる。合わせて復興事業の進捗を木村琳蔵、佐々木義昭の両市議から聴き、木村冨勝とは第二回のワークショップ開催を打診する。

総会はいつもだと二〇人強くらいなのが、被災地の生の声が聴けるということから四〇人近くの参加があり、佐々木町会長の話に真剣に耳を傾けてくれた。建築基本法の精神である、建築主が自らの責任でどのように住むか、専門家がどのようにかかわるかの実践例として、いろいろな立場からの発言を聴いた。

七月一二日には、福祉系ＮＰＯ法人の研修会がＪＲ五反田駅近くで開催され参加した。元教育長の河東眞澄は、有名な群馬大の片田敏孝と一緒に釜石で子どもたちに津波防災教育を実施した責任者。その部下だった古川明良が、いまは平田で清風会という社会福祉法人の施設長として、特養ホーム、デイサービスセンター、在宅介護支援センターを面倒みている。

「津波てんでんこ」は、自分だけが逃げるのではない、家族、仲間の信頼関係があるからこそ逃げられるのだという標語である。多くの死者を出した釜石市であるが、小中学生は全員助かり、おじいちゃん、おばあちゃんの手を引いて助けたのだと。そして、避難生活の中で高校生はいろんな子がいたけど、小中学生は皆、良い子だった。しかし、その良い子はストレスを溜めている。二年目、三年目にそのストレスに耐えられなくなったりする子も出てくるのが心配という。五〇年前には二万八〇〇〇人いた小中学生が、いまは三〇〇〇人。そして不登校生徒が四六人いたのに、津波直後、あちこちの仮設からバスを段取りして通わせるのが大変だった一年間、不登校ゼロになったという。その後、落ち着いて、また半分くらいの生徒が不登校になったというのも面白い。校庭を仮設住宅用地にさせない努力も大変であったと。要は、子どもがいきいきと過ごせるということに対して、大人がすべきことは何か、そういう視点を改めて具体的に教えられた気がする。小白浜の低地にも広いグリーンで、子どもが走り回れるようになると良い、などとも思った。

古川は、もと行政の立場であったけれど、いま、上から復興事業を動かしている行政に対しては批判的である。国の金、県の金を使うことに必死で、どんどん事業として進んでいる。けれど、地元の人たちは、自然とこれからも付き合いたい、自然の中で仕事をしたいと思いながら、市や県に気持ちを伝えられないでいるという。コンクリートで五〇年しかもたない防潮堤を、本当に作ることが将来のためだろうかと、疑問を提起。そういう議論をすることも難しいが、五〇年後に、良かったと評価されるようなまちづくり、ふるさとづくりは簡単ではないのも確かである。

ＮＰＯ研修会ということで参加されている皆さんは、包括ケアをどう展開するかがテーマ。事務局長の鳥海房枝も山形出身とか、理事長も南三陸出身とか。東北出身者が目立ったようにも思った。

まちづくりと福祉制度は一体で進めることが大切。参加者の中には、長年福祉の仕事をしていて、建築の資格もとって、いまは福祉事業を展開しているとか、看護師や保健師の方も何人か。福祉サービスの第三者評価が目的の団体。建築も国任せでなく、建築耐震性、あるいは、もっと幅広く建築サービスの第三者評価とか、建築環境性能の第三者評価とか、民間でできるような道はないものかと、課題をもらったような印象でもある。

七月一五日は唐丹小白浜の海祭りで、水津と二人で浜での昼の宴に顔を出させてもらった。夏は、船を出して湾内の小島の祠《ほこら》に参るのだそうだ。わかめの作業場と冷凍倉庫は完成して、少しずつ日常に戻りつつある部分も出てきている。土地を借りるか買うかの話を木村富勝がいろいろ紹介してくれるが、なかなか具体的になると成立しない。

八月一一日は小白浜での夏祭りで、水津、西、家内と四人で参加した。シキッチ通りは一七：三〇から二〇：三〇の通行止めの標識があり、盛岩寺にはテントやのぼり、ボランティアの人も大勢いる。町会役員は二〇〇〇個のろうそくに火をともす。防潮堤には壊れたブロックの左に「祈二〇一三」右に「とうにの灯」と、ベニヤに釘を打ったようにろうそくがつけてある。浜の低地に降りて行く道の両側にはろうそくが並んでいる。二〇一一年は五〇〇個、二〇一二年は一〇〇〇個、二〇一三年は二〇〇〇個だという。ペットボトルの底の部分を切って、砂を入れロウソクが入れてある。点火は五時半。キッチンワゴン車が二台、カレーやトマトスープ、クレープ、ハンバーガなどを売っていると、行列ができている。その横は、地産野菜や花を販売。六：三〇、盛岩寺前、駐車場と道路に太鼓が並んで、唐丹本郷の桜舞太鼓の演奏。横笛や演技も入り、すごい迫力。この太鼓は、すべて津波で流されて、全国からの寄付による新品という。昼も大船渡でパフォーマンスをやってきたと。そして、七時に暗くなると、花火が上がる。元の小学校からの打ち上げ。「Light Up Nippon」というグループが、十数箇所同時に三陸の被災地で花火を上げたのだという。けっこう見ごたえのある花火が五〇〇発ほど。最後にもう一度、唐丹本郷の太鼓演奏を聞いたあと、ボランティアの若者の挨拶と、町会長の挨拶でイベント終了。ざっと眺めて

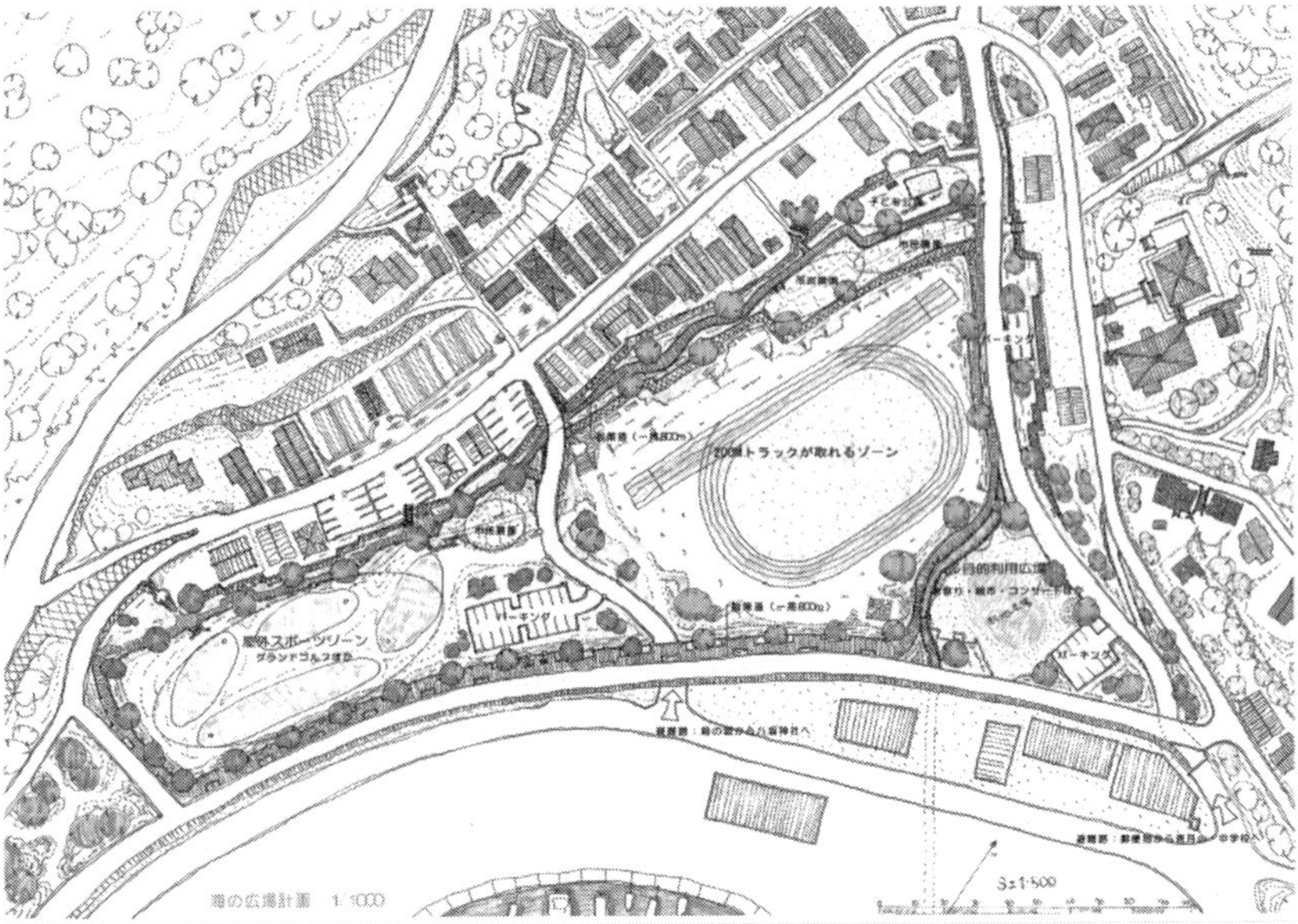


**写真 3　海の広場の計画案**（2014 年 10 月）

四〇〇人くらいか。子どもたちもお祭りで気分はハイになっている。一休みすると、けっこう涼しくなってくる。八時半を回り、ろうそくを消して、片付けのお手伝い。まちづくりにいろいろ言いたいことはあるけど、こうして中に入って一緒に時間を過ごすのもよい経験である。

一〇月一一日から一三日まで、九月に災害危険区域指定のされた低地部を今後どうするかというテーマ設定で、建築基本法制定準備会の支援ももらって第二回意見交換会を開催した。一〇月一日付で、町会長に二〇枚と仮設団地の自治会長に一〇枚、事前に参加呼びかけにアンケートをつけて送った。結果、最終的に二〇件回収できた。これも、つい最近の市議会で、二〇〇メートルトラックのグランドを、小中学校の工事期間中の仮設として作ることが予算化されたと情報が入った。おもな用途としては、そのグランド、広場、市民農園、漁業関連施設を想定した。

第一日目は、昨年の作業場所として利用したNPOの事務所の資料やパネルや模型を今回の作業場所に運び込み、椅子や卓の設置をする。日本女子大から参加してもらった学生三人に、アンケートの整理とプレゼン資料作成を進めてもらう。

第二日目の午前中、地元から一二人の参加。まずはアンケートの概要報告。今回の対象地域は、西が事前に五〇〇分の一の地形モデルを作成し、展示。その後、二グループに分かれて、五〇〇分の一の地図の上にトレーシングペーパーを置いて、意見を書き込んでいく。午後はもっぱらその議論をもとにした案作成の作業。宿舎に帰ってからも、深夜まで及んだ。

第三日目、午前中、案作成者のほかは周辺を視察したり、午後二時から公民館に場所を変えて、今回の案の説明と意見交換。地元からは二二人の参加。そして、昨年も講演をお願いした、日本女子大の薬袋先生に「管理したくなるオープンスペース」というタイトルで事例紹介なども話してもらう。その後、意見を自由に出してもらって、お開きに。確かに、施設に手が入るほどに、管理の問題は大きな障害になりかねない。今後、改めてコンパクトに計画案をまとめたものを作成し、町会長から市に提案してもらう手筈になっている。これが議論のきっかけになることを願う（**写真3**）。

## 六　唐丹小白浜の復興住宅と小中学校のプロポーザル応募

唐丹小白浜の復興住宅プロポーザルは、入江三宅設計事務所と共同の形で、西、神田、水津が参画して、二〇一三年一月七日に、技術提案書をとりまとめ、A3判三枚の図面にまとめて応募した（**写真4**）。海側の眺望と住戸へのアクセス、避難通路、PCコンクリートによる施工の省力化などがテーマである。

唐丹小白浜小中学校のプロポーザルも復興住宅と同じメンバーでとりまとめ四月に応募した。いずれも当選に

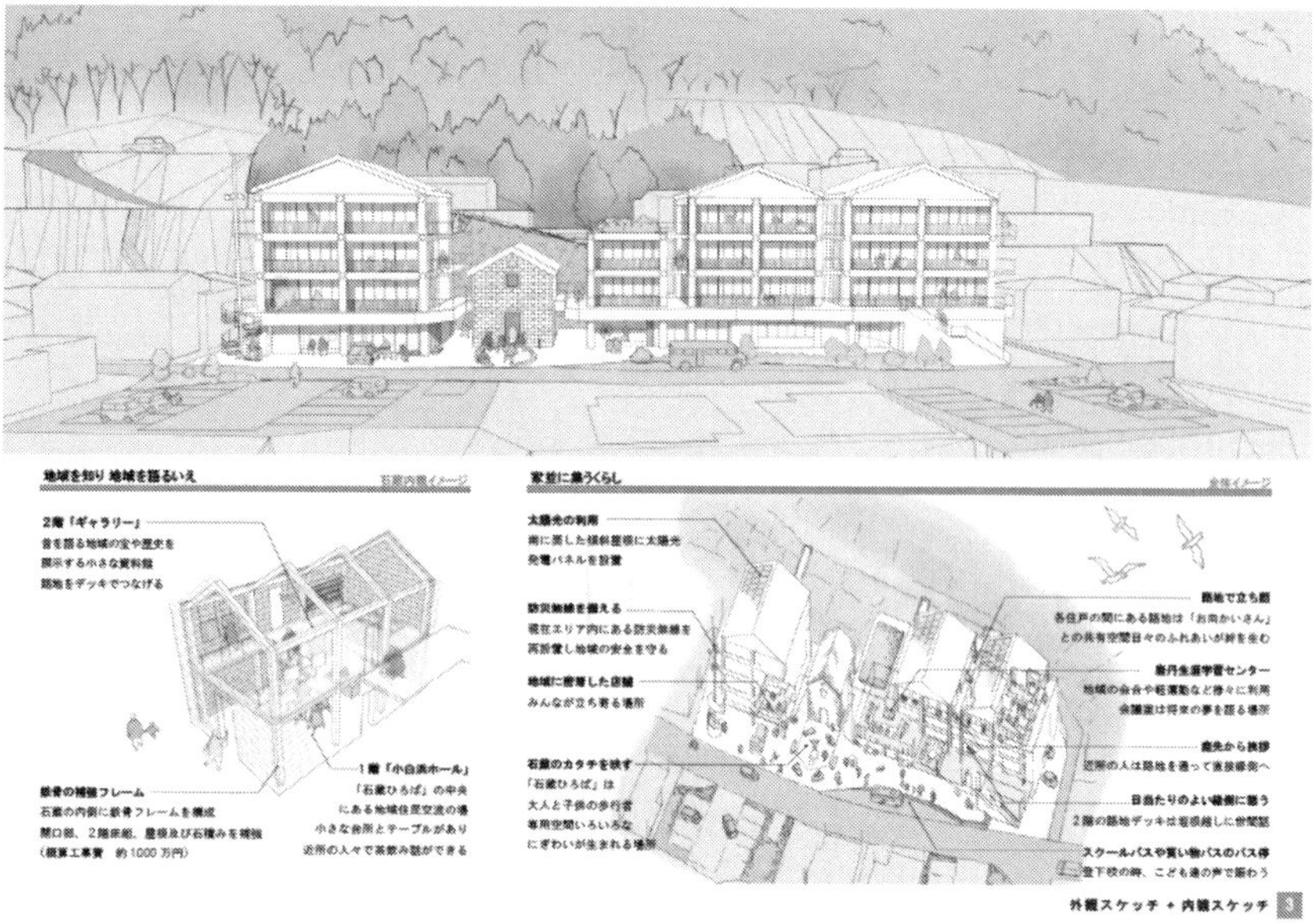


写真４　唐丹小中学校プロポーザル入江三宅案（2013 年１月）

はいたらなかったが、設計者として唐丹にふさわしい、共同住宅や小中学校の建築としてのあり方については当選案と大きく変わるものではなく、これから現実のものとなってまちの中でどのように活用できるかが問題であり、プロポーザルが実施されたことも、それが入札不調で設計変更を余儀なくされたという事態を経ても、われわれとしては、応募したときの思いを込めた扱いをこれからもしていきたいものである。

## 七　拠点づくりへ始動

まちづくりの基地をつくるという考えを最初に公表したのは、『建築技術』の二〇一二年一月号に「三陸復興のため建築にできること」なるエッセーを書いたときである。二回の意見交換会も実施し、復興のためのさまざまな取り組みの存在を知り、唐丹の人たちとも議論する中から、復興支援ということであれば空間としての拠点の存在が欠かせないとの、自分なりの結論であった。そんな話を周りにすると、木村富勝はじめ何人かから声をかけてもらうものの、なかなか実現にまでいたらなかった。二〇一四年二月二二日、上村康志と兄の征也を訪問、西、木村富勝同席の上、話がまとまった。盛岩寺向かいのシキッチ通りの二九一番の一六七平方メートルの宅地に加えて、桜トンネルの上の山林と保安林の四二〇〇平方メートル、川目の斜面一万七〇〇〇平方メートルを二〇〇万円で購入することができた。その日の夜は、上村康志の中学同窓仲間の下村恵寿夫妻、山田純一夫妻、尾形英治も交えて、宴会で盛り上がった。

そして、それが具体的に動いたのは、木村琳蔵所有の小白浜の国道沿いの山林の杉の使用許諾の話からである。生木の段階で山形県鶴岡市の剱持猛雄棟梁に見てもらって、了解をもらった。二〇一四年九月三〇日、設計をお願いする予定の鈴木久子も一緒に、午前中に裏の山に入る。山といっても、国道の手前で三〇〇坪くらいか。戦後育ちの杉が茂っている。隣家佐々木との境界は赤ペンキで印が付いていて、同じくらいの広さが広がっている。剱持は曲尺を取り出して径を確認。後は、琳蔵知り合いの越喜来《おきらい》で製材所をやっている平舘啓一と連絡を取って、一二月か一月に切り出せるように段取りをしようということになる。お茶をご馳走になり、作業途中の図面も見せて、まずは一歩前進ということ。木村富勝には一一時過ぎに会うが、琳蔵のところの分だけで十分ということであれば、それで進めるとよいということになった。この山林部分は、浜から国道に抜ける新しい道路計画にも合うので、全伐のつもりというが、その時間的なタイミングがどうなるかである（写真5）。

第三回意見交換会は、一一月の一四日から一六日である。一四日夜は、その日に京都で会合があり、大阪伊丹空港から花巻経由、レンタカーで唐丹町花露辺《けろべ》に入った。今回は、新築なって復興住宅を兼ねる花露辺の漁村センターに宿泊。板の間にござを重ねて敷き、シュラフにマイシーツで寝るが、新しい建物ということもあり、暖かく、風呂の施設も良いので、まずまずであった。一階は集会室になっていて団体の合宿にも、一晩四〇〇〇円で提供している。二階から上は一三戸の復興住宅であり、花露辺こそが住民の意見を早々にまとめていち早く

**写真５　木村琳蔵の山林の杉の下見**（2014年9月）

完成させたものである。

一五日、早朝七時に、日本女子大より学生二人が釜石到着、西が迎えに出てくれる。朝食は、水津がシェフとなって用意してくれる。九時に小白浜公民館にいままでの資料なども運び込んで、ワークショップ開始。事前のアンケート、佐々木町会長からは一〇枚、木村NPO理事長からは三枚。仮設住宅には、一〇時のラジオ体操に合わせて、鈴木久子、学生二人と乗り込み、一〇人の平均八〇歳のおばさん（おじさんは一人）と会話しながら、まちの良いところや海の見えるスポットの意見などを聴き、アンケートを完成する。

午後、倉田と学生はアンケートの分析・整理。昨年の意見交換会で提案した海の広場に対して、市が答えてくれた内容についての問題点の抽出とそれに関連した図を作成。また、まちのスポットとなりそうなところを、スケッチする。描いてみると、小さなまちだけに、通りの雰囲気にはそれなりのものがあるようにも感じられる。五時過ぎて花露辺の漁村センターに戻ると、花露辺の町会長下村恵寿より、刺身、どんこ汁、から揚げ＋サラダなどの差し入れがある。水津の三平汁もあって、食べきれない。夜行バスの学生はさすがに早めにダウンするも、再び一一時過ぎまで、生き方を語り合った。

一六日午前中、昨日のスケッチに彩色。昼食は、小白浜の町会長夫人がお弁当を届けてくれる。アワビご飯はおいしかった。スパゲティもついていて、こちらは食べきれず、学生に残りを持たせる。歓待を受けるのは嬉しい限りである。意見交換会の出席者一五名程度。薬袋からは「美しい小白浜」のためのまちづくりのアイデアの講演。そして、シキッチ通りの三つのスポット、復興住宅付近、新しく拡幅される避難道とシキッチ通りの交差点。盛岩寺前、(仮称)唐丹小白浜まちづくりセンター計画について説明の後、アンケート結果を倉田と学生の三浦、立石で説明。西からは擁壁下にグランドレベルまでゆるい勾配の法面を全体に回しているため、グランドゴルフ用の敷地幅が大幅に狭くなることについての対応のことを説明。また拡幅される道路は、当面、小中学校建設の工事車両なども多く通ることから、はじめてできる小白浜の交差点の危険性を減らす工夫についての意見交換。信号機が必ずしも安全性を増すものでもないことも指摘あり。電柱地中化の問題は、こうしてまちをスケッチしてみると改めて意味のあることのように感じられる。漁業支援施設も考えよという意見も出たが、木村琳蔵からは、それは個々の対応の話で、海の広場の問題ではないと、後からコメントがある。パネルや地形模型なども含めて、また倉庫に戻し、無事五時前に解散。

年に一度の意見交換会を町会主催のかたちで開催し、いつものように、なかなか十分な参加が得られないことや意見がうまくまとまるわけではないが、繰り返し考える場を持つ意味はあったと、終わって納得する。薬袋はレンタカーで北上へ。西、水津、鈴木、倉田の四人は、六時前の釜石線で。学生二人は八時二〇分の夜行バスで、皆東京へ戻る。最終日、のんびりしてからと思っていたが、一人になったので、漁村センターではなく釜石ベイシティホテルでゆっくりして、翌日朝、レンタカーを一関で返し、帰った。

伐採は、とにかく剱持棟梁から木村琳蔵にお願いを続けていた。山の木は構造材にするなら二月中といわれていたが、結構ずれ込んだ。人手の段取りも大変らしく、結局三月二九日午後に電話が入り、「伐採終わったけど、

写真６　越喜来の仮設製材所で製材された柱材（2015年５月）

棟梁に連絡つかないからよろしく」といわれた。二、三週間かかるなら、一度見に行って写真も撮りたいと思っていたが、あっさりだ。棟梁としての、いま決めるべきことは、工法の決定。名古屋の東海林修に紹介された評定を取った板倉工法だと、少々材料が多めになる。さっそく鈴木にも連絡する。

製材所は、スペースが足りないので、一〇日間くらいは琳蔵の山林に寝かしておいて、その後で運ぶという。冨勝に写真撮影を依頼。剱持としては設計の詳細を決めたいということでもあるが、鈴木の設計との調整も必要で、これは少し先になりそうである。

五月二四日は、「はやぶさ」で西と一関に一〇時に着いて、レンタカーで順調に走り一二時前に着く。剱持棟梁と電話で連絡。すでに小白浜に来ていて、木村琳蔵に製材所の場所を聞いていると。こちらも「越喜来の製材所」を頼りに、まちの人に聞きながら探す。平舘が剱持と一緒に、道路に出て待っていてくれた。山を切り開いた土地に、ほぼ製材の終わったものと、これからの材が積んである（**写真６**）。平舘は小白浜で被災し、いまも小白浜の仮設住まい。車で三〇分の越喜来の山中に土地を借りて、仕事をしている。そして、「柱が六〇本くらい足りない」といわれる。剱持も一〇本、一五本ならわかるけどと、不思議そう。太いのから四、五本柱を取り出す想定で玉伐りがされたのかとも思う。板倉工法にしたことで、板材が増えたことも少し混乱しているのか。板材はどこの材でも良いが、できることなら柱は小白浜の木を使ってほしい旨、伝えた。別に柱を何十本も買うとなると、経費も気になる。鋸の台に載っている原木も見る。

その後、剱持棟梁は山形に日帰りで帰るので、われわれは小白浜へ。第三回意見交換会の報告書を、まずは仮設の自治会長の上村年恵に届け、琳蔵宅にも寄る。下水事業のこと、道路事業のことなど、最近のようすを聞く。琳蔵の木を伐った後で、隣地の人がいろいろ文句をつけてきて、市の職員も来て大変だった話も聞く。花露辺の下村宅は不在で、報告書だけ置いてくる。これから一五〇〇万円の予算でどうやって完成させるか、知恵を絞る。

## 八　株式会社設立に向けて

一〇月二八日にはじめて、そして年を改め二〇一五年一月二七日に再度、西の懇意にしている田端の土釜法律事務所を訪ねた。目的は、(仮称) 唐丹小白浜まちづくりセンターを株式会社にすることについての打ち合わせ。前年の六月以来、土地を手に入れたことをきかっけに友人・知人に声をかけて、一五〇〇万円程度の予算で二階建て三〇坪、伝統木造の家をつくるプロジェクトを始めている。問題は資金であり、一〇〇〇万円くらいは友人・知人から集める必要があると思っており、趣意書など書いてようすを聞いた。ただし、それを個人でやるのは税法上も問題がありそうだし、プロジェクト自体を公開かつ継続的にするという意味でも難点がありそうで、いっそのこと会社組織にするという方向での検討を始めているわけだ。

一〇月の打ち合わせでは、①何をしたいかを明確に箇条書きする。②土地の登記簿のコピー、③発起人の住所氏名をメモにして出すということで、年明け早々に送って、今回の打ち合わせとなった。本当にやりたいことは、三陸漁村と都市の人々が継続的なつながりを持った生活を生み出すことであるが、事業ということになると、当面は出資してくれる予定の五〇人程度のうちでときどき泊まりに来てくれる実費を運転資金（家の光熱費、維持管理）に充てる。もちろん自分の宿泊実費もそれに充てる。はたしてそれで成り立つかと考えると、もう少し何か必要だ。まちづくりコンサルティングや住宅設計の助言、あるいは学生のための夏季セミナー開催や、さらには水産加工品の販売など、アイデアは出るが、どこまでできるかだ。

今回の法律事務所からもらった宿題は、①二〇一五年二月から二〇一六年五月（家の完成予定）までの工程表づくり、②その各段階での予算、③建築以外の運転資金、諸雑費の計上、④出資者の利用状況の予測と想定する収支、⑤スタート時点で用意すべき什器・備品のリスト、ということ。四月くらいまでにまとめられたら、会社設立趣意書の文章化をして、出資を募るということで話を進めることに、とりあえずなった。

七月九日には、大学時代の建築学科の同級の友人四人で、このプロジェクトを株式会社として進めることについて議論した。西に加えて、ゼネコンの社長をやっている白石達と宗教法人の代表をやっている建築家の近角真一である。

この七日付で、六五人の友人・知人に中間報告をした。もともとは個人の夢の実現でもあり、漁村集落を二一世紀の豊かなまちにするためにどんなことができるかの思いを語る。お金も集めるとなると、株式会社「唐丹小白浜まちづくりセンター」ということで進めている。すぐにでも金を送るという連絡をもらった人もいる。ただ株式会社となると、一般に出資者は出資金が保障されることと配当も期待するので、一〇年で潰れて解散ということになると、一〇人に一人は「金返せ」と訴える者が現れると警告された。そして、一五〇〇万円の予算で家兼事業所ができたとしても、毎年減価償却を稼がないと資本金が維持できなくなるとも。

甘いといわれるかもしれないが、出資してくれた友人・知人の半分の人が家族連れで年に四、五日宿泊してくれれば、光熱費や税金くらいは払えるかなと思うのではあるが、減価償却や維持管理費用を捻出できるかといわれると、たしかに難しい。あらかじめ「出資金は戻りませんよ」といわれて株式会社に出資する人なんていないというのだが、本当にそうかとも思ったりする。株式会社という形式の法人でもいろいろありえてよい。

もちろん個人の別荘、あるいは西と二人で全額出資してなら問題ないというが、それでは本気で三陸の漁村のまちを応援しようという人のエネルギーが結集しない。加えて、一〇年後、二〇年後をどうするかを考えると、もしその間に後継者が見つかればありがたいし、いっそ唐丹での生活の夢を語る。

すでに九月には、株式会社として登記するつもりでいるし、その分の資本金集めは確認できているが、その先どのようなかたちで展開するかは、さらに仲間の意見を聴きながら、土釜弁護士とも相談しながら、進めることにしようと思った。地元でも何人か賛同してくれているので、その人たちにどのくらい時間を割いてもらえるかにもよる。もちろん漁業組合対応、漁業権などのことも十分視野に入れる必要もあると思うが。まだ十分考える時間はあるし、ある意味、ずばりと参考になるコメントが聞けたという意味ではとても良かった。

八月は一七日から二一日まで、家内と二人で唐丹での夏休み。九月からの市議会議員選挙の準備にも入っていて、木村琳蔵、遠藤幸徳の二人の市議もそれぞれシキッチ通りに事務所を設置しているところへ挨拶に回る。木村事務所には木村冨勝、遠藤事務所には佐々木啓二が控えていて、がんばってもらうように声をかける。

一色《ひといろ》ではママの和野内タキが一二月で引退して佐々木敦子に譲るので、すでにそのムードが漂っている。今回は、漁師が海水だけに浸したという海鞘が絶妙の味であった。大雨のせいで桜トンネルの手前で小規模な土砂崩れがあった。隣地とはいえ、木を伐採した後で水の浸透のようすが変わるのであろう。地表をいつも気をつけて見ておく必要がありそうだ。朝、桜トンネルの上の土地にタープを貼ってコーヒーを飲んでいると、毎朝散歩するというおじさんに声をかける。「横沢です」といわれた。低地のグランドの造成工事は少しずつ進んでいる。公営復興住宅建設も進み、シキッチ通りの戸建て三棟はすでに入居済みである。共同住宅もまもなくという状況だ。

# 九　会社設立からの展開

九月に入り、ようやく定款ができあがった。田端の土釜法律事務所に発起人が集まって、押印。ちなみに発起人は、神田順＋西一治＋上村康志＋土釜惟次＋神田直紀（次男）の五人。

田端の土釜法律事務所に行くときは、いつも雨に遭う。九月一〇日午前一〇時、担当の福田真人と打ち合わせ開始。本店住所のことや、出資金を資本金と資本準備金それぞれ半分に分けること、などなど。一五分後に西が来て、四〇分後に上村が来て、全員で株式会社の定款のハンコ押し。後は、神田直紀の印鑑を日曜にもらうと、来週は一関の公証人役場で認証という手筈である。

また本店所在地は、家が建つまでは木村富勝の住所を借りようと福田と話していたが、べつに郵便物が届くかは関係ないので本店建設予定地にすることに。こうすれば、登記後にまた住所変更しなくて済む。

六枚の定款三通の表裏と頁のあいだで七カ所。自分の名前のところに一カ所、捨印に六カ所。三通で四二カ所。さらに一通は、収入印紙に割り印。そして、委任状に捨印含めて二カ所。ついでにと、登記のときに必要な同意書二種と決議書一通。やたらのハンコ押しは、できあがったものを見るとおもしろい。日本流を感ずる。認証をもらうのに郵送では駄目で、発起人の誰かが行くのが慣行とのこと。

定款に書いた会社設立の趣旨を記す。「釜石市唐丹町小白浜地区のまちづくりは、三陸の漁村集落の津波被害からの復興という意味の社会的活動である。まちのあり方へのかかわりを通して地域創生事業の一翼を担うべく、社会貢献も視野に置く形で、まちづくりの事業化を目的として、当会社を設立する」。

九月一六日、一関の公証人役場で無事定款の認証を受け、その日は小白浜にも顔を出す。九月の選挙は、無事木村琳蔵、遠藤幸徳二人とも二期目の当選を果たしたものの、得票数については、いろいろ思惑残りといったところだ。「二十一世紀の会は議長を出すことになった」と木村琳蔵を訪ねると嬉しそうに、また大変そうに話す。第四回目の意見交換会について案を示して、木村冨勝に協力依頼する。

登記は、一〇月二日付で完了する。なんと「とうに」と読める日であり、予期せぬ偶然に喜ぶ。その後の法人口座開設には苦労した。それも、二週間の審査ののち無事できて、会社としての体裁が整った。

一一月六日は準備作業。釜石に着いて、郷土資料館で、一時間半前に来て下調べをしている西に合流。電話が剱持棟梁と上村康志からほぼ同時に入る。上村は西に任せて、鶴岡から二トン・トラックで来た剱持と会って、青焼きの設計図面を六枚もらったり、木材の乾燥の状況のことなど。製材したが持って行っていない分が、琳蔵宅の庭に積んであるという。今回はその一部を搬出。

小白浜の復興公営住宅に行き、町会長の佐々木と会議室の下見。デザイン・コンペのときは生涯学習センターだった。正式な名前は、避難室一、二、三となっている。防災をうたうとはいえ「避難室」はない、せめて集会室でよいのに。昨年までの模型や資料は倉庫に入れてあるという。康志も来て、夜七時の食事を段取りしてくれる。一度、花露辺の漁村センターに行き、荷物を置いて、食器などのチェックをしたうえで、また釜石に戻る。七時からは寿司屋勝力の二階で、さらに尾形、床屋の山田も一緒に。楠川、倉田を紹介。小白浜だけではなく、唐丹全体の話にしてほしいとか。さらに明日の計画も打ち合わせ。

一一月七日は、六時起床。過去のワークショップの資料に目を通したり、計画を考えたり。西が、七時四〇分着のバスで到着する日本女子大の学生三人を迎えに出る。午前中は、復興集合住宅の二七戸にアンケート配布。皆さん、温かく受け取ってくれる。昼食後、鮭の孵化場を覗く。土日は卵を取らないので、網の中に遡上して来た鮭がいっぱいだ。二尾は、飛び跳ねて、コンクリートに打ち上げて、しっぽをぴくぴくしてる。康志が漁協の人に連絡すると、「持って行っていい」と。一度、花露辺に戻って、一休み。

午後は、二時半から、木村真㐂子と山田美智子がまち歩きに付き合ってくれた。景観班と生活班に分かれて、二時間ほど。生活班は、お店にヒアリング。四年生の細野と志村がていねいに質問し、メモしてくれる。美容室、クリーニング店、元反物屋（いまは、たばこと種）、山田理容室にも。

中野の景観班も終わり、みんなで花露辺に戻る。水津が、釜石から食材を持って、九人分の食事の用意をしてくれている。手巻き寿司に三平汁。おいしくいただく。八時に一通りお開き。九時に、花露辺の町会長の下村が、アワビを持って参加。いろいろ貴重な話を聴く。吉浜のキッピン鮑を中国に輸出する舟、すなわち唐舟の舟の上の点がなくなって、唐丹（もとは、からたん。いまは、とうに）になった。花露辺は、ロシヤ人が帰れなくなって二年ほど住んだ、とか。大石は北向きの漁港で、縄文時代からの遺跡も出る。花露辺のロシヤ人、中国人が夜這いに行ったという話も。

一一月八日は朝から雨。七時には朝食。八時前に仕事開始。やはり昨日撮った写真を使いたいというので、釜石に九時のイオン開店同時に入って、プリントを一五枚。計画中の唐丹小白浜まちづくりセンターの家の設計図も立面、断面、一階平面の三枚を模造紙に貼る。西と楠川は、朝一〇時のアンケート収集に小白浜へ。学生たちもアンケート結果を円グラフにまとめたり、写真も配して、まち歩きを冊子風に。八枚の模造紙は全部有効に使えた。一二時過ぎ。掃除もして、撤収。

復興住宅のある公民館で、会場設営。二時開始時には一〇人くらいが、最終的に一八人。プログラムどおりに進行。佐々木町会長は、何人か、ぎりぎりまで電話してくれる。三時半ころ退出。倉田リーダーと学生三人の発表は三〇分。株式会社唐丹小白浜まちづくりセンターの紹介もする。休憩中、釜石新聞の後川に取材を受ける。後半の意見交換では、水津がいろいろ自分の経験にも触れつつ、意見を求める。木村真㐂子は、「小白浜の良さは住んでいるものにはわからないので、東京の人がアピールすることに期待したい」と。また、まちづくりセンターには、自由に使える場として大いに期待する声が多い。月一回でもよいから、医師が来てくれるとよいとの声も。最後は明るく盛り上がって、「国任せではない、自分たちでとりきめていくことが大切で、建築基本法もその実現のための一つ、これからもよろしく」と挨拶して四時ちょうどに終了。片付けは、倉庫がすぐ隣で、三〇分ほどで終了。上村康志は、最後まで付き合ってくれて、一人車で桶川まで帰った。こちらは、二台のトヨタレンタカーを、五時に釜石駅前に返し、深夜バスで帰る学生三人と別れ、五人、釜石発五時四七分。一一時前に東京駅着。

一二月一五日は朝、九時一二分発の上越新幹線で鶴岡へ。新潟から在来線。一二時四五分に鶴岡に着くと、剱持棟梁が迎えに出てくれていて、車で西と設計の鈴木と三人、作品めぐり。今年の一月に一人で来たときと同じ、美川町立東郷小学校、その後は住宅二軒を案内してくれる。小学校は中に入ることもできて、教頭先生にもご挨拶。玄関ホールの大空間を支える柱と梁と頬杖がみごと。しばらく眺める。住宅も、鈴木、西とていねいに見させてもらって、その後、唐丹から持ってきた杉材のようすを確認。

かなり、乾燥してきているようす。一月の中頃までには設計を詰めて、その後、棟梁に詳細を拾って見積もりも出してもらって、二月には契約しようと。その頃には、ちょうど株式会社の増資も募集して、会社としての契約をすることになる。春になって刻みも始まったらまたゆっくり鶴岡に来るということで、今日のところは日帰りで、三人また東京に戻る。また、一段階進んだかという感じである。

年が改まり、一月六日に東京、お茶の水のA-Forumで打ち合わせ。こちらからの要望としては、昨年までの図面では一階が風呂で二階がシャワーになっているのを、逆にできないかということ。

二〇一四年一二月の図面を基本に進めてきていた。木材の調達もそれがベースになっている。鈴木からは一月八日に、一階二階の水回りに赤で新しい提案をpdfで送ってもらった。一四日案は手書き図で、二階平面を風呂(バスユニット)からも南側に窓が取れるようにして、若干、寝室は狭くなってもということで、うまくまとめてもらった。西からもメールでコメントをもらい、階段を上がった空間が、幅九〇センチと狭くなるのでなく、洗面スペースとして一八〇センチあって、窓で外に抜けた感じが良いという。

一五日、昼間電話で、元の軸組に合わせるか、三尺コーナー分広げるか、階段の上りきったホールの空間、トイレへの入り方、風呂場から海が覗けることにこだわるか、なかなか判断つかず、夕方まで考える。また、メールに添付で、西案がよさそうと連絡をもらった段階で、再度、電話。八日案は、実は軸組で問題あり、脱衣室をトイレと風呂ユニットのあいだにもってくるしかないと。こちらからの電話で、礼子にも図面の説明をしたうえで、自分としてもそれがよさそうと思って言おうとしていたところ。というかたちで、二階に風呂場をどう納めるか、けっこう時間を費やし、いろいろ検討してみて、ようやく落ち着いた。これで、基本設計終了ということか。

二月二日朝、新宿で工学院大学の後藤治を訪ねて、いままでの資料を持って、唐丹のプロジェクトへの支援のお願いをする。その後は、現在設計中の家のサッシュ、水回りのキッチンユニット、バスユニット、シャワーユニット、トイレなどを、新しく統合されたＬＩＸＩＬのショールームで見せてもらう。担当してくれた女性は、岩手県滝沢村の出身という。その後の打ち合わせで、ＬＩＸＩＬからは多大なご協力がいただけることとなった。

夕刻からはまた新宿に戻り、小田急本館一三階の「さがみ」で、株式会社唐丹小白浜まちづくりセンターのはじめての臨時株主総会を開催。出席者は神田（議長）、上村、西の三人。現株主の他二人にはメールで通知。議題は株式の募集について。新たに四五株、九〇〇万円を募集することについて諮り、了承された。追加資料としては、①スケジュール表、②挨拶状、③株式発行についてのお願い状、④「とうにこじらはままちあるき」の小冊子（一一月の唐丹でのまちづくり意見交換会で日本女子大の学生三人に協力してもらって、とりまとめたもの（写真7））、⑤案内先については、七月に中間報告をした六五人と、唐丹で仮設から復興住宅に移った人、そして⑥唐丹小白浜まちづくりセンターの利用規定（案）を三人で確認。これらを、一〇日をめどに送付するときに同封する。

二月二二日の朝、七時一六分のはやてで、釜石に一二時前に着き、確認申請の打ち合わせに。上村康志が駅で出迎えてくれた。足と食事も段取りしてくれるのはありがたい。午後は市役所で、まずは小友建設部長。三月

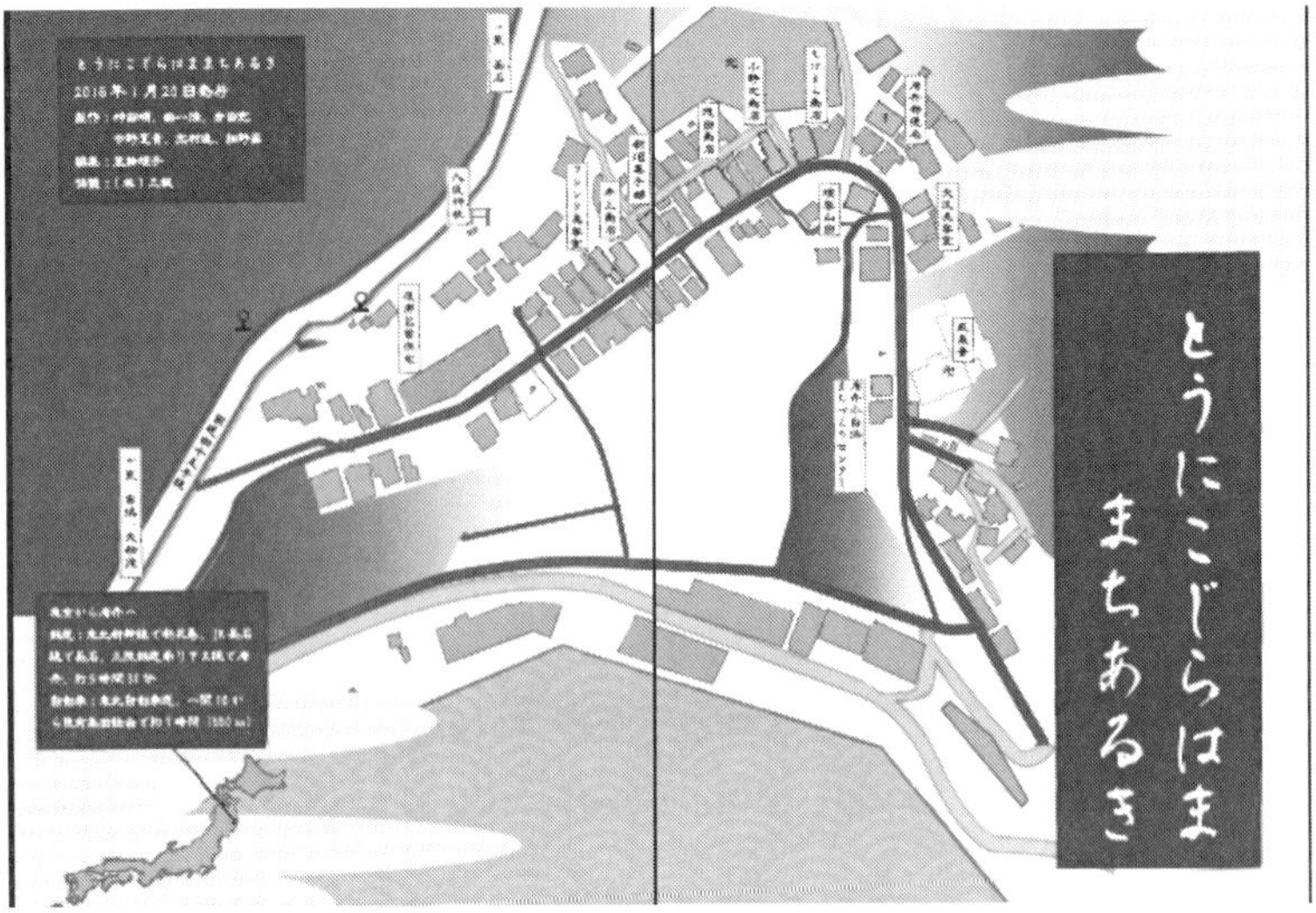


**写真７　「とうにこじらはままちあるき」冊子**（2016年２月）

いっぱいで退職だそうだが、建築のトップの立場で、今回の取り組みについても評価してくれる。ひととおり話をしたあと、一緒に来てくれて、見世地域まちづくり推進課長を紹介してくれる。康志もよく知る人で、前には小白浜出張所にいたときに、私から三陸鉄道の切り絵をもらったと覚えてくれていた。

次に、都市計画課住宅係の八神を訪ねる。岐阜からの応援職員で来ているという。「都市計画区域外ゆえ、単体規定は守ってもらうが、集団規定はない」と。また、構造については、「構造計算書を作ってもらっておけばよく、基本的に審査対象外」という。こちらも、「告示規定に則って、壁量計算で計算書を作って確認しておく」と答える。落し板の認定工法も、そのままの数値を使ってもらえばよいということのようだ。竣工時には完了検査。用途についての表現も気になっていたが、事務所兼住宅ということになった。釜援隊に山口里美を訪ねるが不在。

小白浜に行って、西、鈴木の二人が山田宅で休憩中に、ちばとら、小野文、浅田、フレンド美容室の四軒の店を訪ね、まちの宣伝パンフレット「とうにこじらはままちあるき」を一〇部ずつ置いてくる。そして皆で、征也のあたりから撮った津波来襲時の動画と、本郷の桜舞太鼓祭りのＮＨＫ・Ｅテレの三〇分番組のＤＶＤを見る。ホテルにチェックイン。六時半にまた迎えに来てもらって、いつもの寿司屋勝力で、今回、株主になってもらう六人も一緒に食事会。花露辺の下村、ＤＶＤに出た本郷の岩城、大石の橋本、釜石新聞の後川、それに小白浜の尾形と理容室の山田。下村夫人と山田夫人も運転要員として来てもらっている。大いに盛り上がり、一〇時過ぎまで食事と「浜千鳥」とトークを楽しむ。山田の突っ込みは天下一品。さらにスナックに移り、それぞれの持ち歌でカラオケ中心に一二時二〇分まで。鈴木は、こんな楽しい夜はないと喜んでくれた。

翌朝二三日九時には、木村琳蔵にも確認が取れて、一〇時に自宅にうかがう。木村工務店と下水道課を紹介してもらう。すぐに木村工務店の社長を訪ね、三月にまた来るときまでに、設備工事と電気工事の業者を紹介してもらうことに。奥様からはコーヒーを出していただき、「すぐ近所なので、また来たときは顔を出してください」と。

釜石観音近くの下水道課では、鈴木と二人で、琳蔵に紹介された山本真由美にいろいろうかがう。五月一日供用開始の確認。それと、漁業集落整備事業の対象というので、一四万六〇〇〇円で公共升まで施工してもらえるのだという。その申し込み期限が二月末とは、タイミングがよい。

山田の長男の太郎と、康志の運転でＪＲ桶川駅に九時二〇分に着いて、解散。高崎線は九時四〇分発の東京品川ライン。綱島在の太郎とは、品川まで一緒に行って「またね」と別れる。自宅には、一一時四〇分。

三月一六日は朝七時五六分のはやぶさ一〇一号で、一関へ。釜石に宿がとれなかったので、陸前高田の二又復興センター、少々見つけづらいが、わかると、国道からすぐ。いつものように道の駅さんりくで、昼。三時の木村工務店まで少し時間があるので、桜トンネルの上で自分の敷地のあたりを歩き回り、小白浜の遠景を眺める。

木村工務店では、「設備と電気は、うちのいつも使ってるところだから大丈夫。図面ができたら送ってもらえば、見積もりを出す」というので、了解。後は、世間話。仮設グランドのところは、倉庫があったので、グランドが供用されるとわずかの賃料が入るのだそうだ。

基礎工事の可能性を聴いてもらっている木村保英とは、六時半に公民館でということに。学会で小嶋一浩（一〇月一三日急逝の報が入り驚いた）の話に出た尾崎白浜を久しぶりに訪れる。小学校が戸建ての復興住宅になっている。そして、軸線をわずかにずらしていることも読み取れた。港は、かなり復興しているようす。船も多い。まだ時間があり、鵜住居へも一走り。小学校の鉄骨が、盛り土の上に見える。食事は一色で。若女将は佐々木敦子。板前を雇って、がんばってやっている。おいしい刺身とポトフを急ぎで食べて、唐丹に戻った。

保英から電話あり、なんと今日の協議会は、釜石市内での火災発生のために中止という。せっかく来たのにと、まずは保英の家でしばしおしゃべり。まだ憤懣残り、山田理容室を訪ね、ご夫婦の食事中に割り込んでコーヒーをご馳走になる。さらに征也にも顔を見せる。念のためと公民館に行ってみると、市の職員がいる。なんと、中止にしたけれど個別の質問に対応しているのだと。市長が出られないからということらしい。資料ももらえて、グランドの話や道路計画、防潮堤については、かさ上げの意味がないと意見を述べさせてもらった。まあ、言っただけになってしまうが。市としては二〇一六年に一期、二〇一七年に二期工事として進めるという。壮大な無駄である。職員が片づけ、引き上げるところを一〇分、一五分ではあったが、情報は入ってよかった。

陸前高田のセンターは、矢作小学校の教室を宿舎に転用したもの。壁で仕切って、ベッド＋ロッカー＋机のシングルスペースを用意してある。風呂も男と女それぞれに、一〇人程度は入れるものを。話の種にはなるが、機能的には、いろいろ歩かされ、いまいち。もう早く寝るしかない。

翌朝は、六時前に目を覚まし、周辺を散策。生出川沿いに往復四五分。大滝、小滝まで。早々に引き上げ、一関でレンタカーを返して、タイミングよく九時三五分発のはやてに乗れた。防潮堤について、なんとかならないかと思いを巡らし、住民の署名を集めて、市長と市議会議長に再考を促すのがよさそうと思い立って、メモを作った。塩野七生の新著『ギリシア人の物語』でも、土地の仕訳の問題など、都市国家の改革に苦労しているのは、まちづくりでも参考になる。基礎工事はなかなかみつからぬ状況が続いた。二七〇万円の見積もりはさすがに受けられなかった。

株式の募集は、三月末までに無事四五株九〇〇万円の資金を調達することができた。寄付についても、一七四万円の振り込みを得て、一段落である。

建築確認申請は、四月七日に提出し、西側傾斜地盤についてのやりとりの書類を取り交わしたものの、無事下りた。その後、基礎工事は一八〇万円で木村工務店が受けてくれた。地鎮祭、着工は、六月二日。劔持工務店とも契約を交わし、瑕疵担保保険については、ハウスプラス住宅保証に受けてもらい、基礎の配筋検査の後、東京の本社にて伝統木工法の趣旨なども説明する機会を持った。

劔持棟梁の加工は予定より大幅に時間を要しているが、年明けには、現地入りして組み上げる算段になっている。市からは、空き部屋の出ている平田第六仮設の一戸分の利用許可をもらい、活用させていただくことができた。一〇月二八日から三〇日にかけて、今年も昨年の延長上で、第五回意見交換会を無事開催した。意見の出た、防潮堤かさ上げ工事の見直しの要望については、神田の名前で、一二月九日、意見交換会の報告書とともに市に提出した。

一一月一九日には、A-Forumを借りて、第一回定時株主総会を開催、事業報告、決算報告を終えた。これからの活動は建築ができて都会と集落との交流が生まれてからであるが、その拠点づくりの段階までこぎつけることができたといえる。復興まちづくりの第一幕ということでもある。

## 一〇　展望

唐丹小白浜は、津波で大きく被災したものの人的損失は少なく、過去の大津波の経験は生かされている。漁業としてのなりわいは、縮小しながらも回っている。問題は、若者の多くが都会に出て戻らないことである。ただちに若者を呼び込むことは容易ではないが、まずは都会との継続的交流の場をつくることで、まちに賑わいを生みたい。そのためには継続性のある組織ということで、株式会社唐丹小白浜まちづくりセンターを立ち上げた。建築やまちづくりのコンサルティングが営めるとよい。学生を対象にセミナーやシンポジウムの開催、子どもたちの交流なども考えられる。漁協との連携で、水産加工業に参画できることを期待したい。あせらずに、かかわるものが楽しめる場をつくることから展望を見つけだしたい。

## おわりに

二〇一六年度で、仮設住宅もおおむね解体され、震災復興も新しいフェーズに入る。漠然とした思いで、震災復興に取り組み、少しずつ形をなしてきたプロジェクトが、二〇一七年四月からは、目に見えるかたちで、唐丹小白浜まちづくりセンターとして動き始めることができるのは、嬉しく思う。震災復興にかかわって、多くの成果をあげてきている先行プロジェクトを見ながら、これからの夢を、より多くの人とかかわるなかから実現に向けて試行錯誤していきたい。二〇一三年一二月一六日にシドニーのオペラハウスの対岸の現代美術館で見た、ヨーコ・オノ展「WAR IS OVER IF YOU WANT IT」の中で見つけた言葉がある。坂本龍一が3・11直後の、広島での展覧会でオノ・ヨーコに捧げた詩の一節である。「夢を見よう。一人で夢を見ればそれは現実」（A dream you dream alone is a dream, but a dream together is a reality.)

# 異なる立場から被災地の将来像を織り上げる——サードセクターからみる復興ガバナンスのありよう

菅野 拓

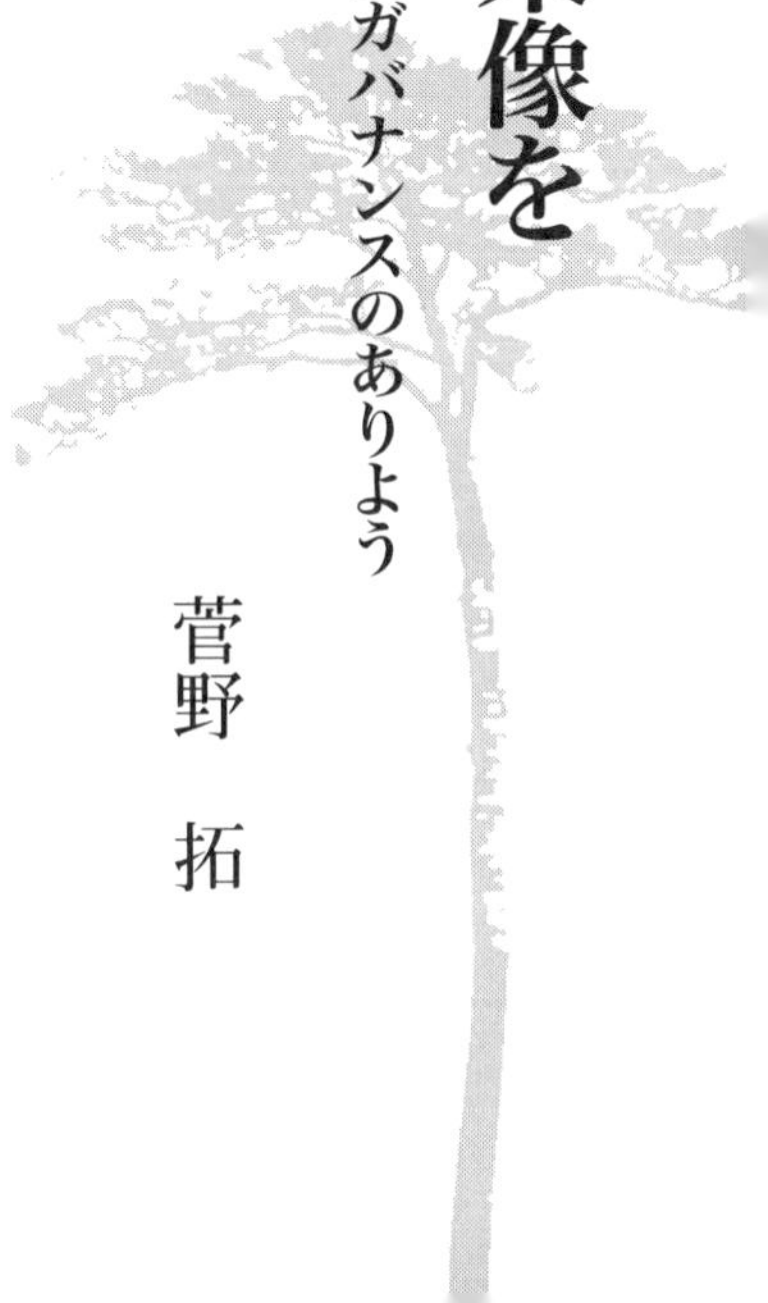

## 一 被災地の将来像を決めるのは誰なのか

### (一) 日本の災害復興の伝統は部分的直接民主主義

大規模自然災害が発生すると、行政の平時の統治機構がマヒしてしまう。それは、同時に、地域に存在する住民や事業者の日常がマヒすることでもあり、その復旧を行わなければならない事態となる。日本において法律上、災害復旧に責務を持つのは第一に行政であり、災害救助法、被災者生活再建支援法、激甚災害に対処するための特別の財政援助等に関する法律、公共土木施設災害復旧事業費国庫負担法などの災害法制や、都市計画法、公営住宅法といった平時の法制度の災害時規定を活用し、地域をつくり直していくことになる。さらに、阪神・淡路大震災や東日本大震災など非常に大きな災害では国の特別予算が組まれ、仮設住宅の見守り、中小企業への支援、心のケアなどの特殊な事業も展開されることになる。

災害にかかわる制度は、平時は世論を喚起することができないため、根本的な法改正や制度樹立が行われることはめったにない。たとえば基幹的な災害法制である災害救助法は一九四七（昭和二二）年に制定され、その骨格は大きく変わっていない。災害時にはそれをつくり変えるほどの余力はなく、どんな悪しき法制度や慣習であろうが、それを活用しながら復興に取り組むことになってしまい、小熊のいう「復興の経路依存」の一因となってしまう（小熊英二「ゴーストタウンから死者は出ない」小熊英二・赤坂憲雄編著『ゴーストタウンから死者は出ない――東北復興の経路依存』人文書院、二〇一五）。

このような災害法制を骨格として、さまざまな事業が代議制民主主義にもとづき行政中心になされることになるが、同時に、大規模災害においては、この構図に風穴を空けるような取り組みがなされることもある。典型的には阪神・淡路大震災において取り組まれた「まちづくり協議会」であろう。一九七〇年代以降、日本においても取り組まれてきた「住民参加」などとして表現されるアドボカシー・プランニングの流れを背景に、被災地において土地区画整理を活用するなどして、宅地・道路・公園などの地域の地割を見直す際に、住民間や、住民と行政のあいだで、どのような地域にするかを話し合い、計画を策定していった。阪神・淡路大震災では区画整理、再開発等の復興計画案を震災発生後わずか二カ月余りで都市計画決定したことに対し、市民が猛反発した経験も作用しているのか(1)、その後の災害復興でも「まちづくり協議会」に代表される「住民参加」は部分的に生かされている。たとえば、東日本大震災においては国がガイダンスを作ってまで、「まちづくり協議会」を中心とした住民参加を推し進めている（国土交通省都市局・住宅局『東日本大震災の被災地における復興まちづくりの進め方（合意形成ガイダンス）』二〇一二）。

この例にみられるように、日本の大規模自然災害からの復興の伝統は、代議制民主主義に基づく行政中心主義に、被災地の住民参加に基づく「部分的直接民主主義」を形成してきたといってよいであろう。

## (二) 部分的直接民主主義の伝統がもたらす現実

では、行政中心主義における部分的直接民主主義は、大規模自然災害からの復興に、何をもたらしているのであろうか。当然、住民の意見が行政に「取り入れられ」、復興にまつわる計画に反映されるのであるから、住民にとってプラスが多いことは疑いえない。ただし、同時に、「住民参加の形骸化」とでもいうべき事態も生じているように思われる。従来、もっとも住民に近い行政の末端機構は、自治会や町内会といわれる組織であった。その多くは高齢化が進み、会長は男性高齢者であることが多く、比較的都市化が進んだ地域などでは、住民の参加率は低い場合が多い。復興にまつわる計画を策定していくまちづくり協議会が、町内会・自治会と構成メンバーが、そう変わらない状態であったならば、女性や若者といった発言力が弱い人の意見が計画に反映されにくくなるであろう。(2) また、まちづくり協議会などの、行政色が強く、比較的フォーマルな考え以外の、オルタナティブな考えや取り組みが排除されることにもなる。要は「住民が合意した」という事実のみが、まるで、「言質を取った」かのように重視され、住民参加の美文のもとに、実質的には行政中心主義で考えられた計画を承認し、その後押しをしてしまうことも十分にある。阪神・淡路大震災以降、NPOや行政など複数の立場で数々の復興にかかわり、現在は復興庁の参与でもある人物が、このような実質の伴わない合意を与えるまちづくり協議会を、「ポンコツまち協」と呼び、住民参加の形骸化を嘆いていたことが印象的であった。

また、被災地の将来像を作り出す作業は、行政と住民のみでなすべきなのかも不透明である。現地の営利企業や、本論で検討するNPOやNGOと呼ばれることの多いサードセクターの組織なども、重要なステークホルダーであるはずだ。しかし、上述した国交省ガイダンスにおいても、住民以外の参加は想定されていない。現状、政治・行政セクターに部分的に被災住民が参加し、悪い場合は、「住民参加の形骸化」のもと実質的には行政中心主義で、復興にまつわる計画を定めるということが、被災地の将来像を決めるということであるように思われる。

## （三）本論の目的と筆者の立ち位置

ここで本論の目的と、本論を執筆するにあたっての筆者の立ち位置を説明しておきたい。上述した、災害復興の伝統としての、行政中心主義における部分的直接民主主義は、東日本大震災においてどのような局面を迎え、また、この局面がはらむ問題の克服のために、どのような取り組みが行われているのかを記述することが本論の目的である。同時に、この局面や取り組みは、今後の復興や社会において、いかなる意味を持ちうるのかを論じたい。これらを論じるにあたり、一般に、部分的直接民主主義の埒外であった、サードセクターに焦点をあて、局面の相対化をはかることとしたい。

結論を先にいえば、さまざまな課題を抱える被災地の現実に対し、その解決に、サードセクターを中心とするさまざまなアクターが予想外に参加していることから、復興を伝統的に担ってきた行政とのあいだに、施策の立案に関して、再帰的な関係性が生じた。そして、セクター間のポリティクスを通じて、被災地の将来像を描くプロセスが変容し、復興は部分的にはマルチセクターによるガバナンスとして存在していることが明らかになる。地域によっては、種々の復興施策と「地方創生」や「地域包括ケアシステム」といったコミュニタリアン的政策が重ねられ、共振する場合があり、マルチセクターによるガバナンスという概念は、理念的に受容されているというよりは、地域の現実に向かうため、地域の現実に拘束されながら、草の根的に受容されていると考えられる。

ここで、本論における筆者の立ち位置を述べておきたい。筆者の立ち位置は、研究者であると同時に、被災者支援を行うサードセクターの組織の運営者でもあるアンビバレントなものである。これまでも東日本大震災の被災地において、さまざまな主体とともにアクションリサーチを実施してきたが[3]、本論で取り上げる事例においても同様である。なお、本論は、この過程で把握した情報や関係者へのインタビューに基づいて記述している。

## 二　東日本大震災におけるサードセクターの活躍と中間支援組織

### (一) サードセクターの活動実態

まず、本論で焦点をあてるサードセクターについて、東日本大震災においてどのような存在であったのかを確認しておきたい。東日本大震災における復興支援にかかわるサードセクターの組織は、アンケート調査対象としてリストアップできただけでも、一四二〇団体におよぶ。このアンケート調査の結果からは、サードセクターは自主的かつ多様に反応したことがわかった。復興に向かう取り組みへの支出は、発災後の約三年間で少なくとも一二〇〇億円以上であったことが推計されている。その八割近くは寄付金や民間助成金といった公費以外の資金であった。また、特定非営利活動法人、任意団体、一般法人といった、旧民法下の公益法人ではない新しい組織が多数かかわり、一方で被災地では震災後に多くの組織が設立され、諸課題に対応してきた。活動内容は時間的に変遷し、近年は、地域づくりと考えてもよい、必ずしも災害対応とはいいきれない活動が主流を占めている(菅野拓「社会問題への対応からみるサードセクターの形態と地域的展開——東日本大震災の復興支援を事例として」『人文地理』六七巻四号、二〇一五)。つまりは、サードセクターは復興において自発的かつ多様に活動し、行政などの他セクターからみて、その規模も無視できないほどに大きいものであった。

また、サードセクターの組織は行政や営利企業などの他セクターと連携・協調し、復興に関する事業上のイノベーションを生み出す場合がある。たとえば、仙台市の仮設住宅入居者支援事業においては、サードセクターの組織と仙台市のポリティクスの中で複数のイノベーションが生み出され、先進的な被災者支援を実施している(菅野拓「災害対応におけるイノベーションと弱い紐帯――仙台市の官民協働型の仮設住宅入居者支援の成立と展開」吉原直樹・仁平義明・松本行真編著『東日本大震災と被災・避難の生活記録』六花出版、二〇一五)。

## (二) 情報の非対称性を克服する中間支援組織

このような活動実態があるなか、サードセクターと他セクターとが、なんらかのかかわりを持とうとする際に、不都合なことがある。その代表的なものはサードセクターの不明瞭さである。

行政や営利企業などが被災地に対してなんらかの活動を行う際、その活動が、被災者や被災地にとってプラスになるものであるかが問われる。ただし、活動を行おうとする組織が、被災者や被災地にまつわる情報を、活動可能なレベルで十分に持っているわけではないし、活動を実施するためのノウハウや人員などの必要不可欠な各種資本を必ずしも持っているわけでもない。そのため、行政や営利企業などは、被災者や被災地にまつわる情報を十分に持ち、また、ノウハウや人員などを持つサードセクターの組織に資金や人材などの各種資源を委任して、さまざまな活動を実施することが多い。[4] しかし、上述したようなサードセクターの活動実態は一般には不明瞭であるため、情報の非対称性が存在し、どのサードセクターの組織に委任すべきかわからない。

たとえば、助成金を通じて復興になんらかの貢献をしたいと考える、ある営利企業が三つのサードセクターの組織と知り合ったとする。組織Aはある地域で仮設住宅入居者への生活支援を行っている、組織Bは異なる地域で住民の合意形成の支援を行っている、組織Cは被災地全体に対して助成金公募などの情報提供を行っている。しかし、いずれの組織についても、その活動は一般的なものなのか、特殊なものなのか、サードセクター全体の中でどのような位置づけの組織なのか、活動の効果や組織の力量はどうなのかなど、活動や組織を判断するための情報がないため、営利企業からみてどの組織を応援すべきなのかが判然としない。この不明瞭さは他セクターからはもちろん、サードセクターの組織同士でも感じられる。なぜならば、組織数が多すぎ、また、被災範囲が広いために、上述したような活動実態の全容をつかむことが、そもそも難しいためである。加えて、県や政令市が認証する特定非営利活動法人であるならばともかく、公証役場での手続きと法務局での登記で法人設立が完了する一般法人は所轄庁という概念すらなく、さらに、地域を超えて活動する組織も多く、サードセクターの組織をリストアップすることだけでも困難である。

このような状況の中、サードセクターの活動実態を把握しているとみなされる組織が他セクターとの交渉役として必要とされる。この必要性に応えているのがサードセクターの中間支援組織である。中間支援組織とはサードセクターの組織に主として資源（人、モノ、カネ、情報）を仲介したり、組織間のネットワーク形成を促進したりすることを役割とする組織である。[5] 彼らは行政、営利企業、サードセクターの組織が活動を行ったり誰かに委任したりする際に、情報やノウハウなどの資源を獲得するためのネットワークのハブとなる存在である。

## （三）被災地におけるサードセクターの中間支援組織の成立

東日本大震災においては、主たる活動スケールを異にする、複数の中間支援組織が震災後に成立している。たとえば、活動スケールが全国におよぶレベルでは、東日本大震災のサードセクターに関する最大のネットワーク組織である「東日本大震災支援全国ネットワーク（ＪＣＮ）」、被災三県にまたがるレベルでは、東北地域のサードセクターに対する助成を行うコミュニティ財団である「公益財団法人地域創造基金さなぶり」、県域レベルでは被災三県それぞれに成立し、連携して活動することも多い「特定非営利活動法人いわて連携復興センター」「一般社団法人みやぎ連携復興センター」「一般社団法人ふくしま連携復興センター」、市町村域レベルでは、宮城県石巻市を中心に活動する「公益社団法人みらいサポート石巻」、福島県いわき市を中心に活動する「特定非営利活動法人3・11被災者を支援するいわき連絡協議会（みんぷく）」などである。

では、これらの中間支援組織はどのような機能を発揮しているのであろうか、たとえば、県域レベルで活動している三県連携復興センターは、「情報にかかわる機能群」「調整にかかわる機能群」「サードセクターの組織基盤強化にかかわる機能群」「アドボカシーのための調査・研究」の、四つの機能群を発揮している。[6]「情報にかかわる機能群」は自らが会議体を主催することで、サードセクターの組織や他セクターの組織間で情報交換を行い、その情報を集約する「情報交換の場の設定」、他の組織が主催する情報交換の場へ参加し、情報を集約したり、有用な情報を提供したりする「情報交換の場への参加」、各種メディアを通じて復興の状況やサードセクターの組織にとって有用な情報を発信する「情報発信」である。「調整にかかわる機能群」は他セクターなどからもたらされる資金や物資などを適切な組織に仲介する「資源調整」、サードセクター内やセクターをまたぐ複数組織が協調して事業を実施することの仲介や事業立ち上げ支援を行う「組織間調整」である。「サードセクターの組織基盤強化にかかわる機能群」は研修やセミナーなどの「人材育成」、助成金を配布する「資金助成」、組織の運営方法や事業のノウハウを伝達する「運営ノウハウ移転やコンサルティング」である。「アドボカシーのための調査・研究」はサードセクターの状況や被災地の状況を調査することで、セクター内やセクター間における各種交渉を有利にすすめるための情報を作成するものである。

サードセクターの中間支援組織はこのような機能を発揮することで、サードセクターの活動実態の不明瞭さによる、情報の非対称性を克服し、有用な資源が適切な組織や地域にもたらされることを促進しているといえる。

## （四）セクター内・セクター間のハブとなる中間支援組織

サードセクターの中間支援組織間には全国的なネットワークがある。自らが活動する地域の外にネットワークを持つことはサードセクターの組織にとって珍しいことではない。上述した、仙台市の被災者支援事業の例においても、セクターや地域を超えたさまざまなネットワークを通して、資源動員をはかっている。とくに、中間支援組織にとっては、情報の非対称性を克服し、有用な資源を適切に仲介するうえで、ネットワークを持つことが必要不可欠なことである。たとえば、被災地域で活動する、県域レベルの中間支援組織の運営者Aへのインタビュー調査によれば、彼が東日本大震災からの復興に関して、お世話になったり、信頼していたりする人物を一〇名挙げてもらったうち、八名は中間支援組織に所属する人物で、そのうち四名は被災地域外の中間支援組織に所属している。彼は、「Bさん（筆者注：被災地外の中間支援組織の運営者）が全国レベルのNPOの人たちを連れてきてくれたんだよね。Bさんを通して、県内に最新のNPOの智恵が入ったことは大きかった」と述べる。

また、Aのお世話になったり、信頼していたりする人物一〇名のうち、二名は他セクターの人物であった。一名は行政の担当者Cであり、Cと協調して創設した行政と中間支援組織の情報交換の場は、震災直後から執筆時点（二〇一六年）においても継続しており、その場で交換され、また、協議された情報は、行政・サードセクターの双方の取り組みに生かされている。つまり、中間支援組織は、さまざまな資源調整にまつわる、セクター内・セクター間のハブとして存在している。同時に、他セクターから中間支援組織をみれば、サードセクターの全体像を把握していることから、資源調整にかかわる重要な交渉相手として存在することになる。

# 三　サードセクター・行政間のポリティクス

## (一) セクター間のポリティクスの結果としての被災地の将来像

行政中心主義における部分的直接民主主義という復興の伝統の埒外ではあるものの、実態的には復興の一翼を担っているといってもよいサードセクターが、計画の策定や各種取り組みなどの形を通して、被災地の将来像をつくり上げていくプロセスに、どのように関与しているのであろうか。上述したように、他セクターからみれば、中間支援組織が交渉相手として存在しているため、被災地の将来像をつくり上げていくプロセスは、全国、県域、市町村域などさまざまなスケールにおける、中間支援組織の交渉役と他セクターの交渉役とのあいだのポリティクスとして存在することが、必然的に多くなる。

当然、具体的な協議や交渉の現場では、セクターごとの思惑、基本的な考え方が異なるため、対立的なポリティクスが生じる場合もあるが、協議や交渉の場につく限りにおいては、戦術的な合意点や、双方が納得できる創造的な解決案を探すことになる。歴史的に積み重ねられてきた地域の特性、災害法制、行政予算の枠組みなどの構造的な制約条件に加え、このようなさまざまなポリティクスの結果として、被災地の将来像は織り上げられていく。

こう考えるならば、本論の冒頭に述べた、復興の伝統としての行政中心主義における部分的直接民主主義とは、「復興」とは行政と地域住民のポリティクスが部分的に含まれるプロセス」として具体化できる。このポリティクスにおける対立の激化を避け、行政が住民を飼いならす行為こそ、「住民参加の形骸化」ということになる。「行政と地域住民のポリティクスが部分的に含まれるプロセス」としての復興において、サードセクターは埒外であった。加えて、平時のサードセクターの位置づけも流動的な状況である。なぜならば、地域差はあるものの、「新しい公共」の担い手としてサードセクターに期待がかかると同時に（内閣府『「新しい公共」円卓会議における提案と制度化等に向けた政府の対応』二〇一〇）、「NPOの下請け化」という表現に表れるように、社会政策にかかわる費用の削減のためのみに存在する「公共的な財・サービスの提供主体」としてサードセクターが位置づけられる可能性も十分にあるという状況であったためである（阿部誠「「新しい公共」と社会政策」『社会政策』五巻一号、二〇一三）。

このような状況をふまえ、次項以下では、「行政と地域住民のポリティクスが部分的に含まれるプロセス」としての復興に、埒外であったサードセクターがどのように介入していったのかをみてみたい。本節では中間支援組織と復興庁との関係を例に、サードセクターと国が復興においてどのような関係性にあったのかをみる。

## （二）中間支援組織と復興庁の関係性の背景

まずは、本論で具体的に検討する中間支援組織と復興庁のあいだに存在したポリティクスの前史を確認しておきたい。阪神・淡路大震災が起こった一九九五（平成七）年は、一般に「ボランティア元年」と呼ばれ、社会がボランティアなる存在を認識したと考えられる。ただし、仁平が指摘するように、ずっと以前から「奉仕」などと呼ばれてボランティアは存在し、「ボランティア元年」としてボランティアが認識された直後から、NPOという言葉のほうが主流化していったため、実態としては、組織として公的な領域で自発的に活動する民間団体が一般化していく画期だったと考えるほうが適切であろう（仁平典弘『「ボランティア」の誕生と終焉――〈贈与のパラドックス〉の知識社会学』名古屋大学出版会、二〇一一）。その後、一九九八年の特定非営利活動促進法の議員立法による制定を受け、国としてもサードセクターを一般的なものとして受け止めざるをえない状況へと変化していく。そのため、日本の大規模災害の歴史において、二〇一一年に起こった東日本大震災は、NPOやNGOなどの組織としてサードセクターが活動することが、発災当初から考えられた最初の巨大災害であったと考えられる。

ただし、国の防災体制が、サードセクターの活躍したものとなっていたわけではない。結果として、首相や官房長官の発災直後の指示のもと、サードセクターとの連携を旨とする官民協働型のタスクフォースである「内閣官房震災ボランティア連携室」が設置され、サードセクターとの連携・協調が模索されることになった。(7) このタスクフォースの成立には、政権与党が「新しい公共」を唱える民主党であり、また、NPO出身の民間人材が政府の中枢にいたといった、ある種の偶然が作用している。内閣官房震災ボランティア連携室は、官房長官を通じたボランティア活動への参加の呼びかけ、観光庁を通じた旅行業界に対しボランティアと観光を組み合わせたツアーの設定の呼びかけ、官邸ホームページや連携する民間ウェブサイトによるボランティアにかかわる最新情報の発信、サードセクターへの国の助成制度の周知、サードセクターの組織等との意見交換結果の政府内共有や施策への反映などを実施した（東日本大震災復興対策本部事務局震災ボランティア班「震災ボランティア活動の果たしてきた役割と、今後の政府の取組——東日本大震災から半年を経過して（二〇一一年九月三〇日）」）。

その後、内閣官房震災ボランティア連携室は、東日本大震災復興対策本部事務局震災ボランティア班、復興庁設置後は、復興庁のボランティア・公益的民間連携班へと引き継がれ、サードセクターの組織等との意見交換結果の政府内共有、その施策への反映や、サードセクターの活動にも活用できる国の資金的な支援制度についての情報の周知などを実施してきた。この際の、主たる意見交換相手や情報周知の協力を依頼する相手こそ、三県連携復興センターなどの中間支援組織であった。

## (三) 復興におけるサードセクターと国の再帰的な関係性

サードセクターの活躍を、国として発災前から予期できたわけではないことを上述した。結果、予想外のサードセクターの活躍や、場合によってはセクター間の連携・協調の中で、個別地域の問題に応えるような解決策が生み出されていく状況を、復興事業を進める最中に、国として把握していくこととなった。サードセクターと他セクターの連携・協調が重要であるとの国の認識の広がりは、復興庁の行政職員としてのトップである事務次官であった、岡本全勝の認識によく表れている。彼は、NPO出身者を復興庁の非常勤公務員に任命する際のやりとりを取り上げ、以下のように述べる。「恥をさらしますが、私も初めは、企業やNPOと対等な立場で連携するということが理解できませんでした。(中略)「あんたら、私に使われてもいいのか。(NPOからすれば)裏切り者かもしれないよ。」「違います。我々が岡本さんを使うんです。」(中略)この言葉は、私にとって衝撃的でした。いかに私の意識が狭く遅れているかを、わからせてくれた一言でした。行政が上に立って、企業やNPOはその下に位置するのではありません。それぞれが得意分野で、違った手法で社会を支えているのです」(岡本全勝「日本社会の変化」岡本全勝編著『東日本大震災 復興が日本を変える――行政・起業・NPOの未来のかたち』ぎょうせい、二〇一六)。

このような状況認識をもたらす経路はいくつもあるが、ボランティア・公益的民間連携班が三県連携復興センターなどの中間支援組織と意見交換を継続していること、内閣官房震災ボランティア連携室のサードセクターを熟知する民間出身の室員が、復興庁のボランティア・公益的民間連携班に引き続き参画していることなどが、大きな経路であると思われる。サードセクターと他セクターの連携・協調が重要であるとの予期せぬ状況認識は、このような意見交換や民間人を登用する人事などを通じてなされる、セクター間のポリティクスを通してもたらされる。この状況認識が国の施策枠組みや施策自体に影響をもたらすことになり、影響を受けた施策枠組みや施策を通じて、被災地域の現状が変化し、セクター間のポリティクスを通じてもたらされる観測結果や、国としてのその評価にもとづき、さらに施策枠組みや施策自体に影響を与えるという、再帰的な関係性が生まれることとなった。

このような再帰的な関係性の典型例は、二〇一五年一月から国が開始し、二〇一六年度も継続実施されている「被災者支援コーディネート事業」に表れている。この事業は、「①新たな活動主体の参画や支援者間の連携強化を通じた支援体制の充実」、「②企業CSR活動（企業の社会貢献活動）と自治体ニーズのマッチング」、「③生きがいづくり支援事業を実施する各種主体（NPO等）と地域をつなぐ等、関係者間の調整」を行うことを目的に、被災三県および東京に「被災者支援コーディネーター」を配置するもので、行政・営利企業・サードセクターの組織など、関係者間のコーディネートを主眼とする事業である。一般的にはまれな、国からサードセクターの組織への直接委託が行われ、五つの中間支援組織が共同実施した（復興庁「「被災者支援コーディネート事業」の事業開始について（平成二七年一月七日）」二〇一五）。

二〇一五年一月から三月のあいだに、三県および東京において、中間支援組織のスタッフがコーディネーターとして調整した案件は、自治体の復興をサポートする人材導入のコーディネートや、新たな支援体制構築のための協議会設置の支援などの支援体制の整備で二六件、営利企業のCSR活動と自治体ニーズのマッチング一一件など、計五四件であり、実質的には中間支援組織の日常的な動きを加速化させる事業であった。「潜在ニーズへの対応を含め、より多くの案件対応が可能となり、さらに事業効果が期待されることが確認」されたとの国の認識のもと、翌年度以降も事業が継続されることになった（復興庁「「被災者支援コーディネート事業」平成二六年度の成果について（平成二七年五月二九日）」二〇一五）。

被災者支援コーディネート事業を通して、サードセクターとの関係性にまつわる国の認識、および国との関係性にまつわる中間支援組織の認識が再帰的に変化しつつ、複数のセクターが連携・協調する事業が実施されていった。

# 四　異なる立場から被災地の将来像を織り上げる

## (一)　復興におけるサードセクターの位置づけをめぐるポリティクス

では、行政と地域住民の部分的ポリティクスとして被災地の将来像が織り上げられていく伝統に、サードセクターはどのように介入していったのであろうか。前節で述べた複数のセクターの連携・協調の延長線上に、復興や今後の地域づくりにおけるサードセクターの正統性、行政からのサードセクターへの視線とサードセクター自身の自己規定との収斂、行政からサードセクターへの資源供給の可能性などを争点として、「復興におけるサードセクターの位置づけ」をめぐるポリティクスが、中間支援組織と復興庁のあいだに存在した。

本節では、このポリティクスを検討することから、「行政と地域住民のポリティクスが部分的に含まれるプロセス」としての復興の伝統が、東日本大震災において変容し、より重層的なものとなっている状況を明らかにしたい。検討する事例は、複数の中間支援組織などが取り組んでいる「市民がつくる復興ロードマップ」事業、復興庁が取り組んでいる「多様な担い手による復興支援ビジョン」事業、およびこの二事業をつなぐ「復興におけるサードセクターの位置づけ」をめぐる中間支援組織と復興庁とのあいだのポリティクスである。

## (二)　市民がつくる復興ロードマップ

東日本大震災の発生から時間が経るなかで、上述した被災者支援コーディネート事業に表れるように、サードセクターと国、双方の認識が再帰的に変化しつつ、連携・協調が模索される状況が醸成されていった。震災後に、さまざまな活動スケールの中間支援組織が成立したことをみたが、三県に成立した連携復興センターは二〇一一年中には、「三県連携復興センター会議」として定例的な会議体を持つようになった。この会議は本論執筆時点においても月に一度程度の頻度で継続している。参加者は三県連携復興センターを中心に、他の中間支援組織、助成財団、復興庁などであり、サードセクターと国との意見交換の場として重要性を高めていった。

「行政の復興にまつわる土木事業などのハード事業は、ある程度振り返りがなされ、公表されているが、サードセクターの組織も担い手になっている被災者支援などのソフト事業や、民間独自の事業は、まとまった振り返りがなされていない」。二〇一五年度に入り、三県連携復興センター会議において、この問題認識が共有された。そして、これまでの復興の取り組みを振り返り、六年目以降の復興を見定める必要があるとの発議があり、このプロジェクト化を検討していくことになった。これをもとに成立したのが、被災地において中心的なサードセクターの組織などが集まり、被災地の将来像を展望する「市民がつくる復興ロードマップ」プロジェクトである。(8)

「市民がつくる復興ロードマップ」は「今後の復興においては、ますます被災現地の市民の力・地域の力が重要」となるものの、「力を合わせるべき復興の姿、また復興支援の在り方を見通すことが難しくなってきている」との認識のもと、「被災地域が未来へ向けた見通しを立てるための「羅針盤」」となるべく、「私たち市民(NPO等市民活動団体をはじめとした復興に取り組んでいる人たち)の目線で、五年目以降の復興の見取り図をつくろう」としたものであり、二〇一六年六月に発表された。

検討された項目は「被災者の生活基盤と社会生活の確保・維持」を内容とした「被災者の生活再建」、「地縁型自治組織の形成」と「NPO等、地域の課題解決や新たな価値づくりに取り組む組織の形成」を内容とした「被災者の暮らしを支える組織の形成」、「多様な担い手による自律的な地域経営」や「循環型・共生型地域経済の再考と構築」を内容とした「豊かに暮らせる地域づくり」、「中間支援機能の強化」「協働の仕組みづくり」「人と組織が育つ資金」「社会的包摂の推進」を内容とした「官民による協働の推進」からなる。被災者からスタートし、組織やコミュニティ、地域、それを支える仕組みや理念へと広がっていく構成となっている。それぞれの項目ごとに、現状・中間目標・めざすべき姿といった将来像へいたる状態、将来像へいたるなかで想定される課題、課題解決に向けた担い手ごとの役割が記載されている。つまり、地域に住まうものが誰も排除されないという「社会的包摂」概念や、さまざまな主体がかかわる地域経営など「ガバナンス」概念に包含される事柄を、被災地にどのようにつくり上げていくのかということの具体像が描かれている。

## (三) 多様な担い手による復興支援ビジョン

中間支援組織が中心に実施した「市民がつくる復興ロードマップ」事業は、国とのあいだでどのように扱われていったのであろうか。ここでは、復興庁からのサードセクターへの応答として位置づけられる「多様な担い手による復興支援ビジョン」事業の成立を検討したい。二つの事業は双方に被災地の将来像を織り上げることを目的になされるものである。当然、中間支援組織と復興庁双方にさまざまな思惑があることが想像できる。中間支援組織にとっては、自分たちの正統性を行政においても位置づけ、行政が持つ資源をサードセクターに引きつけたいということが基本的思惑であろう。行政にとっては、サードセクターの力をうまく利用し、復興をより進めたいということが基本的思惑であろう。このような基本的な思惑を確認したうえで、以下では、具体的な展開をみる。

二〇一五年五月一九日、三県連携復興センターの代表者は、当時の復興庁事務次官の岡本全勝と面談し、上述した「サードセクターの組織も担い手になっている被災者支援などのソフト事業や、民間独自の事業は、まとまった振り返りがなされていない」という問題意識を伝え、国とサードセクターが協働してなんらかの振り返りができないかとの提案を実施した。その場で、なんらかのプロジェクト実施を検討することが決定し、その中身に関して、三県連携復興センターなどの中間支援組織においても検討し、復興庁に提案していくこととなった。サードセクターと国のあいだでプロジェクトの中身を決めるポリティクスが始まることとなった。

三県連携復興センターを中心とした複数の中間支援組織は検討を進めた。少なくとも五月二六日、二七日、六月三日、四日、一一日、七月二日、三日、九日などに、担当者レベルで会議を持ち、どのような枠組みで、何を実施するかを検討していった。その間にも復興庁担当者との協議を進め、二つのプロジェクトを実施していくことに落ち着いた。その一つが上述した「市民がつくる復興ロードマップ」事業であり、一〇月ごろには全国的な財団からの資金調達も実施し、実際に「市民がつくる復興ロードマップ」の中身を検討する協力者を募って体制の充実をはかり、一〇月八日に「市民がつくる復興ロードマップ」の検討を行う委員会が開催されたことを皮切りに、上述したようなアウトプットをまとめていくこととなった。

もう一つのプロジェクトが、復興庁実施の「多様な担い手による復興支援ビジョン」事業である。「多様な担い手による復興支援ビジョン検討委員会」(以下、検討委員会)、およびその下部組織である「ワーキンググループ」を開催し、最終的に「多様な担い手による復興支援ビジョン」を作成することを目的とした事業である。なお、本論執筆時点においても、いまだ最終的なとりまとめはなされていない。

第一回検討委員会は二〇一五年一〇月一五日に復興庁で開催された。その際に配布された各種資料[9]から、この事業がどのような性格のものなのかをみておきたい。検討委員会は「開催要綱(案)」において、「東日本大震災発生から五年の節目を迎えるに当たり、(中略)多様な担い手による復興支援に関する現状を把握・分析し、復興・創生期間に実施すべき事項を抽出することで、多様な担い手による復興支援をより一層円滑かつ効果的なものとすることを目的とする」と述べられ、サードセクターを中心とする多様な担い手が実施した復興への取り組みを評価し、二〇一六年度からの五年間である「復興・創生期間」に、復興における効果的なガバナンスのために国として実施すべき事柄を見いだそうとするものであることが示される。「ワーキンググループ開催要項（案）」ではワーキンググループにおいて必要な検討を行うこととされ、実際にはビジョンの内容の検討がなされている。

検討委員会の構成委員は、復興庁統括官を座長とし、復興庁総合政策班参事官、復興庁ボランティア・公益的民間連携班参事官兼男女共同参画班参事官、復興庁被災者支援班参事官、復興庁産業復興総括班参事官兼企業連携班参事官、復興推進参与といった復興庁の管理職やアドバイザー職、岩手県復興局長、宮城県震災復興・企画部長、福島県避難地域復興局長といった県の復興事業の管理職、特定非営利活動法人いわて連携復興センター代表理事、一般社団法人みやぎ連携復興センター代表理事、一般社団法人ふくしま連携復興センター代表理事、公益財団法人地域創造基金さなぶり専務理事といったサードセクターの中間支援組織の代表者である。

「開催要綱（案）」に検討内容として、「①復興・創生期間においてNPO等の多様な担い手が連携していくための『多様な担い手による復興支援ビジョン』の策定、②当該ビジョンを踏まえ、各県の連携復興センターを中心として行う、被災三県共通の課題や岩手、宮城、福島の各県における課題に対応していくための『市民が作《マ》る《マ》復興ロードマップ』の作成への協力」が掲げられ、また、「ワーキンググループ開催要項（案）」に検討内容として、「①復興支援ビジョン策定に必要な基本的な方向性についてのより詳細な検討を行う、②当該ビジョンを踏まえ、各県の連携復興センターを中心として行う、岩手、宮城、福島の各県における課題や三県共通の課題に対応していくために民間主導で作成される『市《マ》民が作るロードマップ《マ》（仮称）』と、復興支援ビジョンとのすりあわせを行う」と掲げられている。復興における効果的なガバナンスのために、国として実施すべき事柄を見いだす際に、三県連携復興センターを中心としたサードセクターの中間支援組織が実施する「市民がつくる復興ロードマップ」や、その途中経過と「すりあわせ」しながら検討しようと考えられていることがわかる。実際に、岩手県・宮城県・福島県の三県連携復興センター、公益財団法人地域創造基金さなぶりからは、各主体からみた多様な担い手による復興に関する現状認識が「構成員からの資料」として示されている。

つまりは、復興において、国、自治体、サードセクターなどが交わる領域に関する認識合わせと、復興に効果的なガバナンスを模索するための場だといっていいだろう。その際に、サードセクターの中間支援組織を介した「市民がつくる復興ロードマップ」に集約されるであろう、サードセクター側の認識が特別に重視されているということになる。

本論の冒頭において復興の伝統は代議制民主主義に基づく行政中心主義の中の、被災地の住民参加に基づく「部分的直接民主主義」であることを述べた。東日本大震災ではサードセクターが国の予想を超えて活動したため、サードセクターと国の再帰的な関係性が生じた。そのような関係性のもと展開されたポリティクスの帰結として、国が主導する復興の諸施策を司る枠組みの策定に、中間支援組織を中心としたサードセクターが参入している。つまり、「行政と地域住民のポリティクスが部分的に含まれるプロセス」から、「行政と地域住民に加え、サードセクターなどの多様な主体間のポリティクスが部分的に含まれるプロセス」へと「復興」というものが変化し、理念からではなく、被災者や被災地にまつわる現実から生まれた動きとして、マルチセクターによるガバナンスが模索されている。

## 五　「復興」と「新しい地域の創造」の共振と草の根的なガバナンス

### (一) 地方創生・地域包括ケアシステムと復興の交わり

ここまでは、サードセクターと国のポリティクスを中心に、マルチセクターによるガバナンスが模索されている状況を確認してきた。このような状況は、復興庁などにまつわるナショナルな領域にだけあるのではない。さらには復興という領域にだけにあるわけでもない。

近年、地方の人口減少や東京圏への人口集中を背景として、二〇一四年に「まち・ひと・しごと創生法」が成立し、地方自治体が独自に戦略を策定したうえで地域づくりを進める、「地方創生」という概念で括られる政策運営がなされている。[10] 二〇一五年六月に閣議決定された「まち・ひと・しごと創生基本方針二〇一五」においては、「地方創生のためには、従来の『縦割り』の取組を排し、様々な分野における官民協働や地域間連携、政策間連携を図ることにより、『地域の総合力』が最大限発揮されることが必要である」との認識が示されている。

また、高齢化による社会保障費の増大などを背景として、「ニーズに応じた住宅が提供されることを基本とした上で、生活上の安全・安心・健康を確保するために医療や介護のみならず、福祉サービスも含めた様々な生活支援サービスが日常生活の場（日常生活圏域）で適切に提供できるような地域での体制」としての「地域包括ケアシステム」の構築が求められている。[11] この地域包括ケアシステムの構築においても、「地域の実態把握・課題分析を通じて、地域における共通の目標を設定し、関係者間で共有するとともに、その達成に向けた具体的な計画を作成・実行し、評価と計画の見直しを繰り返し行うことで、目標達成に向けた活動を継続的に改善する取組」としての「地域マネジメント」が地方自治体を単位として求められ、[12] 支援体制の構築には行政のみならず、地域に存在するサードセクターの組織、ボランティア、民間企業などの多様な主体へ期待がかかる状況となっている。

平時のサードセクターの位置づけは「新しい公共」の担い手としてサードセクターが期待されると同時に、社会政策にかかわる費用の削減のためのみに存在する「公共的な財・サービスの提供主体」としてサードセクターが位置づけられる可能性も十分にあるという流動的な状況であったことを指摘した。「地方創生」や「地域包括ケアシステム」が重視される状況は、行政サービスを民間事業者へ移転し、コスト削減をはかるという観点から新自由主義的であるとの批判を受ける場合もあるであろう。しかし、同時に、イギリスのブレア政権で叫ばれた「第三の道」に基づく政策運営に代表される、地域においてさまざまな主体が関与するガバナンスを強化するコミュニタリアン的な政策でもある。

中央省庁においては政策運営の所管は厳密に区分けされているが、地域に近づけば近づくほど、また地域の単位が小さくなればなるほど、区分けの厳密さはほどけていく。東日本大震災の被災地は、マルチセクターによるガバナンスが部分的には模索される復興施策に加え、ナショナルな時代背景から、「地方創生」や「地域包括ケアシステム」などとして、地域におけるコミュニタリアン的政策運営も求められる状態にある。地域によってはそれらが相乗的に共振するような関係性が生じることとなった。

まずは、岩手県釜石市を例に、地方創生と復興の交わりにおける、マルチセクターによるガバナンスの位置づけをみてみたい。釜石市は、国の地方創生の動きをふまえ、長年の課題である人口減少・少子高齢化に対応し、将来のまちの進路を示す羅針盤として、二〇一六年に「釜石市オープンシティ戦略（釜石市総合戦略）」を策定した。この戦略では「震災から五年目を迎えた今もなお、東日本大震災からの復旧・復興過程の最中にあり、多くの市民が仮設住宅での生活を余儀なくされ、「住まい」「なりわい」「暮らし」の再建が当市の最優先課題であることに変わりはない」としつつも、「人口減少は被災地を待ってはくれず、現実の問題として存在する。復興プロセスを通じて、私たちが得た最大の資産はつながりである」との認識が示される。そして、「つながりから価値創出されるシステムを構築し、復興と地方創生のあいだにあるまち・釜石の可能性」を追求するために、「オープンシティ釜石——市民一人ひとりが役割を持つ、もっとも開かれたまち」を戦略の基本思想として掲げる。

「復興プロセスを通じて得たつながり」の代表例として、東日本大震災におけるボランティアと、総務省の地域おこし協力隊事業の東日本大震災バージョンである復興支援員制度を独自に組み直して活用した半官半民の地域コーディネーター制度である「釜援隊」をあげる。ボランティアの「中には、一過性の支援活動に留まらず、市民との交流を目的に定期的に釜石を訪れる方、市民が主体となった様々なプロジェクトを継続的に支援される方、市内で新規事業を創出される方など」がおり、「交流によって様々な価値」が生み出されているとされ、釜援隊は「市民・NPO・企業・自治体といった地域内外の関係者と協働」し、「社会課題に関心を抱く多様な人材を誘致し、地域に新たなローカルビジネスを生み出す機能を果たしている」とされる。この「復興プロセスを通じて得たつながり」を戦略的に位置づけつつ、「自治的取り組みや、セクター間連携（行政・企業・NPOなど）」の「コミュニティ・ソリューション（つながりによる問題解決）」を推進していくことが戦略の眼目とされ、マルチセクターによるガバナンスそのものが、戦略の主題となっている（釜石市『釜石市オープンシティ戦略（釜石市総合戦略）』二〇一六）。

地域包括ケアシステムと復興の交わりはどうであろうか。ここでは宮城県石巻市における例をみてみたい。石巻市医師会、石巻市老人クラブ連合会、石巻市社会福祉協議会、石巻市長などが委員、研究者やNPO運営者がアドバイザーである、石巻市地域包括ケア推進協議会は、震災から三年後の二〇一四年に「少子高齢化は、被災地である石巻が復興を進める上で、様々な影響を及ぼす」との見解を示し、「今後、仮設住宅等から復興公営住宅等への転居者が多く発生し、人口（高齢者）が集まるエリア、過疎化するエリアの高齢者を支えるサービスの差が大きくなることが予想される」として、基本方針の一つに「仮設住宅等からの転居者に配慮した地域包括ケアシステム」を掲げる「石巻市地域包括ケアシステム推進計画基本構想」をまとめている（石巻市地域包括ケア推進協議会『石巻市地域包括ケアシステム推進計画基本構想』二〇一四）。石巻市における地域包括ケアシステムは、この基本構想にも表れるとおり、震災と復興の影響が色濃い。

たとえば、石巻市地域包括ケア推進協議会の「認知症予防を含む次世代型地域包括ケアシステム推進指標づくり」が、「民間団体等を主体とした官民協働による推進体制と、被災者支援、地域コミュニティ再生、認知症予防への取組み、人口減少が進む地方都市における地域包括ケアシステム導入・管理手法開発におけるロールモデルになりうる」点で、先導的であると評価され、復興庁の事業に採択され、先駆的な体制構築が模索されている（復興庁『平成二七年度「新しい東北」先導モデル事業（支援型事業・プロジェクト事業）成果報告』二〇一六）。また、さまざまな地域やセクターの事例の検討や、介護保険法の制度外利用も視野に入れた福祉仮設住宅を運営するＮＰＯなども加わった会議も開催され、セクター間連携が模索されている。釜石市の例ほどはっきりとは明示されていないが、マルチセクターによるガバナンスが模索されている状況である。

## （二）地域の現実がもたらすマルチセクターによるガバナンスの草の根的受容

ここまでみてきたように、「地方創生」や「地域包括ケアシステム」などの地域におけるコミュニタリアン的政策と復興はある種の共振関係がある。この共振関係を生み出す源こそマルチセクターによるガバナンスという概念であるが、この概念は理念的に受容されているわけではなく、地域の現実に向かい、地域の現実に拘束されながら、草の根的に受容されている。

東日本大震災の影響から、解決をはからなければならない問題が地域において認識される。さまざまなセクターの主体が、その問題の解決をねらう。問題の中には、単一の組織やセクターでは効果的な解決法が生み出せない場合がある。その際に、活動する主体同士が協議し、場合によっては、組織やセクターの持ち味から役割分担が決まり、手に手を取り合い、問題の解決をめざす。復興という理念的なゴールが、セクターを超えて共有されやすい被災地では、このようなプロセスがみえやすくなっているのであろう。このプロセスに参加している組織やセクターはもとより、問題自体や参加する組織やセクターを捉える認識枠組み自体も、地域によって異なる。地域の現実がマルチセクターによるガバナンスを要請し、また地域の現実がマルチセクターのガバナンスの内容を拘束しているのである。マルチセクターのガバナンスは地域において草の根的に構築され、地域に草の根的に受容され、地域におけるさまざまな領域の施策に草の根的に影響を与える。地域のマルチセクターのガバナンスにおいて、中央省庁的な区分けの厳密さは、道具的に意識されることはあれ、現実の対応ではほどけて、現実に拘束されながら結い直される。

再帰的に捉え返された復興のプロセス、つまりは「行政と地域住民に加え、サードセクターなどの多様な主体間のポリティクスが部分的に含まれるプロセス」に促され、被災地の将来像は、多様な主体によって織り上げられていく。しかも、地域によって織り手も、織り上がる将来像も異なるようだ。付け加えるならば、地域におけるマルチセクターのガバナンスは、被災地ではみえやすくなっているのであるが、このような事態は被災地だけに起こっていることではないであろう。日本のあらゆる地域で模索されつつあると思われる。[13]

## 注

（1）この経緯は内閣府の阪神・淡路大震災教訓情報資料集に詳しい。http://www.bousai.go.jp/kyoiku/kyokun/hanshin_awaji/data/detail/3-3-3.html（二〇一五年一〇月五日最終閲覧）

（2）先進例として取り上げられることの多い、宮城県岩沼市玉浦西地区の防災集団移転では、計画を検討する場への女性や若者の参画を進め、迅速に計画を策定した（岩沼市建設部復興整備課資料『岩沼市防災移転促進事業「玉浦西地区」のまちづくり』）

（3）本論で触れるものを除き、筆者のアクションリサーチの結果をまとめたものとして、被災者の社会経済状況を分析し、必要な支援策の導出や、既存法制上の問題を分析したもの（菅野拓「東日本大震災避難世帯の被災一年後の状態と生活再建への障壁――仙台市の応急仮設住宅入居者へのアンケートに見る生活・居住・就労」『貧困研究』九号、二〇一二、菅野拓「東日本大震災の仮設住宅入居者の社会経済状況の変化と災害法制の適合性の検討――被災一・三年後の仙台市みなし仮設住宅入居世帯調査の比較から」『地域安全学会論文集』二七号、二〇一五）、東日本大震災の復興に関与するサードセクターの全体像を分析し、施策上の含意を導出したもの（菅野拓「東日本大震災における被災者支援団体の収入構造」地域安全学会論文集二四号、二〇一四）などがある。

（4）たとえば営利企業の場合、日本経済団体連合会の報告書において、全体概況の中で「国・地方自治体やＮＰＯ／ＮＧＯとの連携・協働」として一項目を割り当てられている程度に一般的である（日本経済団体連合会社会貢献推進委員会一％クラブ『東日本大震災における経済界の被災者・被災地支援活動に関する報告書――経済界による共助の取り組み』二〇一二）

（5）中間支援組織は論者によって定義は多様であるが、内閣府の中間支援組織の実態把握調査では「多元的社会における共生と協働という目標に向かって、地域社会とＮＰＯの変化やニーズを把握し、人材、資金、情報などの資源提供者とＮＰＯの仲立ちをしたり、また、広義の意味では各種サービスの需要と供給をコーディネートする組織」と定義されている（内閣府『中間支援組織の現状と課題に関する報告書』二〇〇二）。また、田中は「ＮＰＯと寄付者・ボランティアなどの資源提供者とのあいだを仲介し、両者をコーディネートする機能を有する組織」として定義している（田中弥生『ＮＰＯと社会をつなぐ――ＮＰＯを変える評価とインターメディアリ』東京大学出版会、二〇〇五）

（6）この機能分類は、三県連携復興センターの発災後三年度分の事業内容を事業報告や内部資料から検討し、作成した。

（7）詳細は、以下の拙著を参照。菅野拓「行政・ＮＰＯ／ＮＧＯ間の災害時連携のために平時から備えるべき条件」『地域安全学会論文集』二九号、二〇一六

（8）成果物は、http://www.ifc.jp/news/3prefecture/entry-1862.htmlを参照。なお、このプロジェクトの実施にあたり参考とされたのは、阪神・淡路大震災から三年を契機に、行政が作成した復興計画のオルタナティブとして、ＮＰＯなどが作成した「市民がつくる復興計画」（市民とＮＧＯの「防災」国際フォーラム実行委員会『阪神大震災市民がつくる復興計画――私たちにできること』市民とＮＧＯの「防災」国際フォーラム実行委員会、一九九八）と、復興庁ボランティア・公益的民間連携班と男女共同参画班が作成した、復興におけるサードセクター・行政・営利企業などの望ましい役割分担を示した「復興支援に向けた多様な担い手のロードマップ」（復興庁ボランティア・公益的民間連携班及び男女共同参画班「復興支援に向けた多様な担い手のロードマップ――ＮＰＯ等、企業等、自治会等、市町村、都道府県・国の取組」二〇一二）である。

（9）復興庁「多様な担い手による復興支援に関して」のホームページに掲載されている。http://www.reconstruction.go.jp/topics/main-cat4/sub-cat4-2/20151023113139.html（二〇一五年一〇月五日最終閲覧）

（10）まち・ひと・しごと創生法の目的を定める第一条には、「我が国における急速な少子高齢化の進展に的確に対応し、人口

の減少に歯止めをかけるとともに、東京圏への人口の過度の集中を是正し、それぞれの地域で住みよい環境を確保して、将来にわたって活力ある日本社会を維持していくためには、国民一人一人が夢や希望を持ち、潤いのある豊かな生活を安心して営むことができる地域社会の形成、地域社会を担う個性豊かで多様な人材の確保及び地域における魅力ある多様な就業の機会の創出を一体的に推進すること」が重要である旨が記載されている。

(11) 三菱UFJリサーチ&コンサルティング『持続可能な介護保険制度及び地域包括ケアシステムのあり方に関する調査研究事業報告書――〈地域包括ケア研究会〉地域包括ケアシステムの構築における今後の検討のための論点』二〇一三を参照。また、二〇一三年の介護保険法改正によって、第五条第三項に「国及び地方公共団体は、被保険者が、可能な限り、住み慣れた地域でその有する能力に応じ自立した日常生活を営むことができるよう、保険給付に係る保健医療サービス及び福祉サービスに関する施策、要介護状態等となることの予防又は要介護状態等の軽減若しくは悪化の防止のための施策並びに地域における自立した日常生活の支援のための施策を、医療及び居住に関する施策との有機的な連携を図りつつ包括的に推進するよう努めなければならない」という、地域包括ケアシステムの構築を促す規定が盛り込まれた。

(12) 三菱UFJリサーチ&コンサルティング『地域包括ケアシステム構築に向けた制度及びサービスのあり方に関する研究事業報告書――〈地域包括ケア研究会〉地域包括ケアシステムと地域マネジメント』二〇一五を参照。

(13) 地方創生の先進事例として取り上げられることが多い、島根県海士町や雲南市、岡山県西粟倉村の取り組みが典型例だと考えられる。

# 復興組織における組織間関係の変遷
## ――復旧期から復興期を事例に

菅野瑛大・山岡徹

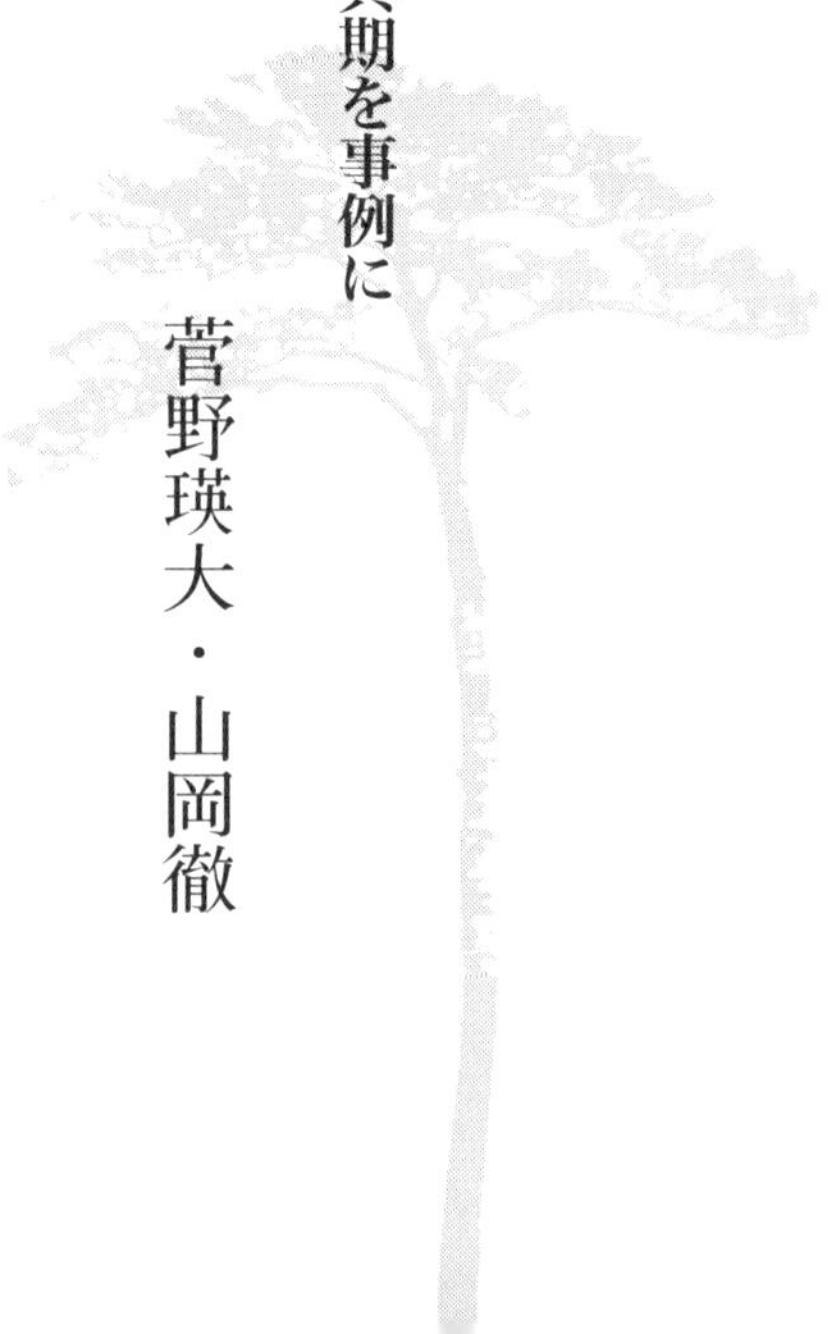

### はじめに――研究背景と目的

日本は、地震やそれにともなう津波をはじめ、台風や大雨にともなう洪水に土砂災害、さらには火山噴火といった自然災害が非常に多く発生する自然災害大国といっても過言ではない。最近では、二〇一六年四月一六日のマグニチュード七・三／最大震度七を本震とした二〇一六（平成二八）年熊本地震[1,2]が記憶に新しい。

しかし、ここ数年の中でもっとも甚大な被害を与えた自然災害は、二〇一一年三月一一日の国内観測史上最大のマグニチュード九・〇／最大震度七を記録した「東北地方太平洋沖地震[3]」である。地震そのものによる家屋の倒壊をはじめとし、それによって引き起こされた大津波や宅地の液状化、さらには東京電力福島第一原子力発電所の事故も相まった。これら一連の大災害は、東日本大震災と呼ばれることになり、災害に関する議論を行う際には避けては通れないものとなった。

復興庁では、同年四月から二〇一六年三月までを「集中復興期間」と位置づけ、被災者の住宅再建や復興まちづくりをはじめ、健康・生活の支援や産業の再生等の事業を行ってきた[4]。そして、二〇一六年四月から二〇二一年三月にわたる五年を「復興・創生期間」と位置づけ被災地の自立に向けた支援をすると同時に、地方創生のモデル構築をめざしている。つまり、復旧段階からいよいよ本格的な復興のフェーズへ移行しているといえる。

こうした状況の中、復興まちづくりに関する調査・研究では、その主体を各都道府県や市区町村といった行政機関に焦点をあてられていることが多い。復興関連事業における発注元は各自治体となるケースがほとんどだからである。その意味では、トップダウンの視点に立った研究の重要性が高く、その研究が多く積み上げられた。一方で、実際の復興過程においては、各行政機関がその事業を進めるにあたり、地域の合意を得る必要がある。こうした場合には、とくに地域・コミュニティの主体性が問われるが、その際に中心となるのが主に各地域の自治会・町内会といったいわゆる地域住民組織である。実際に、阪神・淡路大震災からの復旧の際に、地域住民が中心となったまちづくり協議会といった組織が各地の具体的な復興まちづくり策定やその実現に向けた基盤を担っていた。さらに、東日本大震災からの復旧・復興においても、各地域の住民が主体となって進めることが国の基本方針として定められていることから、ボトムアップ型の視点も必要となってきていることがわかる。したがって、このようなよりミクロな組織を主体とした研究の重要性を指摘することができる。

そこで、本研究では、地域住民を中心とした復興まちづくりを行う組織に焦点をあてる。経験のない大災害への対応の中で、復旧・復興計画をどのように策定し地域内で意思決定を行っていくのか。協力する地域内の他組織や外部の支援組織、計画実現へのバックアップをする行政機関などと、どのように調整を行いながら活動を進めていくかを記録していくことで、今後、同様な状況に見舞われた地域に対する一助となりうるだろう。また、これらを分析することで、長期にわたり行われるさまざまな関連組織との連携の中で、どのような要素が復興の推進を促すかを明らかにしていきたい。

# 一　先行研究と本研究の視点

## (一) 復旧・復興の定義

はじめに、〝復旧〟と〝復興〟という言葉の定義をそれぞれ確認したい。一般的に復旧とは「被害や障害を修復して従前の状態や機能を回復すること」であり、復興とは「単に従前の状況に復旧するのではなく、長期的展望に基づき、市街地構造や住宅形態、社会経済を含めた地域の総合的な構造を抜本的に見直し、新しい市街地や地域の創出を目指すこと」とまとめられている。[5]

しかし、この定義の復旧においては、早期にこれまで以上の安全を確保するという点が述べられていない。原状回復のみを行った場合、少なくとも同規模レベルの災害が起こったときに対応できないため、現実には従前以上に対策を施した状態でその回復を実施する。また復興に関しては、これまで蓄積されてきた地域資源の活用についてては考慮されておらず、これらをどのように活用し不足分をどのように補うのかという視点も必要であると考える。そこで、他の議論もふまえ本研究における復旧と復興の定義を検討したい。

国による震災対応においては、「復旧対策」と「復興対策」という言葉を用いて整理している。[6]「復旧対策」とは、被害拡大を防ぐための「応急工事」に加えて、道路や河川をはじめとした公共土木施設や学校などの公共施設をはじめとしたライフライン等を被災以前と同レベルに戻す「原形復旧」、これにともない防災の観点から改良を加える「改良復旧」の三つを併せたものである。一方で「復興対策」とは、当該地域が被災前と比較し「安全性・生活環境の向上」と「産業の高度化や地域振興」といった両者の質的な向上をめざすものとしている。つまり、政府の見解をまとめると、復旧は現状を悪化させずに必要最低限の生活をより安全に送るために必要な活動であり、復興は被災を機にその地域をハード面だけでなくソフト面も併せて、よりよくするための活動と換言することができる。

以上より、本論では「復旧・復興ハンドブック」をもとにそれぞれの定義を整理する。復旧は「発災直後の被害拡大を防ぐ対応から、安全性を高めながら従前の生活環境を再整備すること」、復興を時間的流れも考慮して「復旧段階よりもより安全性を高め、中長期的な視点から生活環境や産業の高度化、地域振興といった質的な向上を行っていくこと」とする。このような経時的な側面にも注目することで、この東日本大震災に対する復興活動をより立体的にとらえていきたい。

## (二) 復興組織に関する先行研究

まず、地域住民が中心となった組織に対する組織論の適用について検討する。地域住民が中心となった組織といえば、自治会や町内会が代表的である。いくつかの学術分野から得られた研究成果や自治体などの公的機関が行った調査に加え、アンケート調査を実施した結果などを元に自治会・町内会の実態を整理し、そこに組織論の適用を試みた研究がある。ここでは、地域住民組織に対する組織論的議論の展開は有効であることが示された(7)。

次に、地域住民によるまちづくり協議会の復興活動に焦点をあてた研究では、住民が主体となった活動がどのように復興プロセスに関与しているか、また、その活動が持続可能なものであるかを明らかにするため、事例分析を試みている(8)。この事例分析の結果、行政が住民の合意を得る際は、交渉相手として各個人ではなく何らかの住民組織の編成を望んでおり、自治会がそれを担うことが可能であることが明らかにされた。一方で、両者のパートナーシップを形成、維持するためには、住民が主体的に活動し続けることができるような支援が必要であることも指摘された。こうして、地域住民が被災直後の対応から、その後の復興まで主体的に携わるようなモデルができ、今日ではそれが基本的な方針となっている。

東日本大震災からの復旧・復興において、菅野ら（二〇一三）では、復興まちづくりを行う地域住民が中心となった組織を「復興組織」と呼んだ。(9) この復興組織における組織構造の類型化を試みた研究では、組織構造といった表面的な部分にとどまらず、地域特性や資源活用方法といった点を調査・分析する必要があることを指摘している。(10)

このような地域住民が中心となった復興組織へ焦点をあてた際に、彼らが保有する資源の活用方法のみならず、どのようにバックアップされ復旧・復興活動を行っているかをとらえていく必要があると考える。

## (三) 組織間関係論に関する先行研究と本研究の分析枠組

ある組織がどのように他組織と連携などを行っているかをとらえる視点に組織間関係論がある。そこで本項では同分野の先行研究をふまえて本研究の分析枠組を示す。

まず、組織間関係論におけるパースペクティブの一つに Evan によって提示された組織セット・パースペクティブがある。(11) この視点では、組織はつねに環境との間で境界を越えたインプット・アウトプットの交換を行うオープンシステムとして考えられており、これは組織間システムという分析枠組として整理された。(12) 焦点組織とは分析対象となる組織であり、これは単一組織だけではなく、組織セットであるため組織の集合体でもよいとされる。また、インプット組織セットとは焦点組織に対して資源・情報などを提供する組織セットであり、アウトプット組織セットとは焦点組織が資源・情報などを提供する組織セットである。さらに、アウトプット組織セットが先に述べた二つの組織セットへ対して直接もしくはいずれかを経由してそれぞれにフィードバックが行われることがある。

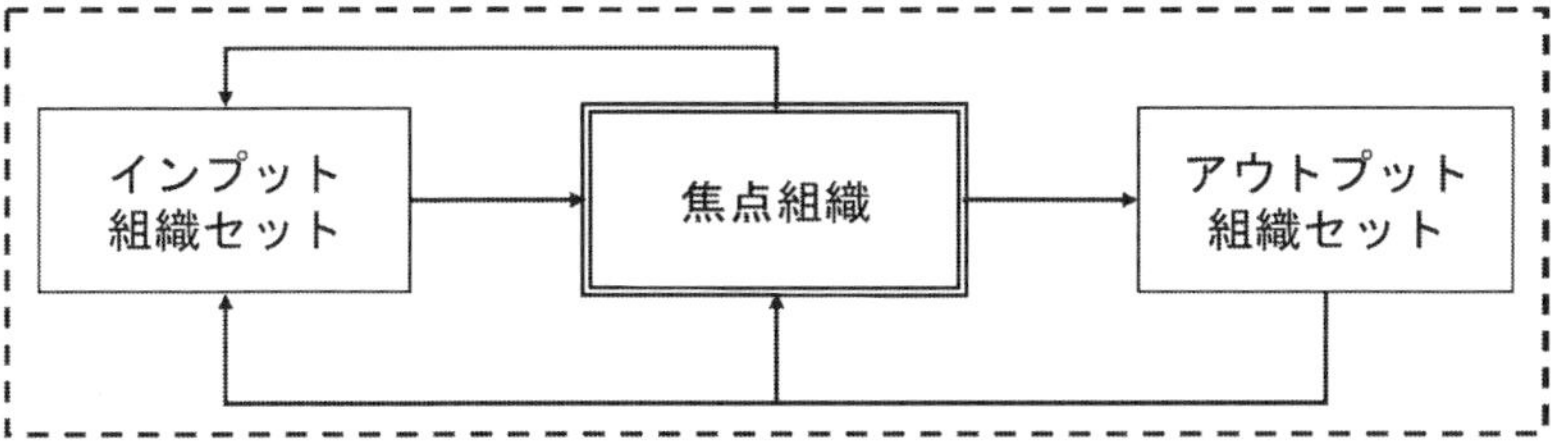


**図1　組織間システム**

出典：山倉（1993）を加筆修正

組織セット・パースペクティブでは、各組織間をつなぐキーマンに着目することで、その実態をさまざまな側面から詳細かつ広範な考察を可能としている。一方で、焦点組織の行動分析に重点が置かれているため、組織間システムそれ自体の分析が軽視されているほか、組織間関係がなぜ形成し展開していくのかについての説明が十分に行われていないことが問題点としてあげられている。

ある組織に焦点をあてながら、それとその他の組織がどのような連携を行っているかを明らかにするうえでは、他にも資源依存パースペクティブや協働戦略パースペクティブといった代表的な視点もある。しかし組織セット・パースペクティブでは、複数の組織間関係を同時にとらえながら、情報をはじめとした各資源の流れを追うことで各組織の位置づけも整理することが可能であるため、本論においてこの分析枠組が適していると考えられる。そこで組織間システムを、指摘されている問題点に留意しながら一部修正を加えることによって、本研究の分析枠組としたい。なお、ここでは修正点として、焦点組織からインプット組織セットへのフィードバックループを追加した（**図1**）。

次に、各組織セットにおいて今回の分析対象となる組織について検討する。

焦点組織は、これまで議論の中心に据えている、地域住民が中心となり復旧・復興に取り組んでいる、復興組織とする。こうしたボトムアップのまちづくりの中では、行政機関と一体になり進めることが重要視されている[13]。実際に、復興組織は計画策定やその実行に向けて、各都道府県や市区町村、UR都市機構などといった行政関連機関に多くの資源を依存することになる。したがって、

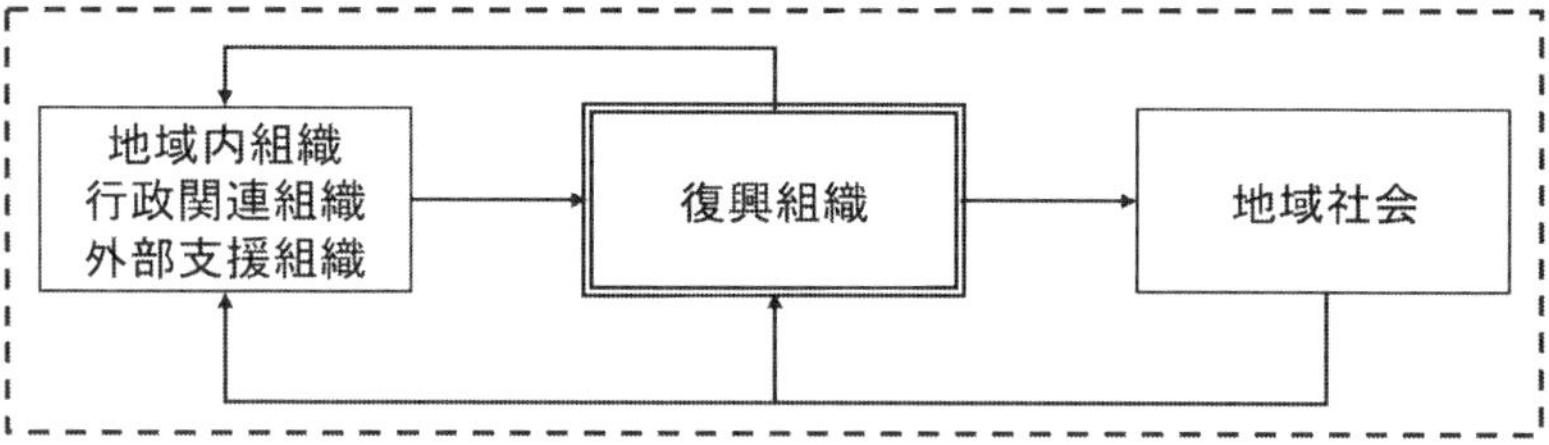


図２　復興組織に焦点を置いた組織間システム

出典：山倉（1993）を加筆修正

インプット組織セットのうちの一つに行政関連組織があげられる。加えて、焦点組織をバックアップする、地域内の既存組織やボランティアなどの支援組織といった組織もインプット組織セットとして捉えることができる。アウトプット組織セットについては、復旧・復興の影響をもっとも受けるだろう地域社会と広くとらえ、具体的にどのような組織があげられるかは、事例分析を通じて示していきたい。これらを整理すると図（図2）のようにあらわすことができる。

また、以上の議論に復旧・復興という時間軸による視点をあわせることで、東日本大震災からの復旧と復興における組織間関係を動的に捉えていくことができるだろう。

## 二　調査対象と概要

### (一) 調査対象選定と調査手法

本項では、事例研究を行うにあたりその対象の選定とそれぞれの概要を説明する。

まず、地域住民が中心となり復旧・復興まちづくりを行っているエリアの中でも福島県沿岸部の津波被災地域に焦点をあてる。なぜなら、同県は原発事故が注目されるあまり、津波被災とそこからの復旧・復興に関する調査・研究がほとんど行われていないからである。さらに、これまでは津波は来ないといわれていた地域であるため、その対応に関する蓄積がない。こうした状況の中で、地域住民組織がどのように地域の復旧や復興に取り組んできたかを記録・分析・考察することが重要であるといえる。その中でも地区全体の八割以上の家屋が流失するという、もっとも大きな被害を受けたエリアの一つである、いわき市薄磯《うすいそ》地区を調査対象とする。

次に調査手法を説明する。一つめに、文献調査を実施し、いわき市や対象地区が発行する報告書や広報誌をはじめ、公式のホームページやSNSにおける記事などを参照する。また、こうしたオープンデータに加え、会議議事録等の内部資料も分析対象とする。

二つめがインタビュー調査であり、焦点組織の代表者に対して実施する。具体的には、インタビュー対象者に、地域内組織・行政関連組織・外部支援組織の中でもキーとなる組織をあげてもらい、それらの組織との関係構築およびその維持に関するプロセスを軸とする半構造化調査を実施する。さらに、必要に応じて、焦点組織の他のメンバーや関連組織のリーダーや担当者にも同様の調査を行うことで、立体的に各事象をとらえていく。

インタビューについては、焦点組織の代表者に対して二回（二〇一六年一〇月二九日、同年一一月六日）、同役員一名に一回（同年一一月六日）、地域内組織である薄磯区会の区長に対して一回（同年一〇月二五日）、いずれも一時間半程度行った。また、筆者は支援活動の一環として、対象地区の復旧・復興まちづくりに関する会議などに参加しており、その際に得た情報も反映する（二〇一三年四月から二〇一六年一一月現在）。

## （二）薄磯地区の特徴

いわき市は福島県の太平洋側最南端に位置する（図3）人口約三四万七〇〇〇人の中核都市である。薄磯地区はそのいわき市の中でももっとも大きいエリアである平の東南にある（図4）。おもな産業としては漁業および蒲

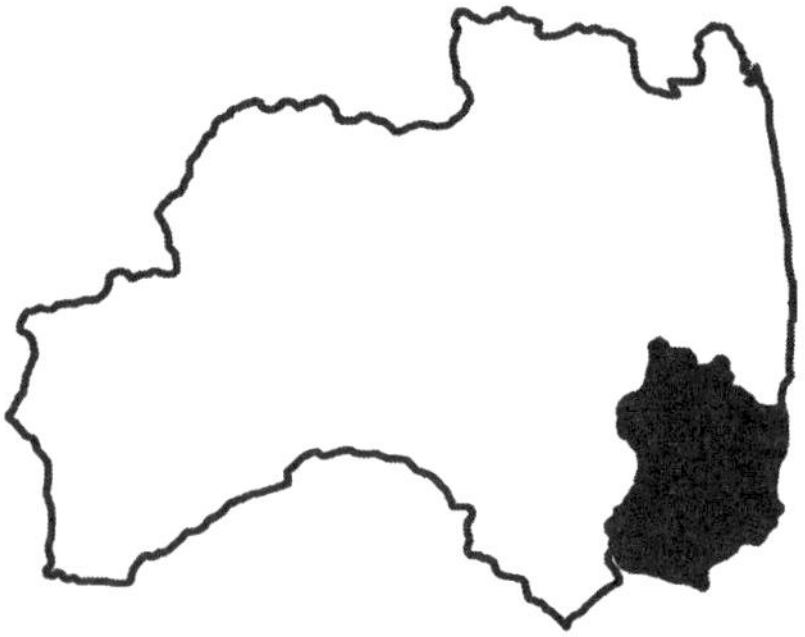

図3　福島県におけるいわき市の立地

出典：筆者作成

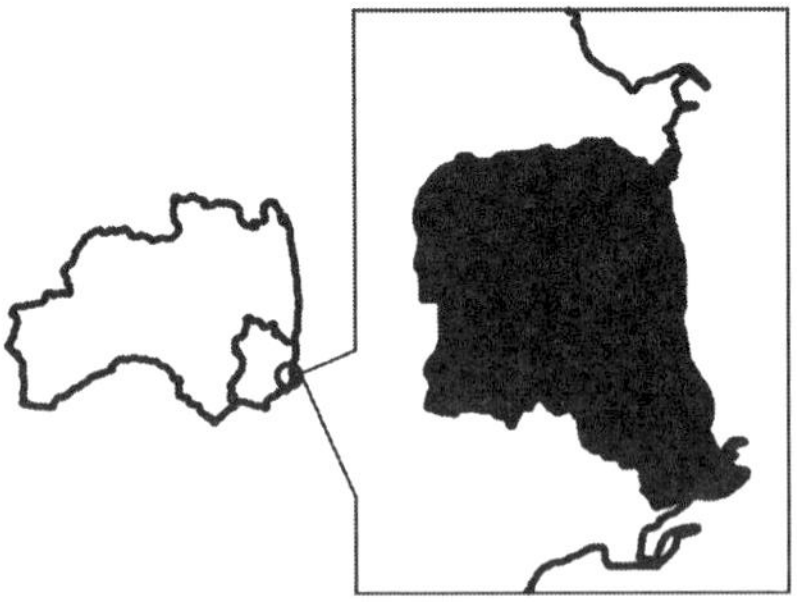

図4　いわき市における薄磯地区の立地

出典：筆者作成

鉾生産を主とした水産加工業に加え、海水浴場などの観光地としても栄えていた。また、近隣地区の児童・生徒が通う豊間小中学校が立地する文教区としての側面も持ち合わせていた。

東北地方太平洋沖地震の影響で発生した津波は高さ八・五一メートルにのぼり、いわき市内では最悪の一一五人の犠牲を出すほどの非常に大きな被害を受けた[14]。そのため震災以前二六六世帯、七六一人が生活した薄磯地区は、一時、津波の被害を免れた一九世帯のみとなった。

## (三) 薄磯地区の焦点組織

次に、薄磯地区の焦点組織について説明する。当地区では発災後まもなく、南北で隣り合っている豊間・沼ノ内区と合同で、各行政区会[15]が主体となり復興に向けた会議を開き、各地区の復興方針を提示した。その内容は提案ではなく決定事項として示され、地域住民[16]との議論を行ったり、意向調査を実施したりすることはなく、区会の強いトップダウンのもと決定されたものであった。このような結論にいたるまでの経緯の不透明さに対して疑問を持った若手の男性（当時四〇代前半、以下、A氏）が問題提起をしたところ、薄磯区会（以下、区会）はそのような意見が出るのであれば若手が中心となり計画策定を行うよう提案した。そして、二〇一一年の夏から、A氏が核となりながら年代が近い住民を集め、行政を交えて復興に向けた勉強兼検討会が実施された。

勉強会などのようすをみた区会から、次世代を担う若手が中心となり復興を進めるよう要請され、同年一〇月二三日の区民懇談会にて正式に「薄磯復興協議委員会」（以下、協議委員会）が立ち上げられた。協議委員会は区会の下部組織として位置づけられたものの、復興に関する活動は基本的に独立して行い、そこで策定したものを区会に提案するというかたちをとることになった。

構成員は一三名で、若手が中心になってほしいという区会の思いを受けて、平均年齢は立ち上げ当時で四〇代前半となった。委員長には、きっかけを作ったA氏が就き、メンバーの選定も彼を中心に行われた。

方針としてもっとも重要視した点が、すべてをオープンにして住民の同意を得ながら進めていくこととした。これを実現するために、区会へ対しては現状を説明する機会を頻繁に設けたほか、ホームページやFacebookページなどを用いて地域内外問わず、広く情報発信を行っている。

以上のように、発災後、組織の正式発足以前より五年以上にわたって、復旧や復興まちづくりの中心を担っている協議委員会を薄磯地区の焦点組織として設定する。

## (四)薄磯地区の復旧・復興の現状

薄磯地区の復旧活動は、小学校再開へ向けた避難路の整備から始まり、協議委員会では住民が地区内に戻ってくることを一つの目標に、さまざまな検討を行った。復旧工事においては行政主体であるいわき市や福島県が実施するため、その計画に対しては意見等をまとめて提案する程度にとどまった。その間に、中長期的な復興計画として、スマートシティ構想や教育施設の誘致などの議論が行われたが、前者は地域性に即したまちではない、後者は出資元との調整ができなかったといった理由などにより実現にいたらなかった。また、津波被害を受けた豊間中学校を震災遺構として活用する案を策定し、結果としていわき市からの支援も受けることが決まったものの、最終的には地域内の合意が得られず取り壊しが決まった。

こうした状況の中、予定から半年遅れの二〇一四年六月一日に薄磯区内の災害公営住宅への第一次入居が行われ、続いて同年一〇月末までに全戸への入居が可能となり、多くの住民が戻ることとなった。(17) それでも、世帯数一二六世帯、人口二九三人にとどまり（二〇一五年四月一日時点）、ともに震災以前と比較して半分未満である。

復旧に関していえば、事業費ベースによる進捗状況が二〇一四年度末に一〇〇％完了したことにともない、いわき市としては一つの区切りとなった。同様に協議委員会においても、半数とはいえ地区の基盤をつくる住民が戻ってきたことで、次のステップへと移行するタイミングとなり、ここが薄磯地区における復旧期と復興期の境になるといえるだろう。

協議委員会はこれを契機に、区会をはじめとした地域内の既存組織との連携を強化し、これからの復興まちづくりをさまざまな視点からよりオープンな状態で議論できるようにするための会議体の設立を進めた。そして二〇一五年四月に、区会を中心に地域内の各団体と行政を交えて、住みやすいまちを実現するための薄磯まちづくり検討委員会（以下、検討委員会）が発足し、区内のまちづくりに関する意思決定機関として位置づけられた。

検討委員会は、協議委員会や区会が検討した内容をはじめとして、行政機関が地域に決めてもらいたい案件を議論したり、情報交換を行う場となっている。具体的には、土地区画整理事業によって新たにできる公園の名前の決定や多目的広場利活用の検討、景観の保護やごみの捨て方といった居住ルールの策定などを行っている。その他には、区画整理事業区域内である高台の見学会を開催し、地域住民の集まる場を設けることで、個々人の考えといった広範な情報収集にも取り組んでいる。

さらに、協議委員会では世帯および人口数の減少を想定しており、その対応を復旧期より検討してきている。とくに、現在建設中のいわき市立初の〇歳児保育から小中学校までの一貫教育校や区内に計画中のいわき市震災メモリアル施設を軸にしながら、安心・安全で若い世代も生活しやすいまちを整備することで、人口増を計っている。この計画は、検討委員会にもあげられ、その実現に向けて準備が始められている。

また、ハード面においては、土地区画整理事業における宅地区画の引き渡しが二〇一六年三月を皮切りに始まり、現在は第二回目の引き渡し作業が行われている。また、同年一一月中旬には、両隣の地区を結ぶ県道の一部が開通するなど、着実に計画が進められている。

## 三　復旧期における組織間関係

本節では、焦点組織である薄磯復興協議委員会が、これまで述べてきたような活動に際して、地域内外の組織や行政機関とどのような組織間関係を構築し、その結果が復旧・復興にどのような影響を及ぼしたかを分析する。とくに次項では、復旧期における各組織との関係を整理していく。

### (一) 復旧期の地域内組織との関係

まず、薄磯地区の焦点組織である協議委員会が、復旧期において地域内の組織とどのような関係を築いていたかを確認していく。

協議委員会の立ち上げ経緯でも述べたとおり、同組織は地域内の既存組織である区会のやり方に納得できず、それに反発するかたちで立ち上げられた。しかし、こうした動きに対して区会としては抑制するわけではなく、むしろ「やってみなさい」というように後押しした。準備期間から正式な立ち上げまでに半年もかからずに進んだことを考えると、任せてもらうというかたちでバックアップしてもらったといえる。

ところが、本格的な復旧に入り次のステップとして復興計画を策定する段階で、地域住民から区会の活動プロセスが不明瞭であるという不満の声があがりだした。そこで、協議委員会は立ち上げ当初から掲げていた、透明性のある復興を実現するために、区会に対して継続して情報公開などの働きかけを行うようになった。復興計画策定とそれに対するバックアップという関係ではなく、協議委員会が区会に対するオンブズマンのような立場となり、そうした関係が続いた結果、両者の関係は決して良いものとはいえなくなった。

協議委員会の立ち上げから半年ほどたち、A氏はある地域住民から「協議委員会ではクーデターを起こすのか」といわれ、自分たちの目的は、区会の透明性を追求するのではなく、あくまでも復興を進めることであるという基本に立ち返るきっかけを得た。そして二〇一二年の春が終わる頃、ようやく本来のタスクである、復興計画の策定に注力し始めた。自分たちの立ち位置を確認することで、区会との関係を改めることになった。この際に、区会の下部組織である協議委員会が存続できたということは、両者の関係の維持ができなくなってしまったわけではなく、区会側からある程度その存在意義を認められており、復興に向けた主体的な役割を期待されていたと考えられる。

より復旧・復興を推進させるためには、区会と協議委員会が連携していく必要性を感じた委員長は、区会に対して情報共有の機会を積極的に設けるようにした。具体的には、翌年の区役員改選時に、協議委員会はメンバーの一部を区役員として参画させて、以前からの活動を知っている役員のうち一人以上が続投することで、より強固な関係を構築できると考えていた。ところが、区長をはじめとした全役員が、業務負担の影響や世代交代をするために退任することになった。結果として、協議委員会のメンバーの一部が区の役員になったものの、区会との関係を再構築せざるをえなくなった。

これを機に、A氏は物事を進めるための方法として、勤務先で得たノウハウを活用することにした。それが意思決定プロセスの明確化である。復旧・復興に関するアイディアを協議委員会で検討し、まとめたものを区役員会にて承認・実行するという公式の意思決定プロセスを構築した。しかし、区会にて決定するということを明確にしたことによって、当時の震災後二代目区長に大きな重圧がかかることになった。各案件が決まり始めるとタスクが増え、その多くを区長が抱えてしまうようになり、実行段階に移していくことが難しくなっていった。

こうした状況を打破するために、役員として参画していた協議委員会のメンバーを中心に解決策としてタスクの再整理などを試みたが状況は好転しなかった。さらに、決裁が終わっていた案件が行政側の都合により再検討する必要が出たことで混乱を招き、地区内の意思決定プロセスをコントロールすることができなくなってしまった結果、諸活動の停滞を招くこととなった。

## (二) 復旧期の行政関連組織との関係

行政関連組織の中でも、ここでは主にいわき市に焦点を合わせる。

協議委員会と市の関係は、組織立ち上げ前の勉強会から始まる。委員長であるA氏をはじめ必要とあればメンバーが役所に足を運び、ときには市の担当者が地区に出向き、復旧・復興まちづくりに関する議論を徹底的に行った。協議委員会の正式な立ち上げが決まってからは、定款を設けたり、銀行口座を作成したりと、組織として活動する体制を早急に整えた。また、薄磯区内に居住している人の避難先にもなり、近く再開が予定されていた小学校が有事の際に再度、陸の孤島となる恐れがあり安心して使えないという声が住民間にあった。そこで、地権者との調整の末、仮設の避難路を迅速に整備した。また、長引くと考えられていた、復興まちづくりにおける土地区画整理事業の仮換地指定も協議委員会や薄磯区会、UR都市機構などが連携することで、他のエリアに比べて早く終了することができた。こうした活動により行政側から、初動が非常に早いと評価されていた。

大まかな復興方針が決まり、具体的な内容の検討段階に入ると、状況が徐々に変化することとなった。それまで、数度にわたって住民を集めたワークショップを行い復興まちづくりに向けたアイディアの抽出を行った。ここでの意見を基礎にして、協議委員会では地域住民のニーズを反映したまちづくりを行うための議論をしたいと考えていた。そこで市に対して、どの案が実現可能であるかといった回答を求めたが、返答を得ることができなかった。このやりとりを繰り返すうちに、復興まちづくりは行政側が想定しているとおりに行われるだけで、住民の意見はほとんど必要がなく、協議委員会ではこれまでやってきたことが無駄になってしまうのではないかという不信感を持つようになる。そうした状況下においても、住民間で納得した議論を行うために、協議委員会では続けて回答を求めた。結果として、行政はクレームが多い地区であると感じるようになった。

双方の関係が悪化する中、協議委員会はやりとりを通じた経験に加え支援組織である教育研究機関からの助言により、公式の会議で確定していないことを発言することが非常に難しい行政の立場を理解するようになった。そこで、協議委員会ではセミオフィシャルな座談会や意見交換会という形式で、市に対して情報開示を求めるようになった。これにより協議委員会と行政とが、以前と比較して考えていることをいいあえる環境になり、想定どおりに進むようになったかどうかは別として、互いにとってよい環境を作ることができていると評価しあえる関係を構築できた。

ところが、当初は市によって明確に実行不可とされていた協議委員会からの提案が、政府の方針転換にともない実行が可能となり、結果、市側は提案を積極的に推進する立場に移った。これによって、地域内に混乱と歪みを生むことになった。これは地域内だけにとどまらず、行政との関係へも影響を及ぼしている。具体的には、先述のとおり当時の薄磯地区では区長が意思決定プロセスをコントロールできなくなっており、行政側としてはどれが地域の決定なのかを判断することが難しい状況となっていた。一方で協議委員会や区会としても、行政は一度行った決定をまた覆すのではないかという不安を感じるような悪循環となった。

最終的には区会の強い意思によって、その案件については、これまでの決定どおり計画の実行を行わないことにした。状況としては非常にこじれてしまったものの、委員長は当時を振り返り、「市との関係がこれで崩れるとは思っていなかった」と述べた。なぜならば、これまでしっかりとした手続きをふんで議論、決定を行ってきたという実績があるため、一時期の混乱によってこれまで築いてきた信頼関係は崩れないと考えていたからである。その区会による決定の直後、このような状況を生んでしまった経緯を説明するためにＡ氏が市役所へ足を運び、担当者から「次の話をしましょう」といわれた際に、両者の信頼関係を確信することができた。

## (三) 復旧期の外部支援組織との関係

まず、ボランティア団体などの地区外の支援組織に対しては、関係構築の際の留意点を決めていた。それが、「最終的な意思決定は自分たち、すなわち薄磯区会や復興協議委員会がもつ」ということである。さまざまな地域の復旧・復興活動を見聞きし、自分たちで計画を策定するなかで、相手に決定権を渡してしまうとこの地域に合わない方向に進んでしまうリスクがあると協議委員会では感じ、定款中にその旨を明記した。

こうした一線を設けた中、ある市街の研究教育機関からの支援を受けている。Ａ氏は「研究対象として材料を提供する代わりに、まちづくりに関するノウハウやアイディア出しといった協議委員会ではできない部分、やり切れない部分を手伝ってもらいたい」と明言している。実際に、議論の交通整理をはじめ会議議事録の作成や提案資料の作成といったかたちで研究教育機関から協力を得ている。

はじめはギブ・アンド・テイクの対等な関係と考えていたが、徐々に依存することが当たり前という状況になった。なぜならば、研究と支援を目的として活動している人たちに対して、協議委員会の認識としては「薄磯地区のことだけをやっているのだから、もっとできるだろう」という誤解をしていたからである。こうした状況下で、復興計画の進捗状況について外部支援組織から警鐘を鳴らされた際に、協議委員会では「自分たちのペースでやりたい」と意思表示をした。結果、研究教育機関側から現状が変わらなければ、今後の協力は難しい旨を伝えられた。

こうしたやりとりを通じて、研究教育機関である外部支援組織の立場を考え直す機会を得ただけではなく、自分たちで本来行わなければならない部分まで当たり前のように頼ってしまっていたことに改めて気がつくことになった。

## (四) 復旧期における組織間関係の分析

以上の調査結果をもとに、組織間システムの実態を捉えていく。

はじめは、主な地域内組織である区会が協議委員会をバックアップしていく体制ができていた。しかし、協議委員会が目の前の課題にとらわれてしまった結果、本来の目的を見失った行動をとることになった。地域社会、具体的には地域住民に対して彼らが持っている疑問を解消するきっかけを作ったという意味では成果を残すことができたが、一方で、本来の活動主旨に反しているという指摘を住民から受けることにもなった。つまり、地域住民から協議委員会へのフィードバックがあるまでは、地域内組織間の関係が悪化する循環になっていたのである。このフィードバックによって、協議委員会は基本に立ち返り復興まちづくりに関する検討に集中することになり、それにともなって地域内組織との関係を再構築することになった。

行政関連組織との関係は、勉強会などを通じて密接になっていった。そして、地域の復旧・復興のための組織の立ち上げと避難路の整備などの活動によって、行政関連機関からの信頼を得ることになる。ところが地域内での合意形成がままならなくなると、その関係に陰りがみえるも、その後の対応を迅速かつ適切に行うことでその

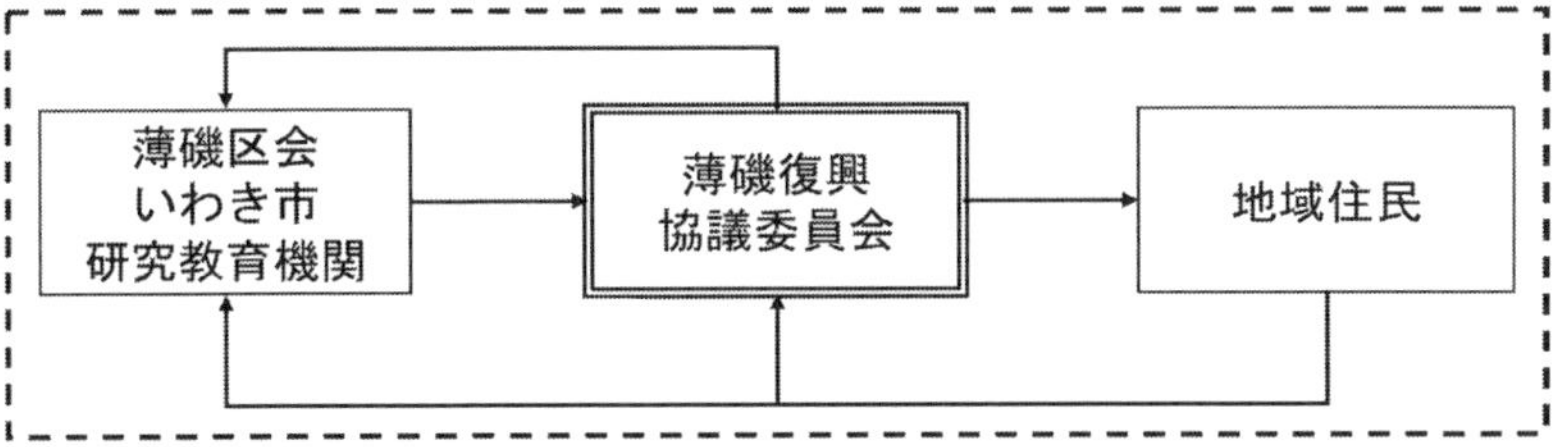


**図 5　復旧期における薄磯区内の組織間システム**

出典：筆者作成

関係性を維持することができた。

外部支援組織に関しては、当初は依存度のバランスが互いに取れている状態であったが、活動が活発になるにつれてそのバランスが崩れだし、その関係性が悪循環に陥るようになった。結果、支援を受ける上での体制を確認することが必要になった。

以上のように、復旧期においてはアウトプット組織セットの地域社会の中でも、とくに〝地域住民[18]〟に対する影響とそこからのフィードバックが大きいことが見て取れる。そこで、協議委員会を焦点組織とした際の復旧期における組織間システムは図（図5）のように示すことができる。

## 四　復興期における組織間関係

本節では、復興期における組織間システムを整理していく。その際に、組織間関係の復旧期との共通点や差異点に着目していく。これによって、復旧・復興にどのような変化があるかを明らかにする。

### （一）復興期の地域内組織との関係

はじめに、地域内組織の中でも区会との関係である。復旧期の終盤では、その関係を回復すべく、協議委員会ではこれから本格的に始まる復興に向けて両者の連携強化をはかったものの、区会側にそれを受け入れてもらうことができなかった。そこで地域内の他団体との調整を行い、薄磯地区全体で復興まちづくりに向けた検討を行う会議体の立ち上げをめざした。その結果、区会の協力も徐々に得られるようになり、後の薄磯まちづくり検討委員会の前身である、震災後二代目の区長の任期中にまちづくり小委員会が設立された。

さらに、震災後三回目の区会役員改選にともない、協議委員会のメンバーを新たに参画させることにした。同三代目区長の下、役職は書記を担当することで、区会をはじめとする地域内の情報を整理し、その共有をこれまで以上に円滑に行える体制を整えた。これによって、地区内全体の風通しがよくなり、各組織間で連携を行いやすい環境が整った。そこで改めて、薄磯地区の復興にあわせ、より住みやすいまちにするための検討とその実現に向けた活動を目的とした、薄磯まちづくり検討委員会が正式に立ち上げられた。二〇一六年現在では、区会や各種団体、地域住民の要望などを受けながら、それらに対して協議委員会で提案をまとめ、検討委員会で具体的な実現に向けた議論が行われている。また、同組織が地区内のまちづくりに関する意思決定機関としても位置づけられている。

## (二) 復興期の行政関連組織との関係

行政、特にいわき市との関係は完全に崩れてはいなかったものの、決して良好であるといえる状況ではなかった。そこで、できるだけ歩調をあわせて進めることにした。なかでも、ハード事業に関しては、復旧期のあいだに多くの議論や外部支援組織からの助言を通じて、ハードに関する変更や追加が難しいという点を理解することで、協議委員会では、これまでのような積極的な提案を減らすことになった。

一方で、行政では対応しきれないソフト面の議論を多くすることで中長期的な計画を立てながら、役割の補完関係を構築することになる。これを可能としたのが、先の検討委員会の立ち上げである。たとえば、新たな町名や公園名の決定や、新設される多目的広場の維持管理方法の提案などといった成果によって、行政側からの期待感を得られるようになった。

つまり、復興まちづくりに関する窓口を検討委員会に一本化し安定した成果を出し始めたことで、行政としては案件の流れが整理しやすく、さらに「あの会議にもっていけば何かしらの進展が得られる」という認識を持ち、連携を強化するきっかけとなった。

## (三) 復興期の外部支援組織との関係

復旧期から復興期に移行する前後で、外部支援組織との関係も見直された。

外部支援組織である研究教育機関から関係解消を伝えられた後、A氏と同組織の担当者は話し合う場を設け、これまで共有していなかった各自の立場や考えを認識しあった。そして、誤解の解消と関係の見直しが行われ、引き続き支援を受けることになった。

その結果、これまで協議委員会で提案する復興計画の資料作成などのバックアップをしていた研究教育機関とは、本来は自分たちがやらなければならないことを手伝ってもらっているという意識を改めて持つことができ、協力依頼の内容やペースをコントロールするようになった。現実には人的資源が不足しているところに加え、必ずしも実行したいことのノウハウを持っているわけではいないため、完全に自立することは難しいものの、以前と比較すると自分たちでできることは協議委員会や各地域組織内で対応するようになりつつある。同時に、当初のギブ・アンド・テイクの関係に戻り始めている。

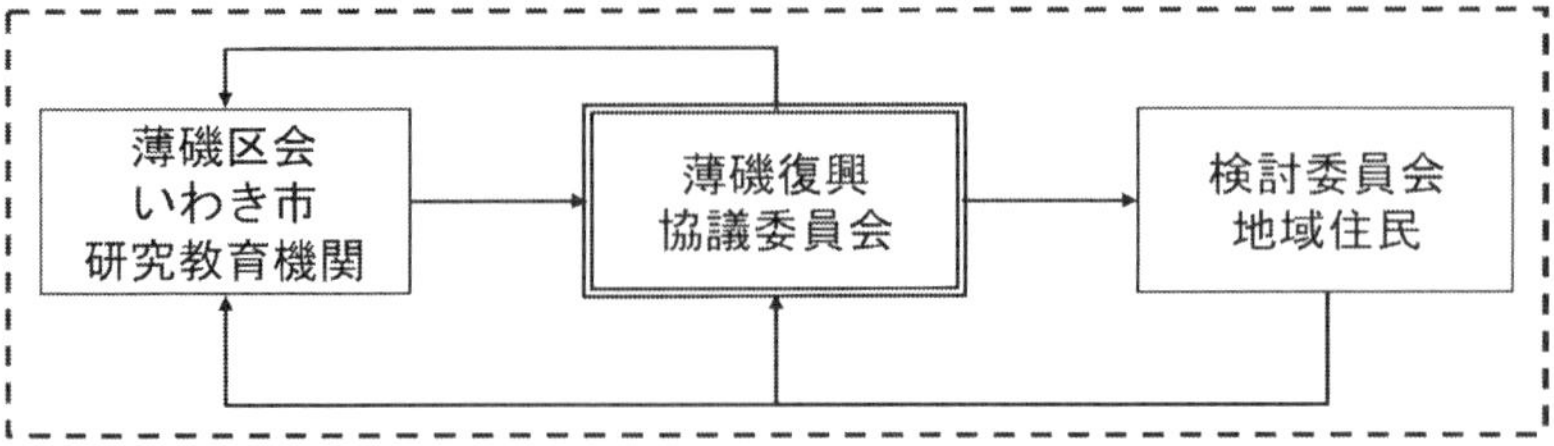


図６　復興期における薄磯区内の組織間システム

出典：筆者作成

## (四) 復興期における組織間関係の分析

ここでは前項と同様に、復興期における組織間システムがどのようなものになっていたかを、これまでの調査結果をもとに分析する。各組織セット間においてどのような関係があったか、そして、アウトプット組織セットの要素として何が観測されたかを整理する。

地域内組織に対しては、情報収集やその整理がしやすい体制を整えるだけではなく、これまで以上に細かい調整を繰り返すことで、協議委員会の考えていることを理解してもらい、薄磯まちづくり検討委員会という新たな組織を設立するにいたった。検討委員会によって、地域内のさまざまな団体が集まり議論する場が提供され、議論がスムーズに行われるようになった。この点が、復旧期との最大の違いであるといえる。

行政関連組織においても、協議委員会や区会、その他各種団体に対して個別で行っていた調整や議論を、検討委員会が復興まちづくりに関する意思決定機関として明確になったことでまとめることができた。そのため、これまでは難しかった具体的な復興まちづくり計画の策定やその実施を進められるようになった。

つまり、アウトプット組織として現れた検討委員会が、焦点組織である協議委員会とインプット組織である地域内組織や行政関連機関がよい循環を生むようなフィードバックを与えているといえる。

外部支援組織との関係は、それぞれの立場を見直すことで、互いにとってよい関係の再構築を行っている。その成果は、検討委員会への提案内容や地域住民の快適な生活環境の整備といったかたちで反映されている。こうした復興期における組織間システムは図のように示される（図6）。

# 五　結論と考察

## （一）組織間関係の経時分析とその考察

本項では、復旧期と復興期といった時間の流れによって、復興組織とその周辺組織との組織間関係にどのような変化がもたらされたかを考察していく。

焦点組織である復興組織、つまり薄磯地区における薄磯復興協議委員会を中心に、復旧・復興まちづくりの計画決定にともなう意思決定とその調整プロセスに関するおもな組織間関係を図式化すると、図のようになる（図7・図8）。

復旧期には、地区内の組織間において、復興計画の策定や実行に向けての調整等は個別に行われきた。加えて、いわき市や福島県、UR都市機構といった行政関連組織も、薄磯地区内の各組織と個別に調整や議論をすることを余儀なくされていた。こうした議論や意思決定システムの未構築が、各組織の負担増をまねき、結果として各組織の関係が悪化した一因であったと考えられる。

一方で、復興期になると各組織間の関係には改善がみられるようになる。その最大の要因は、薄磯まちづくり検討委員会の新設であると考えられる。復旧期と比較して異なる点は、計画の策定プロセスが明確になっている

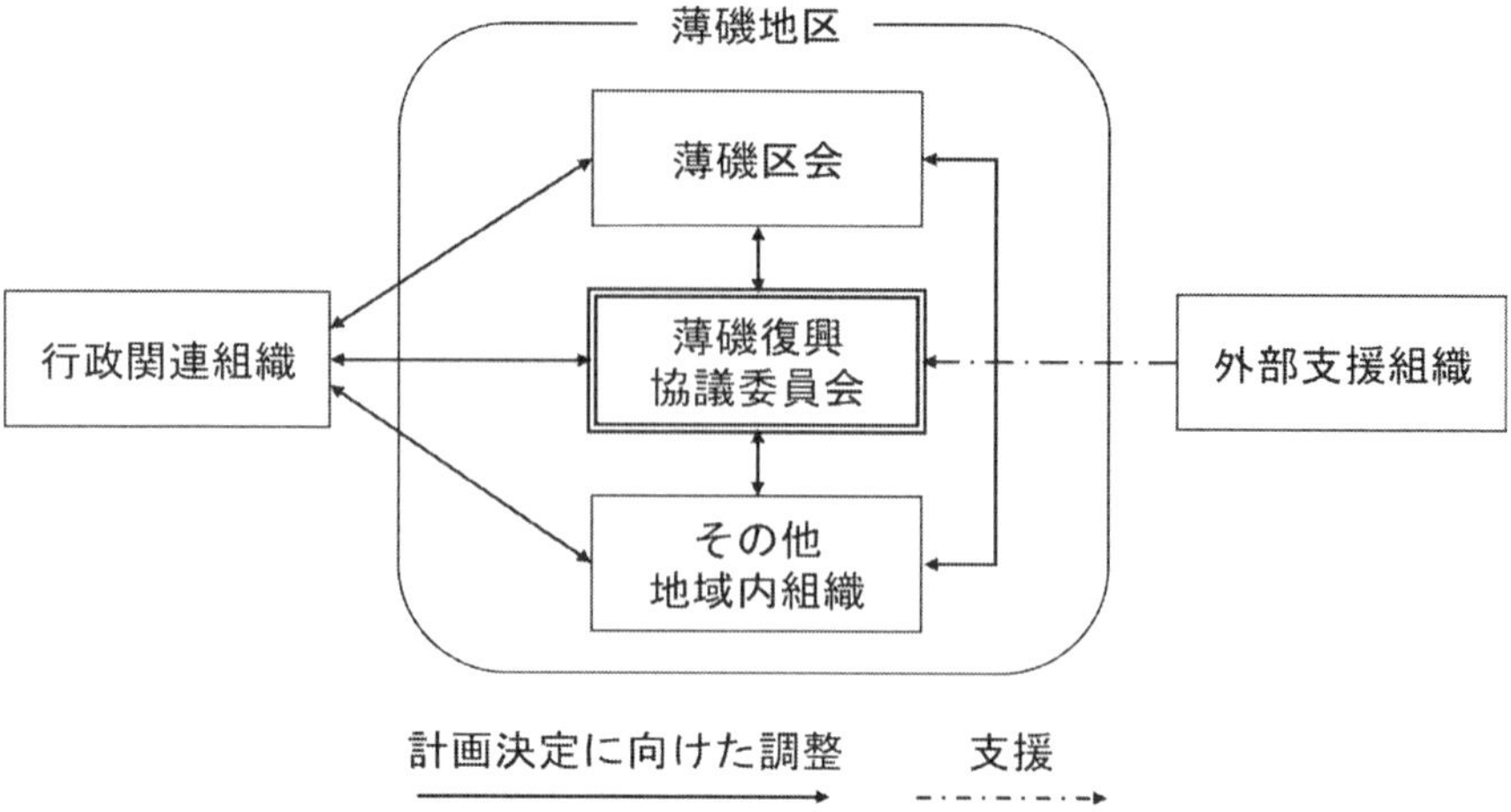


図７　復旧期における焦点組織を中心とした組織間関係

出典：筆者作成

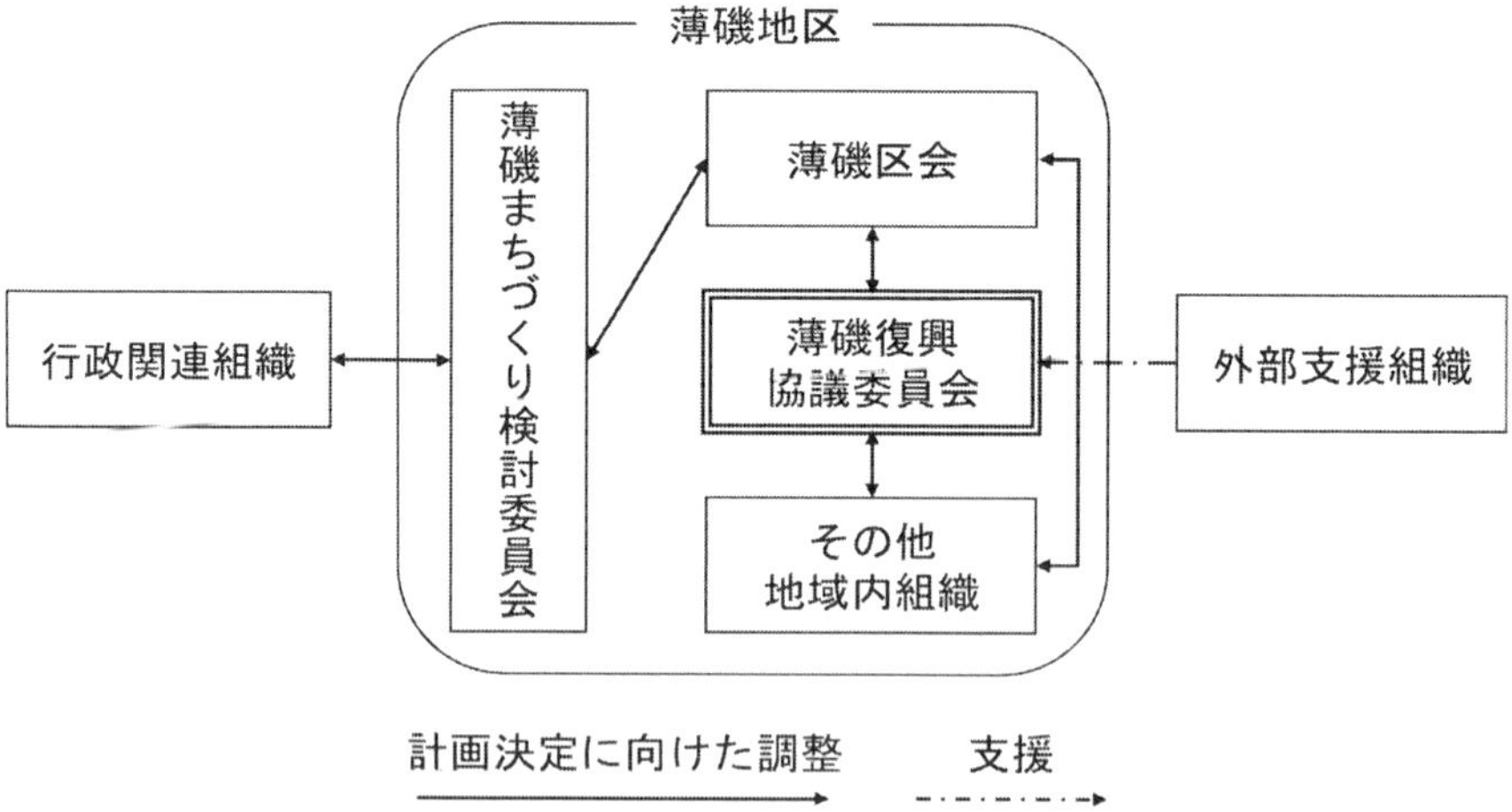


図８　復興期における焦点組織を中心とした組織間関係

出典：筆者作成

ことである。復興組織が中心となりさまざまな議論が重ねられるが、最終的に区会のチェックを経て、検討委員会にて行政機関立ち合いのもと決定がなされる。この時点で細かい地区内での調整は済んでいるため、スムーズに行政機関との最終調整を進めることができる。また、行政機関からトップダウンで進められるような案件に関しても、地区内の各組織に対して個別に調整を行う必要がなくなり、窓口が検討委員会に一本化された。これによって、行政機関は復興計画の実現に向けたタスクに集中することができるため、結果として復興の推進につながるだろう。さらに、各自の役割が明確になったことに加えて、外部支援組織からの支援を効果的に活用する体制も整えられたことで、地区内に対してよりよい循環を生むことができるようになった。

薄磯地区の現状として、復興まちづくりに関する資金的リソースを行政機関に依存せざるをえない現実がある。そのため、行政関連組織との連携が非常に重要であるが、その下地となるものが、地域内を調整し意思決定を行うシステムであり、その中核を担っているのが焦点組織である協議委員会であるといえよう。

以上のような調整・意思決定システムの構築が終わり、復興まちづくりを促進するための循環ができつつあるいま、具体的な施策をどのように実現していくか、このシステムをどのように維持・活性化していくかが同地区の課題となるだろう。

## (二) 本研究における示唆と限界

最後に本研究における示唆と限界と課題を述べる。

復興組織の組織間関係を明らかにするにあたり、組織間関係の分析モデルの修正を行った。本調査からは、アウトプット組織セットからの影響が焦点組織とインプット組織セットとの関係を大きく変化させることがわかったが、その結果を生むためには、インプット組織セットと焦点組織間の直接的なフィードバックが繰り返される必要がある。つまり、分析枠組として、焦点組織からインプット組織セットの影響を観察することを明記する重要性を示すことができた。復旧期から復興期というプロセスにおける組織間関係に着目することにより、こうしたインプリケーションを得られたともいえる。

復旧・復興の実務においては、できる限り早い段階で地区内の窓口を一本化する新たな組織を構築し、意思決定システムを明確にすることが重要であるという指摘ができる。これによって、どうしても行政機関に頼らざるをえない復旧・復興事業を円滑に進めることができるようになり、住民側が行う提案も実現の可能性が高まるといえる。

一方で本研究の限界もある。一つめは、単一事例分析であるため、普遍性が担保できないということである。次に、焦点組織およびその他の周辺組織へのインタビューは、それぞれの代表者もしくは担当者レベルといった限られたメンバーへの調査であったため、より客観性を持たせるためには、複数のメンバーへの聞き取りが必要であろう。加えて、復興期の活動は長期にわたって行われるものであるため、継続して観察していく必要があるだろう。

今後は、焦点組織である復興組織の組織構造が異なる地区についても調査・分析を行い、本事例との比較を試みたい。このような事例を蓄積し、東日本大震災における復旧・復興活動に関する地域住民が中心となった対応を整理することで、今後起こりうる災害時における活動の一つの指針を検討していきたい。

**注**

(1) 気象庁「平成二八年四月一四日二一時二六分頃の熊本県熊本地方の地震について(第四報)」二〇一六

(2) 気象庁「平成二八年(二〇一六年)熊本地震」について(第四〇報)――平成二八年六月一二日二二時〇八分頃の熊本県熊本地方の地震」二〇一六

(3) 気象庁「災害時地震・津波速報　平成二三年(二〇一一年)東北地方太平洋沖地震」二〇一一

（4）復興庁「集中復興期間の総括及び平成二八年度以降の復旧・復興事業のあり方について」二〇一五

（5）日本自然災害学会編著『防災辞典』築地書館、二〇〇二

（6）内閣府「復旧・復興ハンドブック」二〇一六

（7）石栗伸郎「自治会・町内会への組織論適用に関する予備的考察（非営利組織の経営研究）」『関東学院大学経済経営研究所年報』三四巻、二〇一二

（8）浅野智子・野嶋政和「阪神・淡路大震災後の「白地地区」における住民主体のまちづくり活動の事例研究」『ランドスケープ研究：日本造園学会誌』六三巻五号、二〇〇〇

（9）菅野瑛大・松本行真・杉山武史「東日本大震災復興に向けた組織の現状とその類型――いわき市被災沿岸部豊間・薄磯・四倉地区を事例に」『日本都市学会年報』四七巻、二〇一三

（10）菅野瑛大・松本行真「東日本大震災復興に向けた組織の現状とその類型――いわき市被災沿岸部豊間・薄磯・四倉地区を事例に」吉原直樹・仁平義明・松本行真編著『東日本大震災と被災・避難の生活記録』六花出版、二〇一五

（11）W. M. Evan, "An Organization-Set Model of Interorganizational Relations", in Tuite, R. Chisholm, M. Radner(ed.), *Interorganizational Decision Making*, Aldine, 1972

（12）山倉健嗣『組織間関係　企業間ネットワークの変革に向けて』有斐閣、一九九三

（13）田中豊治「分権型社会におけるまちづくり協働システムの開発――住民と行政を結ぶ中間組織の編成原理」『組織科学』三三巻四号、一九九九

（14）海まち・とよま市民会議編著『とよま学入門』海まち・とよま市民会議、二〇一六

（15）区会とは一般的にいう自治会・町内会のことである。

（16）本論ではおもに、薄磯地区の区民のことを指す。

（17）全入居者が震災以前から薄磯区民であったわけでなく、その一部はいわき市内の他地区からの移住である。

（18）地域住民を組織としてみなす条件として、復旧や復興に対して委員会などの組織には所属していないものの、関心を持ちそれに協力している人たちとする。

# 復興過程における市民会議の役割・機能の変遷

磯崎　匡

## はじめに

東日本大震災から五年八カ月が過ぎ、また前稿執筆から二年が過ぎ[1]、被災地の復興はさらに進みつつある。被災地の多くでは当初の計画どおり、数年後には復旧・復興事業が完了する見通しである[2]。しかし、そうした事業による防潮堤や高台整備といった、いわゆるハード面での復旧・復興においては、「規定復興」として批判もある[3]。また宮城県の津波被災漁村を調査した永野由紀子は、津波被災地の漁村部がかかえる課題というのは震災以前から生じていた過疎・高齢化といった既存の地域課題が加速されたものであると指摘している（永野由紀子「東日本大震災後の離島漁村の過疎化と高齢化」『専修人間科学論集社会学篇』四（二）、二〇一四）。つまり、地域のつながりやコミュニティ形成といった、いわゆるソフト面での復興は依然として被災地に課題を生じさせている。

前稿では地方分権改革の流れから住民自治の重要性を指摘したが、付言するならば、そうした改革下で広域合併が進むことによって、行政村の廃止と総合支所への縮小、行政の人的資源の減少と意欲の減退、地元雇用機会の消滅、人材育成の場の消失、といった住民自治組織と行政との関係の変化が生じた（今野裕昭「市町村合併と地域課題の解決力――平成の大合併下の日光市栗山」『専修人間科学論集社会学篇』五（二）、二〇一五）。田中逸郎によると、そのような住民自治組織と行政との関係性の変化の中で、地域課題の解決のためには旧来の自治組織や行政のほか多様なアクターのネットワークによる地域コミュニティの再構築が求められている（田中逸郎「NPOと自治会等地縁型団体の協働による地域コミュニティ再構築の諸要件」『コミュニティ政策』五（〇）、二〇〇七）。

災害からの復興という状況において、住民参加による復興まちづくりということで、多くの地域では既存の地域住民組織だけでなく、新たに住民によって組織された団体によって活動が行われている。たとえば、前稿において市民会議と比較して述べたまちづくり協議会などが当てはまる。阪神・淡路大震災での復興過程において、土地区画整理事業などの従来の都市計画の手法とともに、住民参加型のまちづくり方式である「協議会方式」の活用が模索された（久保光弘『まちづくり協議会とまちづくり提案』学芸出版社、二〇〇五）[4]。

これまで前稿では住民主体による復興、協働による復興の可能性として、市民会議に着目し、その機能や官民連携の課題について考察した。本稿ではさらに進んだ復興過程における市民会議の役割・機能の変遷を明らかにする。その際着目したいのは、地域の意思決定に市民会議はどのような役割を果たすのかという点である。調査対象は、前稿から引き続き、筆者がフィールドとしている福島県いわき市豊間地区を事例とした。福島県いわき市豊間地区では、震災後の地区復興のためのグランドデザインを示すために、地区を構成する豊間、薄磯、沼の内の三区が合同して二〇一三年に市民会議として「海まち・とよま市民会議」が立ち上がった。そうした中で海まち・とよま市民会議は、詳しくは後述するが、その権限の不明確さから、行政に対しても、地域住民に対してもその存在を強く主張できないでいた。とくに地域の意思決定においては既存の地域住民組織が大きな役割を果たしているが、活動の実践を経た市民会議が地域の意思決定に果たす役割を明らかにすることで、上述のような地域コミュニティの再構築や、住民参加による復興まちづくりのための要因が明らかになる。

本稿では、まず第一節において前稿で明らかにした市民会議の課題や官民連携の課題について整理する。そのために市民会議についても言及する。第二節において前稿以降の海まち・とよま市民会議の活動について述べる。そこから第三節で市民会議の役割や機能の変遷について明らかにする。

# 一　市民会議と官民連携の課題

本節ではまず、市民会議とは何かその定義や機能について確認する。その後、市民会議がかかえる課題や官民連携の課題について整理する。本内容の詳細については前稿にて述べている（磯崎匡・松本行真「震災まちづくりにおける官民連携の課題――福島県いわき市平豊間地区を事例に」吉原直樹・仁平義明・松本行真編著『東日本大震災と被災・避難の生活記録』六花出版、二〇一五）。

## （一）市民会議とは

市民会議とは、条例制定や計画策定にともなって設置され、まちづくりの実践活動をしたり、条例案や計画案を提言したりする組織体のことである。すなわち、佐藤徹によると市民会議とは「地域的公共的課題の解決に向けて、行政と協力・連携して、市民が主体的・継続的に活動を行う中間的な組織または場の総称」である（佐藤徹『市民会議と地域創造――市民が変わり行政が変わると地域も変わる！』ぎょうせい、二〇〇五）。

また佐藤は、市民会議の特徴と機能を次のように整理している。特徴の第一として、「地域的公共的課題の解決」に取り組んでいること。このとき、地域的公共的課題とは高齢者への生活支援や防犯・防災対応、景観形成といったものを含んだ、地域性・公共性を有する課題のことである。第二に、何らかのかたちで「行政と協力・連携」しながら活動を行っていること。市民会議において行政は市民活動を支援し、市民と対等に議論する協働形態をとる、いわば「協働型の政策形成ないし実践活動の場」である。第三に、実質的な主導権（イニシアチブ）が市民側にあること。原則的に市民が自ら決めたルールに基づき会議を運営し、議論して意思決定を行う。第四に、一度きりのイベントではないということ。市民会議では何度かの学習やワークショップを通じて得られた成果を行政へと提案する。もしくは地域課題解決のための活動を永続的に展開する。第五に、参加者の顔ぶれが多彩であるということ。市民は一般公募で選ばれる場合、ＮＰＯや自治体から推薦を受ける場合などがあり、多様な属性の市民が参加する。また行政職員や学識経験者が関与する場合もある（佐藤　二〇〇五：三－五）。

そして他の市民参加手法と以下の三つの機能を比較して、市民会議の有効性を指摘している。一つめは合意形成機能である。市民会議ではＫＪ法やワークショップ形式で、参加者が対等な立場で自由に意見を述べ、それをもとに提言や条例案を作成する。異なる意見を調整し認識を共有することで、合意形成が促進されることが市民会議の特徴である。その一方で、行政機関に付属し、行政機関が意思決定を行う際に意見を求める合議制の機関である審議会は議論の進め方が異なる。審議会では専門知識を有する学識経験者や各種団体の代表が中心となって、事務局である行政が作成した素案を検討する。市民が参加しても審議会の運営は行政が行う。二つめは協働促進機能である。市民会議では市民が日常生活を送る中で感じる疑問や課題から出発し、当事者として地域の課題を共有し解決を図る。課題解決に向けたプロセスを経ることで参加者に信頼関係が生まれ、協働の礎となる。審議会では個々の案件について審議するが、課題解決に向けた活動を行うわけではない。あくまでも審議機関のため、当事者意識が希薄となる。そして最後に自治力向上機能である。市民会議では課題の所在やニーズを探り、自ら解決の方向性を見いだす。そこから市民会議参加者は地域運営の主体である自覚が生まれる。つまり市民会議は地域課題を自ら解決しようとする自立した市民を養成する「インキュベーター」としての機能がある（佐藤二〇〇五：一一－一八）。

## （二） 市民会議における官民連携の課題

それでは、そうした市民会議の類型として、本稿では前稿から引き続き「海まち・とよま市民会議」を事例として取り上げた。福島県いわき市の、いわゆる浜通りの沿岸部に位置する豊間地区は南から豊間区、塩屋埼灯台を挟んで薄磯区、沼の内区の三つの区からなる地区である。一つの区では解決できない問題、三区が一緒になり解決すべき課題に対応するために、これまで共同での活動がほとんどなかった豊間・薄磯・沼の内地区が合同で、二〇一三年の夏に「三区協議会」を立ち上げた。その後「海まち・とよま市民会議」と名称を変え、二〇一三年度内に豊間地区の復興に関する計画「とよま地区復興未来計画（グランドデザイン）」を策定した。二〇一五年五月にはグランドデザインの文言を一部修正したものを、いわき市へ提出し、現在はグランドデザインで取り上げたプロジェクトをもとに部会を設置し、具体化を進めている。

筆者は海まち・とよま市民会議への参与観察やいわき市内の他の市民会議への聴き取りを比較したところから、海まち・とよま市民会議がかかえる課題や官民連携の課題について明らかにした。まとめると、「行政と市民会議参加者とのあいだで優先度に違い」「行政による主導」「行政と市民会議の関係の不明確性」の三つがあることがわかった。

「優先度の違い」に関して、聴き取りを行った他の市民会議では、市民会議と行政とのあいだの問題意識の差から活動の優先度が異なっている市民会議はなかった。あくまでも市民会議の活動に対して、行政側から課題を提示することはなかった。それはおそらく海まち・とよま市民会議と他の市民会議での設立の経緯が違っているからであると考えられる。豊間地区を除く他の地区では設立が東日本大震災以前であり、震災復興に関係しないまちづくり全般が市民会議の目的であった。そのため、優先的に特定の事業を行うという事情が存在していなかったと思われる。翻って、豊間地区では震災からの復興が急務として取り上げられ、かつ、三区のあいだでも被害状況が異なり、活動の優先順位づけを行うのが困難であった。市民会議内、行政とのあいだにも問題意識がそれぞれ異なり、何を優先的に行うのか合意を形成することが困難であった。

「行政による主導」に関して、行政が議論の内容を決めたり、行政が提案したことを市民会議が追認したりすることは他の市民会議ではなかった。あくまで行政はオブザーバーであり、市民会議の議論を左右することはなかった。この違いの理由として、市民会議の規模の違いがあると考えられる。いわき市内にある市民会議は四倉を除いてすべて旧市単位で設立されていた。そしてそれらの市民会議はそれまでまちづくりにかかわっていた団体が前身となって、震災以前から活動していた。しかし、豊間地区では震災後にそれまで合同の取り組みがなかった三つの区が合同して市民会議ができた。規模も小さく、経験が豊富ではないため、行政による主導が生じたのではないだろうか。

「行政と市民会議の関係の不明確性」に関して、他の市民会議ではそのような事態は生じていない。関係性の違いは、行政と市民会議とのパートナーシップ協定締結の有無によって生じている。海まち・とよま市民会議以外の市民会議ではいずれも、グランドデザインを策定した後、パートナーシップ協定を結び、その後多くの市民会議で地区まちづくり計画を策定している。海まち・とよま市民会議では現在グランドデザインを策定したところで、行政とパートナーシップ協定を結ぶという段階にはない。パートナーシップ協定を結ぶことによって、名目だけでなく実質的にも、さまざまな場面で市民会議と行政が対等な立場で協力することが可能となる。

つまり、震災まちづくりにおける官民協働の課題とは、とくにそれまでまちづくりなどが問題となってこなかったような小規模の地域において、災害が発生し復興をめざすにあたって緊急性の高い問題が山積し、行政と対等な関係性を結ぶことなく問題解決が求められ、その結果、官民両者の立場が明確でないために、行政による住民の誘導・主導が生じることである。

以上の内容については二〇一四年一〇月執筆時点での分析である。本稿ではさらに年月がたった時点での復興過程において、市民会議が果たした役割や機能がどのように移り変わったのか明らかにする。

## 二　海まち・とよま市民会議の活動

本節では前稿以降の海まち・とよま市民会議で行われた活動について概観する。詳細については**表**にまとめ、その特徴について詳しく述べる。

海まち・とよま市民会議では現在、二〇一五年五月に提出したグランドデザインをもとに復興に向けてプロジェクトを進め、各部会を設置しているところである。前稿以降にできたプロジェクトとしては、公共交通、地域誌作成、フォトコンテスト、震災体験記作成、学校・教育に関するプロジェクトなどである。その他に旧豊間中学校体育館・校舎お別れ会を実施したりしている。

活動の特徴の一つとして、会議の性格の変化が挙げられる。これまでは市民会議内での議論が多いものの、市民会議の立場の不明確さから市民会議内で決定がなされることがあまりなかった。しかし、二〇一四年八月に行なった、市民会議内での振り返りから市民会議の定義を再定義した。すなわち、市民会議はグランドデザインおよび復興過程で生じる問題を扱い、部会からの提案を検討し、各区へ提案を行うものである。部会は各区の市民会議の構成員が参加し、市民会議構成員以外の参加も可能とした。区は市民会議の提案を受け決定する主体であり、実働の部分で市民会議の部会が働くとした。**表**からもわかるとおり、二〇一四年一〇月以降は各プロジェク

表　海まち・とよま市民会議の活動経緯

| 回 | 開催日 | テーマ | 報告事項 | 検討内容 | 結果 |
|---|---|---|---|---|---|
| 22 | 2014/10/9 | ロゴプロジェクト | 経過報告・資料説明 | | |
| | | 子育てプロジェクト | 経過報告・資料説明 | | 日程変更 |
| | | 交通 | 説明会参加報告 | 交通に関する関わり方 | 協議の仕方（3区長と協議） |
| | | どんぐりプロジェクト | 経過報告・資料説明 | | |
| 23 | 2014/10/23 | ロゴプロジェクト | 経過報告・資料説明 | 素案の検討 | ロゴ決定 |
| | | 子育てプロジェクト | 担当者不在 | | |
| | | 次のプロジェクトについて | | 新プロジェクト | 公共交通部会立ち上げ |
| | | | | | 今後の進め方 |
| 24 | 2014/11/6 | ロゴプロジェクト | 経過報告・資料説明 | 今後の利用について | |
| | | 子育てブロジェクト | 経過報告・資料説明 | | 次回日程 |
| | | 旧豊間中体育館お別れ会 | 経緯説明 | 実施の可否 | 実施日程、当日役割 |
| 25 | 2014/11/20 | ロゴプロジェクト | | | |
| 26 | 2015/1/15 | 子育てプロジェクト | 経過報告・資料説明 | | |
| | | グランドデザイン見直し | 行政による経緯説明 | 市などとの意見交換 | 一部文言修正、今後の進め方 |
| | | 旧豊間中お別れ会 | 経緯説明 | 実施の可否 | |
| | | ロゴプロジェクト | 経過報告・資料説明 | | |
| 27 | 2015/2/12 | 子育てプロジェクト | 担当者不在 | | |
| | | グランドデザイン見直し | | 市などとの意見交換 | 一部文言修正 |
| | | 旧豊間中お別れ会 | 経過報告・資料説明 | 実施の可否 | 実施決定 |
| | | 豊間区仮設店舗の現状 | 経過報告・資料説明 | 区長と意見交換 | |
| | | ロゴプロジェクト | 経過報告・資料説明 | | |

| 回 | 開催日 | テーマ | 報告事項 | 検討内容 | 結果 |
|---|---|---|---|---|---|
| 28 | 2015/2/26 | 豊間区仮設店舗との連携 | | 区への疑問と確認事項 | 豊間区への確認事項 |
| | | グランドデザイン見直し | | 市などとの意見交換 | 一部文言修正 |
| | | 旧豊間中お別れ会 | 経過報告・資料説明 | | |
| 29 | 2015/3/12 | 旧豊間中お別れ会 | 経過報告・資料説明 | 日程に関して | 日程決定 |
| | | メンバー拡大 | | 市などとの意見交換 | 募集方法決定 |
| | | 豊間区仮設店舗との連携 | 経過報告・資料説明 | | |
| | | グランドデザイン報告会 | 経過報告・資料説明 | | |
| 30 | 2015/4/16 | 旧豊間中お別れ会 | 経過報告・資料説明 | | |
| | | 新年度運営体制 | 経過報告・資料説明 | | 役職決定 |
| 31 | 2015/5/14 | 新年度計画 | | 部会について | |
| | | 子育てプロジェクト | 担当者不在 | | |
| | | 公共交通部会 | 経過報告・資料説明 | | 部会再開 |
| | | メンバー拡大 | | 募集方法について | 変更なし |
| 32 | 2015/5/28 | 新年度計画 | | イベントについて | |
| | | 子育てプロジェクト | 経過報告・資料説明 | | |
| | | ロゴプロジェクト | 経過報告・資料説明 | | |
| | | 公共交通部会 | 経過報告・資料説明 | | |
| | | 豊間仮設店舗 | | 今後の関わり方について | |
| 33 | 2015/6/25 | 地域誌プロジェクト | 企画説明 | 実施の可否 | 実施決定 |
| | | ロゴプロジェクト | 経過報告・資料説明 | 今後の活用について | Tシャツ、ステッカー作成 |
| | | 公共交通部会 | 経過報告・資料説明 | | |
| 34 | 2015/7/23 | まちづくり推進事業 | 行政による事業説明 | | |
| | | 行政等連絡調整会議 | 行政による経緯説明 | 市民会議の関わり方 | 区への対応と同様 |

| 回 | 開催日 | テーマ | 報告事項 | 検討内容 | 結果 |
|---|---|---|---|---|---|
| 35 | 2015/9/17 | 地域誌プロジェクト | 経過報告・資料説明 | 内容の検討 | |
| | | ロゴプロジェクト | 経過報告・資料説明 | 今後の活用 | |
| | | 行政等連絡調整会議 | | 3区長との意見交換 | 区の関わり、会議の進め方再確認 |
| 36 | 2016/1/16 | 市民会議活動 | | 区と市民会議の関係 | 今後の活動方針（ソフト面での関わり） |
| | | 地域誌プロジェクト | 経過報告・資料説明 | 今後の展開について | |
| | | ロゴプロジェクト | 経過報告・資料説明 | | |
| | | 豊間中学校建設 | 行政によるスケジュール説明 | | |
| | | 豊間小学校学童 | 行政による概要説明 | 需要調査の実施、説明会の実施 | 調査・説明会実施決定 |
| 37 | 2016/3/24 | 地域誌プロジェクト | 経過報告・資料説明 | | 完成、納付場所決定 |
| | | ロゴプロジェクト | 経過報告・資料説明 | | ステッカー発注 |
| | | 保護者説明会 | 経緯説明・資料説明 | | |
| | | 地域公共交通 | 行政による経緯説明 | 意見の取りまとめ方、行政への要望 | |
| | | 景観 | 行政による経緯説明 | | |
| | | 豊間小学校学童 | 行政による経緯説明 | | |
| 38 | 2016/5/21 | FBについて | 情報発信について | 情報発信の仕方について | HP作成ではなく既存のFBを利用 |
| | | 豊間小学校学童 | 経過報告・資料説明 | | 市民会議としての関わりの完了 |
| | | 西会津交流 | 経過報告・資料説明 | | |
| | | 新年度活動計画 | 行政による事業説明 | 新しい事業について | |

| 回 | 開催日 | テーマ | 報告事項 | 検討内容 | 結果 |
|---|---|---|---|---|---|
| 39 | 2016/6/19 | フォトコンテスト | 企画説明 | 実施の可否 | 実施決定 |
| | | 震災体験記 | 企画説明 | 実施の可否 | 実施決定 |
| | | 西会津交流 | 経過報告・資料説明 | | 交流の継続決定 |
| | | ロゴプロジェクト | 経過報告・資料説明 | | |
| | | 豊間小学童 | 説明会の実施予定 | | 3区長への出席依頼および会長の出席 |
| 41 | 2016/7/24 | フォトコンテスト | 経過報告・資料説明 | 実施方法 | 実施方法・日程 |
| | | 震災体験記 | 経過報告・資料説明 | 実施方法 | |
| | | 薄磯多目的広場 | 広場の利用希望案の説明 | | |
| | | 豊間小学童 | 説明会の実施結果 | | 3区長を招いて後日試算を検討 |
| 42 | 2016/8/28 | 豊間小学童 | 行政による事業説明 | | |
| | | 豊間保育園 | 行政による事業説明 | | |
| | | 豊間小中と地域の関わり | 趣旨説明 | 学校との意見交換 | 教育に関して市民会議で取り組む |

ト（部会）の経過報告がおもな市民会議の内容となっている。部会ごとで実質的な議論を行うようになってからより多彩な活動が可能となった一方で、なかには市民会議での報告が疎かになり部会での活動内容が市民会議で不明瞭になる懸念も一部構成員から呈されてもいる。

二つめに、行政との関係性である。前節からもわかるとおり、これまでは行政との関係性の不明確さであったり、行政による会議の主導であったり、市民会議と行政のあいだで連携に課題が生じていた。それまでの会議では行政は会議担当者のほかに関連する部署の担当者が複数参加し、住民の参加者より行政の参加者のほうが多い場合もあった。しかし、市民会議の再定義以降、行政の参加者は減少し、市民会議の要請に応じて行政の担当者が参加することになった。今年四月以降は市民会議の担当課が変更したのを機に、それまで行政によって作成されていた次第を市民会議会長（住民）が作成することになり、市民会議の議論内容を住民自身で決定することが可能となった。実施日程もこれまで平日夜だったのが、日曜夜になり住民が参加しやすい日程となっている。行政以外との関係においても、市民会議では必要に応じて、各区の区長を招き意見を交換したり、小学校・中学校の校長を招き市民会議とのかかわりについて意見を交換したりしている。

三つめに、取り扱う内容の変化である。薄磯区には津波で被災した旧豊間中学校が残っており、その旧校舎を震災遺構として残すかどうかを海まち・とよま市民会議では設立当初から議論していた。しかし、結果として、二〇一四年一二月には豊間・薄磯・沼の内の三区長の反対により校舎を取り壊すことが決定した[5]。それ以降市民会議では、ソフト面での活動、広報活動やPR活動であったり、既存のハードを利用した新たなサービスの展開であったりが活動のおもな内容となっていった。

## 三　市民会議の役割や機能の変遷

前節で示したこれまでの活動をふまえて、本節では海まち・とよま市民会議が地域の意思決定に市民会議の果たす役割や機能を指摘したい。とくに、いわき市豊間地区の中でも薄磯区における役割に着目する。

薄磯区の震災前人口は二五九世帯・七六六人であった（総務省統計局『平成二二年国勢調査』二〇〇〇）。しかし、震災では一一五人が死亡し、家屋の被害は全壊、半壊、一部損壊をあわせて八七％に上った（いわき市『いわき市・東日本大震災の記録と証言』二〇一三）。被害を免れた二〇戸ほどを除いた世帯が区外に避難していたが、二〇一四年に区内に災害公営住宅が建設され、戸立て・集合住宅あわせて一〇三戸に入居を開始した。

薄磯区の特徴として、被害の甚大さがある。いわき市の震災での死者数は四六〇人なので、約四分の一が薄磯区で亡くなっている。また、区会組織の変遷である。震災によって薄磯区では当時の区長が亡くなっている。そして震災後発足した区役員会は一期二年ですでに三回交代している。(6) 以上の点から、薄磯区では、これまでに比べて、震災復興における地域の意思決定に大きく変化が生じる可能性を示唆することができる。薄磯区には現在、従来の区会以外に、区の復興に関する議論を行う「薄磯復興協議委員会」、災害公営住宅の自治会、それらを包括して行政も交えて区の最終的な意思決定を行う会議体として「薄磯まちづくり検討委員会」が存在する。

そこで筆者は海まち・とよま市民会議の中でも薄磯区出身の構成員に対して聴き取りを行い、海まち・とよま市民会議の活動や地域とのかかわりについて調査した。聴き取り内容は加入の経緯、市民会議活動、市民会議への評価、他組織との関係、今後の市民会議のあり方などについてである。調査対象は四人で以下、A・B・C・Dと略記する。対象はそれぞれ市民会議以外にも上記の組織に各自所属している。

以下では地域とかかわる聴き取り内容を抜粋しまとめた。

行政との関係についてはAによると、

設立当初はグランドデザインを作る中で行政として口はさみたいところはあったのではないか。われわれもいきなり市民会議をやれと言われてもできなかったと思う。現在は行政の参加者は一人。設立当初は自分たちでできなかった。育てられたっていうのも変だけど。

とこれまでの関係を振り返っており、Bはそこからさらに、

今も変わらない。それでは駄目。ウチラの方で（意見を）上げなきゃ駄目。やれる範囲でやりましょうと、ハード的なことはできないので、ソフト的なことをやりましょうとなった。

と今後の関係性の変化について希望している。

区会との関係について、Aは、

現区長の場合、薄磯は協力的。市民会議でやってくれって言い、薄磯は市民会議に頼るようになった。

と述べ、区役員でもあるDも、

区会としては、薄磯だけでは決められないことや、三区共通で決めなきゃならないものを市民会議でまとめてもらおうという考えです。薄磯区としては（うまく回れば）大歓迎。

と現在の関係性を肯定しつつも、以前の関係、とくに旧豊間中学校の震災遺構に関する問題が地域に噴出した以前の関係性については、Bは、

協力できる部分とできない部分があったと思う。若い人が何やっているかわからない市民会議は区の役員が何を言っているのかわからないという温度差があった。

と当時の状況を振り返り、Cも、

薄磯区にとってみると市民会議そのものに理解しようとしないというかまったく別個の会議体として捉えているのかという印象を持つ。

区の役員が定期的に出ないとそれぞれの区の判断ができないので、市民会議でいろいろやろうとなってもそれを区におうかがいしなければならないのでなんだか無駄って思ってしまう。

と否定的に捉えていた。

震災遺構が問題化したのち、区会で決定する既存の意思決定のあり方の反省から、「薄磯まちづくり検討委員会」が発足した。地域の意思決定についてAは、

決定を誰がするのかっていうのをきちっとするのが重要。薄磯区ではこういう位置づけになっている。住民からの要望を区会で話し合い、その後検討委員会で話し合い。その結果、もう一度区長が市に出そうかあるいは、三区でやったほうがいいんじゃないか、海まち（・とよま市民会議）であげたほうがいいんじゃないか、あるいは三区の区長会にあげるなり。本当は三区で意見を採んだときに海まちにあげますかってなると

いい。区民、区会、検討委員会、三区区長会、海まちというかたちが理想的。そして海まちで決まったことは三区長合同で市に持っていけばやりやすいよね。それが一番いい図式だよね。

と考えており、市民会議での成功例としてAは、

学童の件は二月の海まちの全体会議で区長交えて話し合いをした。薄磯区のほうで学童を立ち上げましょうと意見が出、それを検討委員会でもOKが出てそれは三区のものなので三区でやりましょうと薄磯区の区長が出してくれて、それを他の区長がバックアップしていきましょうとなった。それを行政に上げました。学童保育という一つの議題はそのようなかたちでできた。今後他の議題もこのようにやっていきたい。

と今後の意思決定の仕方について希望していた。

今後の市民会議に対してAは、

今難しいのはやらなきゃならないことあるけど、活動のゴールが見えないということ。やるべきことの項目やっているけど、いつまでやるのか。何やればゴールなのってのが見えない。当初数年の計画だったので、来年（二〇一七）六月に町ができてそこでやめていいのかとなる。

と悲観している一方で、Dは、

復興だけでなく将来のまちづくりに向けて、少しでも住みやすい町にするのはこういうまちづくりの団体は必要。先のことも考えてうまく活動できればと思う。

と必要性を述べている。そのためにBは、

（広範囲にわたるグランドデザインについて）五年後一〇年後やるべきものでいいんじゃないの全部つながるので。そういう意味では区との関係や行政との関係も密にしていく。ちゃんと情報共有すればいい。これは決まったので区会と一緒にやらなければいけない。それで区会で決定してもらって区であげますときちんとすればいいと思う。

と将来の関係性構築に向けた考えを述べた。

以上までの聴き取り内容から、海まち・とよま市民会議が復興過程における地域の意思決定に果たす役割や機能について考察する。海まち・とよま市民会議では、当初の行政主導によるグランドデザイン作成、部会設置の期間を経て、豊間中学校震災遺構問題が発生し会議の再定義化がされ、その後区会との関係性構築、住民主導による部会開催の模索と現在にいたっている。前述の佐藤によると市民会議には合意形成機能、協働促進機能、自治力向上機能の三つの機能があるとしていた（佐藤　二〇〇五）。以前の海まち・とよま市民会議では官民連携の課題からこれらの機能を見いだすことができなかった。しかしながら、これらの機能は相互に連関しつつ、現在の海まち・とよま市民会議に機能していると考えらえる。

たとえば合意形成機能については、運営を行政ではなく住民が行い始め、各区で解決すべき課題、三区で解決すべき課題について議論することができ、三区で解決すべき課題について市民会議内で部会を設置し解決にあたることが可能となった。

協働促進機能については、そうして作成した提案を行政あるいは区会に提出することで、各区の住民は三区での地域の課題の共有をすることが可能となる。薄磯区の場合では、そうした提案に対する最終的な意思決定の場として新しい組織「薄磯まちづくり検討委員会」も発足し、区内での新しい協働が生まれている。

こうした動きはまさに、自治力向上機能によって地域運営の主体であると自覚が生まれた住民の地域課題を自ら解決しようとする活動である。

本稿ではさらに、海まち・とよま市民会議の活動の分析により、また異なる機能を市民会議は有していることを指摘したい。海まち・とよま市民会議では組織の再定義後に、さまざまな実践を通して、行政や各区、住民の意見を集約することが可能となった。そうして集約したものを提案として各区や行政に提示する形式が作られた。これは行政と住民のあいだに立ち意見を調整する調整機能というべき機能であると考えられる。

## むすび――結果と課題

本稿ではこれまで、海まち・とよま市民会議の活動を振り返り、復興過程における機能を分析した。すなわち、海まち・とよま市民会議の活動は会議の性格、行政との関係性、取り扱う内容に関して変化が生じていた。そうした変化によって、復興過程における地域の意思決定に果たす役割も変化した。すなわち、合意形成機能、協働促進機能、自治力向上機能の三つの機能である。さらに本稿ではそれらの機能に追加して意見調整機能についても指摘した。

調整機能に関して、前稿でも指摘したように、災害復興期の公共性として公的な利害による私的な利害の一義的な管理統制ではなく、私的な利害の調整が多くのメンバーに開かれた状態をめざす、オープンな公共性が重要であるとの指摘がある（関嘉寛「災害復興期における公共性と市民活動――『中越復興市民会議』の分析に向けて」『大阪大学大学院人間科学研究科紀要』（三二）、二〇〇六）。また、被災地の合意形成を推進するための組織を、対決・要求型の組織とは異なる「意見調整型組織」と定義し、復興にかかわる利害や志向について、意見集約と行政協調型の交渉を行うことによって、分断された地域社会の再構築を担っていくと捉えている先行研究もある（横田尚俊「災害からの復旧・復興過程と地域社会」『社会分析』（二三）、一九九五、小林秀行「災害復興における住民組織による調整――仙台市宮城野区の事例」『日本都市学会年報』（三二）、二〇一四）。小林は意見調整型組織を単位町内会規模で想定しており、複数地域にまたがる広域的な課題に対しては限界があるとも指摘している。

今回の調査でも海まち・とよま市民会議と薄磯区会との関係性から市民会議の機能について言及してきた。今後の課題としてはより広範な海まち・とよま市民会議と他の区との関係性、あるいは各区同士の関係性を分析する必要がある。そうすることによって、地域コミュニティの再構築や、住民参加による復興まちづくりのための要因としての市民会議の可能性を指摘することが可能となる。

**注**

（1）本稿執筆時、二〇一六年一一月現在

（2）たとえば福島県いわき市では、一部の道路や防災緑地を除いて二〇一七年度までに復旧・復興事業は完了する見通しである。

（3）大矢根淳は「復興とは地域アイデンティティ再構築のプロセスそのものであ」り、「したがって既定復興とは異なる生活再建の実相としてしての復興ガバナンスがあり得ること」を指摘している（大矢根淳「被災へのまなざしの叢生過程をめぐって」『環境社会学研究』（一八）、二〇一二）

（4）復興まちづくりにおいては、まちづくり協議会など住民組織による調整機能の重要性も指摘されている（小林秀行「災害復興における住民組織による調整――仙台市宮城野区の事例」『日本都市社会学会年報』（三二）、二〇一四

（5）詳細に関しては（松本行真「津波被災地域における復興まちづくりに向けた『連携』の現状と課題」『関東都市学会年報』（一七）、二〇一六）を参照のこと。

（6）震災前までであれば、役員は複数期継続して担われてきた。

# 巨大災害発生後における国家レベルの復興組織の評価枠組みの構築に向けて

## ――国際事例による検証の試み

地引泰人・井内加奈子

## 一　問題の所在

### (一)　問題の所在と研究の目的

東日本大震災では復興庁が設置されたが、この行政官庁は恒久的ではなく時限的な機関である。ちょうど東京オリンピックが開催される予定の二〇二〇年に、その時限となる。わが国においては、復興庁のような政府機関が設置されたのははじめてのことではない。一九二三年の関東大震災における復興院、戦後復興のための戦災復興院、一九九五年の阪神・淡路大震災での復興委員会など、形態はまちまちであるが、時限つきの政府機関が暫定的に設置されてきた。現在、南海トラフ地震や首都直下地震など大規模な災害が発生する恐れが懸念されている。万が一発生した場合には、応急対応だけではなく、復興に取り組む適切な組織的体制も必要であるため、そのあり方についての議論を深める必要がある(1)。

この問題を考えるときに、日本の事例だけの分析では、そもそも事例が限られていることや大規模災害は想定外の被害を出すことなどから、限定的となり一定の限界があるのではないだろうか。つまり、過去の事例から知見を得るとしても、当時とは社会情勢が大きく異なり、単純な通時的分析が困難だと考えられる。その一方で、諸外国においても、巨大災害発生後に復興のための行政官庁を設置する例は近年多く見受けられ、それらの知見を大いに活用したいところである。ところが、国際比較分析の難しいところで、諸外国の事例をそのまま単純に日本の事例と横に並べるわけにもいかない。なぜなら、行政制度や社会・経済的なマクロ環境が日本とは異なり、比較の次元を揃えることが求められるからである。さらに、日本独自に進化した防災行政や防災・災害の社会科学的視点からの研究と、諸外国のものには大きな乖離がある。つまるところ、相対的な比較分析の枠組みが現時点では十分とはいえない点が課題である、というのが筆者らの問題提起である。

まだ時限を迎えているわけでもない現時点で、復興庁を評価することは時期尚早であろう。しかし、本稿を執筆している時点で復興集中期間が終わった段階であるので、来るべき時限を迎える復興庁の評価を見据えつつ、いまから評価のための枠組みを考察すること自体に早い遅いはない。本稿は予備的考察の性格を有するものの、わが国で緊急災害対策本部を設置するほどの自然災害や、諸外国において国家の非常事態宣言が出るような事例において、大規模災害後にどのような組織体制を構築することが必要なのか、という実践的な含意を最終的には得るための最初の試みだと位置づけたい。

そこで、本稿では、まず大規模災害後に設立された復興のための組織体制に関連する既往研究を検討し、予備的な評価枠組みの再構築をめざす。次に、再構築された予備的枠組みを、東日本大震災に比較的近いアジアでの事例として、フィリピンにおける巨大災害からの復興における組織体制を検証する。そして、枠組みの適否についての考察を行い、今後の研究の土台として提示して論考を終えることにする。

## (二) 既往研究の検討

既往研究を検討する手順は、まずJohnson and Olshansky（二〇一三）の枠組みを紹介し、次に復興庁に関連する文献をJohnson and Olshansky（二〇一三）の枠組みに関連づけて整理することにする。なお、復興院（関東大震災）、戦災復興院そして復興委員会（阪神・淡路大震災）に関する既往研究の検討については、本稿ではきわめて限られた文献のみしか取り上げることができないので、より詳細な検討は別の機会に譲ることにしたい。

さて、本稿においてJohnson and Olshansky（二〇一三）の枠組みを最初に取り上げる理由は、この研究が復興における政府機関の評価枠組みについてもっとも包括的な姿を示していると考えられるからである。具体的には、オーストラリア、チリ、中国、インド、インドネシア、ニュージーランド、台湾、アメリカ、そして東日本大震災における日本を対象として、「予算（money）」「情報（information）」「調整（collaboration）」「時間（time）」という四つの要素が大規模災害後の復興における政府機関の役割を評価する際に重要であることを指摘している。

Johnson and Olshansky（二〇一三）が取り上げた「予算」とは、読んで字のごとく復興のための予算の管理のことを意味する。復興のための予算は、政府によるものだけではなく、民間資金や外国政府からの支援が含まれることもある。次に、「情報」とは、復興に関連する情報の共有のことを意味する。政府機関だけではなく、非政府組織との情報の共有の重要性が指摘されている。「調整」とは、中央政府と地方政府、本省と出先機関という垂直的・階層的な関係と、被災地レベルにしろ中央政府レベルにしろ同一のレベルにおける主体間の水平的な協調のことを指している。「時間」とは、復興の迅速さを求める姿勢と、時間をかけてでも長期的な視点で復興の方針を考えたり事業を展開したりする、という両者の調和を図るという趣旨である。

Johnson and Olshansky（二〇一三）の枠組みは、近年のさまざまな国の事例をもとに構築されたことから包括的な意味合いを有していることは疑いようがない。しかし、この枠組みが学術的な意味で定説として幅広く採用されているわけではなく、検討や改善の余地が残されているだろう。Johnson and Olshansky（二〇一三）は、評価枠組みを構築するもとになる事例として、東日本大震災を含めている。しかし、日本語で書かれた文献を参考にしてはいないため、日本で進められた議論や検討を拾い込めておらず、おのずと視点が限定されているのではないかと考える。そこで、本稿は、復興庁の役割や活動について日本語で書かれている文献や論説を対象として、Johnson and Olshansky（二〇一三）の枠組みを補正すべき視点が得られるのか検討する。

復興庁と「予算」の関連についての日本語の文献は、斎藤（二〇一二）、中村ほか（二〇一三）、梶（二〇一四）、横山（二〇一四）、五十嵐（二〇一六）、まさの（二〇一六）が挙げられる。斎藤（二〇一二）は復興交付金の自由度について復興庁の権限が弱いことを指摘している。中村ほか（二〇一三）は復興交付金事業についての情報が地方公共団体に伝わっていないという点を指摘している。梶（二〇一四）は復興交付金として配分された予算が執行しきれていない点を指摘している。横山（二〇一四）は復興交付金の申請の手続き面の重複や煩雑さについて論じている。五十嵐（二〇一六）は復興交付金の執行の担い手である市町村の予算執行能力の不足を指摘するとともに、その能力の不足を補うために外部の機関に事業が委託されていることを問題視している。まさの（二〇一六）は復興交付金の執行だけでなく補正予算の増大について批判的な論考を行っている。いずれの既往研究も、復興交付金という予算の問題点に目を向けていることが明らかとなった。

復興庁と「情報」の関連についての論考としては、「予算」の箇所と重複するが、磯崎（二〇一二）、中村ほか（二〇一三）、富田（二〇一四）が復興交付金の情報がいきわたっていない点、あるいは復興交付金事業計画の提出をめぐり被災自治体との意思疎通に円滑さを欠いたという指摘を行っている。

復興庁と「調整」の関連については、岩崎（二〇一二）、川野辺（二〇一二）、斎藤（二〇一二）、佐藤（二〇一二）、角崎ほか（二〇一三）、中村（二〇一四）が該当する研究だと考えられる。岩崎（二〇一二）および佐藤（二〇一二）は、省庁の縦割り意識を復興庁が変えることができるかどうかを重要視している。角崎ほか（二〇一三）はもう少し踏み込んだ議論をしており、現地での事業間の不整合や調整において省庁間や省庁内の縦割り行政の弊害を復興庁が解消するまでにはいたっていないと述べている。川野辺（二〇一二）の指摘は、復興庁の出先機関（復興局）の存在が、被災各県との関係を国優位にするものであるというものである。斎藤（二〇一二）は復興庁と関係行政機関との連携が復興推進にとって重要であることを述べている。中村（二〇一四）は、都道府県間や市町村間での国の補助金獲得の競合を「水平的格差」と表現している。

「時間」については、中村（二〇一四）と村松（二〇一四）が関連する指摘を行っている。中村（二〇一四）は地区間や近隣間での「進捗の差異」を指摘しており、この表現からは時間的感覚が想起される。村松（二〇一四）は、復興庁を含めた公共セクター全般に対して「時間の配分の不足」を提起している。これは、復興の遅れが被災地域の若年層の人口流出を招くことを危惧する意味合いで用いられている。

Johnson and Olshansky（二〇一三）の枠組みの四つの要素に関連づけることが難しかったものの、復興庁の役割や活動について考慮すべき要素が、梶（二〇一四）と中村（二〇一四）により提起されている。それは「認識」という問題である。つまり、そもそも「復興」とはどうあるべきなのか、ということが主体間で共有されていないということが議論されている。また、主体間によって予算の考え方が違ったり、時間の経過とともにさらに違いが大きくなったりして、それが主体間の関係構築や情報共有を困難にすることが示唆されている。そのため、この点は、Johnson and Olshansky（二〇一三）の四つの要素のそれぞれについて関連するとも考えうる。

復興院（関東大震災）、戦災復興院そして復興委員会（阪神・淡路大震災）に関する既往研究について、きわめて限定的ではあるものの諸研究を概観すると、大きく分けて三つの特徴が見て取れる。一つめの特徴は、組織の長への着目である。これは、復興院における後藤新平、復興委員会における下河辺淳の存在を無視することはできないだろう（五百旗頭二〇一六、御厨二〇一六、村井二〇一六）。二つめの特徴は、政治的文脈の視点である。中邨（一九八二）は復興院と帝都復興審議会との主導権争いと復興院の原案が政治的理由で縮小されていく過程を明らかにしている。また、村井（二〇一六）は、政権交代が復興過程に与えた影響や、復興の政治問題化と関連づけながら、復興院、復興委員会、そして復興庁について論じている。三つめの特徴は、とくに戦災復興院に関する既往文献で顕著なのだが、都市計画に関連づけられていることが圧倒的に多いという点である。関東大震災では火災で、戦災では空襲で多くの土地が焼け野原となり、より魅力的で機能的な地域の再構築をねらうべく都市計画の根本から復興をせざるをえなかったため、こうした視点も重要であると考えられる。

## （三）小括――既往研究から得られる評価枠組みの再構築に向けての示唆

巨大災害後の復興用の暫定組織には色々な例があるものの、それらの組織を評価するための包括的な枠組みはいまだ確立されていないのが実情である。そこで、Johnson and Olshansky（二〇一三）を基盤として、日本語で書かれた復興庁に関する文献と、復興院、戦災復興院、復興委員会の既往の研究を検討した。その結果、Johnson and Olshansky（二〇一三）の四要素だけに帰することができない別の要素として、「認識」「組織の長」「政治的文脈」「都市計画」が浮かび上がった。本稿は以下の手続きで、再構築に向けて得られた示唆が妥当かの検証を行う。

## 二　評価枠組みの検証の方法

### （一）検証に用いる事例の説明

第一節のようにして再構築した評価枠組みの試験を、フィリピンにおける巨大災害を事例として行う。この巨大災害とは、二〇一三年一一月の台風上陸とそれにともない発生した大規模な高潮災害である。フィリピン国内では「台風ヨランダ（Yolanda）」として知られている（台風の国際名はハイエン Haiyan である）。台風ヨランダの事例は、Johnson and Olshansky（二〇一三）の枠組み構築には含まれていないため、評価枠組みの検証のために採用することは妥当である。

台風ヨランダはフィリピン国内の観測史上もっとも強大な台風の一つであると考えられている（OPARR, 2014b）。その被害は激甚であり、死者・行方不明者数は七〇〇〇人を超え（NDRRMC, 2013）、経済的被害（いわゆる直接被害に相当）が一三〇億ドルにものぼった（NEDA, 2013）。フィリピン国政府では、アキノ大統領（当時）が「国家非常事態（a state of national calamity）」を布告するとともに（OPARR, 2014b）、政府関係機関を含めたさまざまな主体の活動を統括するための組織として「復旧復興にかかる大統領支援室（「Office of the Presidential Assistant for Rehabilitation and Recovery」以下、「ＯＰＡＲＲ」と略称）」を設置した（ＪＩＣＡ、二〇一五）。

ＯＰＡＲＲは短命の組織であった。被災直後の二〇一三年一二月六日に設置され、二〇一五年四月二二日付をもって同組織は解体され、その組織的機能の一部が既往の別組織（国家経済開発庁）に移管された。ＯＰＡＲＲの設立の法的根拠も、解体の法的根拠も、大統領による通達（Memorandum Order）というかたちでなされている（設立時の通達番号は六二であり、解体時は七九である）。

ＯＰＡＲＲの組織規模については、引用可能な公開資料が存在しないため、筆者らによるインタビューによる数値を、ここで紹介する。[2]まず、設立当初に大統領府に配属された専従職員は約二〇人であったという。そして、正規の政府職員の人数は、最大でも二二〇人前後であった。これらの職員に加えて、コンサルタントのような位置づけで、約一〇〇人の職員がアメリカ合衆国政府の国際開発庁（USAID : the United States Agency for International Development）の資金援助により配置された。また、国連開発計画からも、二〇人程度が配置された。

## (二)内容分析の説明

ところが、このＯＰＡＲＲに関連する既往の文献はきわめて限られている。[3]そのため、同機関の活動を分析するには別の情報源を求めざるをえない。そこで、筆者らは報道に着目し、ＯＰＡＲＲのどの側面が重要視もしくは課題であると受け止められているのかを分析することにした。

報道記事として、本稿は国営フィリピン通信（Philippines News Agency）の記事を取り上げることにする。フィリピンの地元紙には「Inquirer」「Sunstar」「Rappler」といった主要新聞紙があるが、ＯＰＡＲＲの設立から解体までの期間で、同組織に関連するすべての記事を入手する手段が保証されていないため、採用を見送った。一方で、国営フィリピン通信の記事については、「ProQuest Newsstand」というデータベースを用いて網羅的に検索し、入手することが可能である。[4]

このデータベースでＯＰＡＲＲに関連する記事を検索したところ、台風が上陸した二〇一三年一一月八日から二〇一六年五月二四日までの期間で、八三本の記事を得ることができた。最初の記事は二〇一四年四月四日付であり、最後の記事は二〇一五年一〇月一九日付であった。これらの記事の本文のテキストデータを分析するため、本稿は量的な手法を採用し、以下の分析には計量テキスト分析ソフトであるKH Coder（樋口、二〇〇四）を用いた。[5]

関係者へのインタビューなどの質的調査や分析は今後本格化させていく予定である。

## 三　分析結果

### (一) 頻出語

八三本の記事からの総抽出語数は三万三二五〇語で、異なり語数は四一〇八であった。なお、頻出語の分析では、あらかじめ頻出することが予想される「OPARR」「Office」「Rehabilitation」「Recovery」「Presidential」「Assistant」「Yolanda」を分析からは除外する初期設定を行った。ただし「Rehabilitation」については、この単語の先頭が大文字ではなく、小文字である場合、つまり、固有名詞ではなく一般（普通）名詞として用いられている場合には、分析対象として含めている。

まず、固有名詞の上位三〇語について結果を説明したい（表1を参照）。この結果からは、以下のような特徴を読み取ることができる。まず、OPARRの長である「パンフィロ・ラクソン氏（Panfilo Lacson）」への言及が非常に多いことがわかる（表1内の頻度一位および一〇位が該当）。また、当時の大統領であるベニグノ・アキノ三世氏への言及を示す「President」「Aquino」「Benigno」の頻度も高い。次に、被災地の地名である「タクロバン（Tacloban）」「セブ（Cebu）」「レイテ（Leyte）」「Samar」の頻度が高い。上位二三位の「Davide」は、被災地の一つであるセブ州の州知事である「Hilario Davide III」氏の姓である。また、フィリピン国政府および外国政府機関が頻出していることも特徴的である。上位一五位の「DSWD」は社会福祉省、二四位の「USAID」はアメリカ合衆国政府の国際開発庁、二五位の「NEDA」は国家経済開発庁、三〇位の「DPWH」は公共事業・道路省のことを

表 1　固有名詞の頻出語の上位 30 語

| | 固有名詞 | 頻度 | | 固有名詞 | 頻度 | | 固有名詞 | 頻度 |
|---|---|---|---|---|---|---|---|---|
| 1 | Lacson | 134 | 11 | Leyte | 42 | 21 | Benigno | 25 |
| 2 | Department | 73 | 12 | Aquino | 41 | 22 | Management | 25 |
| 3 | City | 70 | 13 | Samar | 41 | 23 | Davide | 23 |
| 4 | Tacloban | 68 | 14 | Eastern | 38 | 24 | USAID | 22 |
| 5 | Cebu | 63 | 15 | DSWD | 33 | 25 | NEDA | 21 |
| 6 | President | 59 | 16 | Philippines | 33 | 26 | PHP | 21 |
| 7 | Development | 57 | 17 | Visayas | 32 | 27 | Foundation | 20 |
| 8 | Secretary | 49 | 18 | III | 29 | 28 | Typhoon | 20 |
| 9 | National | 45 | 19 | CRRP | 27 | 29 | Authority | 18 |
| 10 | Panfilo | 44 | 20 | Social | 26 | 30 | DPWH | 18 |

表 2　一般名詞の頻出語の上位 30 語

| | 一般名詞 | 頻度 | | 一般名詞 | 頻度 | | 一般名詞 | 頻度 |
|---|---|---|---|---|---|---|---|---|
| 1 | rehabilitation | 181 | 11 | livelihood | 54 | 21 | implementation | 42 |
| 2 | government | 177 | 12 | recovery | 54 | 22 | family | 41 |
| 3 | area | 111 | 13 | unit | 54 | 23 | percent | 39 |
| 4 | typhoon | 98 | 14 | effort | 53 | 24 | shelter | 38 |
| 5 | project | 97 | 15 | program | 53 | 25 | region | 36 |
| 6 | plan | 95 | 16 | agency | 51 | 26 | development | 35 |
| 7 | fund | 69 | 17 | disaster | 50 | 27 | support | 35 |
| 8 | year | 69 | 18 | budget | 47 | 28 | service | 34 |
| 9 | assistance | 56 | 19 | city | 47 | 29 | activity | 32 |
| 10 | community | 55 | 20 | people | 46 | 30 | amount | 32 |

指している。社会福祉省と公共事業・道路省は、被災者への物資の供給やインフラ整備を担当する文脈でOPARRとの関連性が高いと考えられる。国際開発庁は、OPARRへの人員配置の支援や被災地での支援活動が注目を集めていることから頻出している。国家経済開発庁は、OPARR解体後にその機能を引き継ぎ、復興事業の進捗状況を管理する役割がある関係で頻出していると考えられる。最後に、「CRRP」の頻度の高さが着目される。CRRPとは「Comprehensive Rehabilitation and Recovery Plan」の略称で、八〇〇〇頁を超える総合復旧復興計画である。OPARR設立の法的根拠となる大統領による通達（通達番号六二）によれば、CRRPの作成がOPARRの主要な活動として明記されている。そのため、OPARRの報道記事の中でCRRPへの言及の回数が多いのは自然なことであるが、この点を計量的に確認できたこと自体にも意味がある。

次に、一般名詞の上位三〇語の特徴をみてみたい（**表2**を参照）。上位にきている単語は一般的な用語ばかりだが、「fund」「budget」という単語の頻出度合いが高い。また、「community」「livelihood」「family」「shelter」という被災地の課題を示す単語も多いことがわかる。

## （二）共起ネットワーク

共起ネットワークとは、出現パターンの似通った語、すなわち共起の程度が強い語を線で結んだネットワークである。本稿では、分析結果をできるかぎり単純化して可視化するために、共起ネットワークの生成には固有名詞および一般名詞のみを使用した（**図1**を参照）。

OPARRとの関連として注目すべきは、「Lacson」および「Panfilo」との関連性の高さである。頻出語の箇所で先述したとおり、OPARRの長のパンフィロ・ラクソン氏の存在の大きさがこの結果から読み取れる。また、大文字の「D」から始まる「Department（省庁）」は固有の関係省庁を意味しており、これらとの共起関係が

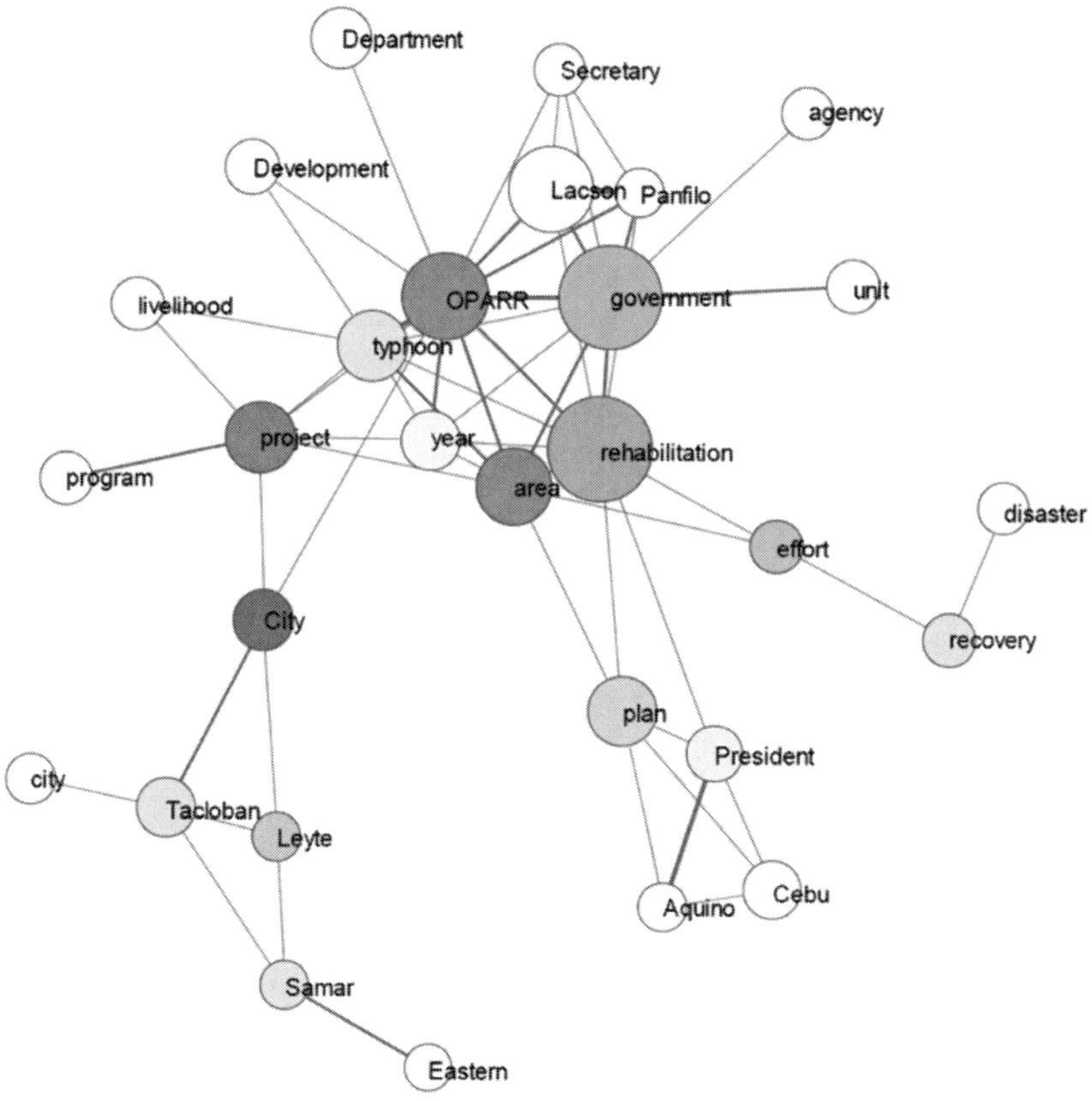


**図１　共起ネットワークの分析結果**

注：図中では、強い共起関係ほど太い線で、出現数の多い語ほど大きい円で描画されている。色が濃いほど社会ネットワーク分析でいう「中心性」が高い。

あるということは、関係省庁との連携が暗示されていると思われる。さらに大文字の「D」から始まる「Development（開発）」には、開発途上国における国家の開発計画との関連がある可能性が示唆される。台風ヨランダによる復興と同時進行で、既存の開発計画も進めるといった可能性が読み取れる。

頻出語の結果と比較すると、「fund」と「budget」はOPARRとの共起関係が弱く、**図1**には記載されていない。また、「livelihood」という単語はOPARRとの共起の程度が強いものの、それ以外の「community」「livelihood」「family」「shelter」は強く共起していないということがわかった。

# 四　考察

## （一）分析結果のまとめと評価枠組み構築に向けての示唆

本稿はJohnson and Olshansky（二〇一三）が提唱した四要素（「予算」「情報」「調整」「時間」）に加えて、既往文献の検討を通じて「認識」「組織の長」「政治的文脈」「都市計画」を含めて、大規模災害後に設立された復興のための組織体制を評価する際の重要な要素になるのではないかという課題設定を行い、これをフィリピンの台風ヨランダにおけるOPARRの分析を通じて検証した。

OPARRの分析のうち、頻出語および共起ネットワークの分析と共通して観察されたのが、OPARRという組織の長の存在（パンフィロ・ラクソン氏）である。この点は既往文献で指摘されていた点と整合している。さらに、被災地の中でもとくに激甚な被害を受けたレイテ島タクロバン市のロムアルデス市長とラクソン氏との意見の食い違いがあったり、その背景にはロムアルデス家とアキノ家の長年の確執というフィリピンの政治的文脈があったりすることも無視できない。そしてこの点は、中邨（一九八二）および村井（二〇一六）が復興院（関東大震災）、復興委員会（阪神・淡路大震災）、復興庁（東日本大震災）で指摘していた「政治的文脈」の要素とも合致している。

頻出語の分析からは「予算」に関連する用語が検出され、この点が復興組織を検討する際に重要であることが示唆された反面、共起ネットワークの分析からは「予算」がＯＰＡＲＲとの共起関係が弱いことを示しており、ＯＰＡＲＲが実態的に予算の成立・管理・執行にどの程度関与できていたのかを事実確認する必要があるだろう。

Johnson and Olshansky（二〇一三）の「調整」に関連し、ＯＰＡＲＲの頻出語の分析からは、フィリピン国政府内の関係省庁と二国間援助機関（USAID）が上位にきており、その重要性が改めて確認できた。しかし、共起ネットワーク分析からは、「CRRP」「coordination」「consultation」「manage」という単語がＯＰＡＲＲとは強く結びついていないことが明らかになった。ＯＰＡＲＲ設立の大統領通達に記載された組織的職務によれば、ＯＰＡＲＲはＣＲＲＰ（総合復旧復興計画）の策定にかかり、政府機関や被災自治体と協議を行い、ＣＲＲＰ策定の取りまとめを行うことになっていた。そのため、これらの単語がＯＰＡＲＲと共起していることを筆者らは推測していた。しかし、計量的な分析結果は、報道の目には必ずしも大統領通達で規定されているとおりにはＯＰＡＲＲの活動が実施されていないように映っていたことを示唆しており、興味深いものになっている。

その一方で「情報」「時間」「認識」「都市計画」という要素については、ＯＰＡＲＲの分析では明示的に確認することができなかった。この点については、今回採用した分析手法上の限界と、各要素の概念の操作化が関係していると考えられる。各要素自体は非常に抽象的な用語であるため、これらの上位概念に対応する下位の概念を作成し、分析用語としての操作化が必要である。しかし、本稿では概念の操作化の精緻化にまで踏み込んで考察することができなかった。さらに、今回の分析では KH Coder で報道記事のテキスト（文字情報）をコード化していないため、各単語がどのような文脈で用いられているのかというところまで読み込めていないという問題がある。たとえば「都市計画」という上位の概念には「区画整理」や「道路整備」などの下位の用語が対応するなどというコード化を細密に行えば、かなりの程度で文脈を考慮したうえでの各要素とＯＰＡＲＲとの関連づけが可能となる。

## （二）本稿の課題と今後の展望

本稿の最後に、今後取り組むべき課題として本稿の制約について整理したい。大きく分けると、概念の操作化の精緻化の必要性、内容分析の向上、事例研究と一般化の問題の三点があると筆者らは考えている。

まず、概念の操作化の精緻化について説明したい。前項の最後の段落で記述したことと重複するが、本稿で取り上げた「要素」の検討にはまだまだ分析的な定義づけが不十分であるといわざるをえない。

次に、内容分析の向上を考えなければいけないだろう。頻出語と共起ネットワークの分析からだけでは、どのような関連づけがあったのかという質的に詳細な部分がわからないという限界がある。また、ＯＰＡＲＲの設立前後や、政治的関心が高い時期での記事となるため、ＯＰＡＲＲの活動についての全容が反映されていない可能性が高い。よって、関係機関へのインタビュー調査や、関連する文献などの二次資料のさらなる検討が必要である。たとえば、頻出語で出てきた社会福祉省、国家経済開発庁、公共事業・道路省とＯＰＡＲＲが、「予算」「情報」「調整」「時間」の各要素において、具体的にどのような協議をしたり施策を実行に移そうとしたりしたのかについて事実確認をする必要があるだろう。また報道記事を月別に集計すると、ＣＲＲＰの作成過程、ＣＲＲＰが大統領に提出された時期、ＣＲＲＰが大統領により承認されて被災一年を迎える時期に記事が頻出している。つまり、他の時期については報道記事だけでは全容を把握できていない可能性がある。今後は分析の精度を上げるために、抽出する記事数のバランスや二次文献の収集による補完を考える必要がある。

課題の最後は、今回予備的に検証した評価枠組みの一般化に向けては、さらなる事例研究の積み重ねが求められるという点である。他の巨大災害後の報道記事を収集し、本稿の結果と比較しながら検証を行う必要がある。事例研究を行う場合には、各組織の特性にも十分に留意しなければいけない。組織設立の政策過程や、組織の法的位置づけの明確化が必要である。また、フィリピンのＯＰＡＲＲは一年四カ月の比較的短命な組織であったが、日本の復興庁は一〇年の設置期間があり、短命な組織と長命な組織を単純には比較できないという点についても注意が必要である。

大規模災害後にどのような組織体制を構築することが必要なのか、という実践的な含意を最終的には得たいという筆者らの野心的試みはまだ緒に就いたばかりで、上記のような課題も多い。今回は量的な側面に着目したが、最終的には質的な側面にも目を配り、研究を進めていく。

**付記**　本研究は、文部科学省科学研究費助成事業基盤研究（Ｂ）一六Ｈ〇五七五二「よりよい生活再建に向けた移転再定住計画プロセスの解明――台風ハイアン被災地を対象に（研究代表者：井内加奈子）」の助成を受けて実施した。

**注**

（1）東日本大震災の復興過程における組織の果たす役割についての研究例は多い。住民自治組織に着目した研究例としては、菅野ほか（二〇一三）、小林（二〇一四）、小林（二〇一六）などがある。中間支援組織については、青田ほか（二〇一四）や季刊『まちづくり』の二〇一三年三七号の特集「自律的復興への道程」においての論説などが挙げられる。漁業協働組合に着目した秋吉（二〇一六）の研究もある。

（2）アメリカ合衆国政府の国際開発庁の資金援助によりＯＰＡＲＲに配置されたコンサルタントのチームリーダーにインタビューを実施した（実施日は二〇一六年六月二〇日）

（3）既往文献としては、世界銀行（二〇一五）、Pedrosa（2016）、Paragas ほか（2016）が挙げられる。

（4）ProQuest Newsstand のホームページによると、このデータベースは、世界中の大手出版社からの一三〇〇以上の新聞、ニュース Web サイト、ブログの全文を収録している。ここにはほとんどの新聞のバックファイルが含まれており、各紙で発行された記事やコラム、社説、死亡記事、特集にアクセスできる（ホームページへの最終アクセスは二〇一六年五月一二日。http://search.proquest.com/newsstand/）

（5）KH Coder の開発者である樋口耕一氏が運営するホームページによると、KH Coder とは、テキスト型（文章型）データを統計的に分析するためのフリーソフトウェアである。アンケートの自由記述・インタビュー記録・新聞記事など、さまざまな社会調査データを分析するために制作された。日本語だけでなく、英語データの分析も可能である。その他にも、中国語（簡体字）・韓国語・ロシア語・カタロニア語データの分析に対応している。さらにフランス語・イタリア語・ポルトガル語・スペイン語データから、従来よりも正確に語の基本形を取り出せるようになった（ホームページへの最終アクセスは二〇一六年一一月一九日。http://khc.sourceforge.net/）

## 参考文献


五百旗頭真、二〇一六、『大災害の時代――未来の困難に備えて』毎日新聞出版

五十嵐敬喜、二〇一六、「復興庁：復興の司令塔、姿見えず」『都市問題』一〇七巻、三号、四二－五〇

礒崎初仁、二〇一二、「東日本大震災復興特別区域法の意義と課題（下）――円滑・迅速な復興と地方分権」『自治総研』通巻四〇五号、二六－五六

岩崎忠、二〇一一、「東日本大震災復興基本法の制定過程」『自治総研』通巻三九四巻、四八－六二

Johnson, L. and Olshansky, R., 2013, The road to recovery: Governing post-disaster reconstruction, *Land Lines*, Vol. 25, No. 3, pp.14-21

ＪＩＣＡ、二〇一五、『フィリピン国台風ヨランダ災害緊急復旧復興支援プロジェクトファイナルレポート』

角崎巧・五艘隆志・草柳俊二、二〇一三、「巨大地震・津波災害時の組織と法規制の問題点――ローカルパブリックマネジメントの観点による分析」『土木学会論文集Ｆ四（建設マネジメント）』六九巻、四号、二五三－二六四

菅野瑛大・松本行真・杉山武史、二〇一三、「東日本大震災復興に向けた組織の現状とその類型――いわき市被災沿岸部豊間・薄磯・四倉地区を事例に」『日本都市学会年報』四七巻、二一七－二二七

川野辺裕幸、二〇一一、「東日本大震災と復興政策」『文明』一六号、六三－七五

梶秀樹、二〇一四、「復興庁という復興体制の課題」『計画行政』三七巻、三号、四三‐四六

小林秀行、二〇一四、「災害復興における住民組織による調整——仙台市宮城野区の事例」『日本都市社会学会年報』三二巻、一一五‐一三二

——、二〇一六、「復興期のコミュニティ組織における調整機能の維持戦略」『東京大学大学院情報学環紀要』九〇巻、五五‐六九

牧紀男、二〇一三、「各国の復興組織」『建築雑誌』一二八巻、一六四二号、一三

まさのあつこ、二〇一六、「一〇年限定組織「復興庁」の今」『世界』八七九巻、八〇‐八六

御厨貴、二〇一六、「序章「災後」をつくる——「さかのぼり災後史」の試み」五百旗頭真監修・御厨貴編著『大震災復興過程の政策比較分析——関東、阪神・淡路、東日本の三大震災の検証』ミネルヴァ書房

村井良太、二〇一六、「第三章　復興権力の三大震災比較——近代日本における「災後」の統治と政権交代」五百旗頭真監修・御厨貴編著『大震災復興過程の政策比較分析——関東、阪神・淡路、東日本の三大震災の検証』ミネルヴァ書房

村松岐夫、二〇一四、「震災から学ぶ社会科学」『都市とガバナンス』二一巻、三‐一四

中邨章、一九八二、「震災復興の政治学——試論・帝都復興計画の消長」『政經論叢』五〇巻、三‐四号、一‐九四

中村克彦・土屋詩織、二〇一三、「漁村における震災復興の現状と課題」『漁港漁場漁村技術研究所調査研究論文集』二四巻、三九‐四五

中村祐司、二〇一四、「震災復興をめぐる自治体対応の機能的課題」『宇都宮大学国際学部研究論集』三七号、六五‐七一

NDRRMC (National Disaster Risk Reduction Management Council), 2013, Final report re effects of Typhoon "Yolanda" (HAIYAN).

NEDA. 2013. Reconstruction Assistance on Yolanda: Build Back Better.

OPARR. 2014a. Yolanda Rehabilitation and Recovery Efforts. Manila: OPARR.

OPARR. 2014b. Yolanda Comprehensive Rehabilitation and Recovery Plan.

Paragas, G., Rodil, A. and Pelingon, L., 2016, *Tacloban after Haiyan: working together towards recovery*. IIED Working Paper. IIED, London

Pedrosa, A.M., 2016, *A portrait of two storms: The state of Yolanda reconstruction two years after*, Quezon City, Philippines: Canadian Catholic Organization for Development and Peace/Caritas Canada

斎藤浩、二〇一二、「復興特区の仕組みと運用・改正の課題（一）」『立命館法学』三四一巻、二〇‐四七

佐藤隆雄、二〇一二、「津波災害漁村の復興計画・事業から見えてきた課題と今後のあり方」『農村計画学会誌』三一巻、一号、二六－三二
世界銀行、二〇一五、『Typhoon Yolanda Ongoing Recovery: Recovery Framework Case Study』
富田宏、二〇一四、「東日本漁村復興三年目の無力感の本質――沈黙と思考停止からの脱出」『農村計画学会誌』三二巻、四号、四六七－四六九
横山純一、二〇一四、「石巻市における東日本大震災からの復旧・復興と財政」『自治総研』四二三巻、一－四九
樋口耕一、二〇〇四、「テキスト型データの計量的分析――二つのアプローチの峻別と統合」『理論と方法』一九（一）、一〇一－一一五
青田良介・津賀高幸、二〇一四、「福島第一原子力発電事故に伴う広域避難者を支援する中間支援組織について」『災害復興研究』(六)、一三三－一四五
秋吉恵、二〇一六、「東日本大震災からの復興における漁業協同組合の役割――釜石市半島部の小規模漁村からの考察」『農村計画学会誌』三五（一）、二七－三二

# 第II部 復興とコミュニティ・メディア・ネットワーク

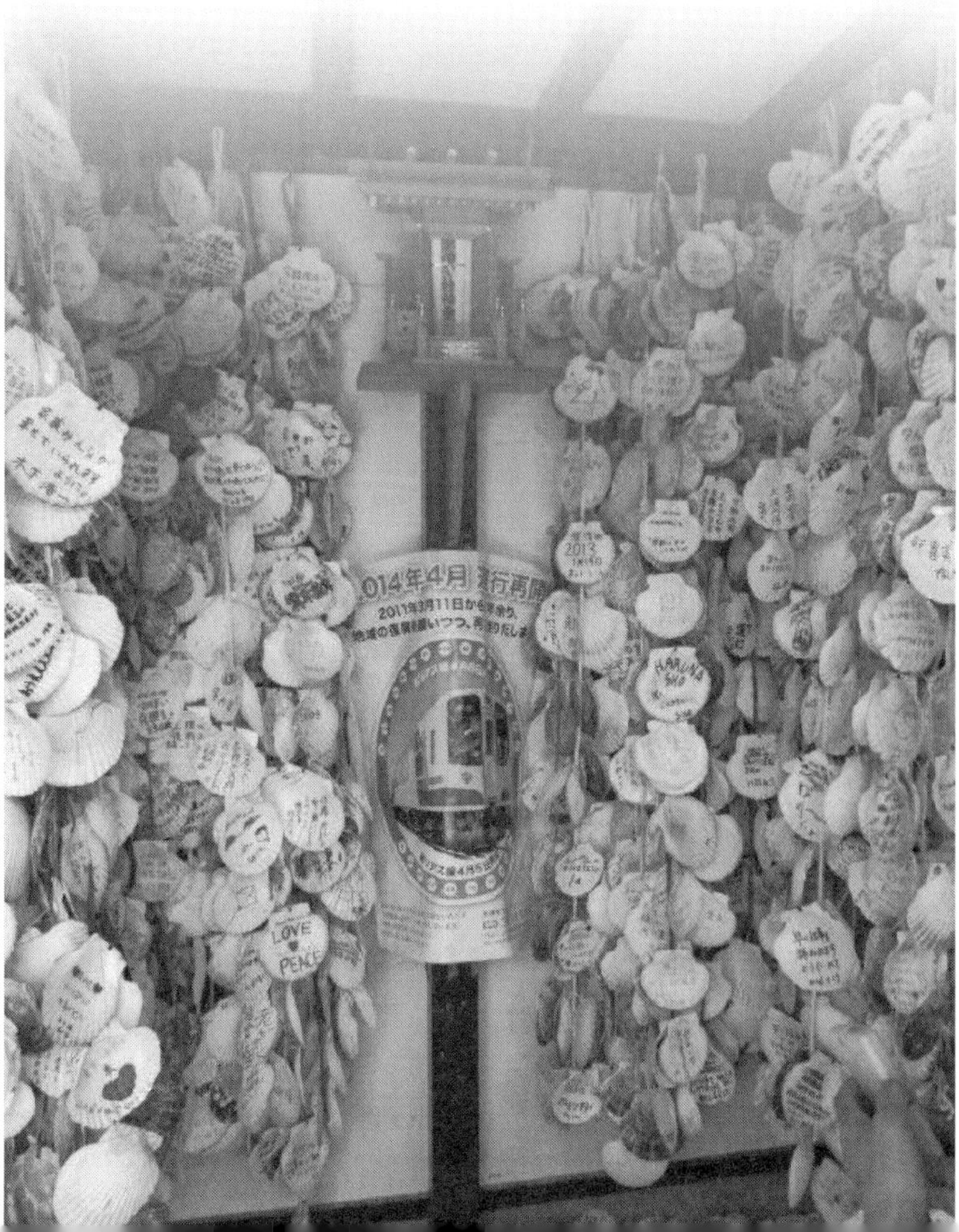

写真：岩手県大船渡市の南リアス線「恋し浜駅」に置かれている「ホタテ絵馬」
(2015 年 8 月)

# 転機を迎えた楢葉町の仮設住宅自治会

松本行真

## 一　帰還に向けた環境変化でゆらぐ仮設住宅自治会

楢《なら》葉《は》町は二〇一五（平成二七）年九月五日に全町で避難指示解除となったものの、本稿執筆時点（二〇一六年一一月末）で帰町者は町民の一割未満の七〇〇名にわずか足らない程度にとどまっている。楢葉町役場による避難指示解除に向けた動きは町長の帰町に関するコメントが掲載された町広報の二〇一五年八月号にまとめられている（**表1**）。

これによると二〇一四年三月に帰町計画を策定し、同年六月に町内の本庁に帰町準備室を発足、町役場敷地内に仮設共同店舗をオープンさせ、一時帰宅者等のいわば「集いの場」を設けた。年明けの一月に避難指示解除に向けた諸会議が開催され、三月に全員協議会と行政区長会にて「準備宿泊」について協議が行われ、翌四月から開始された。これらを受けて五月以降、国による住民懇談会、全員協議会や行政区長会での説明を行い、七月の

表1　避難指示解除に向けた町の動向

| 年 | 月 | おもな出来事 |
|---|---|---|
| 2014 | 3 | 町帰町計画策定（24項目の考慮用件を提示） |
| | 5 | 町による帰町判断<br>（諸条件が整うことを前提に早ければ平成27年春以降帰町） |
| | 6 | 町役場に帰町準備室発足（建設・産業振興・放射線関係課） |
| | 7 | 仮設共同店舗ここなら商店街オープン |
| | 10 | 国によるフォローアップ除染開始<br>環境省による家屋解体開始 |
| 2015 | 1 | 国と町議会との意見交換会開催<br>ならは復興加速円卓会議開催 |
| | 3 | 町議会全員協議会、行政区長会での準備宿泊について協議 |
| | 4 | 「ふるさとへの帰還に向けた準備のための宿泊」開始（6日〜） |
| | 5 | 国による住民懇談会　1回目（4月25日〜）　2回目（6月19日〜） |
| | 6 | 町議会全員協議会、行政区長会へ避難指示解除について説明 |
| | 7 | 原子力災害現地対策本部から、9月5日避難指示解除を伝達 |
| | 9 | 5日避難指示解除 |

出所：『楢葉町広報』2015年8月号

原子力災害現地対策本部からの伝達を受けて解除にいたったのである。

こうした大きな動きについて、仮設住宅自治会はどういった立ち位置だったのだろうか。結論からいえば「蚊帳の外」にあったと思わざるをえない。というのも、二〇一五年五月から六月において総会後のタイミングを見計らい自治会長・役員らへのヒアリングを行っていたのだが、帰町の話題にはなるものの、いずれも避難指示解除について「今夏」と述べていた人がいなかったからである[1]。役場と仮設自治会による「仮設自治会長連絡会議」は四月に行われていたが、同ヒアリングにおいても避難指示解除時期とそれにいたるプロセスについて、具体的な議論があったようすを確認できなかった。仮設自治会と行政区という住民組織の関係について、町役場がかなり神経を使っていたのは各関係者から聞いていたこともあり、もしかすると何らかの判断が下されていたのかもしれない[2]。

避難指示解除以外の町全体の二〇一五年から本稿執筆時までの動きを町広報ベースでまとめたものが**表2・表3**のとおりとなるが、とりわけ解除以降の九月

## 表2　2015年楢葉町のおもな出来事

| 年 | 月 | おもな出来事 |
|---|---|---|
| 2015 | 1 | 楢葉町成人式（いわき）<br>町政懇談会（～3月1日まで計27回）<br>ファミリーマート上繁岡店開店（町内） |
| | 2 | 楢葉中学校新校舎完成（町内）<br>新春交歓会（いわき）<br>佐川急便集配サービス再開（町内）<br>ならはパーキングエリア除幕式（町内）<br>富岡地区防犯協会活動再開 |
| | 3 | 復興祈願祭「楢葉ならでは祭」開催（町内）<br>東日本大震災犠牲者追悼式（町内）<br>行政区長会議（いわき）<br>町原子力施設監視委員会報告書提出 |
| | 4 | 「準備宿泊」開始（町内）<br>行政区長会議（いわき）<br>仮設住宅自治会長連絡会議（いわき）<br>国による住民懇談会開催（～5月：町内）<br>準備宿泊に伴うパトロール強化出動式（町内）<br>東邦銀行移動店舗車の営業開始（町内）<br>町消防団春季検閲式（町内）<br>住鉱エナジーマテリアル安全祈願祭（町内） |
| | 5 | 町商工会通常総会<br>町議会全員協議会 |
| | 6 | 本庁舎に東電損害賠償窓口開設（町内）<br>本庁舎議場で定例議会開催（町内）<br>農業委員会総会 |
| | 7 | 行政区長会議（町内）<br>ブイチェーンネモト宅配サービス開始（町内）<br>前原・山田浜・井出・波倉の海岸災害復旧工事安全祈願祭・起工式（町内） |
| | 8 | 馬場医院・高野病院（広野）への町内送迎バス開始（町内）<br>あおぞらこども園一時預かり保育開始（町内）<br>福島大学未来支援センター「いわき・双葉地域支援サテライト」移転（町内）<br>クリーンアップ作戦（町内）<br>第2回原子力監視委員会開催<br>空き家・空き地バンク事業協定書調印式 |
| | 9 | 復興祈念イベント（町内）<br>行政区長会議（町内）<br>町敬老会（いわき）<br>県立診療所着工（町内）<br>しおかぜ荘リニューアルオープン（町内） |
| | 10 | ふたばワールド2015 in ならは開催（町内）<br>町民交流会（石川）<br>行政区長会議（町内）<br>あるこう会 in ならは 2015（町内）<br>楢葉郵便局開局（町内）<br>新聞購読申込開始（町内）<br>サロン「ふらっと」オープン（町内）<br>防犯カメラ運用開始（町内）<br>ときクリニック再開（町内）<br>林野火災消防合同訓練（町内）<br>楢葉遠隔技術開発センター開所（町内） |
| | 11 | いわき出張所移転（いわき）<br>介護施設やまゆり荘開所（町内） |
| | 12 | 減容化処理施設起工式（町内） |

表3　2016年秋までの楢葉町のおもな出来事

| 年 | 月 | おもな出来事 |
|---|---|---|
| 2016 | 1 | 楢葉町成人式（町内）<br>町政懇談会（～２月まで：町内・いわき）<br>新春交歓会（町内）<br>放射能簡易測定所移転（町内） |
| | 2 | 双葉復興診療所（仮）開設（町内）<br>中満南団地災害公営住宅敷地造成工事安全祈願祭・起工式（町内）<br>JA ふたば楢葉支所開所式（町内） |
| | 3 | 東日本大震災犠牲者追悼式（町内）<br>行政区長会議（町内）<br>楢葉新電力合同会社メガソーラー安全祈願祭・起工式（町内）<br>一ツ屋住宅団地竣工記念式（町内）<br>介護施設リリー園開所式（町内） |
| | 4 | 町長選挙<br>町見守り協議会総会（町内）<br>町老人クラブ連合会総会（町内）<br>仮設住宅自治会長連絡会議（いわき）<br>消防団春季検閲式（町内）<br>東邦銀行楢葉支店オープニングセレモニー（町内） |
| | 5 | 行政区長会議（町内）<br>町商工会総会（町内） |
| | 6 | クリーンアップ作戦（町内）<br>下小塙佐野地区企業社宅整備事業第一工区竣工式（町内） |
| | 7 | 楢葉町サマーフェスティバル 2016（町内）<br>楢葉まなび館オープン（町内）<br>県原子力災害対策センター本格運用開始（町内）<br>町原子力施設監視委員会（町内）<br>蒲生歯科再開（町内）<br>楢葉原子力災害対策センター竣工式（町内） |
| | 8 | ならはならではゴミ拾い（町内）<br>ほっつぁ～れ盆楽祭 2016（町内）<br>盆野球（町内）<br>竜田駅東側企業社宅等整備事業安全祈願祭・起工式（町内）<br>町内ホテル進出に関する協定書調印 |
| | 9 | 町制施行 60 周年記念式典（町内）<br>町敬老会（町内）<br>FM いわき楢葉中継局開局（町内）<br>中満地区災害公営住宅安全祈願祭（町内）<br>波倉地区対策地域内廃棄物処理施設火入れ式（町内） |
| | 10 | 町政懇談会（町内・いわき・台東区）<br>行政区長会議（町内）<br>町民交流会（石川）※今年で終了<br>県原子力防災訓練（町内）<br>あるこう会 in ならは 2016（町内） |
| | 11 | 復興祈念の集い（町内）<br>消防団秋季検閲式（町内） |
| | 12 | ウインターイルミネーション in ならは（町内）<br>災害公営住宅（中満）完成・鍵引渡し（町内） |

表 4　避難指示解除以降の人口動向

| 年 | 月 | 人口 | 楢葉町 | | 県内計 | | 県外計 |
|---|---|---|---|---|---|---|---|
| | | | 帰町者 | 帰町率 | | いわき市 | |
| 2015 | 9 | 7,366 | 87 | ― | 6,390 | 5,697 | 976 |
| | 10 | 7,365 | 116 | ― | 6,393 | 5,678 | 972 |
| | 11 | 7,364 | 189 | ― | 6,401 | 5,626 | 963 |
| | 12 | 7,376 | 262 | ― | 6,417 | 5,581 | 959 |
| 2016 | 1 | 7,379 | 442 | ― | 6,428 | 5,427 | 951 |
| | 2 | 7,381 | 469 | ― | 6,438 | 5,416 | 943 |
| | 3 | 7,357 | 556 | ― | 6,440 | 5,342 | 917 |
| | 4 | 7,359 | 623 | ― | 6,454 | 5,298 | 905 |
| | 5 | 7,347 | 536 | 7.3 | 6,468 | 5,208 | 879 |
| | 6 | 7,345 | 600 | 8.1 | 6,474 | 5,147 | 871 |
| | 7 | 7,343 | 641 | 8.1 | 6,484 | 5,118 | 859 |
| | 8 | 7,340 | 681 | 9.2 | 6,487 | 5,068 | 853 |
| | 9 | 7,315 | 696 | 9.5 | 6,470 | 5,029 | 845 |

各月末集計。単位は帰町率「％」以外はすべて「人」
人口は住基台帳ベース
帰町者・率については 2016 年 5 月分から集計方法が変更されている
帰町者は避難指示解除前の住基台帳ベースで算出

一〇月と連続して行政区長会議が開催されている一方で、仮設住宅自治会長連絡会議は先の四月だけで翌年四月まで行われていない。

さて、避難指示解除以降の人口動向をみる[3]（**表4**）と、二〇一六年五月から集計方法が変更されたため厳密にはいえないが、少しずつではあるものの増加基調をたどっている。もう少し吟味すると、「県内計」の数字は実はほとんど変動がなく、（この数字だけで判断すると）帰町する人の多くがいわき市に住んでいたと捉えることができる。

帰町をしたとしても、その先で待っているのは「隣近所のほとんどいない」コミュニティである。一方で町内には一四〇〇人超[4]がいるとされる復興関係の作業員との共生といった問題、さらには富岡町内に設置される「フクシマエコテッククリーンセンター」への搬入ルートに住民が中心となり結成した「楢葉町一歩会」が反対運動を行っていたりする[5]。これらのような生活を送る前提としての安全・安心といった問題のほかに、移動や買い物そして医療福祉関係[6]をはじめとした（ハードと

表5　仮設住宅入居状況[7]

| 仮設名 | 規模 | 全戸数 | 戸数 | | | | |
|---|---|---|---|---|---|---|---|
| | | | 11年末 | 12年末 | 13年末 | 14年度末 | 16年11月時点 |
| 会津宮里 | 大 | 250 | | | | 143 | 110 |
| 飯野 | 小 | 16 | 16 | 16 | 14 | 15 | 11 |
| 高久第五 | 小 | 18 | 18 | 18 | 18 | 17 | 16 |
| 高久第六 | 小 | 17 | 16 | 17 | 16 | 17 | 17 |
| 高久第八 | 大 | 123 | 122 | 123 | 123 | 118 | 80 |
| 高久第九 | 大 | 193 | 191 | 193 | 191 | 187 | 171 |
| 高久第十 | 大 | 200 | 200 | 200 | 200 | 193 | 178 |
| 上荒川 | 大 | 241 | 237 | 239 | 236 | 235 | 194 |
| 作町一丁目 | 中 | 57 | 57 | 57 | 57 | 57 | 49 |
| 内郷白水 | 中 | 61 | 61 | 61 | 60 | 59 | 50 |
| 四倉町細谷 | 小 | 40 | 40 | 40 | 40 | 39 | 33 |
| 常磐銭田 | 中 | 50 | | 45 | 43 | 47 | 37 |
| 林城八反田 | 大 | 106 | | 103 | 103 | 95 | 71 |
| 小名浜相子島 | 小 | 40 | | 34 | 37 | 34 | 25 |
| いわき地区計 | | 1,412 | 958 | 1,146 | 1,138 | 1,256 | 1,042 |

ソフト両面、（とりわけ前者の）生活インフラに関する不安が帰町の判断をとどまらせている面も大きい。

こうした状況におかれた住民の不安や問題を解決することを役場に求めるのは難しいと考える。本来ならば区会がそれにあたるのだろうが、震災以降の活動がたいていの区で停滞していたこともあり、これも現実的ではないだろうか。少なくとも仮設住宅に住んでいる人にとって、仮設住宅自治会はそうした相談の場となる可能性があり、また求められているのではないだろうか（**表5**）。

避難指示解除以降、少なくとも役場の区会シフトがみうけられるなかで、仮設自治会も解散／継続で揺れている。それでは仮設に住まう人びとはどう考えているのか、そしてそれらを束ねる会長・役員は今後、どのような対応を考えているのだろうか。

その前にこれまで行われてきた調査研究を概観したい。震災発生の数年後から開始され

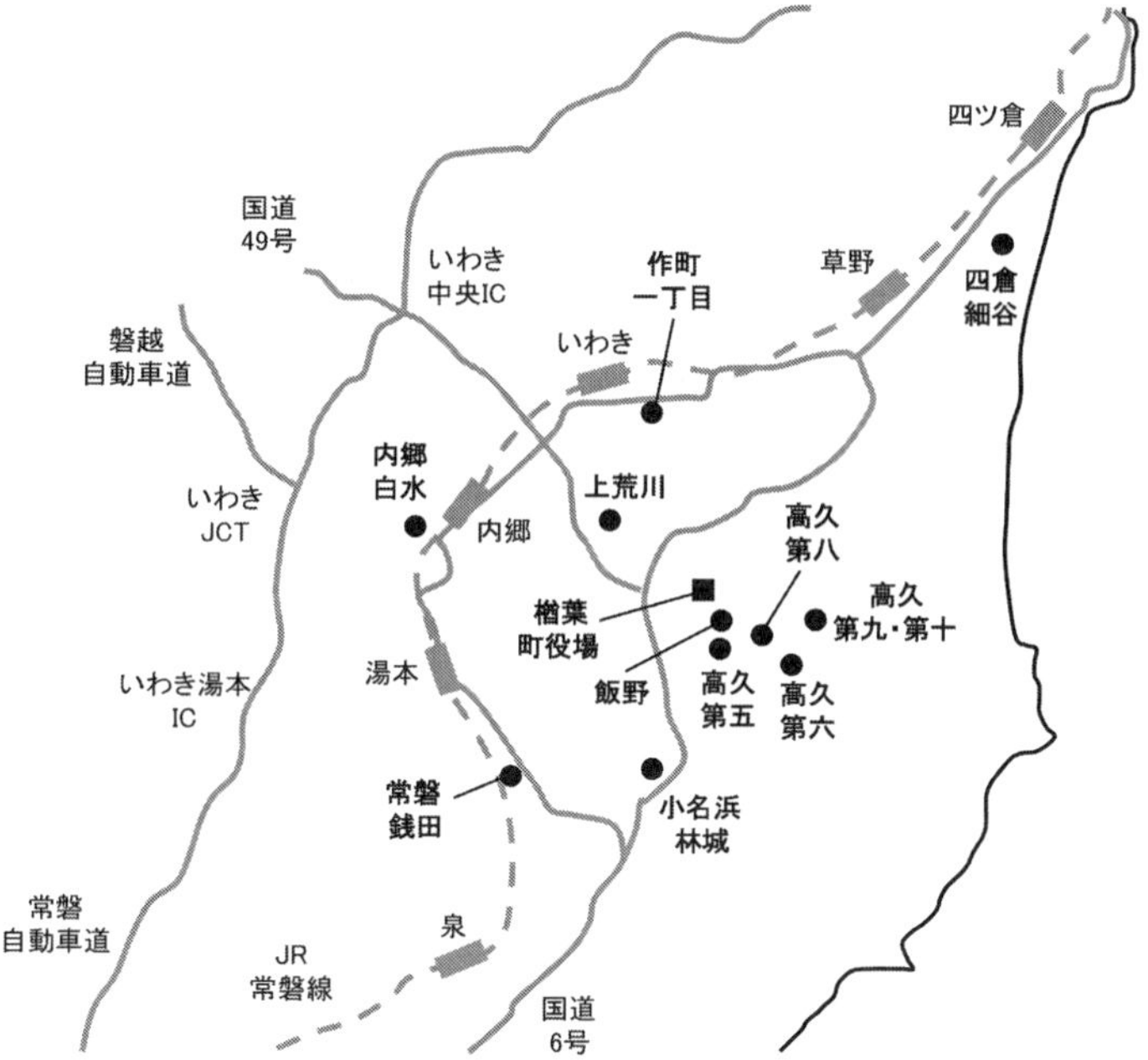


**楢葉町の仮設住宅**（筆者作成）

る「生活再建期」における仮設住宅やその入居者の動向の視点としてあげられるのは生活面、コミュニティ面、経済面等の諸問題の現出とその対応である。[8] ただ、これらにはハード整備や入居者への「支援」を扱っているものが多く、入居者同士による自律的な関係を起点にしたコミュニティの変容にまで立ち入っているものは少ない。

別の視点からみたときに「まとまって地域外へ避難」という事例は近年[9]であれば中越地震における旧山古志村（現長岡市）であるが、村外へ出て行った人たちはそれぞれに定住してしまったことで過疎化はより進んでしまっている。[10]

東日本大震災においても、原子力災害に遭った双葉郡は上記のいずれにもあてはまらない。たしかに警戒区域に指定されて中長期にわたって避難を余儀なくされるのは火山噴火や地震も同様である。しかしながら、「しばらく戻れなかった」土地に対して避難指示が解除されても、人びとの「安全・安心」への感じ方次第で帰還する／しないを分かつのが原子力災害の特徴である。本稿で扱う楢葉町についてはこれまでに高木、菊池らが町外での避難生活について、若者も含めた調査研究を行っている（高木　二〇一四、菊池　二〇一三、関　二〇一三ほか）。避難者そのものだけでなくコミュニティという次元でも論じているのが吉原の一連の大熊町民を対象にした研究である（吉原　二〇一三、二〇一六）。[11] 筆者もこれまでに仮設住宅入居者や自治会長・役員らへのアンケートとヒアリングを通じて、楢葉町のほぼすべての仮設自治会を対象にその結成からの経緯や課題をまとめている（松本　二〇一五a、二〇一五b）。

こうした調査研究もふまえつつ、地域住民組織（仮設住宅自治会と必要に応じて区会も対象にする）とそれらの構成員たる住民たちの関係が避難指示解除という時期を迎えて、どのように関係が変容していくのか、またそれに対して自治会として何を考えているのかを検討していきたい。先でふれた吉原は「集団から状況へのコミュニティの転換」、具体的には「「帰らない」ことにともなって生じるさまざまな争点／課題の脱領域的な共有」のために、いわゆるサロンや大熊会のようなものがたちあらわれているとしている（吉原　二〇一六：一九四―一九八）。[12] 帰還困難区域の対象領域が大きい大熊町は全町で避難指示解除となった楢葉町とは大きく状況が異なるために簡単に比較はできないが、大熊町（や富岡町）で結成されたような住民たちの「下から」によるこうした組織は先の「楢葉町一歩会」くらいではないか。こうした他町の動向をわきにみつつ、具体的には以下の三つの視点で議論する。一つめは拙稿（松本　二〇一五b）で論じた楢葉町設置のほぼすべての仮設住宅自治会におけるその後の動向を二〇一六年秋まで記述する。[13] 二つめは町の「帰還」という節目以降、各仮設自治会とその連携組織ではどのような対応（解散／継続）を行ってきたのかを明らかにする。三つめは町役場の担当者が述べていたもので現在では町復興計画にも言及のある「帰還後の区会と仮設自治会の両ネットワークの形成」への萌芽がみられるかどうか、その可能性を論じる。

## 二　仮設住宅自治会の変容

### (一) 調査対象・内容

楢葉町の仮設住宅入居者を対象に二〇一五年九月〜一〇月に質問紙調査を実施した(飯野、常磐銭田を除く)。有効回収数は二四五であった。回答者属性は以下のとおりである。男性五九・六%、女性三六・三%、不明四・一%／二〇代二・〇%、三〇代二・五%、四〇代六・五%、五〇代九・八%、六〇代三〇・二%、七〇代三〇・六%、八〇代以上一二・二%、不明六・一%／同居人数：ゼロ人三一・〇%、二人以上六三・三%、不明五・七%。また、これらの回答者のうちで「個別調査可」(全回答者の三八・四%)と各仮設自治会長・役員(常磐銭田を除く)を対象にヒアリング調査も二〇一五年五月〜二〇一六年一〇月にかけて三九人に行った。

調査内容は二〇一二年度調査[14]をベースに、(1)震災前の行政区や地域とのかかわり、(2)震災後の行政区や地域とのかかわり、(3)仮設住宅転居後の生活、(4)今後の帰町・集団移転に対する意向、(5)基本属性、としている。次項ではアンケート調査項目のうちから仮設住宅での生活実態と自治会への期待等を明らかにするために、①生活上の問題点、②仮設自治会に望むもの、③生活再建に期待するもの、の三項目に絞って議論する。[15]

### (二) 規模別でみた仮設住宅入居者の動向

本項では全体の動向と規模別[16]についての分析を行う。[17] 仮設別についてては次項でヒアリング調査結果と併せて検討を行うこととする。

### ①生活上の問題点

本アンケート調査を実施したのは震災後五年であり、良くも悪くも仮設での生活を送り続けたなかでの生活上の問題点をみることにする(表6)。上位にくるのは「名前を知らない人が多い」(四六・九%)、「自治会のルールを守らない住民の存在」(二四・一%)、「建物等の施設の傷み」(二二・〇%)、「他仮設住宅等との交流が少ない」(二〇・八%)、「住民の高齢化」(一八・八%)等である。

規模別にみると、小規模仮設では「ひとつもない」(二七・八%)が多く、やや問題があるのは「とりまとめ役の不在」(二六・七%)くらいであり、仮設規模から「名前を知らない人が多い」(二二・二%)への問題が少ないという結果であった。中規模仮設については「自治会等主催行事への住民参加が少ない」(二一・八%)が(有意差はないが)やや問題になっているくらいであった。大規模仮設はどうだろうか。「買い物施設の不足」(一九・七%)が多いもののこれは自治会では対応が難しい。一方で「高齢者や単身者などの孤立化」(一三・八%)や「声の大きいものだけの意見が尊重されている」(二二・五%)が多いことは、仮設自治会だけでなく社協などとの連携による対応が震災後五年前後においても変わらずに求められているのではないか。

### ②仮設自治会に望むもの

次は「帰還宣言後」の仮設自治会に望むものを確認する(表7)。全体では「帰町・集団移転等の転居に関する情報提供」(二九・八%)、「現在の区や町内の情報提供」(二四・五%)、「帰町・集団移転等の転居に関する生活相談」(二〇・八%)という結果である。

小規模仮設をみると、「ひとつもない」(五〇・〇%)が半数であるものの、「飲み会や旅行等の交流・懇親イベント開催」(二二・二%)と、現状を維持しつつも、おそらくカウントダウンに入った仮設住宅内で「想い出」づくりに向けた「より」深い交流を求めているのではないだろうか。情報提供に関する項目が際立って低いのは日

表 6　規模別・仮設別の生活上の問題点

| | | 調査数 | 名前を知らない人が多い | 自治会のルールを守らない住民の存在 | 建物等の施設の傷み | 他仮設住宅等との交流が少ない | 住民の高齢化 | 住民間のトラブル | 自治会等主催行事への住民参加が少ない | 仮設周辺地区の人との交流がない | 商店・スーパー等の買い物施設の不足 | ゴミ処理の問題 | 一部のものだけが参加 |
|---|---|---|---|---|---|---|---|---|---|---|---|---|---|
| | 合計 | 245 | 46.9 | 24.1 | 22.0 | 20.8 | 18.8 | 18.4 | 15.9 | 14.7 | 14.3 | 13.9 | 12.7 |
| 規模 | 小規模 | 18 | ▽ 22.2 | ∵ 11.1 | 11.1 | 11.1 | ∵ 5.6 | 16.7 | 16.7 | 16.7 | 5.6 | 11.1 | 5.6 |
| | 中規模 | 55 | 41.8 | 25.5 | ↓ 12.7 | 20.0 | ∵ 10.9 | 12.7 | 21.8 | 12.7 | ∵ 7.3 | 14.5 | 10.9 |
| | 大規模 | 152 | 51.3 | 25.0 | 25.0 | 22.4 | 22.4 | 20.4 | 13.2 | 16.4 | ↑ 19.7 | 15.8 | 13.8 |
| | 大規模　会津 | 20 | 50.0 | 25.0 | ∴ 35.0 | 20.0 | 25.0 | 20.0 | 20.0 | 5.0 | – | – | 15.0 |
| 各仮設 | 会津宮里 | 20 | 50.0 | 25.0 | ∴ 35.0 | 20.0 | 25.0 | 20.0 | 20.0 | 5.0 | – | – | 15.0 |
| | 高久第五 | 5 | – | – | – | – | – | 20.0 | – | 20.0 | 20.0 | – | – |
| | 高久第六 | 1 | – | – | ↑ 100.0 | – | △ 100.0 | △ 100.0 | – | △ 100.0 | – | – | – |
| | 高久第八 | 29 | 44.8 | 27.6 | 31.0 | 17.2 | 13.8 | ↑ 31.0 | 17.2 | 17.2 | 17.2 | 13.8 | △ 27.6 |
| | 高久第九 | 33 | 48.5 | 15.2 | ∵ 12.1 | 24.2 | 21.2 | ∵ 9.1 | 12.1 | 12.1 | 18.2 | 15.2 | 15.2 |
| | 高久第十 | 40 | 47.5 | 22.5 | ∴ 32.5 | △ 35.0 | ∴ 27.5 | 15.0 | 17.5 | 20.0 | ∴ 22.5 | 20.0 | 7.5 |
| | 上荒川 | 50 | ↑ 60.0 | ∴ 32.0 | 24.0 | 14.0 | 24.0 | ∴ 26.0 | ∵ 8.0 | 16.0 | 20.0 | 14.0 | 10.0 |
| | 四倉細谷 | 5 | 20.0 | 20.0 | – | – | – | – | – | 20.0 | – | – | – |
| | 作町一丁目 | 14 | 42.9 | 21.4 | 21.4 | 21.4 | 14.3 | 21.4 | 14.3 | 21.4 | – | 21.4 | 21.4 |
| | 内郷白水 | 24 | 37.5 | ∴ 37.5 | ∵ 8.3 | 16.7 | 12.5 | 12.5 | 25.0 | ∵ 4.2 | 12.5 | 16.7 | 4.2 |
| | 林城八反田 | 17 | 47.1 | 11.8 | 11.8 | 23.5 | ∵ 5.9 | ∵ 5.9 | 23.5 | 17.6 | 5.9 | 5.9 | 11.8 |
| | 小名浜相子島 | 7 | 42.9 | 14.3 | 14.3 | 28.6 | – | 14.3 | ↑ 42.9 | – | – | 28.6 | 14.3 |

| | | 調査数 | 移動や交通の問題 | 高齢者や単身者などの孤立化 | 仮設周辺地区のことがわからない | 世代間のズレ | 自治会役員のなり手不足 | 声の大きいものだけの意見が尊重されている | ひとり暮らしの高齢者への対応 | 異なった自然環境への対応（雪降ろし等） | 相談相手の不足・不在 | 周辺住民によるいやがらせ | とりまとめ役の不在 |
|---|---|---|---|---|---|---|---|---|---|---|---|---|---|
| 合計 | | 245 | 11.8 | 10.2 | 10.2 | 9.8 | 9.8 | 9.0 | 8.6 | 8.2 | 8.2 | 8.2 | 7.8 |
| 規模 | 小規模 | 18 | 5.6 | – | 11.1 | 16.7 | 16.7 | 5.6 | – | – | 5.6 | 5.6 | ∴ 16.7 |
| | 中規模 | 55 | 14.5 | 5.5 | 10.9 | 10.9 | 7.3 | ∵ 3.6 | 9.1 | 12.7 | 3.6 | – | ↓ 1.8 |
| | 大規模 | 152 | 12.5 | ∴ 13.8 | 9.9 | 9.2 | 9.2 | ∴ 12.5 | 9.2 | ▽ 3.3 | 8.6 | ↑ 11.8 | 9.2 |
| | 大規模　会津 | 20 | 5.0 | 5.0 | 10.0 | 5.0 | 15.0 | – | 10.0 | ▲ 40.0 | ↑ 20.0 | 5.0 | 5.0 |
| 各仮設 | 会津宮里 | 20 | 5.0 | 5.0 | 10.0 | 5.0 | 15.0 | – | 10.0 | ▲ 40.0 | ↑ 20.0 | 5.0 | 5.0 |
| | 高久第五 | 5 | – | – | 20.0 | – | – | – | – | – | – | 20.0 | – |
| | 高久第六 | 1 | – | – | – | – | ▲ 100.0 | – | – | – | – | – | ▲ 100.0 |
| | 高久第八 | 29 | 10.3 | 3.4 | 10.3 | 3.4 | 10.3 | ∴ 17.2 | 10.3 | – | 6.9 | ↑ 17.2 | 6.9 |
| | 高久第九 | 33 | 15.2 | 15.2 | 9.1 | ∵ 3.0 | 15.2 | 3.0 | 9.1 | 3.0 | 3.0 | 9.1 | △ 18.2 |
| | 高久第十 | 40 | 17.5 | △ 22.5 | 10.0 | 12.5 | ∵ 2.5 | 12.5 | 12.5 | 5.0 | 12.5 | 10.0 | 10.0 |
| | 上荒川 | 50 | 8.0 | 12.0 | 10.0 | 14.0 | 10.0 | ↑ 16.0 | 6.0 | 4.0 | 10.0 | 12.0 | 4.0 |
| | 四倉細谷 | 5 | – | – | – | 20.0 | 20.0 | – | – | – | – | – | – |
| | 作町一丁目 | 14 | 14.3 | 7.1 | 14.3 | – | – | 7.1 | 14.3 | – | – | – | – |
| | 内郷白水 | 24 | 16.7 | 4.2 | 4.2 | 12.5 | 12.5 | – | 4.2 | ▲ 29.2 | 8.3 | – | 4.2 |
| | 林城八反田 | 17 | 11.8 | 5.9 | 17.6 | 17.6 | 5.9 | 5.9 | 11.8 | – | – | – | – |
| | 小名浜相子島 | 7 | 14.3 | – | 14.3 | ↑ 28.6 | 14.3 | 14.3 | – | – | 14.3 | – | △ 28.6 |

| | | 調査数 | トラブルや問題解決のためのノウハウ不足 | 生活費、住宅ローン等の経済的な問題 | 公園・運動場・体育施設等の不足 | 病院等医療・福祉施設の不足 | 以前から居住している周辺住民とのトラブル | 連絡員との関係 | 治安・少年非行・風紀の悪化 | 保育園・学校等育児・教育施設の不足 | ひとつもない |
|---|---|---|---|---|---|---|---|---|---|---|---|
| 合計 | | 245 | 6.9 | 5.7 | 4.1 | 3.7 | 3.7 | 2.9 | 1.6 | 1.2 | 10.6 |
| 規模 | 小規模 | 18 | – | – | – | 5.6 | – | – | – | – | △ 27.8 |
| | 中規模 | 55 | 3.6 | 3.6 | 5.5 | – | 3.6 | 3.6 | 1.8 | – | 5.5 |
| | 大規模 | 152 | 8.6 | 7.2 | 3.3 | 5.3 | 4.6 | 3.3 | 2.0 | 2.0 | 9.9 |
| | 大規模　会津 | 20 | 10.0 | 5.0 | ∴ 10.0 | – | – | – | – | – | 15.0 |
| 各仮設 | 会津宮里 | 20 | 10.0 | 5.0 | ∴ 10.0 | – | – | – | – | – | 15.0 |
| | 高久第五 | 5 | – | – | – | – | – | – | – | – | △ 40.0 |
| | 高久第六 | 1 | – | – | – | – | – | – | – | – | – |
| | 高久第八 | 29 | 3.4 | 3.4 | – | 3.4 | 3.4 | 3.4 | – | – | 6.9 |
| | 高久第九 | 33 | 6.1 | 6.1 | – | 3.0 | 6.1 | – | – | – | ∴ 18.2 |
| | 高久第十 | 40 | △ 15.0 | ↑ 12.5 | 2.5 | ▲ 12.5 | 2.5 | 5.0 | 2.5 | ▲ 7.5 | 5.0 |
| | 上荒川 | 50 | 8.0 | 6.0 | ∴ 8.0 | 2.0 | 6.0 | 4.0 | ∴ 4.0 | – | 10.0 |
| | 四倉細谷 | 5 | – | – | – | ↑ 20.0 | – | – | – | – | 20.0 |
| | 作町一丁目 | 14 | – | – | 7.1 | – | – | 7.1 | ∴ 7.1 | – | 7.1 |
| | 内郷白水 | 24 | 4.2 | 8.3 | 4.2 | – | 4.2 | – | – | – | 4.2 |
| | 林城八反田 | 17 | 5.9 | – | 5.9 | – | 5.9 | 5.9 | – | – | 5.9 |
| | 小名浜相子島 | 7 | – | – | – | – | – | – | – | – | ∴ 28.6 |

表 7　規模別・仮設別の仮設自治会に望むもの

| | | 調査数 | 帰町・集団移転等の転居に関する情報提供 | 現在の区や町内の情報提供 | 帰町・集団移転等の転居に際する生活相談 | 国や自治体との賠償等の交渉 | 災害（復興）公営住宅の入居に関する相談 | 説明会開催等の賠償に関する情報提供 | 仮設住宅内のトラブルや問題の解決 | 現在の生活に関する相談 | 付近住民との交流・懇親イベントの開催 | 飲み会や旅行等交流・懇親イベント開催 | ひとつもない |
|---|---|---|---|---|---|---|---|---|---|---|---|---|---|
| | 合計 | 245 | 29.8 | 24.5 | 20.8 | 18.4 | 14.7 | 13.9 | 13.5 | 12.2 | 11.0 | 7.8 | 24.5 |
| 規模 | 小規模 | 18 | ↓ 11.1 | ↓ 5.6 | 16.7 | 11.1 | 5.6 | 5.6 | 11.1 | 11.1 | 11.1 | △ 22.2 | △ 50.0 |
| | 中規模 | 55 | ∵ 20.0 | 20.0 | 16.4 | 16.4 | 10.9 | 14.5 | 14.5 | 9.1 | 9.1 | 9.1 | 27.3 |
| | 大規模 | 152 | ↑ 36.2 | 28.3 | 23.7 | 20.4 | 16.4 | 15.1 | 13.2 | 12.5 | 12.5 | 5.9 | ∵ 19.7 |
| | 大規模　会津 | 20 | 25.0 | 25.0 | 15.0 | 15.0 | 20.0 | 10.0 | 15.0 | 20.0 | 5.0 | 5.0 | 30.0 |
| 各仮設 | 会津宮里 | 20 | 25.0 | 25.0 | 15.0 | 15.0 | 20.0 | 10.0 | 15.0 | 20.0 | 5.0 | 5.0 | 30.0 |
| | 高久第五 | 5 | – | – | 20.0 | – | 20.0 | – | – | – | – | – | ▲ 80.0 |
| | 高久第六 | 1 | – | – | – | △ 100.0 | – | – | △ 100.0 | – | – | – | – |
| | 高久第八 | 29 | 27.6 | ↓ 10.3 | ∵ 10.3 | ∵ 6.9 | 13.8 | 10.3 | 13.8 | 6.9 | 10.3 | 13.8 | 27.6 |
| | 高久第九 | 33 | 30.3 | 24.2 | 27.3 | 21.2 | 15.2 | 9.1 | 6.1 | 6.1 | 9.1 | – | 30.3 |
| | 高久第十 | 40 | ▲ 50.0 | ▲ 42.5 | ▲ 40.0 | △ 32.5 | ∴ 22.5 | ∴ 22.5 | 12.5 | ∴ 20.0 | 15.0 | 10.0 | ▽ 7.5 |
| | 上荒川 | 50 | 34.0 | 30.0 | 16.0 | 18.0 | 14.0 | 16.0 | 18.0 | 14.0 | 14.0 | ∵ 2.0 | 18.0 |
| | 四倉細谷 | 5 | – | – | 20.0 | – | – | – | – | 20.0 | 20.0 | 20.0 | ↑ 60.0 |
| | 作町一丁目 | 14 | 14.3 | 21.4 | 14.3 | 7.1 | 7.1 | 21.4 | 21.4 | 7.1 | 14.3 | ↑ 21.4 | ∴ 42.9 |
| | 内郷白水 | 24 | 20.8 | 16.7 | 12.5 | 12.5 | 12.5 | 8.3 | 12.5 | 16.7 | 8.3 | 8.3 | 16.7 |
| | 林城八反田 | 17 | 23.5 | 23.5 | 23.5 | 29.4 | 11.8 | 17.6 | 11.8 | – | 5.9 | – | 29.4 |
| | 小名浜相子島 | 7 | 28.6 | 14.3 | 14.3 | 14.3 | – | 14.3 | 14.3 | 14.3 | 14.3 | ▲ 42.9 | 28.6 |

常の交流がある証なのではないか。中規模仮設は目立った特徴はないが、一つあげるとすれば「帰町・集団移転等の転居に関する情報提供」（二〇・〇％）がやや少ない。これも先の小規模と同じで、みえる関係にあるからこその結果といえないだろうか。それというのも、大規模仮設では「帰町・集団移転等の転居に関する情報提供」（三六・二％）が小中規模のそれよりも大きく、規模間の比較においても「現在の区や町内の情報提供」（二八・三％）、「帰町・集団移転等の転居に際する生活相談」（二三・七％）、「国や自治体との賠償等の交渉」（二〇・四％）、「災害（復興）公営住宅の入居に関する相談」（一六・四％）といった項目が大きいからである。

### ③生活再建に期待するもの

本調査実施から少なくとも数年内に仮設住宅を出て、各々による生活再建が始まるといえるが、そうしたなかで住民が求めるサポートは何だろうか（**表8**）。全体で多いのは「医療・福祉施設整備の情報提供」（五二・七％）、「警察の見回り等の防犯体制の強化」（五二・二％）、「放射線量の情報提供」（四七・八％）、「医療・福祉施設の移動に関する問題解消」（四六・九％）である。この時期に仮設住宅に入居している人たちには高齢者が多いことから「医療・福祉」や、復興関係の従事者が多く町内で活動していることもあり「防犯」への関心が高いといえよう。

規模別ではどうだろうか。小規模では「医療・福祉施設整備の情報提供」（六六・七％）、「行政区にあった人づきあいの維持」・「医療・福祉施設の移動に関する問題解消」・「警察の見回り等の防犯体制の強化」（五五・六％）、「商業施設整備の情報提供」（四四・四％）や「公共交通機関整備の情報提供」（三八・九％）が多い。医療・福祉施設についてはふれるまでもないだろう。後二者はいわゆる日常生活を送るうえでの移動も含めた問題解決を求めていることがわかる。年配者であるがゆえに帰町先などでの移動への不安が大きいといえる。人づきあいについてであるが、小規模仮設での住民同士の交流も仮設住宅を出てしまうとなくなってしまう懸念を抱いていることは、移動の問題も含めてある程度推察できることである。仮設では（あまり）経験しなかった「孤立」という問

表8　規模別・仮設別の生活再建に期待するもの

| | | 調査数 | 医療・福祉施設整備の情報提供 | 警察の見回り等の防犯体制の強化 | 放射線量の情報提供 | 医療・福祉施設の移動に関する問題解消 | 買い物の移動に関する問題解消 | 高齢者向けの介護等の支援 | 賠償関連の情報提供 | 賠償関連の手続き支援 | 行政区にあった人づきあいの維持 | 商業施設整備の情報提供 | 住民同士による交流・懇親イベントの開催 |
|---|---|---|---|---|---|---|---|---|---|---|---|---|---|
| | 合計 | 245 | 52.7 | 52.2 | 47.8 | 46.9 | 44.1 | 33.9 | 31.4 | 26.9 | 26.5 | 26.5 | 22.4 |
| 規模 | 小規模 | 18 | 66.7 | 55.6 | 55.6 | 55.6 | 44.4 | 38.9 | 27.8 | 16.7 | ▲ 55.6 | ↑ 44.4 | 33.3 |
| | 中規模 | 55 | 49.1 | 52.7 | 41.8 | 45.5 | 45.5 | 38.2 | 23.6 | 20.0 | 20.0 | 20.0 | 20.0 |
| | 大規模 | 152 | 53.9 | 53.3 | 52.6 | 49.3 | 46.1 | 32.2 | 36.2 | ∴ 32.2 | 28.3 | 28.3 | 24.3 |
| | 大規模　会津 | 20 | 40.0 | 40.0 | ▽ 20.0 | ▽ 25.0 | ↓ 25.0 | 30.0 | 20.0 | 15.0 | ▽ 5.0 | 15.0 | ↓ 5.0 |
| 各仮設 | 会津宮里 | 20 | 40.0 | 40.0 | ▽ 20.0 | ▽ 25.0 | ↓ 25.0 | 30.0 | 20.0 | 15.0 | ▽ 5.0 | 15.0 | ↓ 5.0 |
| | 高久第五 | 5 | 60.0 | 60.0 | 60.0 | 60.0 | 40.0 | 40.0 | 20.0 | – | ↑ 60.0 | 40.0 | 20.0 |
| | 高久第六 | 1 | 100.0 | 100.0 | 100.0 | 100.0 | 100.0 | ∴ 100.0 | ∴ 100.0 | ↑ 100.0 | ↑ 100.0 | ↑ 100.0 | – |
| | 高久第八 | 29 | 55.2 | 48.3 | 55.2 | 48.3 | 55.2 | ∵ 20.7 | 34.5 | 27.6 | ∵ 13.8 | 27.6 | 13.8 |
| | 高久第九 | 33 | 57.6 | 54.5 | 57.6 | ↑ 63.6 | 45.5 | 27.3 | 33.3 | 24.2 | 36.4 | 27.3 | ∴ 33.3 |
| | 高久第十 | 40 | ∴ 65.0 | 55.0 | 52.5 | 52.5 | 47.5 | 40.0 | 40.0 | 35.0 | 30.0 | 35.0 | 30.0 |
| | 上荒川 | 50 | ∵ 42.0 | 54.0 | 48.0 | 38.0 | 40.0 | 36.0 | 36.0 | ↑ 38.0 | 30.0 | 24.0 | 20.0 |
| | 四倉細谷 | 5 | 80.0 | ∵ 20.0 | 40.0 | 40.0 | 60.0 | 40.0 | – | – | 40.0 | ↑ 60.0 | 40.0 |
| | 作町一丁目 | 14 | ↓ 28.6 | 57.1 | 42.9 | 35.7 | 50.0 | 50.0 | 21.4 | ↓ 7.1 | 14.3 | 28.6 | 21.4 |
| | 内郷白水 | 24 | 50.0 | 41.7 | ∵ 33.3 | 41.7 | 50.0 | 33.3 | ∵ 16.7 | 20.8 | ∵ 12.5 | 16.7 | 16.7 |
| | 林城八反田 | 17 | 64.7 | 64.7 | 52.9 | 58.8 | 35.3 | 35.3 | 35.3 | 29.4 | 35.3 | 17.6 | 23.5 |
| | 小名浜相子島 | 7 | 57.1 | 71.4 | 57.1 | 57.1 | 28.6 | 28.6 | 42.9 | 28.6 | ↑ 57.1 | 28.6 | ∴ 42.9 |

| | | 調査数 | 公共交通機関整備の情報提供 | 自宅の工事進捗に関する情報提供 | 仮設住宅にあった人づきあいの維持 | 町や外部団体による生活支援 | 自宅の設備・家賃に関する情報提供 | 交流・懇親スペースの充実 | その他移動に関する問題解消 | 新たな交流・懇親サークルの結成 | 子供の学習支援 | ひとつもない |
|---|---|---|---|---|---|---|---|---|---|---|---|---|
| | 合計 | 245 | 21.6 | 17.1 | 13.1 | 11.8 | 9.8 | 9.0 | 8.2 | 6.5 | 6.1 | 3.7 |
| 規模 | 小規模 | 18 | ↑ 38.9 | 16.7 | 22.2 | 16.7 | 5.6 | 11.1 | ∴ 16.7 | – | 11.1 | 5.6 |
| | 中規模 | 55 | 20.0 | 10.9 | 14.5 | 9.1 | 12.7 | 7.3 | 10.9 | 9.1 | 5.5 | 3.6 |
| | 大規模 | 152 | 21.7 | 19.7 | 12.5 | 12.5 | 9.2 | 10.5 | 7.2 | 7.2 | 6.6 | 2.0 |
| | 大規模　会津 | 20 | 10.0 | 15.0 | 5.0 | 10.0 | 10.0 | – | – | – | – | ▲ 15.0 |
| 各仮設 | 会津宮里 | 20 | 10.0 | 15.0 | 5.0 | 10.0 | 10.0 | – | – | – | – | ▲ 15.0 |
| | 高久第五 | 5 | 40.0 | – | 20.0 | 20.0 | – | 20.0 | – | – | – | ↑ 20.0 |
| | 高久第六 | 1 | ↑ 100.0 | – | – | ▲ 100.0 | – | – | – | – | – | – |
| | 高久第八 | 29 | 20.7 | 20.7 | 13.8 | 6.9 | – | ∴ 17.2 | 10.3 | 6.9 | 10.3 | 3.4 |
| | 高久第九 | 33 | 21.2 | 18.2 | 9.1 | 9.1 | 9.1 | 9.1 | 9.1 | 9.1 | – | – |
| | 高久第十 | 40 | 25.0 | 17.5 | 17.5 | △ 22.5 | 12.5 | 10.0 | 7.5 | 5.0 | ↑ 12.5 | – |
| | 上荒川 | 50 | 20.0 | 22.0 | 10.0 | 10.0 | 12.0 | 8.0 | 4.0 | 8.0 | 4.0 | 4.0 |
| | 四倉細谷 | 5 | 20.0 | 20.0 | 20.0 | – | 20.0 | – | ▲ 40.0 | – | ∴ 20.0 | – |
| | 作町一丁目 | 14 | 21.4 | 14.3 | 21.4 | 14.3 | – | 7.1 | – | – | 7.1 | 7.1 |
| | 内郷白水 | 24 | 25.0 | 12.5 | 8.3 | 8.3 | △ 25.0 | 4.2 | ∴ 16.7 | 8.3 | 4.2 | 4.2 |
| | 林城八反田 | 17 | 11.8 | 5.9 | 17.6 | 5.9 | 5.9 | 11.8 | 11.8 | ↑ 17.6 | 5.9 | – |
| | 小名浜相子島 | 7 | ∴ 42.9 | 28.6 | 28.6 | 14.3 | – | 14.3 | 14.3 | – | 14.3 | – |

題が顕在化することになるために、もともとの部落での関係を求めているのだろう。次に中規模仮設であるが、ほとんど特徴的な項目はなく、小・大規模と比較しても同程度か低い。この規模の仮設住宅入居者は調査時点で仮設退去後の生活イメージが形成されつつあるのかもしれない。大規模仮設について多いのは「賠償関連の手続き支援」（三二・二％）[18]というように「退去先」の生活イメージというよりも、むしろその「前提」となる情報を求めている。先の①や②の結果とも併せてみると、大規模仮設での「疎」な関係が情報伝達やそのやりとりを少なくしているのかもしれない。

## （三）仮設住宅別でみた入居者の動向

前項では仮設住宅を五〇／一〇〇戸を境に規模別でみてきたが、そこで示した**表3〜5**の仮設別で（相対的に）多くあげられたものをまとめたのが**表9**である。[19]

**①生活上の問題点**

まずは先にふれなかった会津宮里をみていこう。これは楢葉町民を対象とした全一五のうちで唯一いわき市外の会津地方にある仮設住宅である。楢葉町やいわき市がある「浜通り地方」とはまったく気候等の環境が異なる「会津地方」で過ごしているために、住民の生活上の問題点も「異なった自然環境への対応」や、避難者や親類・親戚の多いいわきから離れているために「相談相手の不足・不在」も多いことがわかる。

いわき地区にある仮設をみていくと、市内北部のやや不便な立地の四倉細谷で「病院等医療・福祉施設の不足」があげられている。その他の仮設についてはいわゆるコミュニティをとりまく問題が多く、そのなかで多くの仮設で指摘されたのは「とりまとめ役の不在」（高久第六、高久第九、内郷白水、小名浜相子島）である。一方で「声

表 9　仮設別の入居者動向まとめ

| 住宅名 | ①生活上の問題点 | ②仮設自治会に望むもの | ③生活再建に期待するもの |
|---|---|---|---|
| 共通 | 名前を知らない人が多い、ルールを守らない住民の存在、施設の傷み、他仮設住宅等との交流が少ない、住民の高齢化 | 帰町・集団移転等の転居に関する情報提供、現在の区や町内の情報提供、帰町・集団移転等の転居に関する生活相談 | 医療・福祉施設整備の情報提供、防犯体制の強化、放射線量の情報提供、医療・福祉施設の移動に関する問題解消 |
| 会津宮里 | 異なった自然環境への対応、施設の痛み、相談相手の不足・不在 | 現在の生活に関する相談、災害公営住宅の入居に関する相談 | 警察の見回り等の防犯体制の強化、医療・福祉施設整備の情報提供 |
| 高久第五 | ひとつもない | ひとつもない | 行政区にあった人づきあいの維持 |
| 高久第六 | 自治会役員のなり手不足、とりまとめ役の不在 | 仮設住宅内のトラブルや問題の解決、国や自治体との賠償等の交渉 | 町や外部団体による生活支援 |
| 高久第八 | 住民間のトラブル、一部のものだけが参加、声の大きいものだけの意見が尊重される、周辺住民のいやがらせ | 飲み会等の交流・懇親イベントの開催 | 交流・懇親スペースの充実 |
| 高久第九 | とりまとめ役の不在、高齢者や単身者などの孤立化 | 帰町・集団移転等の転居に関する生活相談 | 医療・福祉施設の移動に関する問題解消、住民同士の交流・懇親イベント開催 |
| 高久第十 | 他仮設住宅等との交流が少ない、施設の傷み、住民の高齢化、買い物施設の不足、高齢者等の孤立化 | 帰町・集団移転等の転居に関する情報提供、現在の区や町内の情報提供、帰町・集団移転等の転居に関する生活相談、国や自治体との賠償等の交渉 | 医療・福祉施設整備の情報提供、外部団体等の生活支援、子どもの学習支援 |
| 上荒川 | 名前を知らない人が多い、自治会のルールを守らない住民の存在、住民間のトラブル、声の大きいものだけの意見が尊重される | 現在の区や町内の情報提供、仮設住宅内のトラブルや問題の解決 | 賠償関連の手続き支援、自宅の工事進捗に関する情報提供 |
| 作町一丁目 | ゴミ処理の問題、一部のものだけが参加、仮設周辺地区との交流がない | 飲み会や旅行等の交流・懇親イベントの開催、仮設住宅内のトラブルや問題の解決、説明会開催等の賠償に関する情報提供 | 買い物の移動に関する問題解消、高齢者向けの介護等の支援 |
| 内郷白水 | 自治会のルールを守らない住民の存在、異なった自然環境への対応、とりまとめ役の不在 | 帰町・集団移転等の転居に関する情報提供（有意差無） | 自宅の設備・家賃に関する情報提供、その他移動に関する問題解消 |
| 四倉町細谷 | 病院等医療・福祉施設の不足 | ひとつもない | その他移動に関する問題解消、商業施設整備の情報提供 |
| 林城八反田 | 自治会等主催行事への住民の参加が少ない、世代間のズレ、仮設周辺地区がわからない | 国や自治体との賠償等の交渉 | 医療・福祉施設の移動に関する問題解消、警察の見回り等の防犯体制の強化、新たな交流・懇親サークルの結成 |
| 小名浜相子島 | 自治会等主催行事への住民の参加が少ない、とりまとめ役の不在 | 飲み会や旅行等の交流・懇親イベントの開催 | 行政区にあった人づきあいの維持 |

の大きいものだけの意見が尊重」（高久第八、上荒川）という問題もあった。また、「一部のものだけが参加」（高久第八、作町一丁目）や「自治会等主催行事への住民の参加が少ない」（林城八反田、小名浜相子島）のようにコミュニティが小さく固定化していることもうかがえる。仮設を出て行くのは若い人が多いこともあり、必然的に高齢者の割合が多くなってとりわけ大規模仮設では「高齢者等の孤立化」（高久第九、高久第十）となっている。

**②仮設自治会に望むもの**

次に仮設自治会への期待であるが、会津宮里は「現在の生活に関する相談」や「災害公営住宅の入居に関する相談」となっている。前者はある意味で「飛び地」に立地する仮設ならではのものなのかもしれない。後者について、福島県が設置する災害公営住宅に楢葉町民は原則として入居対象者にならず、楢葉町内で建築が進む災害公営住宅を指すものと考えられる。

いわき地区の仮設はどうだろうか。依然として「仮設住宅内のトラブルや問題の解決」（高久第六、上荒川、作町一丁目）や「国や自治体との賠償等の交渉」（高久第六、高久第十、林城八反田）があげられる一方で、「交流・懇親イベントの開催」（高久第八、作町一丁目、小名浜相子島）といった交流や、今後に向けた「帰町・集団移転等の転居に関する生活相談」（高久第九、高久第十）や「現在の区や町内の情報提供」（高久第十、上荒川）があげられている。このように期待を「処理しきれない問題解決／今の交流／これからの生活」と分けたときに、求める先の仮設自治会において何らかの「色」がみえてくるのではないだろうか。[20]

**③生活再建に期待するもの**

最後に今後の生活再建支援への期待を確認する。最初に会津宮里であるが、入居者の数が大幅に減少していることから「見回り等の防犯体制の強化」や高齢者が多いことと周辺環境の関係から「医療・福祉施設整備の情報提供」が多く、いずれも仮設自治会というよりも行政が対応するものといえる。

いわき地区の仮設については、まず移動に関する項目「買い物の移動に関する問題解消」(作町一丁目)、「医療・福祉施設の移動に関する問題解消」(高久第九、林城八反田)、「その他移動に関する問題解消」(内郷白水、四倉町細谷)が多い。三〇万都市のいわきで慣れた生活を離れて一万未満の楢葉で生活するためには、震災前よりもさらに事業者が減りそれらが点在している現時点でかつ高齢者にとっては「移動」が何よりも重要な関心事である。ただ、これも行政が対応を検討する項目である。「交流」という軸でみると、「交流・懇親スペースの充実」(高久第八)、「住民同士の交流・懇親イベント開催」(高久第九)、「新たな交流・懇親サークルの結成」(林城八反田)、「行政区にあった人づきあいの維持」(小名浜相子島)等のように、仮設自治会が既存の区会との連携により進められる可能性があるといえる。

## 三　仮設住宅自治会の対応と課題——各仮設の変化　二〇一五年から二〇一六年まで

本節では先に概観した入居者アンケートとこれまでに実施してきた自治会長・役員を対象としたヒアリング調査結果(表10)を用いて入居者と会長・役員(以下、「役員」)の両面からみていくことで、自治会が問題解決の場として機能しているか(そのための情報収集能力があるのか)、そしてその理由を確認する。[21]視点の一つとしては、帰還に向けて自治会がどのような対応変化をしようとしているのか(またはしないのか)である。具体的には、①おもな動向、②(会長・役員が捉える)仮設自治会の課題、③今後の展開の三つであり、以下ではこれら三つの視点から仮設住宅別にみていくことにする。[22]

表 10　仮設別の自治会長・役員ヒアリング結果

| 住宅名 | 調査年 | おもな動向 | 仮設自治会の課題 | 今後の展開 |
|---|---|---|---|---|
| 会津宮里 | 2015 | • 美里町からソフト、バレーなどの大会に誘われ、区の1つとして参加している。運動会は年齢構成上から、順位関係無しのオープン参加になっている。 | • 外部の支援は名古屋に本拠を持つ NPO が七ヶ浜に拠点を持っていたが、今年いっぱいで活動を縮小する。<br>• マンネリ化している。春に帰町とかを考えると「新しいことは今更」という感じ。会津にいる人の多くは生活が安定している。 | • 人がいる限り（50 人以上か）、自治会をやっていきたいと思っている。というのも、自治会をなくすと情報が入ってこなくなるからである。仮設内の掃除とか、みんなが出てくる場を維持したい。支援が少なくなってきているので。 |
| | 2016 | •（自治会費を）今年度は少なくなったことや参加しない人の割合が増えてきたこともあり、(受益者負担の面で）不公平になることから町からの補助だけでやることにして会費を徴収しないことにした。 | • 手伝いをやってくれる人は仮設内で、2015 年度までは 15 人くらいいたのだが、多くが出て行ってしまった。その中に役員もいた。協力してくれた人が減った分、支援が難しい。 | • 補助が出るのならばまとまって移れる仕組みがあるとよいのではないか。 |
| 飯野 | 2015 | • J ヴィレッジからの派遣でストレッチ運動（元気 UP 教室）を今年度からはじめている。 | • 参加者は固定化している。 | |
| | 2016 | • 元気 UP 教室はあまり人が集まらないからやめるかという話もあった。ラジオ体操も去年の秋くらいからか、寒いからという理由でいつの間にかやらなくなった。 | • 自治会はかたちだけ残っている。総会を開こうとしてもそれぞれに用事（楢葉に戻ったり、医者に行ったりして）があって集まらない。 | |
| 高久第五 | 2015 | • 外部からの支援は前よりは少なくなった。物資関係も今年になって1回来たくらいである。 | • 自治会としての問題はなく、まとまりがよい方である。色々な人が外から催しをやってくれるが、「ここの仮設はよい！」とよく言われる。 | • イベントは維持していきたい。年寄りが多いので、ある程度のことしかできない。 |
| | 2016 | • 外からのイベントはだんだんなくなった。 | • 新年会をやろうかと考えていたのだが、みんな忙しいようなのでやらなかった。今年度は芋煮会、新年会をやるくらいかもしれない。 | • 今までのことを維持していくつもりである。人がいなくなると解散の方向になるだろう。 |
| 高久第六 | 2015 | • 黄色い旗について、最初の頃はまちまちだったが今では徹底して習慣になっている。 | • 全然来ない人がいる。「会合には出席しない」と明言する人が1名いる。ただ、イベントとかでプレゼントがあると参加する人もいる。 | • 今年も旅行をやる予定である。定例会でどこにするのかを決める。 |
| | 2016 | | | |
| 高久第八 | 2015 | • ほぼ前年度を踏襲。 | • 自治会自体に飽きてきたという感じがある。役員の顔ぶれも変わっていないし…。<br>• どのイベントも参加する人が固定化。 | • 帰町の時期から見て、ここから出て行く人が増えてくるだろう。それに伴って、自治会のあり方を再考する必要がある。 |
| | 2016 | • 自治会後の受け皿はない。連絡員が来るだけで、連絡員が何かあれば住民に知らせるくらいである。何もないのでうまくいっていて、不都合なこともない。自治会があったときは清掃やゴミ拾いをしていたが、今はやっていない。イベントもやらない。 | | |

| 住宅名 | 調査年 | おもな動向 | 仮設自治会の課題 | 今後の展開 |
|---|---|---|---|---|
| 高久第九 | 2015 | • 帰町宣言が出るまでこの組織で活動・行事を前年度までと同じように続けるつもりである。 | • 自治会をなくすことにした。というのも、帰町が何時になるかわからないので、団体としてではなく「有志」としての会にかえたからである。新築して仮設を出て行く人も増えたことも理由である。 | • 仮設住民の中には「自治会はなくなったが、交有会がやってくれる」という認識が共有されている。 |
| | 2016 | • 会長と会計の体制であり、それを手伝うのが他の役員経験者である。<br>• 自治会は形としては残っている。何かあったときにみんな手伝うことにしている。 | | |
| 高久第十 | 2015 | • 帰町などの意向による（活動等の）参加の変化はない。 | | |
| | 2016 | • 窓口はなく、また決まってもいない。毎日1回は回ってくれる連絡員が来て代行してもらっている。<br>• 不便になったことなどは、朝ラジオ体操後の雑談で「（これまでと）大分違う」となっている。草刈りやゴミ拾いは自主的にやっている。 | | |
| 上荒川 | 2015 | • 4月から長期滞在が始まった。避難解除の期待感もあるが、4年間いわきでの便利な生活になじんだこともあり、帰町への考え方も変わってきている | • 課題としては一つの集合体としてのまとまりをつくるべきである。住民一人ひとりのヒアリングとかをする権限もない。 | • 2014年度はイベントが2つ（花見、芋煮）であったが、今年度はできればもう一つやりたい。 |
| | 2016 | • 鍵について、役場に「役場から鍵を受け取って預かってもらうような体制にしてほしい」と言い、当直がいることからその人に鍵をもってもらうことにした。 | • （役員の）補充ができない。仮設としてはあと1年だろうということで、退去する人以外は留任となった。 | • 行事は9月以降にやることは去年と同じである。 |
| 作町一丁目 | 2015 | • カラオケ愛好会は自主的にやっていて、この時に（カラオケというよりも）お茶を飲みながら話をしている。借り上げの人も来ていて、7～8名ほど参加している。 | • 駐車場の問題がある。1戸1台分しかない。早い者勝ちになる。また、ゴミの問題である。昨日、連絡員と話した。分別の仕方が楢葉町といわき市で異なっている。 | |
| | 2016 | • カラオケもやっている。カラオケ自体よりも、日ごろ思っていることを話し合っているようだ。これらは参加者が決まってきている。 | • 参加者が決まってきている。 | • 出て行くまでは自治会を残してみんな元気に過ごせるように交流を深めていきたい。今年度も補助金を使ってイベントをやるつもりである。 |

| 住宅名 | 調査年 | おもな動向 | 仮設自治会の課題 | 今後の展開 |
|---|---|---|---|---|
| 内郷白水 | 2015 | • 前会長と相談して①班長をなくす②帰町に向けて催し物を減らす③女性の会計を導入（監査は男性２名）した。<br>• 今年度からポスティングによる告知を進めている。 | • 今までせっかく静かに仲良く過ごしていたのに、この頃ざわついてきた。タガが外れてきたのだろうか。 | • 若い人を引き込むには休日にやるのも必要である。そうしたことから「食事会」の方向で進んでいる。 |
| | 2016 | • ４月から（連絡員などの）体制が変わった。なぜ変わったのかの説明がなかった。今までは（連絡員が）半常駐だったが一人いて、困りごとなどを話すことができた。今年度になって３人になったのだが、午前だけ、午後だけ、年寄りがいる（ひとり暮らし、赤いランプが点いている）ところをちょこちょこ回って終わったら帰ってこない、という感じである。 | • 自治会は一人でやっている。「今までのきちっとしたものではなく、（とりあえず）やろう」と言うのだが、誰もやる人がいない。 | • 2017年３月までは抜けてはいけないと考えている。それ以降、自分は役場に鍵を戻すつもりである。その春に自治会総会を（みんなが集まる夜に）する必要がある。もし昼に開催して「なくなったら困る」と言われたら生活支援課に任せるつもりである。 |
| 四倉町細谷 | 2015 | • 元気UP教室は以前、週１回だったが、今年度から月１回になった。 | • 連絡員はどこまでやればよいのかはっきりしない。<br>•「至れり尽くせり」になると帰町後はどうなるのか。「徐々に」「ここまで」「自分たちでやってください」としないといけないのではないか。 | • 交流会は進めていきたい。ただ、設営などの準備が大変なのでやってくれるところを探してお願いしたい。新年会／忘年会は考えていない。改まったイベントではやっても参加者が限定されてしまう恐れがあり、それなら手軽なものとかがよいから。 |
| | 2016 | • 今年に入ってから、４月にいわきのクリーンアップ作戦に参加し、13名が出てきた。今まで出たことがない人が来た。 | • 自治会に関わりを持たないひとり暮らしが多い。イヤで参加しないというわけではなく、人づきあいが苦手なようである。 | • 新しいメンバーで自治会を継続するが、人がいなくなりやっていけなくなったらやめる…というかたちで考えている。 |
| 林城八反田 | 2015 | • 農事は畑を返還したためになくした。今は土手とかの細かい敷地で続けている。 | • 現在、タガが緩んでいる。ゴミ出しも適当になってきている。 | |
| | 2016 | • 倉庫代わりで借りる人が増えてきた。「今すぐに仮設から引き揚げさせない」のが大切である。 | • やはりタガがゆるんでいると思う。役場では空き家管理する人もいないし、連絡員では対応できないので、自分たちでゴミ拾いや草むしりをやることになったのだが、今回は自分のところだけを先にやった人が出た。 | • 自治会をなくそうかという話にもなったが、「まとまりがなくなる」ということになり、続けることにした。 |
| 小名浜相子島 | 2015 | • 忘年会は12月中旬、餅つきは12月28日に開催し、20名くらいの参加であるが、個々の集会所は20人入ると一杯になるので、参加したい人も来られない。 | • 来る人は決まっていて、特に男性は出てこない。 | |
| | 2016 | • 忘年会、餅つき、花見を2015年度は行い、今年度もやる予定である。 | •「自分のところはチラシお断り」が５世帯ほどある。こういう人でも「総会資料はくれ」と言ってくるので妻に頼んで渡してもらっている。「もうそろそろ」という段階なので、こちらから頭を下げる必要はないと思う。 | • 今年は移動もあるので自治会費を取らないこととした。また、事業計画も減らした。 |

①会津宮里[23]

この仮設では地元の会津美里町とのスポーツ大会等の交流があるものの、会津に立地していることもあって入居者も減少していることから、二〇一六年から行事も減らし受益者負担の面も考慮して自治会費の徴収をやめている。また、外部の支援も少なくなったこと、中心になって活動してくれた入居者が退去してしまったこともあり、活動・行事が難しくなっている状況というのが役員の認識である。

入居者にとっては「生活」や「災害公営住宅入居」に関する相談を自治会に求めていることから、それまでの活動・行事を継続するだけでなく現在と今後の生活・転居相談へと活動をシフトする必要があるといえる。そうしたことも意識しているのか、「みんなが出てくる場を維持したい」（二〇一五年）や「まとまって移れる仕組みがあるとよい」（二〇一六年）というコメントにあらわれているといえよう。

②高久第五[24]

役員の認識によれば、外部からの支援が減ってきたことから持ち込みのイベントも少なくなったものの、総じて「まとまりがよい」仮設とのことである。二〇一六年は忙しかったことから新年会が開けなかったのだが、年度内に別の行事を開こうと考えているようだ。

入居者にとっても生活上の問題も自治会への期待も「ひとつもない」が多く、現状に満足しているようであることもあり、役員も「今までのことを維持していくつもり」（二〇一六年）という方向は入居者ニーズからずれてはいないものと推察できる。

③高久第六[25]

安否確認のために始めた「黄色い旗」は二〇一五年には習慣化されたようでまとまりができているものの、活動・行事に全然参加しない人が一名いるとのこと。仮設独自の旅行も行っている。入居者の視点では役員のなり手不足やとりまとめ役の不在等もあり、仮設内の問題解決への期待が高い。ちなみにこの仮設住宅自治会は会長が二〇一六年春に退去したことから、事実上休止している状態である。

**④高久第八**(26)

いわき公園の中にあるのと「ペット可」の仮設住宅という点では他と異なる。役員によれば、二〇一五年は「ほぼ前年度を踏襲」であるのだが、それは「自治会自体に飽きてきた」「どのイベントも参加する人が固定化」している認識である。

一方の入居者は「住民間のトラブル」「一部の者だけ参加」「声の大きいものの意見が尊重」というように、この仮設では参加／不参加者におけるディバイドが他と比べると大きいのかもしれない。それが「飽きてきた」や「固定化」につながっているのだろうか。

そうしたなかでの仮設自治会への期待は「交流・懇親イベント開催」であるが、役員の「(帰町宣言を受けて)自治会のあり方を再考する必要がある」という方針から、仮設自治会は二〇一五年度をもって解散してしまった。元役員経験者によれば、連絡員が情報伝達係となっていて、「(行事やイベントを)何もないのでうまくいっていて、不都合なこともない」とのことである。

**⑤高久第九**(27)

この仮設自治会は二〇一五年から「自治会」という名称ではないが、その受け皿の組織は保持している。「帰町宣言が出るまでこの組織で活動・行事を前年度までと同じように続けるつもり」(二〇一五年)である。自治会としなくなったのは、これからの帰町をみすえたものであり、自治会の受け皿組織が今後の活動を担うことも周知されていると役員は認識している。

入居者からみると、この仮設は「とりまとめ役の不在」や「孤立化」が問題とされていて、二〇一五年の調査時には「帰町・集団移転の転居に関する生活相談」のニーズがある一方で、会長と会計の二名が主となって「何かあったときにはみんなで手伝うことにしている」（二〇一六年）という体制でニーズへの対応が可能かどうかは役場等との連携次第ともいえる。

⑥高久第十[28]

ここでは二〇〇世帯以上の大規模な仮設住宅であり、会長や役員等による統治体制は区会よりもややもすると整備されたものであったためか、「帰町などの意向による（活動等の）参加の変化はない」（二〇一五年）という役員の認識であった。

入居者からは「他の仮設住宅等との交流が少ない」や「高齢者等の孤立化」という問題点以外は自治会マターではなく、ニーズもおもに「情報提供」「生活相談」「賠償交渉」であり、仮設自治会というよりは役場等に対する要望といったものであった。そうしたこともあるのか、帰町宣言を受けた次の年の二〇一五年度をもって自治会は解散している。その後について役員経験者によれば、「連絡員が代行」しているものの、日々の活動については大分勝手が違うようである。

⑦上荒川[29]

ここも大規模であり、役員経験者によればトラブルが多かった仮設住宅である。そのために「（自治会の）課題としては一つの集合体としてのまとまりをつくるべきである」（二〇一五年）という認識が続いていた。帰町宣言を受けた後に「仮設としてはあと一年だろうということで、退去する人以外は（役員）留任となった」（二〇一六年）こともあり、いわゆる退去／帰町に向けたカウントダウンが始まったという認識である。

入居者側も「トラブル」については生活上の問題点としてあげており、その問題解決もニーズの一つとなっている。ただ、「現在の区や町内の情報提供」もあり、帰町に向けた意識が高くなっていることもうかがえる。

### ⑧作町一丁目[30]

ここはいわき市内にある仮設の中でも立地がよく、カラオケ等の参加者は固定化していたり、（立地のよさの反面空き地が少ないために）駐車場の問題はあるものの、さほど問題となることはないというのが役員の認識である。入居者も「ゴミ」「一部のものだけ参加」等を問題としてあげており、自治会への期待もそうしたトラブルの解決のほかに「交流・懇親イベント開催」や「賠償に関する情報提供」となっている。こうしたことを受けてか、役員も「出て行くまでは自治会を残してみんな元気に過ごせるように交流を深めていきたい。今年度も補助金を使ってイベントをやるつもり」（二〇一六年）とのことである。

### ⑨内郷白水[31]

入居開始年度から自治会長がほぼ毎年交替していたところであるが、二〇一五年と一六年の会長は替わっていない。ただ、二〇一五年からは「①班長をなくす②帰町に向けて催し物を減らす③女性の会計を導入④ポスティングによる告知」と、大幅に体制と活動をスリム化した。そうしたこともあるのかどうか不明だが、役員によれば「今までせっかく静かに仲良く過ごしていたのに、この頃ざわついてきた。タガが外れてきたのだろうか」（二〇一五年）という認識であった。

それに関連することとして入居者からは「ルールを守らない住民の存在」や「とりまとめ役の不在」と感じられており、それを受けて期待も「トラブルや問題の解決」があがっている。他には「交流・懇親イベントの開催」や「賠償に関する情報提供」を求めており、自治会のスリム化方向とは逆の方向であることがうかがえる。こうしたギャップの背景は役員の「今までのきちっとしたものではなく、(とりあえず)やろう」という姿勢が入居者に周知されていないのかもしれない。

**⑩四倉町細谷㉜**

役員が考えるこの仮設の課題は「「至れり尽くせり」になると帰町後はどうなるのか。「徐々に」「ここまで」「自分たちでやってください」としないといけない」(二〇一五年)のであり、活動の展開方向も「改まったイベントではやっても参加者が限定されてしまう恐れがあり、それなら手軽なものとかがよい」(同年)となっている。入居者があげる問題点は「医療・福祉施設の不足」と自治会が対応できる問題ではないため、自治会への期待も「ひとつもない」が多い。つまり、現状でよいとのことである。今後の自治会の方向について「新しいメンバーで自治会を継続するが、人がいなくなりやっていけなくなったらやめる……というかたち」を役員は考えているようだ。

**⑪林城八反田㉝**

この仮設での課題は「タガが緩んでいる。ゴミ出しも適当になってきている」(二〇一五年)であり、入居者側も「行事への住民の参加が少ない」や「世代間のズレ」等、トラブルの萌芽に気づいているような観がある。二〇一六年になっても「タガが緩んでいる」傾向は続いていることもあり、帰町宣言後のこともあり「(二〇一六年春から)自治会をなくそうかという話にもなったが、「まとまりがなくなる」ということになり、続けることにした」とのことである。

⑫小名浜相子島(34)

ここは珍しい二階建ての仮設住宅で入居可能は四〇戸と小規模である。自治会としてはさほど動向の変化に関する認識はなく、役員が認識する課題は「来る人は決まっていて、特に男性は出てこない」(二〇一五年)である。生活上の問題点は「行事への住民参加が少ない」や「とりまとめ役が不在」と入居者は感じており、自治会への期待に「交流・懇親イベントの開催」をあげていた。ただ、役員はこうしたなかで「(帰町宣言も出て)もうそろそろ」という段階なので、こちらから(自治会活動への協力等について)頭を下げる必要はないと思う」(二〇一六年)と考えるようになり、「今年は移動もあるので自治会費を取らないこととした。事業計画も減らした」(同年)と、徐々に自治会をたたむ方向に進めているようだ。

## 四　仮設住宅自治会のゆくえ——区会と役場のはざまに

ここまで各仮設住宅における入居者の動向・ニーズと自治会の対応について簡単ながらであるが論じてきた。それらをまとめてみていくと、自治会の対応には大きく三つの方向があることがわかる。

(一)　せっかくここまでやってきた自治会なので避難指示解除が出たらすぐに解散するのではなく、みんな退去するまで一緒に活動する。

(二)　帰町宣言が出たこともあり、仮設住宅はあくまでも「仮」の住宅でそこでできた自治会であることから、活動を縮小または解散する。

(三)　自治会という体制は変更するが、入居者も残ることから外部との窓口や交流・懇親も必要であるため、何らかの行事・イベントは続けていく。

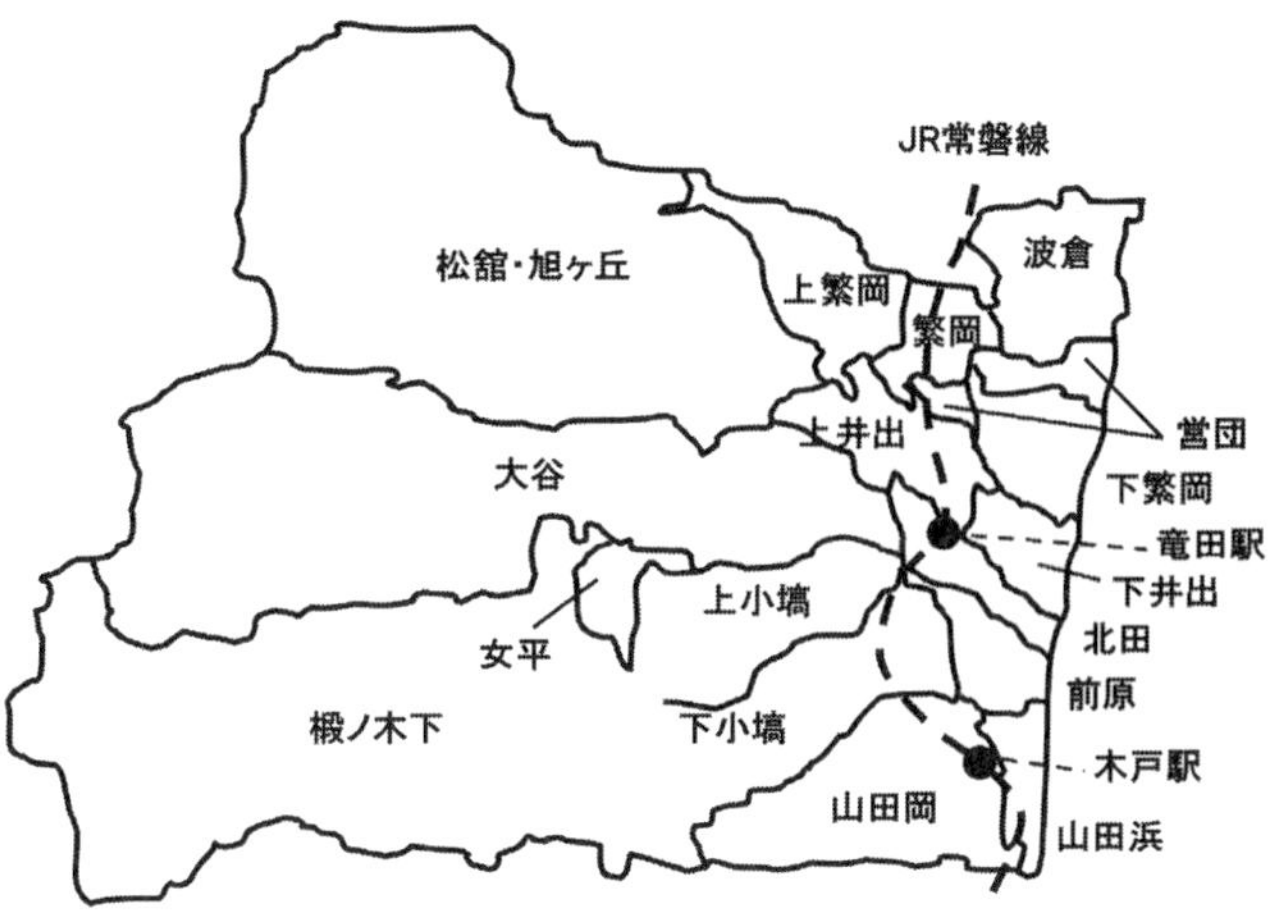


**楢葉町の行政区**（筆者作成）

これら三つの自治会対応が入居者ニーズに沿ったものなのかを判断するのは難しいものの、会長・役員は入居者との雑談や総会などの会合で意見聴取したうえでの判断とのことである。（二）のように自治会自体をたたむ方向でいくのは、おそらく楢葉町にある（既存の）行政区との関係もあるのではないか。実際に仮設自治会長と区長を兼務している／していた人も存在しているのである。[35]

さらに自治会の対応を難しくしているのは「（楢葉町に）帰還する／（避難先で）定住する／決めていない」というディバイドが存在することにある。これらの対応をすべて役場またはそれに関連する団体がやり切れるのかというとそれは困難であろうし、その場合は個人／家族／住民組織などの次元におけるいわゆる「共助」領域の問題に帰するのではなかろうか。これらの複雑な制約下で仮設自治会が積極的に対応していくのか、または、最初から「役割を終えた」として「（自治会を）やらない」という決定のなかで、帰町の先は区会の問題という考え方もあろう。ただ、自助／共助／公助のどの次元であるにせよ、いったん（全町民が町外に一定期間以上避難したという意味で）リセットされた町を再構築するにあたっても、この復興まちづくりには個々人のまずは起点となる今後

表 11　行政区別の生活再建への期待

単位：%

| 行政区 | ①全体よりも多い項目 | ②全体よりも少ない項目 |
|---|---|---|
| 上井出 | | 医療・福祉施設の移動に関する問題解消 (34.8)、行政区にあった人づきあいの維持 (17.4) |
| 下井出 | 高齢者向けの介護等の支援 (55.6) | |
| 北田 | ひとつもない (14.3) | 医療・福祉施設の移動に関する問題解消 (28.6)、買い物の移動に関する問題解消 (21.4)、行政区にあった人づきあいの維持 (7.1) |
| 大谷 | 交流・懇親スペースの充実 (20.0) | |
| 松館 | 自宅の工事進捗に関する情報提供 (40.0) | |
| 上繁岡 | 医療・福祉施設の移動に関する問題解消 (63.2)、賠償関連の情報提供 (63.2)、賠償関連の手続き支援 (47.4)、町や外部団体による生活支援 (26.3) | |
| 繁岡 | ひとつもない (15.4) | 警察の見回り等の防犯体制の強化 (30.8) |
| 下繁岡 | 警察の見回り等の防犯体制の強化・医療・福祉施設の移動に関する問題解消 (90.9)、医療・福祉施設整備の情報提供 (81.8)、行政区にあった人づきあいの維持・公共交通機関整備の情報提供・自宅の工事進捗に関する情報提供 (54.5)、商業施設整備の情報提供 (45.5) | |
| 波倉 | 行政区にあった人づきあいの維持・住民同士による交流・懇親イベントの開催・自宅の工事進捗に関する情報提供 (50.0)、自宅の設備・家賃に関する情報提供・仮設住宅にあった人づきあいの維持 (33.3) | 医療・福祉施設整備の情報提供・医療・福祉施設の移動に関する問題解消・買い物の移動に関する問題解消 (16.7) |
| 営団 | 警察の見回り等の防犯体制の強化 (77.8)、行政区にあった人づきあいの維持 (55.6) | 医療・福祉施設の移動に関する問題解消 (22.2)、賠償関連の情報提供 (11.1) |
| 上小塙 | 賠償関連の情報提供 (53.8)、商業施設整備の情報提供 (46.2)、子供の学習支援 (15.4) | |
| 下小塙 | 警察の見回り等の防犯体制の強化 (67.7)、医療・福祉施設の移動に関する問題解消 (64.5)、放射線量の情報提供 (61.3)、買い物の移動に関する問題解消 (58.1)、住民同士による交流・懇親イベントの開催 (32.3)、仮設住宅にあった人づきあいの維持 (22.6) | |
| 山田岡 | 買い物の移動に関する問題解消 (57.1)、高齢者向けの介護等の支援 (53.6)、自宅の工事進捗に関する情報提供 (28.6) | |
| 山田浜 | 買い物の移動に関する問題解消 (80.0) | 警察の見回り等の防犯体制の強化 (20.0) |

の生活再建・構築が関連していくものであることから、自助だけではとうてい乗り切れない困難が待っているものと考えるのである。

それでは「起点」となる生活再建であるが、再建への支援をどのようなかたちで求めているのだろうか。ここでは行政区ごとにみていくことにしよう（表11）。支援への期待という共通項からどう仮設自治会から区会への連接が可能になるのだろうか。

この表は各行政区出身者の帰町後等の生活再建に対する期待を全体平均よりも有意に大きい／小さい項目についてまとめたものである。[36]

全体の傾向については第二節（三）で論じたために詳細は省略するが、「人づきあい」構築・再構築への期待がとりわけ大きい区は、大谷「交流・懇親スペースの充実」、下繁岡「行政区にあった人づきあいの維持」、波倉「行政区にあった人づきあいの維持」「住民同士による交流・懇親イベントの開催」「仮設住宅にあった人づきあいの維持」、営団「行政区にあった人づきあいの維持」、下小塙「住民同士による交流・懇親イベントの開催」「仮設住宅にあった人づきあいの維持」である。この中でとくに波倉で多いのは津波被災地であって防災集団移転[37]が計画されている地区だからである。

行政区内の人づきあいについては『楢葉町復興計画』で「行政区連絡員制度の設立」が言及され、具体的には「行政区ごとに行政区と町とのパイプ役となる担当職員を行政区連絡員として選任し、帰町している町民の把握や行政区の自治活動に対する支援等を行います[38]」としており、いわゆる仮設住宅における連絡員制度の行政区版ともみてとれる。[39]

ところで波倉と下小塙であがった「仮設住宅にあった人づきあいの維持」はどうなるのだろうか。同様に『復興計画』では「新たに形成されたコミュニティとの融合・ボランティア受け入れ体制の構築」でふれられている。そこでは「この災害を通じ、避難中に培われた町外の人たちとの新たな関係は、新しい楢葉町の財産として、これを継続し、長く交流していくことを目指します。このため（中略）地域や町民の主体的な企画、取り組みを支援する仕組みを作ります」[40]と述べられている。「町外」とは多くの楢葉町民が避難している／していた、いわき市や会津美里町等の住民を想定しているといえるが、ここに町外で結成した仮設自治会も含まれるものと考えられる。

仮設自治会は帰町／他地域への転居とほぼ同時に消失してしまうのか、または仮設自治会と区会の両者による「創発的」なネットワークが形成されるのか、この『復興計画』ではボランティア等の支援に求めている部分がみえてくる。復興の現場における支援が「支援漬け」になってしまう弊害については稿を改めて論じたいが、最後に一つだけ述べたいのは、役場の要請と入居者の投票により結成された仮設自治会が数年かけてそれなりに自立・自律的な活動へと変容していったのは、震災前に区長を経験していないいわば「次世代のリーダー」によるところが大きい。これらの人たちが「仮設自治会長・役員経験者」として、いかに区会の活動に取り込んでいくか、そして仮設住宅で築かれた内（入居者）と外（支援者）との関係をどのように「つなげていく」（パットナムのいう bridging）のか、聞き取りによればなべて震災前は衰退しつつあった区会を活性化する大きな鍵になるのが実は「仮設自治会」であると筆者は考えるのである。[41]

**付記**　本研究は科学研究費（16H03686）「分化・複層化する原発事故避難者ネットワーク／コミュニティの類型と変容に関する研究」（基盤研究B、代表・松本行真）による研究の一部である。

**注**

（1）　具体的な時期を述べていたのは二名であり、「準備宿泊期間後の一〇月頃か診療所開設の翌年二月」「二〇一六年三月予定の公営住宅入居開始のタイミング」であった。

（2）このあたりについては今後の調査にて明らかにしたい。
（3）楢葉町広報から筆者作成
（4）「作業員宿舎の乱立防止　楢葉町が条例案」『河北新報』二〇一六年六月九日
（5）「私たち、楢葉町一歩会は、子どもの未来を憂い、町民の未来を憂い、人の心に寄り添い、真に町の復興を目指す」（趣旨文より）ために、小名浜相子島自治会長を会長に二〇一四年一一月末に設立総会を行ったものである。副会長は同仮設住宅に住んでいた人で会報作成を担当している。設立時のメンバーは一五人、翌一五年春の段階では三〇人弱である。二〇一六年にはエコテックに通ずる道に看板やのぼりを設置している。この会の活動の詳細については後日、あらためて論じたい。
（6）帰還を判断するさいに大きい要素となるのは学校の他に「高齢者介護」がある。避難者への聞き取り調査においても、「仮に戻ったとしてもいわきにある施設への送り迎えなどが大変である」という声が多い。そうしたなかで避難指示解除後にはじめて町内で再開した施設「リリー園」がある（「避難解除　楢葉特養ホーム再開」『河北新報』二〇一六年三月三一日）。筆者らによる施設長への聞き取り（二〇一六年一一月二八日実施）によると、職員の確保が大きな問題となっており、その状況次第で広野町を含めて三〇数名いるとされる待機者を入所させることができ、採算ベースに乗せられるとのことである。この詳細については別の機会に論じていきたい。
（7）町役場提供資料による。ちなみに会津宮里仮設は二〇一四年度末一四三世帯、二〇一六年時点で一一〇世帯である。
（8）たとえば、生活支援のパターン（前田ら　二〇一五）、経済的な側面での生活再建（丹波　二〇〇七）、災害公営住宅への入居等を含めた生活再建（澤田　二〇一三、二〇一五）や入居にともなう移動や居住実態（北後ら　二〇〇六、田中二〇一二、浅井ら　二〇一五）、コミュニティ形成支援（新井ら　二〇一五）
（9）少し古い例をあげれば雲仙普賢岳の噴火がある。高橋らは全体の経緯だけでなく復興に向けた住民組織の動向をまとめている（たとえば、高橋・藤井　一九九七、高橋ら　一九九八など）
（10）これらの過程やその影響ついては、たとえば青砥ら　二〇〇六、石川ら　二〇〇八、植田　二〇〇九、また東日本大震災も含めた議論に松井　二〇一一などの研究がある。
（11）そこでは仮設住宅が生活再建に向けたシェルター機能というよりは、「剥奪された者／されなかった者」を仕分ける社会的なフィルターになっていると論じている（吉原　二〇一六：一八九）

(12) これは次章の「生活「選択」期を迎えた富岡町避難者と広域自治会の役割」で論じることになるが、富岡町でも借り上げ等住宅の生活者同士による広域自治会がいわば「下から」のかたちで結成されている。これら組織において大熊町と富岡町との何らかの共通性と差異性があるものと思われるが、それについての論考はあらためて行いたい。

(13) 冒頭でも論じたが、楢葉町では仮設自治会同士の連絡会議「仮設自治会長連絡会議」が設けられている。そこでは役場等の行政機関からの連絡・決定事項、各仮設住宅の動向に関する意見交換をする場である。この会議体と各仮設自治会とのかかわりを論ずるべきなのだろうが、各会長らへの聞き取りから、それらのかかわりはさほどないものと筆者は考え、本論ではあえてふれないこととする。

(14) 松本 二〇一五a、二〇一五bを参照

(15) 議論に入る前に調査対象者が帰町等に対してどのような意向を持っているかを確認する（**補表1**）。全体でもっとも多いのは「楢葉町内の自宅」（五三・九％）、次いで「いわき市」（二六・九％）、そして「楢葉町内の（災害）公営住宅」（九・八％）である。楢葉への帰町意向が高いのは先にもふれたように六〇代以上が多いものであると考えられる。また規模別でみたときに、小規模仮設では「楢葉町内の自宅」（六一・一％）が比較的多く、逆に「いわき市」（一一・一％）は明らかに少ない。中規模仮設では「いわき市」（三二・七％）である一方、「楢葉町内の自宅」（四一・八％）とこれも有意に少ない。大規模仮設では「楢葉町内の自宅」（五九・二％）と多い一方で同じ大規模の会津宮里仮設では「医療・福祉・介護施設」（二〇・〇％）と多いなかで、「楢葉町内の自宅」（四〇・〇％）や「いわき市内」（一五・〇％）は少ない。詳述はしないが、各仮設でみたときも帰町等に関する意向が各々で異なった傾向を示していることから、それらの実情にあったサポートが必要であるといえる。

(16) 規模別については五〇世帯未満を「小規模」、一〇〇世帯未満を「中規模」、一〇〇世帯以上を「大規模」としている。また会津宮里仮設は大規模仮設であるが、立地がいわきから大きく離れていることから別に扱い、そのために本項ではふれない。

(17) 分析は集計ソフトAssum for windowsで行っている。全体との有意差を示す記号を▲▼：一％、△▽：五％、⇅：一〇％、∴∵：二〇％とする。

(18) 有意差はないが「放射線量の情報提供」（五二・六％）、「賠償関連の情報提供」（三六・二％）もある。

(19) 仮設住宅によっては回収数が二〇未満のものもあり、あくまでも傾向を述べることに留意されたい。

## 補表1　仮設住宅入居者の希望移転先

| | | 調査数 | 楢葉町関係（他双葉郡含む） 楢葉町内の自宅 | 楢葉町内の自宅以外の住宅 | 楢葉町内の（災害）公営住宅 | 楢葉町以外の双葉郡内町村 | いわき市 | それ以外 福島県外 | いわき市以外の隣接市町村 | いわき市以外の県内 | 医療・福祉・介護施設 | その他 | 未定・不明 |
|---|---|---|---|---|---|---|---|---|---|---|---|---|---|
| | 合計 | 245 | 53.9 | 4.9 | 9.8 | 0.4 | 26.9 | 4.5 | 2.4 | 2.4 | 2.9 | 1.6 | 6.9 |
| 規模 | 小規模 | 18 | 61.1 | 5.6 | 5.6 | – | ∵ 11.1 | 5.6 | – | – | – | ∴ 5.6 | 5.6 |
| | 中規模 | 55 | ↓ 41.8 | 7.3 | 9.1 | – | 32.7 | 3.6 | – | ∴ 5.5 | 5.5 | – | 9.1 |
| | 大規模 | 152 | ∴ 59.2 | 4.6 | 9.9 | 0.7 | 28.3 | 3.9 | 3.3 | 1.3 | 1.3 | 1.3 | 5.9 |
| | 大規模　会津 | 20 | 40.0 | – | 15.0 | – | 15.0 | 10.0 | 5.0 | 5.0 | ↑ 10.0 | 5.0 | 10.0 |
| 各仮設 | 会津宮里 | 20 | 40.0 | – | 15.0 | – | 15.0 | 10.0 | 5.0 | 5.0 | ↑ 10.0 | 5.0 | 10.0 |
| | 高久第五 | 5 | 60.0 | – | 20.0 | – | – | – | – | – | – | ▲ 20.0 | – |
| | 高久第六 | 1 | 100.0 | – | – | – | – | – | – | – | – | – | – |
| | 高久第八 | 29 | 55.2 | 3.4 | 6.9 | – | 17.2 | △ 13.8 | 3.4 | – | – | 3.4 | 10.3 |
| | 高久第九 | 33 | ↑ 69.7 | 6.1 | 12.1 | △ 3.0 | 30.3 | – | – | – | – | 3.0 | – |
| | 高久第十 | 40 | 60.0 | 2.5 | 7.5 | – | 30.0 | 2.5 | △ 7.5 | 5.0 | 5.0 | – | 7.5 |
| | 上荒川 | 50 | 54.0 | 6.0 | 12.0 | – | 32.0 | 2.0 | 2.0 | – | – | – | 6.0 |
| | 四倉細谷 | 5 | 80.0 | – | – | – | – | ↑ 20.0 | – | – | – | – | – |
| | 作町一丁目 | 14 | ▽ 21.4 | 7.1 | 14.3 | – | ↑ 50.0 | – | – | – | 7.1 | – | 7.1 |
| | 内郷白水 | 24 | 45.8 | 4.2 | 4.2 | – | 29.2 | 8.3 | – | ▲ 12.5 | 4.2 | – | 8.3 |
| | 林城八反田 | 17 | 52.9 | ∴ 11.8 | 11.8 | – | 23.5 | – | – | – | 5.9 | – | 11.8 |
| | 小名浜相子島 | 7 | 42.9 | 14.3 | – | – | 28.6 | – | – | – | – | – | 14.3 |

(20) これについては後節で詳述する。
(21) 以下の議論はアンケートと複数の自治会役員・住民らへのヒアリングを通じて、筆者がまとめたものである。したがって、各仮設に入居している特定の人の考えを反映させたものではなく、また筆者の解釈も含まれていることもあらかじめご容赦願いたい。
(22) ここでは二〇一五年から二〇一六年にかけてみていくことになるが、二〇一六年四月から連絡員制度が変わったことが仮設住宅においては大きなトピックになっている。本稿では制度変更そのものには立ち入らず、それにより仮設自治会がどのように捉え、対応していくかを中心に論じている。以下ではアンケート調査も行った仮設住宅を対象とすることから、飯野については言及しない。
(23) 調査日は二〇一五年六月一五日、二〇一六年八月一日
(24) 調査日は二〇一五年五月二〇日、二〇一六年六月六日
(25) アンケート回答者が一名であるために参考である。また、調査日は二〇一五年五月二九日、二〇一六年二月一九日
(26) 調査日は二〇一五年五月二二日、二〇一六年六月四日・六月二一日
(27) 調査日は二〇一五年五月二〇日・五月三〇日、二〇一六年六月一六日・六月二〇日
(28) 調査日は二〇一五年五月二一日、二〇一六年六月二日・六月五日
(29) 調査日は二〇一五年五月二八日・五月二九日、二〇一六年六月二六日・六月二八日・七月五日
(30) 調査日は二〇一五年五月二二日、二〇一六年六月一一日・七月一日
(31) 調査日は二〇一五年六月六日、二〇一六年七月一〇日
(32) 調査日は二〇一五年六月五日、二〇一六年六月一一日
(33) 調査日は二〇一五年五月二一日、二〇一六年六月一二日
(34) 調査日は二〇一五年五月二一日、二〇一六年五月一九日・六月一六日・一一月二日
(35) 本章では取り上げなかったが、筆者が同様なかたちで調査を進めている富岡町の仮設（広域も含む）自治会でも区長を兼務している／していた人は複数存在する。そのほぼいずれも「自治会長と区長の二重負担」により、ほぼ区長としての任務がやり切れていない。ただし楢葉町と異なるのは、富岡町の場合は（本稿執筆時点で）避難指示解除の日時が明確に定まっていないことから、目の前にある自治会の問題を解決することを優先しているものと思われる。避難指示解除後、

楢葉町と同じような傾向をたどるのか否かは別の機会であらためて論じたい。

(36) ただし、この属性はあくまでも「震災前の居住地」であるために、帰町する際に他行政区へ移る場合も考えられることを留意されたい。また、いくつかの行政区においては二〇名未満のために参考値である。なお、旭ヶ丘、乙次郎、前原、椴木下、女平、大坂については該当者がいないため省略した。

(37) 『楢葉町復興交付金事業計画　復興交付金事業等個票』(二〇一四年三月時点)によれば、町内の同事業は四地区、九八戸が対象で波倉(二七)・下井出(一三)・前原(二九)・山田浜(二九)が対象となっている。

(38) 『楢葉町復興計画〈第二次〉第二版』四四

(39) これについての詳細は後日あらためて論じたい。

(40) 注(38)に同じ。

(41) 震災前は仕事の関係で町内での活動がほとんどなかったものの、避難所生活を経て仮設自治会長になってから、リーダーシップを発揮するようになり、区長に就任してこれからの復興まちづくりに尽力している人も事実、存在する。この人は町外からの復興関係者との共生(先で言及した『復興計画』における「新たな町民コミュニティ受け入れ」の項を参照)に積極的でもあり、今後の活動が期待される。

## 参考文献


青砥穂高・熊谷良雄・糸井川栄一・澤田雅浩、二〇〇六、「新潟県中越地震による中山間地域集落からの世帯移転の要因と世帯移転が集落コミュニティに及ぼす影響に関する研究」『地域安全学会論文集』八、一五五－一六二

浅井秀子・熊谷昌彦・月舘敏栄・樋口秀・秋山由衣、二〇一五、「地震災害における災害公営住宅居住者の意向調査——新潟県中越地震・能登半島地震・東北地方太平洋沖地震の事例」『日本建築学会技術報告集』二一(四九)、一二一七－一二二二

新井信幸・戸村達彦・三矢勝司・浜口祐子、二〇一五、「コミュニティ非継続型仮設住宅における自治の形成過程——仙台・あすと長町仮設住宅を対象に」『日本建築学会計画系論文集』八〇(七一六)、二一八三－二一九〇

石川永子・池田浩敬・澤田雅浩・中林一樹、二〇〇八、「被災者の住宅再建・生活回復から見た被災集落の集団移転の評価に関する研究——新潟県中越地震における防災集団移転促進事業の事例を通して」『都市計画論文集』四三(三)、七二七－

七三二
植田今日子、二〇〇九、「ムラの「生死」をとわれた被災コミュニティの回復条件――中越地震被災集落・新潟県旧山古志村楢木（ならのき）集落の人びとの実践から」『ソシオロジ』五四（二）、一九―三五
菅野昌史・石丸純一、二〇一四、「原発事故に伴う楢葉町民の避難生活（二）トラブル経験の実態」『いわき明星大学大学院人文学研究科紀要』一二、六七―七八
菊池真弓、二〇一三、「原発事故に伴う楢葉町民の避難生活――世帯分離に注目して」『社会学論叢』一七八、一五―三二
北後明彦・樋口大介・室崎益輝、二〇〇六、「阪神・淡路大震災からみた住宅再建支援のあり方――被災市街地における住宅再建と災害復興公営住宅団地の比較」『都市住宅学』五三、八六―九七
澤田雅浩、二〇一三、「災害公営住宅等の入居者動向に関する研究――旧山古志村に建設された住宅を対象として」『二〇一三年度日本建築学会大会（北海道）学術講演会・建築デザイン発表会　学術講演梗概集』、一一―一二
――――、二〇一五、「復旧・復興対策の変化と課題 住宅地区の復興の取組みと住まいの確保――新潟県中越地震被災地で取り組まれた住まいの再建と地域の再生」『都市住宅学』八八、五四―五七
関礼子、二〇一三、「強制された避難と「生活（life）の復興」」『環境社会学研究』一九、四五―六〇
高木竜輔、二〇一三、「長期避難における原発避難者の生活構造――原発事故から一年後の楢葉町民への調査から」『環境と公害』四二（四）、二五―三〇
高木竜輔・石丸純一、二〇一四、「原発事故に伴う楢葉町民の避難生活（一）一年後の生活再建の実相」『いわき明星大学人文学部研究紀要』二七、二二―三九
高橋和雄・藤井真、一九九七、「雲仙普賢岳の火山災害における被災者対策に関する調査研究」『土木学会論文集』五六七、五三―六七
高橋和雄・中村百合・清水幸徳、一九九八、「雲仙普賢岳の火山災害における応急仮設住宅の建設の経過と住環境管理」『土木学会論文集』六〇四、八五―九八
田中正人、二〇一二、「災害復興過程における居住者の移動実態とその背景」『神戸山手大学紀要』一四、一〇九―一二七
丹波史紀、二〇〇七、「中山間地の災害復興と被災者生活再建の課題――旧山古志村被災住民に対する住宅再建調査を通して」『福島大学地域創造』一九（一）、五九九八―六〇一二

前田昌弘・石川直人・伊藤俊介・阪田弘一・髙田光雄、二〇一五、「仮設住宅居住者への〝間接的支援〟の成立要因と課題——東日本大震災における仮設住宅の住環境改善支援に関する実践的研究」『日本建築学会計画系論文集』八〇（七一五）、一九九一‐一九九九
松井克浩、二〇一一、『震災・復興の社会学——二つの「中越」から「東日本」へ』リベルタ出版
松本行真、二〇一五a、『被災コミュニティの実相と変容』御茶の水書房
——、二〇一五b、「長期避難者コミュニティとリーダーの諸相——福島県双葉郡楢葉町・富岡町を事例に」吉原直樹・仁平義明・松本行真共編『東日本大震災と被災・避難の生活記録』六花出版
吉原直樹、二〇一三、『「原発さまの町」からの脱却——大熊町から考えるコミュニティの未来』岩波書店
——、二〇一六、『絶望と希望——福島・被災者とコミュニティ』作品社

# 生活「選択」期を迎えた富岡町避難者と広域自治会の役割

松本行真

## 一　広域自治会をめぐる環境変化

富岡町は先の東京電力福島第一原子力発電所の事故をうけ、現在は避難指示解除準備区域／居住制限区域／帰還困難区域に指定され、全町民一万五〇五三人（県内一万七八〇人、県外四二七三人）が町外に避難している。町民による町外での住宅再建が二〇一四（平成二六）～一五年あたりに増え始め、それにともない仮設住宅への入居数が減少基調にある。その仮設住宅においてもたとえば、郡山市内の公営住宅の入居開始をはじめ、安達太良仮設内での公営団地への移動、三春地区仮設の集約と平沢公営団地への入居、担い手の関係による仮設住宅自治会の事実上の解散等、近年その動きが加速しているといえる。

さて、これら借り上げ等の「みなし仮設」や仮設住宅入居者の「次」へのステップに移っていくなかで、借り上げや仮設に住んでいるままで先を決めかねている人も存在している。こうした背景には「帰町」という選択肢が含まれていることはいうまでもないことであるのだが、町内北部にある帰還困難区域の存在が昨年秋から帰町の始まった楢葉町と事情が大きく異なっている。

二〇一五年から本稿執筆時点までの富岡町のおもな出来事をまとめたのが**表1・表2**[1]である。

二〇一五年前半は町外での活動・行事が多かったものの、後半から年度末にかけて各種施設の稼働や交流サロン開所等、町内での動きが出てきている。二〇一六年になるとより加速し、コンビニエンスストア開店、農業復興組合設立等があった。それを後押しするのが帰町計画案の提出と特例宿泊開始ともいえよう。春からの帰町検討委員会や除染検証委員会の動きがあるなかで、九月から準備宿泊が開始され、その後診療所や商業施設の一部開業、来春入居開始予定の曲田地区災害公営住宅といった生活インフラは少しずつではあるが整いはじめ、二〇一七年春といわれる避難指示解除をひかえている状況にある。

しかしながら、この冬に部分開業する商業施設から北数キロ先にある帰還困難区域の存在が問題を複雑にさせている。戻れる／戻れない分断があるなかでの定住先の選択／未選択のほかに、定住形態の購入・賃貸／公営団地という選択肢もあり、こうした富岡町民の帰る／帰らないといった軸だけでは捉えきれない現状が複雑にする要因といえる。こうした意味で複層化した人とそれらによりつくられるコミュニティについて、町役場や社協がフォローすることは震災後のこれまでの経緯からも困難である[2]。こう考えると現在のように（みかけ上は）さまざまな選択肢が存在する生活「選択」期で求められるのは、住民間の（自助を前提とした）共助ではなかろうか。これを体現しているのが今から数年さかのぼって二〇一一年から活動が始まった本稿で取り上げる広域自治会である。当初の設立目的は仮設住宅入居者と比べて情報が入りにくい「借り上げ同士」の懇親を図ること[3]であった。

いまいちど住民の視点に立ち戻ると、さまざまな選択があることは人びとのニーズも細分化されていることが想定される。そうしたことに「共助」で対応できるのが広域自治会であり、そこに存在意義を求めることができるのではないか。

## 表1　2015年富岡町のおもな出来事

| 年 | 月 | おもな出来事 |
|---|---|---|
| 2015 | 1 | 富岡町成人式（郡山）<br>町民支援拠点開設（さいたま）<br>町表彰式・賀詞交換会（いわき）<br>県復興公営住宅下神白団地鍵引き渡し式（いわき）<br>シャープ富岡太陽光発電事業所・安全祈願祭（町内）<br>すみれ会新年会（いわき） |
| | 2 | 町農業復興組合発足・設立総会（郡山）<br>新町行政区総会・親睦会（いわき）<br>さくらの会新年会（いわき） |
| | 3 | 町東日本大震災慰霊祭（郡山）<br>仮設焼却施設完成（町内）<br>清水行政区総会（いわき）<br>県復興公営住宅湯長谷団地鍵引き渡し式（いわき） |
| | 4 | 町復興への集い 2015（町内・広野）<br>行政区長会（郡山）<br>町消防団春季検閲（広野）<br>福島市及び県北地区在住富岡町民自治会総会（福島） |
| | 5 | 町農業復興組合総会（郡山） |
| | 6 | 富岡漁港災害復旧工事安全祈願祭（町内）<br>津波被災地区復旧・復興事業　地権者用地説明会（郡山・いわき）<br>環境省・特定廃棄物埋立処分計画　行政区長会・住民説明会（郡山・いわき） |
| | 7 | 町「子ども友情の集い」（郡山）<br>合併 60 周年記念式典（いわき）<br>双葉環境センターし尿処理施設完成式（町内）<br>シャープ富岡太陽光発電事業所・稼働開始（町内）<br>町農業委員会委員付与式（郡山）<br>災害危険区域を指定 |
| | 8 | 高津戸・大菅地区復興組合設立<br>熊耳夏祭り（三春）<br>廃炉国際共同研究センター国際共同研究棟町内設置決定 |
| | 9 | 町除染検証委員会設置<br>町敬老会開催（郡山・いわき） |
| | 10 | 復興推進課・復旧課を町内保健センターに移転<br>双葉警察署一部再開（町内）<br>大玉村営横堀平団地鍵引渡し式（大玉）<br>富岡町交流サロン開所（町内）<br>町政懇談会（郡山・いわき・仙台・柏崎・江東区・横浜）<br>夜ノ森駅前南区親睦会（郡山・いわき）<br>除染検証委員会視察（町内）<br>町固定資産評価審査委員会辞令交付（郡山）<br>「ふたばワールド 2015 in 楢葉」開催（楢葉）<br>町民交流会開催（福島）<br>保健・福祉アクションプラン検討委員会設置<br>富岡消防署臨時拠点開所（町内） |
| | 11 | 町帰町検討委員会設置<br>町政懇談会（さいたま・松戸） |
| | 12 | 町マスコットキャラクター「とみっぴー」決定<br>町除染検証委員会中間報告<br>「『第3の道』実現アクションプラン」策定プロジェクトチーム発足<br>農業者協議開催（郡山）<br>町災害公営住宅基本協定締結<br>行政区長会開催（郡山） |

表 2　2016 年秋までの富岡町のおもな出来事

| 年 | 月 | おもな出来事 |
|---|---|---|
| 2016 | 1 | 富岡町成人式（郡山）<br>町表彰式・賀詞交換会（いわき）<br>大玉村営復興公営住宅竣工式（大玉）<br>町マスコットキャラクター「とみっぴー」お披露目 |
| | 2 | (特になし) |
| | 3 | 町帰町計画案提出<br>特例宿泊開始（町内）<br>町防災会議開催（郡山）<br>町東日本大震災慰霊祭（郡山）<br>町議会議員選挙<br>清水行政区総会（いわき）<br>新常磐交通に路線バス再開要望書提出<br>コンビニエンスストア開店（町内） |
| | 4 | 町復興への集い 2016（町内・広野）<br>新夜ノ森行政区総会（いわき）<br>夜ノ森駅前北行政区総会（いわき）<br>行政区長会開催（郡山）<br>町消防団春季検閲（楢葉）<br>本岡地区農業復興組合設立総会<br>下千里・沼名子地区農地管理組合設立<br>廃炉国際共同研究センター国際共同研究棟起工式（町内） |
| | 5 | 帰町検討委員会開催<br>除染検証委員会「緊急提言」提出 |
| | 6 | 新町行政区総会（いわき）<br>王塚行政区総会（いわき）<br>農業復興実施計画検討委員会設置<br>町・町議会、環境省等に要望書提出 |
| | 7 | 行政区長会開催<br>町政懇談会（品川区）<br>環境省、帰還困難区域の一部除染実施計画を町に説明<br>曲田地区災害公営住宅起工（町内）<br>富岡復興メガソーラー・SAKURA 起工式（町内）<br>帰町検討委員会第 1 回評価を町に提出 |
| | 8 | 町政懇談会（郡山・いわき）<br>熊耳夏祭り（三春）<br>アトックス富岡新事務所落成披露式（町内） |
| | 9 | 西原行政区座談会（いわき）<br>町敬老会開催（郡山・いわき）<br>準備宿泊開始 |
| | 10 | 町立とみおか診療所開所（町内）<br>イトーヨーカ堂「あんしんお届け便」開始（町内）<br>曲田地区災害公営住宅募集開始<br>夜ノ森駅前北行政区区民の集い開催（いわき）<br>町消防団秋季検閲（楢葉）<br>帰町検討委員会第 2 回評価を町に提出<br>除染検証委員会報告書提出 |
| | 11 | 夜ノ森駅前南行政区親睦会開催（郡山・いわき）<br>複合商業施設「さくらモールとみおか」一部開業（町内） |

ちなみにこうした避難者を対象にしたネットワーク組織に関する研究は、福島県外への広域避難者に対する「支援」ネットワークとのかかわりを中心に扱ったものが多い[4]。また、避難者が属する複数のコミュニティを視座にした議論（松薗 二〇一六）のほかに、避難者同士によるコミュニティを扱ったもので仮設自治会から地理的な領域性にとらわれない「新しい近隣」が形成される「サロン」（吉原 二〇一四）、さらには「みなし仮設自治会」（吉原 二〇一六）への言及もある。前者のサロンには「もと」となる組織（仮設自治会）の存在がみえ隠れしているが、後者についてはコミュニティの「越境」、さらには避難者同士による「下から」という意味で筆者の問題意識と共通しているところはあるものの、そこで検討されるのは会の成り立ちと実態の把握であることと「帰町」は（現時点で）現実的ではないという点で、「帰町するか否か」といった要因による変容にまでは立ち入っていない[5]。

そこで本稿の論点は以下の三つにねらいを定めることとする。一つめは拙論（松本 二〇一五b）では会長・役員（以下、役員）への聞き取りが中心であった議論を一般会員の視点に移すことで、いわゆる生活「選択」期における広域自治会の課題とニーズを明らかにする。二つめはこれらニーズに対して役員はどのような展開を考えているのか。課題とニーズの変容への対応がなされている／なされつつあるのかをヒアリング調査から検討していきたい。最後に三つめとして、各会員の避難／定住先での地域活動の現状を把握するとともに、広域自治会としての避難／定住先との連携と共生に向けた取り組みの現状と今後の展開可能性を論じることとする。

## 二　各広域自治会の現状と課題

### (一) 各広域自治会のプロフィール

各自治会のプロフィール詳細は拙著（松本　二〇一五b）で論じているが、[6]その概要を示したのが**表3**である。まずはいわき市に拠点を置く広域自治会をみていくと、さくらの会は四〇名程度でスタートして増減はあるものの二〇一六年時点の会員数は一八〇名程度である。すみれ会はやや増加基調にあり、現時点では二〇〇名程度である。これらの会はそれぞれ平交流サロン、四倉交流サロンを拠点サロンとしているが、会員の居住地は各々いわき市全域に及んでいる。郡山方部居住者会は郡山市周辺の居住者を対象に七四世帯でスタートして、現在は約二六〇名の会員を擁している。

### (二) 調査対象・内容

前項で紹介した広域自治会（さくらの会、すみれ会、郡山方部居住者会）会員を対象に二〇一五年一〇月～二〇一六年一月に郵送による質問紙調査を実施した。回収結果は一四一名（さくらの会三九名、すみれ会二四名、郡山方部居住者会七八名）であり、回答者属性は性別（男性五八・九％、女性三九・〇％、不明二・一％）、年代別（五〇代七・一％、六〇代三四・〇％、七〇代四四・〇％、八〇代以上一二・一％、不明二・八％）であった。また、これらの回答者のうちで「個別調査可」（全回答者の六三・一％）と各広域自治会長・役員らを対象にしたヒアリング調査も二〇一五年七月～二〇一六年一〇月にかけて一一人に行った。

表3　各広域自治会のプロフィール

| 広域自治会名 | 設立 | おもな活動地域 | 拠点サロン | 会員数 |
| --- | --- | --- | --- | --- |
| さくらの会 | 2011年5月 | いわき地区 | 平交流サロン | 40名程度（設立時）<br>150名程度（2012年10月）<br>180名程度（2013年7月）<br>160名程度（2014年6月）<br>150名程度（2015年8月）<br>180名程度（2016年6月） |
| すみれ会 | 2011年9月 | いわき地区 | 四倉交流サロン | 73世帯150名（2013年1月）<br>90世帯以上160名程度（2014年11月）<br>100世帯以上200名程度（2015年7月）<br>119世帯200名程度（2016年9月） |
| 郡山方部居住者会 | 2012年5月 | 郡山地区 | なし（公民館等を活用） | 発足時74世帯<br>167世帯253名（2012年度末）<br>165世帯240名（2014年10月）<br>164世帯約260名（2015年度末） |

調査内容は二〇一二年度調査[7]をベースに、(1)震災前の行政区や地域とのかかわり、(2)震災後の行政区や地域とのかかわり、(3)広域自治会での参加・活動状況、(4)転居後の生活、(5)今後の帰町・集団移転に対する意向、(6)基本属性、としている。次項ではアンケート調査項目のうちから広域自治会への接触・活動実態と期待を明らかにするために、①今後の転居先についての考え、②広域自治会の認知経路、③入会理由、④参加している活動・行事、⑤広域自治会に望むもの、の五項目の結果を用いて議論する。

本項では全体の動向と広域自治会別についての分析を行う[8]。

## (三)　広域自治会別でみた各会員の動向

### ①今後の転居先についての考え

最初に会員各自が今後どこに住むことを希望しているのかを確認する（表4）。ちなみにこの質問文に「希望」だけでなく「（購入などにより）住む場所が決定」も含まれていることに留意されたい。そこで、さくらの会は「いわき市」（七四・四％）と七割以上で、逆に「未定」（一〇・三％）は一割程度と、ほとんどが居住先を決めているものといえる。すみれ会も同様に「い

表４　広域自治会別の本人の転居希望先

| | 調査数 | 富岡町関係 | | | | いわき市 | いわき市以外 | | | | 未定 |
|---|---|---|---|---|---|---|---|---|---|---|---|
| | | 富岡町内の自宅 | 富岡町内の災害公営住宅 | 富岡町外の災害公営住宅 | 富岡町以外の双葉郡内町村 | | いわき市以外の福島県内 | いわき市以外の隣接市町村 | 福島県外 | 医療・福祉・介護施設 | |
| 合　計 | 141 | 22.0 | 7.1 | 3.5 | 2.1 | 36.2 | 16.3 | 2.8 | 1.4 | 2.1 | 19.1 |
| さくらの会 | 39 | 17.9 | 2.6 | 2.6 | − | ▲ 74.4 | − | − | 2.6 | 2.6 | ∵ 10.3 |
| すみれ会 | 24 | ∵ 8.3 | ▲ 20.8 | 8.3 | 4.2 | ▲ 79.2 | − | − | − | 4.2 | ∵ 8.3 |
| 郡山方部居住者会 | 78 | ∴ 28.2 | 5.1 | 2.6 | 2.6 | ▼ 3.8 | ▲ 29.5 | 5.1 | 1.3 | 1.3 | ↑ 26.9 |

わき市」（七九・二％）が八割近くになっているが、その一方で「富岡町内の災害公営住宅」（二〇・八％）も二割に達する。これは帰還困難区域でもある夜ノ森をはじめとした町内北部に居住していた回答者の約四分の一を占め、かつ富岡町内への帰町意向があることによると推察される。郡山方部居住者会では「いわき市以外の福島県内」（二九・五％）と約三割であり、これは郡山市とその周辺をさすものと考えられる。その他には「富岡町内の自宅」（二八・二％）も同程度、さらにいえば「未定」（二六・九％）も同じくらいである。回答者だけに限定していえば、この会の会員は「郡山周辺」「富岡町内」「未定」のほぼ三つに分かれているといえる。

### ②広域自治会の認知経路

次に各自治会を「知った」手段についてみることにする（**表5**）。全体で多いのは「震災前に住んでいた区会等の人」（四三・三％）、「その他の友人・知人」（一八・四％）、「震災後に知り合いになった人」（一六・三％）である。

自治会別ではさくらの会では「震災前に住んでいた区会等の人」（五一・三％）が他の自治会よりも多い。すみれ会で相対的に多いのは「震災後に知り合いになった人」（二〇・八％）であり、いずれも震災前後の知り合い等による口コミであることがわかる。一方の郡山方部居住者会

表５　広域自治会別の認知経路

| | 調査数 | 震災前に住んでいた区会等の人 | その他の友人・知人 | 震災後に知り合いになった人 | 役場等のＨＰ、広報 | 自分の家族・親戚 | 新聞雑誌、テレビラジオの報道 | 町役場の人 | ＮＰＯ等の団体との人 |
|---|---|---|---|---|---|---|---|---|---|
| 合　計 | 141 | 43.3 | 18.4 | 16.3 | 7.8 | 7.1 | 0.7 | 0.7 | 0.7 |
| さくらの会 | 39 | 51.3 | 20.5 | 10.3 | 2.6 | 7.7 | – | – | – |
| すみれ会 | 24 | 45.8 | 25.0 | 20.8 | – | 4.2 | – | – | – |
| 郡山方部居住者会 | 78 | 38.5 | 15.4 | 17.9 | ↑ 12.8 | 7.7 | 1.3 | 1.3 | 1.3 |

で他の会よりも多いのは「役場等のＨＰ、広報」（一二・八％）と、規模的には口コミ経由であるのだが、三つの会での特徴としてまとめると、さくらの会・すみれ会＝「口コミ」、郡山方部居住者会＝「ウェブや広報等」と分けられる。

### ③入会理由

役員らの聞き取りによると広域自治会の設立目的は「情報共有」「懇親」等であるが、一般会員はどのような目的で入会したのだろうか（表６）。多い順に並べると「避難者同士の交流・懇親」（八六・五％）、「町や広報だけでは得られない情報の共有」（六九・五％）、「自分たちの生活に関する情報共有」（四一・八％）等であり、設立側の会の理念が共有されていることが推察される。

自治会別でみると、さくらの会で「町や広報だけでは得られない情報の共有」（八四・六％）、「賠償等に関する情報共有」（六九・二％）、「国や自治体との賠償等の交渉窓口」（四一・〇％）が他の自治会に比べて大きく、どちらかといえば賠償関連のノウハウ入手が入会理由であったといえる。すみれ会で多いのは「避難者同士の交流・懇親」（九五・八％）であり、同じいわき市内で結成された両会の性質が少なくとも入会理由で確認することができる。郡山方部居住者会はどうだろうか。他の会に比べてとりわけ大きい項目はなく、逆に「賠償等に関する情報共有」（二四・四％）や「国や自治体との賠償等の交渉窓口」（九・〇％）といった項目が際立って小さい。交流・懇親が八割以上であることを考えると、この会への入会理由は自ら明らかになるのではないか。

表６　広域自治会別の入会理由

| | 調査数 | 避難者同士の交流・懇親 | 町や広報だけでは得られない情報の共有 | 自分たちの生活に関する情報共有 | 賠償等に関する情報共有 | 帰町・集団移転等の転居に関する情報共有 | 国や自治体との賠償等の交渉窓口 | 現在の生活に関する相談 | 帰町・集団移転等の転居に際する生活相談 |
|---|---|---|---|---|---|---|---|---|---|
| 合　計 | 141 | 86.5 | 69.5 | 41.8 | 38.3 | 31.9 | 19.9 | 14.9 | 9.2 |
| さくらの会 | 39 | 87.2 | △ 84.6 | 43.6 | ▲ 69.2 | 33.3 | ▲ 41.0 | 20.5 | 12.8 |
| すみれ会 | 24 | ∴ 95.8 | 62.5 | 37.5 | 33.3 | 25.0 | 20.8 | 20.8 | 8.3 |
| 郡山方部居住者会 | 78 | 83.3 | 64.1 | 42.3 | ▽ 24.4 | 33.3 | ▽ 9.0 | 10.3 | 7.7 |

表７　広域自治会別の活動・行事参加状況

| | 調査数 | 自治会の総会 | 新年会・忘年会 | 日帰り、一泊旅行 | 交流サロンでのイベント | 付近住民との交流・懇親イベント | 食事会・飲み会 | ひとつもない |
|---|---|---|---|---|---|---|---|---|
| 合　計 | 141 | 74.5 | 62.4 | 55.3 | 37.6 | 35.5 | 22.7 | 1.4 |
| さくらの会 | 39 | △ 92.3 | △ 79.5 | 59.0 | 38.5 | 38.5 | 28.2 | – |
| すみれ会 | 24 | ↓ 58.3 | 58.3 | ▲ 91.7 | △ 62.5 | 37.5 | ↓ 8.3 | – |
| 郡山方部居住者会 | 78 | 70.5 | ∵ 55.1 | ▽ 42.3 | ∵ 29.5 | 33.3 | 24.4 | 2.6 |

### ④参加している活動・行事

認知経路や入会理由からも各会の特徴が確認できるが、会員の活動・行事の参加状況についてみていこう（表7）。多いのは「自治会の総会」（七四・五％）、「新年会・忘年会」（六二・四％）、「日帰り、一泊旅行」（五五・三％）である。

自治会別ではさくらの会で多いのは「自治会の総会」（九二・三％）、「新年会・忘年会」（七九・五％）であり、すみれ会は「日帰り、一泊旅行」（九一・七％）、「交流サロンでのイベント」（六二・五％）と明確に分かれていることがわかる。ここからも入会理由のさくらの会＝情報共有・交換、すみれ会＝交流・懇親が反映されていることがうかがえる。そして郡山方部居住者会についてみるとどの項目も他よりも少なく、とりわけ「日帰り、一泊旅行」（四二・三％）が少ないのは、

表 8　広域自治会別の会員状況

| 住宅名 | 平均 | ①本人の希望先 | ②認知経路 | ③入会理由 | ④活動・行事参加 | ⑤広域自治会への期待 |
|---|---|---|---|---|---|---|
| 共通 | | • いわき市、富岡町内の自宅、未定 | • 震災前の近所、区会等の人、友人・知人、震災後に知り合った人 | • 避難者同士の交流・懇親、広報だけで得られない情報の共有 | • 総会、新年会・忘年会、旅行 | • 現在の区等の情報提供、賠償に関する情報提供、飲み会や旅行等の交流会・懇親イベント開催 |
| さくらの会 | 多 | • いわき市 | • 震災前に住んでいた区会等の人 | • 広報だけで得られない情報の共有、賠償等に関する情報共有、国等との賠償等の交渉窓口 | • 総会、新年会・忘年会 | • 現在の区等の情報提供、賠償に関する情報提供、国等との賠償等の交渉 |
| | 少 | • 未定 | •「震災後に知り合いになった人」、「町役場等の HP、広報」 | | | • 帰町・集団移転等の転居に関する情報提供、帰町等の転居に際する生活相談 |
| すみれ会 | 多 | • いわき市、富岡町内の災害公営住宅 | • 友人・知人 | • 避難者同士の交流・懇親、現在の生活に関する相談 | •「日帰り、一泊旅行」、「交流サロンでのイベント」 | • 交流・懇親イベント開催、住んでいるところのトラブル解決方法 |
| | 少 | • 未定 | • 町役場等の HP、広報 | • 帰町・集団移転等の転居に関する情報共有 | • 総会、食事会・飲み会 | • 現在の区や町内の情報提供 |
| 郡山方部居住者会 | 多 | • それ以外の福島県内、富岡町内の災害公営住宅 | • 町役場等の HP、広報 | • 避難者同士の交流・懇親、転居に関する情報共有 | • 総会、食事会・飲み会 | • 現在の区等の情報提供、転居に際する生活相談 |
| | 少 | • 未定、いわき市 | • 友人・知人 | • 賠償等に関する情報共有、国等との賠償等の交渉窓口 | • 旅行、交流サロンでのイベント | • 飲み会や旅行等の交流・懇親イベント開催、災害公営住宅入居に関する相談 |

交流・懇親を行っている／行っていない会員が二つに分かれている＝固定化の傾向が他の会と比べて強いことが推察される。

これまでの分析をまとめたのが表8である。

回収率の関係から回答の妥当性を担保することは難しいものの、あえてその傾向を論じるならば、さくらの会＝「口コミ」「情報共有・交換」、すみれ会＝「口コミ」「交流・懇親」、郡山方部居住者会＝「ウェブ・広報」「参加／不参加の二極化」といえるのではないだろうか。

## 三　居住先と元居住地との関係

前節では会員の広域自治会とのいわば接触経緯とその状況について確認してきたが、本節では各会員が現居住地における自治会等地域のかかわりと生活上の問題、そして震災前の区会との現在の関与と今後の期待を確認する。これらの分析を通じて、各会の会員の住まい周辺における「人づきあい」の傾向を明らかにしたい。

### （一）居住先での地域活動

#### ①居住地域の活動・行事への参加

現在住んでいる地域での活動・行事への参加状況についてみると（表9）、大きい順に「地域の清掃美化」（六二・四％）、「資源・廃品回収」・「町内会・自治会の総会」（二八・四％）であり、おもに清掃美化である。

自治会別ではさくらの会で「集会所等の施設・設備管理」（二五・六％）、すみれ会では「地域の清掃美化」（七

表9　居住地域の活動・行事への参加

| | 調査数 | 地域の清掃美化 | 資源・廃品回収 | 町内会・自治会の総会 | 新年会等の季節行事 | 食事会等の懇親行事 | 集会所等の施設・設備管理 | 冠婚葬祭 |
|---|---|---|---|---|---|---|---|---|
| 合　計 | 141 | 62.4 | 28.4 | 28.4 | 22.7 | 17.0 | 12.8 | 12.8 |
| さくらの会 | 39 | 69.2 | ↓ 15.4 | 35.9 | 28.2 | 17.9 | △ 25.6 | 17.9 |
| すみれ会 | 24 | ↑ 79.2 | 25.0 | ∴ 41.7 | 16.7 | 12.5 | − | 12.5 |
| 郡山方部居住者会 | 78 | ∵ 53.8 | ∴ 35.9 | ∵ 20.5 | 21.8 | 17.9 | 10.3 | 10.3 |

| | 調査数 | 運動会等の体育活動 | 防災訓練 | 防犯・防火等対策 | 高齢者・障がい者福祉 | 乳幼児・学童保育の支援等 | ひとつもない |
|---|---|---|---|---|---|---|---|
| 合　計 | 141 | 10.6 | 8.5 | 6.4 | 4.3 | 1.4 | 16.3 |
| さくらの会 | 39 | ∵ 2.6 | 7.7 | 5.1 | 5.1 | 2.6 | 10.3 |
| すみれ会 | 24 | 12.5 | 12.5 | 4.2 | − | − | ∵ 4.2 |
| 郡山方部居住者会 | 78 | 14.1 | 7.7 | 7.7 | 5.1 | 1.3 | ∴ 23.1 |

九・二%）と「町内会・自治会の総会」（四一・七%）がそれぞれに多い。郡山方部居住者会では「資源・廃品回収」（三五・九%）への参加がある一方で「ひとつもない」（二三・一%）も多い。ここだけで断定するのは難しいが、もしかすると広域自治会への参加状況と居住先地域とのかかわり方には、「広域自治会：参加&居住先地域：参加」と「広域自治会：不参加&居住先地域：不参加」と二極化している可能性がある。

### ②生活上の問題点

続いて居住先地域での生活上の問題点を確認する（表10）。多くあげられた順にいくと「名前を知らない人が多い」（四三・三%）、「住んでいる地区の人との交流がない」（三一・九%）、「住んでいる地区が把握できない」（二五・五%）と、いずれも居住先での孤立をうかがわせる結果となっている。

自治会別でみると、さくらの会で多いのは「相談相手の不足・不在」（二三・一%）、「移動や交通の問題」（一七・九%）、「買い物施設の不足」（一五・四%）、「公園・運動場・体育施設等の不足」（一〇・三%）等であり、どち

### 表 10　居住地域における生活上の問題点

| | 調査数 | 名前を知らない人が多い | 住んでいる地区の人との交流がない | 住んでいる地区が把握できない | 自治会等の主催行事に参加しづらい | 自治会等のルールがわからない | 相談相手の不足・不在 | 住民の高齢化 | 移動や交通の問題 |
|---|---|---|---|---|---|---|---|---|---|
| 合　計 | 141 | 43.3 | 31.9 | 25.5 | 16.3 | 15.6 | 12.1 | 8.5 | 8.5 |
| さくらの会 | 39 | 51.3 | 38.5 | 25.6 | 12.8 | 12.8 | △ 23.1 | 10.3 | △ 17.9 |
| すみれ会 | 24 | 41.7 | 41.7 | ∴ 37.5 | 25.0 | 8.3 | 8.3 | 12.5 | 8.3 |
| 郡山方部居住者会 | 78 | 39.7 | 25.6 | 21.8 | 15.4 | 19.2 | 7.7 | 6.4 | ∵ 3.8 |

| | 調査数 | 買い物施設の不足 | 世代間のズレ | 高齢者や単身者等の孤立化 | 異なった自然環境への対応 | 一部のものだけが参加 | 病院等医療・福祉施設の不足 | ゴミ処理の問題 | 自治会役員のなり手不足 |
|---|---|---|---|---|---|---|---|---|---|
| 合　計 | 141 | 7.8 | 6.4 | 6.4 | 5.0 | 5.0 | 5.0 | 3.5 | 3.5 |
| さくらの会 | 39 | ↑ 15.4 | 2.6 | 7.7 | 2.6 | ∴ 10.3 | ∴ 10.3 | 2.6 | 2.6 |
| すみれ会 | 24 | 12.5 | 4.2 | 4.2 | – | – | 8.3 | – | 4.2 |
| 郡山方部居住者会 | 78 | ↓ 2.6 | 9.0 | 6.4 | 7.7 | 3.8 | ∵ 1.3 | 5.1 | 3.8 |

| | 調査数 | 公園・運動場・体育施設等の不足 | 周辺住民によるいやがらせ | 生活費、住宅ローン等の経済的な問題 | 以前から居住している周辺住民とのトラブル | とりまとめ役の不在 | 声の大きいものだけの意見が尊重 | 保育園・学校等育児・教育施設の不足 | 問題解決の手段・ノウハウの不足 |
|---|---|---|---|---|---|---|---|---|---|
| 合　計 | 141 | 3.5 | 2.8 | 1.4 | 1.4 | 1.4 | 1.4 | 0.7 | 0.7 |
| さくらの会 | 39 | △ 10.3 | 2.6 | 2.6 | ↑ 5.1 | ↑ 5.1 | ↑ 5.1 | ∴ 2.6 | ∴ 2.6 |
| すみれ会 | 24 | – | – | – | – | – | – | – | – |
| 郡山方部居住者会 | 78 | 1.3 | 3.8 | 1.3 | – | – | – | – | – |

表11　居住地域における会員の状況

| 住宅名 | 平均 | ①会員の自治会活動・行事参加 | ②会員の現在の生活上の問題点 |
|---|---|---|---|
| 共通 | | • 地域の清掃美化、資源・廃品回収、総会 | • 名前を知らない、住んでいる地区との交流がない、住んでいる地区のことがわからない |
| さくらの会 | 多 | • 集会所等の施設・設備管理 | • 相談相手の不足・不在、移動や交通の問題、買い物施設の不足、体育施設等の不足 |
| | 少 | • 資源・廃品回収、運動会等の体育活動 | • 自治会等の主催行事に参加しづらい |
| すみれ会 | 多 | • 地域の清掃美化、総会 | • 住んでいる地区の人との交流がない、住んでいる地区のことが把握できない |
| | 少 | • 季節行事、懇親行事、施設・設備管理 | • 自治会等のルールがわからない |
| 郡山方部居住者会 | 多 | • 資源・廃品回収、ひとつもない | • 自治会のルール不明、世代間のズレ |
| | 少 | • 地域の清掃美化、総会 | • 移動や交通の問題、買い物施設の不足 |

らかというと（自治会では対応できない）施設・設備面での問題点をあげる人が多い。すみれ会では「住んでいる地区が把握できない」（三七・五％）が他の会に比べてとくに多く、「居住先との関係構築に関するノウハウの提供」といった広域自治会のサポートが求められるのではないか。郡山方部居住者会ではどの項目でも問題としてはあまり出ないなかで、「自治会等のルールがわからない」（一九・二％）とあるのは先の二極化が起因しているものかもしれない。

これらの結果をまとめたのが**表11**である。

## （二）元居住地とのかかわり

ここでは震災前に住んでいた行政区とのかかわりを確認する。いずれも震災後についてのものである[9]。

### ①震災後に参加している区会活動・行事

調査時点の富岡町は依然として避難指示が解除されていないため、富岡町内での区会活動には制限があり、たいていの行事はいわき市内で行われている。そうしたなかでの参加状況をみると（**表12**）、「区会、町内会等の総会」（六一・〇％）、「賠償や帰還等に

表12　参加している区会の活動・行事

| | 調査数 | 区会、町内会等の総会 | 賠償や帰還等に関する講習会・説明会 | 日帰り、宿泊旅行 | 新年会・忘年会 | その他 | ひとつもない |
|---|---|---|---|---|---|---|---|
| 合　計 | 141 | 61.0 | 53.9 | 53.9 | 44.7 | 3.5 | 10.6 |
| さくらの会 | 39 | 66.7 | ∴ 66.7 | 61.5 | ↑ 59.0 | – | ∵ 2.6 |
| すみれ会 | 24 | 66.7 | 45.8 | 62.5 | ∵ 29.2 | 8.3 | 4.2 |
| 郡山方部居住者会 | 78 | 56.4 | 50.0 | 47.4 | 42.3 | 3.8 | ↑ 16.7 |

関する講習会・説明会」・「日帰り、宿泊旅行」（五三・九％）である。

自治会別でさくらの会で多いのは「賠償や帰還等に関する講習会・説明会」（六六・七％）と「新年会・忘年会」（五九・〇％）であり、ここでも情報共有・交換への志向が高いことをうかがわせる結果となっている。すみれ会で際立って高いものはないが総会や旅行で比較的高くなっていて、震災前の区会でも交流・懇親を続けているものといえる。郡山方部居住者会で「ひとつもない」（二六・七％）が他と比べて高いのは、区会とのかかわりにおいても二極化しているものと考えられる。

**②区会への期待**

帰還困難区域を除いた避難指示解除が来年春といわれるなかで、区会への期待は何だろうか（**表13**）。多いのは「除染に関する情報提供」（四八・二％）、「現在の区や町内の情報提供」（四七・五％）、「賠償に関する情報提供」（四四・七％）となっている。まずは生活環境の整備を会員（他の町民も同様であろう）が求めていることがわかる。

自治会別で確認すると、さくらの会では「賠償に関する情報提供」（六四・一％）、「除染に関する情報提供」（六一・五％）、「国・自治体や事業者との賠償等の交渉」（四三・六％）、「飲み会や旅行等の交流・懇親イベント開催」（三八・五％）が他の会よりも多い。さくらの会会員が考える交流・懇親の場は帰町有無にかかわらずに、広域自治会や居住先住民組織よりもむしろ区会に求めてい

表 13　区会への期待

| | 調査数 | 除染に関する情報提供 | 現在の区や町内の情報提供 | 賠償に関する情報提供 | 帰町・集団移転等の転居に関する情報提供 | 国・自治体や事業者との賠償等の交渉 |
|---|---|---|---|---|---|---|
| 合　計 | 141 | 48.2 | 47.5 | 44.7 | 37.6 | 31.2 |
| さくらの会 | 39 | ↑ 61.5 | 56.4 | △ 64.1 | 38.5 | ↑ 43.6 |
| すみれ会 | 24 | 45.8 | 54.2 | 33.3 | 33.3 | 25.0 |
| 郡山方部居住者会 | 78 | 42.3 | 41.0 | 38.5 | 38.5 | 26.9 |

| | 調査数 | 飲み会や旅行等の交流・懇親イベント開催 | 帰町・集団移転後の区や町等ビジョン策定 | 帰町・集団移転等の転居に際する生活相談 | 現在の生活に関する相談 | ひとつもない |
|---|---|---|---|---|---|---|
| 合　計 | 141 | 27.7 | 27.0 | 24.8 | 18.4 | 4.3 |
| さくらの会 | 39 | ∴ 38.5 | 20.5 | 20.5 | 23.1 | 7.7 |
| すみれ会 | 24 | 25.0 | 29.2 | 16.7 | 25.0 | - |
| 郡山方部居住者会 | 78 | 23.1 | 29.5 | 29.5 | 14.1 | 3.8 |

るのかもしれない。すみれ会で他の会と比べて低いのが「賠償に関する情報提供」（三三・三％）と「帰町・集団移転等の転居に際する生活相談」（一六・七％）であり、これらのことはある程度、広域自治会やその他の場で行っているために区会には求めていないものと考えられる。郡山方部居住者会ではどうだろうか。とくに低いのは「現在の区や町内の情報提供」（四一・〇％）と「現在の生活に関する相談」（一四・一％）である。この数値だけをみるとすみれ会のように他で相談しているとみうけがちだが、これまでの分析から判断するに「広域自治会やその他の場でほぼ解決済」／「（区会も含めて）どこにも相談できない」といった二極化しているのではないか[10]。

# 四　変わる広域自治会への期待

ここまで主に三つの広域自治会を対象に実施したアンケート調査の分析を行ってきたが、それらの結果から各々の広域自治会像／特徴がみえてきたといえよう。最後に二〇一六年以降の広域自治会に対する会員の期待を確認し、それへの対応の考えが役員にあるかどうかも併せて検討する。そして、両方の視点からたちあらわれる居住先との「共生」と「連携」の可能性について最後に論じて本稿を終えたい。

## （一）広域自治会に望むもの――会員の視点から

今後の期待についてみてみると（表14）、「現在の区や町内の情報提供」（四六・一％）、「説明会開催等、賠償に関する情報提供」（四四・〇％）、「飲み会や旅行等の交流・懇親イベント開催」（四二・六％）の順に多く、引き続き「情報提供・交換」や「交流・懇親」を求めていることがわかる。

広域自治会別ではさくらの会が「説明会開催等、賠償に関する情報提供」・「現在の区や町内の情報提供」（五九・〇％）、「国や自治体との賠償等の交渉」（四六・二％）が多いのは調査時点までと同じ傾向である。すみれ会でとくに多いのは「飲み会や旅行等の交流・懇親イベント開催」（五四・二％）であり、逆に「現在の区や町内の情報提供」（二九・二％）が少ないのは、この会には情報提供よりも交流・懇親を今後もより求めているあらわれといえるのではないか。郡山方部居住者会については「帰町・集団移転等の転居に際する生活相談」（一七・九％）が他と比較的多い一方で、「飲み会や旅行等の交流・懇親イベント開催」（三八・五％）といった交流・懇親が少ないのは、ここでも二極化があらわれているといえるのではないか。

表14　広域自治会への期待

| | 調査数 | 現在の区や町内の情報提供 | 説明会開催等、賠償に関する情報提供 | 飲み会や旅行等の交流・懇親イベント開催 | 付近住民との交流・懇親イベントの開催 | 国や自治体との賠償等の交渉 |
|---|---|---|---|---|---|---|
| 合　計 | 141 | 46.1 | 44.0 | 42.6 | 34.8 | 30.5 |
| さくらの会 | 39 | ∴ 59.0 | ↑ 59.0 | 43.6 | 35.9 | △ 46.2 |
| すみれ会 | 24 | ↓ 29.2 | 37.5 | 54.2 | 33.3 | 20.8 |
| 郡山方部居住者会 | 78 | 44.9 | 38.5 | 38.5 | 34.6 | 25.6 |

| | 調査数 | 帰町・集団移転等の転居に関する情報提供 | 現在の生活に関する相談 | 帰町・集団移転等の転居に際する生活相談 | 災害（復興）公営住宅の入居に関する相談 | 現在住んでいるところのトラブル解決方法 |
|---|---|---|---|---|---|---|
| 合　計 | 141 | 25.5 | 18.4 | 15.6 | 9.9 | 7.1 |
| さくらの会 | 39 | 23.1 | 23.1 | 12.8 | 15.4 | 10.3 |
| すみれ会 | 24 | 25.0 | 16.7 | 12.5 | 12.5 | 12.5 |
| 郡山方部居住者会 | 78 | 26.9 | 16.7 | 17.9 | 6.4 | 3.8 |

## （二）広域自治会の対応
### ――役員の考えと会員による評価

本項では各広域自治会の役員がこれまでの会員の動向や期待に対してどのような考えや対応を考えているのかを確認していく。筆者がこれまでに実施したヒアリング調査[11]から、「主な動向」「課題」「今後の展開」を抽出してまとめたものが**表15**となる。以下では各自治会別に述べることにする。

### ①さくらの会

二〇一五年にいわき市民との交流のためにそれまで会で行っていたグランドゴルフを一緒にやる試みをはじめ、二〇一六年からは役所補助金によるものではなく、さくらの会独自の事業として実施するようになった。こうした交流が増えるに連れて、グランドゴルフをやりたい人や復興住宅に転居して交流を求める人が入会してきている。両年に通じた課題としては「参加者の固定化」であり、来ない人をどうするかの対策を講じているものの、まったく参加

表 15　広域自治会役員による現状認識・課題・今後の展開

| 住宅名 | 調査年 | ①おもな動向 | ②広域自治会の課題 | ③今後の展開 |
|---|---|---|---|---|
| さくらの会 | 2015 | • 役所からいわき市民との交流をやって欲しい旨の通達が来た。これは役員会を開いて議論を行い、グランドゴルフをやっていたので（グランドゴルフをあまり知らない）いわきの人たちを誘ってやろうとなった。 | • 集まってくる人は固定化している。来ない人は全然来ない。なるべくみんなに来てもらえればよいのだが……。会で何かやるときは全員に通知している。総会にはみんな来るのだが、新年会とか旅行になると少ない。新年会は半分くらいの参加だった。 | • 家を建てるとかの環境の変化があるが、家を購入しても仮設住宅の頃と違ってバラバラになってしまう。誰かとつきあう必要があるので、孤立しないようにさくらの会同士でも連絡を取り合おうと考えている。 |
| | 2016 | • グランドゴルフ＋交流会について、2016 年 3 月はさくらの会独自の事業で行い、独自予算で計上した。町から補助金が出るようになったので景品をつけようとなった。その後も 2016 年 6 月 8 日にグランドゴルフ交流会を行い、さくらの会で 60 〜 70 名でいわきの人たちとあわせて 100 名くらいだった。<br>• 交流を進めていくなかで新会員が増加する。①グランドゴルフをやりたいという理由と、②仮設住宅から復興住宅に移って（泉玉露仮設から下神白団地や上湯長谷団地という人もいる）特別な催しもないのでさくらの会に入ろうという理由の 2 つがある。 | • 身体的、精神的に出ない人、来ない人、来られない人に対して何かできないのかである。何かやるときには全会員に封筒で送っているのだが、「送ってくれるだけでよい」という人もいる。来た人には「出ない人に○○やっていることを話して」と伝えているのだが……。まったく出ない人は 50 名くらいいる。 | • グランドゴルフの交流について、いわきの人たちも交流したいと考えている。ただ、しょっちゅうはできない。グランドゴルフ以外で何をすればよいのだろうか。 |

| 住宅名 | 調査年 | ①おもな動向 | ②広域自治会の課題 | ③今後の展開 |
|---|---|---|---|---|
| すみれ会 | 2015 | • イベントなどに参加する人は固定しているなかで出入りはあるのだが、新しい人も来てくれる。最近は50代の人たちも来るようになった。声をかけたりしたら入るのだろうが、大きくなりすぎると把握しにくいということもある。年に3～4回ほど文書やハガキで通知して、出席を取るときはハガキも入れている。連絡員を決めたとしても、地域がバラバラなので難しいと思う。 | • 当初の（この会の）目的は「みんなで楽しく過ごそう」なので、政治や行政のことは町や国がやってくれると考えていた。そのために組織の話はしないことにして、専門の人による補償や放射線の勉強会とかはやるものの、難しい問題に関わっていくとなかなかまとまりがつかない。なるべく簡単に、みんなでできることがよいと思う。 | • 仮設にいる人は「そろそろでるので、入れてね」と言われたりしていて、準会員とかで考えている。東京にいる人でも「会に入りたい」と言って入る人もいる。 |
| | 2016 | • 賠償に関する説明会はしばらくやっていない。というのも、商売をやっている人が会員にいないのでADRは必要ないのと、四倉や平で家を購入し、大体が落ち着いたからである。 | • 帰町になったらこの会がどうなるかわからない。いつまでこの体制が続くか分からず、帰町になったら補助が切れるかもしれない。 | • ちょっと外へ出るのもよいかと考えている。色々なところでお世話になっていて、来てもらうだけでなく御礼かたがた赴きたいと思っている。 |
| 郡山方部居住者会 | 2015 | • 仮設住宅から復興住宅に入る人が居住者会に入会する人も出てきた。バラバラに移っているので、新たに関係をつくるという不安があるようだ。 | | • 郡山の人と交流できるような形（グランドゴルフや卓球などのスポーツとか）をつくりたい。すでに個人的にやっている人もいるが、徐々に組織として変わっていきたい。おだがいさまセンターについても「仮設だけではなく地域(郡山)の人にも入ってもらって……」という動きになっている。 |
| | 2016 | • 10人の役員のうち2人がいわきへ移ったが、郡山にいる人は会を辞めない。<br>• 役員でも富岡町内の復興住宅に入りたい人もいる。 | • 会費は納めるがまったく返信がない人もいる。行事は大体60～70名参加で固定化している。<br>• 行事を行うのに場所を探すのが大変である。 | • 帰還に向けて会のあり方を検討する必要がある。 |

しない人が五〇名ほどいる。今後の展開について、転居等の環境変化で孤立しないように意識的に交流を進めていくことや、いわき市民とのグランドゴルフ以外での交流方法の検討である。

**②すみれ会**

二〇一五年には五〇代の人たちもイベントに参加するようになったものの、全体的には参加者は固定している。積極的な勧誘を行わないのは規模が大きくなると会員の把握が難しくなるからである。翌一六年においては四倉や平で家を購入し、生活が大分落ち着いてきたこともあって賠償説明会はしばらく開催していない。課題としては、二〇一五年では「みんなで楽しく」として難しい問題にはかかわらないようにしていたが、翌一六年になると帰町の問題が具体的になってきたこともあり、今までの自治会体制を検討する時期になっているといえる。そうした背景もあり、これからは迎えるだけでなく御礼かたがた外へ出向く展開を考えているようだ。

**③郡山方部居住者会**

二〇一五年には郡山市内で復興公営住宅への入居が本格化したこともあり、それを機に居住者会へ入会する人も出てきている。翌一六年にはいわきへ移る役員もいるなかで、郡山に居を構えている人は定着している。一方、二〇一七年以降に入居開始予定の富岡町内に設置される復興住宅への転居を考えている役員もいるように、「帰町」を具体的に検討する段階となり、それにともない居住者会のあり方を検討する必要性を感じているようだ。ちなみに会の課題としては「参加の固定化」「連絡無」「行事の場所確保」があげられる。

こうした広域自治会役員の考えに対して、会員はおおむねその方向性や活動を評価しているように考えられる。たとえば、「この会合に参加すると知っている人がいるので楽しい。気持ちにゆとりができる」（F氏）、「この会は富岡町出身の人と会えること、精神的安心感がある。ざっくばらんに住居などの相談できる」（S氏）、「色々な情報が得られる。自分たちのポジションを客観的に見られる」（K氏）である。

一方で課題もあるようだ。「会員が大幅に増えてしまったところがある」（S氏）のように大きくなりすぎたことの弊害を指摘しており、その対応方法として「今までは全体でやっていたので、川柳などのそれぞれの趣味的な「サークル活動」が出来たらよいかもしれない」（S氏）との提案があった。

また、帰町を目前に控える時期になっているのも会のあり方を含めた課題もある。「二〇一七年三月の解除判断について、みんなどのような考えを持っているのか。ざっくばらんに話し合える場も必要かもしれない。行事・イベントで集まって終わればハイ、サヨナラとなってしまう。お互いに話し合う時間、場を持てない。そうしたことも含めてよりきめ細やかな対応が必要かもしれない」（S氏）、「「会員が減っているのではないか」という話になった。会員の半分近くが持ち家ではないだろうか」（K氏）にもあるように、帰町等を含めて生活の「選択」期を迎えた避難者たる会員が広域自治会に求めるのは、規模が小さかった頃のざっくばらんな交流・懇親や情報共有・交換の場の提供なのかもしれない。規模が大きくなった現在、可能なのは先のS氏の発言にもあったように「サークル化」といった会の細分化が一つの方向かもしれない。

### (三) 求められる居住先との「連携」と「共生」のまなざし

二〇一七年の春における富岡町の（帰還困難区域を除く）避難指示解除を迎えて、広域自治会のあり方としてある意味で「原点に戻る」のも一つの方向であると論じてきた。これは会における「内」の方向への議論であるが、「外」への視点はないだろうか。避難から七年めになろうとしており、帰町よりも避難先に（一定期間以上）住まう人も多い。これまでに避難側と受け入れ側の衝突や対立等が散見された[12]ものの、時間的な経過とともに互いの交流もあって理解が進んできたように見受けられる。

そうしたなかで出てくるのは「連携」と「共生」ではないだろうか[13]。行政機関の依頼によるグランドゴルフ交流が行われたり、交流サロンがある四倉町を束ねる四倉町の住民組織による双葉郡からの避難者との交流への試みも始まっている[14]。また、いわき市内の津波被災地である平薄磯地区との交流を進める「まごころ双葉会」も、今後の展開によっては「連携」とその先の「共生」がみえてくる可能性は高い[15]。

当初は「勝手連」的に始まった広域自治会も規模が大きくなり、町からの補助金も出るようになったことから、区会（よりは仮設自治会に近いか）のような組織になりつつあるという（一部の）会員に違和感が生じているのが現時点の広域自治会のおかれた状況といえる。さらに「帰町」という節目をむかえたのであり、立ち位置の再検討が求められている。再考のポイントとなるのが他組織との「連携」とその結果として生み出される「共生」にあり、そこに場所や空間に「捉われない[16]」広域自治会の存在意義があると筆者は考えるのである。

**付記**　本研究は科学研究費（15K13063）「原発避難者における新旧コミュニティの変容とサードプレイス創出の可能性に関する研究」（挑戦的萌芽研究、代表・松本行真）による研究の一部である。

**注**

（1）富岡町発行の広報誌から筆者作成

（2）どの仮設住宅においても町役場担当課への要望が今にいたるまで多い。

（3）松本　二〇一五bを参照のこと

（4）たとえば、松井　二〇一三、西城戸・原田　二〇一三、二〇一四、高橋　二〇一三、二〇一五等

（5）あくまでも中間的なまとめであり、長期にわたる調査が必要であることも言及している（吉原　二〇一六：九一－九二）

（6）これらの他にもいくつか広域自治会が存在するが、それについても松本（二〇一五b）を参照いただきたい。

（7）松本　二〇一五a、二〇一五bを参照

（8）なお分析は集計ソフト Assum for windows で行っている。全体との有意差を示す記号を▲▼：一%、△▽：五%、⇅：一〇%、∴∵：二〇%とする。

（9）震災前の行政区について、拙稿（松本　二〇一五a）を参照されたい。

（10）現在、各会の会員を対象にしたヒアリング調査を進めており、原稿執筆以降の変化（おそらく避難指示解除後も含まれると思われる）やこれらの解釈の妥当性も含めて別の稿であらためて論じたい。

（11）調査日時は以下のとおりである。さくらの会は二〇一五年七月二〇日、八月三日、二〇一六年六月二五日、七月五日、七月一九日。すみれ会は二〇一五年七月二五日、二〇一六年九月三〇日。郡山方部居住者会は二〇一五年七月四日、九月二七日、二〇一六年二月六日である。

（12）たとえば、川副　二〇一四などを参照

（13）連携の結果として共生が実現するのか、共生が連携を生み出すのか、という議論には立ち入らない。一ついえることはそれらが相互関係にあり、それをもう少し次元を上げるとアーリや吉原のいう「創発」がみえてくるものと考える。

（14）二〇一六年夏の四倉町の夏祭りに向け、区長会といわき市四倉支所が連携して区長会長と支所担当者が仮設住宅等を訪問して夏祭りへの招待を行っている。まだ緒に就いたばかりであるといえるが、「双葉郡に近くて便利ないわき市北部の四倉町」という認知が高まっており、流入人口が増えている状況にあり、こうした地元の住民組織を起点とした交流はより重要になるといえる。この詳細については稿を改めて論じたい。

（15）詳細は本書収録の齊藤綾美「津波被災者と原発避難者の交流」を参照のこと。

（16）空間や場所は物理的な領域といった意味だけではなく、範域性としては依然として「存在する」ことに留意されたい。いわゆる土地にひもづいたかたちでの空間では「ない」という意味では「空間なきコミュニティ」（山本ら　二〇一四）ともいえる。広域自治会も帰町を念頭に置いていた時期までは土地、空間、場所といった要素がリンクしていたものの、町外に居住地を構えるなどの生活変化によって会員における広域自治会の位置づけが変わる。これからの状況次第になるのかもしれないが、各会員が（住民票上の）富岡町民でなくなるときに「富岡町民であった証」としての広域自治会という、共通のプラットフォームにつながる（既存の「テーマ型コミュニティ」とは違ったかたちになるのか）「クラウド・コミュニティ」へとシフトしていくのかもしれないし、現在その萌芽はみてとれる。この仮説が妥当になるか否かは、今後の課

題としたい。

## 参考文献


川副早央里、二〇一四、「原子力災害後の政策的線引きによるあつれきの生成――原発避難者を受け入れる福島県いわき市の事例から」『早稲田大学総合人文科学研究センター研究誌』二、一九-三〇

高橋征仁、二〇一三、「沖縄県における原発事故避難者と支援ネットワークの研究（一）弱い絆の強さ」『山口大学文学会志』六三、七九-九七

――、二〇一五、「沖縄県における原発事故避難者と支援ネットワークの研究（二）定住者・近地避難者との比較調査」『山口大学文学会志』六五、一-一六

西城戸誠・原田峻、二〇一三、「東日本大震災による県外避難者に対する自治体対応と支援――埼玉県の自治体を事例として」『人間環境論集』一四（一）、一-二六

――、二〇一四、「埼玉県における県外避難者とその支援の現状と課題」『人間環境論集』一五（一）、六九-一〇三

松井克浩、二〇一三、「新潟県における広域避難者の現状と支援」『社会学年報』四二、六一-七一

松薗祐子、二〇一六、「「二つのコミュニティを生きること」の意味――原発避難者の事例にみる避難元コミュニティと避難先コミュニティ」『淑徳大学研究紀要 総合福祉学部・コミュニティ政策学部』五〇、一五-三〇

松本行真、二〇一五a、『被災コミュニティの実相と変容』御茶の水書房

――、二〇一五b、「原発事故避難者による広域自治会の形成と実態――福島県双葉郡富岡町を事例に」吉原直樹・仁平義明・松本行真共編『東日本大震災と被災・避難の生活記録』六花出版

山本薫子・佐藤彰彦・松薗祐子・高木竜輔・吉田耕平・菅磨志保、二〇一四、「原発避難者の生活再編過程と問題構造の解明に向けて――「空間なきコミュニティ」概念化のための試論」『災後の社会学』二、二三-四一

吉原直樹、二〇一四、「自治会・サロン・コミュニティ――「新しい近隣」の発見」『社会学年報』四三、三五-四七

――、二〇一六、「もうひとつの原発事故被災者たち――おおくま町会津会の人びと」『絶望と希望 福島・被災者とコミュニティ』作品社

# 生活を支援することの困難さ——大槌町での五年間

新　雅史

## 一　仮設まちづくり

私がはじめて大槌町《おおつちちょう》を訪れたのは二〇一一（平成二三）年一一月のことだった。震災から三カ月たった六月から宮城県石巻市などで被災地支援の状況を調査していた（新　二〇一二a）が、自己負担での訪問に限界を感じていた。こうしたなか東京大学名誉教授の似田貝香門先生に東京大学・大槌町仮設まちづくり支援チームへの参加を仲介いただいて大槌町とのかかわりができた。それから二〇一五年夏頃まで大槌町に毎月のように通うことになった。

仮設まちづくり支援チームは、東京大学高齢社会総合研究機構（略称：東大ＩＯＧ）を母体に、科学技術振興機構（ＪＳＴ）の活動助成によって形成された支援組織だった。具体的には、都市工学、建築、地域看護のスタッフ・学生を中心として、ハード・ソフト両面での支援・研究を目的にして構成された。

震災時から仮設住宅の整備までの初動期（〜二〇一一年八月）において、建築・都市工学グループは、コミュニティケア施設を含んだ仮設団地の構想を岩手県に提案し、地元ハウスメーカーとの協同で岩手県遠野市と釜石市平田地区における二団地で設計を行った（冨安 二〇一二、大水 二〇一三）。また地域看護グループは専門家ボランティアを束ねて大槌町の避難者全員の健康調査を実施した（村嶋・鈴木・関本編 二〇一二）。

私が大槌にかかわったのは、こうした初動期における支援から、仮設団地単位でのコミュニティ形成にむけた支援へとフェーズが変わる時期であった。

この時期の大槌について簡単に触れておく。大槌町は全家屋の約六〇％が全半壊であり、その割合は被災自治体で最悪であった。阪神・淡路大震災での仮設入居は、①高齢者の入居が高い、②一人暮らしが多い、③低収入世帯が多い、という特徴があったが（内藤 一九九九）、大槌町では地域住民のあらゆる世代・階層が仮設住宅に居住せざるをえなかった。こうした極端に居住空間が欠如するなか震災からわずか五カ月の二〇一一年八月までに二〇〇〇戸以上の仮設住宅の整備が行われた。ただ、仮設住居の整備を早急に行うため浸水エリア以外の土地（斜面や高台の空き地あるいは浜から遠く離れた場所）を利用することになり、その結果、仮設住宅地区（仮設団地）は小規模かつ広域に広がった。具体的には旧市街地から四キロメートル以上離れた遠方に約一〇〇〇戸（大槌川上流部に約六〇〇戸、小槌川上流部に約三五〇戸）が配置され、大きな団地で二五三世帯、小さい団地ではわずか一〇世帯程度と大きなばらつきが出た（図1）。

仮設団地が小規模かつ広範囲に散らばることで次の点が危惧された。

(1)被災前の近隣関係が弱体化するおそれがあること（仮設入居にあたっては公平性を担保するために抽選となった）

(2)外部からの支援が（規模の大きい）一部団地に集中するおそれがあること

(3)小学校の校庭や空き地などを利用した結果、子どもの遊び場やサークル活動を可能にする空間が欠けてしまうこと

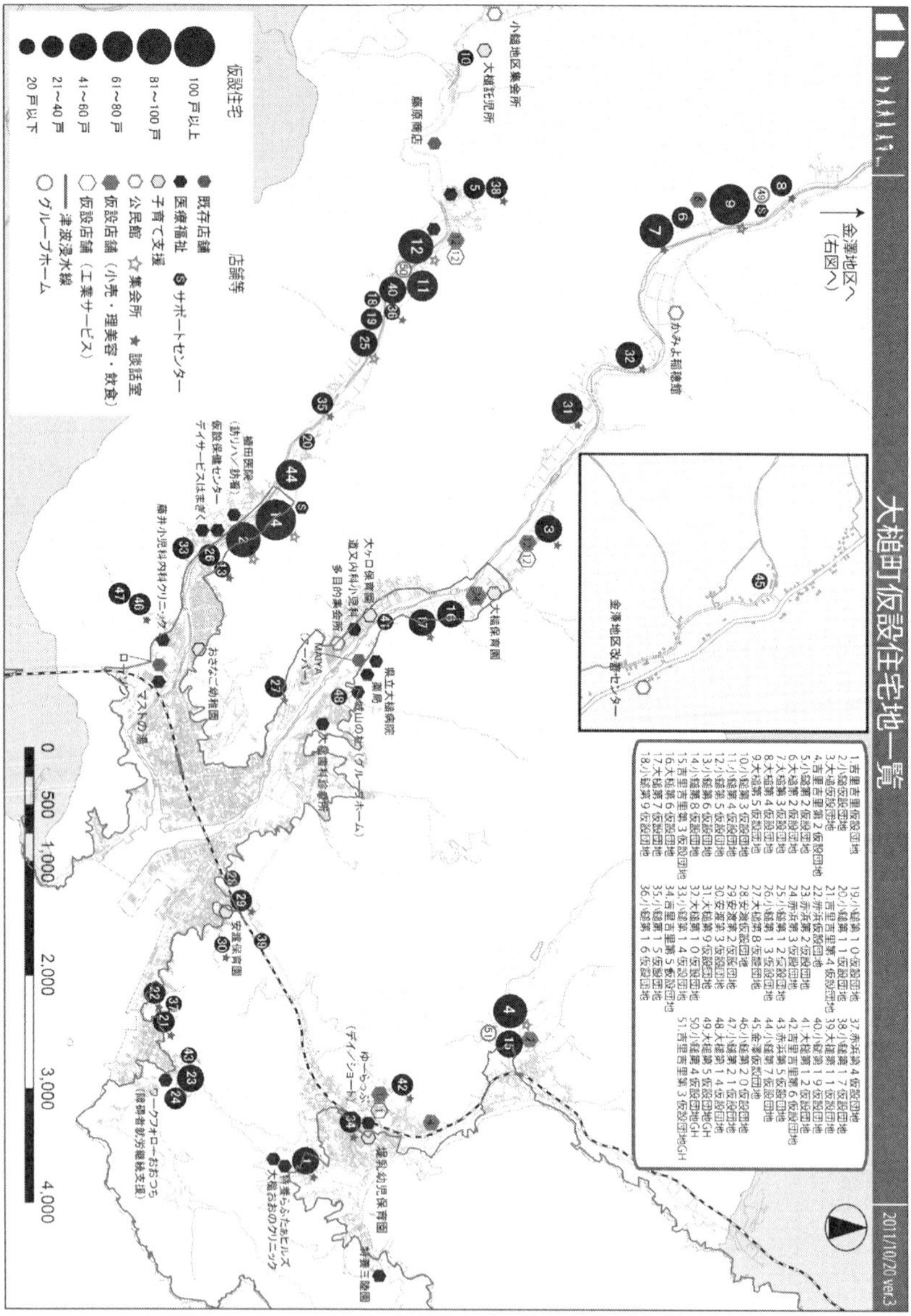


図1　大槌町仮設住宅地一覧

## ⑷小規模な仮設団地では集会所などの共同性を醸成する空間を用意できないこと

応急仮設住宅での生活は制度的には二年という時限がある。だが、それは制度上の建て前であって、団地の運用が長期にわたることは容易に想像された。先ほどの危惧に加えて、長期にわたる仮設生活をどう支援するかが大きな課題となった。

以上の問題意識をもとに、都市工学グループが中心となって「住環境点検ワークショップ」が企画された。このワークショップは、仮設団地とその周囲を住民とともに歩くことで、専門家・行政・住民の三者が住環境面での課題を共有することを目的とした。

当時、仮設居住者ははじめての越冬に大きな不安を抱えていた。水道管・エアコン室外機のファンの凍結、換気不足による結露・カビ・ダニの発生といった住居内の対策に不安を抱えていたし、住居の外側でも、日当たりの問題、道路凍結の問題（融雪剤をどのように撒くか）などの課題を抱えていた。また、この時期は、身体的・心理的なダメージに加えて、避難所→仮設住宅への移動もあって、閉じこもりが生じるおそれも意識されていた。とはいえ、地理感覚がないままに外出してしまうと、思わぬ怪我をおこす危険性もあった。じっさい、私たちのチームメンバーの一人は町役場の駐車場の段差に足をとられて大怪我をしていた。

私たちのチームは、建築グループを中心に「仮設住宅住みこなし通信」という紙媒体をつくって、仮設居住にあたっての工夫を周知することにした（**図2**）。この紙媒体は、大槌町内の仮設住宅に全戸配布したが、それ以上に私たちは住環境点検ワークショップという議論の場づくりを重視した。そうした場があることで、行政で解決すべきこと、地域・世帯単位で工夫できること、の双方を意識してもらえるのではと考えたからである。また、環境面の課題の共有を通じて、近隣関係の醸成および団地空間の管理主体（自治会）の組織化へとつなげる算段を持っていた。

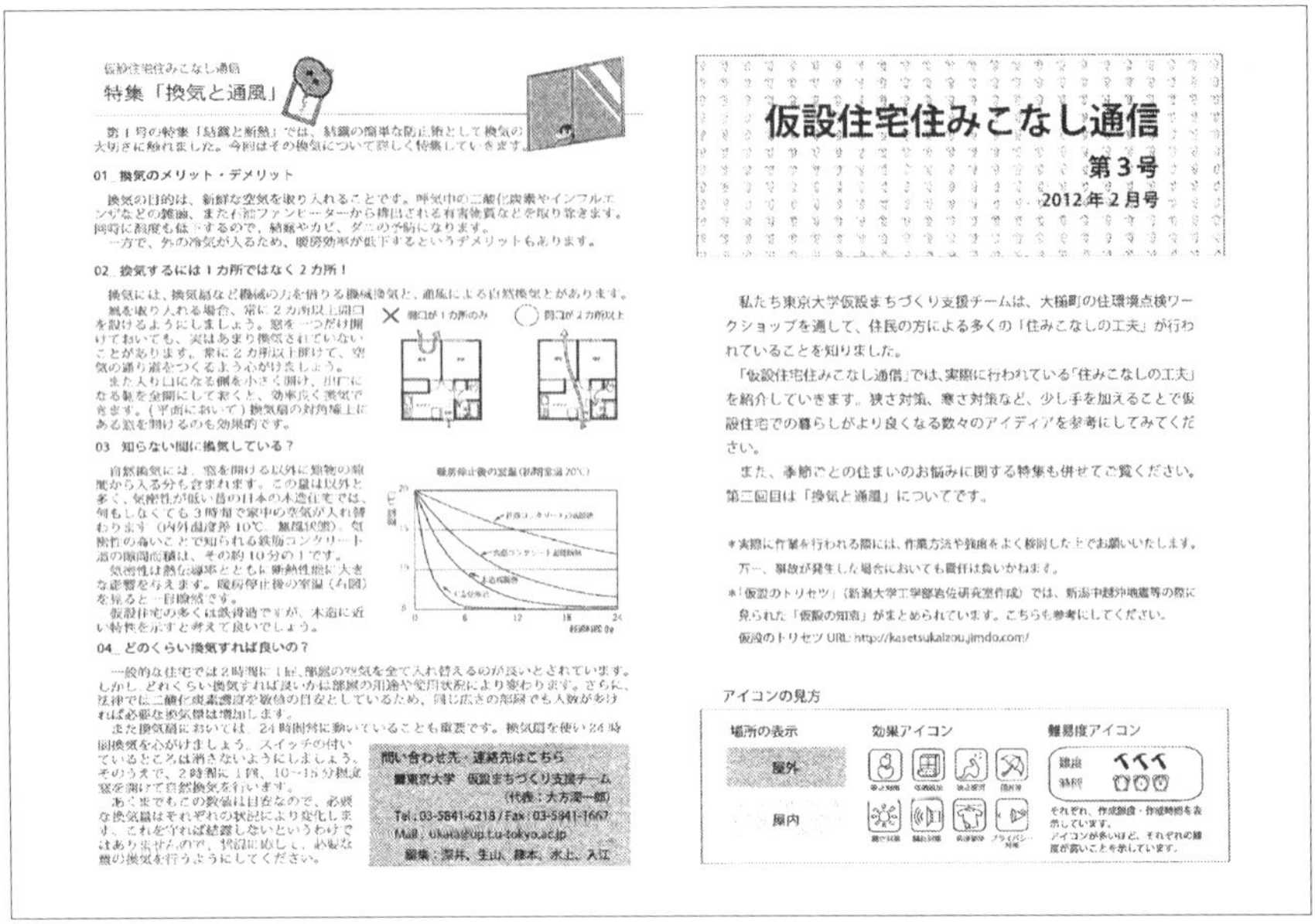

仮設住宅住みこなし通信

特集「換気と通風」

第1号の特集「結露と断熱」では、結露の簡単な防止策として換気の大切さに触れました。今回はその換気について詳しく特集していきます。

01_換気のメリット・デメリット

換気の目的は、新鮮な空気を取り入れることです。呼気中の二酸化炭素やインフルエンザなどの雑菌、また石油ファンヒーターから排出される有害物質などを取り除きます。同時に湿度も低下するので、結露やカビ、ダニの予防になります。

一方で、外の冷気が入るため、暖房効率が低下するというデメリットもあります。

02_換気するには1カ所ではなく2カ所！

換気には、換気扇など機械の力を借りる機械換気と、通風による自然換気とがあります。

風を取り入れる場合、常に2カ所以上開口を設けるようにしましょう。窓を一つだけ開けておいても、実はあまり換気されていないことがあります。常に2カ所以上開けて、空気の通り道をつくるよう心がけましょう。

また入り口になる側を小さく開け、出口になる側を全開にしておくと、効率良く換気できます。（平面において）換気扇の対角線上にある窓を開けるのも効果的です。

× 開口が1カ所のみ　○ 開口が2カ所以上

03 知らない間に換気している？

自然換気には、窓を開ける以外に建物の隙間から入る分も含まれます。この量は以外と多く、気密性が低い昔の日本の木造住宅では、何もしなくても3時間で家中の空気が入れ替わります（内外温度差10℃、無風状態）。気密性の高いことで知られる鉄筋コンクリート造の隙間面積は、その約10分の1です。

気密性は熱伝導率とともに断熱性能に大きな影響を与えます。暖房停止後の室温（右図）を見ると一目瞭然です。

仮設住宅の多くは鉄骨造ですが、木造に近い特性を示すと考えて良いでしょう。

暖房停止後の室温（初期室温20℃）

04_どのくらい換気すれば良いの？

一般的な住宅では2時間に1回、部屋の空気を全て入れ替えるのが良いとされています。しかし、どれくらい換気すれば良いかは部屋の用途や使用状況により変わります。さらに、法律では二酸化炭素濃度を数値の目安としているため、同じ広さの部屋でも人数が多ければ必要な換気量は増加します。

また換気扇においては、24時間常に動いていることも重要です。換気扇を使い24時間換気を心がけましょう。スイッチの付いているところは消さないようにしましょう。そのうえで、2時間に1回、10〜15分程度窓を開けて自然換気を行います。

あくまでもこの数値は目安なので、必要な換気量はそれぞれの状況により変化します。これを守れば結露しないというわけではありませんので、状況に応じし、必要な量の換気を行うようにしてください。

問い合わせ先・連絡先はこちら
東京大学　仮設まちづくり支援チーム
（代表：大方潤一郎）
Tel：03-5841-6218 / Fax：03-5841-1667
Mail：ukata@up.t.u-tokyo.ac.jp
編集：深井、生山、藤本、水上、入江

仮設住宅住みこなし通信
第3号
2012年2月号

私たち東京大学仮設まちづくり支援チームは、大槌町の住環境点検ワークショップを通して、住民の方による多くの「住みこなしの工夫」が行われていることを知りました。

「仮設住宅住みこなし通信」では、実際に行われている「住みこなしの工夫」を紹介していきます。狭さ対策、寒さ対策など、少し手を加えることで仮設住宅での暮らしがより良くなる数々のアイディアを参考にしてみてください。

また、季節ごとの住まいのお悩みに関する特集も併せてご覧ください。第二回目は「換気と通風」についてです。

＊実際に作業を行われる際には、作業方法や強度をよく検討した上でお願いいたします。万一、事故が発生した場合においても責任は負いかねます。

＊「仮設のトリセツ」（新潟大学工学部岩佐研究室作成）では、新潟中越沖地震等の際に見られた「仮設の知恵」がまとめられています。こちらも参考にしてください。
仮設のトリセツ URL: http://kasetsukaizou.jimdo.com/

アイコンの見方

場所の表示：屋外　屋内

効果アイコン

難易度アイコン：難度　時間
それぞれ、作成難度・作成時間を表示しています。
アイコンが多いほど、それぞれの難度が高いことを示しています。

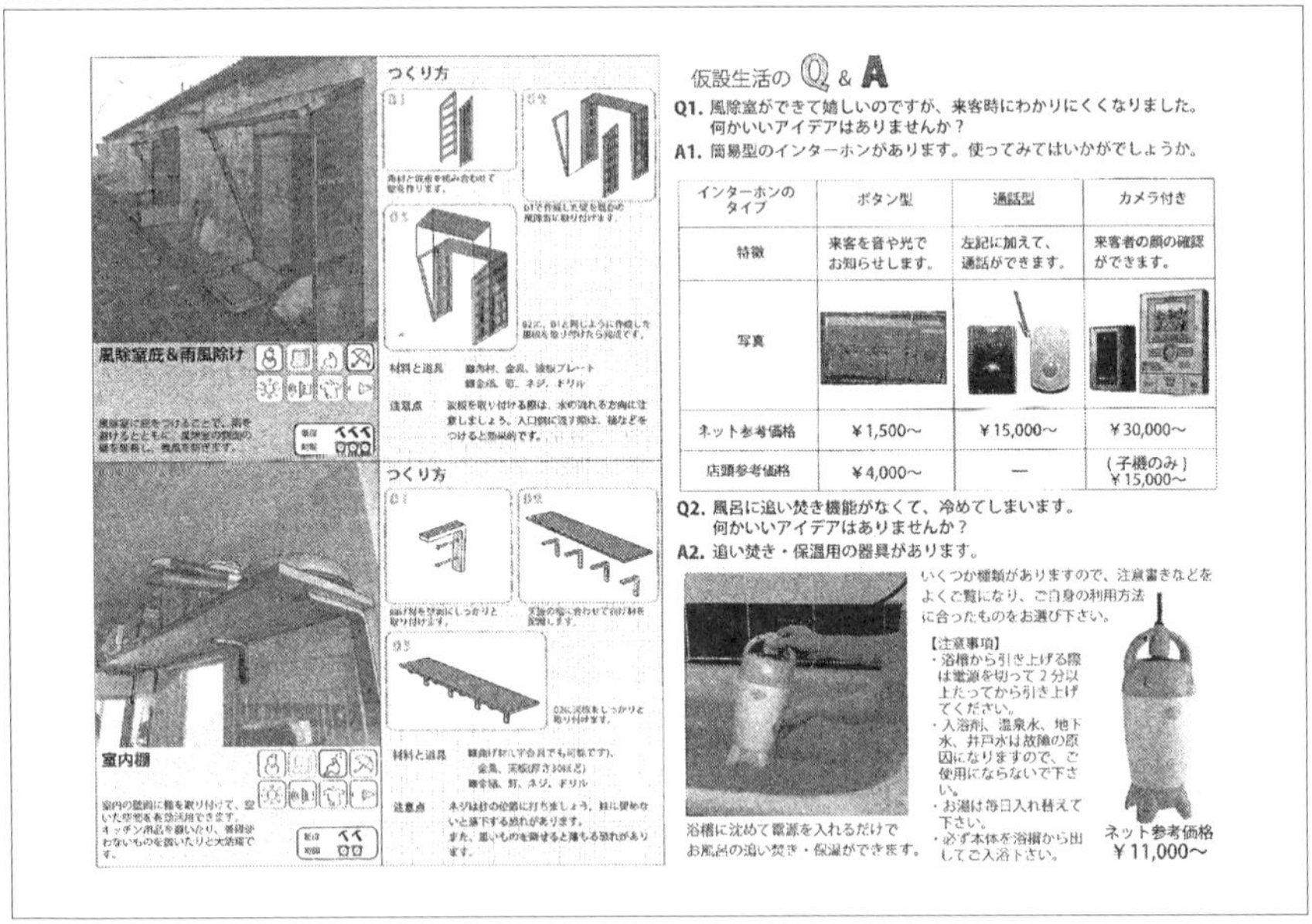

風除室庇&雨風除け

風除室に庇をつけることで、雨を避けるとともに、風除室の側面の壁を延長し、強風を防ぎます。

つくり方

角材と波板を組み合わせて壁を作ります。

01で作成した壁を組合わせ風除室に取り付けます。

02に、01と同じように作成した屋根を取り付けたら完成です。

材料と道具　角材、金具、波板プレート　接合具、釘、ネジ、ドリル

注意点　波板を取り付ける際は、水の流れる方向に注意しましょう。入口側に渡す際は、樋などをつけると効果的です。

室内棚

室内の壁面に棚を取り付けて、空いた空間を有効活用できます。キッチン用品を置いたり、普段使わないものを置いたりと大活躍です。

つくり方

天板の幅に合わせて取付金具を配置します。

02に天板をしっかりと取り付けます。

材料と道具　棚受け金具（L字金具でも可能です）、金具、天板（厚さ30mm程）　接合具、釘、ネジ、ドリル

注意点　ネジは柱の位置に打ちましょう。柱に留めないと落下する恐れがあります。また、重いものを乗せると壊れる恐れがあります。

仮設生活のQ&A

**Q1.** 風除室ができて嬉しいのですが、来客時にわかりにくくなりました。何かいいアイデアはありませんか？

**A1.** 簡易型のインターホンがあります。使ってみてはいかがでしょうか。

| インターホンのタイプ | ボタン型 | 通話型 | カメラ付き |
|---|---|---|---|
| 特徴 | 来客を音や光でお知らせします。 | 左記に加えて、通話ができます。 | 来客者の顔の確認ができます。 |
| 写真 | | | |
| ネット参考価格 | ¥1,500〜 | ¥15,000〜 | ¥30,000〜 |
| 店頭参考価格 | ¥4,000〜 | — | （子機のみ）¥15,000〜 |

**Q2.** 風呂に追い焚き機能がなくて、冷めてしまいます。何かいいアイデアはありませんか？

**A2.** 追い焚き・保温用の器具があります。

いくつか種類がありますので、注意書きなどをよくご覧になり、ご自身の利用方法に合ったものをお選び下さい。

【注意事項】
・浴槽から引き上げる際は電源を切って2分以上たってから引き上げてください。
・入浴剤、温泉水、地下水、井戸水は故障の原因になりますので、ご使用にならないで下さい。
・お湯は毎日入れ替えて下さい。
・必ず本体を浴槽から出してご入浴下さい。

浴槽に沈めて電源を入れるだけでお風呂の追い焚き・保温ができます。

ネット参考価格 ¥11,000〜

図2 「仮設住宅住みこなし通信」第3号

## 二　健康と社会関係

私たちはこうしたコミュニティ形成支援活動を行うなかでイベントや地域活動に参加する人が固定化していることに気づき始めた。属性的には、男性よりも女性、中高年よりも高齢者に偏りがちであったが、それ以外の層――私たちの議論の中では仕事を失った一人暮らしの中高年男性の状況が把握できないことに危惧を抱いた。急速に健康が悪化していないか気になったのである。

私たちは二〇一一年一二月に入って大槌町を通じて各仮設団地に健康と社会関係に関する調査のお願いをした（この調査票を「コミュニティ環境点検シート」と呼んだ）。具体的には、調査の許可を得た仮設団地（袰岩《ほろいわ》、安渡《あんど》、中村、柾内《まさない》の四地区九団地二七六戸・二〇歳以上の居住者四八三名を対象[1]）において、外出行動、地域活動の参加、精神的・身体的健康、親族・友人・近隣関係などをたずねる調査票を世帯ごとに訪問配布して、集会所のポストで個人票を回収する方法をとった（自記式調査が前提であったが、高齢で自記式による回答が難しい、家族の助けを得ることができないなどの際は調査員が聞き取りでの転記を行った）。調査期間は二〇一二年一月から三月、回答者は三二一名（回答率六六・五％）だった。

この調査は個別訪問することで健康相談の機会を設ける意味も持たせた。調査票を配布する際には看護師資格を持つ者が訪問することで、その場で血圧測定など健康チェックをできる態勢にしたのである。

この調査では以下の結果が出た。震災前に配偶者と同居していたが震災後に同居しなくなった者が二一名（全体の六・五％、以下同じ）、定期通院を要する持病を持つ者が一六九名（五二・六％）、外出頻度で週一回未満と答えた者が二四名（七・五％）、また知人・友人からのサポートに関する四つの設問すべてに「特にいない」と回答した者が四三名（一三・四％）いた（永田・寺本・新・松永・村嶋　二〇一二）。

精神的健康に関する指標であるK6は、ハイリスクとされる五点以上が一二三名（三八・〇%）いた。私たちは、K6を従属変数にしたプロビット分析を行い、悩みを話せる親族がいる（P=〇・〇〇三）が一%水準、友人との交流（P=〇・〇四五）が五%水準、自治会の活動（P=〇・〇九四）が一〇%水準でマイナスに有意であることを明らかにした。限界効果がもっとも高いのは、悩みを話せる親族の有無（限界効果は－〇・三一三）であった（新・永田・寺本・松永・村嶋　二〇一二）。

## 三　仮設と在宅

以上の調査結果は重要な知見であったが、一方で地域コミュニティの状況を把握するには「在宅」も対象にすべきではないかと私は考えた。ここでいう在宅とは、仮設以外の居住している住宅、もしくはそこに居住している人を指していた。具体的に気になっていたのは安渡地区の崖面にぽつりぽつりと残る住宅であった。当時、コミュニティ環境点検シートのことがあって安渡公民館(2)をよく訪れていた。この地域の建造物は大半が津波で流出していたが、斜面・高台には住宅・商店が一部残っていた。公民館にむかう坂をのぼるたびに、周囲にある住宅は利用されているのか、それらが利用されているならば、誰がどのような生活を送っているのかが気になったのである。

こうした関心を持ちつつあった二〇〇二年春頃、安渡一丁目にお住まいのSさんと交流が始まった。Sさんの住宅は安渡トンネルの入り口近くにあった。Sさんの住宅は半壊であったが、Sさん宅より海側の住宅はすべてが全壊であった。Sさんは住宅改修を終えて中村仮設団地から二〇一二年春に安渡の自宅に戻った。安渡一丁目と隣接する新港町には四〇〇世帯あったが、家が残ったのは自分の家を含めて二軒（Sさん夫婦二人とその後ろに住む家族三人）だけであった。

自宅再建を終えたばかりのSさん夫婦の家に何度かお邪魔した。そのたびに伺っていたのが在宅と仮設との心理的距離であった。

Sさんがいうには、仮設にいた頃、在宅の人たちを羨望していた。できるかぎり早く自宅再建をしたい、その思いから自宅が残った方たちを羨んだ。あまりに自宅再建への思いが強かったのか。自宅に戻るとき、うれしさと同時に、仮設に住み続ける人たちへの後ろめたさが残ったという。

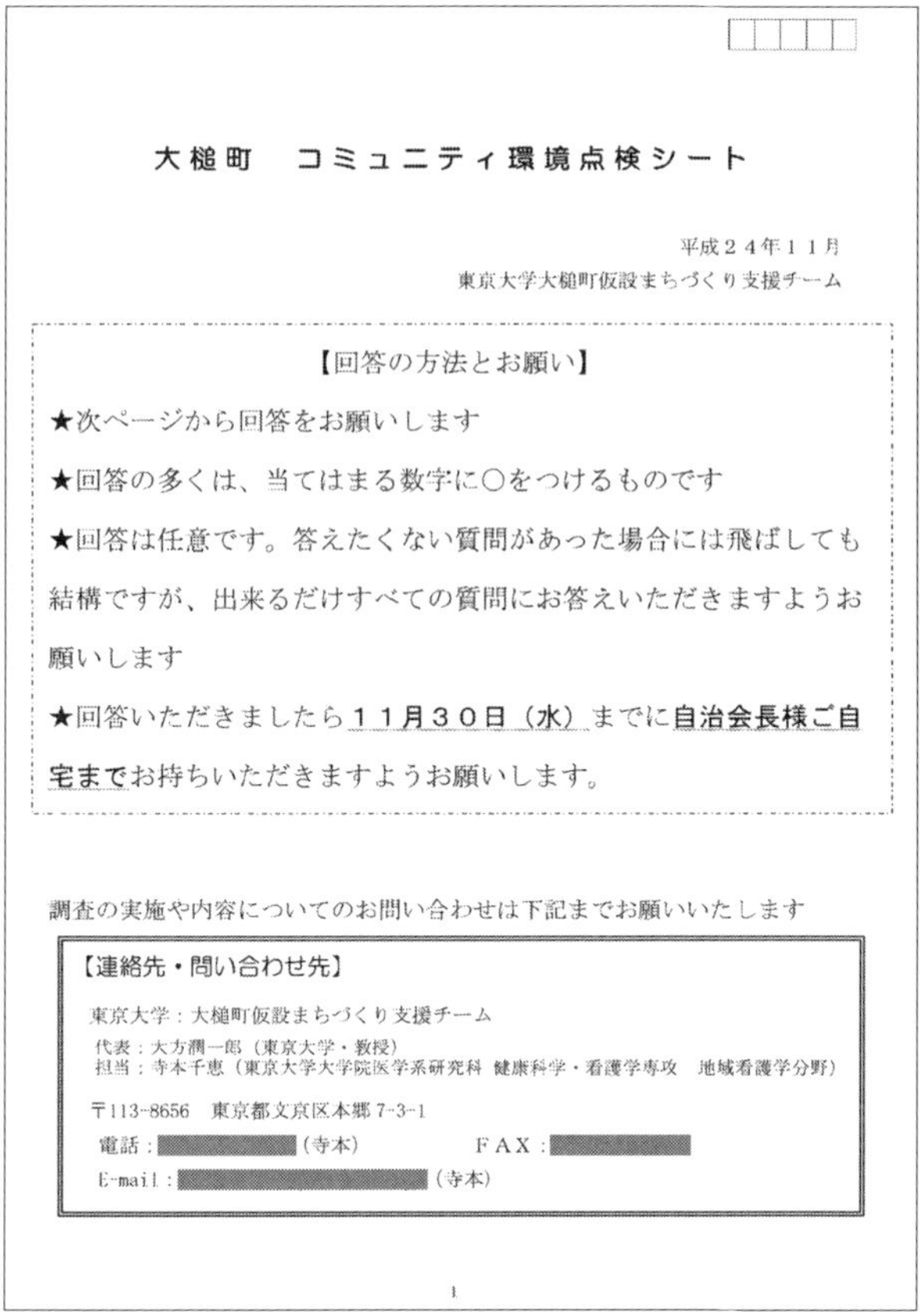
大槌町　コミュニティ環境点検シート

平成２４年１１月
東京大学大槌町仮設まちづくり支援チーム

【回答の方法とお願い】

★次ページから回答をお願いします

★回答の多くは、当てはまる数字に○をつけるものです

★回答は任意です。答えたくない質問があった場合には飛ばしても結構ですが、出来るだけすべての質問にお答えいただきますようお願いします

★回答いただきましたら１１月３０日（水）までに自治会長様ご自宅までお持ちいただきますようお願いします。

調査の実施や内容についてのお問い合わせは下記までお願いいたします

【連絡先・問い合わせ先】

東京大学：大槌町仮設まちづくり支援チーム
代表：大方潤一郎（東京大学・教授）
担当：寺本千恵（東京大学大学院医学系研究科 健康科学・看護学専攻　地域看護学分野）

〒113-8656　東京都文京区本郷 7-3-1
電話：[redacted]（寺本）　ＦＡＸ：[redacted]
E-mail：[redacted]（寺本）

1

**図3　コミュニティ環境点検シート（調査票）**

Sさんは自宅を取り戻した。しかし、それからすぐに気づいたのは、在宅生活の難しさだった。Sさん宅の前方ではいつも全壊住宅の撤去作業をしていて窓を開けることができなかったし、窓にこびりついた泥砂を流すのが大変であった。また、まわりには住宅・商店がまったくなく、人に会うとき、生活に必要なモノを入手するときに、車を使うしかなかった。

Sさんは中村仮設団地の自治会で副会長だったこともあり、イベント時などに団地を訪れた。しかし、多くの人が住宅を流出しているなかで、住宅再建を果たした者が仮設団地を訪れることにわずかながら罪悪感をいだいたという。

Sさんのように一度仮設暮らしを経験していても団地を訪れることが難しいわけだから、避難所から自宅に直接戻った人が仮設団地を利用することは大きな壁があるだろうと予想した。

在宅が恵まれているといっても、それは建造物だけの話であり、実際の生活環境は仮設団地のほうが整っていたように思われた。生活に必要なモノという点では、支援者が定期的に差し入れを行っていたし、いわて生協が移動販売車を団地に巡回させていた。仮設団地の集会所には、復興支援員が常駐していて、団地居住者の生活状況をある程度把握していた。また、集会所・談話室では、支援団体によるイベントや健康チェックが盛んに行われた。さらに、居住者が近隣関係を築くという点では、団地という密集した空間は有効であった（生活騒音などをめぐる争いもあったそうだが）。仮設団地は支援者を含めて他者のまなざしに晒されている空間だった。その反対に在宅は他者のまなざしが欠けていた。

安渡公民館の関洋次さんは、在宅の状況があまり把握できていないと私によく語っていた。在宅居住者がコミュニティ施設を利用してくれればよいが、おそらく遠慮があるのだろう。公民館も含めて、利用は芳しくなかった。誤解をおそれずにいえば、仮設団地は「施設」のような閉鎖性を帯びつつあった。

## 四　「在宅」を調査する

私たちはコミュニティ環境点検シート活動を在宅に広げることを考えた。二〇一二年の秋から前回調査と同じく四地区九仮設団地の調査を行いつつ、安渡地区の在宅について全数調査の実施を決めた。

調査は二〇一二年一一月二四日、二五日に行った。具体的には二〇一一年発行のゼンリン住宅地図をもとに安渡一丁目〜三丁目をくまなく歩いて調査票を配布した。当然のことではあるが、住宅地図にない居住世帯があったり、空き家なのか長期不在なのかが不明であるケースがあった。私たちは郵便ポストのたまり具合などをチェックしながら念のため二、三度訪問をして、調査票をできるだけ手渡しするように心がけた。空き家・長期不在であるかが判断できない場合は、調査票をポストに投函した（図3を参照）。調査票の配布は、仮設での実施と同じく、看護師が必ず同行した。

私たちが配布できたのは世帯数八四（不在のためのポスト投函も含めて）、配布枚数一九三、回収数九五（回収率四九％）だった。安渡町内会の方に約八〇世帯と事前にうかがっていたが、それよりもわずかに多い世帯数だった。空き家・長期不在は一六軒であった。回答者の年齢構成は、六五歳以上は四六名（四八・四％）、そのうち七五歳以上は一九名（二〇％）であった。

いくつか気になっていた点を調べてみた。まず外出頻度であるが、週一回未満の人は一九名（二〇％）と同時期の安渡仮設居住者に比べて七倍も水準が高く、引きこもりの傾向が強かった。

次に地域内での友人・知人関係である。「安渡地域（仮設住宅も含む）にお住まいの知人や友人と会って話をすることはありますか」とたずねたところ、「地域内に話をするような知人や友人はいない」と答えた人が二〇名（二一・一％）であった。また、安渡地域内外問わず、話をするような知人や友人はいないと答えた者が八名いた。

支援についての意識はどうか。「お住まいの地域では、ボランティア団体などの支援が行き届いていると思う」という質問に対して「そう思わない」「どちらかといえばそう思わない」と答えたのは、仮設居住者は一九名（二二・七％）だったが、在宅では三一名（三二・六％）であった。やはり、支援の行き届かなさを指摘する声が大きかった。

在宅の人たちの仮設利用はどうか。「あなたは、これまで安渡地域の仮設団地にある談話室を一度でも利用したことがありますか」という質問に対して、「はい」と答えた者が二四名（二五・三％）であることから、在宅の人たちが仮設施設をあまり利用していないことがわかった。

こうした調査票に基づくデータもさることながら、一つ一つ訪問したケースが私たちにとって大変貴重であった。

印象に残っているのは、ある生活習慣病によって目がほとんどみえない高齢女性との出会いだった。彼女の家は崖上にあり、玄関にたどり着くには、雑草が生い茂った泥土をくぐり抜ける必要があった。空き家かもしれないと思いつつ大声で呼びかけたところ、目の悪い高齢女性が出てきたのである。同行していた看護師がまず健康状態をたずねたところ慢性の疾患だという。同居する息子が一人いて、彼が仕事のあいだは外出だけでなく、訪問客にも対応しないようにと、息子さんからきつくいいつかっているそうだ。彼女の家は津波被害には遭っていない。しかし、住宅の被害がなかったことで、支援されずに取り残されている人がいることを強烈に思い知らされた。

また、ひとり暮らしの中年女性から、仮設と在宅との心理的距離についてうかがうことができた。当初は、調査に乗り気でなかったが、仮設と在宅の比較を行いたいといったところ、とつじょ協力的になった。そして、私たちが質問する前に、自分の思いを語り始めた。結婚をきっかけに安渡に住み始めたが、専業主婦であることをまわりの年輩者から批判されていた。年配者がいうには、安渡は古くから漁業で生計を立てた地域で、女性も早朝から働くのが当然だった。それをいつも聞かされるのが若い頃苦痛だった。いま、その年輩者が仮設住宅の中で当然のように支援を受けている。一方、在宅の私たちは、住宅が残ったというただ一点で支援に大きな違いが出ている。それはきわめて不公平ではないか。学者ならば、そのことをしっかりと調べてほしいと忠告されたのだった。

安渡の在宅・仮設双方での調査はコミュニティへの働きかけにつながった。私たちは、調査結果を住民（仮設、在宅の双方）に呼びかけて報告会をし、そこから生まれた意見や考えを町内会の役員にフィードバック・意見交換をして、そこからコミュニティ再生や生活再生にむけた定期的な勉強会をしかけるという流れをつくろうとしたのである。

二〇一二年から一三年にかけては瓦礫の撤去と基盤整備の目算がつき、住宅、コミュニティ施設、景観についての本格検討の時期が来ていた。大槌町では、地域ごとに復興協議会をもうけて、行政、専門家、住民の協働ベースの計画づくりを行っていた。しかしながら、そこでの議論を意味あるものにするには、まずもって住民がみずからの課題を把握して、前向きに活動しようという機運がないといけない。私たちの調査は、不可視となっていた地域課題をあぶりだし、その課題把握からコミュニティ再生にむけての新たな担い手づくりを視野に入れた。だが大きな課題があった。それは生活の必要から発生するはずの生業の再建が復興協議会ではなかなか議論にのぼらなかったことである。議論は住宅再建と公共施設・サービスが中心となり、以前あった商店主の存在が薄くなっていた。

## 五　地域再生と商業

私は、仮設コミュニティの支援活動に携わりながら、商業の再生にも関心を持っていた。商店街の論文をすでに執筆していたこともあった（新 二〇一二b）が、それに加えて、人々の生活を根幹から支える商業の再建が復興の手がかりになると考えたからだ。

とはいえ、震災前からの事業者が再建するのは大変に困難だった。その理由は二つあった。第一に被災前から

**表1　大槌町における小売業の商店数、従業者数、年間販売額、売場面積の推移**

| | 1994年 | 1997年 | 1999年 | 2002年 | 2004年 | 2007年 | 2012年 | 2014年 |
|---|---|---|---|---|---|---|---|---|
| 商店数 | 301 | 273 | 269 | 269 | 252 | 241 | 41 | 49 |
| 従業者数 | 1,007 | 1,000 | 1,036 | 1,086 | 1,017 | 959 | 180 | 294 |
| 年間販売額（百万円） | 13,629 | 14,501 | 13,894 | 13,970 | 13,308 | 12,451 | – | 6,853 |
| 売場面積（㎡） | 20,804 | 20,813 | 19,803 | 20,835 | 19 761 | 19,488 | 5,097 | 8,034 |

出典：商業統計（2012年のみ経済センサス）、2012年の年間販売額は震災のため調査されなかった。

**表2　大槌町事業者の被災状況**（2011年11月1日現在）

| | | |
|---|---|---|
| 全壊 | 352 | 79.6% |
| 半壊 | 20 | 4.5% |
| 一部損壊 | 2 | 0.5% |
| 被災あり | 374 | 84.6% |
| 被災なし | 58 | 13.1% |
| 不明 | 10 | 2.3% |
| 合計 | 442 | 100% |

出所：大槌商工会商工業復興ビジョンより

地域商業が衰退傾向にあったこと、第二に商業者が集積している町方地域および近隣商業地区の安渡地区・吉里吉里《きりきり》地区が決定的な被害を受けたこと、である。

震災前の小売業の状況については**表1**にまとめた。これを見れば長期的な衰退傾向がわかるだろう。また、町方地域の商業施設などの分布を**図4**にまとめているが、**表1**と照らし合わせればわかるように、この地域には大槌町の約六割の商店が集積していた。標高の低い場所に集まった、多くの商業施設が被害に遭った。**表2**をみてもらってわかるように商業者のうち七九・六%が全壊である。町内建築物の全壊比率四七・五%と比べるときわめて高い全壊比率であった。

こうした甚大な被害のなかで、事業継承に悩んでいた高齢の被災商人が、廃業という選択肢を選ぶことになった。二〇一一年一一月の大槌町商工会の調査では、二三・五%の事業者が事業継続の意思はない、と答えた。

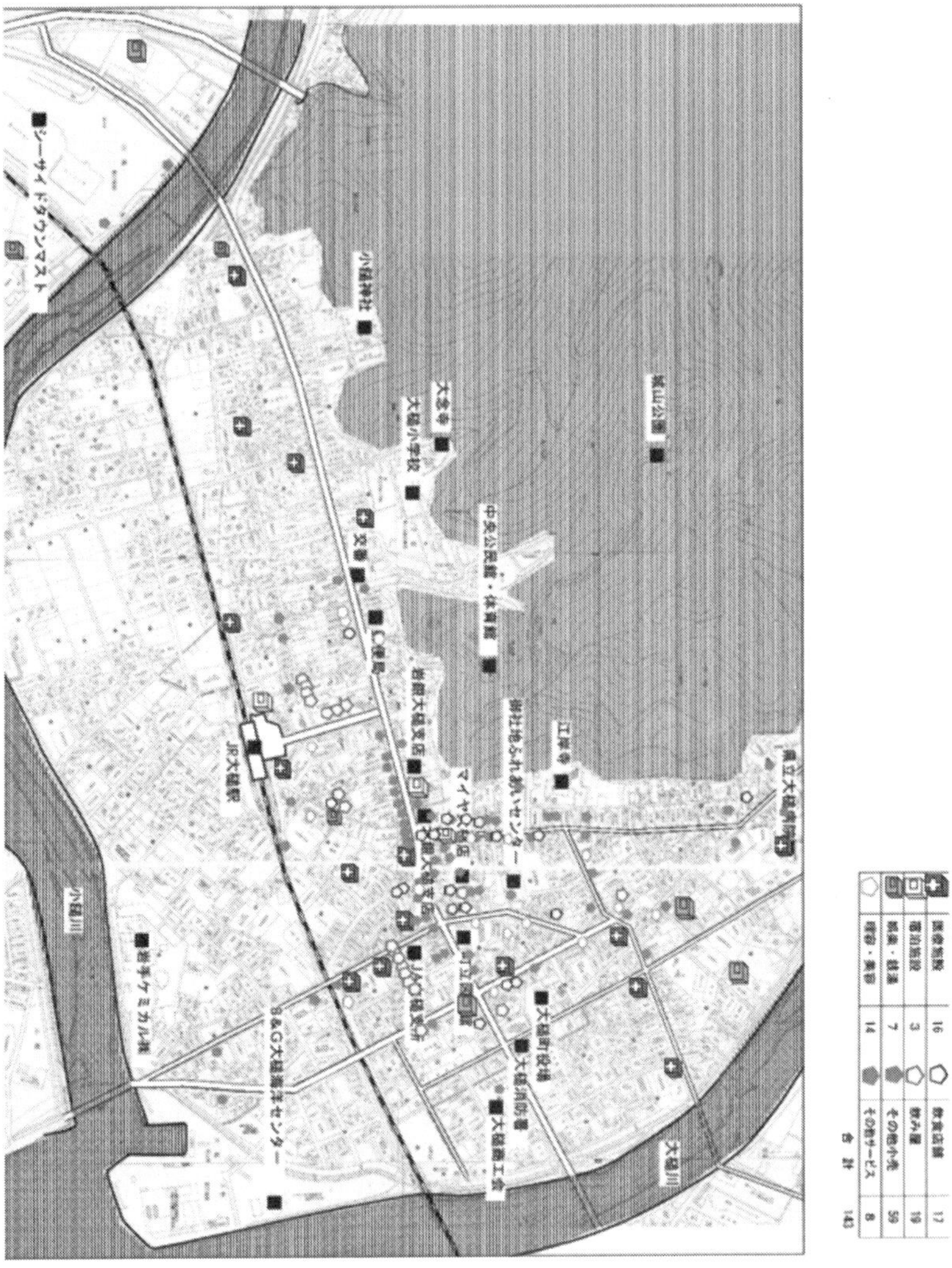


図4　町方地域の商業施設などの分布

事業継続の意思がある商業者のとりうる道はなんであったか。当時の支援メニューはおよそ二つであった。第一に仮設商店街の設置であり、第二にグループ補助金の申請であった。

まず、仮設商店街から説明すると、自治体が土地を確保したうえで、中小企業基盤整備機構（以下、中小機構）が仮設施設の造営を行い、それを自治体に無償で貸し出すというスキームである。今回の震災では、できるだけ早期の商業再建を進める意味もこめて、仮設の商業施設、いわゆる「仮設商店街」が多く造られた。しかし、仮設団地と同じく、一部を除いて旧市街地から遠く離れた場所に立地した。零細商店は徒歩や自転車での来客者を中心的な顧客としているが、住宅が分散化したために、徒歩圏内の人口がわずかとなり、事業が成立しにくくなった。

また、どの仮設商店街に入るかで、売り上げに大きな差が出ることになった。たとえば、大槌町では、大槌北小学校に隣接した「きらり商店街」がもっとも大規模で集客力のある仮設商店街である。この商店街は、来訪者が利用しやすい食堂やお菓子屋があるだけでなく、ＡＴＭやボランティアセンターがある。また、駐車スペースも整備されていて、その点で来訪者に優しい。しかし、仮設商店街には小規模なものもあり、その結果、どの商店街に入ったかで不満が起きているという。「きらり商店街」にしても、プレハブの一階か二階かで来客者数に大きな違いがあり、それが商業者の分断をもたらした恐れがある。

**表3　仮設商店街・業態一覧**
（2012年5月1日現在）

| | |
|---|---|
| 美容・理容 | 12 |
| 飲食 | 5 |
| 菓子店 | 4 |
| 雑貨 | 3 |
| 酒屋 | 3 |
| クリーニング | 3 |
| 鮮魚 | 2 |
| 写真 | 2 |
| 自転車 | 2 |

出所：大槌町仮設店舗パンフレットより

なお、仮設商店街を構成している業態には相当な偏りがある。**表3**で仮設商店街に入居する事業者業態をまとめた。その特徴は次の三点である。

・美容室／理容室の割合が高い

・飲食の割合が高いこと
・生鮮三品（肉、野菜、魚）の割合が低い

ここからわかることは、以前の商店街の中心だった生鮮三品、酒、家電などの小売業の割合が低い一方で、美容室や飲食といったサービス業の割合が高くなっていることだ。では、日々の生活に必要な生鮮品はどこで手に入れているのか。たとえば大槌町にはマストという大型の商業施設があるが、生鮮三品についてはこの施設で購入することが多く、それ以外は、移動販売で購入している。

それにしても、美容室は毎日必要とする業態ではないし、飲食にしてもしかりである。なぜ、こういった業態が多く仮設商店街に出店しているのか。

美容室は、当然、地元の人たちが利用するが、震災以前からのなじみ客は、以前の立地から離れていても、一カ月に一度程度であれば、車に乗ってでも店に通うことが可能である。だからこそ、市街地から遠く離れた仮設商店街であっても美容室／理容室が立地できるというわけだ。

また、飲食関係については、復興事業にともない大槌町に出入りする外部者たちが必要とする業態である。市街地から離れた仮設商店街であっても、瓦礫の処理などに携わる者たちで飲食店は賑わっていることが多かった。

次にグループ補助金であるが、これは被災事業者がグループ単位で復興事業計画を策定し、その計画が認定を受けた際、補助が下りるという仕組みである。この補助金は、商店街のような地域産業に貢献している事業協同体だけでなく、雇用を守るために地域の中核的企業が川下の関連企業とグループを組むことも許されていた。グループ補助金は使い勝手がよかったこともあり、零細企業同士が数多くグループをつくって事業計画を立てた。

私がヒアリングした限り、グループ補助金は被災事業者を大いに助け、かつ新たな事業者ネットワークをつくり出すことに成功した。

問題はここからだった。仮設商店街での事業、あるいはグループ補助金をとった後、大槌全体としてどのような商業ビジョンを描くのか。先ほども述べたように、町方地域は、大きな被害が出ており、その土地利用が定まらずにいた。なぜ土地利用が定まらずにいたか。町方地域の多くが、浸水の危険性があるということで、土地利用が住宅以外に制限され（危険区域）にされて、震災以前よりも人口が大きく減少することが決まった。そのため、商業が成り立ちにくいと判断されて、事業者の再建計画が立たなかったのである。

その一方で、大槌町としては、災害によって広がった「市街地」のシンボルとして町方地域を位置づけたいという思いを持ち続けた。震災以前の二〇〇四年に大槌町では中心市街地活性化基本計画を策定し、商業機能の高度化を模索していた。そうした経緯もあって商工会、および町が中心となって、二〇一一年度から何度か計画が試みられた。また、復興後の中心市街地の事業主体としてまちづくり会社（「復興まちづくり大槌」）が二〇一三年三月一日に設立された。まちづくり会社は吉里吉里地区で宿泊施設（「ホワイトベース大槌」）を運営し、その利益で町方地区への投資・マネジメントを行う予定をした。しかし、具体的な実施に移行できないまま、時間だけがたつことになった。

## 六　中心市街地の再建構想と挫折

基盤整備が整い、かつ商業地再建のための補助スキームが切れるおそれが出始めた二〇一五年度から、中心市街地再建検討委員会が立ち上がる。私も委員会のメンバーとなった。この委員会が立ち上がった理由に、きらり仮設商店街に入居する若手商業者が行政に計画策定するよう突き上げがあった。きらり仮設商店街は、震災から時間がたつにつれて集客が伸び悩んでいた。行政に計画策定するように要望した若手商業者は、中心市街地にスーパーを誘致して、できるだけ広域から集客できるエリアにするよう求めたのだった。

ここでいう中心市街地とは、津波の際に町長が流されてしまった旧役場近辺エリアのことである。旧役場近辺は換地が行われて大半は町の土地となった。しかし、先ほども述べたように、ひどい浸水があったため、危険区域として設定されて住宅に用いることはできない。町長が流された町役場の利用を含めて、大槌の中心をどのように構想するかが問われたのである。

だが、行政の財政難もあって、中心市街地を設ける際には、テナントミックスと採算性が重要視された。具体的には、行政が土地を持ち、運営会社（「復興まちづくり大槌」を想定）が施設をマネジメントして、そこに地元事業者が入居するというスキームが構想されたのである。しかし、テナントを希望している事業者はたいてい資金に不足しており、まちづくり会社が出してくるスキームでは到底商売が成り立たない。だからといって、テナント代を引き下げれば施設運営が成り立たず、施設の早期閉鎖が危惧される。そのため、いつまでも計画が成立しないという状況が続いた。

私とまちづくり会社が二〇一五年の段階で被災事業者にヒアリングした結果は次のとおりだった。

・上町の自宅換地予定地が、一五％近く減歩されることになり、二世帯住宅を建てたくても建てられなくなりそうで住まいのことも再建予定が立たない。マストで商売を続けて行くかも決めていない。いろんなことが考えられないでいる。（飲食）

・人口減少、少子化により学生服の利益が非常に少なく商売が厳しい。数年後の自分の年齢も考えると、きらり商店会がある限り商売を続けて、あとは自宅を購入して（寺野の姉の土地検討中）自宅のみ建築して、商売はたたむことも考えている（自宅兼店舗も考えられるが、可能性は低い）。（衣料品、六〇代半ば）

・御社地商業棟（中心市街地商業施設のこと）に興味がある。しかし、腕（肩）を傷めてしまい、商売が心配になった。やる気はあるので、御社地の入居までに手術して治すか、しばらく商売辞めていれば治るか、空き時間で様子をみながら見定めたい。補助金が使えるならば、事業者数はどれくらい必要か、テナント料はいくらか（坪数と賃料をまち会社で決めればよい）早くテナント賃料を出した方が、前向きに考える事業者がいる。（釜石の）飲んべえ横町などは完成しつつあるから、早く事業を進めないと人が入らなくなるのではと心配している。（飲食店、六〇代後半）

・大型スーパー等の誘致が可能なら御社地周辺（旧役場後ろ）での店舗再建を検討したい。（鮮魚店、三〇代後半）

・駅前の借家店舗全壊流失。罹災証明あり。二〇一一年九月に山田豊間根で商売を再開した。材木屋さん（知り合い）が本設建設したものにテナントとして入居した。五年契約である。補助金はこれまで使っていない。設備には国庫金を利用。昼はいいが夜の入りが悪い。大槌に戻りたい意向は強くあるが、今の店は協力者がいてやってこれているので、すぐに辞めるわけにはいかない。大槌に出すのであれば、人を雇うしかないが。（飲食、六〇代前半）

以上のヒアリングでも出ているように、①年齢の問題、②事業継続と資金繰りの問題、③行政が考える「中心」と事業規模のズレ、④町方地域に従前のように人が戻らないという問題、こうした問題が入り組んで、大槌の事業者は身動きがとれない状況となっている。

町方地域以外の住宅地ではどうか。安渡の地域復興協議会では商業の話がたまには出たが、先ほども指摘したように住宅再建とコミュニティ施設の話が中心であり、最終的には事業用地にコンビニ誘致することで決定した（すでに出店済み）。ご自身も商売を営んでいた安渡のKさんは次のようにいう。

以前の安渡には、商店街とはいえないかもしれないが、小さな商店が点在していた。三〇店舗以上あった店が震災前に二三店舗あった。町にコンビニが出てきてから商売にかげりが出てきた。二代目が育たなかったことも低調になった理由だろう。震災後、他地域と協同して営んでいたスタンプ会を解散した。所属していた商店会で事業を継続しているのは自動車整備、たこ焼き店、鮮魚店、北上に移動したガス会社、缶詰店程度である。店をつくっても人は戻ってこない。人が戻ってこないと店は出せない。

大槌のような人口一万人程度の町にコンビニが数多くある。岩手県のローソンの売り上げ上位にマスト前のローソンが位置している話も聞いた。大手コンビニはその収益の多くを本部が吸い上げるかたちとなっている。地域の必要から生じた経済活動が地域内でうまく循環できない構造がある。

二〇一六年現在、安渡町内の商店は、理容店、雑貨店、コンビニしか見当たらない。

仮設団地の集会所では、ご近所の方たちが食事を作り、それを安価で売る光景がみられた。これは、住宅からはみでた「生活」が、事業になった事例である。こうした企業活動や常設店舗によらない経済活動を「インフォーマル（非正規）経済」と呼ぶが、こうしたインフォーマル経済の要素が、具体的な事業へと昇華できない憾みがある。大槌には住宅と公的施設が着々と整備されている。しかし、津波の被害を受けた町方地区はいまだ使い道が決まっていない。このままでは広大な空き地が残ることになる。

**付記**　本研究にあたっては、平成二三年度採択JST（科学技術振興機構）戦略的創造研究推進事業（社会技術研究開発）・社会技術研究開発事業『仮設コミュニティ』で創る新しい高齢社会のデザイン」（代表：大方潤一郎）、および科学研究費助成事業（基盤研究B、平成二四年〜二六年度）「東日本大震災に対する価値観に関する実証的研究」（研究代表者：遠藤薫）の助成を受けた。また、本稿の作成にあたって、東京大学大槌町仮設まちづくり支援チームのご協力を受けた。厚く感謝します。

**注**

（1）　行政の名簿上では五六二名居住しているはずだったが、自治会への事前ヒアリングおよび訪問によって長期不在・入院が七九名いたことが判明した。

（2）　正式には大槌公民館安渡分館。

## 参考文献


新雅史、二〇一二a、「災害ボランティア活動の「成熟」とは何か」『大震災後の社会学』講談社
――――、二〇一二b、『商店街はなぜ滅びるのか』光文社
――――、二〇一三、「仮設商店街から見える「生活」と「商業」の乖離」『世界』二〇一三年一月号、岩波書店
新雅史・永田智子・寺本千恵・松永篤志・村嶋幸代、二〇一二、「東日本大震災で被災したA町仮設住宅住民の生活と健康――対人関係と自治会活動の影響」第七一回日本公衆衛生学会総会、二〇一二年一〇月二四～二六日
大水敏弘、二〇一三、『実証・仮設住宅――東日本大震災の現場から』学芸出版社
冨安亮輔、二〇一二、「釜石市と遠野市におけるコミュニティケア型仮設住宅の提案と実践」『医療福祉建築』二〇一二年一月号、日本医療福祉建築協会
内藤三義、一九九九、「仮設住宅における生活実態」『阪神・淡路大震災の社会学　第二巻　避難生活の社会学』昭和堂
永田智子・寺本千恵・新雅史・松永篤志・村嶋幸代、二〇一二、「東日本大震災で被災したA町仮設住宅住民の生活と健康――対象者の概況」第七一回日本公衆衛生学会総会、二〇一二年一〇月二四～二六日
村嶋幸代・鈴木るり子・岡本玲子編、二〇一二、『大槌町　保健師による全戸家庭訪問と被災地復興――東日本大震災後の健康調査から見えてきたこと』明石書店

# 津波被災者と原発避難者の交流
## ――いわき市薄磯団地自治会といわき・まごころ双葉会の事例

齊藤綾美

## はじめに

本稿は、福島県いわき市で二〇一五（平成二七）年から始められた、津波被災者である災害公営住宅薄磯《うすいそ》団地（以下、薄磯団地）自治会と原発避難者である「いわき・まごころ双葉会」（以下、「双葉会」[1]）のメンバーとの交流について取り上げる。両者の交流がどのように始まり、なぜ可能になったのか、交流の実態はどのようなものか、交流の意義と課題について検討する。それと同時に、両者の交流を理解するうえで不可欠な両組織の設立経緯、組織構成、活動実態についても整理する。

福島県いわき市（人口三四万七五五二人、世帯数一四万一〇九八、二〇一六年四月一日現在）は、双葉郡の南側に隣接する市であり、福島県内では放射線量が比較的低いことや、双葉郡と同じ浜通り地域でもあることから、双葉郡からの原発避難者が数多く流入してきた。反面、いわき市は東日本大震災および福島原発事故の被災地でもあり、

表１　双葉町の広域自治会

| | 「双葉会」 | 県北ふたば会 | 双葉町県中地区借上げ住宅自治会 *1 | 双葉町県南地区借上げ住宅自治会 *2 | 双葉町埼玉自治会 | 双秋会 | せんだん双葉会 | 双葉町つくば自治会 |
|---|---|---|---|---|---|---|---|---|
| 活動拠点 | いわき市 | 福島市 | 郡山市 | 白河市 | 加須市 | 仙台市 | 柏崎市 | つくば市 |
| 会員世帯数 | 120 | 57 | 99 | 55 | 116 | 26 | 14 | 55 |
| 例会の頻度 | ２カ月に１回 | 月２回 | ２カ月に１回 | 月１回 | 不明 | 月１回 | 月１回 | 不明 |

出典：ふたさぽ（2015）をもとに齊藤作成。2014 年４月１日現在
＊1　後に双葉町県中地区自治会に名称変更
＊2　後に双葉町県南双樹会に名称変更

地震、津波、原発、風評による被害を受けた。しかも、いわき市は一九六六（昭和四一）年の一四市町村の合併によって、一二〇〇平方キロメートルを範域とする大規模な自治体となった。いわき市内も山間部、市街地、沿岸部、工業団地などから構成され、多様性に富んでいる。これらのことから、市内南部や山間部の住民は地震による被害を、沿岸部の住民は津波による被害を、双葉郡に近い市北部の住民を中心として原発による被害を受けた（川副　二〇一三：七二―七三）。

このように、いわき市は、地震、津波、原発災害の被災自治体であるにもかかわらず、多くの原発避難者を受け入れている。二万四一五四人の原発避難者がいわき市に滞在することになり[2]、ごみ出し、駐車の仕方、住宅不足、住宅・地価の高騰、交通渋滞、医療施設の混雑などの問題が発生した（川副　二〇一三：七六）。これらの諸問題や、賠償金の受給状況がおもな要因となり、原発避難者といわき市民のあいだでの「分断」や「あつれき」の存在が指摘されてきた（川副　二〇一三、坂田　二〇一四、高木　二〇一五）。

このような、いわき市民と原発避難者の「分断」や「あつれき」については多くの研究で論じられている。これらの研究の中には、いわき市民の複雑な被災状況を分析し、解決の方向性を示すものや（川副　二〇一四、今野・原田　二〇一五）、いわき市民の意識調査結果の分析を行うもの（高木　二〇一五）、マスメディアの言説やフォーラムでのいわき市民の発言の分析

を行うもの（坂田　二〇一四）があり、このほか多くの研究がなされている。

とはいえ、近年、こうした「分断」を乗り越えようとする動きが一部でみられる。その一つが、本稿で取り上げる薄磯団地自治会と「双葉会」の交流である。こうした動きがあることについては先行研究で断片的に触れられているものの[3]、必ずしも十分に論じられてこなかった。そもそも、薄磯団地自治会の組織や活動について先行研究ではあまり取り上げられてこなかったし[4]、「双葉会」についても管見の限り研究はほとんどされていない。したがって、本稿では、薄磯団地自治会および「双葉会」の基本的な構造および設立と展開過程について整理するとともに、津波被災者である薄磯団地自治会と原発避難者である「双葉会」の交流の契機、交流が可能になった条件、交流の実態・意義・課題について検討する。第一節で、薄磯団地自治会と「双葉会」の設立経緯と組織構成および活動状況について概説し、続く第二節で、両者の交流について時系列を追って整理する。これらの議論をふまえて最後に、薄磯団地自治会と「双葉会」の交流の意義と課題について考察する。また、事例分析をとおして、地域住民組織の可能性について考える。なお、本稿では「双葉会」と薄磯団地自治会の双方を取り上げるが、とりわけ後者に焦点をあてる。その理由は、震災によって大きな変容を被った薄磯地区の変化に着目するからである。

本稿は二〇一六年六月から一〇月まで実施したヒアリング調査およびイベントや会合への参与観察の結果をまとめたものである。ヒアリングの主たる対象は、薄磯地区の住民リーダーおよび「双葉会」のリーダーである。

## 一　薄磯団地自治会と「双葉会」の概要

### （一）薄磯団地自治会

**震災以前の薄磯地区**

本節では、薄磯団地自治会と「双葉会」の組織および活動の概要について解説する。なお、薄磯団地自治会は震災後に薄磯地区に建設された災害公営住宅の自治会であり、薄磯地区全体の自治組織ではない。そこで、既存の自治組織である薄磯区会の組織および活動についてもその概要を示す。

薄磯地区は、いわき駅から南東方向に約九キロメートルのところにある一・五平方キロメートルほどの地域である。北側の沼ノ内地区と南側の豊間地区とともに沿岸部に位置し、一つの小学校区および中学校区を構成している[5]。薄磯地区の浜辺は薄磯海岸として知られ、夏は海水浴場としての賑わいをみせていた。また漁業や水産加工なども盛んだった（A氏へのヒアリング）。ただし、世帯数は一九八一年の二五九世帯から二〇一〇年の二六六世帯とほとんど変化がないものの、人口は一九八〇年代頃から徐々に減少している。一九八一年に一〇八二人だったものが、二〇一〇年には七六一人に減っている（表2）。震災前の薄磯では、世帯数は大きく減少しないものの、世帯規模が縮小し、人口減少が進んでいた。

**震災後の薄磯地区**

とはいえ、こうした状況は東日本大震災によって大きく変化した。地区全体が津波で壊滅的な被害を受け、地区の二〇戸弱を除く多くの住宅が津波で破壊されたからある。震災による地区の死者は直接死で一一一人、関連

表 2　いわき市、平、薄磯の人口と世帯数の変遷

| | 人口 | | | 世帯数 | | |
|---|---|---|---|---|---|---|
| | いわき市 | 平 | 薄磯 | いわき市 | 平 | 薄磯 |
| 1971* | 324,739 | 71,758 | 1,026 | 82,946 | 19,006 | 204 |
| 1981* | 341,793 | 81,825 | 1,082 | 97,573 | 23,834 | 259 |
| 1990 | 353,648 | 90,801 | 1,040 | 107,682 | 28,624 | 253 |
| 2000 | 359,945 | 98,418 | 893 | 123,750 | 35,801 | 253 |
| 2010 | 343,008 | 98,543 | 761 | 133,270 | 39,556 | 266 |
| | | | | | | |
| 2016 | 347,552 | 101,654 | 246 | 141,098 | 43,295 | 113 |

出典：『いわき市の人口』（1971 年 10 月 1 日現在、1981 年 4 月 1 日現在、2000 年 4 月 1 日現在、2010 年 4 月 1 日現在、2016 年 4 月 1 日現在）、いわき市総務政部政策企画課編、いわき市
＊各年 4 月 1 日現在。ただし 1971 年は 10 月 1 日現在
＊ 1970 年、1980 年の資料が利用できなかったため、1971 年と 1981 年の資料を利用した。

死で四人である。住宅の八七％が全壊だった（松本　二〇一六）。地区では高台造成工事と、土地区画整理事業が進められ、二〇一六年三月から一部宅地の引き渡しが始まっている。しかし、元住民の流出と住宅再建希望者数の減少から、区画整理後の住宅地の活用問題という課題に直面している。

震災を受けて、災害公営住宅が地区内に建設され、二〇一四年六月に入居が始まった。災害公営住宅は全部で一〇三戸（集合住宅八五戸、戸建て住宅一八戸）である。薄磯地区の住民の一部は薄磯地区内の災害公営住宅に移り、一部は他地区に建設された災害公営住宅などに移動した。震災後、地区住民の意見をとりまとめるために、区会と、震災後に若手を中心に結成された薄磯復興協議委員会を中心として地区の将来について協議し、復興に取り組んでいる。

## 薄磯区会

薄磯団地自治会について解説する前に、薄磯区全体をカバーする自治組織である区会の組織と活動状況について示しておこう。区会役員は、区長・副区長・総務部長・土木部長・会計・衛生・書記が各一名、監事が二名、神社総代長が一名、神社総代が三名の計一三名から構成される。役員任期は一期二年である。区会と

して、土地や貯金などを共有財産として所有している。震災前の薄磯地区では、消防団、子ども会、青年会、老人クラブ、防犯協会、採鮑組合、漁協支部、青少年育成会、観光組合などが存在していたが、震災後は人口流出などを理由として、子ども会、青年会、漁協支部などの活動がなくなったという。右記団体のほか、薄磯自主防災会が一九八六年に設立されているが（いわき市消防本部総務課編　二〇一五：八三）、形骸化していたようである。過去には婦人会も活動していたが、メンバーが集まらなくなったために震災の二〇年ほど前から活動を停止していた。なお、先述のとおり、震災後、新たに復興協議委員会と団地自治会が結成されている。

現在の区会主催の活動として、清掃活動（四月）、神社例大祭（五月）、草刈り、権現祭り（一〇月）、神社掃除（一二月）、神社での祈禱（一月）などが実施されている。また、後述する薄磯団地自治会との合同行事も行われている。このほか、地区外のボランティアが主催する夏祭りや清掃活動が随時実施されている。ヒアリングのかぎりにおいて、震災前の薄磯地区は地域活動や住民の交流が特段活発な地域ではなかったとの印象を受ける。区会が一定の活動をしていたものの、「不幸なコミュニティ」（田中　二〇一〇：一〇七）ではなかった薄磯地区では、区会運営に住民があまり関心を寄せることなく、区長を中心とする区役員に運営が委ねられていた様子がうかがえる。この意味で、震災前の薄磯地区では「複数性」（アーレント）が希薄な地域だったといえる。

## 自治会

［組織構成］

次に薄磯団地自治会について整理する。薄磯薄磯団地には一〇二世帯、二三〇人が居住しており[6]、自治会加入率は一〇〇％である。自治会は一号棟の入居開始の二〇一四年六月から、市の働きかけで組織化が始まった。一号棟住民だけの仮の自治会が同年七月に、二号棟住民を含めた自治会が同年一二月に発足した。二〇一四年一二月時点の世帯数は九五である。団地入居者の中で震災前から薄磯に住んでいた住民の割合が多いものの、他地区

## 表 3　薄磯団地自治会の活動状況

| 年 | 月 | イベント | 自治会主催 | 主催者 | 補足 |
|---|---|---|---|---|---|
| 2014 | 11 | 東北大学足湯カフェ | | T 大学東日本大震災ボランティア支援室 | 足湯、学生によるもみほぐし、喫茶 |
| | 12 | 健康リラクゼーション教室 | | いわき市平地区保健福祉センター保健係 | |
| | 12 | 自治会発足（臨時総会） | ○ | 自治会 | |
| 2015 | 2 | 餅つき大会 | ○ | 自治会 | 餅つき、コンサート、じゃんけん大会 |
| | 3 | ガス安全教室・料理教室 | | 常磐共同ガス。マルト商事、みんぷく、自治会共催 | |
| | 3 | いわき交流プログラム | | R 大学復興支援室、自治会、みんぷく | タラ汁を食べる会 |
| | 4 | 総会 | ○ | 自治会 | |
| | 5 | 薄磯団地花見会 | ○ | 自治会 | |
| | 6 | 健康リラクゼーション教室 | | – | |
| | 6 | 足湯・寺子屋 | | T 大学東日本大震災ボランティア支援室 | |
| | 8 | 夏祭り | ○ | 自治会 | |
| | 9 | 健康リラクゼーション教室 | | – | |
| | 9 | 出張映画館 | ○ | 自治会 | |
| | 10 | サロン & マッサージ | | – | |
| | 11 | 足湯・切り絵の会 | | T 大学東日本大震災ボランティア支援室 | 足湯、切り絵、芋煮、合唱 |
| | 11 | 芋煮会・映画上映会、花壇づくり | ○ | 自治会 | 「双葉会」会員参加 |
| | 12 | 折り紙、餃子づくり、足湯 | | T 大学東日本大震災ボランティア支援室 | |
| | 12 | コンサート | | – | |
| 2016 | 1 | 餅つき大会 | ○ | 区会・自治会 | 「双葉会」会員参加 |
| | 2 | 足湯カフェ・ワークショップ | | T 大学東日本大震災ボランティア支援室 | |
| | 3 | 健康リラクゼーション教室 | | – | |
| | 3 | 料理教室 | | 日清製粉グループ本社 | |
| | 3 | 自治会づくり研修会 | | みんぷく | 役員参加 |
| | 4 | 総会 | ○ | 自治会 | |
| | 6 | だしに関する健康講演会 | | 味の素ジェネラルフーヅ | |
| | 6 | 足湯カフェ・流しそうめん | | T 大学東日本大震災ボランティア支援室 | |
| | 7 | 七夕飾りづくり | ○ | 「双葉会」と共催 | 「双葉会」会員参加 |
| | 7 | バーベキュー交流会 | ○ | 自治会 | 「双葉会」会員参加 |
| | 7 | 夏祭り | ○ | 自治会 | |

出典：B 氏へのヒアリング、内部資料より齊藤作成。定期的なサロン、お茶会を除く。
–：不明、○：自治会主催のイベント

の公営住宅に入居できなかった外部からの住民も約三割いる。

自治会の組織構成は、会長一名、副会長一名、会計一名、監査二名である。団地の階ごとに班長一名を（計一〇名）、戸建て全体に班長一名を配置し、全体で一一名の班長がいる。班長は原則輪番制となっており、班長の中から自治会役員が選出される。役員は原則一期一年であるが、実際には、人材不足のため、二〇一四年一二月の発足時からB氏が会長を二期務めている。班長会は原則月一回開催されている。このほか、市から委託料を受けて団地の駐車場の管理を行う駐車場管理部会があり、ここに会長一名、副会長一名、会計一名、監査一名が置かれているが、駐車場が新しいこともあり、駐車場管理部会はあまり活発な活動をしていないという。なお、自治会の会費は一世帯あたり月四五〇〇円であるが、うち自治会費は月五〇〇円である。

薄磯地区の既存の自治組織である区会と団地自治会とのあいだでは、ヒト、モノ、カネ、情報それぞれにかんして一定の連携がみられる。区会の役員による自治会の一部行事への協力・参加、自治会関連の行事への区の備品の貸与、区から自治会への金銭的補助、自治会の行事情報の区会への提供などが行われている。一部の行事も自治会・区会が主催である（表3）。ただし、その連携には課題もある。震災前の薄磯地区全体をカバーする自治組織は薄磯区会だった。ところが、震災後に団地が薄磯地区に建設され、団地自治会が発足すると、一つの自治組織の範域（薄磯）に地区全体を範域とする従来の自治組織である区会と、団地を範域とする新しい自治組織である団地自治会とが併存することになった。(7) 二〇一六年九月時点において、自治会役員が、区会の公式な役員として位置づけられておらず、自治会を区会に公式に取り込む仕組みにはなっていない。区会と自治会のスムーズな連携を進めるために、制度的に自治会を区会に組み込む必要がある。

［活動実態］

自治会は自治会独自の年間行事として、総会（四月）、花見、夏祭り、芋煮会、餅つきを行っている。これ以外に、外部支援団体主催の行事が随時実施されている（表3参照）。また、年に一回、班ごとの座談会が団地集会所で行われている。これは自治会長の提案で二〇一五年から始めたもので、フロアのネットワークを強化することが目的である。また、住民のネットワーク強化のために、二〇一五年から、住民全体の「お茶会」を実施している。ただし、班ごとに活動にたいする温度差があること、「お茶会」の参加者が固定していることが課題であるという。行事を積極的に開催し、住民が頻繁に顔を合わせることで、震災前には脆弱だった住民の結びつきを強化することを自治会長は期待している。このほか、いわき市内のＮＰＯ法人である「３・11被災者を支援するいわき連絡協議会みんぷく」（以下、「みんぷく」）およびその他の外部支援団体、Ｔ大学・Ｒ大学などの学生ボランティアによる支援を積極的に受け入れている。これも自治会長の意向を反映したもので、薄磯を地域外に広く知ってもらうこと、マンパワーの確保が意図されている。(8) 薄磯地区では震災前は区会と外部団体との継続的な交流がほとんどなかったが、被災後にその状況が大きく変化し、区や自治会の活動を通して住民と外部団体の交流が行われていることがわかる。(9)

## （二）「双葉会」

### 会の概況

［発足の経緯］

続いて、「双葉会」の発足経緯、組織構成と活動実態についてみていく。東京電力福島第一原子力発電所が町の南東部に立地している双葉町は、二〇一六年一〇月末現在、町のほぼ全域が帰還困難区域に指定されている。町に登録されている六九六四人の住民のうち、四〇七二人が福島県内に避難しており、福島県のなかでも双葉町から最大の避難者が集まっているのがいわき市である（二〇九七人、二〇一六年八月一日現在、双葉町ウェブサイト）。

それらの住民の有志が集まり、「双葉会」が結成された。

「双葉会」が設立されたのは、二〇一三年一月である。いわき市に避難していた三人の行政区長とその他一名が中心となり、民生委員の助言などを得て、二〇一二年「六月から、自治会設立に向けて準備をしてきた」（福島民報ウェブサイト、二〇一三年一月二〇日付）。設立理由は、大熊町や双葉町の広域自治会の設立理由と同じである（吉原　二〇一六、松本　二〇一五）。すなわち、借り上げ住宅の避難者の交流が少なく、孤立する避難者を案じる民生委員からの情報を受けて、区長らが会を立ち上げたという。避難先で自立し地域になじんでいる避難者もいれば、地域になじめず孤立する避難者もいた。設立時の規模は三二世帯、四七人である（「双葉会」内部資料）。自治会設立にたいして双葉町からの特別な働きかけはなく、自発的に会が設立された。[10]

メンバーの口コミで会員を増やし、二〇一六年九月三日現在、一三四世帯、約二五〇人の会員が登録されている。男女比はほぼ一対一である。その中心的な年齢は六〇歳代～七〇歳代であり、リタイアした人が約九割を占める。会員の六～七割が避難先で自宅を購入しているという。なお、年会費は世帯あたり二〇〇〇円であり、このほか町からの補助金により会が運営されている。二〇一五年度および二〇一六年度は外部資金も獲得している。会の事務所として、マンションの一室を借りており、もっぱら月一回開催される役員会の会場として使用されている。

［組織構成］

「双葉会」の組織構成は次のとおりである。会長（一名）、副会長（二名）、理事（四名）、会計（二名）、監査（二名）、事務局（二名）、参与（四名）の一七名から構成される。当初、役員の任期は一年だったが、現在は二年である。ただし、メンバーの多くが立ち上げ時のメンバーと同じ顔ぶれである。また、婦人部が組織されており、「双葉会」全体とは異なる活動（ヨガ教室、バス旅行、料理教室）などを実施している。

表4 「双葉会」の主要活動

| 年 | 月 | 薄磯と関係 | 例会 | 活動内容 |
|---|---|---|---|---|
| 2015 | 4 | | ○ | 総会 |
| | 6 | | ○ | 6月例会（日帰りバスツアー） |
| | 7 | | | かながわ被災者と共に歩む会（横浜）と交流（役員のみ） |
| | 7 | | | 笹飾りづくり |
| | 8 | | | 平七夕祭りに笹飾りを出展 |
| | 8 | | | 南台盆踊り（模擬店出店） |
| | 9 | ○ | | 薄磯自治会と交流について協議 |
| | 10 | ○ | | 薄磯自治会役員との懇談 |
| | 11 | ○ | | 薄磯団地花壇づくり参加 |
| | 11 | ○ | ○ | いわき市再発見バスツアー（小名浜港・塩野崎灯台・薄磯地区・白水阿弥陀堂視察） |
| | 12 | ○ | | 薄磯団地芋煮会参加 |
| | 12 | ○ | ○ | 12月例会 |
| 2016 | 1 | | | だるま市協賛（模擬店出店） |
| | 1 | ○ | | 薄磯団地、新春餅つき大会 |
| | 4 | | ○ | 総会 |
| | 5 | | | 婦人部日帰りバスツアー |
| | 6 | | ○ | 6月例会（日帰りバスツアー） |
| | 7 | | | かながわ被災者と共に歩む会（横浜）と交流（役員のみ） |
| | 7 | ○ | | 七夕飾りづくり |
| | 7 | ○ | | 薄磯団地の交流会 |
| | 8 | | | 平七夕祭りに笹飾りを出展 |
| | 8 | | | 南台盆踊り（模擬店出店） |

出典：C氏へのヒアリング、「双葉会」内部資料より齊藤作成
注：この他婦人部が独自に活動をしている。

［活動実態］

「双葉会」の目的は「双葉町民の絆と融和を深めるとともに、ふるさと双葉への帰属意識を持って連携し、地域に馴染み、併せて相互扶助」をすることにある（同会規約第二条）。規約にあるとおり、バスツアーやイベントを通じて「双葉会」メンバーは双葉町民と交流するだけでなく、いわき市民と交流し、いわき市に溶け込もうとしている。

「双葉会」内部のメンバーの交流は例会を介して行われる。当初は二カ月に一度の例会開催を計画していたが、実際の例会の頻度はそれよりも少なくなっている。また、会が小

規模だった時期には、役員によるメンバー宅訪問がなされていたが、今日では行われていない。二〇一五年から二〇一六年八月までの「双葉会」のおもな活動内容は**表4**のとおりである。二〇一五年九月から薄磯団地自治会との交流が加わり、それぞれの会合やイベントへの参加がみられるようになっている。

## 二　津波被災者と原発避難者との交流の経緯と現状

薄磯団地自治会と双葉会の交流は、「双葉会」役員が薄磯団地の自治会長に直接電話連絡をしたことが始まりである。「双葉会」の事務局長C氏が、いわき市の地域と「双葉会」が交流を始めるにあたって知人に助言を求めたところ、薄磯地区を勧められたという。推薦の理由は、薄磯地区の世帯数が一〇〇ほどであり比較的小規模な地域であることである。役員が薄磯について調べる過程で、薄磯が沿岸部にありその海岸が有名なこと、それが双葉町の海岸を想起させること、[11]津波の甚大な被害を受けた地域であることなどがわかり、より薄磯に対象が絞られていった。C氏が薄磯団地自治会会長に連絡をしたところ、自治会役員会で交流に関する議論を経て、自治会会長より交流を進めるという回答を得た。

薄磯自治会の役員会では、今後の薄磯の展望を鑑み「双葉会」との交流を進める結論が出された。いわき市民と原発避難者とのあいだには、さまざまな「あつれき」があり、原発避難者の増加による、直接的・間接的な影響を何らかのかたちで受けた自治会メンバーもいる。とはいえ、自宅に戻れない原発避難者の一部は、いわき市で生活することを「選択」している。被害状況は異なるものの、原発避難者も津波被災者も同じ被災者である。そうであれば、いわき市住民として原発避難者を受け入れるべきだと役員は考えた。

さらに、前述のとおり、薄磯地区では震災前から人口減少が続き、震災後はより著しい人口流出と減少が起きている。今後も地区が存続するには、地域の魅力を外部の人々に理解してもらい、移住してもらうことが必要である。そこで、さまざまなかたちで地域住民と外部住民が交流し、地域を外部の人にみてもらう必要がある。とはいえ、「双葉会」のメンバーの多くはすでに市内に自宅を所有している。したがって、自治会としては、「双葉会」メンバーと交流し、「双葉会」メンバーが即座に薄磯地区に移住することは期待していない。むしろ、「双葉会」メンバーと交流し、薄磯の魅力を理解してもらうことで、「双葉会」メンバーあるいはその関係者、その他市民に薄磯の魅力をアピールすることがねらいである。その結果として、一部の人が薄磯に移り住むのであれば、薄磯住民はそれを歓迎するという立場である。また、薄磯住民が外部と交流することで、震災まで地域内・地域外の交流があまり行われず、内向きだった地域の雰囲気が変わることを、自治会長は期待した。

自治会長からの回答を受けて、二〇一五年九月に「双葉会」役員三名が薄磯団地を訪問し、自治会役員と人と両者の交流について協議をした。その結果、両者の交流を進めることで合意が得られた。実質的な両者の交流は、二〇一五年一一月から始まった。まず、同月はじめに開催された「双葉会」主催の「いわきバスツアー」として、薄磯区を含めたいわき市の視察ツアーが実施された。ツアーの一環として、「双葉会」メンバー約五〇人が薄磯を訪れ、区長らから薄磯の被災状況に関する説明を受けた。また一一月末に薄磯団地で開催された、自治会主催の花壇整備・芋煮会のイベントに、役員を中心とする「双葉会」会員が参加した（表3参照）。二〇一五年一二月には、「双葉会」主催の定例会に、自治会長を含めた自治会会員が参加している（表4参照）。さらに、二〇一六年には、自治会で実施された、自治会主催の餅つき大会（一月）、宅地造成地の完成お披露目会（二月）、T大学東日本震災ボランティア支援室主催の足湯カフェ・流しそうめん（六月）、自治会主催のバーベキュー交流会（七月）に「双葉会」メンバーが参加している。このほか、両者が合同で七夕飾りを作製し（二〇一六年七月）、平七夕まつり（八月）に出展している。また、二〇一六年に「双葉会」が実施するバスツアーでも薄磯地区を「双葉会」会員が訪問し、自治会主催の芋煮会や餅つきにも「双葉会」メンバーが訪問する。このように、ささやかではあるものの、リーダーが互いの状況を理解したうえで、両団体の交流が進んでいる。

ここまで、津波被災者である薄磯団地自治会と原発避難者である「双葉会」の交流の経緯とその現状について整理してきた(第二節)。また、その理解の前提となる両組織の設立経緯、組織構成、活動状況活動状況についても整理した(第一節)。最後に、交流を可能にした条件、交流の意義、課題について考察したい。

# おわりに

## (一) 交流を可能にした条件

薄磯団地自治会と「双葉会」の交流はなぜ可能だったのだろうか。交流の契機は偶発的なものである。「双葉会」の役員がいわき市の地域と交流を模索していたところ、偶然に紹介されたのが薄磯地区だったからである。ただし、一定の条件が整わなければ、両者の交流が継続しなかったと考えられる。

その条件とは、第一に、震災後という特殊な状況のもとで、それぞれの団体のメンバーが生活環境の大幅な変化を経験し、外部とつながる必要性が高まったことである。第二に、外に開かれた自治会を模索するリーダーが存在したことである。「双葉会」として、薄磯団地自治会との交流を積極的に進めたのは事務局長のC氏である。C氏は双葉町出身の七〇歳代の男性である。C氏は現在無職であるが、民間企業の会社役員として勤務した経験や、双葉町の区長の経験がある。震災後各地を転々とした後でいわき市に落ち着いた後も、双葉町の住民のネットワークを再構築するだけでなく、いわき市においても多様なルートで双葉町以外の人々とネットワークをつくりあげてきた。すなわち、元区の住民の所在を比較的早い段階で把握し、区会を開催したり、「双葉会」の組織化を中心的に進めたりする一方で、「双葉会」として七夕飾りを作製し、いわき市の商店街に飾ったり、さまざまな趣味の講座や集まりに通ったり、いわき市内外のNPOやNGO、コーラス・グループ、ボランティア・グループ、大学関係者と積極的に交流したりしてきた。いわば、双葉町の既存のネットワークを再構築するとともに、外部と積極的に接触し、新たなネットワークを拡大することで「双葉会」の可能性を高めてきた。内に閉じる自治会としての「双葉会」ではなく、外に開く自治会をつくっている。薄磯団地自治会と「双葉会」の交流は、まさにこれらの動きに連動している。

他方、薄磯側で交流の窓口となっている薄磯団地自治会の会長・B氏は、中通り出身の六〇歳代の男性である。関東の民間企業で勤務した後、社内転勤でいわき市に転入し、震災の数年前に妻の出身地である薄磯で居住しはじめている。薄磯地区での居住歴は十数年であり、いわゆる「余所者」である。「余所者」として地区を相対化し、地区の課題に取り組んでいる。また、現役時代に積極的に地域活動をしていたわけではないが、企業で組合活動に従事した経験があること、現在も会社のOB会の役員であることから、組織化の経験があった。それらの経験をもとに、閉じられた自治会ではなく、積極的に外部とつながる自治会運営をめざしてきたという。

先祖代々この地に住む住民が多く、濃厚な親類関係がみられる薄磯地区では、震災前は団体として外部とあまり積極的に交流してこなかったようである。交流する必要性も低かった。しかし、震災後、人口が急減し高齢化が進む薄磯地区では資源も人材も不足している。そこで、自治会会長はみんぷく[12]などを介して、NPOや大学など外部の支援団体の支援を積極的に受け入れ、役員になるべく負担をかけずに自治会や支援団体の活動を増やし、住民が住民および他者と交流できる場づくりをしてきた[13]。とくに、学生を地域に入れることで、高齢住民の参加を促そうとしている。実際のところ、薄磯地区と「双葉会」の交流がすべて順調だったわけではない。しかし、リーダーが互いに理解を深めることで、それらの障害を乗り越えてきた。

## (二) 交流および研究の意義

続いて、交流がもつ当事者にとっての意義、および研究上の意義について検討する。第一に、当事者にとっての意義である。まず、一部の津波被災者と原発避難者のあいだで、相互理解が進みつつあることを交流は示している。とはいえ、薄磯団地自治会と「双葉会」の交流は、原発避難者と津波被災者の交流の一事例にすぎない。交流の存在をもって、原発避難者と津波被災者との「あつれき」が解消されたと即座に結論づけることはできない。しかし、一部の人々のあいだでは、相互理解がすすみ、「あつれき」や誤解の一部が緩和されつつあることが、本事例から明らかになる。

さらに、交流はそれぞれの団体にとっても意義をもつ。薄磯団地自治会としては、薄磯地区を地域外にアピールできるうえ、地域外住民との交流によって、地域内部を変えうるという点は先に述べたとおりである。他方、「双葉会」としては、薄磯団地自治会のイベントに参加することで、会員同士あるいは会員と薄磯団地自治会会員との交流機会を増やし、会員のネットワーク強化に結びつけることができる。さらに、いわき市に定着しようとする原発避難者の姿をいわき市内外にアピールすることができる。

第二に、本事例がもつ研究上の意義である。本事例は、震災後という特殊な状況下ではあるものの、地域住民組織に新しい風が吹き込み、それが開かれた組織になりうる可能性を示している。震災による甚大な被害を受けた薄磯地区は、さまざまな点で地域が大きく変化した。地域の環境が物理的に変化し、人口が大幅に減少した。とはいえ、ここで指摘したいのは「複数性」の認識と、異質な他者の地域活動への参加である。

まず、復興に向けて、高台造成工事と土地区画整理事業がなされたり、震災遺構の保存について議論がなされたり、地域住民の話し合いや合意形成が頻繁に求められるようになった。それとともに、ゆるやかではあるものの、これまで認識されてこなかった、地域内の「複数性」がさまざまな場面で浮かびあがり、認識されはじめている。

次に、異質な他者が地域活動に参加するようになった。通常、自治会（町内会）などの地域住民組織はメンバーシップが固定されているため、活動に成員以外の部外者が頻繁に参加することはない。ただし、地域住民組織の周辺でボランタリー・アソシエーションが活動することなどにより、自治会や町内会などの地域住民組織とボランタリー・アソシエーションとが交差し、地域住民組織が変化しうることがすでに指摘されている（越智 一九九〇：二六五、小山 二〇一一：七九―八四）。とはいえ、人口減少や高齢化によって衰退しつつある地方では、逆の傾向、すなわち、ボランタリー・アソシエーションが組織されず、むしろ、既存の年齢階梯集団も活動を停止する傾向がみられる。婦人会や老人クラブが活動停止している薄磯にも住民活動の衰退がみられる。東日本大震災の発災までは、部外者が頻繁に地域活動に参加することはなく、その必要性も低かった。

しかし、これまで記した経緯によって、ボランティアなどの地区外の異質な他者が、薄磯団地自治会の活動や自治会と連携した活動に参加し、住民と交流するようになった。既存の地域住民組織、たとえば自治会（町内会）には、「排他的」で「伝統主義による拘束」が強いという問題点もある（岩崎ほか編 二〇一三：四二三）。しかし、震災後の特殊な状況下ではあるものの、「双葉会」と薄磯団地自治会のそれぞれが、ＮＰＯやボランティア団体といった異質な他者と交流し、さらに「自治会」の枠を超えて、相互の交流にいたっている。一部の行事に限定されるものの、地域住民組織が異質な他者を媒介として、従来とは別様の組織になりうる可能性を本事例は示している。

## （三）課題

前記のような意義を本事例はもっている。ただし、交流には課題もある。それは、各自治会の今後の活動にかかわる課題である。まず、「双葉会」についていえば、「双葉会」の会員は高齢者が比較的多い。現在、会の中心メンバーは六〇歳代から七〇歳代である。双葉町民との親交を深めることよりも自らの生活に忙しい若い世代は、会にコミットしないという。次世代を巻き込むような活動をしなければ、今後「双葉会」自体の存続が危ぶまれる。短期的な交流という点では問題ないが、長期的な交流を展望するうえでは課題が残る。

次に、薄磯団地自治会にかかわる課題である。第一は、薄磯団地自治会の会長の交替である。薄磯団地自治会の活動は、それなりに活発である。「上から」作られた自治会ではあるが、自治会長であるB氏が外部の資金・ヒト、資源を取り込み、工夫をこらした運営をしているからである。しかし、今後B氏が会長職を辞したさい、「双葉会」との交流方針が守られるのか、活発かつ地域外部に開かれた自治会活動が維持されるのかは未知数である。自治会立ち上げ時においても、自治会長の担い手としてB氏以外に手を挙げる者がいなかった。したがって、今後の自治会長の担い手に不安が残る。なお、リーダーの交替によって、開かれた自治会でなくなりうるという点は、「双葉会」にも共通する。

第二に、薄磯団地住民の減少とそれにともなう団地自治会活動の衰退である。自宅再建が可能な薄磯団地自治会住民は、今後自宅再建を果たし、薄磯団地から退出する。条件の厳しい世帯が団地に取り残されることが容易に推測されるなかで、活発な自治会活動が継続されるのか懸念される。そもそも、第一の点とも重なるが、「双葉会」と薄磯団地自治会の交流の窓口は、「双葉会」会長のC氏と薄磯団地自治会会長のB氏だった。むろん、両団体の交流は薄磯区会としても推奨している。とはいえ、上述のとおり、現状では自治会が区会に公式には組み込まれていない。今後、自治会と区会の関係を整理したうえで、交流について再考する必要が生じうる。

第三に、東日本大震災から時間を経ることで、薄磯団地への外部からの関心や支援が減っていることである。支援の減少は「復興」にともなうものともいえるが、外部とのつながりを維持し、異質な他者を巻き込む地域活動を継続できるのかが課題である。

最後に、本稿じたいの課題をあげておく。第一に、本稿はあくまでも組織リーダーにたいするヒアリングをもとに整理したものである。よって、リーダー・役員以外の住民が、交流をどのように認識しているのかについては取り上げることはできなかった。これに関連して、「異質な他者」と交流する自治会、とくに「双葉会」の実態については、限られた資料に基づいた論証となった。今後、住民レベルでのヒアリングを実施したり、「双葉会」の活動実態をより詳しく探ることが必要である。第二に、本稿は薄磯団地自治会と「双葉会」の交流に対象を限定している。したがって、それ以外の原発避難者と津波被害者あるいはいわき市民の交流についても視野を広げる必要があろう。第三に、本稿では異質な他者と積極的に交流することで、団体内部の異質な他者をあらためて認識し、変化しようとする地域住民組織に焦点をあててきた。しかし、変化はいまだ道半ばである。本稿で取り上げた自治会が今後どのような展開を遂げるのかについて、経過を丹念に追う必要があろう。

**付記**　本稿は、二〇一六年度科学研究費基盤研究（B）「分化・複層化する原発事故避難者ネットワーク／コミュニティの類型と変容に関する研究」（研究代表者・松本行真）による研究成果の一部である。ヒアリングでお世話になったいわき市薄磯地区の皆様、「いわき・まごころ双葉会」の皆様に深く感謝申し上げます。

**注**

（1）双葉町の住民は各地に避難しており、「双葉会」の他にも広域自治会が存在する。福島県内においては、県北ふたば会、双葉町県中地区借上げ住宅自治会、双葉町県南地区借上げ住宅自治会がある。福島県外としては、双葉町埼玉自治会、双萩会、せんだん双葉会、双葉町つくば自治会がある（二〇一五年三月現在）。表1を参照のこと。

（2）「いわき市災害対策本部週報」の「住民票を異動せずに市内に避難している方」の人数を参照した（二〇一五年一二月一日現在）

（3）たとえば、坂田（二〇一四：一二七）にいわき市の一部の「地域住民の側から避難者との間に積極的に関係性を構築していく方向性が模索され始めている」とある。また、高木（二〇一六：一八）や熊上（二〇一六：三三‐三四）でも、双葉町民といわき市沿岸部の災害公営住宅住民との交流イベントについて触れられている。ただし、詳細については述べられていない。

（4）薄磯地区の研究は松本を中心に、復興協議会や市民会議などに焦点をあててなされているが（磯崎・松本　二〇一五）、復興団地自治会についての言及はわずかである。高木（二〇一六）や熊上（二〇一六）で断片的に触れられている程度である。

（5）一八七三（明治六）年に薄磯村が豊間村と合併し、さらに一八八九年に豊間村と沼之内村が合併した（須藤　一九六六：一二二‐一二三）

（6）全体で一〇三戸あるが、一戸は住民が亡くなったばかりで、二〇一六年七月のヒアリングの時点で荷物が置いてある状態だった（B氏へのヒアリング）

（7）被災地での類似する事例として、吉野が見た岩手県田野畑村S地区があげられる（吉野二〇一二：六九）

（8）B氏によれば、みんぷく、T大学ボランティア団体、R大学ボランティア団体、「双葉会」との交流は二〇一五年から、I大学ボランティア支援センター、F高専・H短大の学生との交流は二〇一六年から始まっているという。

（9）これらの団体の他にも薄磯団地自治会、薄磯区と交流するボランティア団体が複数ある。

（10）C氏へのヒアリングによれば、このうち三人が区長であるという。

（11）双葉町の双葉海水浴場は、環境省が二〇〇六年に選定した快水浴場百選に選ばれており、薄磯地区の薄磯海岸は、日本の渚百選中央委員会が一九九六年に選定した日本の渚一〇〇選に選ばれている。

（12）みんぷくとは、「特定非営利活動法人3・11被災者を支援するいわき連絡協議会」のことである（みんぷくウェブサイト）

（13）外部の支援団体を介して地域を開くという点は、吉原が論じる大熊町のサロンに共通する。すなわち、大熊町のサロンでは、「ボランティアとの交流を深め」ることによって、「サロンに『よその人の目』が息づ」いているという（吉原　二〇一四：三九‐四〇）

## 参考文献


磯崎匡・松本行真、二〇一五、「震災まちづくりにおける官民連携の課題――福島県いわき市平豊間地区を事例に」吉原直樹・仁平義明・松本行真編著『東日本大震災と被災・避難の生活記録』六花出版

伊豫谷登士翁・齋藤純一・吉原直樹、二〇一三、『コミュニティを再考する』平凡社

いわき市ウェブサイト「いわき市災害対策本部週報」、http://www.city.iwaki.lg.jp/www/contents/1449132951986/simple/zhigai20160316.pdf（二〇一六年八月二五日閲覧）

いわき市消防本部総務課編、二〇一五、『いわき市の消防』いわき市消防本部

いわき市総務政策部政策企画課編、『いわき市の人口』（各年版）いわき市

岩崎信彦ほか編、二〇一三、『増補版　町内会の研究』御茶の水書房

越智昇、一九九〇、「ボランタリー・アソシエーションと町内会の分化変容」倉沢進・秋元律郎編著『町内会と地域集団』ミネルヴァ書房

川副早央里、二〇一三、「被災者の分断と葛藤――いわき市の場合」『教育』第八〇六号、七一‐八〇

――、二〇一四、「原子力災害後の政策的線引きによるあつれきの生成――原発避難者を受け入れる福島県いわき市の事例から」『早稲田大学総合人文科学研究センター研究誌』第二号、一九‐三〇

熊上崇、二〇一六、「福島原発事故とコミュニティ――双葉町社会福祉協議会加須事務所での交流を通じて」『立教大学コミュニティ福祉学部紀要』第一八号、二七‐四〇

小山弘美、二〇一一、「町内会・自治会の変容とその可能性」『都市社会研究』第三号、七一‐八八

今野久寿・原田康美、二〇一五、「被災自治体に於ける住民と原発避難者との地域共生の現状と課題――被災と避難が交錯するいわき市の行財政を踏まえて」『東日本国際大学福祉環境学部研究紀要』第一一巻第一号、二五‐五二

坂田勝彦、二〇一四、「被災地における『分断・対立』のメカニズム――震災から三年を迎えた福島県いわき市の現況から」『参加と批評』第八号、一〇四‐一二八

須藤春峰、一九六六、『豊間の郷土誌』平市教育委員会内郷土史双書刊行会

高木竜輔、二〇一五、「原発事故に対するいわき市民の意識構造（一）――調査結果の概要」『いわき明星大学人文学部研究紀要』第二八号、六五‐八〇

――――、二〇一六、「原発事故に伴う長期避難と避難者受け入れをめぐる課題」辰巳頼子編『災害後の人々の移動とアソシエーションの人類学・社会学的研究』(文部科学省科学研究費報告書)
田中重好、二〇一〇、『地域から生まれる公共性』ミネルヴァ書房
福島民報ウェブサイト「双葉町民が自治会設立――いわきで」(二〇一三年一月二〇日付記事。http://www.minpo.jp/pub/topics/jishin2011/2013/01/post_6020.html、二〇一六年八月二五日閲覧)
ふたさぽ、二〇一五、「つなげようつながろうふたばのわ」第一七号
双葉町ウェブサイト、避難状況、http://www.town.fukushima-futaba.lg.jp/5286.htm (二〇一六年八月二四日閲覧)
松本行真、二〇一五、「原発事故避難者による広域自治会の形成と実態――福島県双葉郡富岡町を事例に」吉原直樹・仁平義明・松本行真編著『東日本大震災と被災・避難の生活記録』六花出版
――――、二〇一六、「津波被災地域における復興まちづくりに向けた『連携』の現状と課題」『関東都市学会年報』第一七号、一九－二七
みんぷくウェブサイト、http://www.minpuku.net/ (二〇一六年一〇月一二日閲覧)
吉野英岐、二〇一二、「東日本大震災後農山漁村コミュニティの変容と再生――岩手県沿岸地域での調査から」『コミュニティ政策』一〇、六一－八四
吉原直樹、二〇〇九、「地縁再考――創発的な場所理解に向けて」『日本文化の美と醜――その形式と融合』近畿大学日本文化研究所
――――、二〇一一、『コミュニティ・スタディーズ』作品社
――――、二〇一四、「自治会・サロン・コミュニティ――新しい近隣」の発見」『社会学年報』三五－四七
――――、二〇一六、『絶望と希望――福島・被災者とコミュニティ』作品社
薄磯区区長A氏へのヒアリング(二〇一六年七月一七日)
薄磯団地自治会会長B氏へのヒアリング(二〇一六年七月一七日、九月二二日)
「双葉会」事務局長C氏へのヒアリング(二〇一六年七月三一日、二〇一六年九月三日)

# 東日本大震災後に問われる地域防災のあり方

## ――岩手県洋野町の事例

後藤一蔵

## はじめに

二〇一一（平成二三）年三月一一日、午後二時四六分に発生した東日本大震災を機に、これまで以上に地域防災力の強化が声高に叫ばれている。地域防災力の向上におけるキーワードは各種の報告書に数多く登場する「連携[1]」の二文字である。

消防庁は阪神・淡路大震災を機に台頭した消防団見直し論[2]をふまえ、連携のあり方について、さまざまな観点から取り上げた。二〇〇〇年三月、消防庁が設置した検討委員会の議論をふまえ「消防団と地域の自主防災組織等との連携のあり方に関する報告書」がとりまとめられた。その報告書のなかで、両者の協働関係は一部地域を除いては不十分であり、「連携方法の一層の強化」の必要性が指摘された。消防団員が減少する一方、自主防災組織の組織率は年々上昇している。[3]だが、両者の協働関係は旧態然であった。二〇一三年一二月一三日、議員立法によって成立した「消防団を中核とした地域防災力の充実強化に関する法律」によれば、「地域防災力の充実強化は、住民、自主防災組織、消防団、水防団、地方公共団体、国等の多様な主体が適切に役割分担をしながら相互に連携協力して取り組む事が重要（以下略）」（同法第三条）と記述されている。とはいえ、東日本大震災後にあっても、具体的な動きは限定的であった。消防団と自主防災組織のメンバーは「顔見知り」の関係にあり、しかも活動の場は重なっていることが多い。だが、消防団と地域自主防災組織はそのベースとなっている法律(4)や、災害時の対応の違いが強調されるあまり、緊密な関係は築かれてはいないのが実態である。

消防団と自主防災組織の連携によって、その有効性が高い評価を受けた事例としては、阪神・淡路大震災における旧北淡町をはじめ淡路島の各自治体、二〇一四年一一月、大規模な土砂災害が発生した長野県白馬村や小谷村、さらには、東日本大震災の一部の被災地などからもうかがい知ることができる。これらの事例においては消防団、自主防災組織、隣組、消防団ＯＢ、町内会などの連携がスムーズに行われたという共通点があげられる。

一方、連携がうまく機能しなかった地域では、両者の日常的なかかわり方、なかでもコミュニティを醸成するための方策の欠如、さらには災害時における情報手段や共有のあり方が課題として指摘された。

本稿では、東日本大震災において「人的被害ゼロの町」として注目され、震災後、あらたな動きがみられる岩手県洋野町、とりわけ町の南部に位置する八木地区における事例を中心に取り上げる。

## 一　津波被害と消防団の対応

### (一) 一八九六年、一九三三年の津波と消防団の対応

岩手県洋野町《ひろのちょう》は青森県境に位置し、東は太平洋に面し、西は丘陵性の西高東低の地形である。海岸線に沿ってJR八戸線、それと並行して国道四五号が走る。二〇〇六年一月、旧種市町と大野村が合併し洋野町が誕生した。二〇一六年三月三一日現在、世帯数六八五三、人口一万七六七四人である。産業別人口構成では、第三次産業人口の割合が高く、雇用市場としては青森県八戸市がもっとも多い。町の総面積の七割が山林で、大野地区は畜産や野菜の生産が盛んである。また全国唯一の海洋開発科のある岩手県立種市高校からもうかがえるように、ウニの生産量は国内有数である。

本稿が調査対象とする八木地区は洋野町の南に位置し、海岸線が複雑に入り組み、背後には丘陵性のリアス式海岸特有の地形である。地権者との関係から、東日本大震災前までは海岸線約一・五キロメートルにわたって防潮堤は建設されていなかった。

一八九六(明治二九)年六月一五日、午後七時三二分に発生した明治大津波では、種市町域では二五四人、そして一九三三(昭和八)年三月三日、午前二時三〇分の昭和大津波では一〇七人と、多数の犠牲者が出た。とりわけ八木地区の犠牲者の数は種市町域ではもっとも多く、一八九六年は対人口比四九・八%、一九三三年は一六・二%であった(『津波――語りつぐツナミ』種市歴史民俗資料館)[5]。

一八九六年の大津波の際、当時の種市消防組員は多数の家族の犠牲者や家屋の損壊・流失という厳しい状況にあって、「人命救助・屍体の捜索運搬・救護品の搬送及び治安の維持等に従事」(前掲『津波――語りつぐツナミ』)し、

長期間にわたって活動を継続した。その後、一九三三年の津波、あるいは毎年のように発生する海難事故、火災活動の対応について、消防組の評価は高かった。

## (二)宮城県沖地震の発生確率の高まりと消防団

宮城県沖地震は、平均するとほぼ三七年間隔で発生している。一九七八年の宮城県沖地震から二五年経過した二〇〇三年、政府の地震調査研究推進本部が「宮城県沖地震の発生確率は三〇年以内に九九％」と発表した。この発表に危機意識を感じた岩手県は本格的な津波対策に着手した。洋野町では二〇〇五年、『地域の安全・安心促進基本計画(津波)』の作成にとりかかった。その作成にあたって、消防団、自治会、海岸利用者、学識経験者、施設管理者からなる地域懇談会が開催され、地域それぞれの課題の掘り下げが始まった。作業部会においては、図上訓練の実施や現地確認が行われた。各レベルにおける検討を重ねた結果、さまざまな課題が浮かび上がった。それらの課題は地域課題、行政課題に分類され具体的な対策が打ち出された。

八木北、八木南の二つの地区で取り上げられたおもな地域課題は次のような内容項目であった(『地域の安全・安心促進基本計画(津波)』岩手県九戸郡種市町)。

【八木北町地区】
・防災無線の声が聞こえにくい
・避難路の標識がない
・主要な避難路が急勾配、凍結によって滑りやすい
・もっと高い所に津波避難所の建設
【八木南町地区】

・防災無線は自宅の中では内容が聞き取りにくい
・避難路の看板の表示の増設
・高台に一時待機できる施設の増設
・金山神社の階段の利用の検討
八木「北」と「南」の両地区で取り上げられた項目の多くは避難所や避難場所の整備、設置にかかわる問題であった。

## (三) 消防団・町・種市分署の距離感

二〇〇六年一月、洋野町の初代町長に就任した水上は、明治・大正の二度にわたる三陸大津波によって多数の犠牲者を出した過去の歴史を教訓として、町づくりにとって防災問題を重要政策と位置づけ、その具体策として、「防災井戸の設置」「隣組の復活」に取り組んだ。水上は、「防災はハード面に目が向けられがちであるが、いざというときにもっとも役に立つのは隣近所の助け合い精神である」と会のあるたびに話す。

そして町職員に対しては、津波対策は隣接する集落であっても多少の地形の違いによって、その様相は一変する。そのため、役場職員が机上で防災計画を作り上げるだけでは不十分である。現地に自ら足を運び、地域住民、消防団、消防署と知恵を出し合って、その地域に見合った防災対策を考えることを指示した。また、団員の命の大切さについて、次のような趣旨の訴えを行うのが常であった。「団員の皆さんも地域住民と同じように危険を感じたときは、できるだけ早く高台に避難してください」と。

さらに水上の防災に対する姿勢を端的に示すのは、役場職員のなかに七〇人超の団員の存在である。(6) ほとんどの役場職員は町内に居住しており、「地域住民の一人として、安全・安心の先達として活動することが求められているし、地域住民もそれを期待している」と、町職員の消防団加入を積極的に推進してきた。

3・11の大震災のとき、町消防団長の明戸は自宅で農作業をしていた。「これまでの経験から津波の発生を予感した」という。早速役場に駆けつけ、庁舎三階に設置された災害対策本部に腰を下ろすまもなく、窓越しに海のようすを監視していたとき、一〇メートルほどの津波が襲来するようすを、高台付近からカメラで撮ったり、あるいは野次馬的な住民に対して、「消防団を甘くみるな。一時も早く逃げろ」と叫んだ。団員は地域住民の命を助けることを第一義と考えており、津波の危険性を熟知している団長にとって、沿岸地域からできるだけ早く離れることが重要であると考えている。

「訓練には金はかからない。消防団の訓練は住民の命を預かっている者として、最低の義務ですよ」と語る。二〇一一年九月二五日に行われた消防観閲式では、「今回の震災では今までの災害に対する考え方をあらためさせられました。この経験を生かして消防署、町、自主防災組織など関係機関と協力しながら、町民の安全安心を守るため日々努力していきます。併せて町民の誰もが「自分の身は自分で守る」という意識を持つよう防災意識の普及向上に力を入れていきます」(『広報　ひろの』二〇一一、一一)と決意を述べている。

また常日頃から、明戸は「消防団活動の原点は屯所である。屯所の整理整頓の状況が、消防団活動の実態を最もよく表している」と話す。毎年、四月中頃から種市分署・大野分署や消防団幹部によって実施される町内各部の屯所の巡回検査はポンプ車の手入れ状況、各種備品の整理整頓など細部にわたって行われる。団長自らがかつて全国消防操法大会において優勝した経験から、災害発生時の対応は、日常の心構えの延長線上にあるという信念を持っている。

役場の目と鼻の先には、種市分署がある。防災対策上の問題が生じたときは、町の防災推進室と共同で事に当たることを基本姿勢としてきた。種市分署長を経験した庭野は「防災問題に、垣根は存在しない。役場、消防団、分署の三者が一体化することにより、ほとんどの問題は解決することができる」と話す。多くの役場職員が団員であることも、これら三者の情報の共有化をより確かなものとしている。

## 二　八木地区自主防災会の成立の経緯と日常活動

### (一) 防災意識の向上

洋野町における海岸線は約二六キロメートルに達する。そのうち八木地区の沿岸部一・五キロメートルを除いては一二メートルの防潮堤が構築されている。

洋野町内にある津波供養塔は七基を数える。その供養塔は明治と昭和の三陸大津波で、被害規模の大きかった町の南部に位置する小子内・八木・宿戸と、北部の川尻地区に建立されている。小子内地区に建立された供養塔には、次のように記されている。

一、地震があったら津浪の用心

二、津波が来たら高い所へ

三、あぶない所に家を建てるな

道端で会った七〇代の女性に「東日本大震災のような大規模地震から身を守るためには、普段からどのようなことに心がけていますか」と問いかけると、次のような言葉が返ってきた。

「津波がきたときは、とにかく逃げるが勝ちです」

「避難所に着いたら、家に忘れてきたものを思い出さないことです」

自主防災会の総会、役員会、防災訓練のときは、一九三三年の津波を体験された方から、当時のようすについて話を聞くのが慣例となっている。現在の八木郵便局付近に建立されている津波供養碑の前では、毎年供養祭と防災訓練が実施されている。その他に、避難路の清掃、雪かきは地区住民総出で行われる。このようなことを継続することにより、当時のことを思い起こし、津波に対する心構えを地域住民同士が確認し合っている。

## (二) 八木北町地区自主防災会の組織化と活動

一九九八年一〇月一日に開催された八木北町地区の町政懇談会の席上、「消防団員が減少し、活動が難しくなってきている。それに加えて、団員が日中ほとんどいないため、団員OB会を結成して活動している。町ではこうしたOB会活動に傷害保険を掛けるとか、あるいは補助金を出すことはできないのか」という蔵(当時、八木北自治会幹事)の質問に対して、町の回答は消極的であった。さらに二〇〇〇年には、「地区住民の津波に対する不安の解消と日常生活の安全の確保のため、津波防潮堤の建設」を町に陳情し、町では建設に向けた作業を進めたが、最終的には地権者の同意は得られなかった。二〇〇四年一二月二六日、マグニチュード九・一のスマトラ島沖地震が発生し、一〇万人を超える住民が犠牲になったことが報道されると、地域住民は大きな衝撃を受けた。年が明けた二〇〇五年一月一〇日、自治会で緊急役員会が開催された。その席上、これまでの防災対策を見直し、夜間でも判読できる避難標識の設置、避難場所の見直し、一人暮らしの高齢者の避難補助、隣組の協力関係の確認の四項目が当面の取り組むべき課題と決定された。とはいえ、「防潮堤の建設なくしては、地域住民の安全は守ることはできない」というのが役員会の一致した考え方であった。

二〇一〇年、再度、津波防潮堤の建設を町当局に陳情したが、期待する回答は得られなかった。蔵は、「八木地区のような津波の危険性につねにさらされている地域では、住民個々が自らの命は自らが守るという強い意思を持たないと、過去に経験した悲惨な歴史が必ず繰り返される」と話す。

その後、自主防災会の先進地である宮古市視察、防災マップ作り、気象台の専門家や種市分署員を招いて、勉強会が開催された。

二〇〇八年五月、町内ではじめての自主防災組織として「中野地区防災支援隊」が組織された。それに触発され、同年八月、八木北町地区で防災会が組織された。その規約の第三条（目的）の項には次のように記述されている。

本組織は、地域住民の相互扶助精神に基づいて自主的な防災活動を行うことにより、地震、津波その他の災害（以下「地震等」）による被害の防止及び軽減を図ることを目的とする。

その後、二〇〇五年の決定を前進させ、できるだけ多くの地域住民が参加し、避難路の清掃や点検を定期的に行うこと、また急傾斜地の避難路が多いため、高齢者に配慮して、民有地（個人の住宅地の一角）を一時避難場所として活用できるように地主の了解を得た。さらに夜間の歩行の安全性の確保のために、地区内に四〇基のソーラーライトも設置した。

## (三) 八木南町自主防災会の日常の対応

八木南町地区の戸数は一五〇戸（二〇一六年四月一日現在）で、一人暮らし世帯、あるいは七〇代、八〇代の高齢者が多く、沿岸部から丘陵地に向かって階段状の地形である。八木南町地区にあっては、避難場所は高台に位置する金山神社、避難所は旧八木保育所（海抜三〇メートルほど）であった。

避難場所へ移動に要する時間は数分程度しかかからないとはいえ、高齢者の多い地区内では、「「寒い」「暗い」「面倒くさい」と考える住民は少なくない」と八木南町自主防災会長の宇部は話す。

金山神社への避難路の造成には一〇年近くを要した。地区住民は長年にわたって語り継がれている津波の怖さ、近い将来に予想される宮城県沖地震の発生という状況を鑑み、予定された作業日にはほとんどの地域住民が参加した。作業の時間は地域住民の情報交換の場でもあった。「ちょっとしたことでも継続することにより、災害の時に役立つものですよ」と宇部はいう。

そして宇部は自主防災会の会合をはじめ、各種の住民の集まりの場において、津波の対処法として次のようなことをしばしば語りかける。

地震が発生すれば、必ず津波が襲ってきます。このことを頭に入れておく必要があります。沿岸部に住む人たちが大きな被害に遭遇することはいうまでもありません。八木南町地区に住んでいる人たちは、長年にわたって生活のさまざまな場面でお互いに助け合って生きてきました。同じ地区に住む人たちは親戚のような間柄です。津波が発生したとき、高台に住んでいる人は沿岸部に住んでいる人のことを考えることが必要です。沿岸部に住んでいる人たちをいち早く助けるために、できる限り早く手を差しのべる方策を考えることが肝要です。高いところに住んでいる住民であっても、自分がいつも高い場所にいるとは限りません。地震発生時、用事があり、沿岸地域にいることも決して珍しいことではありません。そのようなときには、立場が逆転します（宇部は、「お互いに助け合うこと」を「ユイのこころ」と呼ぶ）。

老若男女に関係なく、「自主避難が原則」です。自主防災会の役員や団員が「逃げるぞ、逃げるぞ」と隣近所の人に声かけをして、とにかく一時も早く避難を促すことです。一方、手助けされる側にあっても、できるだけ自力で一歩でも二歩でも高いところに向かう気持ちを持たなければなりません。本人が逃げる意思がなければ、どのような手段や方法を講じたとしても、命を守ることはできません。「誰かが手を貸してくれるだろう」というのは、厳しい言い方になるかもしれませんが、「甘い」と思います。

「ここまでは、かつて津波がきたことがない」と考えたり、「家に大切なものを忘れてきたので、家に戻ること」は、まさに自殺行為です。地域全体で津波に立ち向かう心を一つにすることが、犠牲者をなくす唯一の方法です。

さらに続けて、「現在、防潮堤の建設が始まっています。「防潮堤が建設されると、津波の危険性から解放される」という声が周りから聞こえてきますが、防潮堤は安全を決して保障するものではありません。どのような防潮堤であっても、われわれがより高いところに逃げるための時間稼ぎの空間でしかないのです」と。

八木地区にあっては居住歴の長い住民が多く、隣保共助の精神がさまざまな場面で発揮されている。ある高齢者の「地区住民は運命共同体ですから」という言葉はそのあたりの状況をいいあてているようにも思われる。

町や種市分署の指導もあり、町内では四番目の自主防災組織として、二〇〇九年七月に八木南町自主防災会が誕生した。二〇一二年二月、自主防災会が「声かけマップ」と「安全避難マップ」を作成し全戸に配布した。

## 三　東日本大震災の発生と「人的被害ゼロ」

### (一) 東日本大震災の発生と消防団

東日本大震災が発生から三分後の一四時四九分には大津波警報が発表された。ただちに全町民に対して、J−ALERTにより、大津波警報発表を知らせた。そして一四時五〇分、役場庁舎内に災害対策本部が設置された。一五時三三分、津波第一波が観測された。

八木北町地区では、あらかじめ申し合わせている行動マニュアルにしたがって、自主防災会が中心となり、蔵（当時は幹事）の自宅から五〇メートルほど離れた場所に立地する防災倉庫からテント二張りを持ち出し、二六・八メートルの高さの地点に設営した。大津波発表後、ただちに、地域住民は避難行動を起こし、女性は炊き出しの準備にとりかかった。避難する住民はもとより、自宅待機の住民に対しても、大震災当日の夕方から数日間はおにぎりを配布した。町役場から住民に対してパンが支給されたのは、大震災から三日目であった。

一方、八木北町地区を管轄する洋野町消防団第二分団第三部では、水門閉鎖、道路封鎖、退避後の津波の警戒・監視の一連の活動を行った。以前から、分署の強い指導に基づいて、非常時における団員の安全確保のため、一部一門制が採用されており、団員の活動はスムーズに行われた。なかでも、あらかじめ決められた箇所で行われた道路封鎖は、沖出しのために海に向かおうとする漁民や、あるいは封鎖箇所を突破しようとするドライバーとのあいだで激しい言葉のやりとりが行われた。

災害対策本部は、一五時四分には沿岸地区一六九六世帯、五四一二人に避難指示を発令した。八木両地区の住民の行動は町の指示に先んずるものであった。

一五時三三分、監視モニターにより津波の第一波が確認された（「出動行動記録報告書」久慈消防署種市分署）。まもなく海岸線から五メートルほどの距離を走る県道二四七号やJR八戸線付近を超えて津波が押し寄せ、町の北東部に位置する役場付近では一〇メートルほどの高さを記録した（町北部に位置する平内駅付近は一二・一メートル、南部の中野付近は一五・一メートル）（『東日本大震災　津波詳細地図上巻』古今書院）。

今回の大震災により、第二分団第三部（北）の屯所（海抜五メートル）と、第二分団第一部（南）の屯所（海抜六メートル）はいずれも第一波の津波で流失した。

大震災の翌日、「犠牲者はゼロです」と町長に報告した。そのとき、町長は「みなさん、逃げてくれて本当にありがとう」という第一声が返ってきた。その言葉には、地区住民をはじめ、町長がいつも気にとめている八木南町地区の沿岸地域で一人住まいをしている障がい者の存在があった。地震が発生したとき、第二分団第一部の部長は「避難誘導を促さなければ」と思い、発生と同時に居宅に向かった。本人は近くの床屋で散髪中であった。本人は「大切なものを、家に戻って持ってきたい」という趣旨の言葉を発したが、危険を察知した部長が車に乗せ、ただちに避難所に向かった。避難所に着いたのは地域内ではもっとも早かった。

## (二) 消防団と婦人消防協力隊の連携

二〇〇七年四月一日にそれぞれの分団(町内には、本部分団を含めて一五分団から構成)に対応した婦人消防協力隊が誕生した。婦人消防協力隊は「消防機関の実施する予防消防業務への協力、防災思想の普及推進と地域連帯意識の高揚を図ることを目的」(協力隊規約第二条)としている。具体的な活動内容は、火気使用器具の取り扱い、初期消火技術の習得、火災予防知識向上の研修などである。目的や活動内容をみる限り、婦人防火クラブと類似しているが、各分団との関係は密接であり、「分団の別行動隊」とも称されることもある。それぞれの分隊には分隊長、副分隊長二名が置かれている。おもな年間事業の町避難訓練、消防団特別点検への立会い、春・秋季火災予防運動などは、分団と行動をともにする。

婦人消防協力隊の活動の中で注目すべきことは、一つは、分団エリア内の一人暮らし世帯や高齢者世帯に対する定期的な家庭訪問を通じて防災意識の啓発に寄与していること。もう一つは、消防団特別点検が行われる際に、その場に立ち会うことにより、分団の実態を知る機会ともなっている。まさに消防団と婦人消防協力隊はコインの裏‐表の関係にある。

東日本大震災に際しては、エリア内の婦人会と合同で炊き出しや一人暮らしの高齢者の安否確認・声かけ、食事の配布といった役割を担った。二カ月に一度の割合で開催される分隊長会議は、特別点検をはじめ、操法大会、予防運動、一般家庭予防査察、出初式、研修会の持ち方、防火パレードなどについて、横の連携強化が図られている。婦人消防協力隊が組織された二〇〇七年、洋野町が町を挙げて防災に取り組み始めた時期であり、婦人消防協力隊の発足は、消防団が新たな体制を整えたことを意味する。

### (三) 災害弱者への対応

八木地区は高齢者が多く、その避難方法については早くから議論されてきた。災害時でなくても、日常的に「朝夕の挨拶の励行」、「顔を合わせたときはお互いに言葉を交わす」ように地区住民は心がけている。その場の一言がきっかけとなり、健康状態や住民の動向にも話が及ぶ。一人暮らしの高齢者世帯が多いため、「八木南町たすけあいカード」が作成されている。このカードには、「かかりつけ病院、主治医、病気名、家族の連絡先(息子・娘)、所属班長、民生委員、婦人会長」の各事項が記入されている。そして災害時に限らず、体調不良のときにも活用される。

地区内では普段から、障がい者の方、高齢者、一人暮らしの方、重い病気にかかっている住民については把握している。地震発生直後から、それらの人をできるだけ早く避難させるために、団員、自主防災会役員、隣組がそれぞれ対応することになっている。とくに当地区を管轄する第二分団第一部の部長は、自営業を営んでいることもあり、住民の動向は熟知している。

## 四　東日本大震災後の防災施設の連携

東日本大震災により、八木「北」と「南」の両地区では、屯所が破壊されたため、早急に再建の手立てを講じる必要があった。再建にあたっては、屯所は消防団活動の拠点というこれまでの固定概念にこだわることなく、地域住民の安全性をより高める機能を付与する観点から、地域住民の避難所としての機能を加味した建築構造物をイメージした。大震災直後の翌二〇一二年、このような構想が早い時点で具体化されたことは、水上町長が指摘するように、これまで目標として掲げてきた「人的被害ゼロ」が達成されたことにより、犠牲者や行方不明者への対応に時間を割く必要がなかったことが大きな要因の一つとしてあげられる。この点からしても、事前の防災対策がいかに重要であるかをうかがい知ることができる。

## (二) 八木防災センターの建設

大震災前、八木北には特定の避難所は存在しなかった。地区住民は事前に申し合わせている海抜二五メートルほどの平坦地にテントを張り、地区災害対策本部兼避難所として活用してきた。

大地震発生直後から、その空間一帯には多くの地域住民が集まった。第二分団第三部屯所の流失とともに、地区コミュニティセンターとして活用されていた八木漁村センターも全壊した。二〇一一年に採択された国の復興交付金を活用して、町当局が防災会役員や分署との話し合いを通じて、屯所とコミュニティセンターの機能を併用する防災センターの建設が決定された。一般的には、屯所と自主防災組織の二つの組織を同一の構造物に設置することは、全国的にもあまり前例はない。その点に関して、蔵は「八木地区では、消防団と自主防災組織は長年にわたって兄弟のような関係を保持しており、この構想は抵抗なく受け入れられた」と語る。

二〇一二年中に策定された基本設計に基づいて、翌年一〇月に完成した。その過程で議論されたおもな内容は、「津波被害を受けない場所に設置すること」、「停電にも対応できる施設であること(太陽光発電と発電機接続で電気稼働ができる)」、「女性、高齢者に配慮し避難生活がしやすいように、トイレ、シャワー室完備」、「備蓄食料、備蓄資器材完備」などであった。もっとも重視されたのは、安全性が確保できる立地条件であった。二〇〇四年度に岩手県が実施した「岩手県地震・津波シミュレーション及び被害想定調査」によると、八木地区では、最初の津波到達時間は三二分後、四二分頃に最大一一・二メートルの高さに達すると想定された。それをベースとすることに加えて、明治・昭和の大津波の文献や言い伝えなども加味して立地場所が選定された。

二〇一三年一一月、敷地面積五九七二平方メートル、床面積約九六〇平方メートルの広さの八木防災センターが完成した。八木防災センターは、八木北・南地区の防災施設として位置づけられるが、普段は、利用者の多くは北地区住民である。

八木防災センターの特徴を羅列する。

(イ)屯所と自主防災会の防災機能、そして二〇〇人程度の避難所機能を併せ持つ多機能施設である。屯所と自主防災会は建物の両サイドに設置され、二つの空間を自由に往来できる広い通路が中央部を走る。

(ロ)屯所にはポンプ車のほかに救命ボート二艇が格納されている。救命ボートは防潮堤を越えて押し寄せる海水や集中豪雨による内水氾濫に対応するために設置された。また国道四五号側に面し、できるだけ早く孤立状態から脱出できるような配慮がなされている。

(ハ)第一研修室(会議室)、第二研修室(自主防災会兼用)、和室、調理室などは扉で間仕切りされているとはいえ、開放性は保たれている。扉をすべて開放することにより、二〇〇人程度の人員が収容できる広さである。二〇一五年度の利用状況は、自主防災会、消防団、地区婦人会等の各役員会や総会、さらに町の各種検診や地域の冠婚葬祭の場として、年間一〇〇回以上を数える。

(ニ)防災センターの隣には八木保育所が建設されている。災害発生時、保育園児の避難所として活用可能である。また八木地区が孤立状態に置かれた場合、ヘリポートとして利用可能なスペースも確保されている。

(ホ)太陽光発電、シャワー室、調理室、四五〇〇食分(三日間分の食糧を想定)の食料が備蓄されている。非常時であっても、できるだけ日常生活に近い生活を送ることができるような配慮がいたるところにみられる。

## (二) 八木南屯所

東日本大震災により屯所と自主防災会が使用していた建物が流失した。町は国の復興交付金を活用して、二〇一二年から屯所の基本設計にとりかかった。その当時、消防庁は、屯所の建物内に避難所を組み入れる方針を打ち出していたこともあり、その意向に沿って建設された[7]。構造上は八木防災センターと類似している。

二〇一三年一二月、洋野町消防団第二分団第一部の「八木南屯所」が完成した。海抜三一・六メートルの高さに立地し、沿岸部から延びる避難路と国道四五号が交差する場所に建築された。延べ床面積は一五二平方メートル、総事業費は五五一二万円であった。

八木南屯所の特徴は次のようである。

(イ) 建物はコンパクトにまとめられている。屯所と自主防災室は隣り合っている。このスペースは地震の強弱に関係なく常時避難する一〇人ほどの避難所でもある。大規模災害が発生した際には、屯所、会議室のすべてが開放される構造である。また、発電機の接続によって電気の稼働が可能となり、停電にも対応できるようになった。

(ロ) 高齢者が多いことに対して、細心の配慮が加えられている。入り口付近にはスロープと手すりの設置、避難スペースには、足腰の弱い人のために長い腰掛けが用意されている。

(ハ) 屯所の一角には、自主防災会と消防団の機器類の置かれている棚が隣り合わせになっている。また高齢化が進むことを想定し、重量のある道具類を移動するためのチェーンブロックが設置されている。

(ニ) 「八木南屯所」は名称からすれば消防団施設である。女性団員はいないが、設立当初から女性トイレが設置されていることからして、避難所や普段の集会所の機能を兼用していることをうかがわせる。

(ホ) 財政上、敷地の確保や財政面から考えて将来の洋野町消防団の各部のモデルケースとして考えられている。「部」のエリアの大小によって異なることはいうまでもないが、非常時における消防団と自主防災会の共存に加えて、避難所の機能を持ちあわせている。

八木南地区にあっては、七〇代以上のほとんどの男性高齢者はかつて団員として活動しており、消防団に対する信頼度は高い。それに加えて、非常時、団員と同一の空間を共有できることは、より安全性が確保できるという点では心強さを感じている住民は多い。

八木防災センターと八木南屯所は規模の違いはあるとはいえ、基本的構造には多くの類似性を有している。東日本大震災において、消防団と自主防災会の両者は協働で対応することが有効であることが確認された。そのため、両者が同じ建物内に共通の活動拠点を持つことに違和感はなかった。また「北」と「南」の自主防災会は、消防団第二分団第三部、消防団第二分団第一部とそれぞれのデジタルトランシーバーを役場から貸与されたのを機に、両者の周波数は同一に設定されている。その結果、部と自主防災会の活動がリアルタイムで把握できることになり、臨機応変の対応も可能となった。

## (三) 消防分署と消防団、自主防災組織の複合施設構想の実現

一九六六年に建築された久慈広域連合消防本部種市分署（以下、種市分署）は、すでに四〇年以上も経過し、老朽化、耐震性の問題が顕在化したため、町の中心部に新築されることになった。二〇一五年度中に土地造成が終わり、二〇一七年に完成予定である。総面積六二五五平方メートルの広い敷地内には、種市分署はもとより、消防団、自主防災会、婦人消防協力隊などの町内の防災関係機関の専用スペースも確保される予定である。まさに洋野町総合防災施設である。この施設の建設にあたっては、関係機関の代表者、役場当局から構成された検討委員会が組織された。

町内の防災関連組織を新種市分署に集約する方針が検討委員会に諮問され、全会一致で了承された。また災害対応にあたっては、すべての防災機関と町の連携が必要不可欠であるというのが東日本大震災の教訓として受け止められている。また各関係機関のあいだでは、「お互いにこれまでは他組織には遠慮する場面も見受けられ、ほとんど口出しをすることはなかった」という声も聞かれた。そのためにも、日常から関係機関同士が忌憚のない意見交換、さらには他の防災機関の具体的な活動を直接目にすることにより、相互理解が深まるのはいうまでもない。そのことが、新庁舎建築のねらいでもある。

新種市分署は役場が被災したとき、「新種市分署内に災害対策本部を移動する」、いわゆる第二災害対策本部としての機能を持ちあわせている。

これまで組織間に存在した垣根を取り払うことにより、地域防災の拠点のあり方を問い直していこうという試みが始まったのである。

## 五　自主防災会の新たな動き

### (一)　防災アドバイザーの任命と自主防災会の増加

二〇〇七年、宮城県沖地震の発生確率の高まるなか、町内の防災関係機関は本格的な津波対策に乗り出した。同年四月に分署長に就任した庭野は、旧種市町中野地区の生まれである。四〇年以上にわたって久慈消防署員として勤務しており、旧種市町とのかかわりは深い。町内全域の地形を熟知するとともに、多くの団員や自主防災会の役員とも面識があり、具体的な行動を起こすには条件は整っていた。

庭野は町民から寄せられる災害危険発生情報について、自らがその場所に足を運び、地元住民の声に耳を傾けることが、地域防災問題を考える原点であるという信念の持ち主である。「私は現場主義者ですからと」という。庭野が地元の中野地区に町内ではじめての自主防災会を組織化したのは、二〇〇八年六月であった。また、団員の安全確保のために、災害緊急時の対応として、閉鎖すべき水門や陸閘門はできるだけ少なくするという発想に基づき、一部が担当する水門は一カ所とする「一部一門制」や、団員の退避ルールの徹底を図った。

東日本大震災では「人的被害ゼロ」だったとはいえ、三陸沿岸一帯は地形の関係上、一定間隔で津波に襲われており、防災体制のさらなる充実を図る必要性を感じた町当局は、二〇一二年四月一日付で前種市分署長であった庭野を防災専門監、二〇一三年六月一日からは、洋野町防災アドバイザーに任命した。

庭野は、地域防災の充実を図るためには次の三点を重視した。

第一は、地域防災の範囲は小学校区を基本とし、消防団と自主防災組織の連携を中軸に据えたこと。

第二は、自主防災組織の組織化にあたっては、県が提示している範例をそのまま受け入れるとすぐに形骸化してしまうことを危惧し、あくまで地域の実態に即した組織づくりに意を用いたこと。

第三は、第二の指摘とも関連するが、結成にいたるまで、多くの時間を要したとしても、住民が日常的に気に留めている防災上の問題点について、さまざまな観点から議論することを勧め、地域住民の問題意識の深化と共有化を図ったこと。

現在、自主防災組織は洋野町全体で「一五」を数える。津波被害にあった沿岸部はもとより、山間部に位置する大野地区でも組織化を図る地区が増える傾向があり、活動も活発化している。その一例として、大沢部落会自主防災部会では、二〇一四年八月に広島市安佐南区で発生した集中豪雨による土砂災害を教訓として、隣保共助のあり方について活発な議論が行われ、新たな問題点の洗い出しを行った。その結果、二〇一五年に実施された防災訓練の参加率は一〇〇％であった。

震災前、自主防災組織は「六」を数えるにすぎなかったが、震災後は二倍以上に増加している。

## (二) 消防団OBを中心とした自主防災会の結成

洋野町消防団条例では、退団年齢に関する規定はないが、ほとんどの団員は六五歳を一区切りと考えている。退団後も健康上問題のない元団員の、長年の消防団活動を通じて得た豊富な防災知識は、災害時に有効であると考えられている。

洋野町の最北部に位置し、青森県階上町と境を接する角浜地区は、東日本大震災において、海岸部では六・三メートル～八・一三メートルの津波(『東日本大震災津波詳細地図上巻』古今書院)に襲われ、角浜漁港は壊滅状態であった。津波の予想浸水域はかなり内陸部まで達しており、地域住民の防災意識の向上を図ることは緊急の課題として受け止められた。

消防団OBが中心となり、自主防災組織の結成の気運が盛り上がった。そして、二〇一五年一〇月一日、角浜地区自主防災会が誕生した。

角浜防災会では元分団長経験者が、会長、副会長(定員二名)一名、事務局長と、組織の中核的役割を担っている。また役割分担はそれぞれ九名で構成される「避難誘導隊」「安全巡回・情報伝達隊」「被災者支援隊」の三つに分けられている。これらのうち、避難誘導隊長は元分団長、被災者支援隊長は元婦人消防協力隊長、避難誘導隊員の一名は元消防署職員がその役職に就いている。退団後、OB団員として活動する人はいるが、自分たちの住んでいる地域で、自主防災組織の中軸を担うという例は、全国的にもあまり例がない。

角浜地区自主防災会の特徴は次の点である。

(イ) 組織上は自治会と別組織とはいえ、「自治会との連携の強化」(規約第七条(二))を謳い、かつ基本方針の「災害に対する対応費用、その他諸経費は町内会会計から拠出する」という文言からして、自治会の防災機能を担う存在と位置づけることができる。

(ロ) 災害時の活動拠点は、洋野町角浜消防屯所である（規約第二条（二））。団員OBが多く、現在の消防分団との連携を図ることは容易である。

(ハ) 分団との共同歩調は非常時のみならず、団員が少ない日中の分団活動をカバーしている。

角浜地区防災会は、退団OBの延長線上に自主防災組織が位置づけられていると考えることができる。まさに即戦力の活用である。庭野や行政サイドは、早くから退団後の活動の場として、自主防災会を位置づけてきたねらいが、角浜地区防災会で実現した。

## (三) 自主防災会連絡協議会の結成

二〇一三年五月、自主防災会の横の連携を図るために、既存の「一〇」の自主防災会をもって「洋野町自主防災組織連絡協議会」（以下、「協議会」）が立ち上げられた。

その契機となったのは、大地震発生直後の七月に、町は、津波により浸水した三〇世帯および浸水想定区域一九一世帯の計二二一世帯を対象として、大災害時における課題を検証するためにアンケート調査を実施した。そのなかで「地震発生後に津波が襲来すると思った人は、五九％であった」。アンケート対象地域が地理的条件からして津波に襲われやすいにもかかわらず、予測を大幅に下回る結果であった。町当局は町民個々のいっそうの防災意識の向上を図る必要性を痛感した。

協議会の第二条の「目的」の項では、「協議会は、「自らの地域は自らで守る」ため、地震津波その他の災害に備えて自主防災組織（以下「防災会」）が相互関係機関との連絡を密にすることにより、災害時における防災会の災害対応能力の向上を図ることを目的とする」と謳われている。この内容からして、第一は、自主防災組織を町域全体に広げること。第二は、自主防災組織の横の連携強化と、関係機関との協力関係の構築であること。なかでも、自主防災組織の組織率は増加傾向にあるとはいえ、現時点ではおよそ五〇％程度である。防災意識は、具体的な活動を通じて定着するものであり、そのベースともなる自主防災組織は必要不可欠であると考えられている。そのためには、既存の自主防災組織が当面する諸課題を共有・深化させることにより、未組織地域への波及効果を強めていこうというねらいを看守できる。

# おわりに

次の二点を指摘し本稿を締めくくりたい。

第一は、八木南屯所。八木防災センター、新種市分署はそれぞれ特定地域の防災拠点である。それを地域的な広がりでとらえると、**図1**のような構造図となる。

Ⅰは八木南屯所を拠点とする範囲である。この範囲は集落＝行政区と一致する避難所や避難場所であり、日常生活圏と重なり顔見知りの関係者が多い。避難に際してはお互いに声をかけあい、避難誘導や安否確認が行われる。各個人が「八木南たすけあいカード」を保持しており、日常生活においてもさまざまな場面で活用される。

Ⅱは八木防災センターを拠点とする範囲である。八木防災センターは八木北住民の利用が多いとはいえ、災害発生時には八木南を含めた八木地区全体の避難所でもある。

Ⅲは洋野町全体の防災拠点でもある。消防署、消防団、自主防災組織、婦人消防協力隊の緊密な関係を保持するために、各防災機関の活動実態を理解する必要があるという観点から可視化された空間の複合的構造物である。

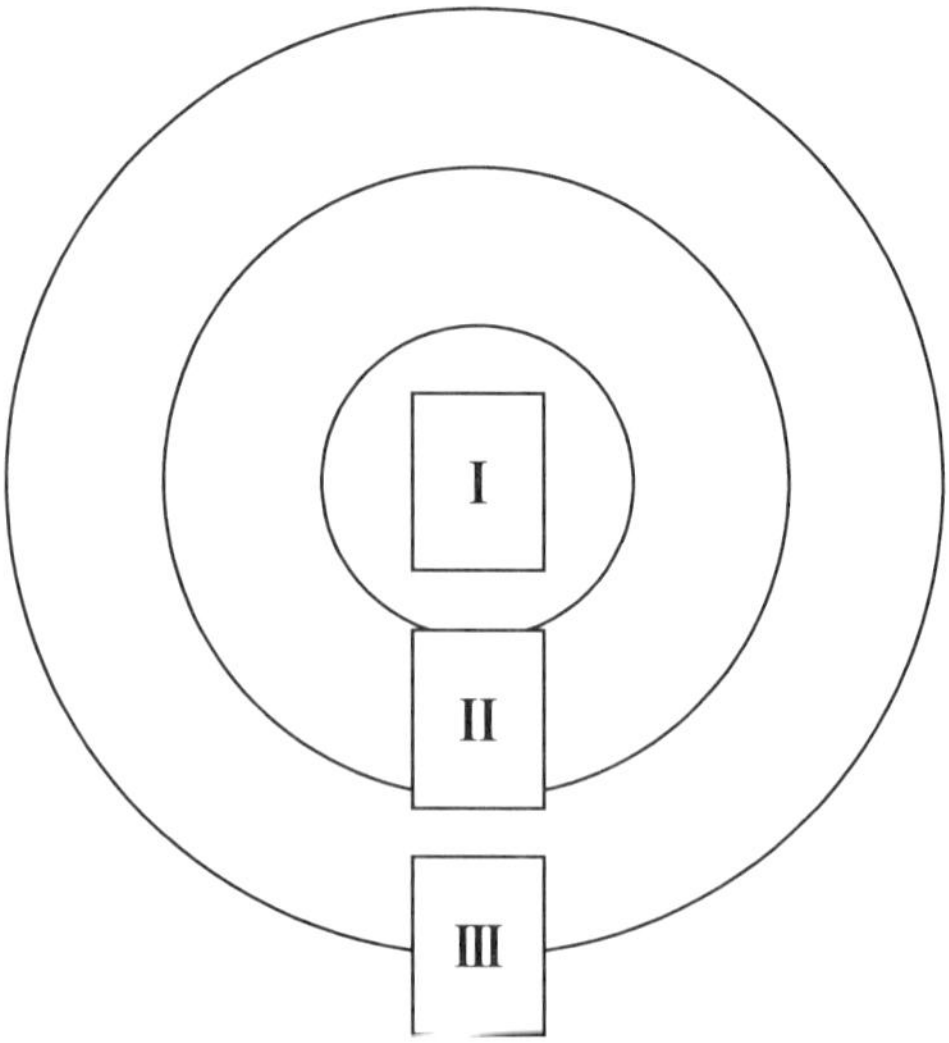


**図１　防災拠点の構造**

防災拠点がそれぞれの範域をベースとしていることに加えて、それらはお互いに重層化された構造となっている。そのことにより、情報が一元化され、町全体の動向がリアルタイムで把握することが容易となる。

第二は、地域防災の中核に位置する消防団と自主防災組織との距離感が縮小されることにより、両者の協働体制が構築され、地域住民の安全安心が確保される。この点については本稿で取り上げた事例からも明らかである。具体的には、第一は、そのベースは地域コミュニティを活発化させる[8]ことである。お互いに挨拶を交わし、顔見知りの関係が形成される。このような関係が非常時に際しては親近感・信頼感を抱かせる。第二は、消防団と自主防災組織はお互いにそれぞれの役割を担い、補完し合っていることをこれまで以上に相互に認め合うことである。両者には活動上の違いはあるとはいえ、津波対策においても、団員は退避をしながら、地域住民の安全性の確保を図るのに対して、自主防災組織は避難場所、避難所への避難誘導や運営の任を負う。しかもこのような協働関係は変化に対応した連続性をともなう。

洋野町の新たに建設された各種防災施設は、非常時のみならず日常においても、可視化された空間であり、互いの動向を把握することができる。この結果、日常と非日常は連続された状態となる。高齢化社会にあっては、わずかな時間であっても、避難所はできるだけ日常生活に近い空間であることが求められる。

洋野町は、これからの地域防災のあり方について、一石を投じたことは疑いない。

**付記** 本稿の作成にあたっては、洋野町総務課防災推進室主任の久保田昌照氏には大変お世話になりました。厚く御礼申し上げます。

## 注

（1）阪神・淡路大震災前は、各種防災機関は目的の違いが強調され、それぞれの独自的対応を基本とした。しかしながら、旧北淡町（現淡路市）にみられたように、防災機関や地域住民がお互いに連携することにより、救助・救援活動は有効な対応が可能であった。高齢化社会の進展により、これまで以上に防災機関の連携が求められている。それは、防災活動は、非常時に限らず日常的な対応が大きなウェイトを持ってきていることと関係している。

（2）阪神・淡路大震災の発生直後から、同時多発火災が発生したため、常備消防の対応の限界は露呈された。そのため、地元消防団員や地域住民による消火活動や家屋の倒壊による生き埋め状態からの救助活動が注目された。それに対して、一九七八年に発生した宮城県沖地震では、都市特有の高層建築物の火災や液状化現象にともなう門柱や家屋の倒壊といった新興都市特有の災害に見舞われた。その対応においては、常備消防に依存せざるをえなかった。消防団は広報活動が中心であった。総都市化現象が叫ばれている状況下では、常備消防に対する期待は高まった。しかも、この時期は全国的に消防団員が大幅に減少している最中であり、消防団不要論がいっきに噴き出した。

（3）阪神・淡路大震災を機に、「地域防災の充実」「防災に対する住民の主体的な取り組み」の重要性が指摘されるようになった。とはいえ、消防団と自主防災組織の協働のあり方については、それぞれの地域の対応に委ねられていたのが実態であった。二〇〇〇年消防庁告示第一号をもって「消防力の基準等」が改正された。その第三〇条「消防団員の総数」の（五）で、消防団の業務の一つとして「地域住民等に対する協力、支援及び啓発に関する業務」が追加された。その結果、消防団と自主防災組織は地域防災訓練や各種イベントにおいて、協力関係が強まった。一九九五年の自主防災組織の組織率は四三・八％であったが、両者の協働体制の有効性が評価されるにつれ、その後は一貫して右肩上がりとなっている。二〇一五年四月一日現在では八一・〇％に達している（各年次の『消防白書』）。

（4）消防団の法的根拠は、一九四八年三月に制定された消防組織法である。その第九条で、日本の防災体制は消防職員（常備消防）と消防団の二本柱から構成されることが明記されている。他方、自主防災組織については一九六一年に制定された災害対策基本法である。その第八条の第一三項において、「国民個々の自発的な防災活動」が明記された。防災関係機関のみでは対応しきれないため、日常生活はもとより、非常時における対応のあり方にも、その役割が期待されるようになった。

（5）この点について、「大海嘯見聞記（岩手日報）昭和八年三月二十四日」（『津波――語りつぐツナミ』）では次のように語られている。「八木の人々の話では三十年に一回は津波があるものと昔から決まっているようなものであるから、今の場所など永住の場所では無いが、誰か道ばたに屋台見世でも出して繁盛すれば、何時の間にか隣へも隣へもと家が建っていっては津波にやられて了うのである」と。八木地区の沿岸部は、明治から昭和一〇年代にかけて、アワビ漁、イカ漁、ウニ漁と季節に応じた漁業がさかんであり、地元のみならず、遠方から来る漁民も多く、漁民を相手とした飲食店も立ち並ぶほどの活況であった。経済的な成功は、津波の危険性をはるかかなたに追いやってしまう歴史が繰り返されたのである。

（6）一九七一年、旧種市町消防団ではラッパ隊（二〇名）が編成された。一九八六年頃になると、ラッパ隊員が減少したため、その当時の種市町役場の防災主任が役場職員に働きかけて、ラッパ隊が再結成されたのが、役場職員が団員になるきっかけであった（現総務部防災推進室、久保田氏メモ）。役場職員における団員としての基本的活動については、町作成の『防災手帳』に明記されている。

（7）二〇一一年度〜二〇一五年度における洋野町の復興交付金事業計画によれば、「津波被害に集会施設と消防団屯所の高台移転を実施するとともに、避難所機能、災害時食料及び物資の備蓄を強化する」と明記されている。このような内容は、当時の消防庁の屯所の多機能性の確保と同一脈絡上に位置づけられる。

（8）近年の大規模災害において、祭りをはじめさまざまな地域全体のイベント、それに加えて、隣組同士の定期的な「お茶飲み会」が、互いの意思疎通を図る場として注目されている。高齢化社会になると、「外に出る機会がなく、隣人とすら会話が無くなってしまう」という孤立状況におかれる傾向が指摘されている。大震災後、宮城県東松島市野蒜地区住民に対して、東京都大田区が月一回開催した「ランチ交流会」、あるいは仮設住宅や復興住宅において行われた「コミュニティビジネスを兼ねたお茶飲み会」などは、人的交流を活性化させる機会として注目される。

**参考文献**

後藤一蔵、二〇一四、『消防団――生い立ちと壁、そして未来』近代消防社
消防行政研究会編著、一九八三、『二四　消防』ぎょうせい
消防力の基準研究会、二〇〇〇、『消防力の基準・消防水利の基準・逐条問答』ぎょうせい
種市町、二〇〇五、『地域の安全・安心促進基本計画（津波）――岩手県九戸郡種市町』
吉原直樹編、二〇〇八、『防災の社会学――防災コミュニティの社会設計に向けて』東信堂
――、二〇一一、『防災コミュニティの基層――東北六都市の町内会分析』御茶の水書房

# 被災地の非営利組織で働く「第二世代」の生活史——活動と雇用のあいだを揺れ動くNPO

齊藤康則

## はじめに——語られなかったNPO労働

### （一）「活動の場」から「雇用の場」へ

特定非営利活動促進法が施行された一九九八（平成一〇）年以来、NPO法人は右肩上がりの増加を続け、二〇一四年には五万団体を超えるにいたった。近年は公益法人制度改革にともなう公益法人・一般法人の設立も著しく、市民活動団体の中には行政手続きの簡便な一般社団法人を選択するケースも少なくない[1]。こうした法人化は福祉国家の危機が叫ばれる反面、地域課題が多様化をみせる中、二〇〇〇年代に加速した公共サービスの外部化（アウトソーシング）を背景としている。市民活動団体は自治体からの委託事業、指定管理の受け皿となるため法人化し、それまでの社会運動組織、ボランティアグループとしてのアイデンティティを相対化しながら事業化を推進してきたのである。

一方、新自由主義的な経済政策により格差社会化が進展する日本の状況に抗うべく、イギリス・ブレア政権時代の「社会的包摂」政策に影響を受けるかたちで、それまで社会参加の機会を奪われてきた障がい者や経済的困窮者の生活（とりわけ就労）を支援する「労働統合型社会的企業」も登場するようになった。こうした社会的企業の形態はNPO法人から株式会社にいたるまで多様であるが、ビジネスの手法により社会問題を解決しようとする点が共通している。東日本大震災からの復旧・復興過程においても被災者の生活支援、農業・漁業など生業の再生を目的として多くの社会的企業が結成されたことから、二〇一一年を「ソーシャルビジネス元年」と形容する議論もみられるようになった(2)。

もちろん社会学がNPOの事業性について慎重な姿勢を示してきたことは論を俟たない。たとえば、高田昭彦は「NPOを無資本で手軽につくれる会社の一種、失業者の受け皿、失業者のための職業訓練所、行政の業務のアウトソーシング先と捉えたり、営利ビジネスと区別の困難な事業型NPOや、企業が営業部隊として設立したNPO、NPOのよいイメージを悪用した犯罪目的のNPOが跋扈してきている(3)」と述べ、背景に「NPOに対する誤解」があることを指摘する。それでは「誤解」なきNPOとは一体何を意味するのであろうか。社会学者の想定を理念型的にいえば、それは社会全体の福祉や（批判的）公共性の実現を志向する自発的な取り組みをベースとし、対外的には行政の動員、下請けではなく対等なパートナーシップを、対内的には運動性と事業性のバランスを前提するもの、となるだろう。

だが、平成不況の渦中、地方圏の失業率の上昇に直面していた当時の政府は、最初期よりNPOの「雇用の場」化を推進してきたのが実際のところである。産業構造改革・雇用対策本部は新たな経済主体としてNPOを位置づけ、二〇〇三年のNPO法改正では活動分野に「経済活動の活性化」「職業能力の開発・雇用機会の拡充」が盛り込まれた。同時期にとりまとめられた「若者自立・挑戦プラン」においてもNPOはキャリア教育、インターンシップの受け皿となることが明記されている。ＮＰＯの事業性を問い直そうとしてきた社会学の、ある意味で規範的なパースペクティブは、こうした「雇用の場」としてのＮＰＯで構造的に発生してきた問題を見落としてきたのではないか、という思いさえ残る。

## (二) 常勤有給職員という問題系

本稿が取り上げるのはＮＰＯにおける常勤有給職員の働き方である。ＮＰＯには理事・スタッフ・ボランティアなど多様な立場の人々がかかわり、一般的には「ＮＰＯ＝無償ボランティア」という想定も根強いことが、彼ら常勤有給職員を「見えない存在」としてきた側面もあろう。それは、社会起業家のサクセスストーリーが新聞・雑誌で紹介され、障がい者や長期失業者など「弱い個人」が「労働統合型社会的企業」の支援対象として言及されてきたのとは対照的である。結果として「ＮＰＯは「ワーキングプア」に陥っている」「男性職員が結婚を機に「寿退社」する」という言葉に象徴される[4]、ＮＰＯの常勤有給職員が直面してきた労働環境のリアリティが学問的に論じられる機会はほとんどなかった[5]。

数少ない例外として労働政策研究・研修機構による「ＮＰＯの「就労」に関するプロジェクト」（二〇〇三〜二〇〇六年）が挙げられよう[6]。企業労働とＮＰＯ労働の違いを問題関心とする労働経済学者の調査研究は、有給職員とボランティアを分節化しつつ、前者の不安定な労働環境――事務局長二九六・三万円、正規職員二二三・〇万円、非正規職員一四〇・二万円という給与水準は一般的な労働者よりも大幅に低い――の理由を、時限的な公的資金に依存しがちなＮＰＯの財政基盤の脆弱性に求めている。そして、彼らの労働意欲が「ボランティア精神」「利他心」によって説明できるわけではないことを主張する。

だが、なぜ彼らは財政的に不安定なＮＰＯで働こうと思ったのか、そして自らの経済的な境遇についてどのよ

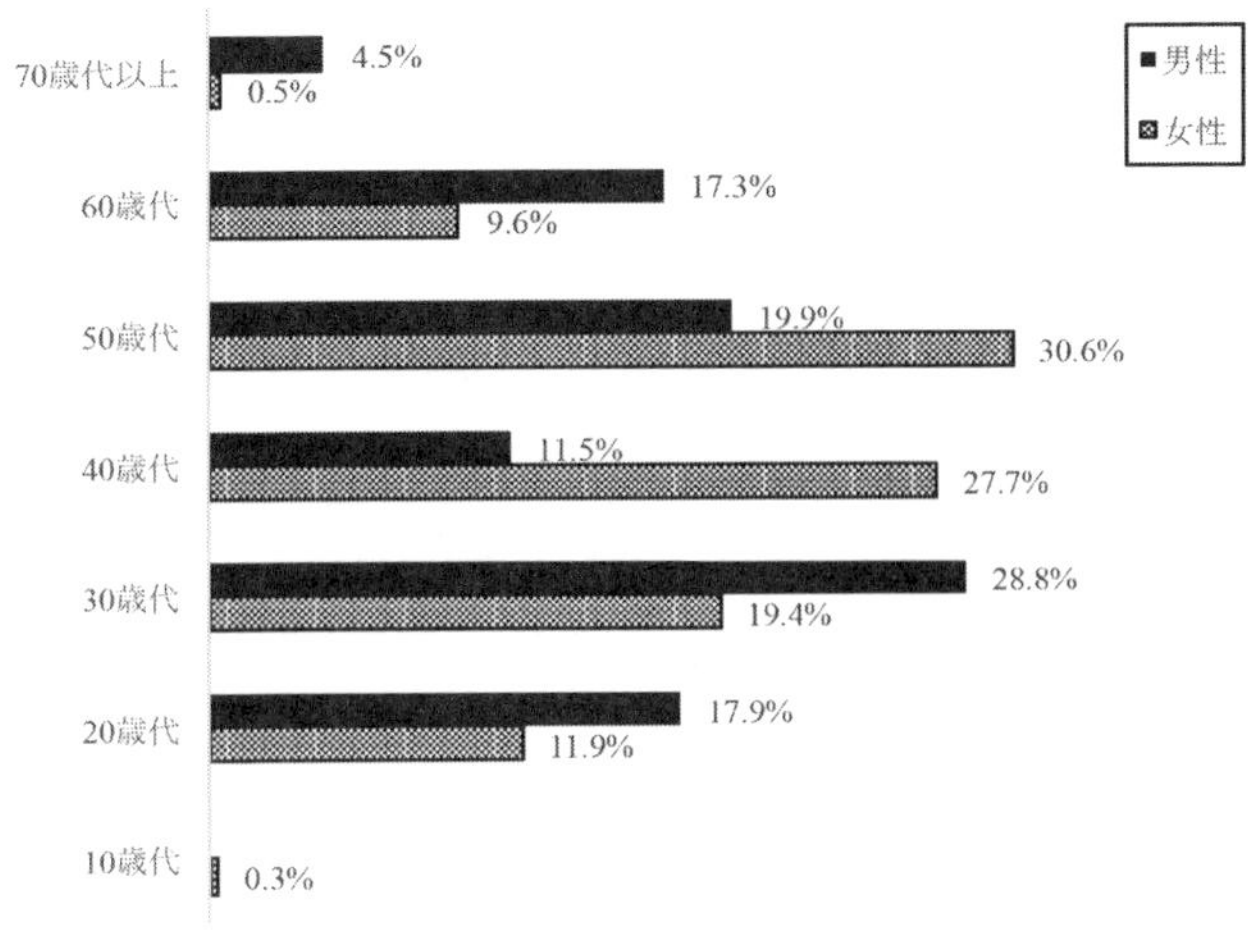


**図１　NPO の職員構成**

注：連合総合生活開発研究所（2006）より作成

うに考えているのか――こうした問いを労働経済学は置き去りにしたままであった。その一方、社会学は「社会貢献を通しての自己実現が可能な働き方」[7]として、あるいは「「地域社会」の形成という名目の元で、単なる低質な労働力」[8]として、具体的個人の生活史をふまえることなくNPO労働を論じてきた感がある。

もちろん社会学が非営利組織における労働の意味を、これまで問うてこなかったわけでは決してない。佐藤慶幸は一九六〇年代に東京・世田谷でスタートした生活クラブ生協からワーカーズ・コレクティブが派生し、食・リサイクル・福祉などの事業が生み出されたプロセスを実証的に研究し[9]、西山志保は阪神・淡路大震災の仮設住宅ボランティアを事例として、被災者による手仕事のコミュニティビジネスへの展開を「サブシステンス経済」と位置づけている[10]。だが、両者が照準した「もう一つの働き方」は専業主婦、高齢世代など「全日制住民」を主な担い手としており、事業体そのものも市場経済の外部に一時的、局所的に成立するものと考えられていた点に注意しよう。

それに対して連合総合生活開発研究所の調査結果（図

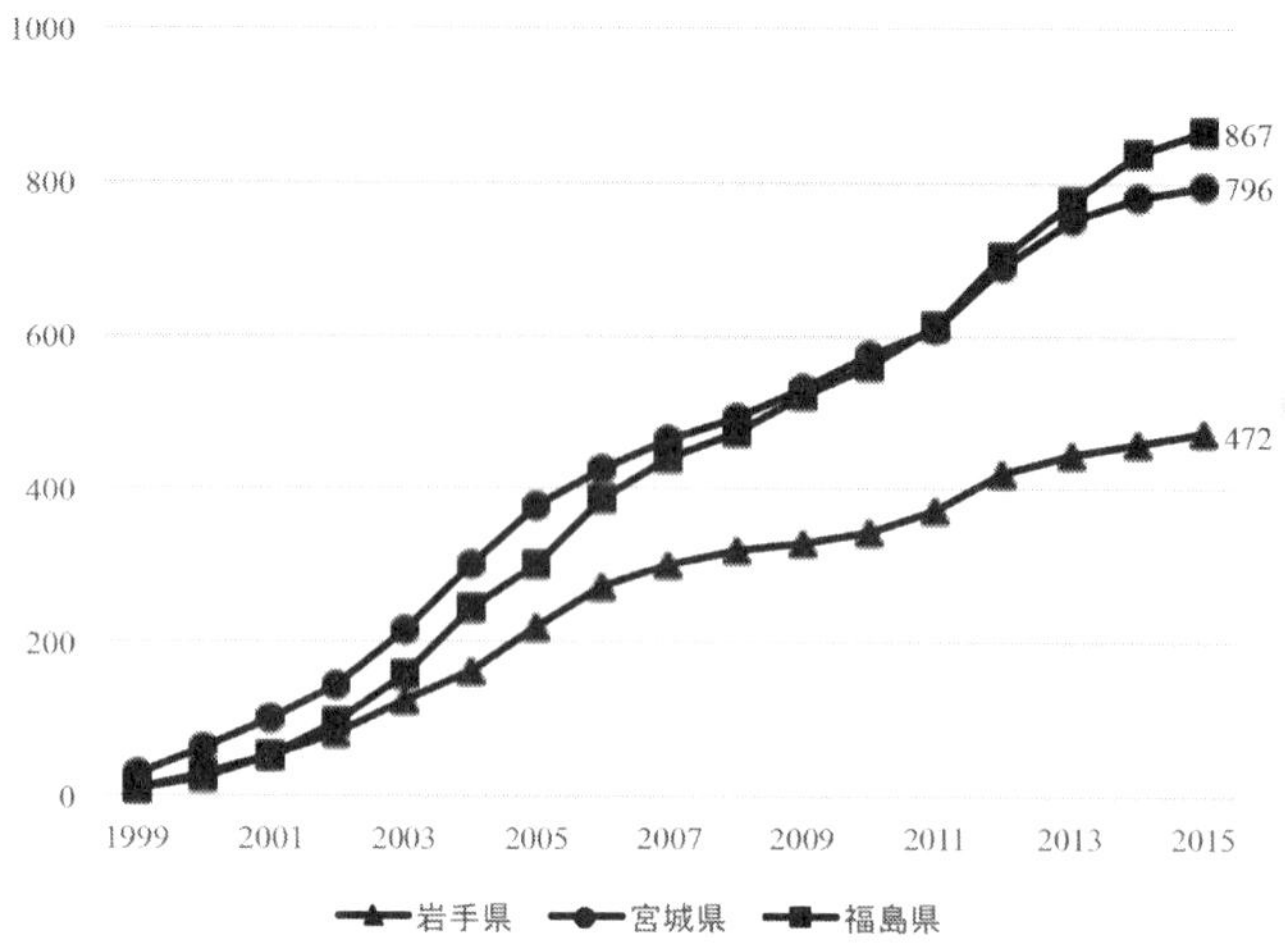


**図２　被災３県のNPO法人数の推移**

注：内閣府ホームページより作成

1を参照）が示唆するように、いまやＮＰＯは「全日制住民」の「活動の場」だけでなく、働き盛りの「雇用の場」としても機能している。なかでも二〇～三〇歳代では男性の割合が高いことが注目されよう。(11)だが、いみじくも田中尚輝が語るように「第一世代はボランティア活動や市民活動を機にＮＰＯ活動を行っており、「給料がなくとも使命感と情熱だけで食べていける」というような「奇人・変人」が多かった。しかし、新しく参画しつつある二〇代、三〇代の人たちはＮＰＯで生活しなければ、活動を継続することができない状況になっている」(12)。「雇用の場」への構造転換は公的セクターとの連接強化だけでなく、ときに新自由主義的な競争原理の浸透をもたらすことになるが、こうした状況の中で、あらためてＮＰＯ職員の意味世界から「もう一つの働き方」の（不）可能性を探究する作業も必要ではなかろうか。

　そこで本稿は、東日本大震災の被災地域のＮＰＯにおいて常勤有給職員として被災者支援、復興まちづくりに取り組んできた二〇～四〇歳代――この年代の人々を本稿は「第二世代」と定義する――の男性に照準する。(13)当時の民主党政権による一連の「新しい公共」政策、そして公的・私的両セクターからの資金投入を背景として被災地域では多数のNPOが結成され（図2を参照）、多様な活動が展開されてきたことは周知のとおりである。だが、NPOが量的・質的に拡大した「復興バブル」は時間経過とともに収束傾向にあり、今日では団体同士が生き残りをかけた競争を繰り広げている現状がある。

また、二〇～四〇歳代といえば「ロストジェネレーション」と「ゆとり世代」にまたがり、青・壮年期に社会経済情勢の悪化、非正規雇用の増加という現実の中で苦闘してきた人々でもある。男性を一家の稼ぎ手と考えるジェンダー規範がまだまだ根強い日本社会において、当の男性が「ワーキングプア」や「寿退社」を余儀なくされるNPO職員という働き方を選択すれば、その後の人生設計に大きな影響を与えることも予想されよう。

以上のような社会背景がありながら、なぜ彼らはNPOで働こうと思ったのか、現在そして今後の働き方についてどのように考えているのか——ポスト3・11という時代状況をふまえ、こうした点を明らかにすることが本稿の目的である。

# 一　なぜNPOで働こうと思ったのか

## （一）入職動機と東日本大震災の影響

本稿が取り上げる一八名の男性（表1を参照）は、なぜNPO職員という道を選んだのか。もちろん彼らがNPOで働くようになった背景には、他の職業の場合と同様それぞれに異なる理由があり、東日本大震災に前後して動機のパターンが大きく変化することも予想される。そこに何らかの共通要素を見いだすことはできないだろうか。

表1　調査対象者の概要（2015年時点）

| No. | 年齢 | 出身地 | 本人の学歴・職歴・活動歴 | 在職年数 |
|---|---|---|---|---|
| ① | 30歳代前半 | 東北 | 市立高→私立大(社会系)→アルバイト(NPO)→正社員(福祉施設)→NPO(中間支援)管理職<br>障がい者支援　▲ | 8 |
| ② | 20歳代後半 | 東北 | 県立高→公立大(理工系)→派遣社員(コールセンター)→復興支援員→大学職員<br>JL　▲　災害復興 | 2 |
| ③ | 40歳代前半 | 関東 | 県立高→私立大(法律系)　※中退→アルバイト(飲食)→〔東北〕→アルバイト(飲食店)→一般社団(環境)代表<br>教育支援　災害復興　帰国者支援　帰国者支援　▲ | 5 |
| ④ | 30歳代前半 | 東北 | 国立高専→国立大(経済系)　※編入→正社員(人材育成)→一般社団(人材育成)→国立大大学院(経済系)／NPO(まちづくり)理事<br>▲ | 3 |
| ⑤ | 30歳代前半 | 東北 | 県立高→浪人→私立大(経済系)→NPO(中間支援)→NPO(福祉)管理職<br>▲ | 8 |
| ⑥ | 40歳代前半 | 関東 | 私立高→公立大(社会系)→公立大大学院(社会系)→アルバイト(NPO)→NPO(まちづくり)→NPO(子育て支援)→〔東北〕→NPO(子育て支援)理事<br>子育て支援　災害復興　▲ | 10 |
| ⑦ | 20歳代後半 | 関西 | 私立高→〔関東〕→私立大(人文系)→〔東北〕→ボランティア(災害復興)→任意団体(災害復興)→復興支援員／一般社団(災害復興)代表理事<br>海外WC　▲ | 3 |
| ⑧ | 20歳代後半 | 東北 | 県立高→国立大(法律系)→〔関東〕→正社員(メーカー)→NPO(人材育成)→起業(社会的事業)→〔東北〕→国立大大学院(経済系)／自治体職員<br>JRC　留学生支援　プロボノ　▲ | 1 |
| ⑨ | 40歳代前半 | 関西 | 県立高→〔関東〕→国立大(法律系)→国家公務員→〔東北〕→NPO(教育)→国立大大学院(経済系)／自治体職員<br>プロボノ　▲ | 0.5 |
| ⑩ | 30歳代前半 | 関東 | 県立高→起業(IT)→私立大(理工系)→フリーランス→起業(冠婚葬祭)→正社員(広告)→〔東北〕→NPO(災害復興)／まちづくり会社代表<br>▲ | 4 |
| ⑪ | 30歳代後半 | 東北 | 市立高→専修学校(情報系)→正社員(IT)→正社員(編集)→正社員(IT)→職業訓練校(情報処理)→正社員(IT)→一般社団(災害復興)<br>子育て支援　▲　災害復興 | 2 |
| ⑫ | 30歳代後半 | 関東 | 私立高→浪人→私立大(社会系)→正社員(食品)→〔九州〕→アルバイト(農業)→〔関東〕→NPO(福祉)→〔東北〕→公益財団(災害復興)→〔関東〕→農業<br>障がい者支援　困窮者支援　▲ | 7 |

| No. | 年齢 | 出身地 | 本人の学歴・職歴・活動歴 | 在職年数 |
|---|---|---|---|---|
| ⑬ | 30歳代前半 | 東北 | 県立高→私立大(言語系)→正社員(食品)→アルバイト(配達)→NPO(中間支援)→大学職員<br>町内会(契約講) ▲ | 4 |
| ⑭ | 20歳代後半 | 東北 | 私立高→私立大(経済系)→NPO(福祉)<br>▲ 子育て支援 | 3 |
| ⑮ | 30歳代前半 | 東北 | 県立高→〔関東〕→私立大(言語系)→アルバイト(編集)→契約社員(編集)→正社員(編集)→正社員(IT)→〔東北〕→NPO(災害復興)<br>▲ | 2 |
| ⑯ | 40歳代後半 | 東北 | 県立高→浪人→〔関東〕→私立大(教育系)→正社員(自動車)→〔東北〕→正社員→正社員(土木)→無職→NPO(国際支援)管理職<br>教育支援 ▲ 災害復興 | 4 |
| ⑰ | 20歳代後半 | 東北 | 県立高→国立大(工学系)→国立大大学院(工学系)→NPO(まちづくり)<br>▲ | 3 |
| ⑱ | 40歳代後半 | 九州 | 県立高→正社員(建設)→正社員(販売)→〔関東〕→アルバイト(飲食)→正社員(福祉)→〔東北〕→NPO(中間支援)→正社員(交通)→NPO(中間支援)管理職<br>障がい者支援 ▲ | 3 |

注：学歴・職歴を上段、活動歴を下段に記した。
上段の〔　〕は対象者の地域間移動、下段の▲は東日本大震災の発生を意味する。
下線を付し、ゴシック体で記したのは対象者の現在の職業である。
JL はジュニアリーダー、WC はワークキャンプ、JRC は青少年赤十字の略記である。

はじめに震災前に入職した五名に注目しよう。そこでは大学時代の教育研究がその後の職業選択に一定の影響を与えた様子がうかがえる。[14] たとえば、都市問題への関心から社会学系の大学院に進学した⑥は「住民主体のまちづくりという観点から世田谷のプレーパーク（遊び場）に興味を持ち、活動に加わるようになった。かかわればかかわるほど面白く、論文の題材としても価値があると思った。当時は大学院を出て一～二年間、ＮＰＯの活動をしてから公務員になろうと考えていた」。⑥は「仕事としてやっていけるのか」という自問自答を繰り返しながら、その後も常勤有給職員としてプレーパークにかかわり続け、二〇〇〇年代後半、東北地方のある子育て

NPOが遊び場の指定管理を受託するのに合わせて、地域間移動（関東から東北へ）をともなうかたちでNPO間を異動することになった。

アメリカ同時多発テロ事件に触発され、グローバル化について勉強しようと経済学部に入学した⑤は「ゼミの中で「ボランティア経済」という考え方を知った。当時、NPOについての知識はあまりなかったが、卒業論文のテーマとしてベガルタ仙台を中心とするスポーツボランティアを取り上げ、関係者から「ベガルタが作ってきた価値は何か」についてヒアリングした」。「誰よりも就活を始めるのが遅かった」⑤は、調査を通して接触したある中間支援NPOが職員を募集していることを知り、応募したのだという。

それに対して震災後に入職した一三名は東日本大震災の影響を色濃く映し出している。たとえば、かつて大震災を経験したことのある国に公務員として赴任していた⑨は、一時帰国時に被災地でボランティア活動に参加した経緯もあり、「（在外勤務先で）「日本は元気になりました」というメッセージを発信するように言われたが、文字では伝えきれないことがたくさんある。自分が長年やってきた仕事は、現場で起きたことを紙の上で感情抜きに処理するだけだった」と振り返る。こうした違和感から職を辞した⑨は、津波被災地で半年間、教育NPOをサポートすることになった。

広告代理店で地方のまちおこしイベントを手がけてきた⑩は震災直後、両親の安否が気遣われた同僚のために東北地方へ向かったことが、その後、休暇を利用して被災地域のNPOを支援するきっかけになったという。「何度も社長室に行き、「CSRとして震災復興をしませんか」と言ってきた。でも、「他社がそんなことをしている間に、うちは（本業を）頑張るんだ」と言われ、「ああ、この社長ではダメだ」と（会社から）気持ちが離れてしまった」。⑩は退職後、自身がアドバイスしてきた災害復興NPOの一員となり、仮設入居者の生活支援、仮設商店街、復興ツーリズムなどの取り組みを次々と事業化していく。

⑨はボランティア活動、⑩はNPO支援を通して被災地のリアリティに直面し、自らの足元を揺さぶられたの

に対して、行政・企業など彼らを取り巻くシステムは大震災を経ても一向に変化しないように思われたのだろう。そこに生じたストレーンから彼らは組織の方針に異議を申し立て、自らの働き方についても再考するようになる。⑨はこの間の事情を、「（公務員の仕事は）自分がいなくなっても仕組みとして回るだろう。しかし、自分がやりたい被災地の仕事、自分なりのやり方は誰にでも代えられるものではない」と語る。こうして彼らは公務員、会社員という安定的な立場を問い直し、より被災者のニーズに応答しやすいと思われた、被災地のＮＰＯで働くという選択をしたのではなかろうか。

だが、それだけではない。ときにＮＰＯ職員への転身は復旧・復興に取り組んできた社会起業家に対する、ある種の憧れをともなうものでもあった。大手メーカーの新規事業部門に勤務するかたわら震災以前からビジネススクールに通い、プロボノ（専門的な知識・スキルを生かしたボランティア）に取り組んできた⑧は「ツイッターを見ると「すごそうな人」がいる。どうすれば「あの世界」に行けるのだろうと考えた。自我が強く「何者か」になりたかった。当時は「何者かになれる手段」として（ＮＰＯを）捉えていた」。就職から二年後に大手メーカーを退職した⑧は、人材育成ＮＰＯで被災地に送り出したリーダーの後方支援を担うことになる。前述した⑨も「被災地で働いている人たちが格好良くみえた。自分も被災地に行き、被災者のために働きたいと思うようになった」という。

もちろん震災後のＮＰＯへの入職は勤務先の震災対応への不満、社会起業家への憧憬だけで説明できるものではない。震災が被災地域の企業経営に大きな影響を与える中、ＮＰＯが（一般企業と同様に）転職先の選択肢にあがったケースもある。情報通信系の企業に勤めていた⑪は「会社の業績が悪く、昇給がなかったり遅配があったり、そういう経済的な理由が大きい。ＮＰＯに入りたくて会社を辞めたわけではなかった。失業給付をもらいながら仕事を探していたとき、（代表理事から）「新しい事業が始まり、人を探しているので来ないか」と言われた」。⑪は災害復興分野の一般社団法人で被災地域の情報収集と分析に従事してきたが、この場合にはＮＰＯが「もう一つの働き方」ではなく、企業労働となんら差異化されていない「雇用の場」として、当初より認識されていたことに注意が必要であろう。

## (二) 入職経路による専門性の違い

以上のような入職理由は、多かれ少なかれ入職経路――本稿では前職の就業形態と現職（NPO）の求職方法に注目したい――とも関連する。このうち前職の就業形態は正社員として勤務していた「正規労働型」、契約社員・アルバイトであった「非正規労働型」、社会運動家・ボランティアなどの「社会運動型」、そして新規学校卒業者の「新卒型」に分けられる。そして、現職の求職方法はハローワークで求人票を見つけて応募した「ハローワーク型」、「みちのく仕事」「右腕プロジェクト」などマッチングサイトを介した「インターネット型」、NPOで働く知人からの紹介による「口コミ型」、そして自分で団体を組織した、ボランティアが入り口になった等の「その他」から構成される。これまでに取り上げた六名を整理すれば、⑤は「新卒／ハローワーク型」、⑥は「非正規労働／口コミ型」、⑧と⑨は「正規労働／インターネット型」、⑩は「正規労働／その他型」、そして⑪は「正規労働／口コミ型」となろう。「社会運動／その他型」に該当するのは後述の③と⑦である。

**表2・表3**を一瞥してわかるように、前職の就業形態は「正規労働型」（八ケース）、「非正規労働型」（五ケース）が多く、現職の求職方法は「ハローワーク型」（六ケース）が多い。「第一世代」で多くを占めていたであろう「社会運動型」（二ケース）が少ない反面、必ずしもNPOが第一志望ではなかった可能性を示唆する「ハローワーク型」がもっとも多くみられる点は、「第一世代」と「第二世代」のあいだで生じることになった、非営利組織で働くことの意味変容を裏づけているようにも思われる。

このような経路（とりわけ前職の就業形態）の複数性により、彼らがNPOにもたらす専門性も異なることになる。

**表２　前職の就業形態**

| 就業形態 | ケース数 | 調査対象者№ |
|---|---|---|
| 正規労働型 | 8 | ①④⑧⑨⑩⑪⑮⑱ |
| 非正規労働型 | 5 | ②⑥⑫⑬⑯ |
| 社会運動型 | 2 | ③⑦ |
| 新卒型 | 3 | ⑤⑭⑰ |

**表３　現職（NPO）の求職方法**

| 求職方法 | ケース数 | 調査対象者№ |
|---|---|---|
| ハローワーク型 | 6 | ①⑤⑬⑭⑯⑱ |
| インターネット型 | 3 | ⑧⑨⑮ |
| 口コミ型 | 4 | ②⑥⑪⑰ |
| その他 | 5 | ③④⑦⑩⑫ |

とりわけ「正規労働型」「非正規労働型」と「社会運動型」では以下のような違いが生じてこよう。たとえば、水産系の食品会社の営業マンとして国内外を駆け回っていた⑫は、地方圏や発展途上国の加工業者を搾取する業界の構造、派閥争いを繰り返す会社のあり方に疑問を感じたことから三〇歳を目前にして退職する。「食品業界に携わる中、これまで食材を捨て続けてきたこともあり、フードバンクでお手伝いしようと思った。（テレビで紹介され）すごく伸びている時期だったが、食品の扱いはしっかりしておらず、（支援先の）コーディネーションもできていなかった。僕の役割は食品の「管理」と「営業」だった」。前職の経験をふまえ、⑫は支援先に転売の禁止、賞味期限の遵守などの注意事項を伝える一方、各地の社会福祉施設を回って活動内容を紹介し、四年間で食品の提供先を数百件ほど開拓していったという。

編集プロダクションや情報通信系の企業で紙面製作・映像編集、電子商取引に携わってきた⑮は、首都圏からUターンしようと考えていた頃、マッチングサイトで地元県の災害復興ＮＰＯを発見し、興味を持つようになった。「幅広い知識、経験を一番生かせるのではないか」と考えた⑮はこのNPOに移籍し、地元産品の通販サイトの運用、事業者のデータベースの構築などに取り組んでいる。また、広告代理店から災害復興NPOに転じた⑩は「新たな取り組みを企画書に起こして行政に持っていく。書いていている企画書は（広告代理店に勤務していた）当時とあまり変わらなかった」と語る。

それに対して「社会運動型」の場合はどうだろうか。たとえば、バブル経済崩壊後に大学に入学した③は「（就職）氷河期を迎え、企業に依存しても生きていけない」との思いを強くし、アルバイトで生計を立てながら中国残留孤児の支援運動を展開していく。この運動を通して「してあげるボランティア」では当事者の境遇を変えられないことを痛感した③は、津波被災した農村の復旧・復興を掲げる一般社団法人の組織化にあたり、「被災した状況から生活再建できるまでを考えずに「目の前のボランティア」をしていてもダメだと思った。被災農家はもともと、自分で生活を成り立たせていた人たち。「もともと持っている力」を引き出すことができたとき、ボランティアと被災者が一緒になれると思った。いつまでも農家を受け身にしていてはいけない」とする。③は被災農家が栽培した野菜を登録会員に定期販売するCSA（地域支援型農業）的な取り組みをスタートする一方、農業者に教えを請いながら耕作放棄地で野菜づくりを手がけるなど、支援者／被災者という関係を固定化することなく種々のプロジェクトを展開している。

一方、大学時代のサークル活動で中国の「ハンセン病回復村」に通い続けた⑦は、大震災により「汚い資本主義に大きな問題提起がなされ、新たな価値観が生まれる」との思いを抱き、発災から一カ月後、内定していた企業を辞して被災地入りする。そこで想起されたのが「ハンセン病回復村」における次のような支援技法であった。「社会問題としてのハンセン病がデカい氷だとしたら、みんな外からお湯をかけて溶かそうとする。でも、「ワークキャンプ」は何も知らない大学生が村に住みながら、氷の真ん中から熱くしていくことで溶かそうとする手法。時間的にも空間的にも閉鎖されたワークキャンプが元患者と健常者、中国人と口本人といった「カテゴリーの枠」を壊していった」。がれき除去が終わる夏頃までの滞在を予定していた⑦は、ホストファミリーから「一緒にやっていこう」と呼びかけられて翻意し、地元の若者とともにまちづくり団体を立ち上げ、「内の情報を内に発信」すべくフリーペーパーの発刊や地元学のプロジェクトに取り組むようになる。

## 二　今後の働き方をどのように考えるか

### (一) 給与水準の自己評価と働き方の問い直し

国税庁が実施している「民間給与実態統計調査」によれば、二〇一四年の民間企業の男性一人当たり平均給与は五一四・四万円、その内訳は正規五三二・三万円、非正規二二〇・〇万円である[15]。一方、本稿が取り上げた男性NPO職員の給与は一八〇万円から三〇〇万円まで幅があるが、非正規労働者の水準に前後し正規労働者の水準には達しないことが特徴である。こうした数字を根拠としてNPO労働は「ワーキングプア」と形容されることになるが、果たして職員自身は給与水準についてどのように考えているのだろうか。

大学院時代より子育てNPOにかかわり、現在は理事を務める⑥は、一九九〇年代以来の社会経済情勢の変化を振り返りながら、「月に二五万円、年収三〇〇万円台はこの業界では最高水準。世の中の雇用が流動化し、フルタイムの終身雇用が一般的でなくなる中、良くも悪くも社会一般との差が縮まってしまった。以前であれば年収三〇〇万円は「低い象徴」だった」という。だが、「この業界では最高水準」の給与による生活は時間経過とともに変化する可能性のある、次のような付帯条件があることに注意しよう。「妻には結婚する時点で、一般的な終身雇用の正社員の給与をもらえるわけではなく、共働きが前提になることを話してある。妻も僕も両親が健在で、両親の面倒を見ることによる経済的負担を考えずに済んでいることが大きい」。

一方、否定的な評価は賃金上昇率の鈍さ、給与の額面と実際の生活のギャップを実感してであろうか、入職後しばらくして現れる傾向がある。大学時代にボランティアを経験した児童福祉施設（NPOが指定管理者）に勤務する⑭は「NPOが非営利だという点は認識していた。給料が少ないのは仕方ないと思っていた」。だが、就職して数年が経過する中、「さすがに他と比べて金銭面が少ないのではないか。一人暮らしは経済的に厳しい。このままでは結婚できないと思うこともある」と見方を変えている。[16] 情報通信系の企業から災害復興NPOに転じた⑮も「最初は月一五万円で「何とかなる」と考えていた。だが、このような状態がずっと続くのはしんどい」と、しだいに転職を考えるようになったという。

それに対して「社会運動型」には自身の生活水準を考える際の準拠集団を転換させたケースもみられる。長年、中国残留孤児の支援運動に携わってきた③は「残留孤児の生活を見てきたので、一般的な生活や安定した老後に対するこだわりを持っていない。苦しいなら苦しいなりに生きていこうと考えている」という。先に言及した⑭が「他と比べて金銭面が少ない」というときの「他」が、民間企業などに就職した同年代の正社員を指していたのとは対照的に、③の比較対象は自身が支援してきた残留孤児にほかならない。

このように給与水準をめぐる評価は生活歴を反映して個々人で異なるが、肯定的な評価には働き方そのものの問い直しがともなうことになる。たとえば、中間支援NPOで管理職を務めるかたわら、障がい者アートの事務局をサポートしてきた①は「この職場はスキル以上に、どのような「生き方のスタイル」を作っていくかを意識したほうがよい。自分の生き方を確認し、それを仕事とリンクさせることが必要ではないか」と語る。①は政策提言を通した社会変革よりも、音楽フェスや手仕事市などフェイス・トゥ・フェイスの場面で「一人ひとりの力をうまく引き出しながら、それを地域やまちにつなげていく」ような取り組みが自身の「生き方のスタイル」に合っていると考え、草の根の行動を続けている。

震災直後に工学系の大学院に進学した⑰は「自分にも何かできないか」との思いから、津波被災地の人々の

「声」をインターネットラジオで配信する活動を展開する一方、まちづくりNPOのアルバイトとして被災コミュニティの復興計画づくりに従事してきた。同じ時期、就職活動で首都圏の建設会社を回る中、東京と被災地、そして周囲の学生との温度差を感じたことが企業労働を相対化するきっかけになったという。「東北で仕事をしているようにみえる企業も仕事の中心はやはり東京。大企業をめざしている友人は「上から何番目の企業に入るか」ばかり考えていた。自分はまちづくりNPOのアルバイトにかかわり、「色々な働き方」があることを知り、初任給ではなく「仕事の面白さ」を考えるようになった」。その後、アルバイト先のNPOに就職した⑰は「顔の見えるところで仕事とお金が回る」仕組みをめざし、同業者のネットワークづくりに励んでいる。

## （二）「複業化」する意味とその問題点

NPO職員は民間企業よりも平均給与が少なく、正社員にあたる常勤有給職員であっても一年ごとに契約が更新されるケースが大半である。その意味において不安定な彼らの雇用条件をカバーする戦略が「複業化」にほかならない[17]。大学院修了後、まちづくりNPOの一員となった⑰は「（自身のNPOには）「二足のわらじ」で働いている人がいる。自分もスキルを磨き、個人でも仕事を受けられるようになりたい。「何屋さん」として対価を得るのか、五～一〇年間で見つけなければ」と語る。また、中間支援NPOの中には事務スタッフが独自のフィールドを持ち、事業計画を立てて外部資金に応募するなど「自分で人件費を稼ぐ」ことを奨励している団体もある。中間支援NPOに四年間勤務した⑬によれば、それは職員が組織内部で「上のスタッフ」として位置づけられるチャンスであり、「成し遂げたいテーマへと巣立っていく」（＝独立）ステップにもなるという[18]。

たしかに個々の職員の視点でみれば、「複業化」は賃金保障として機能する側面もあるだろう。だが、その「複業化」がときにオーバーワークを引き起こし、ワークライフバランスを損なうとすれば、はたしてどうだろうか。ここでは中間支援NPOに勤務するかたわら、終業後や休日などに福祉NPOの取り組みをサポートしてきた⑤のケースをみてみよう。この福祉NPOが他団体との連携により公的資金をベースとした生活困窮者支援事業をスタートする矢先、東日本大震災が発生した。⑤の本務先である中間支援NPOは被災地内外の支援団体の情報拠点となる一方、支援先の福祉NPOには膨大な量の救援物資が届けられ、以前のように「ボランティアではできない状況」となった⑤は、中間支援NPOを辞して福祉NPOの事務局長へと異動する。「自分が仕事を失うだけなら就職活動をすれば良いけれど、他の法人の職員のことを考えると共倒れにはできない。でも、それは「経営者の視点」であって、「家族の視点」で考えればそこまで無理をしてやる事業ではなかった」。

そしてまた、「複業化」は必ずしもNPO労働の不安定性だけに由来するのではなく、ときに（公共サービスの外部化を背景とした）組織的な要請でもありうる。公共施設を指定管理する①は「指定管理も業務委託も市の事業としてやる以上、行政から「それをやってはダメ」といわれれば、その瞬間に終わり。でも、多くのスタッフはここの仕事をしながら自分でも活動している。組織を「入れ物」としてみて、「はみ出してしまう部分」は自分でやっていこうと割り切っている」。以前であれば組織の水準で争われてきたNPOの運動性と事業性（の相克）は、事業の受託や補助金の獲得が組織存続の前提条件とされた今日にあっては、組織の水準から（組織を構成する）個人の水準へと遷移している。制度化した組織から「はみ出してしまう部分」を、あらためて所属団体や委託元の行政に問題提起することなく「自分でやっていこうと割り切」らざるをえない活動のあり方は、やがてNPOの運動性を縮減し、職員の過重労働（活動）を帰結することに、なりはしないだろうか。

## (三) 他セクターへの転職と専門性の内実

個々人のキャリアの展開という観点において「NPOは「次」の働き方を示せていない」「NPOを辞めて

「今これをしています」という人はあまり聞かない」とされる。NPO労働により獲得される知識やスキルをNPO自身が具体的に提示できていない結果、他のセクターの側でもNPO労働について十分理解できずにいることが、そうした言明の背景をなしていよう。本稿が取り上げたNPO職員一八名は、その後六名が他セクターへと転職しているが、内訳は地方公務員二名、大学職員二名、民間企業一名（その後NPOに復職）、農業者が一名というように公的セクターの割合が高い。たしかに「給料の少ないことの大変さがわかった」「先が見えないことは常に不安だが諦めている」という声も聴かれるが、NPOからの転職は必ずしも給与水準の低さだけが理由となるのではない、複合的な現象である。ここでは退職者六名のエピソードを導きの糸としよう。

たとえば、NPOの事業受託にともない復興支援員に採用された②は、個人的な事情から金銭的な限界に直面する中、自身が震災復興にかかわるべき人間であるか再考するようになったという。「友人の結婚式が続いたのに包めるお金がなく、素直に祝福できない自分がいた。そんなネガティブな気持ちを抱えた人間が、復興支援なんて大それたことを言えるだろうか。被災した人々に対して、支援員として働いていることに申し訳なさも覚えた」。こうした躊躇に拍車をかけたのが委託元となる行政の、突然の方針変更にほかならない。「災害公営住宅（予定地）の周辺住民との関係ができ、「これから入居する人たちを迎え、（コミュニティ形成の）きっかけづくりを提供しよう」と考えていた期待感が（行政方針の変更により）打ち壊され、モチベーションが低下してしまった。やり甲斐だけではやっていけないが、やり甲斐を失ったらもっと終わりで、もう続けられないと思った」。

また、大手メーカーから人材育成NPOに転身した⑧は、会社等を退職して被災地に入り、生活支援・産業再生に取り組むリーダーを後方支援することになった。当初「特定の事業に入って何かをやるのではなく、色々な団体、活動にかかわりながら俯瞰的に見ることができる立ち位置は自分に合っている」と考えていた⑧であるが、「被災地に送り出した人がひとりでに起業しはじめた。一方、自分は後方で同じ仕事を続けているだけであり、フラストレーションが溜まっていった」。こうして「起業しなければ」との焦りを強くした⑧はNPOを退職し、海外において社会的事業の立ち上げに携わるようになる。

それでは、彼らがNPO時代に培った経験のうち、次の職場で生かせているのはどのような要素であろうか。たとえば、復興支援員から大学職員に転じた②は「地域からも学生からも市民活動についての相談が寄せられるが、（自分以外の）職員は行政マン風。市民活動に対する知識と理解がなく「ノー」と言ってしまう」。これは大学の地域貢献などの場面において、ボランティア・NPOに関する知識がプラスに作用した例だといえよう。

一方、教育NPOを退職後、地方公務員として復興現場に赴く⑨は「抽象的な企画ではなく具体的な行動が取れるようになった。課題を放置せず、すぐに問題解決を図れるようになった」という。同様に「たくさんの人に会う中でバリエーションが増えた」「色々な属性の人と付き合ってきたことが視点という意味で生きてくる」といった、自身の変化に言及する元職員の声も聴かれる。だが、こうした発言が含意する能動性や多様性、コミュニケーション能力などは[19]、前節で紹介した「正規労働型」「非正規労働型」が転職先のNPOに個別具体的な専門性をもたらした姿とは対照的である。仮にNPO労働をキャリア形成の一段階に据えるのであれば、それがどのような職業能力の開発、専門性の獲得につながるのかを明確化する必要があるように思われる[20]。

## 三　「ポスト復興期」を迎えたNPO――「雇用の場」は持続可能か

### (一)　復興財源の縮小と活動内容の再考

「復興バブル」という言葉が震災後、大型の公共事業に沸き立つ土木・建設業界を揶揄する表現として用いられたが、それはNPO業界についても例外ではなかった。政府による緊急雇用創出事業や新しい公共支援事業、日本経済団体連合会「一％クラブ」をはじめとする民間企業の資金援助、ジャパン・プラット・フォーム、日本財団などの活動助成、そしてクラウドファンディングによる小口寄付を背景として、この間、被災地内外のNPOは団体数も活動量も増加の一途をたどってきたからである。だが、「集中復興期間」の終了とともに政策の中心は地方創生や東京オリンピックへと移る一方、広島豪雨、熊本地震など列島各地で災害が多発する中、「震災後しばらくは申請さえすれば必ず助成金がもらえた[21]」状況は過去のものとなった。東日本大震災の被災地域は実際の復興の進展以上に「ポスト復興期」の様相を色濃くしており、多くのNPOが厳しい競争に晒されている。

たとえば、⑥が勤務する子育てNPOでは指定管理してきた施設が津波被災し、管理料収入が発生しない空白期間が生じることになった。そこで震災以降、「新しい公共」などの補助金を活用して放課後の校庭、仮設住宅の集会室で遊び場づくりを展開してきた経緯がある。だが、「現在の事業の財源は震災復興関連なので永続的ではない。集中復興期間が終わりを迎える中、「通常のシステム」の中で成り立つようにしなければならない」。⑥は「子どもの遊びの重要性を社会に浸透させ、子どもが遊べる環境を作っていく」という団体本来のミッションに立ち返り、子育て世代を巻き込んだボランタリーな活動の展開を図るとともに、待機児童の解消に終始しがちな行政の子育て支援策に遊び場づくりが盛り込まれるよう政策提言するなど、引用中にある「通常のシステム」の拡充をめざしている。

震災後に被災自治体に移住し、ボランティア拠点や復興まちづくり団体を相次いで組織してきた⑦も「今がスタートライン」であることを強調する。「今まではカンパが集まり、助成金から人件費が出て、その人件費がなくなるタイミングで市役所の嘱託職員になることができた。最近になって次のことを考えなければいけないという不安がリアルに出てきた。事業を継続するには自分たちで価値を生み出し、その価値に見合うお金を外からもらう仕組みを作らなければならない」。地域支援員として、⑦は地元の年長のまちづくりリーダーから若い頃の失敗談を聞くセミナーを企画し、これからを担う二〇〜三〇歳代に対して考えるきっかけを提供するとともに、一般社団法人の代表理事としてホヤ・ホタテなどの漁業体験、都市部からのＵＩＪターンなど「よそ者」向けの事業を運営している。

## (二) 被災地入りした大規模ＮＰＯ・ＮＧＯのその後

財政規模の大きなＮＰＯ・ＮＧＯが中長期にわたって被災地に入り込み、被災者・失業者やボランティアを雇用し、広域的な支援活動を展開してきたことは東日本大震災の大きな特徴である。とりわけ震災初期、自治体レベルでの活動が多い（地元）ＮＰＯが点的な支援にとどまったのとは対照的に、独自の資金スキームを構築してきた国際ＮＧＯには面的な支援が可能であり、そこでは「贈与経済の二重構造」が生じていたとする報告もある。[22]だが、大規模ＮＰＯ・ＮＧＯの中には団体のミッションと被災者のニーズがすれ違ったり、「雇用の場」としてのあり方が問題化したりするのを避けて通れなかったものもある。

はじめに取り上げるのは震災後、複数の拠点で子どもの学習支援に取り組むようになったＮＰＯである。このＮＰＯは日々の業務記録からテレビ会議システムにいたるまで、さまざまなコミュニケーション回路を用意し、本部と東北の活動拠点、幹部・管理職・スタッフ間の綿密な情報共有を図ってきた点に特色がある。

このように周到な体制を敷いていたＮＰＯであっても、ミッションとニーズの乖離がみられた点を⑨は指摘する。ＮＰＯが「クリエイティブな教育」を目標に掲げたのとは対照的に、「(被災)地域の住民が一番やってほしかったのは子どもの学力を上げることだった。子どもをよい学校に入れることが保護者の願いだった」。また、保護者の送迎トラブルを避けるために事務局が駐車場を管理したり、子どもの怪我を防ぐために全員で教室を清掃する等々の業務は、一部のスタッフに「地域の住民の自立を妨げているのではないか、本当に子どもを育てていることになるのか」という疑念を生じさせることになった。

だが、そうした疑念が表明される機会はなかった。毎週開かれるミーティングは子どもの教育指導、スタッフの能力向上にテーマが絞り込まれており、ボランティアやインターンを含めたスタッフ全員がNPOの基本理念を内面化したうえで、相互に改善すべき点を指摘し合い、反省を迫る言葉を差し向け合う場として機能していたからである。⑨によれば、それは「ネガティブな儀式」と形容できる内容であったとされる。

このように過酷とも思える組織運営ではあるが、スタッフから不満が出されることはほとんどなかったという。それは、学校教員を志望している彼らにとって、このNPOが「長期にわたって貴重な体験を積むことができる実習現場」にほかならないからである。そればかりか児童・生徒から「理想的な学校の先生」という評判を得ることができれば、自己実現に向けた大きなステップともなる。それゆえ幹部からの「（委託元の）行政や寄付者に対して説明できる働き方とは何か」という問いかけに対し、彼らは学習指導スキルの向上をはじめ、自己を不断に成長させようとする姿勢で応えていく。

こうした「上から」と「下から」の働きかけにより、このNPOでは意図せずして「トップマネジメントが気に入る人の昇進は早く、気に入られなければこの世界ではおしまい。「かなり肉食な人」しか勝ち残れない」ような人事システムが作り出される。そして、スタッフ間には「成長ラインに乗り、組織を引っ張ることができる人は残れるが、職能を広げられない人は疎外の対象となる」とされる閉鎖的な共同性が醸成されることになる。それでも現在までのように一定数のボランティア、インターンが参加し続ける限り、排除のメカニズムをともなう共同性が団体を存続危機に陥らせることはない。むしろスタッフの流動性は年齢構成の若さを維持するための必要条件だと考えられている側面もある。

一方、震災後に東北地方に事務所を構え、仮設住宅における交流活動などをサポートしてきたNGOのケースはどうだろうか。震災以降このNGOに勤務してきた⑯によれば、事務所スタッフは「一カ月契約のアルバイト」としてこの団体に入り、面接試験を経て半年間の契約社員となった人々が中心だという。とりわけ一〇名を超えるスタッフを擁した震災初期は「荷物を運ぶにしても何にしても、若いから、年上だからということは一切なく、皆で協力できるフラットな関係だった」。

だが、「災害ユートピア」を思わせる人間関係は長くは続かない。「(NGOは)現地に行っても情報を吸い上げるばかりで現場を見ないことが多いと聞く。(本部の人間は)そうした感覚で被災地に来ているのか、私たち「現地人」の人事を統括し、管理するかのような雰囲気だった」。しだいにスタッフの雇用継続は外部資金に左右されるようになるが、本部の管理職は「自分で(事業計画を)考えるように」というばかりでアイディアを出すことはなかったという。こうしてスタッフは(自身の人件費に充てられる)寄付金を獲得すべく主体化を迫られることになるが、外部資金の募集そのものが先細る状況の中、スタッフは一人また一人と退職を余儀なくされた。

この間、被災各地の仮設団地でコミュニティ支援に従事してきた⑯は、ミッションの不在を象徴する次のようなエピソードを紹介する。「高齢の人たちは土と触れると喜ぶのではないかと思い、農業支援の企画を出したところ、「うちは農業のNGOではないからダメだ」と言われた。でも、ある外国の団体が理解を示して人件費が出ることが決まると、内部でも一転してオッケーになった」。「国連や外務省の指示通りに事業を展開してきたNGOには、被災者のニーズからクリエイティブな取り組みを考え出すことが難しいのではないか」――こういぶかしむ⑯は組織のヒエラルヒーを飛び越えるかたちで海外の助成団体と関係を構築し、ときに事業内容に対するアドバイスを得ることもあるという。

国際NGOはローカルなNPOと比べて資金力が豊富だとされる。だが、このNGOは一定期間終了後の被災地からの撤退を織り込み、東京/東北という地域構造と管理職/スタッフという地位構造が「入れ子」状になった分節化された組織間関係を構築してきた。仮に事務所スタッフが現在の団体で働き続けたいと願うとすれば、独力で補助金・助成金を獲得するか次なる災害現場へと赴かなければならない。そうこうして彼らが泥縄的に企画した支援活動の成果は、しかしNGO本体へと吸い上げられ、団体名義のプレスリリースにより次なる外部資金を呼び込むべく再投資されることになる。

## むすびにかえて

日本社会にNPO法人が登場してから約二〇年。この間、介護保険のスタートや大規模災害からの復興、社会貢献意識の興隆やソーシャルビジネスの台頭により増加を続けたNPOは、「第一世代」から「第二世代」へのバトンの受け渡しが進む中、ボランティアや寄付ベースの「慈善型NPO」から収益事業により社会問題の解決を図る「事業型NPO」へと様変わりしつつある。そして、後者の「事業型NPO」は規模拡大とともにボランタリー・アソシエーションを離れ、官僚制組織に準拠したかたちで構造化されてもいる。ときにそれは創設者の強力なリーダーシップにより発展したベンチャー企業の似姿でもある。そうであれば、既存の企業労働に代わる「もう一つの働き方」と形容された非営利組織における労働のあり方を、あらためて問わなければならない。それが本稿の問題意識であった。

NPO労働に関するこれまでの学界の議論は、民間企業と比べた場合の給与水準の低さに照準する議論が大多数を占めてきた。こうしたテーマ設定のうえに、ネオリベラリズムと親和的なアントレプレナー論は自己責任論を差し向け、そのカウンター側に立つ若者論であれば「やりがい搾取」批判を展開することだろう。他方、社会民主主義に教導され、雇用労働の相対化を主張する「労働の未来」論は、[23] NPO労働を公共善に貢献する「市民労働」の過渡的形態として捉え、担い手に支払われる補助的給与の拡充を計画するかもしれない。

現代日本のNPO労働に否応なく付随する雇用条件の不安定性が大きな問題であることは再説するまでもない。そして、このような労働の社会的有用性を再評価し、新たな政策枠組みに位置づけようとする左派的な社会理論の重要性もまたしかりである。だが、これまで取り上げてきた一八名の男性NPO職員は、必ずしも自身の経済的境遇だけに言及していたわけではなかった。本稿が中間報告的に提示した現実断片は、複業化にともなうオーバーワークが引き起こす生活との不調和、労働市場で確立されていないNPO労働の専門性、幹部・管理職・スタッフ間の組織民主主義の機能不全、そして支援活動の成果主義化とミッションの揺らぎ等々、多岐にわたる問題群の存在を物語っていよう。

東日本大震災に前後して社会貢献を喧伝する声が多く聞かれ、NPO職員や地域おこし協力隊を「クリエイティブクラス」と位置づける言説までみられるようになった。このような議論の噴出にもかかわらず、否それゆえというべきか、ソーシャルセクターの課題は山積するばかりである。たしかに行政委託の適正価格化、複数NPOの連携による人材交流、「市民ファンド」の拡大などはNPOの雇用条件を改善する必要条件かもしれないが、前述のような労働環境を好転するまでにはいたらないだろう。組織の規模拡大と構造分化により非対称的な、ときに分断された立場に置かれてきた経営幹部とスタッフが、あらためて運営上の基本方針や職員のキャリア形成をめぐって対話的関係性を築くことができるかどうかに、「復興バブル」を超えて持続可能なNPOを再構築するための手がかりが存する。それは、いまや社会問題の解決へと縮減され、プロセスからアウトカム重視へと転換したかにみえる「ソーシャル（社会的なもの）」の意味するところを、あらためて問い直す第一歩ともなるだろう。

**注**

（1）NPO法人の設立は認可（認証）主義であり、都道府県などの書類審査による認証が必要となるのに対して、準則主義をとる一般社団法人は登記だけで設立することが可能である。

（2）「阪神大震災のあった一九九五年がのちに「ボランティア元年」と呼ばれたように、二〇一一年は「ソーシャルビジネス

（ＳＢ）元年」となれるのか。東日本大震災から四年が経過した被災地で、復興に取り組む新ビジネスが続々興っている」（二〇一五年四月六日付『河北新報』朝刊「ソーシャルビジネス　地域の課題解決へ活発　ノウハウ共有に期待」）

（3）高田昭彦、二〇〇四、「市民・ＮＰＯによる「公共空間」の創造――ＮＰＯ（「公益」を担う市民活動）の新しい展開」『都市問題』第九五巻八号

（4）この引用は筆者とＮＰＯ関係者（代表理事、管理職クラス）の会話の一部を再構成したものである。同様の趣旨として、山岡義典は対談の中で「僕らは自虐的に、ＮＰＯはワーキングプアを産みっぱなしで、産み続けてきたと言っています。少子化もそうですが、けっこうＮＰＯには独身者が多く、結婚していても子供を産まない人が多い。少子化とワーキングプアを育てているのではないかという気がするのです。やはり雇用に対する感覚が鈍いのですよ」と述べている（田中弥生・山内直人・山岡義典・工藤泰志、二〇〇八、「非営利組織評価研究会総括座談会」『言論ブログ・ブックレット　ＮＰＯ法一〇年目の評価と課題――日本の未来と市民社会の可能性』）

（5）それは理事・事務局などリーダー層からのヒアリングに依拠してきた社会調査の限界でもある。いわゆるリーダー調査は組織化のプロセスや団体のミッションなどを描出するうえで不可欠であるが、スタッフ・ボランティアなどの多様な「声」を通して、非営利組織が抱えている課題を明らかにする作業は不得手とする。

（6）労働政策研究・研修機構、二〇〇六、『ＮＰＯの有給職員とボランティア――その働き方と意識』

（7）藤井敦史、二〇一三、「社会的企業概念はどのように捉えられてきたか」藤井敦史・原田晃樹・大高研道編『闘う社会的企業――コミュニティ・エンパワメントの担い手』勁草書房

（8）高原基彰、二〇〇六、「高度成長の遺産が投資される時――会社社会を乗り越える試みの失敗とその帰結」『Mobile Society Review 未来心理』第七号

（9）佐藤慶幸編、一九八八、『女性たちの生活者ネットワーク――生活クラブに集う人びと』文眞堂

（10）西山志保、二〇〇五、『ボランティア活動の論理――阪神・淡路大震災からサブシステンス社会へ』東信堂

（11）連合総合生活開発研究所、二〇〇四、「「ＮＰＯの雇用に関するＮＰＯ法人／職員スタッフアンケート」調査結果概要――国際労働財団（ＪＩＬＡＦ）による委託調査」『連合総研レポート』二〇八号

（12）田中尚輝、二〇一〇、「ＮＰＯ法人の雇用を取り巻く現状と課題――ＮＰＯ支援の立場から」『Business Labor Trend』九月号

（13）本稿が取り上げる男性NPO職員一八名（現職一二名、元職五名、復職一名）のうち一二名は、震災後に組織された支援者ネットワーク等を通して筆者が直接的な面識を有していた人々である。それ以外の六名のうち五名は雪だるま式サンプリングにより、残りの一名は筆者が勤務する大学の職員より紹介を受けた経緯がある。ヒアリング調査は二〇一五年三月〜一一月の期間、半構造化面接の手法により一時間半〜二時間半程度実施した。電話・メールによる追加的な照会内容を分析に含めたケースもある。調査にご協力いただいた方々に対して、この場を借りて心より御礼申し上げたい。

なお、この研究プロジェクトは（公財）生協総合研究所より研究助成を受けている。第一報として、齊藤康則、二〇一六、「非営利組織の男性常勤職員のライフヒストリーとキャリア意識――東日本大震災の被災三県をフィールドとして」『生協総研賞・第一二回助成事業研究論文集』

（14）ただし、大学時代の教育研究やサークル活動の影響は震災後の一三名についても認められる。③は中国残留孤児の学習支援、⑦は中国「ハンセン病回復村」でのワークキャンプ、⑯は子ども会の支援を、それぞれサークル活動の一環として取り組んできた。一方、⑭はフィールドワーク型の授業の中で子育て支援のボランティアに参加した経験がある。

（15）国税庁ホームページ（https://www.nta.go.jp/kohyo/tokei/kokuzeicho/minkan/top.htm）による。

（16）調査対象者一八名のうち既婚者は六名であり、そのうち三名は子育て中である。また、未婚者からも「家」「長男」「墓守」など結婚・家族に関連した発言が聞かれる。

（17）島根県で古書店を営むかたわら「地域づくり実践塾」などを展開する尾野寛明は、半農半漁、兼業農家など農村型の生活様式に言及しながら、「ローカルでソーシャルな働き方」の特徴を「掛けもち」に求め、それを「短期でとりあえず食い扶持にするもの、長期的に食い扶持にしていくもの、ライフワークのために非営利でやっているもの」の組み合わせだと定義する（尾野寛明、二〇一六、「ローカルでソーシャルな働き方がもたらすもの」松永桂子・尾野寛明編『ローカルに生きる　ソーシャルに働く――新しい仕事を創る若者たち』農文協）。だが、土地という生産基盤を所有する農業者と（サラリーマン同様に）サービス・知識を提供するNPO職員では「掛けもち」の意味合いが大きく異なる点を、この議論は見落としているように思われる。

（18）渋谷望は社会起業家がネオリベラリズムと共振するだけでなく、労働条件が厳しい非正規雇用の若者にも「アントレプレナー志向」がみられる点について、「「自己のアントレプレナー」は、自分を商品化して市場で売りこもうとするため、ネットワークを積極的につくり、自己を偽ってでも自己プロデュースし、自己の商品価値を高めなければならない」と説明する（渋谷望、二〇一一、「アントレプレナーと被災者――ネオリベラリズムの権力と心理学的主体」『社会学評論』第六一巻四号）。ＮＰＯ職員の「複業化」や外部資金の獲得はこうしたアントレプレナー化の一例だと考えられる。

(19) 能動性や多様性、コミュニケーション能力などは、本田由紀がいうところの「ポスト近代型能力」に近いものである。本田は文部科学省「生きる力」に象徴される「ポスト近代型能力」の構成要素として思考力・独創性・目標達成力・対人能力などを指摘し、これに批判的な立場から「個々人が社会の中で、特に仕事に関する面で、立脚することができる一定範囲の知的領域」としての「専門性」の復権を求めている（本田由紀、二〇〇五、『多元化する「能力」と日本社会――ハイパー・メリトクラシー化のなかで』ＮＴＴ出版）

(20) ＮＰＯ職員の専門性を市民社会内で正統化（ＮＰＯ法人による資格認定）するものとして、ファンドレイザー、ボランティアコーディネーターなどが挙げられよう。

(21) 二〇一六年五月九日付『福島民友』朝刊「助成金獲得「狭き門」　復興支援の未来模索」

(22) 仁平典宏、二〇一二、「〈災間〉の思考――繰り返す３・11の日付のために」赤坂憲雄・小熊英二編『「辺境」からはじまる――東京／東北論』明石書店

(23) 田中洋子、二〇〇六、「労働と時間を再編成する――ドイツにおける雇用労働相対化の試み」『思想』九八三号

# 自主避難者の対話的交流と派生的ネットワーク——母子避難という経験の語りから

高橋雅也

## はじめに——自主/母子避難という問題系

まず、「自主避難」という用語に、この言葉を用いる人々が必ずしも意図しない含意があることを確認しておく必要がある。この点については、フリーライターの吉田千亜さんの整理を参照しながら論じる。吉田さんは、本論で取り上げる母子避難者の交流・支援を展開するグループの一員であり、著書の『ルポ母子避難——消されゆく原発事故避難者』(岩波書店 二〇一六)で母子避難者が直面している問題状況を描き、広く世に問うた人物である。避難者一般と自主/母子避難者とでは、どのような違いがあるのだろうか。

自主避難というときの〈自主〉とは、〈強制(的)〉な避難ではないという形式的な区別を表しているわけだが、そこには自主避難者が住んでいた場所が〈避難指示区域〉でないという事実以上に、「『自らが勝手に判断をした』という意味合い」(ii頁)を持ってしまい、自己決定/自己責任論へ転化しやすい側面がある。たしかに自主避難者は、災害対策基本法（および原子力災害対策特別措置法）に依拠して首長が出す避難指示による強制された避難ではない。しかし、〈状況に強いられた避難〉には違いない。

さらに、母子避難というときの〈母子〉は、母と子が連れ立って、夫を残して避難してきた事実を示しているにすぎないが、たとえば「裕福だから逃げられるのでしょう」（iii頁）といったイメージを持たれて、十分な賠償金を受けられずに夫が地元で仕事を続けている現実との乖離に悩んだり[1]、家族を物理的に隔てる選択を行ったことへの否定的なまなざしにさらされたり、という問題系がともなわれる。

このように問いとしての自主／母子避難をみすえるとき、被災者が地震直後から今日にいたる混乱の中で、どれほどの自主性を発揮しえたか、将来展望を持ちえたか、自分の選択に責任を持ちえたかという視点から顧みる余地はある。それと同時に、自主避難者がいかなる確信をもって避難行動をとり、継続してきたのか、その正当性をめぐってどのような根拠や論理を模索してきたのかについても検討の余地がある。

本論では、福島県いわき市から埼玉県川越市に母子で自主避難をしてきた鈴木直子さんの経験と語りを取り上げながら、鈴木さんが注力してきた「ここカフェ＠川越」における避難者交流や、『お手紙ですよ　ぽろろん♪』（以下、『ぽろろん』）の発行による避難生活の実態に関する情報発信に注目していく。その際、避難者が直面している問題、苦悩や心情について書かれた『ぽろろん』の記事にテキスト分析を加える。語り、書き、伝えることに思い入れを持つメンバーによる活動の分析手法として、ふさわしいものと考える。

# 一　自主避難について語ること

## （一）活動の契機と展開

「ここカフェ@川越」の活動は、二〇一二（平成二四）年四月、吉田千亜さんが独力で避難者の交流会を企画・開催したことを発端として始まった。フリーライターである吉田さんは当時より川越在住の主婦であったが、県外避難者の孤立的な状況を知るにいたって、川越市役所に働きかけて二三〇世帯ほどの避難者宅にハガキを送付し、「お茶会」の開催について周知して、参加を呼びかけたという。

初回こそ参加者は二名と少なかったが、埼玉県労働者福祉協議会の支援なども受けながら半年から一年かけて回を重ねるうちには、毎回二〇〜三〇名ほどの参加が得られるようになっていった。二〇一三年に『ふるさとふくしま帰還支援事業（県外避難者支援事業）』に採択されて、〈交流会開催、「震災を伝える」イベント、移動相談窓口開設、週末や長期休みに遊びに来られる場づくり、一時保育サポート〉といった事業に対して、およそ九五万円が交付された。これ以降、支援物資の調達・配布、福島県の情報提供、大学生による学習指導、通信発行といった項目が追加されたほか、事業内容の加除修正をともないつつ、コンスタントに帰還支援事業に採択され、会場費やお茶代に補助金をあてて安定的に交流会を開催できるようになった。

ところで本会の代表者は当初吉田さんであったが、「被災者が代表になったほうがいい」という考えを受けて、鈴木直子さんが新たに会の代表に就いた。鈴木さんと吉田さんのほか、南相馬市から坂戸市に避難してきた副代表の太田吉子さんを加えた三名が協力しながら、月に一回開催されてきた交流会は、七〇名以上の参加を集めるほど定着している。

また千葉県の避難者七三名をマイクロバスで招いた実績もあり、他県の避難者との交流も行っている。鈴木さんによれば「就労支援や家財支援、幼稚園への入園支援まで西日本の避難者支援はけっこう手厚い。それに比べると東日本は避難者が孤立しやすい」と述べて、東日本での支援を下支えするつもりで活動しているという。

活動は、二〇一四年三月に埼玉県内の自主避難者に特化した「ぽろろんカフェ」の設立以来、原則として毎月一一日に県内各地（川越市、さいたま市、川口市、鴻巣市、嵐山町など）で交流会が開催されてきた。あわせて『ぽろろん』（年二回）の発行と、ＡＤＲ（裁判外紛争解決手続）の相談会や健康診断、高速道路の無料化延長など自主避難者に役立つ情報交換を行っている。この活動も赤い羽根共同募金や武田食品の助成金を受けながら推進しているもので、その点で公共性が認められた取り組みである。

目下、鈴木さんたちが展開している「ここカフェ@川越」や「ぽろろんカフェ」の活動において焦点とされているのは、二〇一七年三月に迫った自主避難者の住宅支援の打ち切りをいかにして延長させるか、あるいは撤回させるかという問題である。自らを「原発棄民」と呼んで絶望感を示す自主避難者が顕在化しているなかで、国民的課題として議論の俎上にのせていくことがめざされている。

## （二）話すことの難しさ——方言と本音

福島からの避難者が自らの被災体験や避難生活について容易には語りにくいというとき、それが内容の深刻さや共有可能性の乏しさによるものではなく、福島弁の特徴的な訛りによるものであることに思いいたるのは簡単ではない。しかし、二〇一五年一一月二〇日発行の『ぽろろん』第三号では、アンケートの結果を紹介しながら、埼玉県のママたちが福島の方言を好意的に受け止めていることを示し、自主避難のママに安心して方言を話してもらうための特集を組んでいる。

そこでは冒頭に福島避難ママ二〇名と埼玉ママ一一八名を対象に実施したアンケート結果が示され、じつに八一％の人たちが方言を「とってもいいな」と思っていることが示されている。その典型的な声として、「方言を話すときの自分はありのままの感じ」「話さないと失ってしまうもの」「話す相手があるから」「自分に故郷がないから温かく感じる」が挙げられている。これらはいずれも示唆的であり、方言を話すのをためらっている状況が何を意味するのかについて、明確に答えている。すなわち、〈ありのままの自分〉を出すことをためらっている状況であり、そのままでは〈ありのままの自分〉を失ってしまうことになり、〈ありのままの自分〉を出せる相手をも失う、というわけである。

他方において「習い事のママたちには、自分から話しています。話さなくても方言でバレています」と笑い飛ばすママもいる。ただ、今日的文脈では、福島弁はその人が福島出身であること以上に、避難者であるということを意味するのであり、〈ありのままの自分〉が〈避難者としての自分〉と等価に結ばれてしまうことに対して、むしろ窮屈さを感じる人は多いのではないか。いま福島弁を話すことが、たとえば〈自然豊かな環境でのびのびと育った飾らない人物像〉を聞き手に抱かせるならばいいが、〈震災に振り回されて、世間の目にさらされ、苦悩してきた人物像〉を抱かせるなら、方言を使うことは必ずしも自己の解放にはつながらない。

あわせて「訛りにコンプレックスがあり、ずっと引きこもりでした」という語りにふれるとき、そのコンプレックスは田舎っぽさへの羞恥心を意味しているのだろうが、より深刻なコンプレックスとは、原発事故で自分の故郷にあれこれの色がついてしまったことに対するやるせなさである。福島弁にコンプレックスを持たせてしまったのは、原発事故であるという点を指摘せずにはおけない。

る。

### （三）自主避難者と転勤族との違い――自己規定の揺らぎ

自主避難者は、自分たちが何者なのかを考えてみるとき、次のような出口のない自問自答を繰り返すことにな

一定期間を過ごした地域を離れて、別の地域に転入するという点では自主避難者と転勤族に違いはない。慣れない土地の風土や文化に慣れて、コミュニティにもなじんでいく必要があるという点でも違いはない。自主避難者であることを打ち明けない限り、転入者の存在をいぶかしく思う住民もさほどいるまいし、転勤族と思われるだけであろう。それではこの息苦しさは何なのか。

二〇一五年三月一一日発行の『ぽろろん』第二号では、「『転勤』と『自主避難』は違うの？」という特集が組まれており、母子避難をしてきたママたちのさまざまな声が掲載されている。ただし、その声のほとんどは転勤と自主避難を弁別する方法を示したものではなく、避難先での暮らしに対するいいわくいいがたい虚無感について語るにとどまっている。

まず目立つのは、いつか地元に帰ろうと考えている自主避難者にとって、現在の生活は「仮の住まい」であるという声である。「仮の住まい」であるから、あまり投資したくないし、物を買い足していくことは避難先に根を下ろすようで、安いゴミ箱を買う気にもなれないし「なんとなく花も飾れない」という。これが転勤族であったら、どうだろう。また転勤するかもしれないとしても、それは可能性にすぎず、いまある暮らしの幸福感を最大化するために、ある程度の物質的な欲求は充足しようとするのではないか。

加えて自主避難者は、転勤族にはできることが自由にならない、自己決定できないという思いがある。たとえば借り上げ住宅に住んでいると住み替えも制限されて、我慢するほかはない。転勤族にはそのような制限はない。自主避難者は、地元に帰るにしても、住宅支援の打ち切りによってではなく自分で決めたいという思いがあるが、

転勤族は異動を命じられた立場ではあっても、そうした自己決定への渇きやだれにも振り回されたくない、だれをも（子どもを）振り回したくないという気負いはないだろう。

なかにはご近所付き合いをせず、自治会にも入っていないという人がいる。避難元では自治会に入っていたから、なおさらいうのである。自治意識の源泉が、そこが自分の居場所だと思うことであるならば、自主避難者にとって避難先はそうではない。町内会・自治会の加入率低下は現代的趨勢ではあるが、必然性がさほどない居住地選択をした人々に共通する、一般的な自治意識の低さとは異質というべきだろう。いるべき場所にどうして自分はいないのか、という素朴な問いに彼女たちは答えられずにいる。

他方、自主避難と転勤を弁別している人の声には共通点があり、負い目・罪悪感などの言葉が基調をなしている。転勤者が転出する地域の人々に対して名残惜しく感じることはあっても、罪悪感を覚えることはあるまい。転勤していくことを特段責める人もいない。これに対して自主避難者は「避難してすみません」という後ろめたさがあるという。子どもを守ろうとして強いられた罪悪感が、自主避難者と転勤者の言語化できない、しかし明確な違いを指し示しているのである。

## （四）車のナンバー変更——移動にともなう困難の象徴

二〇一四年一〇月二四日発行の『ぽろろん』第一号では、自主避難にともなって、自家用車のナンバーを避難先のナンバーに変更するか否かについて、ナンバーにまつわるさまざまな経験とともに話し合われた座談会のもようが掲載されている。

まず、ナンバーを変更していない方々の声を拾い出してみる。住宅探しや子どもの入園手続き、避難元との往復などで忙殺されて、ナンバーを変更する余裕がなかったという人もいるなかで、ナンバーを変更しないことに積極的な意義や必要性を語っている人たちがいることが確認できる。すなわち、自分はここにいるよというメッセージとして福島ナンバーを残すという人や、福島県民としての誇りや親しみを福島ナンバーで表現しているという声は、そこに積極的な意義を見出していると考えられる。

他方で避難元の人々から「福島県民であることを隠しているのか」と思われるのが嫌という人や、自分自身と周囲に対していつか帰るという思いを確固として表明する必要があると感じている人がいる。また、福島ナンバーのせいで何かいわれるのではないかと心配したが、きちんと説明すればよいと思い直してみると、実際にはやさしく気遣ってくれる人が多く、励ましを受けたという経験談もみいだせる。ナンバーをめぐって、周囲の反応を先回りして身構えたり、思いがけない配慮や理解にふれて安心したりしている避難者の姿が垣間みえる。

次に、ナンバー変更を行った方々の声を拾い出してみる。福島ナンバーの車はいたずらをされると聞いて変更したという人や、自分の車はナンバー変更していないが夫の車は変更しており、遠出には夫の車を使うという人がいることが確認される。いずれも福島ナンバーに対して向けられるまなざしと、懸念される事態をあらかじめ回避しようと考えての選択であるといえる。さらに、ナンバーを目にした避難先の近隣住民に福島からきたのかと問われ、東北自動車道の放射線量の高さが報じられていた時期でもあったため、息苦しく感じてナンバーを変更したという人もいる。避難元との往復に使われる東北自動車道の線量の高さは、そこを通って地域に出入りする人々へのネガティブな感情を旧住民に抱かせる可能性があることを自主避難者は察している。

加えて、車のナンバーに端を発した近隣住民との会話は往々にして避難生活の展望におよんで、元の家には住めないのか、住めるならいつ戻るのか、子どもの独立より祖父母世代に介護の必要が生じた場合どうするかといった話題になるという。いつ郷里に帰るかといった選択は状況に依存するし、だれにとっても難しい。避難者がそう聞かれて説明するのはやぶさかでないとしても、そのようなパーソナルな選択を何気ない会話のなかで日々求められる感覚は気楽なものではない。

福島ナンバーから避難者とわかれば質問されるであろうことを、聞かれてもいないうちに自分から話す習慣がついたとの声は、個人化社会において他者に明かさずに済ますこともできる内面や個人情報を、さらけ出すことなくして避難者の存在が承認されえない現状を反映しているといえよう。

## (五) 避難元での夢、避難先での選択――住宅購入をめぐって

原発事故による避難指示区域にあたる双葉郡の町村からの避難者を中心に約二万四〇〇〇人を受け入れてきたいわき市で、二〇一六年九月、市内二地点の基準地価の上昇率が全国の上位一〇地点にランクインしたことが新聞各紙で驚きとともに報じられたことは記憶に新しい。避難生活が長期化するなかで、賠償金を元手にして土地と住宅を購入する避難者の増加を受けて、ここ数年来の上昇傾向ではあったが、中心市域のみならず郊外にまで需要が伸展していることは注目に値する。岩手県や宮城県の住宅地での地価上昇が落ち着いたのに比して特徴的である。このような避難者の土地・住宅取得の趨勢をひとまずどう考えていけばいいのだろうか。

二〇一三年度の住宅・土地統計調査によれば、わが国の持ち家世帯率は六一・六%であり、五年前の前回調査と比べても上昇している(国際的にみても四四位と低いほうではない)。もとより、わが国は四〇年以上も基本的に変わらない持ち家志向なのである。住宅政策もいわゆる「デュアリズム住宅政策」であり、公的賃貸住宅の供給は少なく、民間賃貸部門が主である。民間賃貸は公的部門との市場競争が生じないため物的な水準が低い上に、民間賃貸への支援は乏しく、住宅手当があるのは一部の大企業に限られる。

こうした状況の下で持ち家志向が補強されてきたのであり、空き家問題が深刻化するなかでも、この傾向は大きく変化してはいない。

なかでも持ち家世帯率が上昇するのは三〇代から四〇代である。自主避難、とくに母子避難の主要な動機が子

どもの健康不安であることを考え合わせると、子育て世代である三〇代・四〇代が自主避難をするとき、住宅を購入するか否か、どこにどのようなかたちで取得するかという問題に遅かれ早かれ直面することになる。

むろん今日、大都市圏に移動してきた三〇代において、先行き不透明な経済・労働社会で住宅ローンを抱えることへの不安や、定住志向およびコミュニティへの帰属意識の低下から持ち家志向が衰えをみせているとはいえ、地方から地方への避難者はライフイベントとしての住宅取得を自分たちの人生設計にもとより含めていた層ではないだろうか。

避難元で描いていたそのような「夢」、その実現に向けた蓄財などの日々の営みは、避難先でのどのような「選択」につながっていったのだろうか。「ほんとうは福島で買うつもりだった」けれど、避難先で新築の一戸建てを購入し、周囲の人々はお祝いの言葉をかけてくれたものの、ママ本人は「なぜか、悲しくて空しくて、泣いてしまいました」（二〇一五年三月一一日発行『ぽろろん』第二号）という語りは印象的であり、住宅購入をめぐる一つの典型的な選択例を示している。

鈴木さんの地元＝避難元は福島県いわき市であるが、上述の数字が示すとおりの地価の上昇を実感しているという。「新興住宅地とかは一五〇〇万円くらい値上がりして、四〇〇〇万円以上するような所もあるらしくて。とても手が出ないですよ」と語り、地元の住民が一戸建てを持ちたいと思い描くいわき市内のいくつかの地区では、復興需要に供給が追いつかず、住宅取得の希望者にこうした思いを抱かせていることがわかる。

続けて、「賠償金をもらっている人のなかには、そういう土地や家をキャッシュで買える人もいて、即金ならばそちらを優先しますよね」と話し、十分な賠償金を受けていない人々には機会を奪われているという感覚がある。さらに鈴木さんは「そのあたり、『なぜ同じ被災者なのに』と思う人たちもいて、いわきは軋轢がありますね」「バッシングの落書きとか全国ニュースになりましたものね」と述べ、自らは悪質なバッシングにはコミットしないものの、地元住民がいら立ちを募らせる原因として、賠償金や支援をめぐる格差がある点の認識を示している。

## 二　母子の成長と広がるネットワーク

### (一) ママたちの変化——自覚的な成長

鈴木さんは「鬱になっていたお母さんが『ぽろろん』のライターになったんです。私はそのことだけでも続けた甲斐があったと思っています」と語る。そして、そのお母さんだけでなく、自分もまた成長できたという。「私はPTAに出席するのも、授業参観に出かけるのも億劫なタイプだったんですよ。でも初期被ばくという問題と向き合うなかで、『もう二度とだれの子どもも苦しめたくない』という気持ちなんです」。

続けて、鈴木さんは「動ける人が動けばいいんです」と述べた。自分には人より時間があり、話すことも苦にならないという。また、避難者支援や原発に関する活動の周辺には社会的な影響力があっても気さくな人物が多く、わかりやすく話してくれるので勉強になるし、多くの発見があるという。講演会などにも出かける鈴木さんは「いまはインターネットが便利だから、専門用語だってすぐに調べられるし、そうやって学びながら聞くんです」と意欲的に話す。自分や子どもの将来を左右するかもしれない事柄について、自主避難者としての当事者意識に根ざした知的好奇心にしたがって、つぎつぎ吸収していく姿は成長の一つの範型であるように思われる。

また、『ぽろろん』のデザインが毎号秀逸であることについて、広告代理店での勤務経験があり、市民活動情報センター「ハンズオン！埼玉」の副代表理事である吉田知津子さんの功績であることに言及しながら、鈴木さんは誇らしげである。自分の周囲の女性たちがこれまでに身につけてきた多様なスキルが結集されて、素晴らしいでき映えの『ぽろろん』が発行されること、それが自主避難者に対するメッセージの発信力と説得力につながっていることへの自負が垣間みえる。

それは鈴木さんに限らず、自分のスキルに社会的文脈が与えられて、役に立つという感覚はえがたいものであり、自らの成長を自覚することができるだろう。

## (二) 子どもの四年間——親を映す鏡

二〇一五年三月一一日発行の『ぽろろん』第二号では、子どもの柔軟さ、たくましさに気づきを促され、励まされるママたちの声が特集されている。

まず、「この場所での楽しみをみつけることを教わり、楽しく生活しようとがんばるようになりました」との声からは、子どもは楽しむために場に溶け込もうとするのに対して、親は溶け込むことが自己目的化しており、避難先になじむことがただのストレスになっていたことへの反省がみてとれる。他方で、「祖父母との別れのとき」「一人涙をこらえる姿が胸を熱くさせます」との語りには、母である自分の選択が子どもに負荷をかけているのではないかという一抹の思いと、自分についてきた子どもが家族の大切さを知り、強くなっていくことで、母子避難が肯定されたような救われた気持ちが反映されている。

ほかにも、「訛りもなく完全に都会っ子」になった自分の娘をみて、「こだわっているのは親だけかもしれません」という語りからは、自分自身が持っている福島へのこだわりがつまらない執着なのか、意味のある思い入れなのかを改めて見極めようとする母のようすが伝わってくる。鈴木さんは、親が笑顔になれば子どもも笑顔になり、親が不安定であると子どもも夜驚症になりやすいという話をしながら、子は親を映すものであると述べた。

ところで鈴木さん自身は、「ピンチはチャンス」という自らの常套句[2]について、娘が心の不安を晴らす言葉であると書いた作文をSNS上で紹介している。自分を鼓舞してきた言葉が娘を励まし、かつ現実になりつつあることの感慨を語っている。これらをふまえると、今後の自主避難者支援の指針となるメッセージとして、鈴木さんが即座に「『子は宝』だからこそ『親も宝』」を挙げたことも首肯できる。

## (三) 学習支援――子どもらしい成長への願い

「ここカフェ@川越」では、不定期ながら、立教大学コミュニティ福祉学部の原田峻助教のゼミナール学生が中心となって、母子避難してきた子どもたちに対して、保育のかたわら学習指導をする機会をもうけてきた。原田氏は避難者支援に関する論考において「生活に密着したニーズであるほど、どこまで『避難者支援』として支援していいのか、避難者ではない同様の境遇の人々に支援していないことが逆の差別を生んでいるのではないか」という問いを投げかけている（西城戸誠・原田峻「埼玉県における県外避難者とその支援の現状と課題」『人間環境論集』一五（二）、二〇一四）。アクティブ・リサーチャーの慎重な自己点検である。

この指摘を学習支援に当てはめるならば、新しい学校や地域の環境に適応することのほうに注力しがちな避難者の児童生徒は、教科の学習には集中しがたい状況にあり、学習支援が必要であると考えられる。それでは、これと同様の境遇の児童生徒への支援は行われているのだろうか。もしも十分に支援されていないとすれば、支援が「差別」を生んでいるケースということになるだろう。

しかし、学習に集中しがたい境遇にある子どもの典型例として、貧困家庭の児童生徒が挙げられることを考えると、少なくとも埼玉県やさいたま市に関する限り、生活保護世帯の学習支援事業をＮＰＯなどに委託して行っており、相応の支援がなされている。その点で原田氏と学生たちが交流の場で児童に勉強を教えることは、何ら教育上の差別を生じるものではなく、避難者の子どもたちにとって、若者が自分たちにケアのまなざしを向けていることを実感できる有意義な支援活動として評価できるのではないか。勉強に集中できる環境を取り戻すことも、子どもたちにおける復興のかたちなのではあるまいか。

## (四) 社会問題に見開かれる目――全方位的な関心

鈴木さんは自らについて、「世の中のことにあまり関心がない、普通の主婦だった。こんなふうにいろいろな活動をするとは想像もしなかった」と話す。かつての鈴木さんは、どんな社会問題に対しても、自分とのかかわりを考えてみることすらせずに、だれかがなんとかしてくれると楽観視していたという。それが一変して、現在の関心領域は多岐にわたっており、自主避難者の支援からTPP反対にいたるまで当事者意識を持ってコミットしている。

「ここカフェ@川越」交流会と『ぽろろん』発行以外でいくつか列挙してみよう。

- 自主避難者の住宅支援と生活支援を求める署名活動と川越市長への要望（「原発避難者と歩む@川越」）
- いわき市に住民票がある避難者に不在者投票の手続きに関する情報提供（いわき市議との連携）
- 川越市子育てガイドマップ『こえどちゃん』「減災のススメ――今できること」の作成協力（「NPO川越子育てネットワーク」との連携）
- 公共事業における汚染土の再利用に反対する環境活動（啓発）
- TPP反対活動（啓発）
- 自主避難者への支援を訴えるロビー活動（埼玉県議会議員に）
- 「だれの子どももころさせない」を合言葉に安保関連法の廃止を求める活動（「安保関連法に反対するママの会@埼玉」）
- 熊本地震の被災者に対する物資の支援（「ママの会@埼玉」メンバー経由）など

こうしてみる限りでも、自主避難者の支援や原発問題への取り組みを起点としながら、〈母が子どもを守りたいという思い〉は肯定・擁護されるべきとの信念がいわば通奏低音となって、少しずつメンバーや理念が違う活動主体とのネットワークが広がりをみせていることがわかる。また、住宅支援の継続といった喫緊の課題には、ロビー活動など実効的な手法が採られていることも注目されよう。

他方で、鈴木さんは「ここカフェ@川越」や『ぽろろん』などの自らが関与する活動の関係者を、上述のような安保関連の活動に引き入れることは特段考えていない。「家庭でご主人と子どもの帰りを待ちたい、そういう幸せを大事にする人もいますから」と語り、個々の価値観や得手不得手の違いを尊重する姿勢を示している。

## (五) 市民活動と政治活動――さいたま市サポセン問題

鈴木さんの避難先は川越市であるが、「ぽろろんカフェ」の活動圏域は埼玉県内の各地に広がっており、県内の基礎自治体において、市民活動を促進する環境づくりや支援体制がどの程度整えられているかは大きな関心事である。鈴木さんがここカフェ交流会の開催地としてさいたま市と接点を持つようになったのは、さいたま市市民活動サポートセンターの直営化をめぐる問題が浮上してきた時期と重なる。

さいたま市市民活動サポートセンター(以下、「サポセン」)は現在、行政による直営になっている。これまでさいたま市のサポセンは、二〇〇七年一〇月の開設以来、さいたま市市民活動サポートセンター条例第一八条が定める、行政と指定管理者の協働による管理運営、いわゆる「さいたま市型協働管理運営」を行ってきた。この方式は第三者機関からも高い評価を得ており、多くの視察を受け入れてきたモデルケースであった。これが二〇一五年、サポセン事業の第三期の指定管理者を新たに選定する時期にいたって、さいたま市議会の決算・評価特別委員会の場において、自民党の市議からいくつかのサポセン登録団体が政治活動を行っているとの発言があり、適切な管理運営を求める動きへと発展した。いわく安保法や原発を主題化して特定政党の批判を繰り返す団体は、

「さいたま市市民活動及び協働の推進条例」(第二条二項)において市民活動から除外する活動とされている「政治上の主義を推進し、支持し、又はこれに反対することを目的とする活動」に該当し、そうした団体が優遇される管理運営のあり方は不適切であるとの主張であった。

上述の動きは最終的に、指定管理者による管理の基準ほか必要な事項を定めるまで協働管理方式を適用しない旨を盛り込んだ条例改正案が、同年一〇月一六日の本会議にて可決されるという事態となった。その後、当時の指定管理団体であったさいたまNPOセンターの抗議・撤回要求や各地の市民団体からの批判の声は奏功せず、予定どおり二〇一六年四月から行政の直営に切り替わったという次第である。

鈴木さんはさいたま市における一連のサポセン問題を批判的にみている。「安保関連法に反対するママの会@埼玉」の活動にもコミットしており、もとより原発避難者が交流する場と機会づくりに取り組んでいる鈴木さんは、かつて自民党の市議が批判の槍玉に挙げた安保法と原発に関連した活動を展開している。それらを政治活動と位置づけたさいたま市に違和感を抱いているものと考えられる。(3)

加えて二〇一五年一〇月当時、第三期の指定管理者の選考過程が事業計画に関する提案的なプレゼンテーション段階まで進んでいながら、件の条例改正によって「さいたま市型協働管理運営」による事業継続が途切れたことに関連して、鈴木さんは知人が職員として継続して働けなくなった状況について語る。「(知人も)こういうことがなければ、ずっと続けて働けるものと思って生活の設計をしていたわけでしょ。それがくるってきてしまう。気の毒ですよ」。鈴木さんにとって、自治体の決定に翻弄され、生活上の命脈を絶たれるという経験は他人事ではなく、そうした経験の当事者が生まれてしまったことに、市民活動の自由が保たれるかという問題と同じくらい心を痛めていることがわかる。

もしも活動圏域が川越市に限定されていたならば、鈴木さん(らの活動)は自分たちの被災と避難の当事者性から発する切実な活動が、市民活動と政治活動の区別立てに関する問題に絡み取られる可能性を持つことに、いまだ対峙せずにいたかもしれない。また、活動成果の多寡が社会的に規定される以前に、活動自体を統制される局面があることを知らずにいたかもしれない。そう考えると、鈴木さんたちがさいたま市のサポセン問題をめぐる苦悩を共有するにいたったのは、避難者支援のネットワーク拡大がもたらした容易にはのみ下せない帰結ということができるだろう。

## 三　避難者であることからの避難

### （一）笑いとともにある語り——深く伝えるために

鈴木さんは埼玉県内各地での避難者の交流会といった機会のほか、外部講師として被災体験や避難生活について話したり、自主／母子避難者が抱える問題への理解と問題解決に向けた連帯を促したりといった〈語り、伝える〉活動をしている。さらには、被災当事者だからわかる経験談をまじえて、防災に関する啓発も行っており、その内容はじつに多岐にわたっている。

多様な聞き手を対象として、多様なテーマをあつかいながら、共通のプラットフォームを築いていこうとするとき、鈴木さんはより正確に、そして深く〈語り、伝える〉ことを追求するようになった。「（被災や避難のことは）明るく話すことが大切だと思っています。ずっと真剣なトーンで話すだけでは、意外と聞く人の心に残らないんですよ。明るく話しながら、数字をまじえて話すと深刻さが伝わる」と鈴木さんは述べる。この語りからは、被災や避難を経験していない人々にとって自らの経験は容易に共有できない深刻なものであり、それを無理強いしても伝わらないので、工夫すべきは語り手のほうであるとの考えがみてとれる。また、事実に基づかない感情的な反応に対峙してきた者として、数字に語らせるというスタイルが身についたのではないか。

その一方、「減災の話とか、役に立つことを取り入れて話すとよく聞いてくれます」とも述べる。参加者は何か自分の日常生活に生かせるような知識やノウハウを持ち帰りたいと思っており、そうしたニーズに応えることも疎かにしない態度がみてとれる。このことに関連して、避難者の交流会では「フードバンクを使ってラーメンやクッキー類を配ると喜ばれますね」とも話す。いずれもサービス精神ゆたかなニーズ対応には違いないが、役に立つ話を聞いて帰りたいというニーズに応えることと、食べ物をお土産に持たせて喜ばせることのあいだに、どのような共通性を見出すことができるだろうか。

これには交流の場や機会に対する鈴木さんたちの思いが反映されているものと考える。避難者の交流会で、避難者はつねに対話だけに集中しなければならないわけではないし、毎回つらい打ち明け話をする必要もない。みんなで川越まつりを見て歩くだけでも十分であるし、食べ物をもらって得した気分で帰るだけでも構わないのである。避難者は四六時中、避難者として過ごさなければいけないわけではない。たとえば、落ち着いた生活を取り戻すという目的は重要であるが、お金・時間・労力・感情といった資源をそうした目的のためにすべて動員することが求められる環境は、少なからず抑圧的である。(4)

その意味では、〈避難者は各人が思い描く復興の実現に向けて専心すべし〉という避難者役割を新たに取得するなかで、過剰な役割期待を感じて疲弊しており、他方で特定の社会的役割から免除される過程で、実際には役割の不履行を許容されているにすぎないのではないかと考えて恐縮しきりなのではないか。復興という目的の達成に対して適合的な手段を選択し続け、一切の無駄を省いて暮らす〈目的論的な日常〉を少し離れて、相対化する契機となる〈小休止〉としての意義が一連の活動にはあると考える。そのことは居場所づくりと情報交換という第一義のねらいにも、寄り添うものである。

## (二) 同情より共生

このように、「『避難状態』からも『避難』したい、という気持ち」(『ぽろろん』第二号)を自主避難者が後ろめたく感じることのないように肯定し、問題状況に対峙することだけではなく、ときには〈避難者であることから避難〉する思考の経路を開いておくことも、鈴木さんたちは考えている。

活動の展望についてたずねると、鈴木さんは「埼玉の地元のみなさんとの共生が今後の課題ですね。同情でなく、共生」と話す。ここでの「共生」は「同情」に対置されており、「同情」という語が〈情けをかける側〉の地元住民と〈情けをかけられる側〉の自主避難者という不均衡な関係をさすとき、その「同情」的な関係から脱却することから「共生」は始まる。ただ、「『大変だったね〜』と言ってくれてとても心強かった」、「『私も東北出身よ！』と言ってくれてほっとしました」(『ぽろろん』第三号)と語る母子避難ママがいるように、「同情」と表現される関係には、より共感的にお互いを労う関係も含まれており、人の思いやりにふれることのできる〈配慮の共同体〉であり、すぐにでも脱却していくべき居心地の悪い関係というわけではない。それではなぜ「共生」という新たな段階への移行をめざすのだろうか。

自主避難者はそのような〈配慮の共同体〉の輪の中に入る際に、〈避難者であること〉を必要とした側面があり、ただの移住者ではないことをわかってほしいという思いを抱いてきたわけであるが、鈴木さんは「忘れてほしくはないが、いつまでも被災者じゃ可哀相なだけ」とも語る。特定の他者を可哀相だと憐れむことは、恵まれた/守られた自分たちと可哀相な避難者たちといった彼此の区別立てに基づいている。連帯から分節化された諸個人が棲み分けを行って、お互いに無関心であるがゆえに干渉せず、生命と財産、自由と権利を侵さないことが唯一の法や規範であるような社会では、〈共存〉はなしえても〈共生〉はなしえないであろう。

鈴木さんは自主避難者が「負のスパイラルを断ち切る、明るく生きていける、そういう希望」を持てるようになることを望んでいる。希望の格差は、生きるに値する人生か否かをめぐる価値意識を規定し、自己の存在論的な安心を調達できるか否かを左右し、自己効力感の差異を生じさせるからである。それが社会参加への動機づけやアクセス、リテラシーにも影響してくる。もとより共生社会は、社会の成員が等しく社会参加する場や機会が担保され、実際にも諸個人がそれを行使する能力を持ちえている社会である。自主避難者が希望を持つことが、〈共生〉の第一歩というわけである。

その次の段階として、いかなるイッシューを社会参加のアリーナとして設定するかという問題が控えている。避難者に限定されない「共生」社会の実現のために、鈴木さんは原発と安全保障をアリーナに設定し、活動を並行的に展開している。

## むすびにかえて

自主／母子避難者は、強制避難者との対比のもとで避難元と避難先の双方から差し向けられる否定的なまなざしと対峙しながら、個々の生活課題を克服すべく、当事者同士あるいは支援者とのあいだで対話的な交流を重ねてきた。本稿では、そのような交流の場や機会において、当事者たちが〈状況に強いられた避難〉について何をどう語ってきたのかに注目して、母子避難者による市民的な活動の展開と〈経験の語り〉に検討を加えてきた。母子避難者は、主として子どもの健康被害への不安にかられて行動を起こし、避難生活を続けるなかで、自主避難という選択の正当性を説得的に語ることや自主避難者と転勤族などの移住者を弁別すること、さらには車のナンバー変更や住民票の異動、住宅の取得といった自分の選択を説明することの必要にかられて苦悩してきた。そして避難者は対話的な交流を通して、そうした悩みを共有し、お互いの〈経験の語り〉を参照しながら、自己と他者に対して説得的な論理を模索してきた。

避難者にとってそのような説得的な論理を獲得していくことは、自分自身の存在意義と自分の選択への確信を高め、成長を実感させてくれる。また、それが社会制度や日常的な生活環境を変える力となりえることを自覚するとき、避難者の関心は広範な社会事象へと開かれていった。関心領域の広がりは多様なアクターとの出会いを促進するという意味で、派生的なネットワークの起点をなすものである。

母子避難ママたちが、いまなお不安と苦悩にみちた自主避難の経験から「共生社会」を展望するとき、社会への異議申し立てにはとどまらない、新たな共同の価値創出へと進んでいくことを筆者は期待してやまない。

**注**

(1) 夫婦で別居を続けることの苦しみは子育ての不安と夫の健康不安と関連している(原田峻・西城戸誠、二〇一五、「東日本大震災・福島原発事故から五年目を迎えた県外避難の現状と課題――埼玉県における自治体・避難者調査の知見から」『立教大学コミュニティ福祉研究所紀要』(三))

(2) 自主避難の成功要因にはネガティブな事柄も冷静に受け止める親の態度が挙げられる(紺野祐・佐藤修司、二〇一四、「東日本大震災および原発事故による福島県外への避難の実態(一)――母子避難者へのインタビュー調査を中心に」『秋田大学教育文化学部研究紀要(教育科学)』六九)

(3) 多様な避難者支援活動相互のガバナンスを促進し、疎外しないような自治体のガバメントこそ被災時には不可欠である(西城戸誠・原田峻、二〇一三、「東日本大震災による県外避難者に対する自治体対応と支援――埼玉県の自治体を事例として」『人間環境論集』一四(一))

(4) 被ばくから逃げても、避難生活そのものが命を削ってしまう事態は回避せねばなるまい(山根純佳、二〇一三、「原発事故による『母子避難』問題とその支援――山形県における避難者調査のデータから」『山形大学人文学部研究年報』一〇)

# 復興への燭光——会津会と「會空」をめぐる人びと

吉原直樹

## はじめに

「国策で始まった原発。そして事業者の東電。誰も責任を取らない。故郷を追われ、帰るところもない。住む家もない。先がまったく見えない。そうしたなかで、不都合な事実にほおかぶりしたまま中間貯蔵施設をつくろうとしている。この無念さ、なぜこのような思いをしなければならないのか。私たちだけが犠牲になっている」

会津若松市の借り上げ住宅に住む、大熊町の原発事故被災者Aの言葉である。そこには被災者の出口のない窮状が記されている。そして被災者自身の内なる失望と諦念が浮かびあがってくる。そうした被災者のあいだから、自ら社会的なつながりを絶ってしまう者があらわれている。だが他方で、絶望の淵に追いやられている被災者をつなげようとする動きが、当事者の中から「外部の世界」とのつながりを介して立ちあらわれている。この二つの相反する動きは、一方で被災者の生活の困難性を示すとともに、他方で復興につながる希望の燭光を宿すものとなっている。ここでは、前者の困難性を念頭におきながら、復興へのささやかな希望をつくりだしている被災者の姿を、女性たちが担い手となっている二つの事例を通して浮き彫りにする。

考えてみれば、復興は3・11直後からいわれている。しかし声高に叫ばれれば叫ばれるほど、被災者の現実を〈素通りする〉というのが実状であった。集中復興期間から復興・創生期間への移行がいわれる今日ではあるが、何も変わっていない。むしろいっそう〈素通りする〉傾向が強まっているようにみえる。すでに報じられているように、二〇一七年春を境に、避難指示区域の解除とともに被災者に支給されてきた損害・賠償金が打ち切られることになっている。そして被災者への帰還圧力が強まっている。[1]「帰れない人、帰らない人」は、いったいどうなるのであろうか。

そうしたなかで、焦らない、急いで決めない、むしろ緩やかにむすびつきながら希望を語り合う、いわば等身大の復興を考える女性たちがあらわれている。政府サイドから降りてくる復興計画にどこか違和感を抱きながら、それに表立って反対はしない。そうしたスタンスは、先を行く女性たち、たとえば「大熊町の明日を考える女性の会」のメンバーなどからすれば、どこか歯がゆい。「上にからめとられているだけだ」（K）という指摘もある。だが、かの女たちは、性急に「決められないこと」を何よりも大切にしながら、自分たちの活動を積み上げていくことで等身大の復興につなげようとしている。ここでは、大熊町の被災者のあいだでみられる二つの事例に照準を合わせながら、そうした動きのもつ意味を考えてみることにする。

ただその前に、事例への座を確保するために、ポスト3・11のかなり早い時期に著された、ある冊子に目を通しておこう。

# 一　復興に向き合うこと

ここで取り上げるのは、大沢真理らが編んだ『復興を取り戻す――発信する東北の女たち』という冊子である（萩原ほか編　二〇一三）。この冊子では、復興に向き合う女性たちの姿がきわめて多面的かつ能動的に描かれている。対象に据えられるのは「弱者」としての女性ではない。編者の大沢は、「弱者」ではないそうした女性を、「家族や地域の支え手として被災し、ケアの担い手であるがゆえに避難にも難渋し、避難所でも仮設住宅でも日々の暮らしを支え、地域や産業の回復を支える主体」（大沢　二〇一三：一－二）として位置づけている。しかし復興計画の現場に立ってみると、インフラ整備も重要だが、何よりもまず「暮らしやすいまちを新たにつくる」担い手となるような主体が必要となる（高橋　二〇一三：一七－一八）。同時に、そうした主体は、決して急がない。「歩き出すことによって新しいものと出会える」と思っている人たちである（同上：一九）。

東北は全体としてみれば、ＮＰＯ活動が活発な地域ではない（西山　二〇一三）。むしろ「日常を日常として維持し、協働をつなげる『結』（盛合　二〇一三：七二）のようなものが女性たちのつながりの基盤となっているような地域である。したがって女性たちの活動といっても、「『縁の下』の仕事をやって当然」（同上）という捉え方が支配的になりがちである。こうしたところでは、大沢らが期待する上述のような主体像は、女性たちの具体的な生活場面での営みと経験の積み重ねに即して再構成する／組み直す必要がある。

そうした点で、伊藤恵子が描出する、「背中を押されたら受ける」、そして「つなぎ人」になるような女性たちの活動がよりリアリティがあるといえる。伊藤の言述になぞらえていうと、後ろ（昔）に戻るのではなくて前に進む、しかし決して急がず、異空間の人たちと緩やかにつながって歩いていく、そういう女性たちが主役になるのである（伊藤 二〇一三：八七）。そこで作られていくネットワークは、内に閉じられているようにみえて、実は外に開かれている。

大沢は、政府が主導する復興は「復興の主体であるはずの……女性の意向やニーズをしばしば軽視し、時には逆行するかのようである」として、「これにたいして……異議を申し立て、復興を自らの手に取り戻そうと訴える」女性たちの動きに賛同を寄せる（大沢 二〇一三：二）。しかし大沢がいう異議申し立てや訴えは、女性たちの活動ではそれほど明示的に立ちあらわれているわけではない。高橋源一郎がいみじくも指摘しているように、五年を過ぎてもなお「深い混乱と絶望の中で身動きできなくなったままの被災者が多い」（高橋 二〇一五：六五）。だからこそ、被災地生活を自然体で、すなわち大きな力に立ち向かうこともなければ、上から強制されることもなく、自分たちの裁量で生き抜き、他者と交わりながら「震災の混乱から気持ちを持ち直していく過程」（同上）を作り出すことが重要になってくるのである。

次に取り上げる二つの事例は、まさにこうした過程をはぐくんでいる。そして、そうした過程から立ち上がってくる小さな希望が復興への燭光を放っているのである。そこでまず相馬野馬追の流れ山踊りに参加する会津会の女性たちからみることにしよう。このところ、被災者のなかでもとくに大熊町の被災者の衰微は著しい。かれら／かの女らは日々、棄てられるかもしれないという不安感を抱いて生きている。上記の会津会の女性たちはこうした不安感にどのように向き合い、復興の糸をたぐり寄せているのであろうか。(2)

# 二　流れ山踊りと会津会

## （一）相馬野馬追と流れ山踊り

相馬野馬追は、毎年七月二三日から二五日にかけて、相馬太田神社、相馬中村神社、相馬小高神社の例大祭にあわせて、旧相馬藩領下の相馬市や南相馬市等を中心として南相馬市原町区の雲雀ヶ原《ひばりがはら》祭場において開催される。相馬野馬追は一千有余年の伝統を持つとされ、その起源は相馬氏の遠祖とされる平将門が下総国小金原（現在の千葉県北西部にあたる）で行った妙見の神事――野馬を放ち、敵とみなして、これを捕えて妙見の神馬に奉納すること――にさかのぼるといわれている。しかし現在の野馬追いの直接の起源は、六代当主相馬重胤の代に居城を小高城に移し、雲雀ヶ原を中心とする相馬の牧に馬を放ち、上げ野馬の神事を行ったことによるとされる。そして今日のように大規模な祭礼行事になるのは、元禄時代相馬昌胤の頃であるといわれている（山口　一九七三）。

ところで今日、相馬野馬追祭は、次のような日程と行事からなる（二〇一六年開催のもの）[3]。

七月二三日（土）出陣・宵乗り――〔一〕出陣儀式、〔二〕本陣到着、〔三〕馬場潔の式、〔四〕宵乗り競馬、〔五〕軍者会

二四日（日）野馬追本祭――〔一〕相馬妙見三社御神輿礼螺奉納、〔二〕勢揃い、〔三〕お行列開始、〔四〕お行列終了、〔五〕式典執行（㈠騎馬隊整列、㈡開式挨拶、㈢礼螺、㈣祝詞、㈤執行委員長挨拶、㈥総大将訓辞、㈦相馬流れ山斉唱、㈧閉式挨拶）、〔六〕相馬流れ山踊り伝承公開、〔七〕甲冑争奪戦、〔八〕神旗争奪戦、〔九〕火の祭

二五日（月）野馬懸――〔一〕揃い（相馬小高神社）、〔二〕御水取りの儀、〔三〕相馬民謡・踊り奉納、

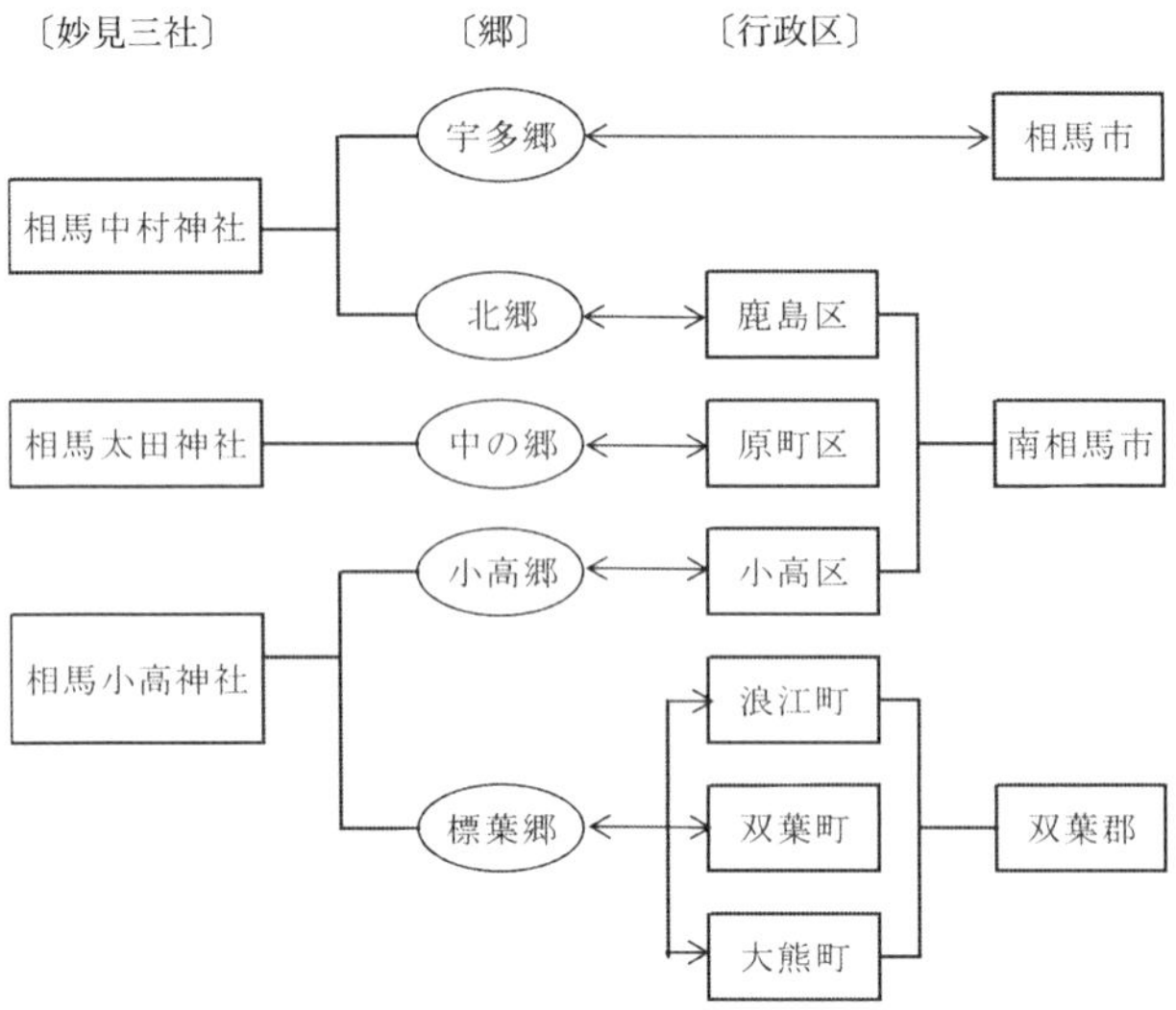


**図1　妙見三社と郷**

〔四〕野馬の追い込み、〔五〕御神馬の献納、〔六〕捕獲野馬のおせり、〔七〕例大祭式典

相馬野馬追は、旧奥州中村藩の領地の区割りである郷と妙見三社のかかわりが基軸をなしている。すなわち、相馬市の宇多郷と南相馬市鹿島区の北郷の騎馬武者が相馬中村神社の神輿に、南相馬市原町区と飯舘村の騎馬で構成する中ノ郷は相馬太田神社の神輿に、そして南相馬市小高区の小高郷と浪江町、双葉町、大熊町からなる標葉郷の騎馬武者が相馬小高神社の神輿にそれぞれ供奉して出陣することから、相馬野馬追は始まる。ちなみに、本稿で取り上げる流れ山踊りは、二四日の野馬追本祭〔六〕に即して行われるが、それは五つの郷による七年ごとの輪番となっている。ただし、標葉郷については、二〇一五年は浪江町、二〇一六年は双葉町と大熊町が合同で行ったので、実質的には六年に一回担当するということになっている（**図1**参照）。

**写真１　流れ山踊りの稽古**

出典：『広報おおくま』527（2016年6月）より引用

## （二）会津会と流れ山踊り

さて、相馬野馬追の本祭の流れ山踊りは、二〇一六年は双葉町と大熊町の番となった。そして保存会が主体となって対応することになった。会津会のリーダーであるYによると、「保存会自体は昔からあったが、高齢化のため震災の一年前に踊り手がいなくなった」という。そこで急遽、大熊町女性団体協議会（町商工会女性部会、町婦人会、農協女性部、磐青の会、女性防火クラブ等）に踊り手を確保するよう依頼した。ところがこの動きがいわき地区主導で進んだために、会津会もかかわろうということで、Yが中心になって流れ山踊りに加わることになった。最終的には、双葉町と大熊町でそれぞれ八〇人の踊り手を出すことになった。

しかし手をあげたものの、ほとんどのものが流れ山踊りを知らない。一からの稽古が始まった。幸い、震災前に大熊町で日本舞踊を教えていたTが、夫の転勤とともに会津若松市に移住してきたのを契機に、会津会のメンバーにたいして作法と着付けから始まって踊りの細部にわたって指導するようになった（**写真1**参照）。ちなみに、

表1　流れ山踊りの練習場所と練習日（2016年4月～7月）

| 練習場所 | 練習日 |
|---|---|
| いわき出張所 | 4月16日(10)* |
| ゆっくりすっぺ | 4月27日(10)　5月11日(8)　5月13日(8)　5月18日(8)　5月20日(8)　5月25日(6)　5月27日(9)　6月1日(8)　6月3日(8)　6月8日(8)　6月10日(8)　6月15日(8)　6月17日(8)　6月22日(8)　6月24日(8) |
| 小学校体育館 | 4月30日(10)　5月15日(6)　5月22日(10)　5月29日(9)　6月5日(10)　6月11日(8)　6月26日(12)** |
| いわき植田小学校 | 7月3日(10)***　7月10日(12)***　7月18日(12)*** |

注1：表中、練習場所の「ゆっくりすっぺ」は大熊町民サロンのことであり、小学校体育館は河東にある大熊町小学校体育館のことである。
2：練習日の * は初顔合わせ、** は大熊町全体練習、*** は双葉町との合同練習を示している。
3：練習日の（　）内は参加人員を示している。

Tは、メンバーが「なかなか先が見えないけど今を大切に生きていきたい。新しいことに挑戦するのが今は楽しい」と稽古に励んでいる姿に目を瞠っている（『ふれあいニュースレター』64）。

稽古自体は、**表1**にみられるように、四月一六日の初顔合わせを皮切りにかなり頻繁に行われている。そして大熊町民サロンであり、会津会の活動拠点である「ゆっくりすっぺ」と大熊町小学校体育館が実質的な稽古会場となっている。前掲のYによると、前者で踊りの基本を習得し、後者で実践に向けての踊りの習熟が可能になったという。実際には、謡いにあわせて踊ることの困難さと、踊りの習得／習熟における個人差ゆえに稽古は必ずしも順調に進んだわけではないが、七月には双葉町との合同稽古ができるまでになり、七月二四日の本祭にこぎつけることができた。

ところで、流れ山踊りに参加したメンバーには、いわゆる「若い人」はいない。Yによると、メンバーのあいだで娘に伝えようという動きがみられたという。とはいえ、Yがそれ以上に注目するのは、会津会として「困難な状況にある大熊町に積極的にかかわっていきたいという気持ち」が漲っていたという点である。だがこの点に言及する前に、さしあたり、踊りに加わったメンバーが参加そのものをどのようにみているのかを検討しておきたい。**表2**は踊りに加わったメンバーにたいして稽古場所で質問紙形式で聴いた（七月一

表２　踊りへの参加態様

| 参加者番号 | 属性 | | | 参加のきっかけ | | | | | | | 参加してよかった点 | | | | | | 大熊町の復興への影響 | | |
|---|---|---|---|---|---|---|---|---|---|---|---|---|---|---|---|---|---|---|---|
| | 年齢 | 住居形式 | 家族構成 | 友人・知人に誘われて | 家族にすすめられて | 広報等で参加募集を見て | 自治会やサークルの活動を通して | 以前から参加したかった | 踊り方を学びたかった | その他 | 踊れるようになった | 伝統芸能に触れることができた | 地域との結びつきが実感できた | 充実感や生きがいを覚えた | いろいろな人と知り合えた | その他 | 役立つ | あまり役立たない | どちらともいえない |
| ① | 68 | 自 | 夫婦 | ○ | | | ○ | | | | ○ | ○ | ○ | ○ | ○ | | ○ | | |
| ② | 63 | 自 | 夫婦 | ○ | | | ○ | | ○ | | ○ | ○ | | ○ | | | ○ | | |
| ③ | 63 | 借 | 夫婦 | ○ | | | ○ | | | | ○ | | ○ | | | | ○ | | |
| ④ | 67 | 借 | 夫婦 | ○ | | | | | | | ○ | | ○ | ○ | | | ○ | | |
| ⑤ | 63 | 借 | 夫婦 | ○ | | ○ | ○ | | | | ○ | ○ | ○ | | | | ○ | | |
| ⑥ | 52 | 借 | 単身 | ○ | ○ | ○ | ○ | ○ | ○ | | ○ | ○ | ○ | | ○ | | ○ | | |
| ⑦ | 65 | 借 | 夫婦 | | | | ○ | | | | ○ | ○ | ○ | | | | ○ | | |
| ⑧ | 62 | 公営 | 夫婦・子 | ○ | | | | | | | ○ | ○ | | | | | ○ | | |
| ⑨ | 65 | 自 | その他 | ○ | | | | | | | ○ | | | | ○ | | ○ | | |
| ⑩ | 68 | 自 | 夫婦 | ○ | | | ○ | | | | ○ | | ○ | | ○ | | ○ | | |
| ⑪ | 66 | 借 | 単身 | ○ | | | | | | | ○ | | | | ○ | | | | ○ |
| ⑫ | 63 | 借 | 夫婦 | ○ | | | ○ | | ○ | | ○ | | | ○ | | | ○ | | |
| ⑬ | 61 | 借 | 夫婦・子 | ○ | | | ○ | | | | ○ | | ○ | | | | ○ | | |

注１：表中、住居形式の「自」は自宅、「借」は借り上げ住宅（見なし仮設住宅）、「公営」は復興公営住宅のことである。
２：表中、家族構成の「夫婦・子」は夫婦と子どものことである。また、「その他」と表示されているのは具体的には義父、夫婦、息子夫婦、孫である。

八日実施）内容をカテゴライズしたものであるが、同表によると、「参加のきっかけ」として断トツに多いのは「友人・知人に誘われて」（⑦を除いて全員）と「自治会やサークルの活動を通して」（①②③⑤⑥⑦⑩⑫⑬）である。次に「参加してよかった点」では、全員が「踊れるようになった」ことをあげ、さらに六割強のもの（①③④⑤⑥⑦⑩⑬）が「地域との結びつきが実感できた」ことをあげている。「大熊町の復興への影響」にいたっては、⑪を除いた全員が「役立つ」と答えている。こうしてみると、参加者にとって、自治会としての会津会およびその内外で活動しているサークルや友人・知人のネットワークの存在がきわめて大きいといえる。同時に、稽古をささえていたものが、ある種の自己実現とともに、間接的ではあるにせよ、大熊町の復興にかかわっている／役立っているという意識であることは明らかである。いみじくも、参加者の間から次のような声があがっている。

「稽古を通して、伝統芸能が自分のものになるとかやれば覚えられると思うようになったのは大きいが、やはり何といっても、ふだんあまりおつきあいのない人たちと交わることによって、自分たちは良くも悪くも大熊の人間だなと感じるようになったことが一番です」（③）

「家に一人でいるとこれからどうしようと考えるばかりで気が沈みがちになりますが、流れ山の歌にあわせながら踊りの稽古をしていると、自然に大熊のことを思い出すんですね。そして稽古の後で、これから大熊はどうなるのだろう、こうすればいいのにね、などと話し合いました」（⑩）

いうまでもなく、参加者の間で踊りの稽古を通してみられる、こうした大熊町へのある種の〈帰属〉意識[4]には、参加者が日常的にかかわっている会津会のありようが深い影を落としている。

## (三) 会津会とY

そこであらためて注目されるのが、会津会の存在態様に加えて、そこにおいて中心的な役割を担っているYのことである。もっとも、会津会自体については、すでに拙著（吉原　二〇一六）で詳述しているので、ここでは最小限の記述にとどめる。その組織的特徴としてまず指摘されるのは、会津会が入居者のほぼ全員が半自動的に加入している／半強制的に割り与えられている仮設住宅の自治会[5]とは異なって、借り上げ住宅（みなし仮設住宅）の入居者の任意加入によって成り立っていることである。しかも入居者は「元あるコミュニティ」、すなわち特定の行政区に基づかない人びと、上田紀行の言葉を援用するなら、「最初から『地域』という条件で束ねられたコミュニティ」（上田二〇〇五：一七〇）に属さない人びとである。もともと、借り上げ住宅への入居にあたっては、入居者の側がそれぞれのライフスタイルに基づいて「選び取っている」という要素が強い。こうした人びとによる会津会の活動においては、「誰かの意見に従うというよりは、皆が自由に議論することが多く、風通しがきわめていい」（吉原二〇一六：七八）ということが大きな特徴となっているのである。

ところで、会津会に寄り集まる人びとは、会津会の活動や行事に自由に参加することによって、「いろいろな人」とか「ふだん会えない人などと会える」ことや「さまざまな情報を入手し共有できる」ことを強調している。つまり「会津会がみなし仮設住宅の入居者にとって、（単なる自治会にとどまらず）ヒト、モノ、コトの凝集点となっている」ことが共通に指摘されている（同上：八六－八七）。ちなみに、会津会は当初借り上げ住宅入居者のみの四〇人から出発したが（二〇一三年五月）、その後借り上げ住宅入居者だけでなく仮設住宅や復興公営住宅の入居者もメンバーになり、いまや六〇人に達している（二〇一六年六月末現在）。こうして会津会は、「小さな活動、ゆるやかな連携」（石本　二〇一四：一三）と外に開かれた組織体制を通して、よりフットワークの軽いネットワークを形成し、被災者を支え続けている。筆者は、こうした会津会をオルデンバーグのいう「サードプレイス」に見立てている。そこでは、「誰でもが好きな時に来て」「関係のない人どうしがかかわりあう」、しかもその場合、「誰かの考えに『無理やりつきあわされる』ことはない」「自分と反りが合わない人びとと折り合いがつけられる」、「そして「集まった人びとのなかから……別のかたちのつきあいが始まる」のである（オルデンバーグ 一九八九＝二〇一三）。見知らぬ者同士が出会う、こうしたサードプレイスが内包するフットワークの軽さが、上述した流れ山踊りの参加者にもみられる。

復興へのささやかな音曲を奏でている流れ山踊りの稽古／参加にとって、いま一つのキー・ファクターとなっているのはYである。ここでYについてその来歴を簡単に記してみる。

一九五〇年、大熊町の夫沢で生まれた。三歳のときに下野上大野（JR大野駅の近く）に転居した。そして原発が爆発するまで五八年間そこに住んだ。県立富岡高校を卒業後、県農地事務所にアルバイトとして三カ月ほど勤務した。この勤務先は坂下ダム建設のために設置されたものであった。この事務所で現在の夫（県職員）と出会った。二〇歳のとき結婚。県事務所を辞めた後、東京電力に正社員として勤務した。そこで六年間勤め、夫が南会津の田島に転勤するのにあわせて転居。夫は最初単身赴任であった。一〇カ月ほど同居したが、子どもが誕生するとともに大熊町に帰った。そして一〇年ほど専業主婦で過ごした後、東京電力に再びパートで勤務するようになった。この勤務は震災の起こる二年前まで続いた。

その間、大熊ではとくにスポーツ関係の活動を行った。もともとバレーをやっていたが、体を壊し、指導する側に回るようになった。そして監督などをやりながら、体育指導員、婦人会、女性防火クラブなどの役職に就き、漸次ネットワークを町内に広げるとともに、いつの間にかネットワークの中心にいるようになった。

さて二〇一一年三月一一日、国が用意したバスで夫、孫二人の四人で避難所（船引高校）に避難した。娘夫婦は役場職員なので役場の方針にしたがって移動した。ここで三泊し、会津若松市の夫の友達の家に移った。三泊したのちに会津美里町のアパートに移動し、三カ月間、過ごした。その後、会津若松市の借り上げ住宅に移り、ここで娘夫婦と合流し、二年間、娘夫婦、孫二人と同居した。その後、夫とともに別のところに移り、今日にいたっている。会津若松市に移ってからは、町の復興計画の委員をつとめ、現在、社会体育審議会の委員をつとめている。

だが、Yにとって何よりも大きいのは、会津会の立ち上げのときからキーパーソンとして活躍し、会津会の活動や行事にかかわってきたことである。今回の流れ山踊りへの参加も、まさにそうしたものの一つとしてある。Yによると、「流れ山踊りに会津会が参加することで大熊町の復興に直接寄与しているとはいえないが、大熊町にかかわっていきたいという気持を抱き続けることで回り回って寄与しているとはいえるかもしれない」という。だがそれも、Yのイニシアティブがあってのことである。ちなみに、Yとともに活動し、今回の踊りに参加しているあるメンバーから、かつて次のような発言を耳にしたことがある（吉原二〇一六：九〇）。

「『楽しければ人は集まり、そのことを通してネットワークが広がる』、そして『そうしたネットワークを介して課題を抱える当事者たちがゆるやかなコミュニティをつくっていく』」[6]

流れ山踊りへの参加によって、こうしたコミュニティが現実のものになるとともに、その先に復興の燭光がみえてきているといえるかもしれない。もっとも復興の燭光ということでいえば、次に取り上げる「會空」も一つの範型をなしている。

## 三 「會空」とオオクマの発信

### (一)「會空」へ/から

ここで取り上げる「會空(あいくー)」は、一言でいうと、大熊町から会津若松市へ避難した女性たちが、避難先で出会った会津木綿に魅せられ、小物づくりをしているユニット/組織のことである。立ち上げたSによると、會空とは「会津から故郷・大熊町まで続く空」/「私たちの帰れない故郷へとつながる空」のことを形象しており、いつかふるさとへ帰ることを願い、会津への感謝を込め、ひと針ひと針思いを込めたものづくりをしているという。まずは會空立ち上げの経緯を記すことにしよう[7]。

きっかけは、事故翌年の二〇一二年、「避難生活の寂しさを紛らわそう」とテディベア作りを始めたことに遡る。Sがいうには、「避難当初、私たちは虚脱感に苛まれ、その日生きることだけで精いっぱいでした」。そんな折、大熊で暮らしていた頃に参加していた手芸サークル仲間と避難先で再会し、「自分らしさを取り戻そう」と一緒に手を動かすようになった。

「なにもすることがない辛さ、虚しさ。『なにかをしなければ』と思っていたところ、地元の若者であるTさん(IIE代表、会津坂下町)と出合い、『伝統工芸の会津木綿を使ってもの作りをしませんか』ともちかけられました。

もともと大熊町では三〇年間ニットを編む仕事をしていて、編み物教室も開いていました。大熊町の社会教育指導員でもあった。華道の先生もやっていた。教え子や知人を集めてTさんの持ってくる内職の仕事を

**写真2　あいくー・しまくーたち**

出典：會空ホームページより

引き受けることにしました」（『きぼう』二〇一五年夏号）

そこで自分たちを受け入れてくれた会津への感謝の気持ちを込め、特産の会津木綿(8)を使った小物づくりを行うようになった。袋物、ブックカバー、コースター、エコバック、スマホケースなど、さまざまなものに挑戦した。オーダーも受け入れることになった。そうこうするうちにメンバーの技術も向上し、単なる小物づくりだけでは物足りなくなった。結局、オリジナルなものづくりをしたいということで、Sを中心に六人で會空を立ち上げた（二〇一二年二月）。「あいくー」で特許も取得した。

會空を立ち上げてからは、大河ドラマ「八重の桜」をモチーフにしたハンサムウーマンの「桜しまくま」をつくった。さらに、大熊町のマスコットキャラクターである「おおちゃん」「くーちゃん」のバッジをモデルにした粘土の人形と型紙を作成し、何とも愛くるしい表情のオリジナルキャラクターである「あいくー」「しまくー」を作った（**写真2**参照）。これ以降、そうした小物に加えて、オーダーメード商品や大手メーカーからの大量受注もあり、徐々にビジネスとして軌道に乗るようになった。

表 3　會空の活動経過

| 年月日 | 活動事項 |
|---|---|
| 2011年 | |
| 10月 | 大熊町サロン「ゆっくりすっぺ」で、県立博物館職員、写真プロジェクト（S）、Tと会う。 |
| 11月 | 「ろくさい」Tさんニットの仕事ほか、内職を依頼される。 |
| 12月15日 | 大熊町の手作り仲間と再会。何かを始めようと結束。 |
| 2012年 | |
| 1月25日 | ハンカチ試作など始める。 |
| 2月17日 | 会津若松市役所商工課Aさんの紹介で「I水道工業所」の一階を賃貸契約する。 |
| 2月20日 | 会津若松市大町1丁目8-26で工房開設。スタッフ4人。 |
| 3月6日 | 支援団体よりミシン3台届く。「ろくさい」からの会津木綿の小物作り始まる。 |
| 3月8日 | 会津木綿で「木綿玉」の試作を商品化。 |
| 6月 | 「あいくー」デザイン試作完成（会津木綿の黒地）。 |
| 7月20日 | 復興六起企業企画コンペティションに参加（福島大学）。できたての「あいくー」ひとつを持って挑む。「會空」復興六起ふるさと企業家と認定される。 |
| 7月23日 | 大原美術館のミュージアムへ「あいくー」を出品。 |
| ～8月 | 「あいくー」の目を動眼からフェルトへ変更。 |
| 9月8日～9日 | 茅ヶ崎高校学園祭訪問。 |
| 10月20日～21日 | 東京新宿のぜんろうさいエールフェスタ2012、パルシステム東京バージョンにて「あいくー」展示即売。 |
| 12月16日 | アルテマイスター「クリスマスの贈り物」しまくまのワークショップを開催。 |
| 12月19日～1月20日 | 東京都美術館ミュージアムショップで「あいくー」展示販売。 |
| 2013年 | |
| 1月16日 | フコク生命でしまくまワークショップを開催。 |
| 1月20日 | 朝日新聞の「一歩」欄に掲載。 |
| 2月20日 | 山田木綿より會空オリジナル「桜しま」30反納品。「坂下ダム桜」のイメージ。大河ドラマ「八重の桜」にあやかり、「桜しまくま」テディベアを作り始める。 |
| 3月11日 | アルテマイスター　「鎮魂祭」にてあいくー「祈り」ワークショップを開催。 |
| 5月3日～4日 | 岩手県土沢町の土沢アート・クラフト祭りに出店。 |
| 7月14日 | 東京国際フォーラムに「あいくー」を出品。 |
| 7月17日 | 「メモリアル・ベア」製作講習会にNPOふんばろうもの作りプロジェクト亘理他2名と参加。 |
| 8月6日 | ㈲会津食のルネッサンスより「桜しまくま」450体注文される。 |
| 8月28日 | アルテマイスター・サマーギフト・ワークショップ開催。 |
| 8月31日 | 福島観光振興戦略課N来訪。「あいくー」をパリに出品することを決定。 |
| 9月 | 『婦人画報』9月号に「あいくー」を掲載。 |
| 9月7日 | 茅ヶ崎高校学園祭訪問。 |
| 9月24日 | 福島観光振興戦略課Nと打ち合わせ。フランス・パリ「メゾン・エ・オブジェ2014」にふくしまマスコットキャラクターとして出品することを決定。250体のあいくーを製作。JALへ200体納品。 |
| 11月10日 | 『Mon mo』錦秋号に「會空」掲載。 |
| 2014年 | |
| 1月 | JAL機内誌『SKYWARD』にあいくー掲載。 |
| 1月22日～29日 | フランス・パリ「メゾン・エ・オブジェ2014」に出品。開催日24～28日。好評を博す。 |
| 3月2日 | 福島観光支援ツアー・JTB郡山支店で講演会開催（26名）。 |

| 年月日 | 活動事項 |
|---|---|
| 3月11日 | アルテマイスター「鎮魂祭」に参列。 |
| 3月29日～30日 | 東京お台場に出店。 |
| 5月3日～4日 | 岩手県花巻市土沢町「アート・クラフト土沢」に出店。 |
| 5月10日 | 立教女学院小学校に、学校犬をモデルにした「バディちゃん」を発送。 |
| 5月28日 | 大熊町産業建設課・「あいくー」大熊町工芸品と認定。 |
| 5月30日 | 立教女学院小学校保護者会の学習会を礼拝堂にて講話。POLA 化粧品よりあいくー 2000 体の注文。9月より 3 月まで月末定期発送。 |
| 7月1日 | ふくしま観光復興支援センター「語り部」講習会を稽古堂で開催。 |
| 7月16日 | ふくしま観光復興支援センターパンフレット作成のため、いわき市塩屋崎灯台での撮影会に参加。 |
| 10月21日 | 「語り部」研修会（郡山ビックアイ）に参加。 |
| 12月1日 | 「語り部」研修会（福島市）に参加。 |
| 12月10日 | 「語り部」研修会（郡山ビックアイ）に参加。 |
| 10月26日 | 東京日本橋福島館のワークショップであいくーバッチを出展。 |
| 11月30日 | アルテマイスター・ワークショップで「冬の贈り物・しまくま」を出展。 |
| 12月 | JAL 機内誌『SKYWARD』にあいくー掲載。あいくーが「JAL とっておきの逸品」に登場。冬バージョン 150 セット、春バージョン 150 セット注文。 |
| 12月25日 | 福島空港ビル（株）ショップで會空商品を常時販売。 |
| 2015年 | |
| 1月27～29日 | 「語り部」現地研修（長崎原爆記念館など）に参加。 |
| 1月29日 | 福島県国際交流課より留学生の訪問 15 名。 |
| 2月18日 | 「語り部」研修（郡山市文化交流館）。 |
| 2月20日 | 特許庁、商標登録認定。「あいくー」とロゴ。株式会社トライ・ポットデザイン中川聰氏と共同。 |
| 3月11日 | アルテマイスター「鎮魂祭」に参列。 |
| 3月20日 | 福島県国際課、留学生「會空」視察訪問。 |
| 4月27日 | POLA 化粧品・JAL 納品完了。 |
| 5月3日～4日 | 岩手県花巻市土沢町「アート・クラフト土沢」に出店。 |
| 6月8日 | NHK「旅するラジオ」に出演。 |
| 7月22日 | 池上彰のジャーナリストスクールの取材。 |
| 8月27日 | 「教育旅行」語り部強化セミナー研修（郡山商工会議所）に参加。 |
| 9月20日 | 「日ロ交流コンサート 2015」金山町にてあいくー展示販売。 |
| 9月22日 | 朝日新聞全国版に福島県・大熊町の逸品「あいくー」が掲載される。 |
| 10月23日 | 特許庁、意匠登録認定。「あいくー」ぬいぐるみ。 |
| 11月3日～5日 | 「教育旅行」語り部強化セミナー視察研修「阪神･淡路大震災から 20 年を学ぶ」（淡路島・神戸）に参加。 |
| 11月20日 | 「教育旅行」語り部強化セミナー（郡山商工会議所）に参加。 |
| 12月9日 | 「教育旅行」語り部強化セミナー（郡山商工会議所）に参加。 |
| 12月18日 | 特許庁、商標権設定登録認定。 |
| 12月23日 | ふくしま良品本舗（東邦銀行協賛）カタログ販売「わがまちの逸品・大熊町・あいくー」に掲載。 |
| 12月26日 | 「しまくま」新会津伝統美食キャンペーンの抽選会商品として 50 体納品。 |
| 2016年 | |
| 1月7日 | 福島県観光パンフ掲載写真の撮影（大熊町の逸品）。 |
| 1月8日 | 立教女学院小学校にベローナちゃん 30 体発送。 |
| 1月18日 | こどものとも（株）試作品発送。 |

出所：S 作成資料（一部改稿）

この点でいうと、たとえば「第三世界ニットプロジェクト」のOから、「もの作りでみんなを元気に!」というキャッチフレーズの下にフェアトレード制の仕事をまかされたこと、また博物館職員を介して地元アルテマイスターの営業の方々と出会ったことが大きい。とくに後者では、ワークショップや展示販売などにつながったし、さらに二〇一四年一月には、世界の雑貨が集まる品評会(メゾン・エ・オブジェ・パリ)に出展するまでになった。このとき五〇点ほど出品し、「その完成度の高さに海外のバイヤーから高い評価を得た」という。いずれにせよ、**表3**にみられるように、會空はビジネスとして確実に伸張している。

## (二) オオクマの/からの発信

Sは、自分たちの起業が何よりもビジネスとして成功することを願っているという。だからこそ、「きっちりとしたものを作りたい。自分の作るものに決して『甘え』があってはいけない。……開設当初からの思いは、『支援のために買ってもらう』のではなく、『良いものだから買いたい』と思ってもらえる商品を開発すること」だと強調する。とはいえ、ビジネスに特化しているわけではない。

もちろん、ビジネスとしてみた場合の會空は、Sがいみじくも指摘しているように、「大熊町の人たちだからこそ生まれた……発想」に加えて、「伝統工芸品の『会津木綿』に新しい価値を生み出し」たという点で大いに注目される。だが會空を工房として捉えたとき、そこが「心を開いて何でも話せる場」であるとともに、「外の人」との〈出会い〉の場となっていることがより注目されるのである。このことは**表3**からも見て取ることができるが、要はワクワクするとともにほっとするような〈出会い〉の場を足がかりに大熊を発信しているのである。ビジネスとしての振幅を広げるだけでなく、まさにビジネスを通して会津の地から大熊町を訴え続けているのである。九六%の町民が帰還困難区域からの住民であることを考えると、いつ帰れるのか、まったく目途が立たない。その一方で望郷の念が募る。非情な現実が肩に重くのしかかる。背中が痛む。

「大熊や双葉はいつか地図から消えるかもしれない。だから私たちは（あいくーを作って）大熊を発信している」

とSはいう。この危機感は會空のメンバーに共有されている。(9) そしてその都度、初発に立ち返って「離れていても空がつながっている」意味が反芻されるとともに、その地平の広がりが確認されるのである。ここでは、復興に向けたささやかな燭光が前節の会津会の場合とは異なる形でみえてくる。それにしてもSの存在は大きい。会津会におけるYのように、會空を担い支え続けている。そこで、次項でSの来歴を走り抜けにみることにしよう。

## (三)「會空」とS

Sは一九四七年、大熊町の小入野に生まれた。実家は工務店を経営していた。現在、六九歳である。その来歴を再構成してみると、おおむね次のようになる。

地元の浪江高校を卒業した後、上京し、八王子市にある紡績工場に四年間勤める。その後、帰郷し、ニットを編む仕事に従事する。やがて編物教室を開くとともに生け花も教えるようになる。これが、その後のものづくりの基礎となる。その間、二六歳のとき結婚し（相手は自動車整備工）、二人の子どもをもつ（いずれも女の子で、長女はのちに會空を営業面から支えるようになる）。編物教室をめぐって培われたソーシャル・キャピタルが、その後、上述した會空を立ち上げる際の水脈をなすようになった。

さて二〇一一年三月一二日であるが、このとき、Yと同じように国が用意したバスで船引高校の体育館に家族四人で避難した。二日間、ここに滞在し、その後、四月四日までデンソウ工場の避難所に身を寄せた。ここには二〇〇〇人くらいいた。富岡、双葉からの避難者が多かった。四月四日、会津若松市の民宿に移動。このとき長女夫妻は喜多方市に移った。民宿は六月まで滞在し、六月二六日、亀公園仮設住宅に移った。この間、七月に次女は会社を再開するということで、いわき市に移った。そして二〇一四年一一月、市内間宮新町に新居を構え、今日にいたっている。間宮新町を選んだのは、「このエリアに大熊町からの避難者が多かったのと、牧師のMさんにお世話になったから」である。長女（三九歳）夫妻は現在福島市で、次女はいわき市で仕事をしている。事故前は夫（七五歳）、長女夫妻、次女の五人暮らしであったが、現在は夫と二人暮らし。

現在、町の教育委員を務めている。また町食生活改善推進協議会の会長も務めている。これは事故前から続けており、すでに二〇年になる。

會空はある意味できわめて内部志向の強い集団であるといえるが、Sが集団の中心にあってアントレプレナーシップを発揮することによって、外に開かれた集団としての内実も有するようになっている。「オオクマの／からの発信」には、この外に開かれた集団としての内実が大きく与している。またその基礎をなす事故前からのむすびつき、いうなればソーシャル・キャピタルの蓄積が、後述する「小文字の」復興へのささやかな始原／資源となっているのもたしかである。

## むすびにかえて——もう一つの復興、小さな希望

さて、みてきた二つの事例から復興へのたしかな動きを読み取るのは、あまりにも早計であるといえるかもしれない。二つの事例の基層において渦巻いているのは、故郷を追われた被災者たちのやり場のない無念である。かの女たちは基本的にエグザイル（追放者）[10]としてある。にもかかわらず、かの女たちは、絶望の淵にあって小さな希望を抱き続けている。考えてみれば、「大熊町の明日を考える女性の会」やFサロンに集まった女性たちがそうであったように、本稿で垣間見た会津会、そして會空に寄り集まった女性たちは、困難な状況の中で大熊のことを思い続け、その先に何かを見いだそうとしている。「大熊を忘れないで！」というかの女たちの悲痛な叫びから発せられているもの＝メッセージを正確に捉える必要がある。

かの女たちの抱く小さな希望は、「『大文字の』復興」（大沢　二〇一三：二）をめざすものには届かない。しかしかの女たちが声をあげたときに、小さな希望が「生活の共同」のもっとも奥深いところから大きなうねりとなって立ちあらわれているのがわかる。いま大熊町では、女性たちのさまざまなネットワークが自由に行き交っている。ポスト3・11になって、いやそれ以前の原発立地まで遡っても、こんなことははじめてである。もちろん、なかには行政による仕かけが透けてみえるものもあるが、そうしたものでも行政にたいして「対話」しつつ「対峙」するという内実を担保しており、そこにまた「生活の共同」[11]に根ざすネットワークの勁《つよ》さと柔軟性が活きづいていることを読み取ることができるのである。

それにしても、会津会、そして會空では、女性たちがプレ3・11のときから築いてきた人びとのつながりの経験を、大文字ではない、「小文字の復興」に向けて生かそうとしているようにみえる。かの女らはもはや「支援される側」にはない。いまだ明確なものとはなっていないが、復興の希望を自ら作り出そうとしている。だから

といって、『大文字の』復興」を頭から否定しているのではない。むしろそうしたものを向こうにして、もう一つの復興に向けての希望を語っているのだ。ちなみに、YもSも、とりわけ町の復興計画策定にかかわったYの場合、そのことにたいしてきわめて自覚的《センシブル》に立ち向かおうとしている。Yはいう。

「いくら復興といっても、自分たちの周り、つまり外の世界と常に行き来している家族や地域から離れてしまうとリアリティがない。わたしたちが踊りで得たものは、このリアリティを大切にするということだったのではないかと思う」

もはや繰り返すまでもないが、会津会においても會空においても、組織の存続および活動の持続にとって、外に開かれた地域をベースにして「緩くつながる」ということが最大の要件となっている。それとともに上田紀行がいうような以下のような「支援」型のリーダーシップ、すなわち「上に立って教えたり命令したりするだけの従来型の大きくて強いリーダーシップ」ではなく、「個性を育み、多様な個性を尊重しながら、チームとしての力を発揮するような、引き出し、促進し、まとめていく『支援』型のリーダーシップ」が欠かせなくなっている（上田　二〇〇五：一七六）。実はそうしたことが「小文字の復興」のためのかけがえのない環境を構成しているのである。

あらためて問われるのは、本稿で取り上げた二つの事例が、厳密な意味でその範型となっているのかどうか、つまりそのことを十分に説明するものとなっているかどうかということである。しかしこの点については、紙幅の都合上、ここでさらに言及する余裕はない。いずれ時機をみて、果したいと考えている。

# 注

（1）避難指示区域の解除、損害・賠償金の打ち切り、そして帰還の強制はいわばセットとしてある。ちなみに、地元メディアでは、来春には、被災自治体で帰還宣言が相次いで出されるであろうと報じている。「帰れない」「帰りたくない」という被災者が圧倒的多数を占めるにもかかわらず、である。結局、「納得できる賠償の実施や雇用・住居の安定を図る『社会的ケア』」（日野　二〇一四：一五九）がなされないままに、「帰る」「帰らない」は自己責任であるということになっている。詳述はさておき、ここにきて、被災者支援政策の「不在」が明らかになっているのである。

（2）なお、以下の二つの事例に関する叙述は、二〇一六年四月から七月にかけて、複数の関係者にたいして断続的に実施した質問紙調査、ヒアリング、電話インタヴュー、資料サーヴェイなどによって得られた知見に基づいている。ここでは知見の一部しか取り込んでいないが、上記の調査から得られた知見の全体像については、何らかの形で明らかにしたいと考えている。

（3）以下の日程と行事にみられるように、相馬野馬追は「妙見信仰と実践のための馬術の訓練、それに牧場が習合したものである」（懸田　二〇〇一：三七）。そうした点で相双地区の民俗をよく反映しているといえるが、ここで注目したいのは、会津会の女性たちがこうした民俗の一部を伝承することによって、古里としての大熊を思うとともに、復興への一つの足がかりを得ようとしているようにみえることである。しかしそのことは、女性たちのあいだで明確に追求されているわけではない。復興を願うことが、あくまでも「小さな希望」という次元にとどまっている。

（4）ここでの〈帰属〉意識は、被災者に特有のものとしてある。「大熊を思う」ことが「大熊に帰る」ことを前提としていない。それは、移動しながら成り立つ〈帰属〉意識といったようなものである。またそうした点では、定住に根ざす帰属意識ではないといえる。だが、このことが復興を複雑なものにしているのもたしかである。「遠くにあって思う」こと、あるいは「動きながら思う」ことが復興への精神的支えになるかどうかは、慎重に検討されるべきであろう。

（5）仮設住宅の自治会は「元あるコミュニティ」の継続をうたい文句にして、行政主導でつくられたものである。そして事実上、行政の指名によって行政区長や副区長が自治会長に就任している。筆者はこうした仮設住宅の自治会を「国策自治会」と呼んでいる。とはいえ、「元あるコミュニティ」に必ずしも符合しない、内部的な凝集性を欠いた自治会も存在し、そこから外に開かれたFサロンのようなものも立ちあらわれている（吉原　二〇一三）。本稿で取り上げる二つの事例も構成原理は異なるものの、Fサロンと共振している。なお、「元あるコミュニティ」の基層に人びとの「生活の共同」の伝統が伏在しているとみるならば、その継承の地平において、仮設住宅の自治会にたいして「国策自治会」とは別の解釈を下すことができるであろう。

（6）このコミュニティは会津会の組織構成に根ざしているが、けっしてタイトに組成されたものではない。アドホックな集団原理によって貫かれており、きわめて不定型なものである。だからこそ、人びとが自由に接近し、中心をともなわない、すなわち脱統合的なヒト、モノ、コトの凝集点になりうるのである。もっとも、不定型で脱統合的であるゆえの集合的脆弱性も備えている。Y自身がいみじくも指摘しているように、一過性に終わらないような、より柔軟な関係性に基づく新たな活動の組み込み——たとえば、行政によらない慰霊祭の開催——が求められている。

（7）以下の會空に関する叙述は、引用箇所を明記しないかぎり、Sにたいするヒアリングおよび電話取材によって得た知見、『リビング郡山』一五一一号（二〇一六年三月）および『毎日新聞』（石川県版）二〇一六年二月二七日号に寄せた手記／談話に基づいている。なお、注（2）も参照のこと。

（8）会津木綿はいまからほぼ四〇〇年前の天正年間に、当時の会津藩主（蒲生氏）が藩の財政の立て直しの一環として綿花栽培を奨励したことによるといわれている。爾来、会津地方では日常生活に欠かせない生活布として愛用されてきた。今日、地味で素朴ではあるが、その純粋で技巧のない地縞の美しさが多くの人を惹きつけている。また会津の気候風土にマッチングした丈夫で使い勝手のよさも高く評価されている。そしていまや、会津木綿は伝統的民芸品というカテゴリーを越えてその汎用ルートを広げている。會空が自らのものづくりのスタートの時点で会津木綿に出会ったことは幸運であったといえる。

（9）ここでいう危機感は、會空のメンバーにとどまらず、被災者が共通に抱いているものである。問題なのは、こうした危機感が被災者にとっては自らの生活基盤が崩壊しかねないという認識から立ちあらわれているのにたいして、行政の側では存立の根拠（レゾンデートル）が脅かされかねないという、ある種のセクショナリズムへと置き換えられていることである。詳述はさておき、こうしたセクショナリズムの下で被災者不在の町の復興が進んでいるように思えてならない。

（10）サイードは、どっちつかずの身の置きどころのない不安定な境位で呻吟している、移動し越境してきた者たちをエグザイル＝追放者と呼び、次のように述べている（サイード一九九四＝一九九五：八一）。

「ほとんどの追放者／亡命者にとってなにがこまるかといえば、故郷を遠く離れて暮らさねばならないということよりも、むしろ、今日の世界では、自分が追放／亡命の身であることを、いやでも思い知らされるおおくのものに囲まれて暮らさねばならないということなのだ。故郷は実際にはそれほど遠くにあるのではなく、現代のせわしない日常生活のなかで、いつも故国を思わせるものと接触するという、じらされるだけで満たされない苦い思いがついてまわる。それゆえ、追放／亡命の身の者が位置づけられるのは中間的状況である。新たな環境にすっかり溶け込んでしまうわけでもなく、かといって故国からまったく切り離されているのでもなく……」

（11）ちなみに、ここでは田中夏子の「コミュニティは国家や行政に対して『対峙』、『対話』の二つのベクトルを抱え込む」とする主張に倣った（田中二〇一四：一六一）。とはいえ、この二つのベクトルは必ずしも真逆のものとしてあるのではない。実際、現実の社会的諸過程においては「対峙」と「対話」の境界は明確ではない。両者は正反対のようにみえて、時として共振している。もっともこの文脈においては、どちらかというと「対峙」に力点が置かれているのは否めない。

## 参考文献


萩原久美子・皆川満寿美・大沢真理編、二〇一三、『復興を取り戻す——発信する東北の女たち』岩波書店
日野行介、二〇一四、『福島原発事故——被災者支援政策の欺瞞』岩波新書
石本めぐみ、二〇一四、「NPO法人ウイメンズアイ」日本女性学習財団『We Learn』七三一
伊藤恵子、二〇一三、「農業——六次産業化を復興の足がかりに」萩原久美子ほか編、前掲書、七八－八七
懸田弘訓、二〇〇一、『ふくしまの祭りと民俗芸能』（歴春ふくしま文庫46）歴史春秋社
盛合敏子、二〇一三、「漁業——『結』を通じた漁業の復興」萩原久美子ほか編、前掲書、六八－七七
西山志保、二〇一三、「新しい絆のゆくえ——ソーシャル・キャピタルのいまを解く」吉原直樹・近森高明編『都市のリアル』有斐閣、一五七－一七一
Oldenburg, R., 1989, *The Great Good Place: Cafés, coffee shops, bookstores, bars, hairsalons and other hangouts at the heart of a community*, Da Capo Press.（＝二〇一三、忠平美幸訳『サードプレイス』みすず書房）
大沢真理、二〇一三、「はじめに」萩原久美子ほか編、前掲書、一－八
Said, R.E., 1994, *Representation of the Intellectual: The 1993 Reith Lectures*, *Vintage*.（＝一九九五、大橋洋一訳『知識人とは何か』平凡

社）
高橋福子、二〇一三、「女性の参画――復興計画を問い直す」萩原久美子ほか編、前掲書、一〇‐一九
高橋源一郎、二〇一五、『ぼくらの民主主義なんだぜ』朝日新書
田中夏子、二〇一四、「書評　伊豫谷登士翁・齋藤純一・吉原直樹『コミュニティを再考する』」ＪＲ総研『にじ』六四五、一六〇‐一六五
上田紀行、二〇〇五、『生きる意味』岩波新書
山口弥一郎、一九七三、山口弥一郎選集　第一〇巻『日本の固有生活を求めて』世界文庫
吉原直樹、二〇一三、『「原発さまの町」からの脱却――大熊町から考えるコミュニティの未来』岩波書店
――、二〇一六、『絶望と希望――福島・被災者とコミュニティ』作品社

**追記**　本稿は、二〇一六～一七年度日本学術振興会科学研究費・挑戦的萌芽研究「ポスト3・11と原発事故被災者の『難民』化の実相」（研究代表者吉原直樹・課題番号16K13423）で得られた成果の一部を集成したものである。

# 避難者の食生活・寸描
## ——浪江町出身三人の聞き書きより

佐藤真理子

## はじめに

二〇一一（平成二三）年三月一一日に起こった福島第一原発爆発事故によって避難を余儀なくされた被災者の生活実態については、すでにさまざまな観点から明らかにされている。しかし、被災者の食生活の実態に関する分析は、管見する限りそれほど多くはない。被災者の生活実態の全体像に迫るためには、被災者の生活復興に欠かせない食生活の分析は不可避である。いうまでもなく、食生活は被災者の日々の生活維持だけでなく、心の復興にもつながる重要な部分を占めている。

加えて、ここにきて被災者のあいだで一つの像でくくれないような違いが生じている。そうした中で、とりわけ行き場の定まらない被災者の生活のありようが取り沙汰されるようになっている。そうした被災者の食生活は、果たしてどのようなものなのだろうか。食生活が一つの生きがいとなって、そこから多少なりとも将来を見通せるようなものになっているのであろうか。それとも、不安定な生活がそのまま食生活に立ち現れているのであろうか。仮に食生活から現れてくるものが将来を見通せるようなものであるとして、それは被災者たちが3・11以前に行っていた食生活とどの程度結びついているのであろうか。逆に不安定な食生活が浮き彫りになっているとして、それは過去の食生活とまったく断絶しているのであろうか。いずれにせよ、食生活は被災者にとって、とりわけいまだ立ち位置の定まらない被災者にとってきわめて重要なものとしてある。極言すれば、食生活はそうした被災者の生活のありようを示すバロメーターとなっているのである。

本稿は、以上のような問題意識に立って、会津地方の借り上げ住宅および復興公営住宅に居住する原発事故被災者の食生活を明らかにすることによって、被災者、とりわけ厳しい状況におかれている被災者の生活の一端に迫ることにする。以下の分析は、筆者が独自に行った浪江町借り上げ住宅住民へのヒアリング[1]および筆者が共同研究者として加わった会津若松市に立地するN復興公営住宅の居住者に対するアンケート[2]によって得られた知見に基づいている。

## 一　被災者の食生活をどう捉えるか

筆者は、かつて被災者の食生活について、「食生活上困っている点」と「郷土食の継承」という二点に絞って、会津若松市に立地するX仮設住宅およびY仮設住宅の居住者に対してヒアリングを試み、その分析結果を公表した（佐藤　二〇一五）。そこで明らかになったのは、一言でいうと、高齢者は郷土食を日頃から食べているが、中高年者は郷土食をあまり作ってはおらず、子や孫たちが喜ぶ和洋折衷の献立や調理済み食品を買ってきて食べる中食が多いという点であった。しかも後者の場合、3・11以前からそうした食生活を継続していることがわかった。もともと郷土食中心の食習慣が廃れていたうえに、調理技術も継承されていなかったこと、そして海から遠い会津盆地に避難して郷土食のための魚介類などを調達することが困難になったことで、郷土食離れがいっそう進んでいることが明らかになったのである。本稿は、こうした知見をふまえたうえで、先に記した調査によって得られた知見に基づいて、表題のテーマに迫ろうとするものである。

さてこの間、筆者はたまたま、本稿のテーマに関連する、「被災者の声」で綴った二つの作品に出会った。一つは、味の素グループ東北応援「ふれあいの赤いエプロンプロジェクト」が編集した作品である（ふれあいの赤いエプロンプロジェクト編 二〇一六）。それは被災者に寄りそって織りなしたものであり、東北全域にわたる八つの事例分析から構成されている。そこでは、地域内外のさまざまな主体が栄養バランスのとれた「食」（＝「復興ごはん」）の確立を通して協働の実を育みつつあることが明らかにされている。いま一つは、あぶくまロマンチック街道構想推進協議会が刊行した作品である（あぶくまロマンチック街道構想推進協議会 二〇一六）。この作品は、原発事故被災地である阿武隈地域をフィールドにして、郷土食を年中行事とのかかわりで取り上げ、その継承の中身を問うというものになっている。そしてそのことを通して、復興への道筋を探っている。こうしてみると、二つの作品が何よりも食生活を復興とのかかわりで取り上げていること、そして本稿で論点とするもの――栄養バランスおよび郷土食――を異なった視点で浮き彫りにしていることがわかる。しかし、それらは被災者の食生活の内面にまで立ち入って分析したものではない。つまり、取り上げられている「復興ごはん」や郷土食が、被災者の具体的な食生活においてどのような位置を占めているかについての洞察がなされていない。さらにいうなら、前提としている復興の中身が明らかにされていないために、復興を支える「食」のチカラがいま一つ伝わってこないといううらみが残る。

本稿は、以下、上述したような可能性と課題をふまえて展開する。さしあたり、浪江町から避難してきた被災者に対して実施した三人のヒアリング結果を中心に、補足的にN復興公営住宅居住者に対して行ったアンケート結果を援用しながら、とりわけ展望を見いだしえていない被災者の食生活の実態を明らかにすることをめざしている。筆者は、そうした実態解明を通して上述の可能性と課題に多少とも接近できると考えている。

## 二　被災者の食生活(一)――Aさんの場合

原発避難者は今後、ますます悩みが深まっていくだろう。なぜなら、「帰還困難区域」以外は、続々と避難が解除になり、また避難解除が予定されているからである。浪江町出身のAさんもその一人だ。Aさんとはたまたま仕事のある会合で知り合った。料理上手なAさんは、グリーンアスパラガスの生姜和えを持ってきてくれ、あまりのおいしさに初対面であったが会話も弾んだ。筆者の実家ではアスパラを栽培しているが、生姜和えは食卓に上ったことはない。アスパラの生姜和えに珍しさを感じた私は、会津では生姜ではあまり和えないと何気なくいった。するとAさんが浪江町から避難してきていること、会津浪江会のメンバーがこの会合にたくさん出席していることを教えてくれた。そうして、会津浪江会の方々にヒアリングをすることになったのである。

### (一) Aさん(六〇代・女性)の家族

震災時、かぼちゃ饅頭や柏餅などを作って販売する直売所を経営していた。現在は主婦業のみである。震災時は夫と同居していた。会津地方では最初に磐梯町に避難したが、そこで孫が通学し始めたので、孫の学校を変えないために、猪苗代町で一軒家を借り、夫、娘、孫二人と同居している。

浪江の大字赤宇木《あこうぎ》で生まれた。赤宇木は大きな集落で約八〇軒あった。実家は昔からの農家で、父の祖父

(曾祖父)は津島村・葛尾村の村長だった。村長時代に四〇年間の地域の歴史を執筆している。津島村も葛尾村も原発事故で避難を余儀なくされた地域である。父方の祖父は小学校の教員であった。実弟は一九代目にあたる。父親は避難先の会津地方で、一年前に亡くなった。実妹は福島市で現在小学校の校長をしている。もう一人の妹は震災時、浪江町津島に住んでいた。国道三九九号線沿いの直売所里の駅(村の施設)の責任者であり、羊羹やかぼちゃ饅頭などを販売していたが、原発事故により仙台に避難した。実弟は副区長をしており、原発事故で避難し、帰還困難区域となっている赤宇木の歴史を残したいと思っている。孫(長男)は磐梯町の中学校から会津若松市内の高校へ進学後、他県の大学へ進学した。孫(次男)は猪苗代町の高校へ進学した。

実家の近所には第二次世界大戦後の開拓者が多い。約七〇年前、実家ではその開拓者たちの面倒をみていた。

Aさんの実家は実弟で一九代目にあたる。浪江町をはじめ双葉地区には、三つの係累の人々が住んでいた。昔からの土着民、戦後に入ってきた開拓者と一九六〇年代中頃から原発労働者として移ってきた人々である。そうした脈々と継承されてきた生活の営みの中、突然原発事故により避難させられた。しかも、実家は「帰還困難区域」となり、年老いたかつての当主であるAさんの父親も弟家族と一緒に会津に避難した。一方、Aさんの自宅は、実家と同じ浪江町にあるが、実家よりは町場に近く、「避難指示解除準備区域」になっている。つまり、Aさんの場合、いつかは帰還できるという希望を持つこともできるが、代々続いた実家は帰還できないのである。「避難指示解除準備区域」であるAさんとは帰還できるか否かで大きな差異を生じてしまったのである。実弟の心中はいかばかりかと察する。

また、浪江町には中間貯蔵施設は設置されないので、土地はそのまま残る。その広い農地や宅地をどうするか。

実弟の苦悩はAさんよりも深刻ではなかろうか。というのも、筆者の実家は私たち兄弟で五代目であり、Aさんの実家には遠く及ばないが、私たちの世代で実家は途絶えると予想されるので、苦悩はある意味共通しているのである。江戸末期に祖先は会津藩士に仕え、武士ではなかったものの、戊辰の役に敗戦した会津藩と一緒に、一旦は遠い斗南藩に行っている。その後会津に戻って、菜種を絞って油売りをして財をなした。その財で一九〇〇（明治三三）年に建てた日本家屋に両親は今も住んでいるが、あの東日本大震災のときも震度五を超え、大揺れはしたもののまったく崩壊することはなかった。そうしたおり八〇歳を超えた父が病気になったので、父親の記憶が薄れないうちにと、父の俳句集に筆者が実家の歴史を添えて、震災後の二〇一三年八月に自費出版をした経緯がある。ましてや、Aさんの実弟が子孫に家や地域の歴史を記録して遺したいというのは深い悲しみとともに納得できるのである。放射能の不安から何代先に祖先の土地に戻ることができるのか、現時点では予想できない。また遠い将来、帰還解除になったとして長年別の土地で生業を得、生活を営んできた子孫たちが、祖先の土地に戻りたいと思うのかも疑問である。

結局はその歴史ある土地も元々は別の人々が住んでいた所であったことに思いを馳せれば、今度は別の人々にその土地を譲ることにすぎないのだと達観できればいいのだが、そうはいかないのである。同様な問題は、子孫はいるが、子孫が過疎地で暮らしたくないという限界集落などにも存在する。今後、その子孫たちはどう折り合いをつけていくのか、重い決断を迫られているのである。たまたま読んだ『福島民報新聞』（二〇一六年一一月二六日）の読者欄に、若い頃「八〇歳になったら生家に人は戻りたくなるのよ」と聞いていた女性が投書していた。目前の知人の高齢者が八〇歳を超えて身体が弱くなってきたら、足をバタつかせて実家に帰りたいというのだそうだ。

原発避難者がどこで定住するかは、二年前の大熊町民に対するヒアリングで、ある方向性に筆者は気づいている。妻がどこの出身か、相双地区なのか、福島市なのか郡山市なのかなどによって、大震災前まで住んでいた土地の近くに戻らずに、広い福島県内のどこかに土地や住宅を求めて住み始めているからである。いわき市出身の妻は、いわき市に土地を求めたり、または会津の仮設住宅から毎週のようにいわき市に泊まりに出かけていたり、福島市郊外の飯坂出身の人は、福島市内に中古住宅を購入し住んでいたりする。会津若松市に早々と新築住宅を建てたのは、夫婦とも会津地方の喜多方市郊外の出身者であった。会津若松市内の仮設大熊町役場に勤務している人も、妻が郡山市近郊の出身であり、その近くの町に土地を購入しているという。もし、夫が妻の故郷に住みたくないと思えば、一緒に移動して同居することは困難であろう。反対に、妻の故郷でない土地に夫が土地を求めても、なかなか家が建たないという例もみている。結婚の際は、夫の土地、夫の実家に同居するのが当然という意識が強かった妻たちも、震災を経て、核家族化して自由を得たり、自分の老親が一層心配になったり、また「八〇歳を過ぎたら生家に帰りたい」という人間本来の気持ちが重なって、自分が生まれ育った故郷に帰りたいと素直に思うのである。そうして帰還後の土地選択については、長年の結婚生活の現実と向き合い強くなった女性たちが行動を起こしているといえよう。そう考えた場合、転勤族で生家が転々としていた子どもたちはどこに帰りたいと思うのだろうかと疑問になった。筆者も一八歳で進学のために上京してからは転勤族であり、二年から一〇年ずつの間隔でこれまで一〇回引っ越したが、所用でその土地土地を訪れると懐かしさで涙が出てくる。そう考えれば、転勤族であっても帰りたい土地はあるのであろう。一方、自分の土地や実家から離れて暮らしたことのない高齢男性は、今まで妻たちの生家に時折帰りたいという気持ちはわからなかっただろうが、今回の避難生活によって、自分の生家、故郷に戻りたいという気持ちを少しは理解できたのだろうか。

それにしても脳裏から離れないのは、飯舘村の九〇歳を超えた男性が、飯舘村が全村避難しなければならないとわかった時点で即、自殺したことである。その高齢男性は、避難にあたって家族の足手まといになりたくないと、健康で長生きした自分の身体を、自分の意志で亡きものにしてしまった。二〇一七年三月に飯舘村は帰還困難区域を除いて避難解除となる。生きていてほしかったと切に思う。

## (二) 避難状況

原発事故のことは停電で情報がなく、孫たちに知らされるまでわからなかった。地震で散乱した家の中の片づけをしていた。三月一二日　朝九時頃、夫と自家用車で南相馬市原町区の娘宅に移動、到着は昼過ぎであった。通常なら一時間もかからないところである。三月一八日、針道《はりみち》の体育館に夫と自家用車で移動、三月二三日、新聞をみて磐梯町のホテル「リゾートイン磐梯」へ夫と自家用車で移動。一〇月一日、猪苗代町の借り上げ住宅に夫と自家用車で移動した。

震災後、娘、孫二人と同居することにした。磐梯町の学校に孫二人が通学することになったため、学校に近い猪苗代町に住まいを持たざるをえなかった。現在の借り上げ住宅は、庭付きの立派な一軒家で、家賃は一〇万円を超えるが、月九万円の補助が平成三〇年三月まであるので、しばらく住む。

(1)娘宅に避難

南相馬市原町区の娘宅に八日間お世話になった。夫がトラック業をしていたので、自家発電機を持っていって使用した。停電のため風呂は薪で炊き、こたつには炭を使った。自宅からは食べ物を何も持ってこなかった。やっと軌道に乗ってきた直売所で販売するため、三月のお彼岸用にたくさん羊羹を作っていたのに惜しいことをした。

(2)廃校での避難生活

針道の体育館には生理用品がなかった。廃校であったため、トイレの水が流れず、小便はバケツの水で流し、大便で使用済みのペーパーは段ボールに入れさせられた。生卵、きゅうり、南郷トマト（南会津町の名産）などが届いた。廃校でどうやって食べたらいいのか。賞味期限が切れているパンも届いた。一〇〇円ショップの飴も届いた。

(3)死体安置所になった体育館

浪江町津島の小・中学校の体育館は、死体安置所になっていた。葬儀所の方が忙しく訪れていた。津波等による遺体は一回は仮土葬をした。その後、秋田や山形に運んで火葬したと聞いている。

娘宅での避難生活は、電気が十分供給されていない時代を生きてきた高齢者だからできることであると感心せざるをえない。廃校での避難には過酷な状況があったことをはじめて知った。大便のペーパーを包んで重ねて置かせられたというのは、不潔であるうえに、心情的にも受け入れがたいものがあったと察せられる。怒りに満ちた話し方であった。また、避難時に飴などの甘いものはカロリーがあり、すぐエネルギーに変換するのでよいと思われているためであろうが、食事にしては寂しすぎるといいたかったのだろう。筆者も、震災後、東京の知人から食料品が送られてきてありがたく頂戴したが、その中に塊の黒砂糖一袋が入っていて、これは舐めなさいということだろうが、そういう習慣はなかったため、結局数年そのままになってしまった経緯がある。Aさんの体育館での避難生活からは、それまでの食生活とのギャップが大きすぎ、悲惨な状況に置かれたことに対する怒りを感じた。

## (三)住まい

(1)地震保険

浪江の自宅は現在も地震保険に入っている。付け火もあるためだ。農協の地震保険は支払いが多かったので、農協は大変だったらしい。一人六〇〇万~七〇〇万円も支払われた。現在、浪江の田圃や葬祭所の土地を貸しているので、東電から営業補償をもらっている。産直所は個人経営で、借金をして改築したが、そのローンを会津に来て返済した。

⑵地震直後

息子の子どもが一歳で避難した。夜泣き等もあるので体育館には入れず、車中で避難した。直売所はつくってまだ八年だった。浪江町の家も店も地震で崩壊することなく残っている。浪江町には仏様、財産がある。浪江の家は夫の生家であり、夫で六代続いている。旧国道六号線沿いの双葉町寄りで便利だった。車の交通量も多かった。

地震の際、大きなテーブルが動いた。海沿いの請戸市場から、ボンベや石が流れてきた。海沿いの新六号線から一キロくらいまで津波で流され、何もなくなった。浪江町の「いこいの村」の施設まで上がって逃げた。寒かった。

三月一二日朝「一週間で片づけてまた店やろうな」と話した。「原発の爆発がなかったらできたのに……」と。

⑶浪江の住まい

自宅は浪江町大字高瀬で、現在、自宅周辺の空間線量は〇・一五マイクロシーベルトである。「避難指示解除準備区域」なので、将来帰ろうと思えば帰ることができる。しかし、実家は帰れない。浪江町では、直売所を経営していた。生地にかぼちゃを入れた饅頭やクッキー、もちなどを作り、販売していた。軌道に乗ったので、規模拡大した矢先に原発事故で避難となった。現在は仕事はしておらず、主婦をしている。

⑷会津地方の住まい

現在住んでいる会津地方は、気の利いた商店がない。翁島駅の近くは雪が二メートルも積もる。雪は上からではなく横から降ってくるのには驚いた。孫の学校のことを考えて、猪苗代町で中古住宅を借りた。かつて先生をしていた人のお宅でかなり広い。

⑸風評被害等について

南相馬市小高地区は、二〇一六年避難解除となったが、小高に帰還した人は、一万二〇〇〇人のうち五〇〇人くらいだ。

会津（猪苗代町）で風評被害を受けているといって、個人商店などが働かないで補償金をもらっているのはどうか。Mさんは、浜通り地方の広野町では、ふるさと納税の謝礼として米を提供しようとしても、米はいらないと断られるといった。

会津若松市民から避難者は税金も払っていないと揶揄《やゆ》される。しかし、浪江町は会津若松市に月に一人につき五〇〇〇円ずつ、人数分支払っているといっている。浪江町からは、会津若松市に現在約三〇〇人住んでいる。

以前は、「補償金いっぱいもらえていいよね」と会津の人によくいわれた。浪江の家は思い出が多くて片づけられないと娘がいう。東電の人にすべて片づけてくださいといいたい。

⑹墓参り

春・夏・秋の三回墓参りのために一時帰宅する。実家は帰還困難区域なので、人っ子一人いない。八月一〇日、父の新盆で墓参りに行ったが、誰にも会わなかった。お墓を避難先の県北地区の保原町に移した人もいる。

会津地方であっても風評被害は存在する。とくに中通り地方に近い猪苗代町は会津磐梯山や猪苗代湖など自然の観光資源を頼りにしていたため、風評被害は会津若松市より深刻である。磐越自動車道の開通の影響もあるが、観光客が減少し、大規模なホテルでさえ、経営はたやすくないと思われる。

一方、Aさんは、避難によって軌道に乗ってきた直売所経営を停止せざるをえず、悔しさ、やりきれなさが滲み出ていた。生活の糧、張り合い、生きがいを奪われてしまったのである。そういう苦悩も知らないで、会津の人から「賠償金をもらっていいよね」といわれ、それなら会津の人たちは風評被害があるからといって、もともとさほど流行っていない商店の人までも補償金をもらっているのはいかがなものかと応報しているかのようだ。

人口減少が続く会津では、経済規模は小さくならざるをえず、客商売はかなり存続が厳しくなっている。筆者は震災の年の八月に転勤で故郷会津に戻ってきた。それ以来外食をたびたびしてきたが、なじみの店がどんどん廃業しており、困っている。香辛料の利いた和でもフレンチでもないさっぱりとしたハンバーグがおいしかった洋食屋、栄養もよく見た目もバランスがよいモーニングセットなどを提供していたパンカフェや農地を自社でも ち、若い勤務農業者が栽培した野菜をふんだんに使ったボリュウムのある野菜サラダや揚げ野菜つきカレーなどを提供していた野菜カフェなどが潰れてしまった。景気が一向によくならない会津地方で、共働きで外食するお金も時間もない家族が増加している。また、人口減少で外食する母体自体が減少している。

コンビニエンスストアなどの中食で済ませば経費削減のうえ、店の人に気兼ねすることもなく、便利である。若い人々は見知らぬ個人料理店よりは、全国チェーンの多様なものを取り揃えた外食産業の店に入る傾向がある。会津地方にはイタリアンやカフェがなかなか根づきにくい。一部の洋風好き高齢者を除いては、すし、ラーメン、そば、とんかつがなじみがあり、それらの料理店は高齢のなじみ客によって支えられている。最近、道の駅などでイタリアンレストランをメインに設置することが流行っているが、平日の午後は閑古鳥が鳴いている。高齢化が進み、人口減少が続く会津地方では、和洋折衷で、老若男女のどの好みにも合った献立を提供するお店しか生き残れないと考える。

戦後、栄養改善普及会ではフライパン運動というものを全国で展開した。それは、フライパンを使って卵や肉を焼いて食べ、栄養を摂取しようというものであった。会津地方に限らず山間部などでは、今でもフライパンを必要としない家庭もあるのではないか。つまり、米や野菜、山菜中心の食事ならフライパンは不要である。高度経済成長期にグラタンなどのバターを使用するフレンチが食卓に上るようになったが、筆者の実家ではかつても今もそれはないに等しい。そうした食文化の中で育った人たちはフレンチやイタリアンはとくにおいしいものでない限り食べないであろう。個人経営のレストランやカフェが苦戦する理由がそこにある。高校家庭の教科書には、日本では食が欧米化し、生活習慣病が増加したと書いてあるが、地方ではハンバーグ、鶏の空揚げ、コロッケ、カレーなどの一部の洋風料理が家庭に広まり、その他の西洋料理は外食や中食を利用し、そこにケーキなどのお菓子も加わって、脂質過多になっていると考えられる。筆者はなるべく各家庭でよく食べられているそういう洋風献立は避け、失われつつある和食を教材として取り上げたいと考えてきたが、実はバターはパンに塗っても料理に使っている家庭は少ないと知り、グラタン料理などもときには教材として必要であると再認識している。

⑺原発

原発は恐ろしい。全部だめになる。大臣などは一週間（相双地区に）住んでほしい。家の片づけなどしてほしい。

東京オリンピックによる作業員の人手不足が心配である。国会議員の森まさこさんは、二本松市の仮設住宅に宿泊していくらしい。担当大臣が変わりすぎるのは問題である。

⑻町政懇談会

七月一五日、会津若松市文化センターにて町政懇談会が行われた。環境省、福島県、浪江町が出席した。浪江町から、復興へ向けての決まった方針（冊子）を配付された。冊子を作成する前に、避難者みんなの意見を聞いてほしい、下の者の話を聞いてほしい。

浪江町の希望調査では、「町に帰らない」が四八％であった。高瀬では誰と誰が帰るかがわかっていればいい。アンケート用紙にはAさんは次のように記述していた。「浪江町に帰りたいと考えていますが、震災前の町になったのを確認してからでもいいのかなあーと思っています」。すでに避難解除になっている楢葉町では、社会福祉協議会の人が歩いて、何人帰っているか調べているが、届け出にしたほうがいい、午前中二軒くらい歩いて報告書を書いて終わりはいかがなものか。

⑼会津浪江会

会津若松市のスーパーで浪江町の人に偶然会い、二〇一一年一〇月から会発足に向けて準備を始めた。二〇一二年の四月に発足の総会を開いた。その際、町長も出席し、全部で四〇～五〇人出席した。会津浪江会は現在約三〇人が加入、実際に活動しているのは二〇人くらいである。二年に一回改選する。月一～二回サロンを開き、さまざまな行事を行っている。外食したり、お弁当をとったりして、その都度交流している。喜多方市の温泉に日帰り入浴に行ったこともある。大熊町、双葉町、南相馬市、他の浪江町の人たちとも交流を図っている。会津若松市社会福祉協議会が二カ月に一回催し物をしてくれる。会津浪江会の活動場所として、錦町会館を貸してほしいと申し出たところ、錦町の老人会「すずらん会」から誘いを受けて、たびたび一緒に活動している。

会津浪江会独自の行事としては、月一回、浪江町社会福祉協議会がコーディネートして実施している。九月二五日はタブレット講習会を実施、総会、花見、芋煮会も実施した。花見は錦町会館を借りて、お弁当をとって行った。最近はなかなか人が集まらないので、イベントができない状況にある。

⑽復興祭

平成二八年三月一〇日、復興祭が行われた。浪江町の役場機能がある二本松市にバスをチャーターして一〇〇人くらいで行った。各地から一〇〇〇人くらい集まり、郷土芸能の披露などがあった。しかし、そこでは、現在避難している場所の者同士が集まってしまい、他地域の浪江町町民との交流はあまり広がっていない。

⑾お葬式について

二〇一六年に八七歳で父親が亡くなった。最後はしゃべらなかった。葬式のしきたりが一〇〇あるとしたら、今の葬式は一〇〇のうち一〇くらいしか守っておらず、簡素化しているのはどうか。たとえば、茶碗に一合飯を山盛りに盛らず、少ししか盛らない。ご飯は乾燥してかさが小さくなるので、障子紙をかけるのが正しい。昔のいわれを守って、亡き人を送ってあげたい。同席していたMさんとSさんは、葬式は簡素化でいいといった。Mさんの夫は、葬式は親戚だけで、葬祭所でやってほしいといっているとのことである。

同じ浪江町の同世代の人でも、出身集落や家柄、職業等によって葬式をはじめ慣習に対する考え方が違う。そうした確固たる信念をもっているAさんが、帰りたいという自分の気持ちのみを優先させるのではなく、近所の誰が帰るのかが最重要課題だといっているのには驚いた。活発でリーダーシップに長けているAさんにしては意外であった。信頼できる知人が帰らないなら自分も帰らないという心情を吐露したわけだ。福島県内を転々としてきた筆者にはない発想だ。たとえ知人がいなくても引っ越しを繰り返してきたからだ。「ふるさとは遠くにありて思うもの」とは、帰れる故郷がある筆者のような人にとっては自明の言葉であり、帰れないとなったらそのような悠長なことはいっていられない。

『福島民報新聞』（二〇一六年一一月二六日）には、復興庁の避難指示解除後の帰還意向に関する調査結果が掲載されていた。浪江町民は、「帰りたい」が一七・五％、「戻らない」が五二・六％、「まだ判断がつかない」が二八・二％であった。前回調査と比較すると「帰りたい」はほぼ横ばいで、「戻らない」が四・六％増加した。

### ⑿食べ物

秋餅を近所の人にふるまった。かつて、餅はごちそうだった。おしるこ、おはぎもよく食べた。

例1　山ごぼうの餅（たくさん作って、冷凍保存できる）
①山から山ごぼうを採ってきて乾燥させる。
②水に浸けて二時間くらいあく抜きをする。
③冬、米選機の下の米（出荷できない米の粉）に餅米、ちぎった山ごぼうの葉を混ぜて厚さ一センチくらいの楕円形の餅にする。山ごぼうの葉にはつなぎの役割と風味を増させる役割がある。
④フライパンで油をひかないで焼く。砂糖、しょうゆをまぶして食べる。最近は、手につかないように海苔を巻いて食べる。

みた目は濃い灰色の餅で、はじめて目にした筆者にはおいしそうにはみえなかった。山ごぼうの葉が入っているためか、しょうゆの色か。しかし食べてみると、もちもちしているが、柔らかすぎず食べやすい。ほのかな香りと薄味でとてもおいしかった。帰宅して私の母（会津若松市出身、八一歳）と分けてもう一個食べた。母もはじめて食べたがおいしいといっていた。まず山ごぼうが存在すること、それを餅に入れることをはじめて知ったが、絶妙な味と香りと触感があり、ときどき食べたくなる食べ物であった。これが長く継承されてきた郷土食の理由であろう。わざわざヒアリングに際して、郷土食を遠い会津にて作ってきてくれたAさんの気持ちが伝わってきて一層おいしかった。同席していたMさんもSさんも作り方を聞いていたことからあまり食べたことはないのだろう。

例2　山ゆりの根の煮物
①花が咲いた後、山ゆりの根を採ってくる。
②ゆでて、しょうゆで和える。

今やおせちなどに使用される高級食材を採ってきて、自宅で調理して食べているとは大変な驚きだった。同席していた、MさんもSさんも驚いていた。触感は予想どおりほくほくしていて、口に入れるとすぐ崩れ、いもに似た触感で、調味は手は込んでいないが、とてもおいしかった。山の食材の香り、底深さを感じたからであろうか。

例3　きゃらぶき
①山からふきを採ってくる。沢から採ったふきのほうが柔らかい。
②皮はむかず、切って、何回も水洗いし、水に浸けておく。
③ふきを二回ゆでこぼす。
④切って煮る。砂糖、みりん、酒、しょうゆで味付けする。

細くてしっかりと醬油の色や味が浸みこんだ市販品のようなきゃらぶきであった。もっともAさんはきゃらぶきも販売していたと思われる。皮をむかない分何度も水洗いしたりゆでこぼしたりするということを知った。筆者の実家は会津平野の真ん中近くにあるので山の産物は知人からいただかないと食べることができない。そこで、山の香りを好む父親は自分の畑にタラの芽やふきを畑に使う肥料をたくさん入れて栽培している。おのずと筆者はその太くて青々としたまっすぐなふきを食べてきたので、きゃらぶきの作り方を教えてもらって、その形相に納得した。

例4　凍み餅

かつて葛尾村では、三〇人くらい凍み餅を製作していたが、今は五～六人が作っているのみである。

例5　柏餅

蒸す際、葉の色が緑色から薄茶色に変わったら、できあがり。

もち米：うるち米＝七：三にするとおいしいが、葉にくっつく。

砂糖を入れると柔らかくなるが、それは一時ですぐ硬くなる（焼くとよい）。

例6　鮭

浪江町の請戸に鮭が上がると大量に捕れるので、漁業協同組合に入っている家には、リヤカーに山盛り鮭を積んで、配給してくれた。魚は山の上の津島の人にとっては、珍しいものだった。鮭は捨てるところがない。たたいて骨も身もご飯に入れる。味付けして炊き込む。魚は海の中では銀色に光っているが、川を上ってくると、身の肌色が薄くなり、皮も緑色が白っぽくなり、臭くなる。あいなめなどの海の元気な魚をたたきにするとおいしい。

⒀子ども時代の食生活

（Aさんの）実家は元士族であった。（Aさんは）結婚するまでご飯はお膳で食べた。月ごとに行事があり、神に感謝して食べた。お手伝いの人にお米をあげた。

一月はおせち料理を食べた。お餅は焼いて入れる。豆腐は三角形に切る。

水神様を祀った。つるべ井戸の脇にお祓いして埋めたという。氏神様もあった。

四月の田植えには、親孝行の大きな赤豆でおふかしを作り、隣近所に重箱で配った。また、ぜんまいの油煎りをよく作った。

一〇月の稲刈りには、刈切《かっきり》もちを作って食べた。新米で餅をついてぼた餅を作った。田植えを手伝ってくれた人へ配った。奇数個（一三個ずつ）子どもが持っていくと駄賃として箱入りのマッチなどがもらえた。結《ゆい》があり、田植えや稲刈りなどの農作業を協力して行った。

一一月はえびす講を行った。ドジョウ鍋などを食べた。今は除草剤を田に撒くため、ドジョウ、小魚、トンボなどがいない。Mさんは生きたフナで鍋を作ったといった。蓋を開けるとフナが跳ねる。

一二月三一日は歳とりの食事を食べた。相馬の貧乏侍の歳とりの食事はきんぴら、数の子、お煮しめ、赤魚の煮魚、鮭の塩引き、ご飯、すまし汁、漬物であった。今では、大晦日にお刺身を食べている。

お葬式の食事は、人が亡くなると白豆のふかしにした。会津地方ではめでたいときもお葬式のときも小豆を使うことを知り、違和感がある。浪江町ではお赤飯でも小豆ではなく大きな赤豆を用いる。Sさんは、かつては近所同士で物々交換が多く、旅行に行くと、隣近所にお土産を買ってきたといった。

高校家庭科の資料（『最新家庭科データ・グラフ』教育図書）では、柏餅はうるち米だけで作ることになっているが、生活の知恵で粉も違い、作り方にも色々とポイントがあることにあらためて驚かされる。筆者は会津地方の専業農家（明治時代は菜種油を絞って販売していた）の五代目にあたるが、お葬式のときは小豆の煮汁は米に入れず、白っぽいご飯にする。お正月のお雑煮には会津地方では餅は焼かないで入れる。また、幼い頃、田植え時には一〇人近く近所の女性が一週間くらい来て手伝ってくれたことを覚えている。その際どのような食事を出していたのかは明確には覚えていない。海から遠い会津地方は、鰊の山椒漬け、棒タラの煮つけ、鯉こくなどが郷土食として伝わっているが、小学生にとってはどれもおいしいものではなく、こづゆ以外の郷土食は食べたくないという気持ちが強かった。祖父でさえ、川魚は生臭いといって、食べなかった。しかし、今や原発事故によって山の恵み、川の恵みが汚染され、相双地区ばかりでなく、会津地方でも放射線量が基準値以上の場合があり、その場合は出荷停止となる。それこそ物々交換によってしか、山菜や川魚を手に入れることができない筆者の実家では、ないならないなりに見過ごすことができる。しかし、帰還困難区域となってしまった場所で育ち、山の幸を日常食やおやつにふんだんに、そして大切に利用し、その経験を基に直売所を経営してきたAさんにとっては生活そのものを奪われたといっても過言ではない。おやつに「かぼちゃ饅頭」というものがあり、たびたびAさんの話題に上ったので、筆者は大変興味をそそられた。福島県内の老舗和菓子チェーン店では最近「かぼちゃ饅頭」等も販売しているがまだ食べたことはない。いや食べていたとしても、Aさんと出会う前は、珍しい高級な饅頭というイメージであり、執着するほどのものではなかったので、覚えていないのであろう。餡がかぼちゃであると思いがちであるが、皮にもかぼちゃが入っているらしい。Aさんはかぼちゃ饅頭作りが得意で大好きらしい。なるべく早く講習会などを開いて教えてほしいと考えている。

また、地域で栽培したものだけでなく、山で採取できるものを大切に感謝して食してきた習慣に畏怖の念を感じざるをえない。春のタラの芽、山菜、秋のキノコだけではない。山ごぼうとごぼうの葉、山のユリ根などまで、その広がりに大いに驚いた。米選機の下に落ちた米粉を当然のように日本人は活用してきたことをあらためて知った。今やおやつは購入するものであり、一歩譲って手作りでも材料は外国産の小麦粉などを使用したものである。高校家庭科の調理実習で桜餅や柏餅を教材として取り上げたことがあるが、最近は桜や柏の葉を和菓子屋さんなどから分けてもらうのも大変なので、実施していない。かつて、道端に生えているヨモギを採ってこさせ、ヨモギ餅を授業の中で作らせたこともあったが、原発事故によりそれはまったく不可能となった。販売されている大方のヨモギ餅は、筆者からいわせるとヨモギ餅ではない。不自然な黄緑色で覆われ、ヨモギの香りはまったくせず、その代わりに食品添加物の変な香りがするからである。本来は濃い緑色であり、均一な緑色ではなく葉脈がみえたりして斑になっているのが自然である。Aさんのいうかぼちゃ饅頭もおそらく、販売されている均一の色で覆われた饅頭ではないのではないかと想像してしまう。

⒁普段の生活と食生活など

「原発事故で避難しなくてはならなかった人（当事者）と自主避難で避難をしている人がいるが、どこまで避難すれば安心なのか、国内か海外なのか、県内か県外なのか」。自分たちのことを「避難民」という人がいるが失望した。避難民ではなく、避難者であると。津波により家が流されてしまった方がいいのか（もちろん人命はもっとも大切であるので命は助かったと仮定してというのが前提である）、家があるのがいいのか、今までの「家宝」がすべて「ごみ」として片づけられるのをどう思いますか。

〈普段の生活〉

付き合いは、借り上げ住宅の方、仮設住宅の方、親戚、友人と付き合っている。

現在の悩みは、賠償金・補償金、老後、健康、町に残してきた家など財産のことである。

買い物は、近所のスーパー・商店に自家用車で行く。その他、生協などの宅配サービスや移動販売も利用している。

通院は、一〇キロ圏内の病院へ自家用車で行く。

復興公営住宅については、町の広報や新聞・テレビ等で知っている。

〈普段の食生活〉

食事を抜くことはない。週に肉類は一回、魚介類は六回、卵は三回、大豆・大豆製品は二回、野菜は七回、牛乳・乳製品は三回食べる。「よく食べる料理」は、漬物（何でも食べやすいようにしょうゆ漬けにする）、季節の野菜の天ぷら、煮物である。「得意料理」は普通の料理は何でもできる。間食としては、季節の果物（桃、なし、柿）、ブルーベリーなどジャムにして保存して食べる。外食は月三回くらい、家族、友人、近所の人と外食する。地域の消防団活動などに積極的に参加している。食材は、近くのスーパー・個人商店、産地直送店で調達するほか、季節の野菜を近所の人々からいただく。自分で自家用車を運転して買い物をする。水は、購入した水を飲んでいる。手軽で飲みやすく、安心だからである。

相双地区でよく食べていた郷土食は、かつおの焼き付け、かつおのフライ、鮭の紅葉汁、鮭の味噌づけ、鮭のしょうゆづけ、鮭のフライ、豚汁　凍み餅、みたらし団子、柿のりである。「柿のり」とは干し柿を米選機の下に落ちた（規格外の）米粉（餅米、うるち米が入っている）で練ったものであり、調味はしない。網で焼いておやつに食べた。会津の身知らず柿のように甘いものは適さず、富山かきなどの干し柿がよい。（Aさんの）母親の実家（南相馬市小高区）では猿が柿の実を食べる。会津には新鮮な魚が少なく、高価なので、相馬市や南相馬市原町区に行って魚を買ってくる。活きがいい魚（かつお、いかなど）にはサナダ虫がいない。会津では、かつお二本で一〇〇〇円～二〇〇〇円もし、高価である。いい魚、高い魚は臭くない。「かつおの焼き付け」は子どもが食べる。油で焼いて、めんつゆ、しょうがに浸けて、タッパーに入れておく。水を入れないで、生醤油、みりん、酒などで煮る。

会津では生魚が少ないため、たたきなどの魚料理ができない。

郷土食は伝承したい。母とともに作った料理を今思い出し、娘に作ってあげている。

郷土食を講習会や学校などで人に教えたことはない。他の人が郷土食を教えていることは聞いたことがある。

子どもの頃は物資不足で、色々工夫して食べたので、そのようなことを子どもたちに伝えていきたい。

〈自治会〉

自治会にはよく参加する。いろいろな情報を入手し共有できるし、会員同士の親睦を深めることができるからである。

〈今後の住まい〉

今後の住まいは、とりあえずこのまま今の猪苗代町の住宅にとどまり、その後どうするかを考えていきたい。浪江町に帰りたいと考えているが、震災前の町に復興したのを確認してからでもいいと思っている。

〈中間貯蔵施設〉

中間貯蔵施設については、説明会に出たことがある。国の説明はまったく納得できなかった。

〈望むこと〉

国や県に望んでいることは、「住環境の整備に努めてほしい」、「原発事故についての国や県の責任を明らかにしてほしい」、東京電力に望むことは、「元の生活に戻してほしい」、「故郷《ふるさと》を返してほしい」。


日本人が体験していないことを体験させられ、自分たちで判断し、選択しなければならない現実の渦中で怒りとともに疲労困憊している様子が伝わってきた。縁あって生活することになった猪苗代町ではあるが、Aさんはかつて浪江町で行ってきたように近所づきあいをしたいと考えているのであろう。それは、近所づきあいの目にみえない重要性を体感しているからではないかと筆者は考える。そしてそれは単純な損得勘定からではない。そのようなおり、『福島民報新聞』の読者欄に、猪苗代町の方の投書が掲載された。ある婦人は、浪江町から避難してきて辛いであろうに、いつも明朗で地域活動に協力してくれ、かえって地元の高齢者たちが元気づけられているという内容であった。これはAさんのことであるとすぐわかった。地元住民との信頼関係がしっかりと構築されていることがわかった。ちなみに筆者は、「柿のり」をまったくはじめて耳にし、どのような食べ物なのか想像すらできなかった。

# 三　被災者の食生活（二）――Mさんの場合

## （一）Mさん（七〇代・女性）の家族

浪江町新町で飲食業（ラーメン、うどんなどを提供する食堂）を夫婦で営んでいた。夫の母（義母）は一人っ子で教員の義父と結婚、土地を先祖から少しもらって家を建てた。義母は和裁の弟子をとっていたが、途中から飲食業を始めた。息子（夫）は東京に修業に行き、夫も一緒に飲食業に携わった。自分は車は持っていない。

## （二）避難状況

震災直前も現在も夫と同居し、現在は会津若松市の借り上げ住宅に住んでいる。

三月一二日～三月一四日、浪江町津島の親戚宅に家族五人で避難した。

三月一二日朝、防災無線が鳴ったので、これでは大変と思い落ち着かない状況だった。今日は山のほうに逃げないと危ないといわれ、浪江町津島の親戚の家へ家族五人（大人三人、子ども二人）で自家用車で移動した。そのまま自宅に帰らず、点々と移動した。

三月一四日～三月一八日、川俣町の親戚宅に家族五人で避難した。

三月十八日～四月七日、埼玉県さいたま市の娘宅に家族五人で避難した。

四月八日～七月八日、会津若松市の東山温泉（新滝旅館）に家族五人で避難、そこに大熊町役場に勤務している娘（子ども二人の母親）が合流した。

七月八日〜二四年七月八日、会津若松市の錦町の借り上げ住宅に家族六人で避難した。

二四年七月八日〜現在、会津若松市館脇町の借り上げ住宅に家族六人で避難したが、その後子どもが一人増えた。

娘とは震災後、約一カ月後に会った。錦町の借り上げ住宅では、アパートの上下に自分たち夫婦と娘家族が分かれて暮らしてきた。孫は、二歳八カ月と一歳五カ月である。

## (三) 避難生活

三月一一日の夜、浪江町役場は水が出なかった。トイレに新聞紙を敷き、用を足したら、新聞紙を丸めて重ねていった。Mさん宅は、地震の後しばらくはテレビも電気も点いていた。津波が来ることはわからなかった。夜、孫に何もないので納豆でご飯を食べさせた。ガラスが割れていたので、掃除機をかけた。

三月一二日、近所の人に山に逃げろといわれ、朝八時から津島に逃げた。津島には二五〜二六人いた。通常は三〇分のところ、三時間もかかった。

三月一四日、川俣町の体育館には、双葉町の人も避難していた。孫は母親が大熊町役場勤務で同行していないため、母乳が飲めず、牛乳が飲みたいといった。

三月一八日、さいたま市在住の娘が来なというので、大宮に行った。福島県内ではガソリン不足だったため、婿さんが新潟県まで行ってガソリンを入れ、福島から埼玉県まで高速道路で移動した。都会の長女宅は、五人も増えて窮屈だった。家族五人にはお世話になっているのだから文句はいわないこととあらかじめ注意した。食費を浮かせるため、朝はパン、昼はうどん、夜はごはんにした。避難の際、通帳や印鑑を持ってこなかったので、お金があまり使えなかった。さいたま市にある福島銀行の支店に事情をいって、やっと五〇万円下ろせた。

かつて浪江町では、街中に住んでいたので、歩いて買い物ができた。Mさんは運転ができない。近所の人が皆知り合いで、あいさつしながら歩いていた。今、会津若松市では、昔ながらの商店が近所に少なく、自転車でないと買い物ができない。

会津若松市桜町に家を建て、一緒に避難している娘家族が現在住んでいる。いずれは同居する予定である。自分のことが自分でできるうちは、今の会津若松市の借り上げ住宅にいたい。

## (四) 健康、ストレス

これからのことが心配で、移住をしても、浪江の家や色々なことを思うと夜も眠れない。三月一一日の一週間後から睡眠導入剤を処方してもらい、飲まないと夜眠れない。薬を毎晩まず半分飲んで眠り、三時間後に起きてまた眠れないときはもう半分飲んで寝るようにしている。夫はお酒を飲んで寝ている。浪江には自宅が二つあるが、それをどうするか、一つは壊すか。更地にすると税金が七倍になると聞いたことがある。墓は浪江にあるが、会津若松市に娘と同居したときには、墓はどうするのか。息子と浪江に高速道路で帰宅する。いわきまで高速で行って、いわきからは浪江まで普通道路で北上する。

下の孫がストレスのため、突然声が出なくなった。アーのみいう。一歳半で震災に遭い、二歳になる前、突然声が出なくなった。竹田病院に一年間、週一回通院している。医者は子どもはいずれ回復するから大丈夫と言った。だんだんしゃべるようになった。

大熊町役場に勤務していた娘は、三年前に退職した。激務のため、背骨がみえるくらいまで痩せてしまった。浪江町の役場職員も二〇人辞めた。

学校では、放射能がうつるといじめられることもある。東京の病院では、福島県から避難してきたということ、他の患者と分けられる。会津の個人病院では、当初診察を断られた。

## （五）浪江の家の片づけ

お金なんかいらない。故郷に帰りたい。家は津波で流されたほうがいい。熊本地震など残っているものをきれいにするのは大変だろう。浪江の家の片づけのために、東電の人が二〇人くらい来た。箪笥や箪笥の中身どうしますかと聞かれたが、いりませんと答えた。片づけているあいだ、後ろをみて泣いていた。タオルだけ、掃除用にとっておいた。エアコン、テレビ、掘りごたつ、仏様（仏壇）は置いた。ときどき行って、団子とお茶を上げて、最後に食べてくる。位牌は過去帳にしたほうがいい。放射能汚染と動物回避のため、お墓には何も上げてはいけないことになっている。水もおいてはいけない。浪江の家が火事にならないか心配である。浪江の自宅の周りに防犯カメラがついたと浪江町から連絡があった。盗人はリュックサックを背負って盗みに行くらしい。約一〇年前、浪江町請戸の船主は、原発で漁業が制限されるという補償から、東電から一人三〇〇〇万円渡されたらしい。東電から箪笥預金を勧められていたらしい。

（Mさんは）三月一一日の二カ月前に地震保険を解約したばかりだった。地震の際、山に逃げた。そばぶち機械が大きく動いて、九〇度向きが変わった。余震が二回、ガチャガチャとガラスが割れた。立っていられなかった。

浪江町に住むことをあきらめきれない気持ちがあり、頭では会津若松市に娘や孫たちと一緒に永住することになるとはわかっていても、会津若松市に永住すると決められずにいると思われる。

## (六) 普段の生活や食生活など

政府や県、東電が話していることはまったく信用できない。〝嘘〟のないような、しっかりとした態度で私たちに接してもらいたい。だから、これからが不安である。われわれがこんなに苦しんでいるのに、原発を作ろうとする自由民主党を支持することはできない。現場をみて、そして、(浪江の)家に一カ月くらい住んでみれば、必ず私たちのことがわかるのでないか。

〈普段の生活〉

付き合っている人は、借り上げ住宅の人、県内に避難している町民、友人であるが、「ほとんど付き合いはない」。イベント等では集まるが、日常的には触れ合っていない。

現在の悩みは、町に残してきた家など財産のことがもっとも大きく、賠償金・補償金、住まい、家族、老後、健康、将来、帰還問題など仕事以外のすべてのことに悩んでいる。Mさん夫婦は現在は飲食業ができなくなったので、無職である。悩みの対処法についてはとくに何もしていない。

買い物は、近所のスーパー・商店に自転車で買い物に行く。

通院は、徒歩圏内の病院に歩いて、あるいは自転車で行く。

復興公営住宅については、県の広報、町の広報、新聞・テレビ等で知った。

〈普段の食生活〉

ときどき食事を抜く(週に昼食一回、夕食一回)。ちょっと食べすぎたときは無理をせずに胃を休ませるようにしている。週に肉は二回、魚介類は三回、卵は七回、大豆・豆製品は一〇回、野菜は二〇回、牛乳・乳製品は五回食べている。

食事は自分が作っている。疲れたとき（具合の悪いとき）などは買うときもある。

「よく食べる料理」は、お浸し、野菜サラダ、ナスの油炒め、きゅうりの漬物、豆類である。「食べるのが苦手な料理」はウナギ料理、「得意料理」は、野菜炒め、うどんである。間食には、果物は好きで食べるが、甘い菓子類はあまり食べない。ジュース類は飲まない。緑茶がほとんどでコーヒーは一日三回くらい飲む。

外食は月一回、中食は週二から三回する。家族のほか、避難をしてからの友人と月に一回くらい必ず五年間外食している。

食材の調達は、近くのスーパー・個人商店に徒歩や自転車で行く。

水は、水道水を必ず沸騰させてから飲む。

郷土食については浪江町の中心地に住んでいたので、よくわからない。

〈自治会〉

自治会にはよく参加する。自治会に入ってよかったことはという問いに対して、色々な情報を入手し共有できる、自治体の活動や行事に参加できる、会員同士のコミュニケーション、会員同士の親睦がはかれる、賠償金、補償金など、同じ悩みをもつ人と話し合うことができる、専門的知識を得ることができる。

〈今後の住まい〉

すでに会津若松市に土地、住宅を購入し、そこに娘が住んでいる。いずれ同居するつもりである。

〈中間貯蔵施設〉

中間貯蔵施設の説明会には出席したことがない。浪江町の場合、原子力発電所が立地されていないため、中間貯蔵施設の話し合いはない。

〈望むこと〉

国や県に望むことは、賠償金、補償金の支払い、除染をしっかりしてほしい、中間貯蔵施設に関して最終処分施設を明確にしてほしい、住環境の整備、雇用環境、教育の立て直し、高齢者や障がい者などの生活支援、廃炉作業の進捗状況を知らせてほしい、今後の復興の見通しについて説明してほしい、原発に対する基本的姿勢を避難者にわかるように説明してほしい、原発事故についての国や県の責任を明らかにしてほしい。またその他に「政府や県、東電が話していることはまったく信用できない。〝嘘〟のないような、しっかりとした態度で私たちに接してもらいたい。だから、これからが不安だ」と。

東電に望むことは、原発事故の原因と責任の所在を明らかにしてほしい、会社の存続よりも避難者の生命を大切にしてほしい、元の生活に戻してほしい、故郷《ふるさと》を返してほしい、賠償金、補償金の支払い、原発を確実に廃炉にしてほしい、これまでの原発推進のあり方について見直してほしい「我々がこんなに苦しんでいるのに、原発を作ろうとする自由民主党を支持することはできない。現場をみて、そして、（浪江の）家に一カ月くらい住んでみれば、必ず私たちのことがわかるかと思う」と。

今回、食材の具体的な分量は回答困難であると予想し、聞かなかったため不明である。調査対象者が高齢者が多く、食物の知識が少ない人には食べた分量を答えることが困難であると考えたからである。Mさんは肉が少ない分、卵や大豆でたんぱく質を補っており、また野菜も毎食食べていることから、栄養バランスは決して悪くないと思われる。

Mさんの回答からは、強い不安や不満がいたるところから感じられる。不安は何か、国や東電にいいたいことは何かの問いに、すべての例示されていることを挙げた。自分の今後の人生をどうしていいのか考えあぐねて混乱しているようにも受け取れるのである。

筆者が二年前、会津若松市に立地する大熊町の仮設住宅で、六人にヒアリングをした際、六〇代の女性一人は睡眠導入剤を、もう一人の六〇代の女性もストレスから通院していた。今回、浪江町の借り上げ住宅に住む三人にヒアリングをしたが、七〇代の女性Mさんが、睡眠導入剤を飲んでいた。ストレスから通院、投薬をされている人にこんなに容易に出会うことに驚く。二年前の大熊町の人は、大熊町にいたときから付き合っていた親友が同席していたので、ストレスで味覚障害になったり、二階から飛び降りたい衝動にかられたり、睡眠導入剤のほかにも薬を処方されたりしていることを知っていた。むしろ寄り添ってサポートしていた。しかし、今回は避難してきた会津地方ではじめて知り合った友人であることから、同席していたAさんも、Sさんも、Mさんが五年間睡眠導入剤を飲んでいることをまったく知らなかった。筆者が、三人同席のもと、ヒアリングを行ったことが契機となって、お互いの歴史、心情などを深くはじめて知ることとなったのである。Aさんの家系のこと、Aさんが作ってきてくれた「山ごぼう餅」や「山ユリ根」も他の二人ははじめて食べて知った様子であった。

## 四　被災者の食生活(三)——Sさんの場合

### (一) Sさん(六〇代・女性)の家族

浪江町樋渡《ひわたし》の農村に住んでいた。樋渡は「避難指示解除準備区域」である。現在、会津若松市に夫と住んでいる。自分も夫も札幌市出身で、夫は原子力発電所に勤務していた。大震災の前も、現在も専業主婦である。家では車を二台所有している。

## (二) 避難状況

三月一二日、浪江町の自宅から会津若松市の次男宅に夫と自家用車で移動した。

三月二三日～六月一〇日、会津若松市から札幌まで飛行機で移動した。

六月一〇日～現在、札幌から会津若松市までフェリーで戻った。当初、借り上げ住宅に入居していたが、平成二五年に会津若松市内の息子さん夫婦と別居して、会津若松市に中古住宅を購入し、現在、夫と二人で暮らしている。


三月一二日の朝、友達から原発が爆発するから逃げろといわれ、貴重品を持って九時過ぎに避難した。防災無線は何かいっているが、よく聞こえなかった。猫を飼っていたため、体育館には入れないと思い、まっすぐ会津で働いている息子の家に向かった。途中、南相馬市原町区のイオンでガソリン二〇〇〇円分を入れた。パンなど主食になるものは売っていなかった。原町区から飯舘村まではスムーズに車が走った。結局、会津若松市まで三時間もかかった。

## (三) 浪江の家

会津若松市内に中古住宅を他の人たちより早めに購入したのは、浪江の家は自分たちの名義だが、土地は借用していたこともあり、早めに決断したためである。半壊であると補償金は大家さんが八〇％、自分たちに二〇％入る。壊すのに三〇〇万円かかる。双葉郡内（富岡町、双葉町、大熊町）に原発作業員が七〇〇〇～八〇〇〇人働いている。今後の廃炉作業に向けて二万人に増えると予想される。その作業員の宿泊は南相馬市原町区になる。外国人の作業員もいる。夜は怖くて歩けない。子どもは車で送り迎えしている。

## （四）健康状態

山が大好きで、アクティブに山登り等を楽しんでいる。夫は何もすることがない。夫は会津浪江会にも入っていない。夫は会津の県立医療センターや会津中央病院に通院し、会津に来て一回入院した。健康状態は良好である。夫の健康のことが心配だ。夫は毎日ウォーキングをしている。

会津若松市はほどよい規模の都市で、住みやすい。車で一時間以内で市内を一巡できる。買い物も車なので不便はない。山登りや山歩きが趣味なので、山が近くに多くてよい。

## （五）普段の生活や食生活など

〈普段の生活〉

付き合いは、借り上げ住宅の方、県外避難町民、県内避難町民、会津若松・喜多方市民、友人と付き合っている。

現在の悩みは、夫の健康のことがもっとも大きく、老後、浪江町に残してきた家など財産のことに悩んでいる（浪江町の家は、決断が早かったためか、無料で掃除してもらった）。

悩みの対処法は、東電と直接交渉する、親戚や復興公営住宅の入居者以外の友人と話し合う。

買い物は、近所のスーパー・商店に自家用車で買い物に行く。

通院は、一キロ圏内の病院に自家用車で行く。

復興公営住宅については、知り合いから聞いた、人から聞いた、町の広報で知った。

Sさんは札幌市出身なので、人口約一三万人の会津若松市は、ほどよい規模と感じるのだろう。一方、Mさんは浪江町の街中で徒歩で買い物をしていたので、会津若松市は車がないと不便と感じていると思われる。悩みは直接東電と交渉するとあるが、元社員だったため、交渉しやすいのではないか。また、Sさんには土着民としてのこだわりはなく、新天地で前向きに生きていこうという意思を感じた。

〈普段の食生活〉

食事を抜くことはない。週に肉類は五回、魚介類は六回、卵は四回、大豆・豆製品は週一四回、野菜は週二一回食べている。牛乳・乳製品については回答がなかった。

食事は自分が作っている。「よく食べる料理」は、野菜サラダ、煮物、肉野菜炒め、「食べるのが苦手な料理」はとくになし、「得意料理」は、煮物、和食料理である。間食は、果物、コーヒー、緑茶を飲食する。外食は、月三回で、中食には回答がなかった。外食は、家族、友人、趣味の仲間としている。食材の調達は、近くのスーパー・個人商店、産地直送店に自分で運転して食材を買いに行く。水は、アルカリイオン水をつけるため、わざわざリフォームした。磐梯山の近く（榮川酒造の近く）に水を汲みに行ったこともあった。Aさんが、天然水は一年に一回検査が必要よといった。今はペットボトルの水を飲んでいる。天然水が体にいいと聞いたからである。

〈郷土食〉

相双地区にいたときよく食べていた郷土料理は、豚汁、ホッキ飯、鮭鍋であり、今も食べている料理は、豚汁で、食べなくなった料理は、ホッキ飯である。会津では新鮮なホッキが手に入らないからだ。郷土食は伝承していきたい。郷土食は体によいし、良い伝統的なものはなくしたくない。郷土食を教えたことはなく、逆に教えてもらった。他の人が郷土食を教えていることを聞いたことはある。料理が得意な人が公民館の料理教室で教えていた。郷土食以外で伝承したいことについては回答がなかった。また、今の子どもたちは野菜を食べないので、もっとたくさん野菜を食べるようにしてもらいたい。

〈自治会〉

活動や行事の内容によって参加したり参加しなかったりする。自治会に入ってよかったことは、いろいろな情報を入手共有できる、自治会の活動や行事に参加することができる、会員同士のコミュニケーションが図れる、会員同士の親睦を深めることができる。

〈今後の住まい〉

すでに会津若松市に土地、住宅を購入し、住んでいる。

〈中間貯蔵施設〉

中間貯蔵施設の説明会に出たかについては、回答がなかった。

〈望むこと〉

国や県に望んでいることは、住環境の整備につとめてほしい、高齢者や障がい者などの生活支援に真剣に取り組んでほしい、原発事故についての国や県の責任を明らかにしてほしい。

東電に望んでいることは、原発事故の原因と責任の所在を明らかにしてほしい、今後の生活のめどが立つような賠償金、補償金の支払いをしてほしい、これまでの原発推進のあり方について見直してほしい。

今回はわずか三人からのヒアリングであったが、三者三様の避難史があった。三人同席でヒアリングをしたが、お互いのことを意外に知らない。四年以上も一緒に会津浪江会で活動しているにもかかわらずだ。かつての浪江の住所は知っているようだが、浪江ではどんな生活をしていたのか、どのように避難してきたのか、会津でどのように暮らしているのか、ほとんどはじめて聞く私と同じように、身を乗り出して聞いている。とくに避難してきた経緯、大変だったことなどはこちらが聞かなくても、どうしても口から出てくる。Mさんが、睡眠導入剤を飲んで寝ていることなども知らなかった。Mさんは会津浪江会の人とは月に一回イベントで会い、食事する間柄であるが、「ほとんど付き合いはない」と回答していたのがうなずける。筆者のヒアリングが契機となって、互いに心の内を少し打ちあけ、信頼や交流が深まれば、予想外のよい影響があったといえるであろう。

また、ルーツ（どこで生まれ、どこで育ったか、結婚しどこに住んでいたか）によって、また、自分たちの仕事、子どもの仕事、孫や子どもたちの学校によっても、現在の住まいや将来の住まいが違ってくる。避難後の定着場所、今後の住まいの希望地が違ってくる。双葉地区は、もともと原発労働者などが入ってきて、人の動きのある地域であった。それ以前には戦後に開拓民が入ってきた地域でもある。二年前の大熊町民に対するヒアリングでも、避難後の定住地、気持ちの持ちようにこれらのルーツが大きな影響を与えていることを感じた。

今回、夫婦ともに札幌市出身で、原発労働者として双葉地区に入所してきたSさん夫婦は、原発事故から二年後には、会津若松市内の中古住宅を購入し、定住を決めている。

浪江町で飲食業を営んできたMさんは、前の代からの土地や家屋、墓が残っている。Mさんは、会津若松市内に土地と家を購入し、現在はそこに娘夫婦が住んでおり、いずれ同居するつもりであると頭では理解していても、故郷の家が捨てきれず、悩みの渦中にあり、夜も眠れない。というのも、Mさんの浪江の土地は、「帰還困難区域」ではなく、いずれ帰還できる地域であるからだ。放射能の不安から子どものことを考えて娘夫婦は浪江には帰らないという選択をするだろう。そうした場合、高齢になって自分たち夫婦だけで暮らせなくなったらと思うと、娘夫婦が定住する会津に残らざるをえないことから悩みは深い。自分の本心の浪江に帰りたいという気持ちに蓋をしているからである。もし避難解除になったら高齢者だけ、あるいは一人暮らしでも故郷で暮らせるように、きめ細かな支援は必須になってくるだろう。

すでに楢葉町、葛尾村などは続々と帰還が解除になっている。飯舘村は二〇一七年三月末に帰還困難地域である長泥地区を除いて解除になる。その長泥地区の人々の心中は察するに余りある。自分の屋敷や周辺の山だけが除染されずに取り残されているからである。

同様に「避難指示解除準備区域」に浪江の家があるAさんは、いずれ帰還することを決めている。今は猪苗代の町の人とも交流を図りながら、大家族で避難生活の危機を乗り越えていく覚悟であろう。そうした前向きな姿勢の一方で、実家の一九代も続いた名家の土地は、「帰還困難区域」にある。実弟が文書にして家の歴史を残したとしても、住むことが叶うのはいつになるのかわからない。脈々と続いてきた家系を絶やさず、土地を継承していく重大な役割を孫に託すことになるであろう。Aさん一家なら、知恵を絞ってそれを成し遂げるのでないかと思われてならない。しかしながら、自分の土地が中間貯蔵施設になってしまう大熊町の町民は、土地の継承ができない。不透明な自分の土地の行く末を思うと、筆者の父なら憤死に値するほど悩むに違いない。

## むすびにかえて

筆者は、二〇一六年の八月、浪江町民のヒアリングと同時期に、大熊町のN災害公営住宅の人々に食生活についてアンケートをした。災害復興住宅の人々は大方仮設住宅から移ってきた人であり、集会所でイベント等を行うことが可能であるが、交流という点では十分でない状況にあった。一人暮らしはアンケートに回答があった三五人中一三名であり、そのうち男性は六〇代から八〇代の九名であった。九名は欠食は少ないものの、すべての食品群において、家族と暮らしている人より食品摂取率が低く、栄養バランス、栄養摂取量ともに問題があることがわかった。一方、一人暮らしの女性は、家族と暮らしている人々と食品摂取率において大差がなかった。一人暮らしの男性の大方は食事は自分で作ると回答しており、そのほかはホームヘルパーが二人、家族が一人だった。一人暮らし男性は得意料理として、肉野菜炒め、野菜サラダや漬物を挙げており、予想どおり料理が得意ではないことがわかった。しかしそれでも家族と暮らしている男性よりは得意料理を挙げた割合は高く、自分で食事を準備していることへの意気揚々とした自負が垣間見れるようであった。外食については一人暮らしの男性九人中五人が月三回から一〇回外食をしており、一人暮らしの女性も四名中二人が外食が多かった。中食についても一人暮らし男性の三人が中食を多く利用し、一人暮らし女性の一人は月一〇回中食を利用していた。

しかし、欠食については男女とも、一人暮らしかそうでないかというよりは、生活習慣によるものが大きかった。家族と暮らしている五〇代男性が朝食を毎日欠食していたりというように二〇代から五〇代の人が朝食に限らず食事を欠食していることが多く、かえって一人暮らしの高齢男性の欠食はほとんどなかった。災害公営復興住宅の若年層にみられる貧困な食生活は、単に食習慣レベルのみで語りつくされるものではないと考える。生活全般における裁量の余地のなさに由来する創意・工夫の欠如、「食」そのものに対する関心の低下が、結果的に貧困な食生活を招いていると言えるかもしれない。もしそうだとすると、郷土食や郷土のおやつを作って食べ、継承するなどということは程遠いことになる。一方、前節までに取り上げた、浪江町の借り上げ住宅の三人のうち、Mさんはたまに欠食していたが、大方、すべての食品群をバランスよく摂取していた。食事に対する関心については、Aさんは娘さんに郷土食を作って食べさせたり、かつては直売所で郷土食を販売したりと食事や郷土食の継承について強烈で明確な意思を持っていた。Sさんは夫の健康のためにも食事や飲料水に気を配り、郷土食を教えてもらったりと食事に関心を示していた。Mさんは時折胃を休ませるために欠食するが、すべての食品群をバランスよく摂取していた。しかし浪江の自宅や墓をどうするかなど、自分自身の今後についての悩みは深刻であり、郷土食については街場に住んでいたからよくわからないと答えた。つまり、浪江町では飲食店を開いていたが、その当時から食そのものへの関心は低かったのではないかと思われる。

また、家族や友人などのソーシャル・キャピタルから切り離されていることが貧困な食生活の隠れた要因になっているといえないこともない。災害公営住宅の一人暮らし男性は、外食を家族や友人とすると回答しているが、仕事仲間や趣味仲間、近所の人などとは皆無であった。避難によって、かつての仕事仲間、趣味仲間から切り離されてしまい、孤立していることは否めない。食生活が家族や友人などとの多重的なネットワークにおいて重要な意味を持つのは、「いっしょに作って、いっしょに食べる」（ふれあいの赤いエプロンプロジェクト 二〇一六）ことであり、郷土食を介して「後世に残したい、今食べたい」という素朴な思いを共有する（あぶくまロマンチック街道構想推進協議会 二〇一六）ことである。残念ながら、こうした多重的なネットワークの中にある復興公営住宅や借り上げ住宅は、いまだ少数にとどまっている。一方、「お互いのことをよく知らなかった」会津浪江会の人たちも、一緒に作って一緒に食べる試みをもっとする必要があるのではないかと思われた。

たしかに食生活の乱れは個人レベルの食習慣を変えることが不可欠であるが、それとともに、多様なソーシャル・キャピタル（社会関係資本）に孤立した被災者を包摂することが求められているのである。幸い、フィールドに据えたN復興公営住宅には、「地縁型ソーシャル・キャピタル」（西山 二〇一三）である自治会が作られており、孤立した被災者を包摂する体制が部分的にでき上がっている。またさまざまなNPOやボランタリー・アソシエーションがアドホックに被災者に寄り沿うという事態もみられる。その点でいうと、筆者は、「はじめに」の箇所で、ふれあいの赤いエプロンプロジェクトやあぶくまロマンチック街道構想推進協議会についてやや批判的に言及したが、孤立した被災者を地域コミュニティを越えたところで支援する結束型ソーシャル・キャピタルとしては、大いなる可能性を有しているといえる。いずれにせよ、ここで簡単に言及したN復興公営住宅の食生活の貧困は、コミュニティ・レベルであるいはそれを越えたところで、ソーシャルに対応する必要があるのである。

N災害復興公営住宅のアンケートの回答から、一人暮らし男性がよく食べるものは、天ぷら、うどん、煮魚、そばで、一人暮らし女性は、揚げ物、野菜の煮物、焼き魚、炊き込みご飯を挙げていた。男女ともにすしは〇％、女性はそばはあまり食べず、うどんは男女ともよく食べることがわかった。一人暮らし男性は、野菜をはじめ多様な食材は食しておらず、分量的にも不足していると思われるが、その中でも魚は週七回摂取している人もおり、やはり浜通りの人々だと感じた。しかし、女性は焼き魚も食べているのに対し、男性は煮魚を多く食べている。高齢男性がグリルを扱って魚を焼けないこと、骨が多くて食べにくいことなどがその要因ではないか。

以上の分析から、避難している高齢者と食事会を催すときは、好む料理に野菜をふんだんに取り入れたり、なじみが深い魚から骨をとった焼き魚、家庭ではなかなかできない天ぷらや揚げ物を取り入れた料理を提供したら、栄養バランス上も、心の満足度の点からもよいのではないかと考える。たとえば、けんちんうどん、かつおのつけ焼き、芝エビと青のりのかき揚げなどである。そして何といっても浜通りでよく食べられてきた「ホッキ飯」や「イノハナご飯」は欠かせない。イノハナとは黒いキノコで、炊き込んだご飯は不気味な黒色になるが、香りが濃厚でおいしい。そこに普段は牛乳を全く飲まない高齢者用に、乳・乳製品の入ったデザートや「ごぼうもち」「かぼちゃ饅頭」などの懐かしいおやつが加われば申し分ないと考える。ぜひ、Aさんを講師に、筆者の職場である高校で生徒たちに教えてもらい、生徒たちと一緒にN災害公営住宅などで食事を作り、ともに食事会をしたいものだと考える。食が心の復興につながり、生きる希望を見いだすことができることを願う。

**注**

（1）二〇一六年八月上旬から下旬にかけて三日間実施。対象者は三人（浪江町出身者）

（2）二〇一六年八月二四日から九月六日にかけて実施。対象者は全居住者（大熊町出身者）、留め置き、回収数三五（回収率八九・七％）

**参考文献**

あぶくまロマンチック街道構想推進協議会、二〇一六、『あぶロマレシピ集　あぶくまの郷土料理』

ふれあいの赤いエプロンプロジェクト編、二〇一六、『復興ごはん』平凡社
西山志保、二〇一三、「新しい絆のゆくえ――ソーシャル・キャピタルのいまを解く」吉原直樹・近森高明編『都市のリアル』有斐閣
佐藤真理子、二〇一五、「原発災害避難者の食生活のいま」吉原直樹・仁平義明・松本行真編著『東日本大震災の被災・避難の生活記録』六花出版

# 地域に開かれ、地域から開かれた臨時災害放送局
## ――山元町「りんごラジオ」

松本早野香

## はじめに

### （一）本稿の目的

本稿では、宮城県亘理郡山元町において、東日本大震災発災後一〇日に開局し、現在（二〇一六年一一月。以下、現在）にいたるまで放送を継続している臨時災害放送局、愛称「りんごラジオ」について記述する。りんごラジオは災害時の緊急対応として開局される臨時災害放送局の中でも、後述のとおり、特異な存在である。りんごラジオの長期にわたる活動は、臨時災害放送局に関する資料としてのみならず、災害と地域メディアを考察するためにも、後々まで参照されうる形式で保存されるべきである。しかしながら、その記録は、とくに立ち上げからまもない時期をおもな対象として、概略または活動の一側面について書かれたものしかなく（丹羽美之・藤田真文

編、二〇一三、『メディアが震えた――テレビ・ラジオと東日本大震災』東京大学出版会／柴田邦臣・吉田寛・服部哲・松本早野香、二〇一四、『思い出をつなぐネットワーク――日本社会情報学会災害情報支援チームの挑戦』昭和堂）、開局以降の全期間の放送内容その他の活動に関する包括的な記録は存在しない。また、りんごラジオはコミュニティラジオにはしない方針を明らかにしており、放送免許期限が二〇一五年三月であったところを、一年間更新した状態である。すなわち、ラジオ局として恒久的に運営され活動内容に関する調査や活動記録の収集が可能な状態が継続されるとは予測しがたい。

そこで本稿では、筆者による開局直後から現在にいたる継続的な現地調査・放送内容記録の調査等の資料を使用してりんごラジオの活動を記録し、地域メディアとしての役割を記録・考察する。

なお、筆者はラジオ局のスタッフではなく、山元町民でもない。町外・被災中心地外からの支援者ならびに調査者である。東日本大震災直後から現在まで、山元町において情報技術を用いた支援を実施している。震災から二年までは一カ月に一度から二度、その後はゆるやかに頻度を減らしながら定期的に山元町を訪れ、コンピュータ関連の支援をしながら参与観察・インタビューを行い、また、後述するりんごラジオの放送内容については手書きの放送記録をデジタル化し記述するといった手法で調査を継続している。

## (二) 山元町と臨時災害放送局

山元町は宮城県沿岸の最南端に位置し、面積六三・八平方メートルの小さな町である。特産品はりんごといちごとほっき貝、東日本大震災前には仙台まで鉄道で四五分、人口は一万七〇〇〇人ほどであった。東日本大震災の被害は最大一三メートル、浸水は町の面積の四七パーセント、可住面積の六五パーセント、人口に占める犠牲者の比率は四・一パーセントと、きわめて甚大であった。被災の度合いが同様に高かった他の地域のうち、宮城県の北側の報道が圧倒的に多く、事態がすばやく全国に知らされたとはいえなかった。東北でよく読まれている地方紙・河北新報は、のちに「県南の軽視」があった、として自らを戒めているほどである（河北新報社、二〇一二、『河北新報のいちばん長い日――震災下の地元紙』文藝春秋）。福島第一原子力発電所からも六〇キロ程度と近いが、こちらも、より近い福島県内に報道が集中した。

災害時には平時にもまして情報が重要な役割をはたし、人々の生命や生活をも左右することから、地域メディアが必要とされる。そのため、災害時にその被害を軽減するために役立つことを目的とする放送局として臨時に許可される「臨時災害放送局」の開局が、放送法第三条の五、放送法施行規則第一条の五第二号によって許可される。緊急時の迅速な対応のため、自治体単位で免許され、免許人は自治体首長である。阪神・淡路大震災直後に誕生し、有珠山噴火・中越地震・中越沖地震等の被災地で開設されたが、東日本大震災までの事例では一カ月半から最長一年の運営であった。東日本大震災後には、山元町を含む二八の自治体で三〇局が開局された。コミュニティラジオから臨時災害放送局に移行したケースもあるが、山元町にはコミュニティラジオを含む地域放送メディアは存在しなかった。しかしながら、発災後わずか一〇日で、臨時災害放送局・りんごラジオが開局した。

被災直後の混乱した状況の中で迅速に進められた具体的な準備、手続き、かかわった人々の思いについては、りんごラジオ局長・高橋厚自身が書籍の一章として執筆している（丹羽美之・藤田真文編、二〇一三、『メディアが震えた――テレビ・ラジオと東日本大震災』東京大学出版会）。本稿ではおおまかな経緯のみを述べると、高橋厚は元テレビアナウンサーで、引退後に配偶者である高橋真理子とともに山元町に転居してきた。町民となったのち、コミュニティラジオの設立準備会を立ち上げたこともあったが、資金調達がならず開局にいたらなかったという経緯があった。また、山元町公民館で「話し方教室」の講師や、町の総合計画審議会会長を務めたことがあるなど、豊富な人脈を有していた。

すなわち、放送のプロフェッショナルが山元町の放送局を構想して関係者と協議した過去があり、行政や放送局のスタッフとなりうる人々とのつながりを持っていたのである。局長となった高橋厚、のちに局長代行となる高橋真理子をはじめとする関係者の壮絶な行動力はもちろんのこと、山元町における平時の放送局開局検討の経緯が、臨時災害放送局のスピード開局を実現した要因の一つであったといえよう。

臨時災害放送局は「災害時にその被害を軽減するために役立つことを目的とする放送局として臨時に」運営される地域メディアである。前述のとおり、過去の臨時災害放送局はこの「災害時」が発災直後から長くて一年であった。それ以降は閉局、または平時の放送局としてコミュニティラジオに移行したのである。しかしながら、東日本大震災においては、二〇一三年の時点で一三局が放送を継続していたという調査結果があり（災害とコミュニティ研究会、二〇一四、『小さなラジオ局とコミュニティの再生――3・11から962日の記録』大隅書店）、二〇一六年一一月にいたっても、りんごラジオを含む九つの臨時災害放送局が、コミュニティラジオのインターネット放送サイトである「サイマルラジオ」（http://www.simulradio.info/）で聴取可能である。

臨時災害放送局はその性質上、発災直後は安全や生活のための情報を大量に放送する必要があり、二四時間体制で放送することも多い。ある程度落ち着いた後には、一日三、四回、地元の行政情報やイベント情報を流し、残りの時間には地元の昔話や音楽を流すといった内容が典型的である。より豊かな番組編成を行っている例もあり、たとえば南相馬市の「ひばりエフエム」では、放射線モニタリング情報など地域に必要な情報や地域でつくられた番組を放送しながら、全国の協力者から使用許諾を得た番組を放送し娯楽性をも提供している（同前『小さなラジオ局とコミュニティの再生――3・11から962日の記録』）。

しかしながら、山元町の臨時災害放送局・りんごラジオは、これらのいずれの局とも異なる特徴をもつ。本稿では第一節で放送内容について、第二節で放送以外の活動・役割について詳述する。

# 一　りんごラジオは何を放送してきたか

## (一) 番組づくりの方針

りんごラジオの番組は開局から一貫して「百パーセント自社制作」である。町に関連するニュース等については当然、東北の地方紙や町役場といった情報ソースがあるが、たとえば、どのできごとを取り上げ紹介するか、どのように紹介するかは、りんごラジオ自身が判断する。筆者の調査時には、スタッフから「できあいの音源は音楽だけ」との発言も聞かれた。もっとも、このスタッフの発言は、実は正確ではない。りんごラジオで放送された町民による詩に、のちに曲がつき、りんごラジオで募集した子どもたちによる「りんごっこ合唱団」で歌われ、りんごラジオはもちろん、全国テレビニュース等でも放送されたのである。ジングルもオリジナルである。したがって、正確には「音楽さえオリジナルのものもある」のである。

では、どの程度の割合で「できあいの音楽」以外の放送が行われているか。開局当初は七時から一九時までが生情報で、夜間に音楽を流していた。一日一二時間の放送、しかも無休である。潤沢なスタッフがいるはずもない。開局当初の尋常ならざる運営については過去に調査・記述し出版している(柴田邦臣・吉田寛・服部哲・松本早野香、二〇一四、『思い出をつなぐネットワーク――日本社会情報学会災害情報支援チームの挑戦』昭和堂)ことから、詳細は割愛する。

復興期には土日を再放送中心に変更したが、放送自体の休日はない。平日の放送は時期により八時から一〇時に開始され、一七時までおおむね一時間ごとにオリジナルの番組を放送し、合間に音楽をはさみ、夜間には音楽を流すスタイルである。祭り等のイベントがあれば生中継が中心となる。

すべてオリジナルの番組で、なぜそんなにも大量の放送内容を、しかも五年以上にわたって制作しうるのか。それは、いうなれば「町にいる人の声こそがコンテンツ」だからである（この呼称は筆者によるものであり、りんごラジオによるものではない）。りんごラジオのキャッチフレーズは「いい町には声がある」である。この「声」は笑い声だけではない。泣き声も話し声も怒っている声も、複雑な話をする声も、ただ「こんにちは」と呼びかける声も、含まれる。そしてその「声」は、行政や特別な立場の人だけの「声」ではない。文字どおり全町民が出演しうる。スタッフの推計によれば、累計で三〇〇〇人程度が出演しているという。町民の数人に一人は出演していることになる。自身が出演していなくても、知っている人が何人も出たことがある、そのようなラジオなのである。もちろん、復興支援等のために町を訪れた有名人も、有名でない人も出演する。筆者も年に一度ほど出演している。

## （二）番組の変遷と制作の特徴

りんごラジオの番組は事前にしっかりと企画される。翌日の番組が毎日ブログ（第二節で詳述）にアップされるほどで、取材時の柔軟性は高いが、放送番組として統制されている。また、番組には開局後比較的早くでき現在まで続いているものもあれば、一時期のみ制作されていたものもある。局長に対するインタビューによれば、時期により意図的に番組編成を変えているとのことである。被災直後の激しい混乱の時期から、避難所生活がやや落ち着いた時期、仮設住宅に移行した時期、仮設住宅での生活が長引いた時期、それぞれの「声」を聞くためにふさわしい番組が企画されている。地震直後から五カ月の合同慰霊祭を節目に復旧・復興を意識し、柔らかい雰囲気の番組を増やしたという。

時期限定の番組の代表的例は、町民が震災当日の体験を語る「語り継ぐ私の三一一」である。六〇人が取材に応じ、被災の詳細が明らかにされた。インタビュアーはほぼ聞き役に徹し、人々の話す時間は数分から三〇分近くになることもあった。長くてもよいのかと尋ねると、「不必要な発言などない」との回答を得た。また、この番組はとても辛い体験を話すものであるが、復興期の性質の異なる番組においても、出演者の多くは非常に率直に発言しているように思われる。ときに「放送して誰かから何かいわれてしまうのではないか」と心配になるような発言もある。アポなしで声をかける番組もあるが、「ほとんど断られない」という。

町の人々はなぜ、このラジオで率直な「声」を発するのか。筆者はスタッフから冗談めかして「(放送用のインタビューをするのは)さやかさん(筆者)じゃだめなのよ」といわれたことがある。「私くらい(筆者推測：町民に親しまれている、顔見知りである、信頼感を得ている人)でないと、本音は出てこないの」。

メディアとしての信頼と、同じ町民としての仲間意識が両立してはじめて可能な番組づくりである。震災から復興期の放送を通じ、その信頼はより強固になったのであろう。しかし、それはおそらく、放送のみの成果ではない。これについては第二節で詳述する。

## (三) 開局から五カ月目までの番組の特徴

りんごラジオの番組は開局当初からすべて、手書きのノートに記録されている。

番組名のみならず、取材対象についての情報なども含まれる。筆者はりんごラジオの記録を残すため、局長の合意と支援を得、デジタルカメラでこの放送記録ノートを複写し研究対象としている。書き込まれた文言について、さまざまな角度からの分析が可能であり、たとえば音楽に着目し曲名を分類すれば、時期により音楽のジャンル等が配慮されているといった結果が得られると予測される。本稿ではりんごラジオの包括的な記録を残すという目的に沿い、時期ごとの番組編成の特徴を記述する。本項では、局長自身が「節目」とした八月一一日の合

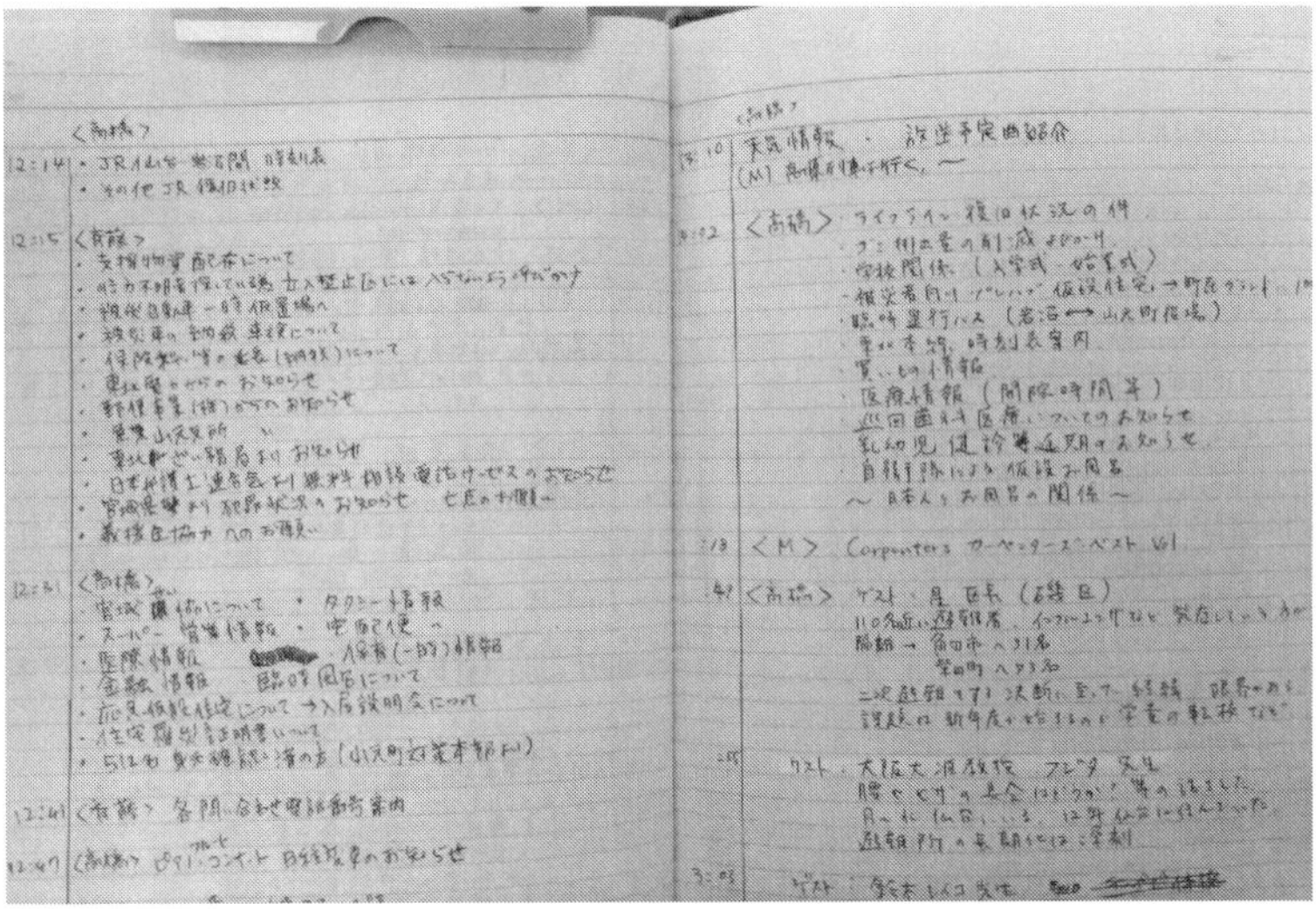

**写真1　りんごラジオ放送記録ノート**（筆者撮影）

同慰霊祭までのおもな番組を記述する。

開局当日の番組は次のとおりである。

開局挨拶、周波数PR

町長生出演（あいさつ、町民への激励など）

山元町被災情報（死者・行方不明者数、ライフライン、避難所情報など）

協力者であるFMながおか社長の紹介、臨災局の解説

消防団長、行政区長に状況インタビュー

被災町民に体験インタビュー

他の臨時災害放送局が放送した内容と同様の生活と安全にかかわる情報に加え、開局当日から町民の「声」が登場している。

最初の一カ月程度は、コーナー名が明確についていないものもあるが、被災情報に加え、時がたつにつれ、支援情報とカテゴライズすべきものが増加する。義援金振込先案内や各種相談案内といったものである。支援内容の紹介のほか、支援者の出演も始まっている。

二〇一一年五月末には放送時間と放送内容が告知され、コーナー名も定着している。地域コミュニティの放送としては定番の天気予報や地方紙からのニュース紹介は現在二〇一六年一一月まで続いている。独自性の高い番組としては「学校だより」が開始された。町内の学校の児童・生徒や教員が登場するこのコーナーは、のちに町内のすべての教育機関が参加する「学校保育所幼稚園だより」に発展し、継続されている。りんごラジオの長寿番組の一つである。

期間限定で放送された代表的な番組には、前述の「語り継ぐ私の三一一」のほか「四カ国語放送」がある。「はじめに」の二項で述べたとおり、震災前の人口が一万七〇〇〇人程度の小さな町であるから、外国語ネイティブは少なく、また、住民であるから日本語がわかる人がほとんどであるが、過酷な状況であればこそ母国語が必要であると判断しての企画であった。

震災から五カ月の慰霊祭をはさんだ八月には、夏休み企画「りんごっこアナウンサー」が実施された。山元町内の小中学生アナウンサーを担当するというものである。長期休暇限定であるが、二〇一六年にも行われる定番企画となった。被災直後の混乱がやや落ち着き、緊迫感の強い情報が減少する中、あたたかみを感じさせる番組づくりへとゆるやかに方針が転換されていることがうかがえる。朝早くに仕事をしたり出歩いたりしている人へのアポなしインタビュー「おはようさん　山元ボイス」も親しまれた。この番組はその後、「やまもとヴォイス」として時間帯を問わない住民インタビューとして展開される。

## (四) 震災後一年までの番組の特徴

二〇一一年一二月には、町議会中継が開始された。放送対象となる時間が長く、いかにも手数のかかる番組であるが、これも現在まで継続されている。選挙に関する放送も開始され、候補者がそれぞれ出演する番組に発展してゆく。りんごラジオに政治的な対立を扱うことをためらうようすはなく、臨時災害放送局が役場の一部のようになっているケースとは異なり、放送局としての独立性を保っていることがわかる番組である。また、議会以外の町内の各種イベントの生中継番組も震災後一年以内で定番化している。中継や電話をつないで放送する「ハロー山元」も放送された。前向きさが意識されていることがうかがわれるなかでも、「おはようさん 山元ボイス」などで仮設住宅に出向き、インタビューで被災後の生活の実態を伝えるなど、番組づくりがより多角的になっている。なお、「おはようさん 山元ボイス」はアポなしであるのみならず、編集もしていない。いわばきわめて本音度の高い番組である。

特徴的な臨時災害放送局として有名になり、マスコミ等の取材も増加している。そのため、取材を受けたことを報告・紹介する放送も目立つ。有名人にも複数回山元町を訪れ、りんごラジオに出演するゲストが数名登場する。高齢者の多い町での住民の健康を意識した体操番組やインタビューも増加、定番になってゆく。

## (五) 震災後一年以降の番組の特徴

震災から一年のうちに定番となった番組が継続される中、復興まちづくりの本格化を反映し、住民説明会等が放送に取り上げられている。また、地域の民話や歴史などについて詳しい町民が解説をする教養的な番組が定期的に放送される。住民が登場する番組は、一般の人のほか、より多くの組織と連携するようになり、警察官が登場する番組「こち山」も定期放送番組に加わっている。また、町のためにNPO等で活動を行っている人物が、おなじみのあの人、というスタンスで出演を繰り返すケースが増加する。いわば町内タレントの発掘である。

被災中心地の自治体には他の地域の自治体から応援のために職員が派遣されたが、山元町の派遣職員はりんごラジオにしばしば登場した。正規の自治体職員や町議会関係者が多く登場するのは臨時災害放送局の性質上、容易に想像できるが、期間限定の派遣職員はボランティアゲストとも自治体職員ゲストとも異なる立場であり、興味深い話をしてくれる出演者として活躍していた。二年以降も「さよなら派遣職員さん」といった番組が定期的に放送された。

中継番組については、大きなイベントともなると分単位でコントロールされ、事前の予告のもと放送されている。一般的なテレビ番組より細かい予告であるが、たとえばお祭りであれば、「何時何分から○○小学校の舞台」といった情報があると、保護者等にたいへん喜ばれるためであろうと推測される。

## (六) 震災後二年以降の番組の特徴

ふだんの番組はほぼ定着し、安定的に放送される。現在まで音楽、お祭り等のイベント、それに後述のまちづくり情報を除いた平日の放送はおおむね、次の番組のいずれかの組み合わせで構成されている。

・オープニング・正午に天気予報やニュース、当番医等を伝える番組「ありがとう、りんごラジオです」
・町民出演のショートインタビュー番組
・特徴的な活動を行っている町民のロングインタビューやイベント紹介の番組(前述「町内タレント」が多い)
・町長・副町長ら政治家が出演する番組
・議会中継、議会関連放送
・町内の組織と連携し活動を紹介する番組「学校・幼稚園だより」「こち山」、地区長インタビューなど
・季節感や山元町らしさを感じる場所からの中継・放送番組(例:特産品の畑のようす)
・専門家や特定分野に詳しい住民による教養番組
・山元町の歴史や文化を解説する番組
・町民から寄せられた町内情報を紹介する番組

・有名人を含む支援者、調査者等の町外ゲストが登場する番組

驚くべきことに、一〇〇パーセント山元町発、山元町の話題のみでこれらの番組が毎日新しくつくられ、放送され、聴取され、親しまれているのである。山元町民にもはや情報受信のみをする人はおらず、誰もがりんごラジオを経由して発信したことがある、または発信しうる立場にあるといってよい。加えて、商店を取り上げるのは営利目的に資するとして行わない臨時災害放送局もあるなかで、りんごラジオには商店や生産者も多数出演している。寺院の住職も出演している。

これらの定番番組とは別に、震災から時を経るにつれて起きる変化はその都度、大きく取り上げている。復興まちづくりが進み、地町民の生活に直接関連する変化が再度増加していることを受けての放送である。震災の影響で緊急対応を行っていた公共施設・機関が、恒常的な体制を取り戻す、またはつくり直すプロセスが進んでいる。また、震災以降五年以上にわたって鉄道駅がないまま町外への移動は代行バスで行っていたが、ＪＲが新しい鉄道駅を建設し、そこを中心として新市街地を整備する計画がつくられ、議論され、順次実施されつつある。これを受け、りんごラジオでは、震災後二年を経て閉校した海辺の学校の閉校式、校舎が被災し近隣校との併設授業で対応した学校の再建状況、重要な交通網である常磐自動車道路の建設状況、海岸堤防の建設状況、災害公営住宅の建設や入居の状況、新市街地区の宅地・借地受付などについて詳細な放送や中継を行った。放送記録をみると、毎回ベストではないかと思われる当事者から解説やインタビューを取っている。たとえば、常磐道開通については、ＮＥＸＣ東日本の当該エリア担当事務所の責任者、といった具合である。

これらの被災・復興情報をいったん措き、先にリストアップした定番の番組セットを眺めると、まるで理想的なコミュニティラジオの番組表のようである。平時の地域メディアとして、小さな町に一つずつ、りんごラジオのような放送局があれば、さまざまな可能性が開かれるであろう。

しかし、りんごラジオは臨時災害放送局である。五年以上たっても続く被災の影響や復興まちづくりに関する

写真２　新市街地の鉄道試運転（筆者撮影）

放送内容を見れば、災害対応としての放送が続いていることは明らかである。平時のように見える番組群は、「平時」を取り戻す、あるいはつくり直すために必要な「災害対応」ではないだろうか。津波で文字どおり半身をもぎ取られた山元町という地域コミュニティが求めたものを、町の声を聞くことを自らの使命としたりんごラジオというメディアが実現した成果ではないだろうか。

現在予測されるもっとも重要な放送対象は、二〇一六年一二月一〇日に予定されている新しい鉄道駅の開通である。新しい中心市街地はすでに整備され、大型スーパーマーケットの横を、試運転の電車が走っている。

## 二　りんごラジオは放送のほかに何をしてきたか

### (一)　仕切りのない放送局

りんごラジオは山元町において、開局以来、放送以外にもさまざまな役割を果たしてきた。本節では第一項で山元町民同士をつなぐ場としての役割を記述する。第二項では地域外から訪れた人と山元町をつなぐ役割について記述する。そして第三項で、直接訪れていない人や離れている人とのつながりをつくる、補助する役割について記述する。

りんごラジオは開局当初、町役場庁舎内に設備を置いた。独立した部屋ではなく、ロビーの一隅であった。津波の被害こそ免れたエリアだが、建物には目に見えて罅《ひび》が入っていた。二〇一一年には、筆者がお邪魔して作業している際にも余震があった。建材のかけらがぱらぱらと降ってくる中、落ち着き払って放送中断を告げる局長のようすが印象に残っている。そうした環境であるから、避難指示の声なども当然のようにマイクに入りこみ、放送されていた。それでも、放送局では雑音は決して出してはいけないものであるから、筆者はできるかぎりこそこそと行動していた。そうすると「そんなに気にしなくてよい」「足音くらい入るものだ」というようなことをいわれ、たいへん驚いた。

二〇一一年七月一三日から、りんごラジオは仮設スタジオで放送を開始した。これで雑音のない放送ができるのだろうと思って訪問すると、入り口手前の執務・応対スペースの向こうに、仕切りもなにもなく、放送席がどんと置かれている。ドアをあける音がマイクに入るといけないから放送が終わってからにしようと考えて立っていると、中にいたスタッフが笑ってドアを開けてくれた。奥の放送席では平然と放送が続けられていた。

放送を開始する際に、アナウンサーは「マイク入ります」と告げる。すると他のスタッフは静かにするのであるが、静かながらに作業はしている。来客が扉を開く。放送中に来る客も珍しくなく、スタッフは当たり前のように応対する。電話もかかってくる。それらの雑音が放送に入らないのではない。経済的な余裕がないために防音ブースをつくることができない、と考えるのが妥当である。しかし、それでも雑音を排除することはある程度できる。扉に「放送中」と記した札を提げればよい。しかし、りんごラジオにはそのような札はない。りんごラジオには驚くほど頻繁に町民がやってくる。番組に出るのではなく、ただ来るのである。「いつものこと」というようすでやってくる。受け入れる側のスタッフも同様である。そうして少し話などして、やってきた人が野菜や果物やお菓子などを置いていく。まるで町のサロンである。古参のスタッフにとっては日常になっているようであったため、二〇一六年度にパートタイムでりんごラジオに勤務しはじめた学生スタッフにインタビューをとったところ、「来客が多いので驚いた」という回答を得た。「りんごラジオにはファンが多い」とその学生スタッフは表現した。

りんごラジオは「放送中」の札を提げて入り口を閉ざすことがない。少々の雑音が入っても、開いている。町の人の多くが放送を聞き、知人の出演を楽しみ、自分も出たことのある人も少なくない。親しく感じて訪ねて行けば、ラジオ局は開いている。りんごラジオに行ったり、りんごラジオの話をしたりして、人とつながる。放送そのもの以外にも、地域のつながりを強め、つくる役割を果たしているのである。

これは、たとえば震災後数年たって多少は余裕ができたから実現した、といった事象ではない。震災から八カ月目の二〇一一年一一月、りんごラジオは早くもオリジナルグッズのストラップを作製し、イベントなどに用いている。復興期として楽しさやあたたかさを意図しはじめたのは放送以外の活動においても同様であり、人とのつながりを意図していたと推測される。町内の教育機関とは、第一節で記述した番組「学校だより」にとどまらず、授業の一環としての見学を受け入れるなど、放送外の活動でも開局後比較的初期から継続的に連携している。

## (二) 教えてくれる放送局

あなたが東北の復興状況に興味をもち、海辺の小さな町を訪れたとしよう。あるいは近隣の地域に住んでいて、少し遠出をしたくなり、出かけたとする。あるいは普通の旅行先として魅力を感じてやってきたのでもよい。そのように訪れた土地で「さて、何を見に、どこへ行けばよいだろうか」と迷ったとき、通常、「ラジオ局へ行こ

写真3　放送席と来客のあいだに仕切りのない局内（筆者撮影）

う」とは考えないであろう。

しかし、りんごラジオにはそのような客が来る。筆者だけが目撃したのではない。インタビューでも証言を得た。りんごラジオのスタッフは、町外から来た人に「それならここへ行ってみたら」といった提案までしてあげるのである。もちろん、後述の報道やブログ等でりんごラジオを知っていて訪れる人が大半であろう。それでも放送スタッフとして仕事をしているのに、観光客や学生や、筆者のような研究者がやってきて、「教えてくださ い」などといわれたら、「それはラジオ局の仕事ではない」と考えてもおかしくはない。しかし、りんごラジオのスタッフはそのようにいわない。閉め出さない。行き先の候補を教えてくれるし、話を聞かせてくれる。もちろん、時と場合と相手によっては断ることもあるだろうが、一律に閉め出さない段階で放送局以上の仕事を引き受けているといえる。これについてもインタビューで裏を取り、筆者が偶然そうした場面に居合わせたのではないことを確認した。

りんごラジオはプレハブハウスで、立派な建物とはいえない。しかし、足を踏み入れれば数多くのゲストや町民の写真が壁を埋め尽くし、サインやメッセージが飾られ、愛らしいりんごのキャラクターグッズが置いてある、たいへんあたたかく、魅力的な空間である。

そこに入ってもよいといわれ、親切にしてもらい、場合によっては番組に出演する。そのような体験をした人は、山元町を特別なところだと感じるだろう。もともと興味があって来た人はそれを深め、長く関心を持ち続けるだろう。それほど強い関心があったわけではない人も、好感と関心を持って帰るであろう。

## (三) 地域外へ開く窓としてのインターネット

前項で「りんごラジオの存在を知っていて訪ねてくる人が多いと考えられる」と推測を述べた。なぜなら、りんごラジオは二〇一一年の開局直後から最近にいたるまで、全国紙・全国放送を含むマスコミに取り上げられること多数であり、高橋厚局長の手記は全国の中学校の六割が使用している光村図書出版教科書に掲載された。有名なのである。

新聞記事一つ、テレビ番組一つの情報をもとにラジオ局を訪ねるのは少々の思い切りを要するが、りんごラジオはマスコミとは別に、最新の情報を、常時発信している。第一節で言及した、インターネットで聴取可能なサイマルラジオ、それにブログである。ブログはりんごラジオ開局直後に情報技術による復興支援の一部として筆者の参加していた支援チームが提案したものであるが(柴田邦臣・吉田寛・服部哲・松本早野香、二〇一四、『思い出をつなぐネットワーク——日本社会情報学会災害情報支援チームの挑戦』昭和堂)、ブログ作成と投稿の代行を請け負うということで開始したものの、局長はすぐに操作を習得して毎日のように投稿し、累計七〇万の閲覧者を誇る人気ブログに育て上げた。運営の補助はほとんど必要がなかった。何度か筆者の携帯端末に電話がかかってきて、ちょっとした不具合を修正した程度である。

このブログの閲覧者数は山元町民のみではとても実現するものではない。ほとんどが外部からの閲覧と推測される。町外避難者、山元町に血縁や友人のある人、住んでいたことのある人が、震災から時を経たのち、当地を訪れずに状況を把握する方法は、インターネットをおいてほかにない。地域限定のラジオをインターネット経由で聴取し、ブログを読む以上の方法はおそらくない。そして、実際に訪ねるための準備として、インターネットからりんごラジオの情報を得ている人も一定数いると推測される。

インターネットメディアという窓を通して、りんごラジオは放送対象地域外の人と山元とのつながりをも促進しているのである。

# おわりに

## (一) りんごラジオに残されるもの

繰り返す。りんごラジオは臨時災害放送局である。恒常的なコミュニティラジオにはしない方針を示している。すなわち、りんごラジオはなくなる。

りんごラジオは、山元町という、激甚災害によって傷ついた地域コミュニティ内部の人々の生活と安全と利便を助け、また開局当初からあらゆる町民のさまざまな「声」を届けることにより人々をつないできた地域メディアである。このコミュニティの人々には何が残されるか。もちろん、放送の記憶が残される。あのときは助かった、あのときは楽しめた、あの人の声を聞いた、自分の声が誰かに届いた、という思いが残される。それによるつながりも、かたちを変えながら残るであろう。

一方、りんごラジオが閉局したとき、ハードウェアとしてのラジオ局の中に残されるのは、大量の記録である。放送記録ノートは手書きであり、その他にも大量の紙の資料、それにコンピュータの中に残された資料が存在する。

放送局の運営は、ノウハウが残されていればできるたぐいのものではない。ことに臨時災害放送局は、被害の規模や性質、放送対象地域の特徴などにより、適切な運営の何たるかも変わる。それでも、りんごラジオの記録は、地域メディアの開設や運用、災害対応に関心をもつ者に有益な示唆を与える。

## (二) 残されるものの意味と役割

前項のとおり、りんごラジオの記録は臨時災害放送局、ひいては地域メディア全体の実践者や研究者に示唆を与えるであろう。しかしそれ以前に、りんごラジオの記録は、山元町の復興の記録である。たくさんの「声」により語られた、傷ついた地域コミュニティの、それでも前を向こうと歩き続けた長い日々の記録である。

りんごラジオブログを立ち上げる際、筆者は局長から一葉の写真を送られた。その際の指示の大意は以下のようなものであった。

この写真をブログのトップに常に出るようにしてほしい。そして、このような災害にあって、それでも私たちは前を向くのだという意味の文言を入れてほしい。りんごラジオという名には、りんご・いちご・ほっき貝という、山元町の三つの特産品のうち、津波に流されずに残ったものという意味もある。この写真は、夜明けの写真である。夜は明けるものである。だから、ブログ全体を暗くしないでほしい。局名のとおり、りんごの絵を入れてほしい。かわいらしい感じに仕上げてほしい。

のちにインタビューを実施しその指示の意図を尋ねたところ、長期にわたる復興の道のりでは、明るさや柔ら

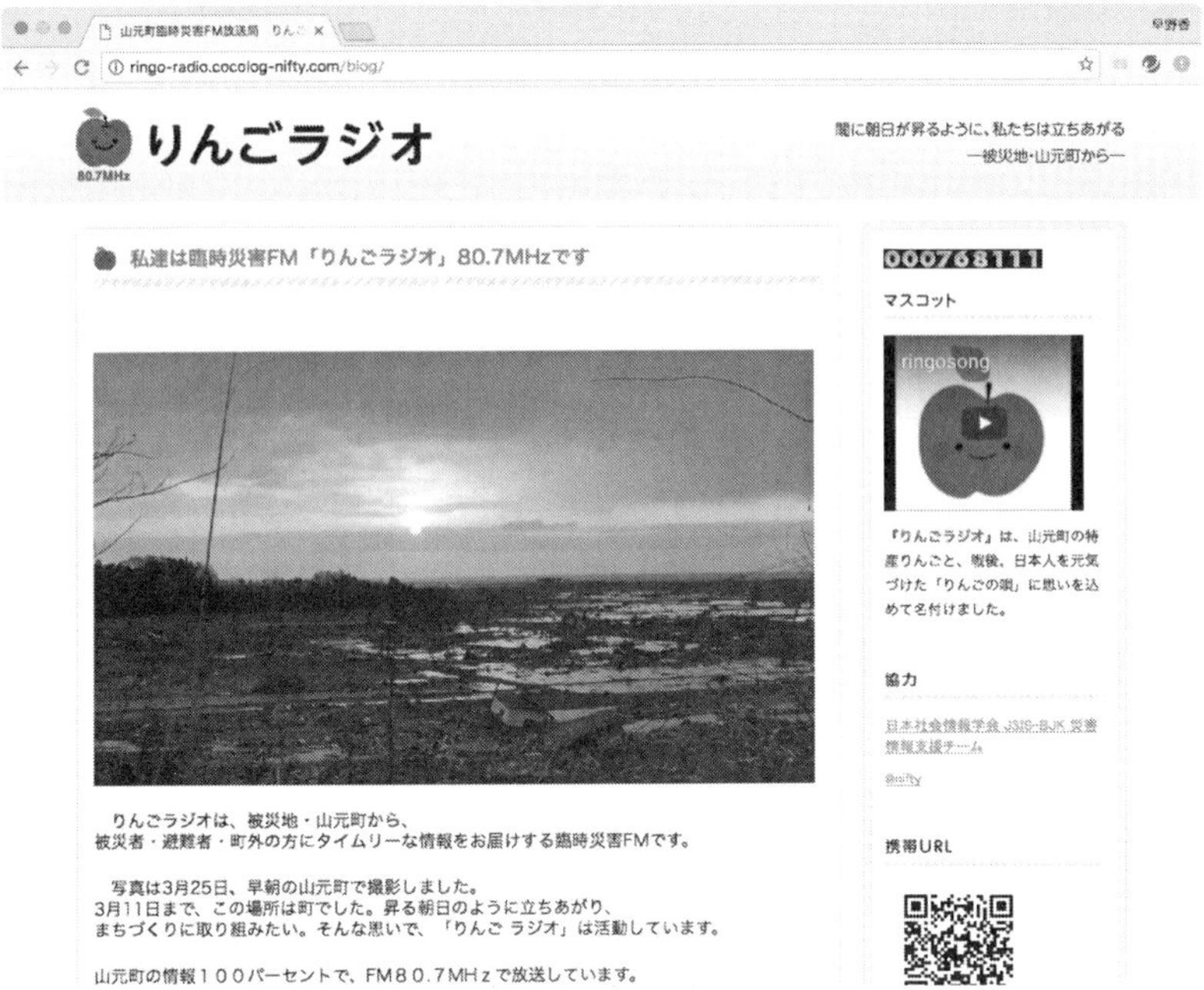


写真４　りんごラジオブログ

かさも必要だからだという意味の説明を、局長から受けた。すなわち、りんごラジオはそもそものはじめから、長期戦を見込んでいたのである。そしてその長期戦はおそらく、遠からず終わる。山元町のための、山元町の放送を続けた局だから、終わったあとに残される記録も、第一に山元町のために還元すべきであると筆者は考える。復興記録の地域活用である。現在、りんごラジオのあとに残されるであろう記録を恒常的に閲覧可能にするだけでなく、町内での教育等に容易に活用できる様態にすることをめざし、デジタルアーカイブを設計している。

もちろん、それが結果的に他の地域メディアに参照され役立てられることがあればなおよい。おそらくはそうなるであろうと筆者は考える。山元町だけを見、山元町の声を聞く姿勢を貫いたことにより、りんごラジオは（逆説的に）他の地域の人々にとっても、おおいに役だった。残される記録を見ていただくための一助となることをめざすアーカイブ構築にあたって、りんごラジオの姿勢を模倣したい。
本稿の末尾に、りんごラジオの初回の放送の、最初の文言を掲載する。

「山元町のみなさま、こんにちは。
こちらはりんごラジオです。
山元町のみなさまに、山元町の情報をお伝えするために、今、放送を開始しました」

# 被災小学校から生まれる学校と地域の新しい連携の可能性——被災児童を支える豊間アカデミー　PTAからPTSAへ

瀬谷貢一

## はじめに——豊間小学校の東日本大震災と二〇一一年度

いわき市立豊間小学校は、福島県いわき市の約六〇キロに及ぶ太平洋沿岸部のほぼ中央、JRいわき駅から南東に直線で約一〇キロに位置する、塩屋埼灯台や薄磯海水浴場・豊間海水浴場といった観光資源にも恵まれた風光明媚で、かつ、現在でも各世帯が屋号を持つ古くからの地域コミュニティを維持する地区を学区とし、その学区は沼ノ内・薄磯《うすいそ》・豊間《とよま》の三地区（地元では豊間三地区といわれる）からなる。二〇一〇（平成二二）年度の全児童数は二〇二名で九クラスであった。二〇一一年二月一八日には新入学生保護者への入学説明会も開催され、長男の入学を控えていた筆者も含め二八名の入学予定児童の保護者が参加し、あとは四月の入学式を待つばかりであった。

そして三月一一日、豊間小学校は月に一度の一斉下校で、一斉下校開始から約一〇分後の一四時四六分に震度六弱の大地震が発生した。その約四〇分後の一五時二八分に豊間三地区に高さ約八・五メートルの大津波が襲来、とくに薄磯地区と豊間地区は人的・物的被害が甚大で、薄磯地区は一一五名が犠牲になり、二六〇世帯中二四五世帯が流失・全半壊、豊間地区も九〇名が犠牲になり、六二〇世帯中四二〇世帯が流失・全半壊という壊滅的な被害を受けた。沼ノ内地区も併せて津波の犠牲者は二一一名にのぼり、いわき市全体の犠牲者の約七割を占め、いわき市内最大の被災地になった。この犠牲者の中には、豊間小学校の女子児童二名も含まれている。豊間小学校は校庭中ほどまで津波が押し寄せたが、校舎自体は被害がなかった。そのため地区住民の避難所になったが、瓦礫等で孤立状態になり、ライフラインが切断された状況で五五六名が校舎で一夜を過ごし、翌日三月一二日の午前中に二次避難が発令され、豊間小学校も閉鎖された[1]。

その後、三月下旬に市教育委員会から、新年度は隣接学区の高久小学校を間借りして小学校を開校することと併せて四月六日にいわき市文化センターで、市内の津波等で被害を受けた四つの小学校合同の入学を祝う会を開催することが発表された。当日、マスコミも大勢押し寄せての入学を祝う会に集まった豊間小学校の新入生は、二月の説明会時の半分の一四名であった。この日は新入生だけでなく、全校生も集まり、新学期の始業式も行われた。

こうして二〇一一年度の豊間小学校の新学期がスタートしたが、豊間小学校児童を取り巻く教育環境は一変した。まず児童数は、前年度の二〇二名から一四七名となり、約四分の三に減少した。次に震災時の大津波で自宅を失った児童は約六割に達し、市内の雇用促進住宅や仮設住宅、借り上げアパート等での生活を余儀なくされた。また、自宅が残った児童でも隣接区の小学校への通学のため、市教育委員会が手配したスクールバスや親の送迎による通学となった。さらには高久小学校での教室も、一つの教室の中央をロッカーなどで仕切り、二学年で使用する環境で、たとえば一年生は教室前の黒板を、二年生は教室後方の連絡用黒板を、それぞれ使用するといった授業であった。その他多くの面で、当時としてはやむをえなかったとはいえ、決して恵まれた教育環境ではなくなってしまった。そしてこの年の秋に次年度から豊間小学校と豊間中学校を、豊間小学校校舎で再開することが決まった。これを受けて震災時に孤立した経験から小中学校ＰＴＡ・地区住民・消防等で協力して、小学校裏山から津波到達の心配のない場所までの約七〇〇メートルの山道を避難道として整備し、地区を挙げて学校再開の準備を行った。

そして年度末に震災時やその後の学校運営、豊間小学校での再開等を主導した鈴木洋一校長が異動となり、その後任として、二〇一二年四月に水谷大校長が赴任し、一年ぶりに豊間小学校校舎での学校生活が再開した。

## 一　「豊間アカデミー」実現までのプロセス

### （一）再開後の児童たちの実情とＰＴＳＤが疑われる児童への対応

児童たちはもちろん、保護者・学校関係者・地区住民等が待ちに待った豊間小学校での学校再開であったが、現実には厳しい状況が続いていた。とくに目立ったのが、震災体験から発現したと思われるＰＴＳＤ（心的外傷後ストレス障害）が疑われる児童たちの症状であった。海がみられない、波の音が怖くて眠れない、夜になると一人でトイレに行けない等のケースがみられた。次に瓦礫の撤去処理作業・復興工事等からの安全・交通安全・治安の確保等の理由で児童の九六％がスクールバスや路線バスでの通学となった。狭い住宅での生活や福島第一原発事故による屋外活動の制限等の条件も重なり、児童たちは「歩く」「走る」「遊ぶ」といった機会が激減した。当然児童たちは身体的な成長とはアンバランスな生活となり、児童の体力低下は深刻なものとなった。六年生の陸上競技大会のリハーサル大会でも、一〇〇メートル走で、足がもつれて五〇メートル付近で転んでしまう児童もいたほどだった。さらにこれらを含む多くの要素が学力低下にもつながり、この年の全国学力テストの結果は全国平均を下回り、(2)児童たちの学力回復も大きな課題となった。水谷校長は当時、この状況で震災の影響が複合的に絡めば、成績を向上させることはかなり困難なことであると痛感した。

そこで、豊間小学校ではPTSDが疑われる児童に対してはスクールカウンセラーによるカウンセリング以外に、七月に「こども映画学校」を実施した。これは児童たち（参加希望児童）が五班に分かれ、三日間で取材・シナリオ制作・撮影・編集・上映という作業を、現場で活躍する映画人とともに体験した。この映画学校は、スクールカウンセラー等の専門家の指摘で、現実をみつめ直すことで記憶を整理し、漠然とした不安を解消することで、PTSDからPTG（心的外傷後成長）に変容させることが目的で、この試みは児童たちに一定の効果がみられた。児童たちが制作した映画は、この年の九月に豊間三区や豊間小中PTA、各種団体とで豊間小学校で共催した「豊間地区復興祈念祭」で上映された。次年度以降、この映画学校は五年生対象で実施し、二〇一四年度まで続けられた。

## (二) 豊間小学校児童学力低下の要因

次に学力・体力の低下への対応である。震災により、生活環境が一変した豊間小学校児童の学力低下の要因については二〇〇七年から導入された「全国学力・学習状況調査」（以下、全国学力テスト）の都道府県別結果が参考になろう。「全国学力・学習調査」の都道府県別結果を一九六〇年代に実施されていた「全国中学校一斉学力調査」と比較すると意外な結果が出た。以前の全国テストでは、塾や図書館のある都市部の子どもたちのほうが勉強ができ、そうではない「いなか」の子どもたちの成績は都市部の子どもたちと比較するとよくはなかった。この格差は、経済的・文化的格差が要因とされ、このことは現在まで教育現場や巷間で根強く語られてきた。しかし、二〇〇七年の全国学力テスト日本一になったのは、一九六〇年代の全国テストで最下位に近かった秋田県であった。この結果を分析すると、現代の子どもたちの学力に直結している三つの要因が浮かんできた。「持ち家率」「離婚率」「不登校率」の三つである。持ち家率が高く、離婚率と不登校率が低いほど学力が高いという相関関係が指摘された。これを「地域と子どものつながり」「家庭・家族と子どものつながり」「学校・教師と子どものつながり」と捉え、「つながり」が強い県は学力が高く、逆に弱い県は低くなる傾向が明らかになった。ここで注目したいのは、「持ち家率」である。震災前の豊間三地区は、古い家並みが続き、持ち家率が高く、三世代で生活していた世帯が多かった（ただし沼ノ内地区は、一部で平成のはじめに区画整理等が進んで新興住宅街となり、アパートが建ち並び、他地区から移り住んだ核家族が増えた）。二〇一〇年度の豊間小学校の児童名簿の住所から推測すると、豊間小学校の児童の持ち家率は八割を超えると思われ、これは同年の国勢調査の持ち家率、全国平均の六一・九％、全国テスト上位の秋田県の七八・二％（第二位）、福井県の七五・七％（第三位）を超える数字である。つまり、一軒家に祖父母・両親・兄弟と住み、自分の部屋が与えられていた家庭環境だった児童が多かったといえる。しかし、震災によって雇用促進住宅や仮設住宅、借り上げアパート等に移ったことで核家族が増え、自分の部屋もない環境に一変してしまい、多くの豊間小学校の児童が、家庭学習等に取り組める家庭環境は失われてしまったのである。家庭と学力の関係については、二〇一〇年に文部科学省委託研究報告書『全国学力・学習状況調査において比較的良好な結果を示した教育委員会・学校等における教育政策・教育指導等の特徴に関する調査研究』の中でもこのことは指摘されている。この報告書の「第七章　全体的考察　秋田県と福井県の学力向上の要因のまとめ　五．家庭的要因」の中で、全国テスト上位を占める秋田県と福井県の家庭に関する特徴として次の四点を挙げている。

①三世代同居家族の比率が全国トップレベルである。

②祖父や祖母が孫の宿題を見たり忘れ物を届けたりする機会が多い。

③離婚率が全国と比較して低い。
④持ち家率が全国と比較して高い。

この四つの特徴のうち、①②④については、震災前の豊間小学校の多くの児童たちに該当する。そしてさらに同報告書では「秋田県と福井県では、家庭の心理的・経済的・教育的な安定性と豊かさが、学校における学力向上の効果を上げる基盤となっているということができる」と分析している。

また、豊間小学校児童の体力低下の要因については、すでにスクールバス通学や屋外活動の機会の減少を挙げたが、やはり同報告書の「第七章　全体的考察　秋田県と福井県の学力向上の要因のまとめ　三．学校における管理職と教員の取組の要因　⑤体育・体力向上にも取り組んでいる」の中で、「両県では、児童生徒の体力向上に大変積極的に取り組んでいることがわかった。そのことが、学力向上にどのような心理的・身体的な影響を及ぼしているのかについての因果関係の説明をすることは個々ではできない」としながらも、「秋田県と福井県は、周知のとおり、文部科学省が実施する学力調査だけでなく、体力調査の結果でも全国トップレベルの結果を出している。実際の体力向上の取り組みについてみてみると、基礎的な学習の時間の保障と同じように、両県では、小学校においては中休みの活用で基礎的な体力向上の活動を計画的に行ったり、地域主催の体育行事に子どもを参加させたりしている」と述べ、学力と体力の関連性の事実も指摘している。

このように同報告書に従うと、震災で自宅を失い、体力が低下した豊間小学校児童の学力も低下したことは必然的結果だったといえる。

## (三) 豊間小学校児童の学力・体力回復へ向けて

前述した豊間小学校児童の実情は、児童数が一〇三名と震災前に比べて半減したことと併せて教員・保護者は当然のごとく強い危機感を抱いたが、幸いなことに当時、豊間小学校の児童たちへの支援の申し出や義援金等が多く寄せられていた。そこで水谷校長は義援金等の還元によって学力・体力の向上及び震災前の日常を取り戻すことと、豊間小学校の現状は厳しいが、この困難な状況を逆手にとれないかということを教員やPTA役員、保護者に対して啓発を始めた。つまり、九六%の児童がバス通学ということは、バスが来なければ下校できないということであり、バスを待つあいだに、多忙な教員の代わりとして外部講師による、いわば「補習的な学習」を実施するということであった。そして、PTA会長にこの「補習的な学習」を提案し、保護者にアンケートを実施したところ八六%の賛同を得たことから本格的な検討がスタートを切ることとなった。しかし、物理的条件や経費面ではたしかに実施可能ではあっても、学校というところは新しいことを始めるのが難しい組織でもある。筆者も教員であり、かつて在職した進学校で予備校のサテライトを導入した経験をしたが、高校の現場でサテライトを導入できる条件が整っても、管理職・教員・生徒・PTA・保護者・地域といったそれぞれの立場での期待や不安・批判等が複雑に絡み合ったのである。結果的にサテライト導入は当時の校長のリーダーシップで実現はしたが、しかし、今回のケースは高校ではなく小学校である。当然実現に向けては多くのハードルが予想され、当時、水谷校長の下で「補習的な学習」の実施がPTAも含めて検討され始めたが、実現するにあたっては、運営方法等以外にも次の大きな問題点も考えられた。

①市教育委員会の理解が得られるか。

②全教職員のコンセンサスを得られるか。

③教育の機会均等の担保と保護者の理解を得られるか。

の三点であるが、①②に関しては水谷校長が、③に関してはPTAがおもにその解決に任を果たした。

そして、学校とPTAの数度の協議のうえ、「補習的な学習」について、その名称を「文化少年団豊間アカデミー」（以下「豊間アカデミー」）とし、PTAが運営主体となり、その目的を、

第一条（目的）　本少年団は、平成二三年三月の東日本大震災時に発生した大津波の甚大な被害に遭いながらも、平成二四年四月に薄磯南作の校舎で再開した豊間小学校の児童たちの豊かな心の育成と学力・体力の向上を目指し、また、本少年団の教育活動をとおして震災後に寄せられた国内は勿論、国境をも超えた多くの方々の御支援に報いることを目的とする。

とする規約を作成した。この規約では二〇一三年度から豊間アカデミーを実施し、文化少年団の顧問・校長、代表・PTA会長、事務局長・PTA副会長とし、会計と庶務をPTA役員から選出することなどを定めた。また、交通費・指導手当額を福島県の公立学校に準ずることや、受講は希望制のため、受講を希望しない児童との公平性を考え、受講する児童からは一講座につき一〇〇円を徴収するなどの会計規約も併せて取り決めた。当時、PTA副会長だった筆者が事務局長となった。その後、二〇一三年二月、校長・教頭・PTA役員と地元塾講師で打ち合わせをし、次年度の豊間アカデミーでは、四〜六年生については地元塾講師による算数教室、一〜三年生については外部講師による、おもに体を動かす内容の教室を行うこと等が決定した。

ここで画期的なのは、「平日の放課後に、公立学校で塾の講師が授業を行う」ということである。今までは「学校」と「塾」は非連携関係・対立関係で捉えられてきた。同じように「勉強を教える」とはいっても「学校≠民間教育」の図式である。たしかに二〇〇二年の杉並区立和田中学校での数学の授業や二〇〇四年からの江東区立八名川小学校での算数の授業といった民間教育機関の講師による公立学校での授業が行われた例はあり、学校と塾の連携は数十例が確認できる。そのため、今後このような連携は増えると予想されるが、被災した地方の小規模小学校での実施は前例がないと思われた。それでも豊間アカデミー実施に向けて算数教室以外の講師の確保が始まった。

## 二　二〇一三年度の豊間アカデミー

ついに講師も確保でき、豊間アカデミーは開講のめどがつき、受講希望児童は九割を超えた。まず、一年めは実施期間を六月から九月までとし、算数教室・体操教室・表現方法教室・バレーボール教室を実施した。一～三年生は月・木曜日の午後三時から四時の六〇分間に体操教室と表現方法教室、バレーボール教室（高校での部活動の指導経験を生かし、筆者が講師を務めた）を、四～六年生は午後三時三〇分から四時までの三〇分の算数教室（六年生は金曜日に二コマ実施する日もあった）をそれぞれ実施した。特別授業としてゲスト講師を迎え、ゲスト講師については、受講の平等性も考え、授業の一環として実施した。六月一七日にはプロの陸上ハードル競技の選手が、四～六年生に走り方などを指導した。また、七月一一日にはアイドルグループの曲の作詞で知られる作詞家を迎え、五年生には映画脚本、六年生には短歌の作り方を、また、一六日には民放全国ネットの女性アナウンサーが、三・四年生に姿勢を正しくして大きな声で発声する方法をそれぞれ指導した。

一年めの豊間アカデミー終了後に、保護者アンケートを行ったが、豊間アカデミーの実施自体にはほとんどの保護者が理解を示した。しかし、一部に運営・実施方法等への意見や要望があり、次年度の課題となった。また、講師陣からもおおむね好評で、次年度も続けたい、もっと実施回数を増やしてほしいというコメントが寄せられた。

表1　2013年度　豊間アカデミー実施状況

| 月 | 日 | 曜 | 学年 | 活動内容 | 講師 |
|---|---|---|---|---|---|
| 6 | 10 | 月 | 1～3 | 体操教室① | 体操教室講師 |
| | | | 6 | 算数教室① | 塾講師 |
| | 11 | 火 | 5 | 算数教室① | 塾講師 |
| | 12 | 水 | 4 | 算数教室① | 塾講師 |
| | 13 | 木 | 1～3 | 表現方法を学ぼう① | ラジオパーソナリティー |
| | | | 5 | 算数教室② | 塾講師 |
| | 14 | 金 | 6 | 算数教室②・③ | 塾講師 |
| | 17 | 月 | 4～6 | 体力向上教室① | 陸上ハードル選手 |
| | | | 6 | 算数教室④・⑤ | 塾講師 |
| | 18 | 火 | 5 | 算数教室③ | 塾講師 |
| | 19 | 水 | 4 | 算数教室② | 塾講師 |
| | 20 | 木 | 1～3 | 表現方法を学ぼう② | ラジオパーソナリティー |
| | | | 5 | 算数教室④ | 塾講師 |
| | 21 | 金 | 6 | 算数教室⑥・⑦ | 塾講師 |
| | 24 | 月 | 1～3 | 体操教室② | 体操教室講師 |
| | | | 6 | 算数教室⑧ | 塾講師 |
| | 25 | 火 | 5 | 算数教室⑤ | 塾講師 |
| | 26 | 水 | 4 | 算数教室③ | 塾講師 |
| | 27 | 木 | 1～3 | 表現方法を学ぼう③ | ラジオパーソナリティー |
| | | | 5 | 算数教室⑥ | 塾講師 |
| 7 | 1 | 月 | 1～3 | 表現方法を学ぼう④ | ラジオパーソナリティー |
| | | | 6 | 算数教室⑨・⑩ | 塾講師 |
| | 2 | 火 | 5 | 算数教室⑦ | 塾講師 |
| | 3 | 水 | 4 | 算数教室④ | 塾講師 |
| | 4 | 木 | 1～3 | 体操教室③ | 体操教室講師 |
| | | | 6 | 算数教室⑪ | 塾講師 |
| | 8 | 月 | 1～3 | 体操教室④ | 体操教室講師 |
| | | | 6 | 算数教室⑫・⑬ | 塾講師 |
| | 9 | 火 | 5 | 算数教室⑧ | 塾講師 |
| | 10 | 水 | 4 | 算数教室⑤ | 塾講師 |
| | 11 | 木 | 5・6 | 表現方法を学ぼう⑤ | 作詞家 |
| | | | 6 | 算数教室⑭ | 塾講師 |
| | 16 | 火 | 3・4 | 発声教室① | 全国ネット局女性アナウンサー |
| | | | 5 | 算数教室⑨ | 塾講師 |
| | 18 | 木 | 1～3 | バレーボール教室① | 保護者（瀬谷貢一） |
| | | | 6 | 算数教室⑮ | 塾講師 |

| 月 | 日 | 曜 | 学年 | 活動内容 | 講師 |
|---|---|---|---|---|---|
| 8 | 27 | 火 | 4～6 | 算数教室保護者説明会 | 塾講師 |
| | 28 | 水 | 4 | 算数教室④ | 塾講師 |
| | 29 | 木 | 5 | 算数教室⑩ | 塾講師 |
| | 30 | 金 | 6 | 算数教室⑯・⑰ | 塾講師 |
| 9 | 2 | 月 | 1～3 | 体操教室⑤ | 体操教室講師 |
| | 3 | 火 | 6 | 算数教室⑯ | 塾講師 |
| | 4 | 水 | 4 | 算数教室⑥ | 塾講師 |
| | 5 | 木 | 1～3 | バレーボール教室② | 保護者（瀬谷貢一） |
| | | | 5 | 算数教室⑪ | 塾講師 |
| | 6 | 金 | 6 | 算数教室⑱・⑲ | 塾講師 |
| | 9 | 月 | 1～3 | 体操教室⑥ | 体操教室講師 |
| | | | 5 | 算数教室⑫ | 塾講師 |
| | 10 | 火 | 6 | 算数教室⑳ | 塾講師 |
| | 11 | 水 | 4 | 算数教室⑦ | 塾講師 |
| | 12 | 木 | 1～3 | 表現方法を学ぼう⑥ | ラジオパーソナリティー |
| | | | 5 | 算数教室⑬ | 塾講師 |
| | 17 | 火 | 6 | 算数教室㉑ | 塾講師 |
| | 18 | 水 | 4 | 算数教室⑨ | 塾講師 |
| | 19 | 木 | 1～3 | 表現方法を学ぼう⑦ | ラジオパーソナリティー |
| | | | 6 | 算数教室㉒ | 塾講師 |
| | 24 | 火 | 5 | 算数教室⑭ | 塾講師 |
| | 26 | 木 | 1～3 | バレーボール教室③ | 保護者（瀬谷貢一） |
| | | | 6 | 算数教室㉓ | 塾講師 |

活動内容欄の数字は実施回数をあらわす。

## 三　二〇一四年度の豊間アカデミー

二年めの豊間アカデミーは筆者がＰＴＡ会長に就き、規約に従って豊間アカデミーの代表となった。実施期間は六月から一二月までに延び、演劇教室、サイエンス教室、まんが教室、ヒップホップダンス教室、校長先生・教頭先生と遊ぼう、豊間ことばの学校の授業が新たに加わった。これによって、前年度に強い要望があった四～六年生にも算数教室だけではなく、他の授業への参加も実現した。新たに加わった授業の中で豊間ことばの学校は、福島県立博物館の「はま・なか・あいづ連携プロジェクト２０１４」のプログラムにより、「虹をつくろう、虹を描いて名前をつけよう」「〇〇を体で表現しよう」「こころの一文字」「あなたのテーマソングをつくろう」「豊間小のうわさ」といった授業を行った。また、演劇教室では、授業で行った劇を実際に学習発表会で披露した。さらに算数教室では、前年度は一人の塾講師が四～六年生の授業を担当していたが、別の塾講師と教員免許を持つ保護者が手を挙げ、前年度から担当した塾講師が六年生を、新たに加わった塾講師が五年生を、保護者が四年生をそれぞれ担当するようになり、講師の負担も軽減することができた。

## 四　二〇一五年度の豊間アカデミー

この年度の人事異動で、豊間アカデミーを立ち上げた水谷大校長が転任し、後任として新たに着任した波立真一現校長が豊間アカデミーを引き継ぐこととなった。三年めの豊間アカデミーは実施期間が二月まで延び、さらに英語教室も加わり、多彩なジャンルの授業が実践されることになった。前年に続いて演劇教室の劇は学習発表会のリハーサルで披露された。

表2　2014年度　豊間アカデミー実施状況

| 月 | 日 | 曜 | 学年 | 活動内容 | 講師 |
|---|---|---|---|---|---|
| 6 | 5 | 木 | 4～6 | 算数教室① | 塾講師２名・保護者 |
| | 6 | 金 | 全 | 豊間ことばの学校① | 福島県立博物館 |
| | | | 4～6 | 体操教室① | 体操教室講師 |
| | 10 | 火 | 4～6 | 算数教室② | 塾講師２名・保護者 |
| | 11 | 水 | 3～6 | 演劇教室① | 地元劇団員 |
| | 12 | 木 | 4～6 | 算数教室③ | 塾講師２名・保護者 |
| | 13 | 金 | 1～3 | 体操教室② | 体操教室講師 |
| | | | 全 | 豊間ことばの学校② | 福島県立博物館 |
| | 17 | 火 | 4～6 | 算数教室④ | 塾講師２名・保護者 |
| | 19 | 木 | 4～6 | 算数教室⑤ | 塾講師２名・保護者 |
| | 20 | 金 | 全 | バレーボール教室① | 保護者（瀬谷貢一） |
| | | | 全 | 豊間ことばの学校③ | 福島県立博物館 |
| | 24 | 火 | 4～6 | 算数教室⑥ | 塾講師２名・保護者 |
| | 25 | 水 | 3～6 | 演劇教室② | 地元劇団員 |
| | 26 | 木 | 4～6 | 算数教室⑦ | 塾講師２名・保護者 |
| | 27 | 金 | 全 | 豊間ことばの学校④ | 福島県立博物館 |
| 7 | 1 | 火 | 4～6 | 算数教室⑧ | 塾講師２名・保護者 |
| | 2 | 水 | 3～6 | 演劇教室③ | 地元劇団員 |
| | 3 | 木 | 4～6 | 算数教室⑨ | 塾講師２名・保護者 |
| | 8 | 火 | 4～6 | 算数教室⑩ | 塾講師２名・保護者 |
| | 9 | 水 | 3～6 | 演劇教室④ | 地元劇団員 |
| | 10 | 木 | 4～6 | 算数教室⑪ | 塾講師２名・保護者 |
| | 15 | 火 | 4～6 | 算数教室⑫ | 塾講師２名・保護者 |
| | 17 | 木 | 4～6 | 算数教室⑬ | 塾講師２名・保護者 |
| 9 | 2 | 火 | 4～6 | 算数教室⑭ | 塾講師２名・保護者 |
| | 3 | 水 | 全 | 校長先生・教頭先生と遊ぼう① | 校長・教頭 |
| | 4 | 木 | 4～6 | 算数教室⑮ | 塾講師２名・保護者 |
| | 5 | 金 | 3～6 | 演劇教室⑤ | 地元劇団員 |
| | 9 | 火 | 4～6 | 算数教室⑯ | 塾講師２名・保護者 |
| | 10 | 水 | 全 | 校長先生・教頭先生と遊ぼう② | 校長・教頭 |
| | 11 | 木 | 4～6 | 算数教室⑰ | 塾講師２名・保護者 |
| | 12 | 金 | 3～6 | 演劇教室⑥ | 地元劇団員 |
| | 16 | 火 | 4～6 | 算数教室⑱ | 塾講師２名・保護者 |
| | 17 | 水 | 3～6 | 演劇教室⑦ | 地元劇団員 |
| | 18 | 木 | 4～6 | 算数教室⑲ | 塾講師２名・保護者 |
| | 24 | 水 | 3～6 | 演劇教室⑧ | 地元劇団員 |
| | 25 | 木 | 4～6 | 算数教室⑳ | 塾講師２名・保護者 |

表2 （続き）

| 月 | 日 | 曜 | 学年 | 活動内容 | 講師 |
|---|---|---|---|---|---|
| | 26 | 金 | 全 | 豊間ことばの学校⑤ | |
| | 30 | 火 | 4～6 | 算数教室㉑ | 塾講師２名・保護者 |
| | 1 | 水 | 全 | 校長先生・教頭先生と遊ぼう③ | 校長・教頭 |
| | 2 | 木 | 4～6 | 算数教室㉒ | 塾講師２名・保護者 |
| | 3 | 金 | 3～6 | 演劇教室⑨ | 地元劇団員 |
| | 7 | 火 | 4～6 | 算数教室㉓ | 塾講師２名・保護者 |
| | 8 | 水 | 3～6 | 演劇教室⑩ | 地元劇団員 |
| | 9 | 木 | 4～6 | 算数教室㉔ | 塾講師２名・保護者 |
| | 10 | 金 | 全 | 豊間ことばの学校⑥ | |
| 10 | 22 | 水 | 3～6 | 演劇教室⑪ | 地元劇団員 |
| | 23 | 木 | 4～6 | 算数教室㉕ | 塾講師２名・保護者 |
| | 24 | 金 | 全 | 豊間ことばの学校⑦ | |
| | 28 | 火 | 4～6 | 算数教室㉖ | 塾講師２名・保護者 |
| | 29 | 水 | 3～6 | 演劇教室⑫ | 地元劇団員 |
| | 30 | 木 | 4～6 | 算数教室㉗ | 塾講師２名・保護者 |
| | 31 | 金 | 全 | 豊間ことばの学校⑧ | |
| | 4 | 火 | 4～6 | 算数教室㉘ | 塾講師２名・保護者 |
| | 5 | 水 | 3～6 | 演劇教室⑬ | 地元劇団員 |
| | 6 | 木 | 4～6 | 算数教室㉙ | 塾講師２名・保護者 |
| 11 | 7 | 金 | 4～6 | サイエンス教室① | 福島高専教員 |
| | 11 | 火 | 4～6 | 算数教室㉚ | 塾講師２名・保護者 |
| | 12 | 水 | 3～6 | 演劇教室⑭ | 地元劇団員 |
| | 14 | 金 | 4～6 | サイエンス教室② | 福島高専教員 |
| | 28 | 金 | 4～6 | サイエンス教室③ | 福島高専教員 |
| | 3 | 水 | 全 | まんが教室① | 元漫画家 |
| | 4 | 木 | 4～6 | 算数教室㉛ | 塾講師２名・保護者 |
| | 5 | 金 | 全 | ヒップホップダンス教室① | ヒップホップダンス教室講師 |
| 12 | 9 | 火 | 4～6 | 算数教室㉜ | 塾講師２名・保護者 |
| | 10 | 水 | 全 | まんが教室② | 元漫画家 |
| | 12 | 金 | 全 | まんが教室③ | 元漫画家 |
| | 19 | 金 | 全 | ヒップホップダンス教室② | ヒップホップダンス教室講師 |

活動内容欄の数字は実施回数をあらわす。

## 表3　2015年度　豊間アカデミー実施状況

| 月 | 日 | 曜 | 学年 | 活動内容 | 講師 |
|---|---|---|---|---|---|
| 6 | 2 | 火 | 4～6 | 算数教室① | 塾講師２名・保護者 |
| | 4 | 木 | 4～6 | 算数教室② | 塾講師２名・保護者 |
| | 5 | 金 | 全 | 体操教室① | 体操教室講師 |
| | 10 | 水 | 3～6 | 演劇教室① | 地元劇団員 |
| | 11 | 木 | 4～6 | 算数教室③ | 塾講師２名・保護者 |
| | 12 | 金 | 全 | バレーボール教室① | 保護者（瀬谷貢一） |
| | 16 | 火 | 4～6 | 算数教室④ | 塾講師２名・保護者 |
| | 17 | 水 | 3～6 | 演劇教室② | 地元劇団員 |
| | 19 | 金 | 全 | 体操教室② | 体操教室講師 |
| | 23 | 火 | 4～6 | 算数教室⑤ | 塾講師２名・保護者 |
| | 24 | 水 | 全 | 演劇教室③ | 地元劇団員 |
| | 25 | 木 | 4～6 | 算数教室⑥ | 塾講師２名・保護者 |
| | 30 | 火 | 4～6 | 算数教室⑦ | 塾講師２名・保護者 |
| 7 | 1 | 水 | 全 | まんが教室① | 元漫画家 |
| | 2 | 木 | 4～6 | 算数教室⑧ | 塾講師２名・保護者 |
| | 7 | 火 | 4～6 | 算数教室⑨ | 塾講師２名・保護者 |
| | 8 | 水 | 全 | まんが教室② | 元漫画家 |
| | 10 | 金 | 全 | ことばの教室① | 福島県立博物館 |
| | 14 | 火 | 4～6 | 算数教室⑩ | 塾講師２名・保護者 |
| | 15 | 水 | 3～6 | 演劇教室④ | 地元劇団員 |
| 9 | 1 | 火 | 4～6 | 算数教室⑪ | 塾講師２名・保護者 |
| | 2 | 水 | 全 | まんが教室③ | 元漫画家 |
| | 3 | 木 | 4～6 | 算数教室⑫ | 塾講師２名・保護者 |
| | 4 | 金 | 3～6 | 演劇教室⑤ | 地元劇団員 |
| | 8 | 火 | 4～6 | 算数教室⑬ | 塾講師２名・保護者 |
| | 9 | 水 | 4～6 | 英語教室（上学年）① | mpi 松香フェニックス英語教師 |
| | 15 | 火 | 4～6 | 算数教室⑭ | 塾講師２名・保護者 |
| | 16 | 水 | 4～6 | 英語教室（上学年）② | mpi 松香フェニックス英語教師 |
| | 17 | 木 | 4～6 | 算数教室⑮ | 塾講師２名・保護者 |
| | 18 | 金 | 3～6 | 演劇教室⑥ | 地元劇団員 |
| | 24 | 木 | 4～6 | 算数教室⑯ | 塾講師２名・保護者 |
| | 25 | 金 | 3～6 | 演劇教室⑦ | 地元劇団員 |
| | 29 | 火 | 4～6 | 算数教室⑰ | 塾講師２名・保護者 |
| | 30 | 水 | 全 | まんが教室④ | 元漫画家 |
| 10 | 1 | 木 | 4～6 | 算数教室⑱ | 塾講師２名・保護者 |
| | 2 | 金 | 3～6 | 演劇教室⑧ | 地元劇団員 |
| | 6 | 火 | 4～6 | 算数教室⑲ | 塾講師２名・保護者 |
| | 7 | 水 | 4～6 | 算数教室⑳ | 塾講師２名・保護者 |
| | 8 | 木 | 4～6 | 英語教室（上学年）③ | mpi 松香フェニックス英語教師 |
| | 9 | 金 | 3～6 | 演劇教室⑨ | 地元劇団員 |
| | 14 | 水 | 3～6 | 演劇教室⑩ | 地元劇団員 |
| | 21 | 水 | 全 | まんが教室⑤ | 元漫画家 |
| | 22 | 木 | 4～6 | 算数教室㉑ | 塾講師２名・保護者 |
| | 27 | 火 | 4～6 | 算数教室㉒ | 塾講師２名・保護者 |
| | 28 | 水 | 4～6 | 英語教室（上学年）④ | mpi 松香フェニックス英語教師 |
| | 30 | 金 | 全 | ことばの教室② | 福島県立博物館 |

表3 (続き)

| 月 | 日 | 曜 | 学年 | 活動内容 | 講師 |
|---|---|---|---|---|---|
| 11 | 4 | 水 | 全 | まんが教室⑥ | 元漫画家 |
| | 5 | 木 | 4～6 | 算数教室㉓ | 塾講師2名・保護者 |
| | 6 | 金 | 全 | ことばの教室③ | 福島県立博物館 |
| | 10 | 火 | 4～6 | 算数教室㉔ | 塾講師2名・保護者 |
| | 11 | 水 | 4～6 | 英語教室(上学年)⑤ | mpi 松香フェニックス英語教師 |
| | 12 | 木 | 4～6 | 算数教室㉕ | 塾講師2名・保護者 |
| | 13 | 金 | 全 | 体操教室③ | mpi 松香フェニックス英語教師 |
| | 17 | 火 | 4～6 | 算数教室㉖ | 塾講師2名・保護者 |
| | 18 | 水 | 1～3 | 英語教室(下学年)① | mpi 松香フェニックス英語教師 |
| | 19 | 木 | 4～6 | 算数教室㉗ | 塾講師2名・保護者 |
| | 20 | 金 | 全 | バレーボール教室③ | 保護者(瀬谷貢一) |
| | 24 | 火 | 4～6 | 算数教室㉘ | 塾講師2名・保護者 |
| 12 | 2 | 水 | 1～3 | 英語教室(下学年)② | mpi 松香フェニックス英語教師 |
| | 3 | 木 | 4～6 | 算数教室㉙ | 塾講師2名・保護者 |
| | 4 | 金 | 全 | 体操教室④ | mpi 松香フェニックス英語教師 |
| | 8 | 火 | 4～6 | 算数教室㉚ | 塾講師2名・保護者 |
| | 9 | 水 | 全 | まんが教室⑦ | 元漫画家 |
| | 11 | 金 | 全 | ことばの教室④ | 福島県立博物館 |
| | 18 | 金 | 全 | ことばの教室⑤ | 福島県立博物館 |
| 1 | 18 | 金 | 全 | ことばの教室⑤ | 福島県立博物館 |
| | 19 | 火 | 4～6 | 算数教室㉛ | 塾講師2名・保護者 |
| | 20 | 水 | 1～3 | 英語教室(下学年)③ | mpi 松香フェニックス英語教師 |
| | 21 | 木 | 4～6 | 算数教室㉜ | 塾講師2名・保護者 |
| | 22 | 金 | 4～6 | サイエンス教室① | 福島高専教員 |
| | 26 | 火 | 4～6 | 算数教室㉝ | 塾講師2名・保護者 |
| | 27 | 水 | 全 | まんが教室⑧ | 元漫画家 |
| | 28 | 木 | 4～6 | 算数教室㉞ | 塾講師2名・保護者 |
| | 29 | 金 | 4～6 | サイエンス教室② | 福島高専教員 |
| 2 | 2 | 火 | 4～6 | 算数教室㉟ | 塾講師2名・保護者 |
| | 3 | 水 | 1～3 | 英語教室(下学年)④ | mpi 松香フェニックス英語教師 |
| | 4 | 木 | 4～6 | 算数教室㊱ | 塾講師2名・保護者 |
| | 5 | 金 | 4～6 | サイエンス教室③ | 福島高専教員 |
| | 12 | 金 | 全 | ヒップホップダンス教室① | ダンス教室講師 |
| | 16 | 火 | 4～6 | 算数教室㊲ | 塾講師2名・保護者 |
| | 17 | 水 | 1～3 | 英語教室(下学年)⑤ | mpi 松香フェニックス英語教師 |
| | 18 | 木 | 4～6 | 算数教室㊳ | 塾講師2名・保護者 |
| | 19 | 金 | 全 | ヒップホップダンス教室② | ダンス教室講師 |
| | 23 | 火 | 4～6 | 算数教室㊴ | 塾講師2名・保護者 |
| | 24 | 水 | 全 | まんが教室⑨ | 元漫画家 |
| | 25 | 木 | 4～6 | 算数教室㊵ | 塾講師2名・保護者 |
| | 26 | 金 | 全 | ヒップホップダンス教室③ | ダンス教室講師 |

活動内容欄の数字は実施回数をあらわす。

表4　2013～2015年度　豊間アカデミー実施状況

| 授業 | 2013 | 2014 | 2015 |
|---|---|---|---|
| 算数教室 | 6年生　23<br>5年生　14<br>4年生　9 | 32 | 40 |
| 体操教室 | 6 | 2 | 4 |
| 表現方法を学ぼう | 6 | | |
| バレーボール教室 | 3 | 1 | 3 |
| 演劇教室 | | 14 | 10 |
| まんが教室 | | 3 | 9 |
| 豊間ことばの学校 | | 8 | 5 |
| サイエンス教室 | | 3 | 3 |
| ヒップホップ学校 | | 2 | 3 |
| 英語教室 | | | 10 |
| 校長・教頭先生と遊ぼう | | 3 | |
| 特別ゲスト講師 | 3 | | |
| 保護者説明会 | 1 | | |
| 合計 | 65（59日） | 68 | 87 |

3年間の延べ実施回数220回

## 五　豊間アカデミー三年間の成果

二〇一二年度に児童の学力・体力に大きな危惧を抱いたことがきっかけでスタートした豊間アカデミーの三年間の実施回数は、延べ二二〇回になった。

二〇一二年に全国平均を下回った豊間小学校の全国学力テストの結果は、二〇一三年度には全国平均をやや上回り、回復の兆しがみられた。翌二〇一四年度の結果は前年度の結果を超え、確実に豊間小学校児童の学力が伸びてきていることを実感させた。そして、豊間アカデミー実施三年めの二〇一五年度、全国学力テストの結果は前年度よりさらに大きく伸ばし、今まで比較的学力が高いとされた市内の小学校をも抜き、市内トップクラスまでになった。

また、体力についても、依然としてほとんどの児童がバス通学であるが、学年によってばらつきはあるものの、二〇一二年度と比べ、スポーツテストの結果は徐々に回復傾向を示している。二〇一五年度には、日清カップ（全国小学生交流陸上競技大会）で六年生男子が走り高跳びで県大会優勝、全国大会出場を果たすこともできた。

このように豊間アカデミー発足時の、豊間小学校児童の学力・体力を回復させるという大きな目標は、予想以上の成果を残すこととなった。

## 六　学校と地域の新しい関係

豊間アカデミーは三年間で被災小学校の児童たちを支え、学力・体力の向上に大きく寄与したと思われる。しかし、教育の成果の要因を求めることはとても難しい側面を持つ。何が、どのように、どれくらい子どもたちとかかわったかという判断は一概にはできない。二〇一五年度の児童数が八九名にまで減少し、少人数教育になったことも要因の一つかもしれない。それでも不断の豊間小学校教員の児童たちへの、授業や学校行事を通したかかわりもこの成果の要因であることは間違いない。表向きは「ＰＴＡ主催」ではあるが、豊間アカデミーの企画・運営に直接対応したのは豊間小学校の校長をはじめとした教員である。その教員の存在なしではこれほどの成果は生まなかったであろう。学校と地域が両輪となり、児童たちを支えた意義は大きい。加えて筆者は、三年間の豊間アカデミーの活動を通して、地域で児童に新たにかかわることのできる存在が浮かび上がり、新しい地域教育の可能性を提示していると考える。それは今までの「教師＋保護者」に、さらに「＋地域」となる存在である。

豊間アカデミーは、「東日本大震災」をきっかけとして、大震災で多くのものを背負わされた児童たちを何とかしようとして、必要に迫られて始まった一面を持つ教育プロジェクトである。そのためスタートするにあたっ

写真１　豊間小学校校舎と建設中の豊間中学校新校舎

ては、講師の確保から始まり、実施方法や授業内容等も模索しながらではあったが、三年間で豊間アカデミーでの主要な講師は二〇名を超え、特別ゲスト講師と福島県立博物館の「はま・なか・あいづ連携プロジェクト」のプログラムの講師を除けば、すべて地元の講師であった。つまり、地域には「保護者」ではない「講師」となるべき人材が多く埋もれているということである。そして、この講師陣による豊間アカデミーの多様性に富んだ授業を通して児童たちとかかわり、全国テストの成績の結果だけではなく、児童たちの成長にともなう総合的な人間形成にもつながり、現在、豊間小学校ではいじめや不登校といった問題はほとんどみられない。これも地域の大人たちがしっかりと地元の児童たちを支えた結果である。そして、このことは、現在、文部科学省では「第二期教育振興基本計画」（二〇一三年度〜二〇一七年度）において「成果目標八（互助・共助による活力あるコミュニティの形成）」の「基本政策二〇　絆づくりと活力あるコミュニティの形成に向けた学習環境・協働体制の整備促進」の中の〈主な関連予算〉の項目に「学校を核とした地域力強化プラン（学校・家庭・地域の連携協力推進事業、地域の豊かな社会資源を活用した土曜日の教育支援体制等構築授業、コミュニティ・スクール導入等促進事業、地域提案型の学校を核とした地域魅力化事業など）」とあり、この豊間アカデミー自体が、この「学校を核とした地域力強化プラン」の一つの具体的な実例になる可能性があるとも考えられ、今後、教師だけではなく、学校での地域の社会資源である「地域の人材活用」という一つの方向性を示すことができるのではないだろうか。筆者は、この三年間の豊間アカデミーを通して今までの「ＰＴＡ（Parent-Teacher Association）」から、二〇一二年の「豊間地区復興祈念祭」を機に水谷校長が提唱してきた「ＰＴＳＡ（Parent-Teacher Society Association）」という新たな学校と地域の連携の構築を検討・模索する価値は十分にあると実感できたのである。

二〇一七年度には、豊間小学校に隣接する形で豊間中学校新校舎（写真1）が完成し、二学期からの供用開始が予定されている。現在、いわき市内では山間部の小規模小中学校が統合する小中一貫教育の「コミュニティ・スクール」が始まっている。この小中一貫校の目的の一つに「社会総掛かりでの教育の実現」がある。小・中学校が隣接する豊間小・中学校でもコミュニティ・スクールの検討は必要であろう。そして、将来豊間小・中学校がコミュニティ・スクールになった場合、この豊間アカデミーが「社会総掛かりでの教育」につながっていくことを期待したい。

東日本大震災から六年がたち、豊間三地区では復興が進み、ようやく震災前の教育環境に戻ることができる。大震災がきっかけで、子どもたちのために「何とかしなくては」という大人たちの思いから豊間アカデミーがスタートし、被災した児童たちを地域の大人たちが支える状況で、新しい学校と地域の関係の可能性が生まれてくることは、ある意味皮肉なことかもしれない。また、考えてみれば、明治政府が樹立し、学制によって教育は国に委ねられ、全国で平等化・均等化されていった。しかし、明治以前は藩校にせよ、寺子屋にせよ、教師は地元の知識人たちであった。明治維新から一五〇年がたとうとしている。本稿のタイトルに「新しい連携」とあるが、実は「古い連携」なのかもしれない。

最後に、本稿は「モノグラフ」というより、豊間小学校の児童たちを地域はもとより多くの大人たちが支えた

「豊間アカデミー」の「記録」といったほうが適切であろう。本稿によって被災小学校の児童たちを支えた多くの大人たちの挑戦が伝えられることを願いたい。

**注**

（1）詳しくは拙稿（瀬谷、二〇一五、「学校での災害発生時における避難や避難所対応について——東日本大震災発生時の豊間小・中学校の事例から」『東日本大震災と被災・避難の生活記録』六花出版）を参照。

（2）全国学力テストの結果の公表については、全国市町村教育委員会連合会が、公表することへの弊害を指摘し、結果の公表については慎重になるべきという考えを示し、本稿でもテストの結果を具体的数値ではなく、文章で表現することとする。

**参考文献**

志水宏吉、二〇一四、『「つながり格差」が学力格差を生む』亜紀書房

——、二〇一一、「塾も図書館もない秋田の子どもが、なぜ全国一の学力なのか」『日本の論点２０１１』文藝春秋

文部科学省、二〇一一、「全国学力・学習状況調査において比較的良好な結果を示した教育委員会・学校等における教育施策・教育指導等の特徴に関する調査研究」平成22年度文部科学省委託研究報告書

http://www.mext.go.jp/component/a_menu/education/micro_detail/__icsFiles/afieldfile/2014/02/17/1344297_012.pdf#search='%E6%96%87%E9%83%A8%E7%A7%91%E5%AD%A6%E7%9C%81+%E5%AD%A6%E5%8A%9B%E3%83%86%E3%82%B9%E3%83%88+%E6%8C%81%E3%81%A1%E5%AE%B6%E7%8E%87+%E9%9B%A2%E5%A9%9A%E7%8E%87+%E4%B8%8D%E7%99%BB%E6%A0%A1%E7%8E%87'

文部科学省、二〇〇八、「全国学力・学習状況調査における実施方法、公表のあり方について」全国市町村教育委員会連合会

# 第III部 復興支援と市民社会・ボランティア

写真：宮城県女川町で販売されている復興支援手拭い
（2015年8月）

# 〈災害時経済〉Disasters-Time Economyの連帯経済の試み——市民共同財の形成による現代的コモンズ論

似田貝香門

## 一　問題意識

市場における競争が「見えない手」に導かれてその課題を解決するという考え方が、現代のグローバル化した国家、市場、社会が抱える地球環境的問題や貧困等の諸問題に取り組むにはほとんど困難であることは、一〇〇年に一度の金融危機等によっても明らかになった。とりわけ震災等の災害においてはこのような危機が顕在化する。こうした危機の時代、私たちは、「社会」が、自生的・人為的を問わず新たな社会形成としての秩序が常に生成され続ける、という社会思想の根源を想起しなければならない。そこには、多様性と秩序の生成という二つの動的契機と課題《テーマ》が相互にかかわり合い、浸透しながら、併存・共存の様相と原理が求められてきた、という歴史的認識を思い起こす必要がある。

阪神・淡路大震災以降の数多くの災害の中の復興過程でもっとも弱い箇所、それはなかなか復興自立できない、

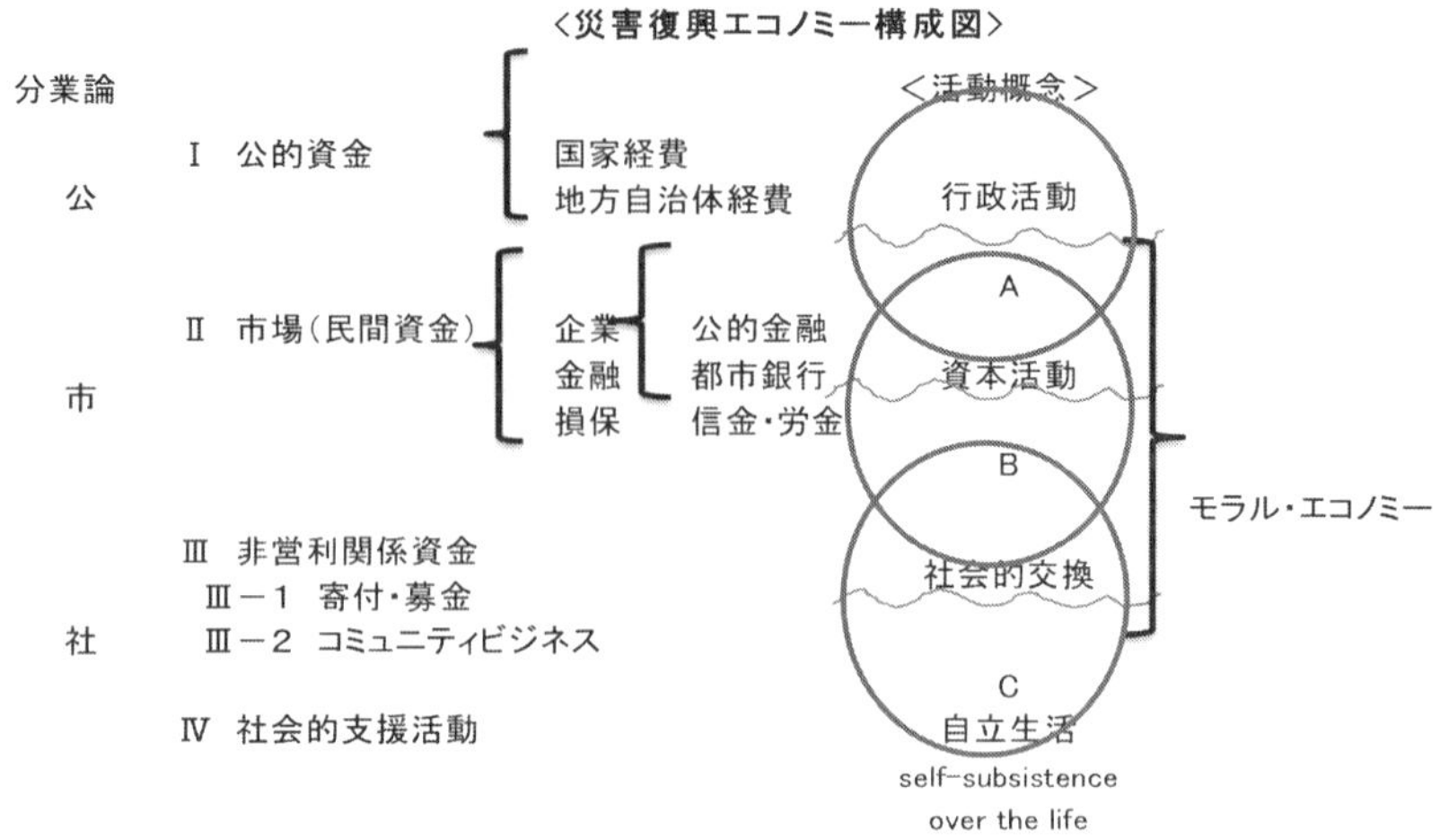


図１ 〈災害時経済〉における複数経済

出所：似田貝（2012）

個人（世帯）の領域である。それは復興に必要な公的資金や市場の財源が、コミュニティ領域や個人（世帯）の領域をカバーできないからである。[1] そこで私たちはこの問題を捉えるため、〈モラル・エコノミー morals economy〉〈ボランティア経済圏〉〈市民的共同財＝現代的コモンズ〉という三つの概念[2]から構成される〈災害時経済〉Disasters-Time Economy という概念を措定し、以下の視点から研究を進めてきた（NITAGAI 2012、似田貝 二〇一二、二〇一四、二〇一五）。

阪神・淡路大震災の支援活動と公的復興財政等を分析すると、コミュニティ再生、コミュニティ経済の再建、被災者の生活再生に公金がほとんど使われなかったことが判明した。またそれを代替するべく「復興基金」が創設されたが、それは他の震災等の適用には緊急性に弱く、汎用性がなかった（注４参照）。これまで、コミュニティ経済の再建、被災者の生活再生に関する、復旧・復興過程に全体としてどの程度の資金がかかるのかについての社会科学分析がなく、大きな問題だと考えられた。そこから、災害からの復旧過程の全体の経済の動きを捉えるには、復興財源の公的資金、民間の経済的支援活動、市民社会からの義援金・支援金、非貨幣的なボランティア活動等を、広い意味でのエコノミーとして捉え、それを全体として把握し、分析する必要がある。〈災害時経済 Disasters-Time Economics〉概念はこのような研究状況から生まれた。

この概念は、自然災害の発災から復旧・復興のプロセスに焦点を据え、公的資金や市場以外に存在する生活経済や支援活動を支える、諸財源・社会的資源の流れ全体を俯瞰する、エコノミーの複数性の様相を捉えようとするものである。従来復興過程の研究が、国家財政や地方自治体の復興財政に偏っていたこと、またこれらの財源は、おおむねインフラ投資に限定され、コミュニティ再生や、個人の生活再建等へ財政的な支援には届かなかったという実態がある。被災者支援活動やそれに投ぜられる市民の寄付等を災害時に固有に生まれるエコノミーとして捉えようとする視点から、災害時には復旧・復興過程において、冒頭に示したような、ルールや仕組みや、役割の異なったさまざまな財政、資金、寄付等の全体を把握する必要性から構想された概念である（**図1**参照）。〈災害時経済〉時においては、コミュニティ領域や個人（世帯）の自立の引き金 trigger を可能にする、社会の試みもまた現出する。それが〈災害時経済〉として社会的領域において特異に形成される〈モラル・エコノミー morals economy〉〈ボランティア経済圏〉〈市民的共同財＝現代的コモンズ〉である。この捉え方によって、非営利法人関係資金、社会的支援活動等の非行政的、非市場的領域たる市民社会の、震災等の災害時に自立しようとする人々を、「いのち」・「くらし」・「ちいき」を基礎的に支えるという、根源的なエコノミーの実態とその役割の検証が求められる。それは、市民社会の被災地支援のための財源の形成とその持続の可能性を発見することであり、いわば「社会に埋め込まれた経済」（ポランニー）という問題意識に端を発する、「埋め込み」→「脱埋め込み」→「再埋め込み」を災害時の固有に生起する事象として見いだそうとするものである。

本稿では、とくに以下の問題意識から、〈災害時経済〉のもとで特異に展開される被災者の自立支援のため供出・寄付・活動され形成される〈市民的共同財＝現代的コモンズ〉について、経験―理論的に論ずることにする。

こうした市民等の〈市民的共同財＝現代的コモンズ〉がどのような経緯で形成されるのか、またこのような市民による市民活動、市民事業へのファンドレイジングはどのような意味で実践的配分論理を担うのか、それによってどのような意味で「連帯経済」（わかちあい）という社会的仕組みとなりうるのか等について、阪神・淡路大震災以降の、市民基金、コミュニティ基金等の進展状態を概観する。

そこから、復旧・復興過程の全体的仕組みの実態と各経済領域の果たす役割の実態、地域再生のプログラムと、災害時に形成される「市民社会」の「連帯経済」の社会的意義についての将来的課題を検討する。これらの検討を介して、復興から次の新しい社会の形成を支える「市民社会」の「連帯経済」の物的基盤の持続の条件を明らかにしたい。(3)

## 二 〈市民共同財＝コモンズ〉の形成による「連帯経済」（わかちあい）の事例

### (一) 阪神・淡路大震災支援の支援基金の流れ

#### (1) 「阪神・淡路コミュニティ基金」

一九九五年一月の阪神・淡路大震災後には復興支援のために全国から多くのボランティアが駆けつけ、また多くのボランティア団体がこれを契機に誕生し、公的資金である「阪神・淡路大震災復興基金」(4)をはじめ、「震災バブル」といわれるほどの多額の支援活動資金が全国の市民、企業等から寄付された。

その先駆が「阪神・淡路コミュニティ基金」（代表・今田忠、現在市民社会研究所代表。以下、「基金」）である。同基

表1 「阪神・淡路コミュニティ基金」勘定表（1996～1998年）（単位：百万円）

| 収入 | 支出 | |
|---|---|---|
| 809（運用収入を含む） | 助成金 | 531（100件） |
| | 協賛金 | 13（82件） |
| | 自主事業費 | 111 |
| 総計　809 | 支出総計（含むその他支出） | 791 |

表2 「阪神・淡路コミュニティ基金」助成金支出内容 (5)（単位：百万円）

| | | |
|---|---|---|
| ①地域復興プログラム | 10件 | 32 |
| ②民間サービスプログラム | 48件 | 230 |
| ③民間公益活動支援プログラム | 28件 | 261 |
| ④その他機器・機材支援等プログラム | 14件 | 6 |

＊表1・2いずれも同基金の年次報告から作成

金は、一九九六年五月に発足。「基金」は日本財団の競艇の特別レースの利益の一部八億円を原資として、一九九九年までの三年間を限度に設立された。日本財団は震災直後から被災地の支援に積極的に取り組み、運輸・観光関係を中心にハードやソフトの復旧・公的イベントに助成を行った。被災地でのボランティア活動支援についても同財団の「ボランティア支援部」が担当者を常駐させて対応したが、被害があまりにも大きく、またボランティア活動の新しい動きが次々と生まれてきたので、ボランティア支援のために特別の「基金」を設け現地に事務所を置き本格的な支援を行った。

「基金」の運営の基本的考え方は、被災地での市民社会の建設に資するソフトなインフラの整備に寄与することを中心に、そのため「助成を受けて実施する事業が、実施グループの組織強化につながることを期待します」（「基金」プログラム説明パンフレット）とあり、人と組織の強化を基本的な実践プログラムとした。「基金」の助成プログラムは、①地域復興プログラム、②民間サービスプログラム、③民間公益活動支援プログラム。三年という短い期間での取り組みであったので、直接の支援活動は行わず、「中間支援組織」としてのインターミディアリ事業に専念し、③民間公益活動支援プログラムを重視した。日本財団からの拠出金八億円の活動実績は、すべて公開された（**表1**参照）。

## (2)「しみん基金・KOBE」(神戸市)

《設立までの経緯》

震災後三年目の一九九八年頃から、支援団体への寄付はしだいに減少化した。この時期、すでに触れたように「阪神・淡路コミュニティ基金」は、一九九九年三月でその役割を終えることがあらかじめ決まっていた。しかし、阪神・淡路大震災で支援する多くのボランティア団体は、資金がないからといって自らの活動を休止することはできない状況であった。それほどまだ復興にはほど遠い状況であった。

この状況の打開に向けて、阪神・淡路大震災の支援活動を契機に生まれた多くの市民活動を育て、維持するためには、行政だけに頼ることなく、「市民の手で市民のためにつくる基金」を設立しようという動きや構想が、以下の三つのグループからそれぞれ独自に生み出されてきた。(6)

(i) コミュニティ・ファンデーション研究会：この研究会は、「阪神・淡路コミュニティ基金」の代表者、今田忠氏が、同基金の解散後、有識者・関係者によって研究会を組織化し、支援活動の基金について研究・協議を行った。同氏は、「基金」の仕事を始めたときから、企業市民活動との連携を考えており（企業の社会貢献活動〔フィランソロピー〕）、神戸市の商工会議所、経済同友会、青年会議所と接触を行い、また当時被災地には公的・民間の助成制度との連携を試みたが、ほとんど連携することができなかったという。同基金と同じような趣旨で設立されていた「阪神・淡路ルネッサンス基金（HAR基金）」とも連携の話合いを持ったが、いずれの試みも不調に終わるか、「あまりはかばかしい反応は得られませんでした」という結果になった。したがって同研究会も「成案を得るにいた」らなかった（今田）。

(ii) 市民活動支援特別委員会（神戸青年会議所）：この委員会は、一九九九年、当時の理事長の発案で会議所内に組織化され、復興をめざす市民の自立と、市民社会の確立の基礎ベースを考え始め、NPO活動支援への取り組みを始めていた。のちに「しみん基金・ＫＯＢＥ」に参画し、今田氏が断念した市民と企業との連携の途が開かれた。その結果、「ビジネスに巧みな人材の協力が得られ事務処理も飛躍的にスピードアップ」（同基金事務局長　江口聰：2016/03/25）という。

（iii）「悪巧みの会」～「市民の手で市民がつくる基金」を構想（市民活動団体有志）：この会及び基金構想は、一九九八年八月頃、阪神・淡路大震災支援活動の中核を担っていた「阪神高齢者障害者支援ネットワーク」の故・黒田裕子氏（前しみん基金・ＫＯＢＥ理事長）、「被災地ＮＧＯ恊働センター」の村井雅清氏（現しみん基金・ＫＯＢＥ副理事長）等が中心となって、「市民の手で市民のためにつくる基金」を設立しようという構想を呼びかけた。この構想が「しみん基金・ＫＯＢＥ」を創設していくことになる。

**《「しみん基金・ＫＯＢＥ」》**

「悪巧みの会」～「市民の手で市民がつくる基金」の構想は、一九九八年一一月に設立準備委員会が発足し、それ以降一〇回の協議を重ね、名称を「しみん基金・ＫＯＢＥ」とし、基本財産三〇〇〇万円、運営財産五〇〇〇万円の目標で募金活動を行うことになった。

基本財産となった財源は、「阪神・淡路コミュニティ基金」の閉鎖前に、「被災地ＮＧＯ恊働センター」が市民活動団体へ資金的支援をする仕組みをつくることを前提に、同基金から三〇〇〇万円の助成が行われたものを、「阪神・淡路コミュニティ基金」の趣旨に従って転用することによって、基本財産に目処をつけた。[7]

神戸市からは、旧中央区老人憩いの家の一角を事務所として無償で提供を受け、一九九九年七月、「特定非営利活動法人しみん基金・ＫＯＢＥ」の設立総会を経て、基金を立ち上げた。

「法人格を持たないファンドでは意味が無い」（「しみん基金・ＫＯＢＥ」戎正晴〔現理事長〕：2016/03/25）とのことで、財団法人、社団法人等を考えたが、前者にはなかなかなれないという組織上の事情もあり、当時のＮＰＯ法の制定を契機に、特定非営利活動法人とした。しかし、人の組織化という意味では、社団法人型であり、しかし基本財産を有し、助成するという形では財団法人型、という想いで設立された（戎：2016/03/25）。市民が、官・民・学・企の連携を図りながら、被災地で活動する市民活動を支え育てていくという、日本ではじめてのNPOによる基金はこうして成立した（二〇〇〇年一月にNPO法人格の認証を受け法人登記完了）。

**《基本思想》**

同基金の設立の基本思想は、次代に向けた新しい「市民社会」の確立である。震災の支援活動を経験することによって、市民が公共性の担い手である、という考え方が多くの市民に受けとめられた。このような市民による市民活動を通じて、社会を変えていこうとする。設立趣旨書は、次のようにいう。

「被災地を中心に活動する草の根市民活動に対する支援を通して、震災で学んだ「市民主役の市民社会形成」を目指しています」、「自発的・主体的な市民と市民による地域連携型の組織が責任を持って社会に参画し、自分たちの地域と暮らしを支えあう」、「市民活動の基盤づくりを公的支援のみに求めるのでなく、市民・企業が自発的に寄付を出し合い、市民による公益的な活動を支える仕組みが必要」

初代の理事長黒田裕子氏は、この基金による活動は、いのち、市民社会、制度の改善をめざした、という（津久井弁護士：2015/11/21、黒田裕子さんを偲ぶ会）。この基金を基にして「草の根市民活動」に対する支援を通じて、震災で学んだ「市民主役の市民社会形成」をめざされた。

**《助成事業の特色》**

同基金の助成事業の特徴は以下の四点である。

（i）「支援する側と支援される側が、顔の見える関係」を重視するため、助成対象団体は、神戸市およびそ

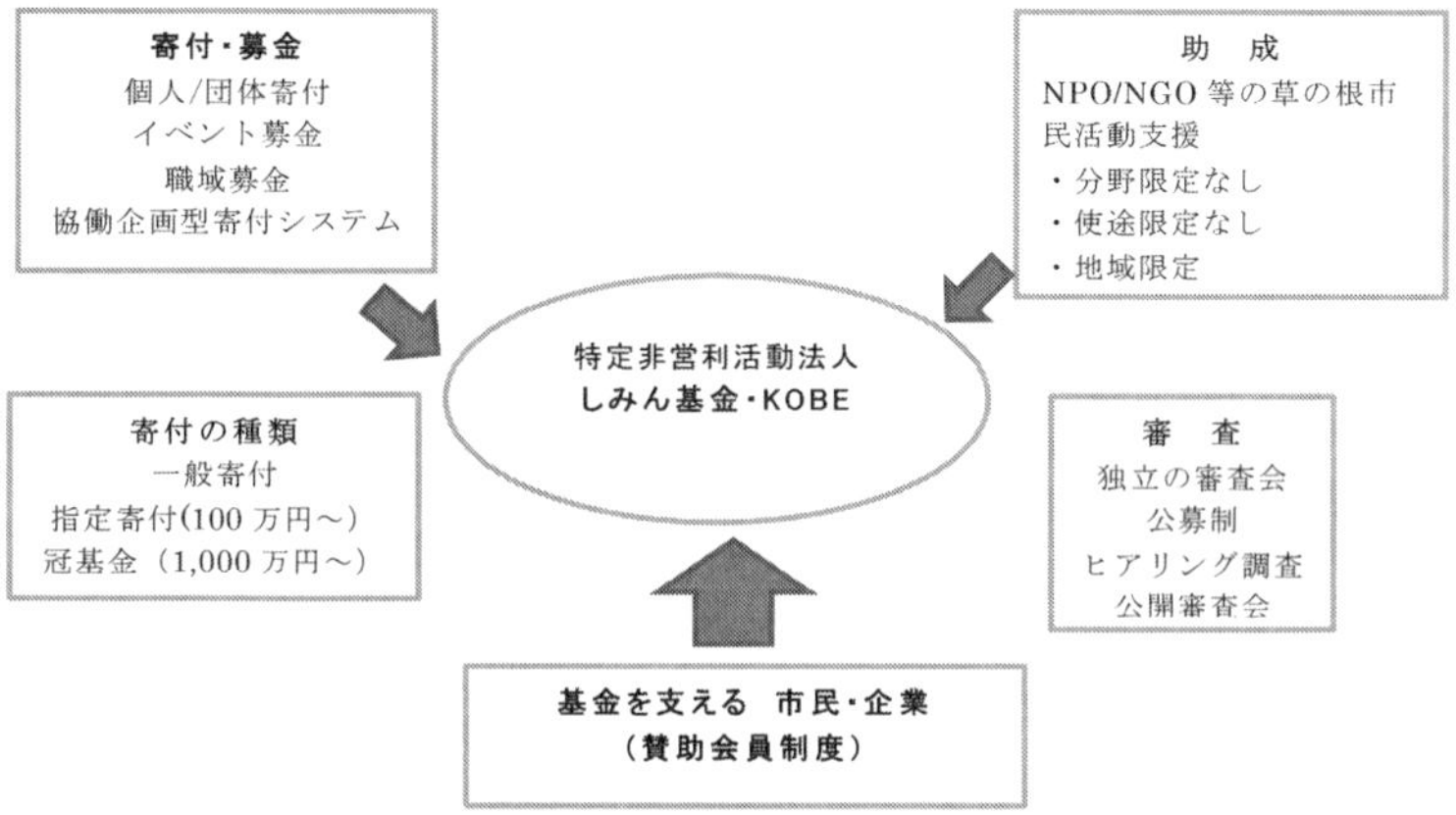


**図2　しみん基金・KOBE のしくみ**

＊「しみん基金・KOBE」前理事長黒田裕子氏作成の図を参考に作成

の周辺地域に活動拠点または事務所を有する非営利目的の市民活動団体。

(ii) 事前調査と公開審査：選考過程で審査以前にあらかじめ、申請団体の活動拠点を訪問し、ヒアリング調査を実施。また審査は、市民に公開された場で申請内容についてプレゼンテーションを行い、第三者機関である審査員会による公開投票で助成先を決定。決定内容は、新聞に公表される。

(iii) 申請団体の活動分野の制限なし、および助成金の使途制限なし：存在する公的助成や民間等の財団基金は、活動分野の限定があり、また助成金の使途科目の枠がある場合が大多数である。同基金は、原則として活動分野の限定はなく、助成金の使途科目の制限がない。市民が活動の多様性と財源の使途の自由性を謳っている。

(iv) 「草の根」支援：申請団体の活動が、受益者から十分な対価は得がたくとも、社会的弱者に寄り添いながら自律的かつ持続的に活動を行うことによって課題の解決に取り組む草の根活動への支援を重視している。成果主義、評価主義によらない、活動の意義を大切にしている。

このような助成事業の考え方は、今日まで一貫として続けられ、これまでに一〇三二口の寄付、金額にして合計九一九六万六六八六円（二〇一六年三月末日現在、基本財産分は除く）を確保し、事業を継続している。

市民が公共性の担い手、という基本視点に立つ「しみん基金・KOBE」は、この意味で「社会変革へ誘い」（津久井氏）を企図した活動であるといえよう。

同基金の現在の課題は、助成金財源の確保（寄付金確保）のため、気軽で身近に買い物等を通じて寄付できる街・KOBEをつくり、それを契機に多くの市民が地域の課題を知るきっかけを提供するイベント等を行っている（こうべ・あいウォーク、古着チャリティ、寄付つきクッキー、古本寄付、Yahooネット募金）。

### 《基金設立以降のインパクト》

この基金設立および助成事業等の活動は、被災地兵庫県に多くの基金を生み出していく契機の一つとなった。「コープともしびボランティア振興財団」「ひょうごボランタリープラザ」「ひょうごコミュニティ基金」（二〇一三年）、「東日本大震災　被災地のNPOを応援する市民基金」等をはじめ、震災時の兵庫県の「阪神・淡路大震災復興基金」から、その後兵庫県施策として「被災地コミュニティ・ビジネス離陸応援事業」「生活復興県民ネット諸事業」「生きがいしごとサポートセンター」等、市民活動への多様な活動助成の試みが継続している。

また、この基金の設立は、すでに触れたように、次代に向けた新しい「市民社会」の確立であった。そのため、五年目で市民の立場からの検証運動を始め、一九九九年九月、被災地の内外でボランタリーな活動を続けてきた市民活動団体のリーダーや学者・研究者、ジャーナリストらが、震災復興市民検証研究会を発足させた。「震災復興の五年間を、自らの経験と複眼的な発想を生かしてさまざまな現場の事実を結び合わせ、ようやく胎動しはじめた「新しい市民社会」の仕組みを紡ぎだそう」と。二年間に及んだ研究会の成果は、新しい市民社会の形成に向けた「アクションプラン二〇〇一」として発表され、二〇〇一年九月には『市民社会をつくる』出版（二〇〇三年九月、震災一〇年市民検証研究会設立発起人一同　震災一〇年市民検証研究会設立趣意書より）、その後、同検証研究会は、アクションプランの「仕掛け人」として立ち上がった市民社会推進機構（ＣＡＳ＝civic action syndicate）へ発展的に解消したが、九年目（一〇年を目の前に）の検証のため「震災一〇年市民検証研究会」を発足（二〇〇三年一〇月）、市民検証の成果を『阪神・淡路大震災一〇年――新しい市民社会のために』（柳田邦男監修、岩波新書）として発表された。

二〇〇五年一月には、復興一〇年を迎えた被災地の現実と震災の混乱の中から登場してきた「自立型市民」の多様な活動を紹介するため、検証に参加したメンバーの直接執筆で『阪神・淡路大震災一〇年――市民社会への発信』（文理閣）を刊行、被災地にこだわり、くらしや地域にかかわる広範な分野で動いてきた市民活動の延長線上に浮かんできた「新しい市民社会」の像を描きつつ、新しい社会の実現に向けた行動計画「アクションプラン二〇〇五」を提起した。そして「阪神・淡路大震災から二〇年　ＫＯＢＥ市民とＮＧＯフォーラム」と続けられていく。

当初から、この基金設立運動とともに、「市民社会」を市民がつくる仕掛けとして、情報系の活動団体「市民活動センター神戸」、シンクタンクの役割として「神戸まちづくり研究所」、そしてファンド機能としての「しみん基金・ＫＯＢＥ」の強い連携を模索したが、残念ながら実現にはいたらなかった。しかしこのような各領域の「草の根市民活動」に職能集団が加わったら、「市民」よる「市民社会」形成への「社会変革への誘い」はもっと巨力になるに違いない。

## （二）「茨城ＮＰＯセンター・コモンズ」――「支え合う社会」としての「市民社会」をめざして

《設立までの経緯》

茨城県内の経済・産業・社会・まちづくり等に関する調査・研究について財団法人常陽地域研究センター（常陽アーク）の雑誌『JOYO ARC』の「特集：茨城のＮＰＯ」への赤津一徳、横田能洋氏の執筆をきっかけに、数カ月かけて、ＮＰＯのニーズがあるかどうかについて、茨城各種団体の調査を経て、一九九六年一二月「茨城ＮＰＯ研究会」が組織された。

ここではＮＰＯに関心のある人々が集い、ＮＰＯの法制度の研究、署名活動、講演会、地域の団体調査、他府県のＮＰＯの調査等が進められた。折から一九九八年三月の「特定非営利活動法人促進法」（ＮＰＯ法）成立があり、この研究会が母体となって、ＮＰＯの支援事業を行うＮＰＯとして茨城県で最初に設立（一九九八年一二月創立総会、茨城大学地域総合研究所）された（以下、「コモンズ」）[8]。

県内にはまだＮＰＯへの関心は薄く、県内へのＮＰＯ活動の組織化のマニュアル販売活動や啓蒙活動行脚が続いたという。「当時行政組織のＮＰＯに対する理解は十分でなく、自分たちは『市民派ＮＰＯ』という気持ちで今日まで歩んできた」と、現在の代表の横田能洋氏[9]は述懐する。

《基本思想とその活動》

さまざまな地域の課題に遭遇し、それを「ほっておけない」と思った人が自ら活動する市民活動団体をめざし、かつそのような市民事業（団体）を側面から支援することによって、「支え合う社会」としての「市民社会」の形成をめざす。これが「コモンズ」の基本思想である。茨城県では、ＮＰＯ法施行一八年間で七〇〇を超えるＮＰＯ法人が組織化された[10]。横田能洋氏は、この現象を次のように指摘している。

「地域のために何かしようと事業にチャレンジする人が沢山いる」、「見方を変えれば、行政サービスが届かない『困りごと』が地域に沢山ある」。それは、「生きづらさを感じている人や将来に不安を感じている人は増えている」にもかかわらず、「新たな課題」への対応が、「財源が不足しているために、サービスの提供範囲は限られている」からだ。

隙間になった地域社会の「新たな課題」への対応としての市民活動、およびその活動のための民間資金の獲得、この二つの問題に「コモンズ」は取り組むことになる。「新たな課題」の掘り起こしとその取り組みに重要な働きをしているのが以下に述べる、「地域円卓会議プロジェクト」である。

### 課題解決の協働事業を生み出す「地域円卓会議プロジェクト」

地域社会の「新たな課題」に対処するため、NPO、企業、行政および当該課題に関心のある市民が集まり、解決方法を話し合うための組織。そこで討議された解決案・アイディアは、どのような人材・団体、場所（施設）、資金等の社会的資源と組み合わせたらよいのかの具体的協働事業へと練る場である。お年寄りの買い物支援、市民参加による地域発電、耕作放棄地の活用等がテーマとなった。のちに触れる「いばらき未来基金」構想も、ここでのアイディアである。

「幸いニーズを調べるところから出発して活動を企画すると、助成金や仲間が得られ、円卓会議を通じてバラバラに取り組んでいる人をつなぐと、新たな動きが生まれてきます。安定財源や事業の縛りがなかったことで、常に現場の地域課題にもチャレンジできたことは幸いでした。お金に代えられない様々な人、組織とのつながりができたからです」（横田）

地域社会の「新たな課題」対処の運営としての特色は、このプロジェクト参加者が、労働、消費者、生産者、NPO、金融、メディア、事業者、行政、研究者、およびテーマや課題に関心のある市民等、多様な領域より構成されている。そして、多くの課題やテーマのうち、どのような方法でそれに対処するかについて、財源の出せる団体、同じような当該の課題を事業・活動としている団体、解決の助けになる情報、ノウハウを有する団体、対処するための場所等の連携を模索する。

このプロジェクトの成果は、顔と顔、団体と団体、異なる領域間の組み合わせと〈つなぎ conjonctur〉[11]という社会関係が広がっていく実践的な場の産出である。いわば、課題と実践方法の基礎単位ユニットの〈出会い―組み合わせ〉場 champ[12]を、このプロジェクトは創り上げている。「共に、いばらきの未来をつくっていきましょう」というコモンズの呼びかけは、形成途上で絶えることなく、社会的力を協働産出しようとしている。

地域社会の「新たな課題」に取り組む実践は、しだいに多様性の持つ動的な力の産出[13]によって成り立つ「支え合う社会」としての「市民社会」の像の素描へと近づいている。その試みを「コモンズ」の活動は担いつつある。

## 《「いばらき未来基金」》

### 組織化までの経過

「新たな課題」への対応としての市民活動のための民間資金の獲得、これは「コモンズ」の大きな課題であり、実践的テーマでもあった。NPO法施行以降、茨城県でも二〇〇八年頃には、すでに六〇〇を超えるNPOが組織化されたのもかかわらず、自らが、寄付金集め活動をするのはわずかであった。これに加えて、各団体の単独的で閉じた活動や行政等へのアドボカシーを行わない、という状態であった。「市民派NPO」からみれば、いわば「危機的状況」ともいえた[14]。

「コモンズ」は、二〇〇八年からこの問題に着手した。「コモンズ」事務局と同じ建物に、連合茨城、生活協同組合生協等があり、それらと相談しながら企業も巻きこんで二〇一〇年「いばらき未来基金」を設立した（以下、「未来基金」）。モデルとしたのは、「京都地域創造基金[15]」などのコミュニティ基金型であった。市民団体が中核を

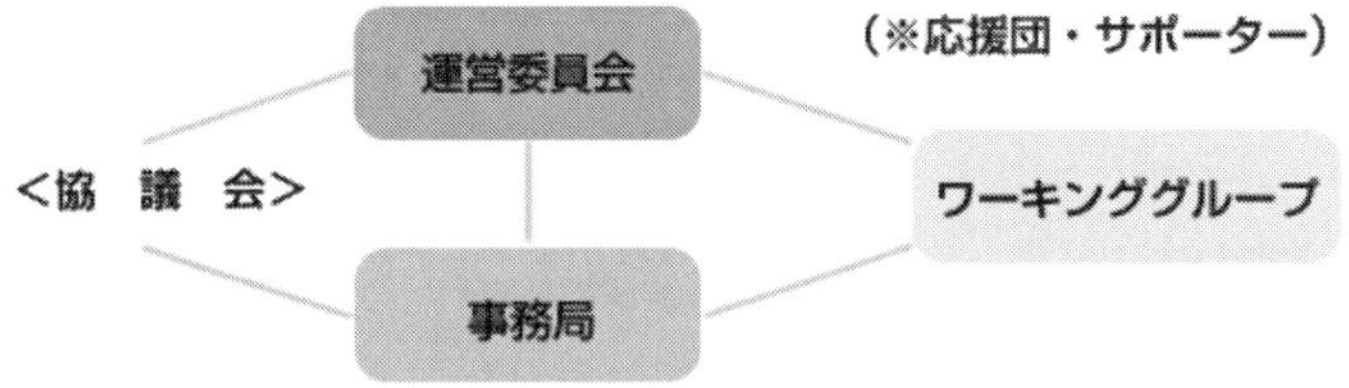


**図３　いばらき未来基金組織図**

出所：「いばらき未来基金」

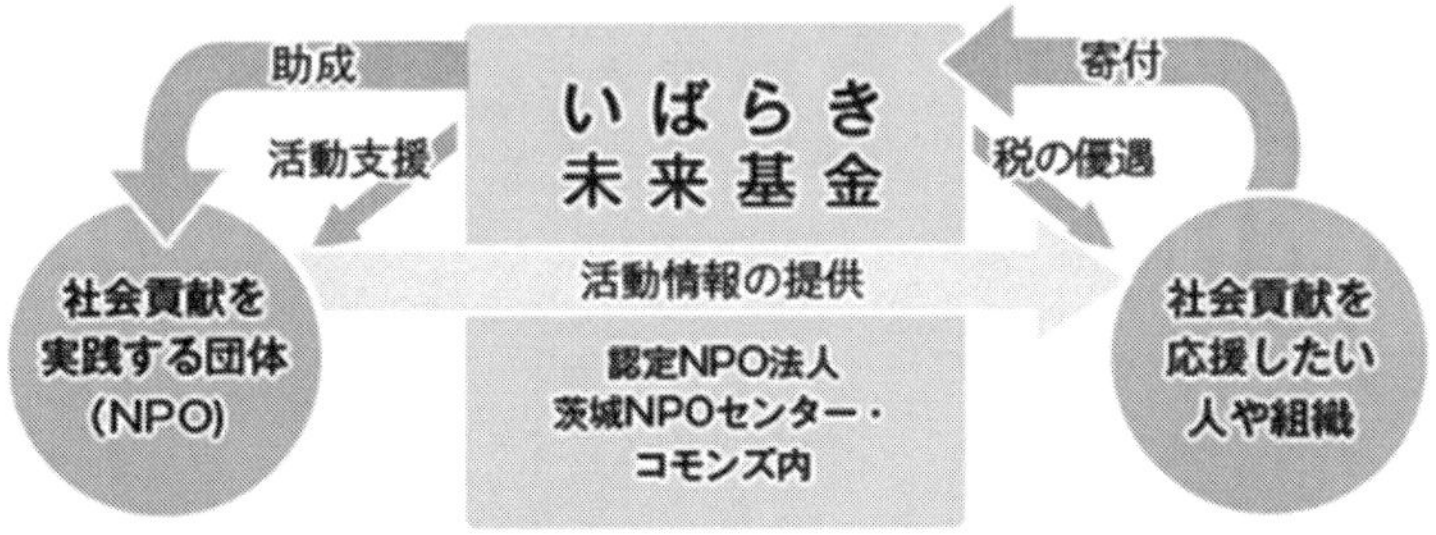


**図４　いばらき未来基金**

出所：同上

担い運営するコミュニティ基金としては、茨城で最初の取り組みであった。

「未来基金」は、ＮＰＯ、企業、生協、労働団体、大学、金融機関、メディア、行政の領域の関係者が集い、市民活動を活性化させるため、地域内外の資金循環の新しい仕組みを構想したものであった(16)。

同基金の円滑かつ透明・明確・客観的な運営を図るため組織の運営の仕組みは、「いばらき未来基金協議会」（茨城県モデル事業応募協議体）を母体(17)とする「運営員会」があり、メディア（茨城新聞）、有識者（茨城大学名誉教授）、金融（常陽銀行）、事業者（茨城県経営者協議会、日本青年会議所茨城ブロック協議会、関章商事）、労働（連合いばらき、生産：ＪＡ茨城中央会、消費者：パルシステム生活協同組合連合会、パルシステム生活協同組合茨城（連合茨城）、ＮＰＯ（茨城ＮＰＯセンターコモンズ）を構成員とし、基金の運営、基金の財務の確認、寄付事業の選考・選定等が行われる。基金事務局は、認定NPO法人茨城NPOセンター・コモンズ内に設置された。

「未来基金」の目的は、各団体は助成を受けるという受け身や享受だけでなく、諸団体は連携・協力して、それぞれの事業や活動を地域社会に広報し、その過程で寄付募集をする、という方法をとる。寄付財源の支援者―受益者（市民団体）という、受動的、消極的ふるまいをなくし、個々の団体はもちろんのこと、寄付行為のための基金を設置することによって、市民の活動主体として自覚、各団体の事業活動者としての社会への責任の自覚を掘り起こす役割の期待であった。「未来基金」の創設は、単に財源集めでなく、団体の活動や組織の強化が、これによってめざされたといえよう。

それが「支え合う社会」としての「市民社会」をめざす、「市民派NPO」の社会的力の協働産出方法であったといえよう。それによって、活動への市民的理解が広がり、資金面の支援だけでなく、ボランティア、物や場所の提供など、支援者とのさまざまな横の連携が広がることが期待されている。

基金の使命

「共に、いばらきの未来をつくっていきましょう」と「コモンズ」は呼びかける。

全国のNGO、NPOの粘り強い連携によって、寄付に応じて税負担を減らせる「寄付税制」（二〇一一年）が施行された。これを契機に、「市民活動とそれを支える寄付をしやすくするために、『いばらき未来基金』は、地域の未来のためにどこかに寄付をしたい、という個人や団体の想いと、本当に頑張っている地域の市民団体をつなぎます。想いのこもった温かいお金が地域に循環すれば、課題解決が進み、未来は変わる」と広報活動や寄付普及活動を行うとともに、市民に向かい「市民団体は、制度がない部分や、サービスが届かない部分で、困っている人を助けたり、大事なことをまわりに知らせる講座やイベントをしたり、みなで力を集めて災害支援などを行います。その活動を支えているのが寄付や助成金といった民間の資金です」と市民社会における役割を強調する。そして「市民による市民が集めて、市民が使う基金です」と市民が主体者であることを宣言する。そこには、諸団体と市民との協働、すなわち「支え合う社会」としての「市民社会」が展望される。「コモンズ」は、こうして「未来基金」の中核的な媒体の役割を行っている。それは、「コモンズ」が支援団体を支援することに自らの役割を振り分けているからである。このような実践戦略は、「未来基金」財源の配分の考え方にも現れている。

災害時にしか市民や企業からの寄付は集まらないことを経験した「コモンズ」は、日常支援型のしかも側面支援という考え方に転換した。同時に、配分の考え方の方向を定めた。それが、「未来基金」は市民団体・プロジェクト・事業を育てる（incubation）「側面支援」型の基金をめざしたのである。

この「基金」の選定・選考の基本は、将来芽がでそうな団体やプロジェクトへ財源をつなぎ、受け皿とする「側面支援」型で行う、という考え方である。いわば、申請団体のもつアクティビティに注視、着目する、徹底した仲介的役割を担っている。団体・プロジェクトを育成（incubation）への関心に集中するこの考え方は、主として二〇一一年の東日本大震災を契機に高まった支援寄付を集めるいわゆる「中間支援団体」の陥った、評価中心の成果主義や効率主義の配分の考え方と明らかに異なっている。

**《市民活動のための〈市民共同財＝コモンズ〉形成の自主事業》**

①ＮＰＯの会計事業支援

上記した、団体・プロジェクトを育成（incubation）の「側面支援」型の基金という基本思想を徹底するために考えられたのがＮＰＯの会計事業支援である。具体的には、会計の強化のため、税理士とともに支援組織をつくり、ＮＰＯの会計労務を支援する事業を行っている（茨城県ではじめてのＮＰＯの会計事業支援）。

この支援活動を自主事業とした「コモンズ」は、活動や事業の持つ社会的意義が高いとされるが、まだ組織化されたばかりで、活動するスタッフの少ない団体やプロジェクトに対し、助成金等の会計管理処理のような事務の困難性を、会計労務の支援事業からの側面支援として積極的に引き受けている。[18] このような組織運営上のハードな領域へのいわば後方支援的な事業が、文字どおり団体・プロジェクトを育成（incubation）し、同時に課題と実践方法の基礎単位ユニットの〈出会い―組み合わせ〉場の裾野を広げる役割を果たしているといえよう。

②情報のデータベース「NPOヒロバ」の運営

さらに「コモンズ」が「未来基金」を側面から支援する独自に自主的に行う、茨城県内NPO法人の財務諸表作成（市民活動や市民団体の）事業がある。

「市民派NPO」としての「コモンズ」を支えているのが、市民社会の内部における公共性の考え方である。この団体にとって、「新しい公共」の実践思想とは、「あらゆる人に居場所と出番をつくること。市民団体は、その中心的な役割を期待されています」という視点である。

「新しい公共」の潜在的な担い手は市民社会内の各領域の団体や個人である。それが、いったん活動し始め、強力にプロジェクトや事業を推し進めるためには、市民とNPO、NPO間、行政とNPO等の協働の関係を構築する必要がある。そのため「コモンズ」が手がけた事業が、茨城県内NPO法人財務諸表（収支計算書、貸借対照表を含む）をもとに、それを茨城県発行のNPO法人一覧に重ね、茨城県内NPO法人の財務諸表を作成することであった。それによって、適切な協働のパートナー発見を可能とする資料を公開する活動である（二〇一二年）。[19] それはデータベース「NPOヒロバ」に発展し、現在それが使用されている。

先に触れた「地域円卓会議プロジェクト」の特色である、顔と顔、団体と団体、異なる領域間の組み合わせと〈つなぎ conjonctur〉という社会関係が広がっていく実践的な場の産出を支えていくには、基金や組織の強化のほか、他団体とのつながり、異なる領域活動との協働という仕組みが不可欠である。

この適切な協働のパートナー発見を可能とする資料（毎年の更新）作成、公開活動は、地域社会の「新しい課題」へ対処する実践方法の基礎単位ユニットの〈出会い―組み合わせ〉場 champ を形成するための、市民社会内ボランティア経済の諸団体共通資料といえる。

のちに触れるが、まさにこれが市民活動のための〈市民共同財＝コモンズ〉の一つである。この資料が、「新たな課題」とその対処の実践方法の基礎単位ユニットの〈出会い―組み合わせ〉場と諸団体、諸領域関係を形成していく基礎といえよう。これによって「コモンズ」は設立以来、数多くのＮＰＯの設立を応援してきた。

③廃校・民家借用による市民活動の拠点づくり

市民活動のための〈市民共同財＝コモンズ〉形成を担った事業に、廃校、民家借用による諸団体の活動の拠点形成がある。廃校を利用し、多くの市民活動の拠点づくりは、「コモンズ」にとって、大切な役割の一つである。二〇一五年の常総市の水害被災者支援活動のため、「コモンズ」は、被災地に「JUNTOS」という支援組織を作った。その支援活動の過程で、高齢者世帯の住宅建物、個人所有のアパート等の再建が困難であるという問題に直面した。それは、災害地の人口流出と空き家増大の問題を顕在化させ、地域復興の大きな課題となっていた。同時に、水害で市外に避難したが、「帰る家がない人の住宅確保や、家はあるけれど地域とのかかわりが減っている人の居場所づくりや見守りをどうしていくのか」も課題となっていた。

この問題に取り組むため、「コモンズ」（「JUNTOS」）は、再建不可能な住居を借り上げ、宅建の専門家や不動産、大工等の専門家と協働し、かつ一般のボランティアとともに、住宅を改修し、そこに市民活動等を集め、よって場所＝活動拠点の共有化（commons）を試みてきている。

# まとめにかえて

《「しみん基金・KOBE」「茨城NPOセンター・コモンズ」の活動の中間的総括》

「コモンズ」の設立および実践思想は、モノのみでなく建物、お金、社会関係、諸活動全体を常に市民活動へ環流することによって、「支え合う社会」という市民的活動のダイナミスムを生み出していこうとするものであった。それは、物的基盤（建物・土地・貨幣）のみならず活動・事業によって形成された情報・ツール（会計、データベース）や活動によって形成されたネットワーク全体を〈市民共同財＝コモンズ〉として受けとめようとしている。こうした〈市民共同財＝コモンズ〉を媒介にして、諸団体の諸活動が新たな相互作用として動くとき、市民的な共用の価値（ユーティライゼーション・ヴァリュー）、すなわち「支えあう社会」としての「市民社会」（「市民」による「市民社会」）形成が生まれる可能性を示唆している。

コモンズとは、かつては共有地のことを意味した。ポランニー（Polanyi）の経済思想を批判的に継受したイリイチは、「みんなが共有するもの」「人びとの生活のための活動（subsistence activities）がそのなかに根づいている」「人間相互の接近を可能にならしめる公正な資源（tool：道具）」と再定義した（イリイチ　一九九九）。

この考え方は、〈市民社会の自立〉の物的基盤と理解してよいと思う。阪神・淡路大震災以降の支援思想とその実践は、そのような動きの胎動といえまいか。

**注**

（1）　阪神・淡路大震災の経済被害は、概略一〇兆円（被害総額九兆九二六八億円、一九九五年四月）。被災した市町村並びに兵庫県、国から提出された震災関連支出を、私たちが独自に集計、分類したが、復興に投じられた公的資金（九兆七〇〇

〇億円）のうち六五％がインフラ等のハード支出である（似田貝　二〇一四）

（2）〈現代版モラル・エコノミー（morals economy）〉とは、危機において、「自立とは支え」という〈実践規範〉を〈そのつど〉大切に思う考え方を動機とする広義の社会的経済活動。市場での経済的合理性の基準とは異なる。被災者の生きがいと経済的自立を支える幅広い活動は全国的に広がり、かつ今日にいたるまで持続している。このような作り手・販売・支援者・購入者との恒常的な関係を有する空間的な広がりを、本稿では〈ボランティア経済圏〉と呼ぶ。被災者の自立を「支えあう」、〈実践規範〉をともなった〈モラル・エコノミー〉という、市場経済とは別様な組織体が次第に姿を現しつつある。それは、相互の多様な価値を尊敬し、小さな、緩やかながらもネットワークとしてつながる。「連帯経済」を支える内的根拠としての〈モラル・エコノミー morals economy〉、その具体的関係性として顔のみえる関係、コミュニケーションの可能空間である。

（3）現代コモンズ論（〈市民共同財＝コモンズ〉）の理論的展開については、似田貝香門「モラル・エコノミーとボランティア経済」『震災と市民――自立と復興』第Ⅰ巻　連帯経済とコミュニティ再生（似田貝香門・吉原直樹編著、東京大学出版会、二〇一五年八月、三－二三）、および似田貝香門「災害からの復旧・復興の「経済」economy 複合体――新たなモラル・エコノミーを求めて」（地域社会学会年報26、二〇一四年五月、一三五－一五二、ハーベスト社）で概略を論じている。

（4）阪神・淡路大震災では、当時の法規の復興財源はインフラ中心であるため、コミュニティ再生、産業再生、個人生活の再生にも使用可能な「財団法人阪神・淡路大震災復興基金」（以下、「復興基金」）を兵庫県は創設した。この「復興基金」は、公的資金による復興事業を量的、質的、制度的に補完する役割を果たそうとした。しかしこの「復興基金」は、創設ごとに「地方交付税法」の附則第六条への追加という法改正を必要とする。そのため、復旧・復興という緊急性には対応困難である。また「基金」原資の地方債の利子は近年低率となっている。国は、この「復興基金」創設・運用に当たって、個人へ直接助成することは認めている。しかし、個人助成のための起債分については、地方交付税による九五％の利子補塡を行わないという施策決定をした。つまり、被災者の住宅再建などの「私有財産形成に資する助成は行わない」とする従来の原則が頑なに貫かれた（似田貝　二〇一四）

（5）助成金の支出先のうち一〇〇〇万円以上の助成を受けた団体は（単位百万円）、コミュニティサポート・センター神戸六六、プロジェクト結ふ五一、被災地NGO協働センター三九、ベルボックスケアセンター二九、被災地障害者センター二三、多文化共生センター二一、プロップ・ステーション二一、エフエム ムーブ一六、たすけあいセンター一五、日本災害救援ボランティアネットワーク一五、神戸まちづくり協議会連絡会一四、阪神高齢者・障害者支援ネットワーク一三、神戸ユネスコ協会一〇、がんばろう神戸一〇。基金の自主事業は、仮設住宅から復興住宅への引越支援三二〇〇万円（市民グループ・ボランティアグループ等が被災者の引越の手伝いをするのに必要な車両の寄贈）

（6）「阪神・淡路コミュニティ基金」の前に、「白いリボン運動」が存在した。「白いリボン運動」は、関西学院ヒューマンサービスセンター（震災時の「関西学院救援ボランティア委員会」の後継組織）の呼びかけで、震災の翌年（一九九六年）に始まった運動。震災の犠牲者への追悼や支援者への感謝の念をこめ、「白いリボン」を胸につけ、お互いの気持ちを確認しようというもの。全国のNPOやボランティア団体の協力もあり、毎年数十万本の白いリボンが配布されてきた。しかし、震災の記憶が薄れる中にあって、単なる意思表示では運動が形骸化するのではないかと、二〇〇二年にいったん中止された。二〇〇五年第二次白いリボン運動が組織された。この運動は、全国で民間大衆募金運動として展開し、集まった資金を、地域再生やコミュニティの担い手として期待されるNPOへの支援に活用された。同基金の運動のHPは http://www.brainhumanity.or.jp/whiteribbon/

（7）「「コミュニティサポート・センター神戸」「プロジェクト結ふ」「被災地NGO協働センター」は、いずれも基金解散後の活動を見込んで前渡金的に助成したものです」（今田忠）

（8）茨城県ではじめてのNPOであったので、「コモンズ」の事務所開設には、実験台になるつもりで私債権を財源とした（一九九八年一二月）。最初の頃のスタッフは、ボランティア有志を募って、事務等の役割、出勤等をローテーションでまかなったという。

（9）創設者であり、現在代表理事として活動している横田能洋氏は、茨城大学で地域社会学を学び、一九九一年より茨城県経営者協会で、企業の社会貢献推進の担当として活動し、「コモンズ」設立とともに、この団体へ転職してきた経歴を持つ。

（10）茨城県認証NPO法人一覧表（二〇一三年二月六日現在）によれば七五〇団体。

（11）「つなぎ」（〈結びつけ〉）という実践は、支援活動とその組織が、〈そのつど〉望まれる地域や人のニーズを、〈具体的、一時的、局所的〉に、自己活動をその課題に継続させ、完遂させるため、常に潜在的可能の対象〔新しい行為〕へと可能的に組み合わせ、かつそれを、自己を〈結びつける〉支援行為や考え方である。「つなぎ」という実践は、支援者を新しいことに巻き込み、つなぎ合わせる。と同時に、自己をもその新しさへの実践者として変化させずにはおかない。つまり、試みられ、企図された支援のための諸実践、思考等が、〈隙間〉を埋めるため、ある定型的サービス等を、いろいろな制度機構、秩序に、ニーズの実現という観点からは、〈越境的に〉、かつ正統に、依存させるかたちで配置させようとする行為。支援者が新たなる行為、新しい出来事への巻き込まれ（〈結びつける〉）ということは、同時に、自己の複数化という〈主体の変様の兆し〉の様相と同時並進的、同時相即的である（似田貝　二〇〇八）

(12) 根源の同一性によって規定される集団＝共同・体でなく、同一性の共有によって規定されない有限の分割＝分有 partage としての集団＝〈出会い―組み合わせの〉というユニットの形成が重要であると考えられる。われわれを絡み合わせるものがわれわれを「分割」し、われわれを分割するものがわれわれを絡み合わせる。こうした点に関する理論的展開が地域社会の主体論―共同論と公共性論に新たな革新を生むであろう。Jean-Luc Nancy によれば、「分割とは、分離である境界そのものによる結びつけを表す語」つまり、分離がそのまま結合と不可分であるような働きあるいは関係を意味する（JeanLuc Nancy、一九八五、『無為の共同体――バタイユの恍惚』朝日出版、訳注一六五）。この議論の展開については、似田貝香門「市民の複数性」（似田貝　二〇〇八所収）

(13) 多様性の持つ動的力を、当面以下のように考えている。多数の要素が相互作用し、相互に関連する運動を生じつつ、ミクロからマクロを縦断する根茎が貫き、また、こうした部分への還元が不可能で、常に変容する多様体、それを〈動的多様系〉と呼ぶことにする（似田貝　二〇一一）

(14) 「茨城に七〇〇以上もあるＮＰＯの活動は、非常時以外なかなか県民の目に触れることがありません。せっかく良い活動をしていても、寄付やボランティアなど県民の応援が集まらず、活動が狭くなりがちです。そこで「コモンズ」が、「茨城新聞」と「いばキラＴＶ」と連携して、茨城県民にＮＰＯの活動についての理解と認知を高めるためのプロジェクト「市民社会をつくる――県内ＮＰＯの挑戦」を始めました」（「コモンズ」ＨＰより）

(15) 「京都地域創造基金」は、二〇〇九年に三〇〇人を超える市民からの寄付により設立した日本初の市民コミュニティ財団。社会全体のお金の流れを変え、行政では対応しきれない社会の問題解決に取り組む市民活動の活性化、地域を支える新しい資金循環のしくみづくりをめざしている。一億五〇〇〇万円の寄付が、一般市民や企業などから集められた。「未来基金」も京都のような寄付文化を根づかせようとしている。ちなみに「未来基金」の現在の寄付金額は三八〇万三一九三円（二〇一六年一一月六日現在）二二〇件である。

(16) 「未来基金」の資金の流れは、以下のような三部門によって構想された。事業指定助成：いばらきの未来をつくる活動を直接選んで応援できる。助成を受ける候補となる団体は審査を経て選出され、一〇～一五団体の中から直接指定して寄付をすることができる。テーマ助成：テーマに沿った事業に助成。テーマを選んで寄付することがでる。人々の自立やコミュニティ活動を応援する活動、いばらきの未来を創る活動、冠助成制度：個人、企業、団体の寄付をお預かりして、ご意向や目的にあった活動へ助成を行う冠助成を行う。名称を含め、オリジナルの助成プログラムを作ることができる。

（17）「いばらき未来基金協議会」は、二〇一二年度「茨城県新しい公共の場づくりのためのモデル事業」として選定された事業。

（18）合わせて、ＮＰＯのスタッフとして成長したいと願う人のためのコモンズ独自の人材育成プロジェクト「マナビヤ」事業を行い、人材育成をしている。

（19）この活動は、国の「新しい公共支援事業交付金」を活用し実施する二〇一二年「茨城県新しい公共支援事業に伴う活動基盤整備事業」へ応募し、委託事業として実施されたもの。

## 参考文献


NITAGAI, KAMON, 2012, Disaster-time Economy and an Economy of Morals: A Different Economic Order from the Market Economy under Globalization, *International Journal of Japanese Sociology*, Number 21. p.77–83.

I・イリイチ、一九九九、『生きる思想』桜井直文監訳、藤原書店

今田忠編、二〇〇〇、『フィランソロピーの思想――NPOとボランティア』（日本経済評論社）

似田貝香門、二〇一一、「〈隙間〉の組織化――相互浸透ダイナミスムを介した主体と構造」（国際高等研究所『すきまの組織化』、三三–四六）

――、二〇〇八、『自立支援の実践知――阪神・淡路大震災と共同・市民社会』（編著、東信堂）

――、二〇一二、「〈災害時経済〉とモラル・エコノミー試論」『福祉社会学研究九号　特集　東日本大震災と福祉社会の課題――〈交響〉と〈公共〉の臨界』、一一–二四頁、五月、東信堂）

――、二〇一四、「災害からの復旧・復興の「経済」economy複合体――新たなモラル・エコノミーを求めて」（地域社会学会年報26、五月、一三五–一五二、ハーベスト社）

――、二〇一五、「モラル・エコノミーとボランティア経済」『震災と市民――自立と復興』第Ⅰ巻　連帯経済とコミュニティ再生（似田貝香門・吉原直樹編著、東京大学出版会、八月、三–二三）

# 原子力災害の被災地における支援の可能性

川上直哉

本稿は、原子力災害の被災地において実践されている支援を整理して反省し、「原子力災害の被災地における支援の可能性」を検討するものである。

本稿は、次のように展開する。まず、原子力災害の被災地の定義を行い、そこで起こっている事象を整理する。次に、支援のモデルを、ホスピスの現場からの知見を援用して示し、そのモデルを駆動させるための補足を行う。最後に、補足されたモデルを用いて、実際に展開している支援を批判的に紹介する。

## 一　原子力災害の被災地

原子力災害の被災地は、どのように定義されるか。ここに、大きな問題がある。

吉田千亜は、「区域外避難者の住宅問題」[1]について、その数は二〇一五（平成二七）年六月以降段階で一万二四三六世帯にも及ぶと報告している。公権力によって避難すべしと設定された「区域」外の避難者は「自主避難者」と呼ばれている。これは誤りである。誰が「自主」的に避難しただろうか。ほとんど皆、追い立てられるようにして必死に逃げたのだ。行政府の設定した区域と原子力災害被災地は同じではない。実際、筆者は東京・神奈川から危険を察知して避難した人々（そして、避難先で困難に直面しつつ生き抜いている人々）と出会ってきた。その人々もまた、原子力災害の被災者である。

本稿においては、原子力災害の被災地という際には「最低限必ず含まれるべき」地域を念頭におく。それはその地域の外側を除外するためではない。そうではなくて、最低限含みこまれる地域を特定し、その地域の人々の支援を考え、その検討を生かしてさらに遠隔の地域への支援を検討するためである。

それでは、「最低限必ず含まれるべき地域」はどこか。

二〇一六年二月二五日、「原子力災害のハザードマップ」と呼ぶべきものが生まれた。「子ども脱被ばく裁判」（原告ら訴訟代理人：弁護士井戸謙一他一八名、被告：福島市・川俣町・伊達市・田村市・郡山市・いわき市・福島県・日本国、平成二六年八月二九日提訴）の第四回口頭弁論において証拠採用された「訴えの追加変更申立書二」の「別紙（3）」である。(2) この資料は、「原子炉等規制法六一条二第一項および第三項」にしたがい環境省が定める「クリアランスレベル」（甲A第四九号証）を超える土壌汚染地域の広がりを、文科省が二〇一二年末までに行った調査から、行政府を訴える立場の人々が図示したものである。つまりこの地図は（イ）日本国政府が二〇一二年末まで調査したデータを、(3)（ロ）原子力災害被害当事者で政府を告訴している人々が整理して編集し、（ハ）裁判所が二〇一六年二月末に証拠採用した公的な資料であり、その意味で、政治から解放された初の「放射能ハザードマップ」である。この地図は「放射線による障害の防止のための措置を必要としない」レベルを超えた地域が二〇一二年末時点でどう広がっているかを示す公的な資料となる。管見の及ぶ限り、こうした資料において「公的な」権威を持つものは、これがはじめてである。きわめて重要な資料と判断されるゆえんである。

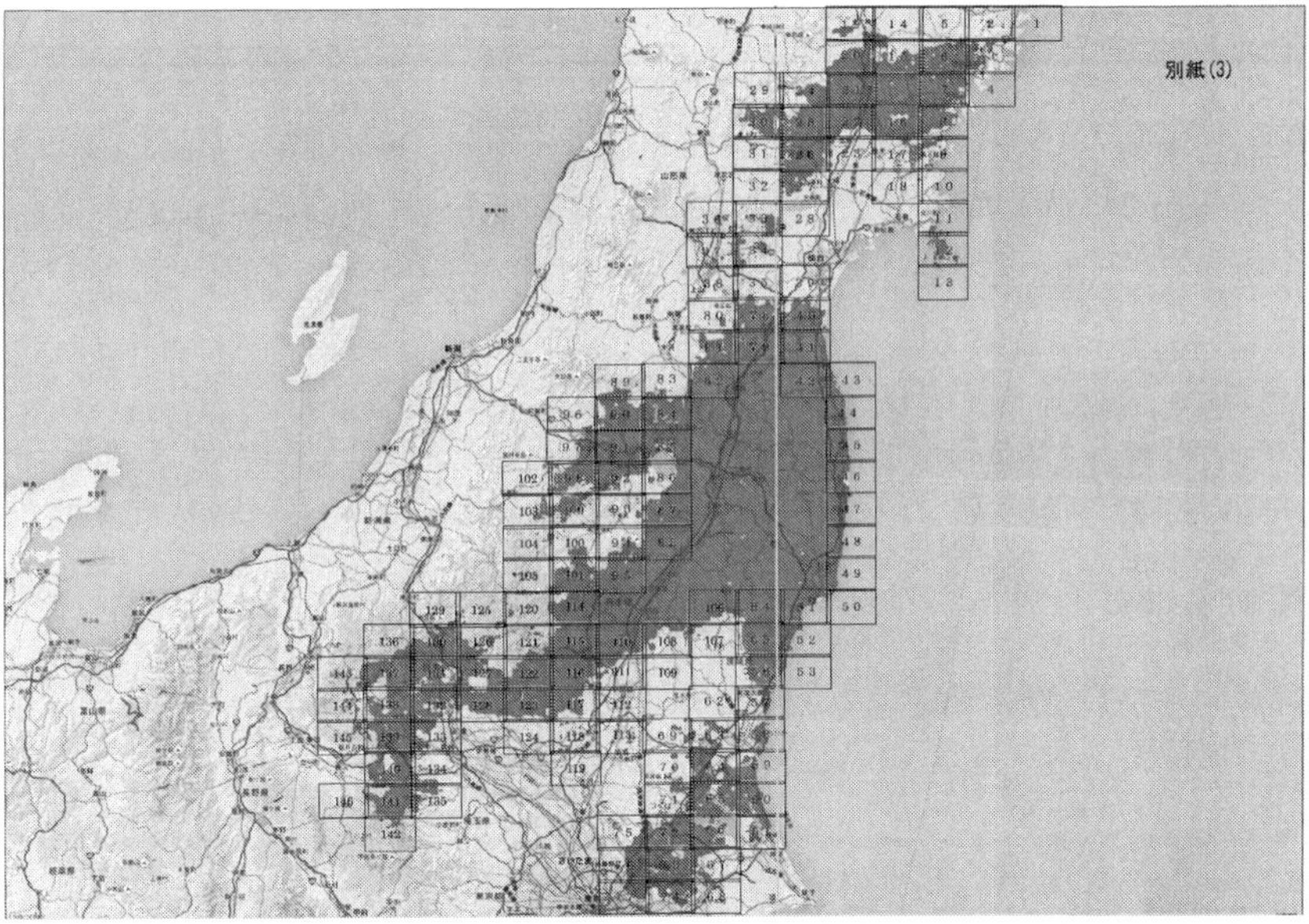


**原子力災害のハザードマップ**（2016年2月25日）

出所：子ども脱被ばく裁判 弁護団ホームページより

このハザードマップには、二〇一二年末時点での「安全とは言えない」地域が赤く塗られている。本稿では、この「安全とは言えない」地域をもって、とりあえずもっとも狭く設定したかぎりでの「原子力災害の被災地」としておきたい。すると、その地域は長野県から岩手県に及ぶことがわかる。以下、この地域を念頭に、原子力災害の被災地における支援の可能性を検討する。そのためにまず、この被災地域の現状を簡潔に整理しておく。

## (一)「矮小化」と「複雑化」

二〇一五年三月二五日、東京電力株式会社は一つの報告書[4]を公開する。そこには、二〇一四年四月一六日〜二〇一五年二月二三日の三一四日間で、二兆二〇〇〇億ベクレルの「全$\beta$線」放射性物質が護岸（海側遮水壁未閉合部）から開渠へ流出したことが記されている。その年の夏、筆者は事故現場から五〇キロメートル北にある松川浦で海水浴を楽しむ若者たちをみた。穏やかな夏の風景にみえる。しかし、海側遮水壁の閉合作業が終了したのは、二〇一五年一〇月二六日のことである。そこには、矮小化された意識がある。

二〇一六年夏、英文のニュースサイトにおいて、「経産省脇で天文学的数値の放射性物質発見」と報じられた。(5) この情報元であるアーニー・ガンダーセン氏に直接問い合わせたところ、その「天文学的数値」とはキログラム当たり七〇〇〇ベクレルおよび四〇〇〇ベクレルであった。この水準の汚染土であれば、原子力災害被災地のどこにおいても、比較的たやすくみつけることができる。これも、原子力被災地において起こっている矮小化の事例である。

こうした矮小化は、行政の不作為以前の問題である。行政は民意を意識する。民意における矮小化が問題なのだ。この問題は、被災地をより複雑なものにする。本来であれば気をつけるべき事柄も、「風評被害」防止その他を名目として問題視されにくくなる。その結果、意識すべきもの、やや意識すべきもの、あまり意識しなくてもよいものを、識別できなくなる。そして、現場は混乱し、減災のための努力がむなしくなっていく。

## (二)「孤立」と「風化」

そうした中で、「母親たち」の苦闘が続いている。英語圏で「天文学的」とされる土壌の上で遊ばざるをえない子どもたちを、どうやって守ればよいのか。水は、食料は、どうやって安全を確保すればよいのか。時間の経過とともに、「母親たち」は孤立していく。それはとりわけ、原子力災害被災地において顕著である。

ある事例を思い出す。二〇一三年のことである。新潟県で子育てをしていた母親が、宮城県に転居してきた。その母親は新潟県で水と食料に気を配り、子どものためにできることがあればと、「母親仲間」と話し合って過ごしてきた。それが、原子力被災地に引っ越してきた途端、できなくなった。そのような会話は、まったく通じない。そしてそのうち、彼女は「精神の病」であると周囲からいわれ、家族の強い勧めで心療内科に通うようになった。そのケースの相談を受けた頃、原子力被災地で、まったく同様のケースが起こっていた。原子力被災地で子どもを守ろうと努めていたある母親が、周囲、とりわけ家族の強い勧めを受けて、向精神薬を服用するようになり、そして不眠に悩むようになっていた。

私はその両方のケースのケアに当たっていた。そして気づいた。このようなケースは無数にあるが、しかし、それはとっくに忘却されている。現在進行形の災害が、すでにして風化の中にある。これが、「矮小化」と「複雑化」の中で進んでいる原子力被災地の状況であった。

## (三)「貧困」と「忘却」

原子力災害の被災地での「矮小化」の結果、事態の「複雑化」が進行し、新しい災害が呼び込まれようとしている。「区域外避難者」についてはすでに触れたが、その対極にいる「区域内避難者」について、ここで報告したい。「区域」すなわち「避難指示区域」は、年々、狭まっている。二〇一二年の川内村「帰村宣言」がその嚆矢であった。二〇一六年夏には南相馬市小高区も「解除」された。その直後、私は避難中の小高区の人々を仮設住宅に訪ねた。人々は高齢者が多かった。「薬局もないところには帰れない」と、真剣に語っていた。

それでも、いつかは帰らなければならない。帰ればどうなるか。たとえば川内村役場では、食品の放射能を計測し、その計測結果を印刷した通信を、毎月村内の各家庭に配布している。その配布物をみれば、キノコ・山菜の類はもとより、イワナなどの川魚までもが、食べることができない水準にあることを知ることができる。しかし、山と川とともに生きてきた人々である。その恵みを食べないで暮らすことは、経済的に困難である。したがって、人々は山菜を食べる。川魚を食べている。食べても異常は感じない。おいしい。食べなければ、現金を用いて遠くの食材を購入しなければならない。その先には貧困が兆す。結果、放射能を忘れて、山の幸・川の幸にあずかることになる。

その状況を知り、ある人が語った言葉は忘れられない。「水俣病は、これから始まるのではないか」。もちろん、今回、有機水銀は関係ないだろう（おそらく）。ただ、山菜を食べているイノシシの筋肉からは高いセシウムが検出されている。放射性物質が、体内に入り蓄積する可能性は低くない。私たちはその結果を待っている。もしそこに病が見いだされた場合、私たちはそれに何という名をつけるのだろう。そしてそのとき、私たちはやはり「想定外」と語り合うのだろうか。

## (四) ＢＡＩＲ Ⅶと不気味なデータ

「矮小化」が減災の可能性を圧殺し、不作為の果実が実る気配がある。すでにして、不気味なデータが発表されている。

もちろん、小児甲状腺がんのデータはその最たるものだろう。そのことはすでに詳しく議論されている。[(6)] 県民健康調査検討委員会の委員で、小児甲状腺検査を評価する部会長の清水一雄が、小児甲状腺がんの多発を事実と認め、「『放射線の影響とは考えにくい』とは言い切れない」という理由をもって部会長を辞任したことは、記憶に新しい（『北海道新聞』二〇一六年一〇月二一日）。

二〇一五年一一月四日、原子力規制庁は、二〇一一年三月に女川原発から二七〇億ベクレルの放射性ヨウ素が放出されたことを報告した。[(7)] すでに米国国防総省は「二〇一一年三月一二日から六〇日間を仙台で過ごした一七歳以上の大人の甲状腺被ばく量は、一二ミリシーベルトである」と報告していた。[(8)] 原子力災害の被災地の広がりに比して、対応があまりに限定的である。これは矮小化の結果である。繰り返す。ここで行政の不作為を問題に

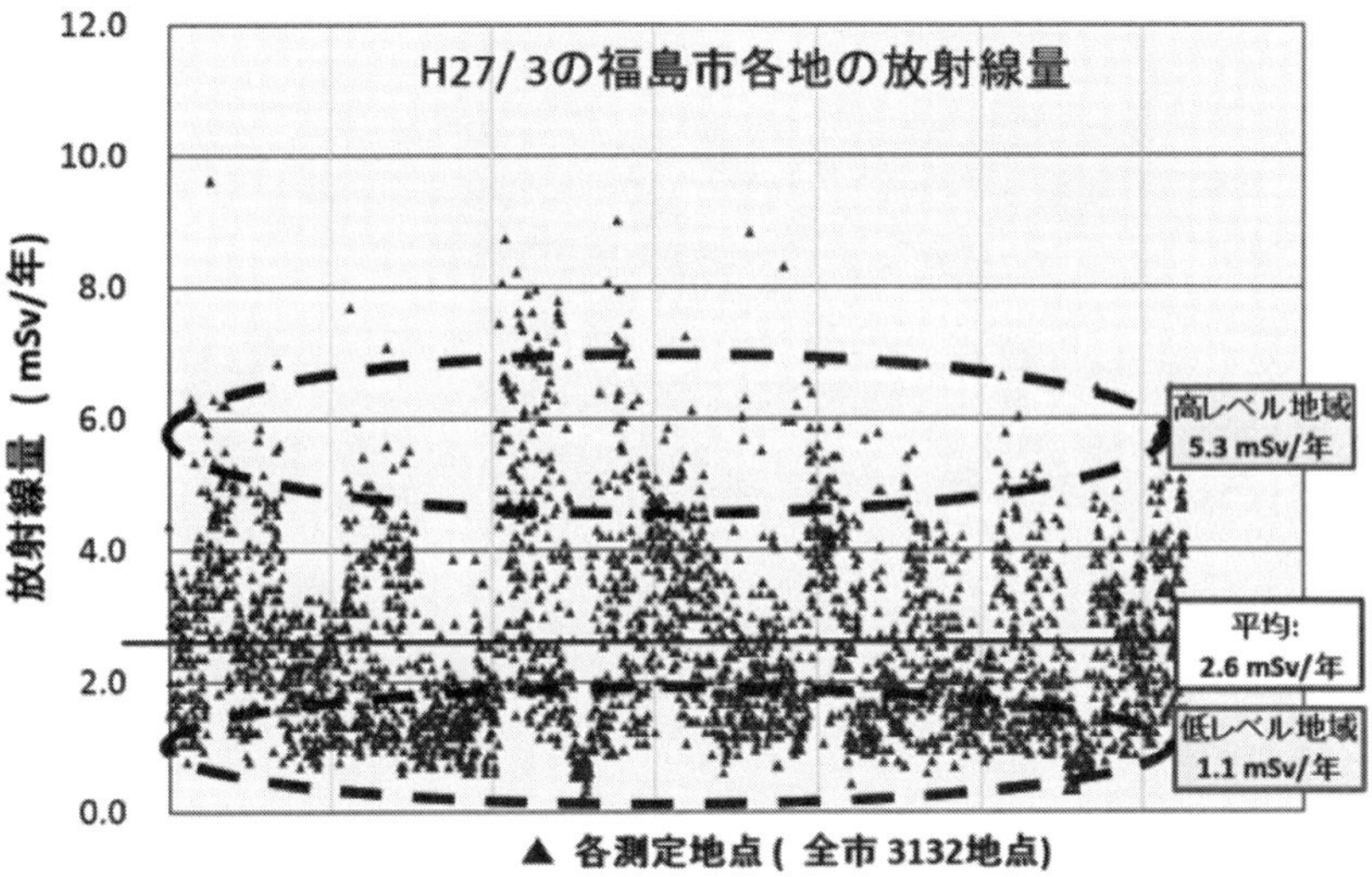


**図１　福島市のH27/3の各地点での放射線量**

しても始まらない。問われるべきは、民意における矮小化である。「われわれ」の問題である。

小児甲状腺がん以外にも、不気味なデータがある。それはがんの新規罹患数である。国立がん研究センターによると、二〇一〇年から二〇一四年までの新規がん罹患者数は七万七〇〇〇例の増加であったが、二〇一四年から二〇一五年にかけては約一〇万例の増加となり、二〇一五年から二〇一六年にかけては約二万八〇〇〇例の増加となるとしている。震災直後からみれば二倍から六倍の数である。これについてがん研究センターは「高齢化とがん登録精度の向上が考えられます」と説明している。それにしても、不気味なデータだ。

二〇〇六年、ＢＥＩＲ Ⅶ報告[9]が発表された。これは、米国科学アカデミーの下部委員会である「原爆放射線の生物学的影響委員会（ＢＥＩＲ）」によりまとめられたもので「米国内で最も権威と一貫性があるとみなされ、放射線の影響の評価と防護に関する最も信頼性の高い情報源とみられている」[10]とされる。この報告の中で、原爆被ばく者の寿命調査（ＬＳＳ）を基に、疫学的に低線量被ばくによるがんリスクモデルが作られ、被ばく年齢別、

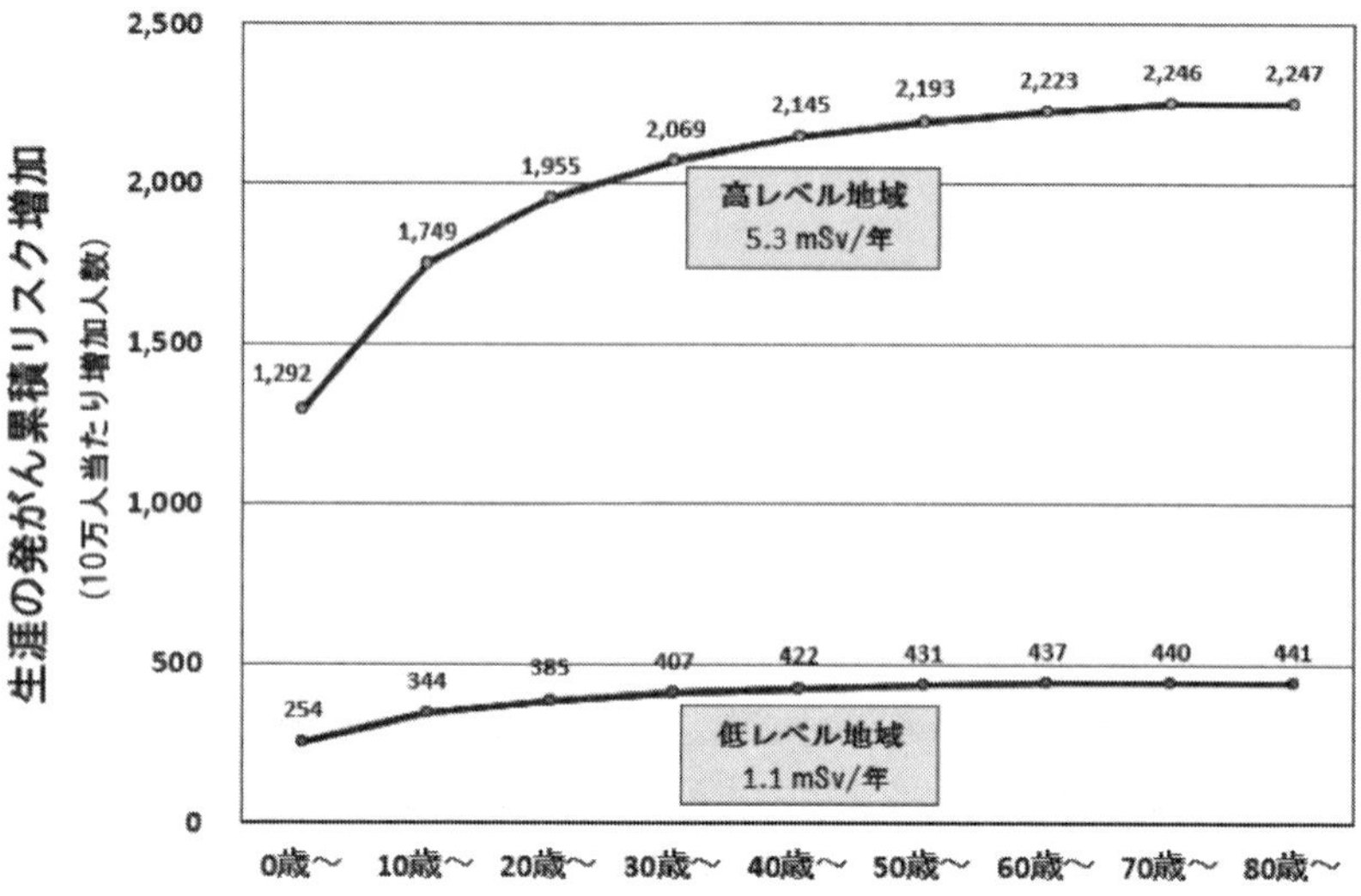


図２　高／低レベル地域の女子０歳からの生涯発がん累積リスク

性別の発がんおよびがん死確率が計算されている。(11) このがん確率計算結果を活用し、福島原子力災害での低線量被ばくによるがんリスクを、被ばく年齢別、性別を加味して推定することが可能となる。(12)

**図１**は福島市HP掲載データ(13)を基に、二〇一五年三月に測定された福島市内二一三二地点の放射線量測定結果(14)を測定地点ごとにプロットし、グラフ化したものである。平均値は二・六ミリシーベルト／年であるが、そのバラツキは大きく、各世帯の子どもの個別リスクは平均値では捉えきれないことがわかる。この個別リスクの程度を具体的に捉えるために、福島市の測定結果から、高レベル地域（四・五～七ミリシーベルト／年の地点集団、平均五・三ミリシーベルト／年）と低レベル地域（二ミリシーベルト／年以下の地点集団、平均一・一ミリシーベルト／年）を便宜的に分け、リスク比較を行った。それぞれの地域で〇歳から女子が生活を続けた場合、どの程度生涯の発がんリスク累積に差が出るかを、ＢＥＩＲ Ⅶのがんリスクモデルを使い見積もってみた結果が**図２**である。見積もるに当たり、二〇一五年三月の放射線量を起点にセシウムCs134、セシウムCs137の半減期で減衰させた放射線量を各年の被

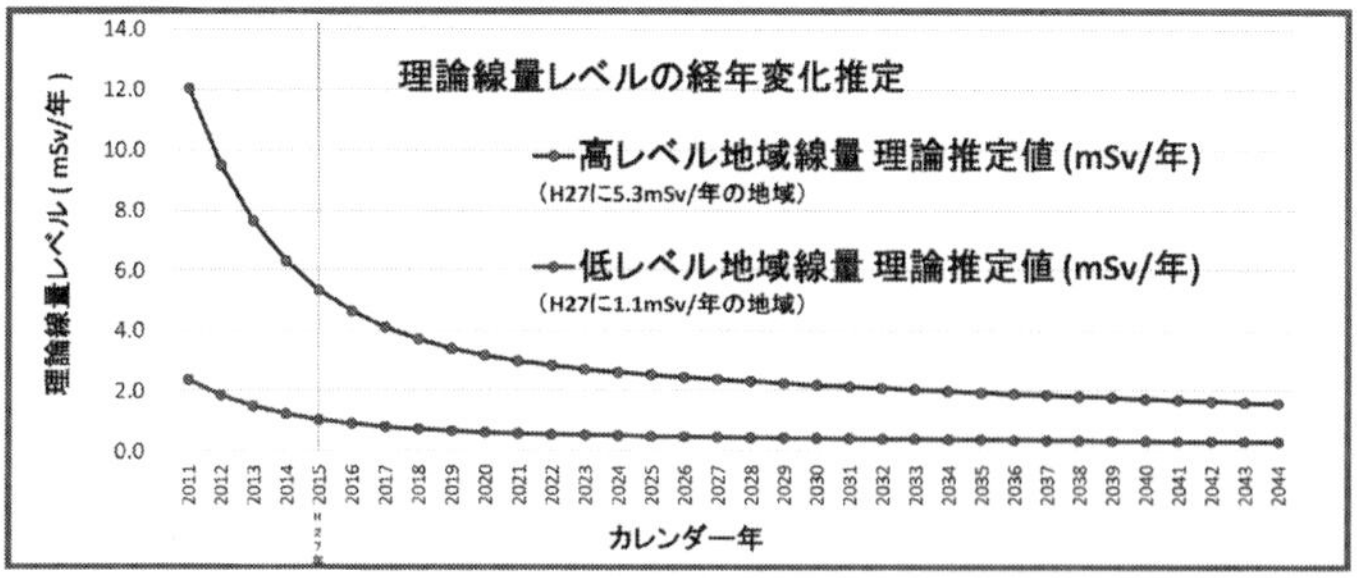


理論線量レベルは以下の式から算定

$$ADR(Y) = GC_{Cs134}(0) \times (1/2^{Y/T_{Cs134}}) \times CF_3^{CS134} + GC_{Cs137}(0) \times (1/2^{Y/T_{Cs137}}) \times CF_3^{CS137}$$

ここで

ADR (Y)： Y年後のCs134,Cs137の土壌汚染による周辺線量等量率(mSv/年)

$GC_{Cs134}(0)$、$GC_{Cs137}(0)$：其々Cs134, Cs137の事故当初の土壌汚染 (kBq/㎡)

$T_{Cs134}$、$T_{Cs137}$：其々 Cs134, Cs137 の 半減期

$CF_3^{CS134}$、$CF_3^{CS137}$：IAEA*で定義されたCs134、Cs137の変換係数 **((mSv/年)/(kBq/㎡))**

* IAEA-TECDOC-1162「Generic procedures for assessment and response during a radiological emergency」2000/8

図3　Cs134、Cs137 の半減期で減衰させた放射線量予測

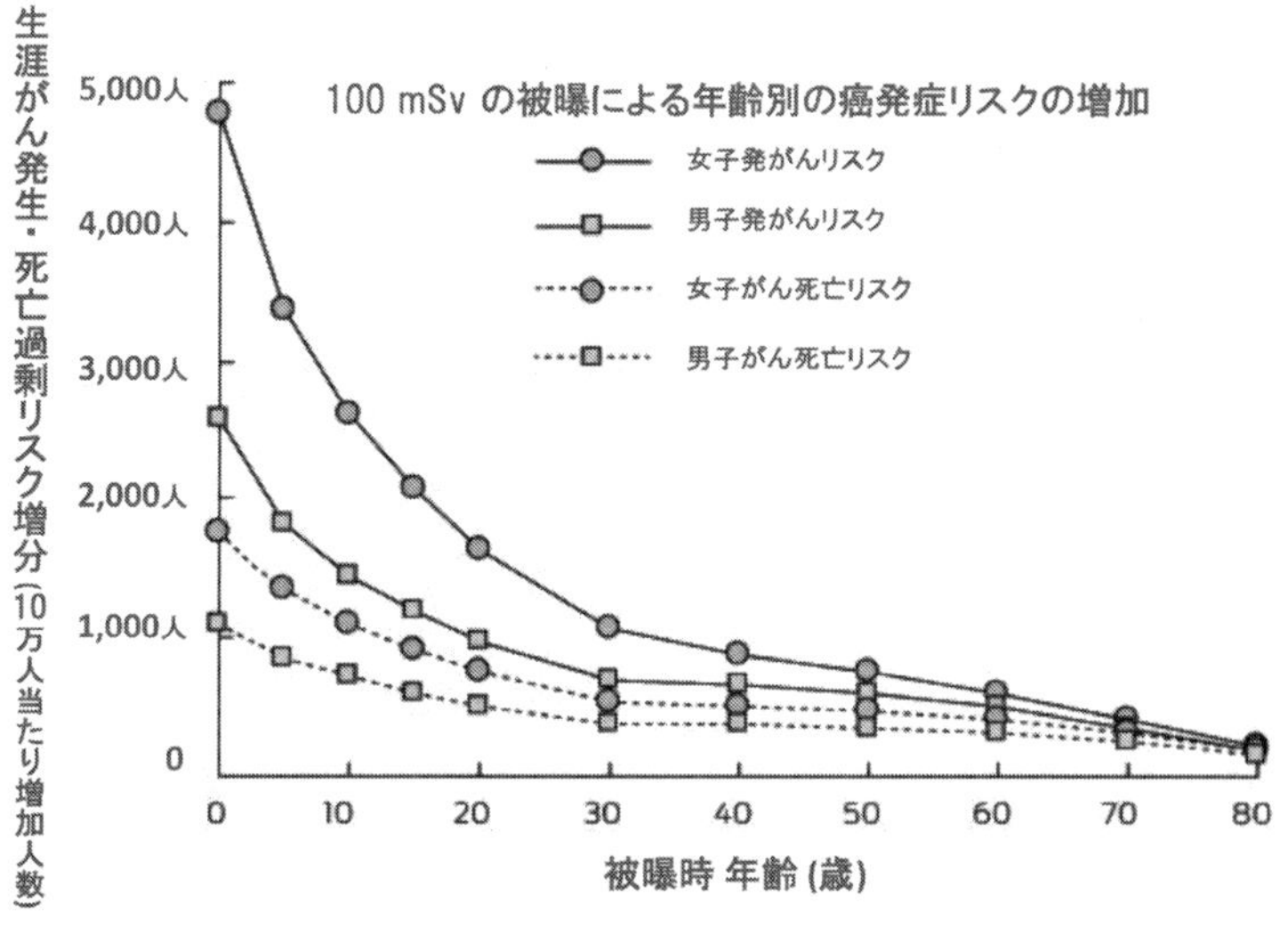


図4　BEIR Ⅶによる性別・年齢別低線量被曝リスク推定

ばく線量とし（図3）、その年の年齢での発がんリスク増分をＢＥＩＲⅦのがんリスクモデルから割り出し[15]、生涯にわたって累積させる[16]処理を行った（図4）。この処理は汎用的で、他の性別・年齢条件でも適用可能である。この結果から、福島市内での放射線量のバラツキで発がんリスクにどう差が出るか、定量的に推定できる。

以上の作業によって、がんの発生リスクが可視化される。この作業結果と、国立がん研究センターの報告、そして原子力災害の被災地の広がりとのあいだに、今後、相関が見いだされるのかどうか。今後の推移を見守らねばならない。ただし、その推移を見守ることができるのかどうか、そのための調査が行われ資料が公開されるのかどうか。それがわからない。それは、矮小化が定着してしまっている現状の問題である。

以上、矮小化によって複雑化している原子力被災地の現状を概観した。科学的に確実なことをいいきることができない現実が、そこにみえてくる。われわれは専門家の努力を信じて期待し、結果を見いだすために必要な時が満ちるのを待つべきなのだろう。そのあいだ、支援の必要が生まれる。以下、支援のためのモデルを提示し、支援の実際を検討してみよう。

## 二　支援の可能性

専門的知見が確定するまで、しばらくの時間が必要となる。そのあいだ、被災者はさまざまな「不気味なデータ」と向き合わなければならない。向き合わなければ、矮小化が起こり、問題はいよいよ複雑になる。しかし、向き合うことは容易ではない。そこに、支援の必要性がある。

支援はどのように行われうるだろうか。そこにある問題に向き合うことは容易ではないが、さりとて向き合わなければ事態が悪化する、という現場の一つに、ホスピスがある。ホスピスの場合、向き合うのは「死」だ。そしてその現場で用いられるのは、まずもって医療である。その限界をふまえたうえで、ホスピスにおける支援のモデルをここで援用したい。さらにそれを原子力災害の現場で活用するために補足をし、原子力災害の被災地における支援のモデルを提示してみよう。

## (一) 四つの支援モデル

二〇一六年九月一七日、柏木哲夫は宮城学院一三〇周年記念講演を行った。被災地でのわれわれの働きにも言及しつつ、柏木は次のように「支援」をモデル化して示した。

上から：専門知識をもって指導・奨励する支援
下から：技術的知識をもって環境整備する支援
横から：「人間力」をもって傾聴・伴走する支援
丸ごと：超越への投企をもって尊厳を確保する支援

柏木はホスピスの体験をもとに、上記の四つの支援モデルを説明した。

末期がんなどの患者を前にした際、医師が最初にすべきことは専門知識を用いて励ましあるいは指導することである。これは、「上から」の支援となる。これは、支援の最初の段階において、どうしても必要とされる。しかし、ときとして、励まし指導すること（「がんばれ」ということ）は、被支援者にとって苦痛となる。もう十分がんばっている、という場合、むしろ被支援者の「がんばり」を下支えする支援が必要となる。そのためには、専門知識に裏づけられた専門的な技術が用いられる。これは「下から」の支援となり、「上から」の支援の次に専門家の役割として求められる支援である。

しかしそれだけでも足りない事態が訪れる。下支えされつつ指導に沿って「がんばる」日々をともに歩む支援が必要となる。持続する苦しみに耐える嘆息を傾聴する支援が必要となる。それは「横から」の支援となる。それは傾聴の技術（専門的な技術）を必要としつつ、さらに技術にとどまらない「何か」が必要となる。柏木はその「何か」を「人間力」と名づけていた。

さらに、ホスピスでの支援現場においては、下支えされつつ指導に沿って「がんばる」被支援者に寄り添う日々の中で、それでもなお、別の支援の必要が実感されるときが来るという。二〇代で末期がんとなった患者の例を、柏木は紹介した。「生きている価値があるのか」と、患者自身が問うてきた。そのとき、専門的知識と専門技術がまったく役に立たない場面となる。そう感じたとき、柏木は患者に宗教者を紹介する、とのことである。被支援者（患者）が支援者（柏木）を人間として信頼しているときにはじめて、その紹介は容れられるだろう。そして実に幾度となく宗教者（柏木の勤務する病院においては、おもに牧師）が支援者として機能するのを、現場で柏木は確認しているという。この最後の支援は、結局のところ、その被支援者を「丸ごと」包み込み、その尊厳を確保する支援となっている。これを「丸ごと」の支援という。その支援のためには、人間を超えた何かに委ねてゆくための技術が必要となる、それが宗教である、と柏木は語った。

以上が四つの支援のモデルである。このモデルにおいて、必要とされる支援の能力は、次の四つとなる。

「上から」～「下から」において：専門知識
「下から」～「横から」において：専門技術
「横から」～「丸ごと」において：「人間力」
「丸ごと」～　　　　　　　　：宗教

以上のモデルは、「死」を前にしたホスピスの現場において有用であるという。これはつまり、「答えの出ない問い」に直面する人に有用であるといいかえられるだろう。事実、筆者は刑務所において教誨師の任についているが、このモデルは適応可能であることを体感している。それはつまり、「自分自身」と向き合って内省に努める人々に適応できることを意味している。同様に、原子力災害の被災者支援においても、このモデルを適応してみることができる。そうすることで、いま行われている支援を批判的に整理することが期待される。ただし、上記のモデルはなお、二点において検討を要する。それは「人間力」と「丸ごと〜:宗教」の二点である。

## (二)「人間力」の整理――教養(humanitas)の議論との接合

「人間力」とは何か。この意味が曖昧である点に、現場の支援を批判的に反省するうえで、一つの問題がある。この意味を定義しておきたい。

一つの可能性は、「教養」の概念を導入することにある。「教養」という日本語は、多義的である。それは「Bildung」と「culture」と「humanitas」の三つの訳語として理解される[17]。とくにここでは後者二つが重要だろう。「culture」は宗教と結びつく。そして「humanitas」は「人間力」という語に接合する。

二〇一〇年、教養について日本学術会議が提示した整理[18]は、上記の四つの支援モデルとかみ合わせて「人間力=教養」を理解するうえで有益である。そこで、教養は次のように整理される。

広義の教養としての学問知:
知の総体を学び、本源的公共性・社会的存在としての人間の生存権にかかわる公共性へ展開
=上記モデルにおける「専門知識」「人間力」に相当

広義の教養としての技法知:
コミュニケーションの基礎を作り、市民的公共性へ展開
=上記モデルにおける「専門技術」「人間力」に相当

広義の教養としての実践知:

市民的・社会的・職業的活動に参加・協働し、共感・連帯して自省し、社会的公共性へ展開
＝上記モデルにおける「人間力」に相当

市民的教養（狭義の教養）：
学問知・技法知・実践知を獲得するための素養と構え
＝上記モデルにおける「人間力」「宗教」に相当

以上から、「人間力」とは、専門知識と専門技術と宗教を公共性へと開く力と定義して、本稿は「四つのモデル」を用いることとする。

## （三）「宗教」の定義と「超越」

「四つのモデル」を用いるために、もう一点明確にしなければならない点は、宗教の定義であり、それが展開する先である。

宗教の定義もまた、多義的である。ここではラテン語の religio の語義にさかのぼりつつ次のように定義する。

宗教とは、ケアの実践によって超越に触れ共同体を形成する文化的所産をいう。

以下、この定義の説明を簡潔に述べる。

ここで「ケア」といっているのは、共苦による癒やしを意味している。それは care の語源 caru（一二世紀古英語）が「苦しみ」を意味しており、それが cure にも分化して現代にいたっていることに着想を得ている。そしてそれは、被災地や葬送や刑務所といった現場において、宗教者がなしうる支援の本質を示す。たとえば「苦しみ

の現場」には人を「その人」として立たせる力が沸き上がることを、旧約聖書は語っている。[19] そのようにして超越を体感し、被支援者の心身の総体に尊厳を取り戻し、もって癒しをもたらす。この理解はキケロが示したreligio理解[20]の中に読み取ることができる。[21]

ラクタンティウスがreligioを「再び結ぶ」と読み直したことにも、[22] 宗教の定義への示唆が汲み取れる。信仰・信心・信念といった事柄と宗教との区別は、個人の事柄か共同体の事柄かの区別である。それは他者を前提としている。他者は超越への指標となる。

超越とは何か。それは日常語において未来・運命・確率・理念・神・仏・国家・先祖・子孫などを包括して指示している言葉である。それは、「今ここ」を超えつつ「今ここ」に接続しているものである。

超越は文化によって知らされる。宗教は文化の一部である。では文化とは何か。それは時間と空間の広がりの前に小さくたたずむ人間のけなげな所作である。空間的には未開の大地を前にして、時間的には未知の未来を前にして、人はその小ささを思い知らされ、無常を知らされる。しかし人は、その空間に鋤を入れ開墾を行い、あるいはその時間に区切りを穿って暦を定める。その収穫は穀物であり、人生の意味である。その穀物を喜び意味を噛みしめるとき、そこには文化が形成される。空間に切り込む人間の所作を農耕といい、時間に切り込む人間の所作を宗教という。cultura（文化）を表すラテン語は、そもそもcolere（耕す・祭る）という動詞の過去分詞cultusに由来するものであった。それは、「今ここ」を超えつつ「今ここ」に接続するもの（超越）に接続する人間の所作であった。

## (四) 支援の可能性

以上の考察をもとに、「宗教とは、ケアの実践によって超越に触れ共同体を形成する文化的所産をいう」と定義されるとき、上記の四つのモデルは次のように再構成される。

「上から」〜「下から」において：知識による支援
「下から」〜「横から」において：技術による支援
「横から」〜「丸ごと」において：教養による支援
「丸ごと」〜「上から」において：宗教による支援

ここで「宗教」が「上から」に展開するのは、宗教が超越に展開するからである。人は超越から権威を汲み出す。宗教が超越に展開するのは、文化の一部であるからである。文化は、教養の一部である。宗教は、教養によって、支援の一部に組み込まれ、次の支援（「上から」の支援）へと現場を展開させることができる。

したがって、支援の可能性は、教養（とりわけ「culture」と「humanitas」の二つの語の訳語としての教養）にある。教養によって、専門知識は現場に開かれて「下から」の支援の必要を理解して専門技術と協働し、教養によって専門技術は現場に開かれて「横から」の支援の必要を理解して教養と協働し、教養自身もまた humanitas（人間であることを知ること）によって現場に開かれて「丸ごと」の支援を理解して宗教と協働し、宗教自身もまた culture（文化・教養）としての自らのあり方によって「上から」の支援に展開して専門知識と協働する。

原子力災害を含む「（当面は）答えの出ない問い」にさらされる被災者への支援の可能性は、教養にあることを、以上に示した。

## 三　支援の実際

以上のモデルをもって、以下、現在行われている支援活動を検討する。上記のモデルが機能しているかどうかは、四つの支援の一つ一つが次の支援に展開しているかどうかによって知られる。その視点で、現在筆者がかかわっている支援を整理し批判してみる。

そのために、まず、筆者の支援者としての背景を記す。

二〇一一年三月一一日の震災、津波、そしてその後の原子力発電所事故を受けて、仙台キリスト教連合が対応を開始した。仙台キリスト教連合は一九八九年の大嘗祭に危機感を覚えたキリスト者が、それまで行われてきた自発的で散発的な牧師の集まり（それは戦前にさかのぼる）を制度化し、その体制を用いて声明文を発表するという経緯をもって確立したものである。その草創のとき、危機が、個別のキリスト者を結びつけた。同様のことが、二〇一一年に再び起こった。

二〇一一年三月一八日、仙台キリスト教連合は「被災支援ネットワーク」を立ち上げる。その略称は「東北ヘルプ」とされた。仙台で支援活動をする以上、東北全体に責任を負う義務があるという意見が、この略称に込められた。筆者は現在にいたるまで、その事務局長の任にある。

東北ヘルプの支援活動は、「支援者を支援する」ものと定められた。もちろん緊急時には直接の支援も行う。しかし基本は「支援者を支援する」。すでに多くの支援者が活動を始めていた。そのネットワークを構築し、情報・資金・物資・人材を収集・整理・分配する機能が求められていた。東北ヘルプは懸命に努力して今日にいたったが、現在でも、その必要はなお、決して十分には満たされていない。

東北ヘルプの特徴は、キリスト教会の強みを生かす点にある。教会の強みは、現場に密着しつつ世界に直結している点にある。

現場に密着する以上は、すべての被災者をその支援の対象とする。宗教・性別・国籍はもとより、「区域外」「区域内」の別もない。現場で出会う被災者は、すべて、自らの責任においてわれわれの支援対象となった。世界に直結する教会の特徴は、現場への密着によって意味を持つものとなった。世界教会協議会をはじめとする全世界の教会、あるいは日本各地のあらゆる教派の諸教会が、直接つながってくださった。遠方に、現地の痛みが伝達された。それは祈りを呼び起こし、祈りは各個の「できること」を呼び集め、それをつなぎ合わせることが東北ヘルプの役割となった。二〇一六年末時点において、東北ヘルプは約五億円の募金を預かり、五つのプロジェクトを終了させ、三つのプロジェクトを継続しつつある。

原子力災害の被災地支援についていえば、二〇一一年六月から東北ヘルプとしての活動が始まっている。「現場への密着」を生かした活動としては、地域教会とともに三カ所の食品放射能計測所を設立運営し、それとは別に「区域内避難者」の責任者たちと、そして「母親」たちを支援してきた。また「世界への直結」を生かした活動としては、たとえば世界教会協議会第一〇回釜山総会において福島原発事故の現場の声を反映した声明文が採択されるようにロビー活動を行い、それは実りを挙げた[23]。

以上のような支援の中から、四つの支援モデルに沿って、活動を取り出し整理してみよう。

## (二)「上から」から「下から」へ——知識をもって指導・奨励する支援

### ⓐミナマタの歴史・被ばくの歴史

域内被災者あるいは「母親」たちに提供すべき有益な知識は、歴史にある。このことに、支援活動の中で気づかされた。すでに原発爆発の直後、第二次世界大戦における国内の歴史が語りなおされ、避難を決意する支援となったことを、たとえば片岡輝美は各地で証言している。[24] ここでは、それとは別に二つの歴史を語る有用性について記しておきたい。

第一は、ミナマタの歴史である。ここで「水俣」をカタカナに表記したのは、水俣病と同型の公害の歴史を意味するためである。まず、水俣病が公式に知られるようになった直後、官民を挙げてそれを矮小化していった過程を知ることは、現下の原子力災害への取り扱いが例外的なものでないことを示す点で、有益である。[25] 同時に、そこに孤立しながら立ち尽くした人々の足跡からは励ましを得ることができる。その人々の一人・宇井純は、スリーマイル事故を受けて米国で開催された世界教会協議会主催「信仰・科学・未来」国際会議で、市民一人ひとりが、水俣を起点として世界に広がる公害の現実に学び続けるよう訴えていた。[26] このような歴史を知ることで、被災者の視野を広げることは、閉塞感を突破する点で、「下から」の支援につながる。

第二に、一九四五年以来二〇〇〇回を超える核実験の歴史と、[27] その被害者の連帯の存在を被災者に知らせることにも、同様の価値がある。[28] それはヒバクシャ（被爆者と被曝者を総称する国際的用語）の連帯の可能性を示唆する情報を提供する支援となる。

### ⓑホットパーティクルとセシウムボールと減災

「どうすればいいのか」と不安に駆られる被災者を前にして、まずすべきは、「減災」という言葉を伝えることである。現状は、「防災」を検討できるほどに楽観的な状況ではない。しかし、すでに紹介した**図2〜図4**のグラフは、減災の可能性を示している。

また、のちに述べるが、多くの「母親」たちが家族あるいは自分自身に健康異常を感じている。その一つの可能性としてホットパーティクル仮説を伝えることには意味がある。この仮説の説明については、ＩＣＲＰ国内メンバーによる論文が有益である。[29] 近傍の細胞を死滅させる放射性微粒子の害が「理論上」起こりうること（ただしそれは、二〇一一年段階では仮説にすぎなかったこと）が、二〇一四年八月八日、物証をもって「起こりうること」と確認された。[30] この知識は減災の可能性を示唆する。つまり、当該の放射性微粒子の少ない（と推定される）地域への「転地療法」を試みる可能性である。「何もできず怯える」状態は、こうした知識によって「何か試みる」状態へと改善する。

ⓒ論文「物質収支による放射性セシウムの灰中回収率の推定」

汚染廃棄物は、原子力災害被災地全体の問題である。それは減容をめざし焼却されなければならない。日本各地の市町村の協力を得て焼却は進んでいる。そのことへの不安は広がるが、「バグフィルター」で放射性物質の拡散は防げるとの環境省の見解があり、焼却が進む。そうした中で、二〇一六年夏に「物質収支による放射性セシウムの灰中回収率の推定」[31] という論文が発表された。これは「環境省の『焼却炉のバグフィルターで九九・九％の放射性セシウムを除去できる』はなりたたない」（上記論文の著者による講演のチラシにある文言）ことを示している。この情報を共有することで、次の支援への展開が起こってくる。

## （二）「下から」から「横から」へ――技術をもって環境整備する支援

ⓐ出会いの提供

東北ヘルプの特徴は、現場に密着し世界に直結している点にある。情報としてミナマタやヒバクシャの歴史を知るだけではなく、実際にそうした人々との出会いを提供することが、支援として効果的であることを、われわれは確かめた。具体的には、二〇一四年タヒチでのフランスによる核実験の被災者と、その被災者を支援しつつ自国に核施設を（電力のためであっても）拒否したニュージーランドの人々が、福島県内の被災者・支援者を訪ね、交流をした。これは、東北ヘルプが国際会議の開催に主体的に参画することによって実現したものである。それは、世界教会協議会の人々（ロビイスト）から国際会議のための技術を教授いただいた成果であった。こうした交流によって、被災者は自らの状況を歴史の中に位置づけ、自らを孤立から守ることができると期待される。

### ⓑ短期保養支援

支援者から「転地療法」の可能性を聞いても、それを実行できる人はまれである。とりわけ、現時点で原子力災害の被災地に生活の拠点を持たざるをえない人々にとって「転地療法」は高根の花となりかねない。理由は、周囲を説得できないからである。説得には、時間がかかる。「自分と同じ境遇の人がたくさんいる」という事実によって孤立を防ぎ、地道に周囲を説得する必要がある。そのために、東北ヘルプが行った「短期保養支援」は有益なものとなった。合同メソジスト教会災害対策室（ＵＭＣＯＲ）の資金をお預かりして、二〇一六年六月までのプロジェクトとして、「短期保養」を支援したものである。それは、（イ）放射能に不安を覚えている親御さんを対象に、（ロ）短期保養を行って子どもを守るために、（ハ）保養のための交通費を支援する、というものであった。

この支援の大切なポイントは、支援のたびに、毎回必ず、面談を行うことにあった。二〇一六年六月三〇日までに、筆者は七二一回の面談を行い、二〇八世帯（大人四四四人、子ども四三六人）のお話を定期的におうかがいし、これは尋常ではないと、背筋を寒くする思いを強めた。同時に、そこで知られた事実（とくに、この「母親」たちが口をそろえて「まず放射線の関係を否定して診察を始める」医者たちに絶望的な思いを抱いていたこと、など）を伝えることは、「母親」たちの孤立を和らげる効果があった。

なお、その面談の内容を数字で説明するなら、次のとおりとなる。

【福島県内で二〇一一年三月を過ごした一六五世帯との面談の結果】

a　面談をした八七％の世帯で、健康に異常が確認されていた。

b　大人三五三人の内、次の症状が確認されていた。

慢性的な空咳（一〇人）、甲状腺A２判定（八人）、甲状腺B判定（七人）、慢性的な皮膚疾患（七人）、慢性的な鼻血（六人）、慢性的な咳痰（六人）、慢性的なだるさ（六人）、慢性的な鼻炎（五人）、慢性的な発熱（五人）、声が出ない（四人）、甲状腺肥大（三人）、橋本病（三人）、扁桃腺肥大（二人）、流産（二人）、溶連菌感染症（一人）、子宮外妊娠（一人）、甲状腺C判定（一人）、胃腸炎（一人）、慢性的な体の痛み（一人）、甲状腺癌（一人）、視神経炎症（一人）、糖尿病の悪化（一人）、白内障（一人）、こぶ（一人）、耳に膿がたまる（一人）、慢性的な貧血（一人）、慢性的な不整脈（二人）、慢性的な腰痛（一人）、歩けなくなる（一人）、肺がん（一人）、風邪が治らない（一人）、慢性的な下痢（一人）、リウマチ（一人）、毛穴から出血（一人）、中耳炎（一人）、副鼻腔炎（一人）、喘息（一人）、呼吸器が苦しい（一人）、膀胱炎（一人）、足が勝手にバタバタ動く（一人）、睡眠障害（一人）、大腸腫瘍（一人）、肝臓腫瘍（一人）、甲状腺腫瘍（一人）、手足の痺れ（一人）、持病の悪化（一人）、慢性的に喉がイガイガする（一人）、死産（一人）

c　子ども一五〇人の内、次の症状が確認されていた。

慢性的な鼻血（八二人）、甲状腺A２判定（六八人）、慢性的な皮膚疾患（五六人）、空咳・喘息（三七人）、慢性的な鼻炎（二三人）、慢性的な頭痛（一六人）、慢性的な体力の低下（一六人）、慢性的な口内炎（一五人）、慢性的な発熱（一三人）、慢性的な鼻炎（一二人）、慢性的な麻疹（六人）、慢性的な足の痛み（六人）、甲状腺B判定（五人）、慢性的な下痢（五人）、手足口病（五人）、肺炎（五人）、夜尿症（五人）、慢性的な隈（五人）、とびひ（五人）、爪に異常（四人）、慢性的な胃腸炎（四人）、慢性的な疲労感（三人）、慢性的な貧血（三人）、扁桃腺肥大（三人）、中耳炎（三人）、慢性的な腹痛（三人）、リンゴ病（二人）、産まれてすぐ鼻水が詰まる（二人）、首の痛み・しこり（二人）、精巣の奇形（二人）、夜に眠れない（二人）、歯ぐきから出血が止まらない（二人）、ひどい爪噛み（二人）、胸が痛い（二人）、慢性的な気管支炎（二人）、マイコプラズマ（二人）、甲状腺機能低下症・橋本病（二人）、食欲減退（二人）、慢性的な咳痰（二人）、白血球内好中球数低下（二人）、慢性的な足の裏のかゆみ（一人）、副鼻腔炎（二人）、足の奇形（一人）、視力低下（一人）、赤血球不足（一人）、慢性的なのどの痛み（一人）、慢性的な徘徊（一人）、甲状腺肥大（一人）、白血病（一人）、慢性的な不整脈（一人）、結膜の剝離（一人）、まぶしがる（一人）、目がかゆい（一人）、低血糖で意識を失う（一人）、上あごに腫瘍（一人）、慢性的な血圧低下（一人）、身長が伸びず体重が減る（一人）、幻覚を見る（一人）、帯状疱疹（一人）、声が出にくい（一人）、慢性的な目の痛み（一人）、寝つきが悪くなった（一人）、甲状腺がん（一人）、バセドウ病（一人）、髪の毛が生えてこない（一人）、心臓に穴が開いて生まれる（一人）、軽度肥満（一人）、手の震え（一人）、骨折（一人）、風邪をひきやすい（一人）、急性ストレス障害（一人）、保養先で黒い便（一人）、脇の下と太腿内側が赤く腫れる（一人）、キッシング病（一人）、血小板減少紫斑病（一人）、給食のキュウイを嘔吐の後、顔が腫れあがってアレルギーに（一人）、慢性便秘（一人）、ものもらい（一人）、ERウイルス感染症（一人）、血行不良（一人）、慢性的に目がかゆい（一人）、慢性的に目が腫れる（一人）、熱性痙攣（一人）

【関東地方（神奈川・東京・千葉・埼玉・栃木）と宮城県内で「二〇一一年三月」を過ごした方々、四三世帯との面談の結果】

a　面談をした九八％の世帯で、健康に異常が確認されていた。

b　大人八四人の内、次の症状が確認されていた。

慢性的な発熱（三人）、癌（三人）、甲状腺B判定（三人）、慢性的に心臓のところが痛い（二人）、慢性的な体の痛み（二人）、慢性的な鼻血（二人）、慢性的な口内炎（二人）、慢性的な隈（二人）、耳管内炎症（二人）、慢性的な鼻炎（二人）、慢性的な吐き気（二人）、慢性的な目まい（二人）、慢性的な不整脈（二人）、慢性的な頭痛（二人）、抜け毛（一人）、慢性的な空咳（一人）、橋本病（一人）、不整出血と前置胎盤（一人）、鼻と目のかゆみ（一人）、目が痛い（一人）、皮膚疾患（一人）、尿からセシウム（一人）、何度も卒倒した（一人）、バセドウ病（一人）、甲状腺肥大（一人）、甲状腺癌（一人）、婦人科の病気（大量出血）（一人）、慢性的貧血（一人）、治療用の服薬の副作用で恒常的な病となる（一人）、溶連菌によるリウマチ痛の入院（一人）、盲腸の腫れ（一人）

c　子ども一〇一人の内、次の症状が確認されていた。

恒常的な鼻血（二三人）、甲状腺A2判定（二二人）、皮膚疾患（二〇人）、口内炎（一〇人）、空咳・喘息（一〇人）、恒常的な頭痛（八人）、恒常的な発熱（七人）、ぐったりと疲れる（五人）、恒常的な鼻炎（四人）、気管支炎（三人）、恒常的な隈（三人）、尿からセシウム検出（三人）、白血球内好中球数の低下（三人）、結膜炎（二人）、恒常的な下痢（二人）、慢性的な痰（二人）、いつも目やにが出る（二人）、免疫不全で出生（二人）、心臓に穴が開いて生まれる（二人）、四歳になっても続く夜泣き（二人）、白血球の数値異常（二人）、体力の低下（一人）、甲状腺B判定（一人）、手足口病（一人）、肺炎（一人）、恒常的な足の痛み（一人）、身長が伸びず体重が減る（一人）、夜尿症（一人）、慢性的な目のかゆみ（一人）、低体重（一人）、雪焼けのような日焼け（一人）、帯状疱疹（一人）、脱毛（一人）、後骨髄球検出（一人）、紫斑病（一人）、痙攣（二人）、虫垂炎（一人）、ヘルペス（一人）、口唇口蓋裂（一人）、慢性的な足の裏のかゆみ（一人）、リンパ節肥大（一人）、外遊びをすると水いぼができる（一人）

### ⓒアドボカシー

二〇一六年一〇月二四日、『河北新報』紙の一面トップに「八千ベクレル以下の汚染廃棄物　宮城県一斉焼却へ」との文字が躍った。四万トンを超える汚染廃棄物の一斉焼却に「母親」たちの不安が募った。子どもを守るために各方面へ働きかけを行う一人の「母親」が東北ヘルプにも相談をした。筆者は論文「物質収支による放射性セシウムの灰中回収率の推定」を伝えた。その「母親」は自分の運動への助力を求めた。その声に促され、仏教者の支援仲間とともに各方面に当たると、複数の県議会議員が真摯に対応をしてくれた。その後、県議会ではこの論文を取り上げて質疑が行われたという。

こうした働きは「アドボカシー」と呼ばれる。それは、直接に具体的活動を展開する支援者（この場合は「母親」）の活動を下支えするために、交渉の技術を用いて行う支援として意味を持つものであった。

## (三)「横から」から「まるごと」へ——教養をもって傾聴・伴走する支援

ⓐＮＥＡＡ

国際的な被曝者の連帯を構築することは、心ある多くの人々の目標であった。そのために労する先達に何人も出会い、そして筆者は、その困難を知らされた。支援者としてできることは、その困難に伴走することである。直近の具体的な事例としては、核問題緊急会議（Nuclear Emergency Action Alliance＝略称・ＮＥＡＡ）設立へのプロセスがある。(32) 設立者の松村昭雄氏は、福島原発事故を契機に世界中に広がる核施設の危機をみつめ、その問題に対応するべく奔走した。しかし日本政府のこの問題への対応に関する国際的評判がきわめて悪く、それはつまり日本全体への不信感を生み出し、そしてそれは、ＮＥＡＡ設立への理解を得ていく困難となった。その苦しい経緯を通し、希望を捨てずに伴走することの、支援としての意味を、筆者は学んだ。困難を経て、ＮＥＡＡは活動を始めた。その活動の展開においても、現場で支援者に伴走する働きは継続しなければならないだろう。

ⓑ「地下鉄道」

原子力災害の被災当事者としての「母親」たちは、とりわけ子どもを守るために、必死の努力を続けている。

被災地から子どもを避難させるために母子疎開している母親たちの孤立と経済的困窮がある。そして、諸般の事情により避難させることができない母親たちの苦悩がある。世間のしがらみが、彼女たちを縛り自由を奪っている。

教養が人間について学ぶこと（humanitas）であり、そしてそのための基本的な資料は古典にあるとするなら、上記の「母親たち」の苦悩は、人類が味わい乗り越えようと試みてきた苦悩に接続する。多数意見ではなく真実を求め、「ただ生きること」ではなく「よく生きること」をめざす中に自由をみたソクラテスがいる。奴隷の解放されるべきことを執拗に希求し、人を経済や秩序の中に閉じ込めることに抵抗した旧約聖書の預言者がいる。その二つをイエスの出来事の中に包括して展開したキリスト教の伝統の上に、たとえば米国の公民権運動があった。そこでは、人間の命の尊厳をめざす人々のあいだで「地下鉄道」と呼ばれるネットワークが形成され、人々は歌に解放の夢を託して未来に希望をつないだ。この人類の伝統に、原子力被災地を接続できないか。筆者は疎開する人々のために労する各地の支援者を訪ね「ともだち」になっていただく努力を続けた。そのネットワークはまだ朧気である。しかし、それを求め続けることが、被災者を孤立から守ると感じ、努力は続けられている。

### ⓒ食品放射能計測所と「ここから」

二〇一六年一二月一一日、仙台弁護士会館で「焼却炉をくぐりぬける放射能」と題した講演会が開催された。仙台における汚染廃棄物一斉焼却に不安を覚えて支援を要請してくださった「母親」と東北ヘルプは連絡を取り合い、この講演会も活用してさらに連携してゆくことを話し合っている。そのための拠点となっているのが、食品放射能計測所である。その計測所の事業として、「お母さんと子どものいのちとこころを考えるお茶っこ会（通称：ここから）」が、私たちのミーティングの場となっている。現場を共有し、ともに課題と痛みを担うとき、そこに共同体が生まれる。そうした支援が継続している。

## （四）「丸ごと」から「上から」へ――超越への接続によって尊厳を確保する支援

### ⓐ日本基督教団東日本大震災国際会議宣言文（無辜の犠牲者の謝罪）

二〇一四年三月、日本基督教団は仙台で国際会議を開き、原子力災害について議論した。われわれもそこに参加し、会議は宣言文を発表した。[33] それは原子力災害の被災地であるはずの仙台から、国際的な連帯に基づいて、原子力災害をめぐる「罪の告白」を行うものであり、国際会議の宣言文としては異例のスタイルをとっていた。無辜の犠牲者の立場にありながら、一方で人類の一員として罪責を担う。無辜の犠牲者の謝罪。それは超越の次元に愛とゆるしを見ようとするキリスト教という宗教に支えられて可能となっている。それは他罰的ではない再生の呼びかけを生み出す土台となるだろう。

この声明は、二〇一六年三月に行われる京都での国際会議に引き継がれる。その際、具体的な行動指針が検討される予定である。その指針はきっと、上記のような「他罰的ではない再生の呼びかけ」となることが期待される。

### ⓑ現場の諸宗教協働

二〇一六年一〇月一七日、福島県南相馬市において「福島聞法のつどい」が開催された。これは震災後毎年行われている浄土真宗本願寺派のご僧侶による催事で、東北ヘルプにも参加を呼びかけていただいているものである。会を主宰する岡本法治は、今次の原子力災害被災者に広島の苦悩を思い出したという。そして、その苦悩を乗り越えて生き続けている広島そのものが、一つの支援になればと願っている、と筆者に語った。

現場では、課題がむき出しとなる。その課題に向き合う個々人が、個人としての動揺を抑えなければならない。

これが、根本にある課題となる。その根本課題のために、心身ともに尊厳を確保しなければならない。「阿弥陀の本願」が語られる法話の中に、人の尊厳が確保される方途を、キリスト者である筆者は聞き取った。それはキリスト者ゆえの聞き間違いかもしれない。しかしそれをキリスト者が聞き取り、キリスト者として反響させるとき、諸宗教共働の新しい実践の中に、宗教の可能性が拓けるのではないか。そのように感じている。

### ⓒ危機と現場と憧れ

危機に瀕したとき、人は現場に立っている自分を見いだす。そのとき、その人は偏見や思い込みを振り捨てながら、人と世界のあるべき姿への憧れに駆動されるようになる。その際、宗教の違いは協働の障壁とならず、かえって可能性となる。汚染廃棄物焼却をめぐって我々と協働を開始した「母親」は、キリスト者ではない。それだからこそ、そこには協働の可能性が豊かに現れる。支援の鍵は現場にあり、それは危機の中に生まれる知恵と力だろう。それをもって新しい知見の権威としなければならないのではないか。そうして私たちは、「丸ごと」の支援から「上から」の支援を更新してゆくことができるのかもしれない。

## まとめ

以上、本稿において、原子力災害の被災地における支援の可能性を議論した。それは四つの支援のモデルを用いて現在進行中の支援事業を整理するものとなった。その整理が十分に批判的になされただろうか。その批判を待たなければならないし、その批判がわれわれの支援の可能性を改めて問い直すものとなるだろう。ただ、この議論によって、原子力災害の被災地における支援のうちに、「答えのない問い」に直面する他の現場への支援の可能性や、そうした現場での宗教者による支援の可能性があることを示せたのではないかと思う。そのことを副次的な成果として、なお支援の現場で活動を継続する励みとしたい。

**注**

（1）日本環境会議（ＪＥＣ）福島原発事故賠償問題研究会、第二二回研究会資料、二〇一六年九月二四日

（2）「訴えの追加変更申立書二」のすべては、http://fukusima-sokaisaiban.blogspot.jp/2016/02/blog-post.html に公開されている。

（3）文部科学省「第六次航空機モニタリングの測定結果」（二〇一二年一〇月三一日〜一二月二八日の調査）http://radioactivity.nsr.go.jp/ja/contents/7000/6749/24/191_258_0301_18.pdf

（4）「Ｋ排水路に関する調査と今後の対策について」http://www.tepco.co.jp/nu/fukushima-np/handouts/2015/images/handouts_150325_04-j.pdf

（5）“Astronomical amounts of radiation” found in downtown Tokyo…” http://thedailycoin.org/2016/08/23/astronomical-amounts-of-radiation-found-in-downtown-tokyo/

（6）とくに、国際環境疫学会（ＩＳＥＥ）からの声明は、傾聴に値すると思う。「明白な甲状腺がん異常多発と健康障害の進行」http://ebm-jp.com/wp-content/uploads/pamphlet-1605-shonikagakkai.pdf

（7）「平成二二、二三年度の放射性気体廃棄物の放出量の増加理由について」https://www.nsr.go.jp/data/000128477.pdf

（8）“Operation Tomodachi Registry Shore-Based Radiation Dose Estimate Report Sendai, Japan; Adult greater than 17 years old” https://registry.csd.disa.mil/registryWeb/docs/registry/optom/OPTOM_SENDAI_ADULTS.pdf

（9）Health Risks from Exposure to Low Levels of Ionizing Radiation: BEIR VII – Phase 2, The National Academies Press, 2006. http://www.nap.edu/catalog/11340.html

（10）ATOMICA, http://www.rist.or.jp/atomica/data/dat_detail.php?Title_No=13-01-03-19

（11）Health Risks from Exposure to Low Levels of Ionizing Radiation: BEIR VII – Phase 2, p. 311.

（12）この作業においては、井上儀一氏との協働が不可欠であった。とくに記して感謝したい。

（13）この時期の除染進捗率は、住宅地で五七％、市道三五％、その他道路一五％、森林（生活圏）は三八％、公共施設八八％、

等となっている。福島市「福島市の除染及び仮置場の進捗状況（二〇一五年三月一日現在）」http://www.city.fukushima.fukushima.jp/uploaded/attachment/39891.pdf

（14）福島市「ふくしまウェブ　全市一斉放射線量測定結果について――放射線量測定マップ（二〇一五年二月二三日から三月九日実施）をアップしました」http://www.city.fukushima.fukushima.jp/soshiki/29/houshasenmonitaring150422.html

（15）なお、がんリスク増加分の割り出しについては、五年ごとのリスク計算となっているＢＥＩＲⅦモデルを線形補間している。線形補間にあたってはHealth Risks from Exposure to Low Levels of Ionizing Radiation: BEIR VII - Phase 2, p. 310を参照した。

（16）累積させる根拠としては、別紙資料八「東日本大震災への対応――首相官邸災害対策ページ」http://www.kantei.go.jp/saigai/senmonka_g8.html を参照した。

（17）二〇一〇、『キリスト教学』と『神学』』『キリスト教文化研究所』二八号、東北学院大学キリスト教文化研究所、一〇三～一一七頁あるいは二〇一五、『ポスト・フクシマの神学とフォーサイスの贖罪論』新教出版社を参照

（18）「提言　二一世紀の教養と教養教育」http://www.scj.go.jp/ja/info/kohyo/pdf/kohyo-21-tsoukai-4.pdf

（19）木田献一、二〇〇五、「神名「わたしはある」の変遷とそれに伴うイメージについて」『基督教論集』四九号

（20）Cicero, De Natura Deorum, [Online] available at New Advent, http://www.newadvent.org/, II, 28

（21）relegere（re-legre）をto treat carefullyと理解する見解を、筆者は、明弘の“Reilgious Studies and the Narrtive Theory,”南華大學宗教學研究所碩士論文、二〇一二年から学んだ。

（22）Lactantius, Divinarum Institutionum, [Online] available at New Advent, http://www.newadvent.org/, Book IV, Chapter 28; Augustinus, Retractiones, [Online] available at New Advent, http://www.newadvent.org/, Ⅰ, 8; De Civitate Dei contra Paganos, [Online] available at New Advent, http://www.newadvent.org/, X, 3.

（23）http://ncc-j.org/uploads/thumbs/153.gif　日本語訳は、ヨベル、二〇一六、『被ばく地フクシマに立って』巻末を参照

（24）たとえば、二〇一六、『3・11以降の世界と聖書』日本基督教団出版局

（25）森下直紀、二〇一〇、「水俣病史における「不知火海総合学術調査団」の位置」『「異なり」の力学――マイノリティをめぐる研究と方法の実践的課題』生存学研究センター報告 http://www.arsvi.com/2010/1011yr11.htm

（26）Jun Ui,“People's Participation in the Control of Environmental Pollution in Japan,”Faith and Science in an Unjust World, v. 1, pp.

352-360.

（27）動画 A Time-Lapse Map of Every Nuclear Explosion Since 1945 - by Isao Hashimoto, https://www.youtube.com/watch?v=LLCF7vPanrY は、きわめてよい教材である。

（28）川上直哉、二〇一五、「広島・長崎被爆七〇周年　核のない未来を！　世界核被害者フォーラム」私家版速記録　http://xfs.jp/zxz7h

（29）二〇一一、「放射性物質による内部被ばくについて」http://icrp-tsushin.jp/files/20110909.pdf　とくにその pp. 7-8.

（30）http://www.spring8.or.jp/ja/news_publications/press_release/2014/140808_3/[2016/10/31

（31）https://www.jstage.jst.go.jp/article/jjsmcwm/27/0/27_106/_article/-char/ja/

（32）http://akiomatsumura.com/category/translations

（33）http://uccj.org/wp-content/uploads/98bcc708a6676f7a0a60996d1a38a620.pdf

# 被災地　釜石の住民活動
## ――NEXT KAMAISHIのケース・スタディ

大堀　研

## はじめに

東日本大震災の被災地の一つとなった岩手県釜石市は、新日鐵の製鉄所が立地しており、「鉄のまち」としてよく知られていた。一九七九（昭和五四）～一九八五年にかけて新日鐵釜石製鉄所のラグビー部が全日本選手権で七連覇し、「北の鉄人」などと称されたことは、一定の世代以上であれば記憶にとどめている場合も多いのではないか。明治以降に製鉄所を中心に発展した釜石は、戦前には「東北の上海」とも表現されるなど、かつては岩手でも一、二を争うほどのまちであった。

だが一九六〇年代には、製鉄所の合理化開始にともない、早くも人口減少がみられるようになった。一九八九（平成元）年には製鉄所のシンボルともいえる高炉が停止され、製鉄所は残されたものの釜石で鉄が作られることはなくなった。経済の転換を迫られ、人口の減少も続く中で震災を迎えた。

他の自治体と同様、震災は、釜石にあったこれらの問題を加速させている。震災前でちょうど四万人程度となっていた人口は、二〇一六年一〇月末には三万五四〇〇人となっている[1]。事業所数の減少など、経済の縮小傾向も続いている。これらは将来の財政難・行政活動の縮小に結びつく可能性もあり、今後のまちの持続のためには新たな経済活動の生起に加え、住民活動の充実が欠かせないものとなっているといえるだろう。

本稿では、釜石市における住民活動の今後を展望するために、震災後に設立された住民活動団体の一つである「NEXT KAMAISHI」の事例分析を試みる。NEXT KAMAISHIは、二〇一二年五月に結成された任意団体である。月二回の定例会には一〇～二〇人の青年層が集まる団体で、会長などの中心人物も含め多くのメンバーが三〇～四〇歳代であり、釜石市のなかでは若手グループに位置づけられる。これまで、震災で途絶えた夏祭りを復活させるなどの活動を行ってきた。最近では、新たな住民活動を生み出す基盤的な存在にもなりつつあり、釜石市の住民活動の中心的な存在の一つとなっていると筆者は捉えている。以下では、まず第一節で釜石市の歴史や被災状況を簡単に確認し、第二節で釜石市の住民活動について概況を整理したうえで、第三節でNEXT KAMAISHIの設立の経緯や活動内容等について詳しくみていく。第四節で考察を行う。

# 一　釜石市の概要

## (一)　釜石市の歴史

江戸時代末期の一八五七（安政四）年、南部藩士の大島高任が現在の釜石市で洋式高炉による出銑に成功し、釜石の「鉄のまち」としての歴史が開始された。人口は拡大し、一九三七年には市制が施行された。製鉄所の存在が第二次世界大戦末期の米軍艦砲射撃を招き、市街地は壊滅的被害を受けたものの、敗戦後に製鉄所は再建され、「傾斜生産方式」や朝鮮戦争の影響などもあり再び隆盛をみた。一九五五年には旧釜石市と栗橋、鵜住居《うのすまい》、甲子《かっし》、唐丹《とうに》の四村が合併し、現在の釜石市が形成された。

この間、津波にも何度か襲われた。一八九六(明治二九)年には明治三陸地震が、一九三三年には昭和三陸地震が発生し、それぞれ津波による被害を受けた。ただし一九六〇年のチリ地震津波では、釜石市南方の大船渡市では死者五三人と大きな被害をみたものの、釜石市では死者は出なかった。

釜石の製鉄は、一九六〇年代に転機を迎えた。戦後に製鉄所の運営会社となった富士製鉄は、一九六三年から釜石製鉄所職員の東海製鉄所(現新日鐵名古屋製鉄所)への転出を開始し(東海転出)、市の人口は同年の九万二一二三人をピークとして翌六四年から早くも人口減少が始まった。富士製鉄は一九七〇年に八幡製鉄と合併し新日本製鐵(以下、新日鐵。現在は新日鐵住金)となった。それからも製鉄所の合理化は進められ、一九八九年には高炉が停止された。

高炉の火が消えたことで釜石市の停滞は決定的となったものの、市役所などにより企業誘致が進められ、空気圧縮機等で世界的にもシェアを有する(株)SMCを中心に、一部とはいえ新日鐵の空隙を埋める企業の進出もみられた。一九八九年に最低を記録した製造業等出荷額は、中国の経済成長の影響などもあり、二〇〇〇年代後半には過去最高を記録した。とはいえようやく以前と同程度の名目金額に回復したにすぎず、経済成長を遂げたわけではない。人口の減少は続いており、二〇一一年二月(震災直前)には四万人をわずかに割り込んでいた。この状況で震災に襲われた。

## （二）被災状況

二〇一一年三月一一日の震災で、釜石市も津波に襲われた。市の中心市街地が東西に長く形成されていたため、釜石駅（もっとも近い海岸から直線距離で約一・五キロ）より西側の市外はほぼ破壊を免れた。だが、駅より東側にある、市役所を含めた中心市街地は壊滅的な被害を受けた。市役所庁舎は三カ月近く使用不能となった。震災での死者は九五八人、行方不明者は一五二人で、[2] 人口の約三%が被害を受けた。これは大槌《おおつち》町の約九%、陸前高田市の約八%よりも割合は低いものの、千人以上もの命が失われたことの重みは十分に受け止めなければならない。市内では、中心市街地のある釜石地区の被害が大きかったが、それ以上に市東北部の鵜住居地区の被害が大きかった。釜石地区の人的被害が二二九人（人口比三・三%）であるのに対し、鵜住居地区は人的被害が五八三人（人口比八・八%）と、被災した市内四地区の中でもっとも大きな被害となった。鵜住居地区にはＪＲ山田線の鵜住居駅があったが、線路も含め破壊された。駅の周辺には市街地が形成されていたが、建物の大部分が倒壊するほどの被害となった。

震災からの再建を果たすべく、被災地では数多くの復旧・復興事業が実施されている。釜石市は震災から一カ月後の四月一一日に「釜石市復興まちづくり基本方針」を発表し、復旧・復興に向けた取り組みが本格的に開始された。市は同年一二月に「釜石市復興まちづくり基本計画　スクラムかまいし復興プラン」を策定している。二〇一一年度から二〇二〇年度までの一〇年間で復興を果たすとの目標を掲げた。

復興事業は必ずしも当初の計画どおりに進んでいるわけではない。他の自治体と同様、住宅の整備には遅れがみられる。復興住宅の建設は、被災の範囲が広かったことや東京オリンピックの開催決定等を背景に建設費が高騰したことから、入札不調を余儀なくされた。そうした事情もあり、二〇一六年一〇月一日の時点で復興公営住宅は、予定では一三一四戸であったのに対し、建設済み戸数は七〇五戸にとどまっている。同年九月の仮設住宅

入居戸数は一五七八となっており、いまだ多くの人々が仮設住宅で生活していることがわかる。(3)

## 二　釜石市の住民活動

### (一) 震災前の状況

釜石市では、市民セクターの活動は必ずしも活発とはいえなかった。製鉄所が盛んであった一九六〇年代には相当の降下煤塵が観察された。ところが反対運動は起こらなかった。一九五五〜六七年にかけて釜石市長を務めた鈴木東民は次のように書き残している。

煤塵と騒音の最もひどいといわれている地区でわたしが座談会を催した時のことであった。参会者に向かって、「この地区の公害について率直な意見を聞きたい」とわたしがいったのに対し、「別段苦痛を感じていない」という返事がはね返ってきた。集まったのは町会の幹部と自ら名乗るものが主でその他は婦人、青年であった。発言したのは幹部と称するものだけであった。世界一の降下煤塵も、かれらにとってはものの数ではないのである（鈴木東民、一九七三、『ある町の公害物語』東洋経済新報社、一五五）。

この座談会が開催された箇所は、製鉄所勤務の労働者が多く居住する地域であった。鈴木は住民が運動を起こさない要因として、企業城下町であることの影響をあげている。

一九六〇年代半ばより製鉄所の合理化が開始され、経済活動や人口の縮小も始まっていくものの、住民活動が大きく発展したということはなかった。もちろん皆無だったわけではなく、とくに製鉄所の高炉が停止された一九八九年前後には、その後長年にわたって続けられた活動が生まれている。だが、他の自治体と比較して活発

表1　2008年の岩手県沿岸・釜石市近隣自治体のNPO数等の比較

| | NPO数（注1） | 人口（注2） | NPO数/1万人 |
|---|---|---|---|
| 久慈市 | 9 | 37,474 | 2.4 |
| 宮古市 | 14 | 57,659 | 2.4 |
| 大船渡市 | 8 | 41,666 | 1.9 |
| 釜石市 | 6 | 40,693 | 1.5 |
| 遠野市 | 4 | 30,264 | 1.3 |

（注1）NPO数は岩手県によるNPO法人情報を集積したウェブページの掲載情報（http://www2.pref.iwate.jp/~hp0301/npo-info/ninsho/ninsyo.htm、2008年5月アクセス）のうち、各自治体に事務所のある団体をカウントしたもの。
（注2）人口は2008年9月のデータ。岩手県『毎月人口推計の概要（平成20年9月）』による。

だったとまではいえない。住民活動団体のなかでも比較的データを把握しやすいＮＰＯ法人数について、震災前の二〇〇八年の状況を釜石市と条件の似ている岩手県内の自治体で比較してみよう。沿岸北部の久慈市は、人口約三万七〇〇〇に対して法人数は九、県の沿岸部としてはちょうどなかほどにあたる宮古市は人口約五万八〇〇〇人に対し法人数は一四となっている。それぞれ一万人当たり二・四団体となる。これに対し釜石市は人口約四万一〇〇〇人、法人数は六である。一万人当たりで一・五団体で、遠野市よりわずかに多い程度となっている（**表1**）。震災前のインタビューでは、釜石で住民活動がそれほど盛んではない理由として、企業城下町としての歴史をあげる声もあった[4]。

## （二）被災後の変化

震災後、被災地では市民セクターが活発化した。東北地方のなかでも震災の被害が大きかった岩手県、宮城県、福島県の三県について、ＮＰＯ法人数増加割合をみてみよう。二〇一一年二月末から二〇一六年三月末にかけて、岩手県は三四八法人から四七八法人へと、三七％増加、同じ期間に宮城県は五八四法人から八〇七法人と三八％増加した。福島県にいたっては、五六四法人から八七五法人へと五五％もの増加をみている。岩手や宮城は他の東北三県や、全国の二一％と比べても高い増加率を示しており、

表 2　東北六県の NPO 法人認証数の変化

| | 2011 年 2 月 28 日 | 2016 年 3 月 31 日 | 増加割合 |
|---|---|---|---|
| 青森県 | 298 | 397 | 33% |
| 岩手県 | 348 | 478 | 37% |
| 宮城県（注） | 584 | 807 | 38% |
| 秋田県 | 263 | 341 | 30% |
| 山形県 | 357 | 432 | 21% |
| 福島県 | 564 | 875 | 55% |
| 東京都 | 6,819 | 9,501 | 39% |
| 全国 | 42,119 | 50,870 | 21% |

（注）宮城県の 2016 年 3 月 31 日のデータは、県認証 386 団体＋仙台市認証 421 団体

（資料）内閣府「内閣府 NPO ホームページ」（http://www.npo-homepage.go.jp/about/toukei-info/ninshou-zyuri、2016 年 5 月 10 日アクセス）

表 3　岩手県沿岸市町（宮古市以南）の NPO 法人数の推移

| | 2008 年 5 月（注 1） | 2016 年 5 月（注 4） | 2015 年人口（注 5） |
|---|---|---|---|
| 宮古市 | 14 | 23 | 55,017 |
| 山田町 | 1 | 3 | 15,564 |
| 大槌町 | 2 | 6 | 11,513 |
| 釜石市 | 6（注 2） | 18 | 35,262 |
| 大船渡市 | 8 | 21 | 38,024 |
| 陸前高田市 | 1（注 3） | 20 | 19,097 |

（注 1）2008 年 5 月のデータの出典は（表 1）と同じ。

（注 2）釜石市の団体数は、2010 年には 5 団体となった。

（注 3）2016 年 5 月のデータ（注 4 参照）によると、陸前高田市の震災以前に認証された団体として、2002 年認証されたもの、2006 年認証されたものの 2 つがあることになっている。しかし注 1 のデータを再検討すると、震災前は 1 つしか確認できない。2016 年 5 月のデータには、注 1 のデータ採取時以降に、他の自治体から団体が移動してきたなどのことがあったと考えられる。

（注 4）2016 年 5 月のデータは、注 1 と同じ岩手県のウェブページのものをカウント（2016 年 5 月 13 日にアクセス）。2016 年 4 月以降に認証されたものも含む。釜石市のデータには、すでに活動を停止した 2 団体も含まれており、同様の団体が他市町についても含まれている可能性がある。

（注 5）2015 年人口は「平成 27 年岩手県人口移動報告年報」（15 年 10 月 1 日）のデータ

原発事故のあった福島県は、東京都の増加割合三九％をもはるかに上まわっている（表2）。

この傾向は、被害を受けた沿岸部の自治体でもはっきりとみることができる。釜石市は、震災前は六（二〇一〇年には五）団体だったものが約三倍にまで増えている。被害の大きかった陸前高田市では一（ないしは二）団体から二〇団体へと大幅に増加した。もともとNPO法人が多かった宮古市でも、一四団体から二三団体（六四％増）と県全体の増加割合（三七％、表2参照）よりも高い割合で増加している（表3）。さらに、NPO法人以外にも一般社団法人や任意団体の設立も相次いでいる。もともと三陸沿岸はNPO法人やボランティア団体の活動は盛んではなかったといわれるが、それが一変しつつある。

では、増加した住民活動団体はどのような活動を行っているのか。今後も活動は継続されるのだろうか。すべての団体について詳しくみていくことはできない。以下では一つの団体のケース・スタディを通じて、状況の概観を試みる。

## 三 「NEXT KAMAISHI」の事例

### (一)「NEXT KAMAISHI」の結成

#### ①主要メンバーの合流

「NEXT KAMAISHI」（以下、NEXT）は、震災後の二〇一一年一一月より始められた「釜石みらい塾」が前身の一つとなった。この集まりは、岩手放送釜石支社（当時）のE氏が、震災後の釜石について考えることを目的に、知り合いの若手経営者やNPO関係者などに声かけして集まるようになったものである。NEX

Tで主要なメンバーとなるKT氏やM氏などが含まれていた。

KT氏は釜石出身で、大学卒業後に一時他県で勤務した後、父親が社長を務める水産会社に入社、震災当時は専務となっていた。震災前はまちづくりなどに興味はなく、地域形成・維持は行政がやることで、自身は「商売を通じてあるべき姿に変える」（二〇一四年六月九日インタビュー）と考えていた。商工会議所、青年会議所などの経済団体との関係をもつこともほぼなかった。

震災で会社の社屋や自宅が流失した。震災後、KT氏は会社の再開に力を尽くす一方で、地域全体の復旧・復興にも関心を寄せざるをえなかった。氏は震災の直後からブログを開始して被災後の会社や地域の状況をつづっている。その中で一〇月一二日には次のように述べている。

地震や津波、災害はまた、私達の地域を襲う事になるでしょう。／それは誰にも止められる事ではありません。／しかし、今回の悲劇を繰り返さない事は可能です。／だからこそ、今町づくりが重要なのです。一〇〇〇年に一度の大震災に言われております。[5]

震災で芽生えたまちづくりへの関心が、KT氏の釜石みらい塾への参加を促したのであろう。一一月五日に第一回会合が開かれ、KT氏も出席した。ここでKT氏は、NEXTの創設メンバーとなるM氏ともはじめて出会った。KT氏はこの日の集まりについて「私も震災以来、度々色んな集まりに出席させて頂きましたが、今回ほど気持ちが熱くなった事があっただろうか。同士の方々と出会えた気がして胸が一杯になりました」とブログに書き残している。[6]

NEXTのもう一人の主要人物であるA氏は、父親が創業した建設会社の二代目である。大学卒業後他県の企業に数年勤めてから釜石に戻り父親の会社に入社、現在は専務として勤務している。震災前の釜石では建設需要が減少していたことから、北上にも拠点を設け、A氏も住まいを移していた。KT氏と同じく釜石のまちづくり活動には関与していなかったことになる。震災当日も北上で迎え、翌日に急ぎ釜石に向かったA氏は、破壊された故郷にショックを受け、妻子を北上に置いて釜石に戻り、復旧・復興に携わっていった。

A氏は市内の被災地区の一つである平田《へいた》地区の住民の復興まちづくりに関する委員会にも参加し、一一月に開催された住民向けの説明会にも説明側で出席していた。ここに、会社・住居が同地区にあったことからKT氏も出席する。A氏は、ここでKT氏のことを知り、同氏のブログを読むようになる。

翌二〇一二年の一月に、二人は偶然盛岡の飲食店で出会い、A氏がKT氏に声をかけた。翌々日、A氏がKT氏に「もっと声をあげてほしい」という趣旨のメールを送る。KT氏はすぐにA氏に連絡し、後日会合をもち意気投合した。共感したのは、地域を良くしていきたい一方で「このままでは変わらない」という思いだったとKT氏はインタビューに答えている（二〇一五年一月二四日）。

これ以降、KT氏はA氏と釜石みらい塾のメンバーとの合流を進めていくようになった。

### ②団体の結成へ

二〇一二年三月に入り、市中心部の、津波で流出した商店街の近くに、ショッピングセンターを誘致することが決定したと報道された（二〇一二年三月三日付『河北新報』など）。この話は多くの釜石市民にとってはじめて耳にするものだったようで、KT氏は「寝耳に水だった」（二〇一五年一月二四日インタビュー）と語っている。KT氏は「イオンは釜石らしくない」（二〇一五年八月二四日インタビュー）、「『このままでいいのか』と感じた。行政の好き勝手にされて、魅力のないまちになってしまう（と感じた）」（二〇一五年一月二四日インタビュー）と話している。A氏も「地域の自主性がなくなると思いました」と答えている（二〇一六年九月五日インタビュー）。

報道以降、A氏、KT氏は自身たちの活動の方向性や方法などについての検討を進めていく。三月中旬には、M氏、KT氏の親戚であるO氏も加えた四人が集まりをもった。そこに、広告代理店の勤務経験のあるKK氏が参加し、助言を行った。KK氏は県内内陸在住者だが、震災前からKT氏の会社の販路開拓等に関与しており、震災後も釜石の復興に関心を寄せていた。その会合でKK氏などは、団体という形を明確化することで行政と対話できる可能性があがることなどを指摘し、団体を結成するという方向性が形作られていった。

その後、団体の綱領や団体名の検討など準備が進められ、またメンバーが募られていった。四月下旬には「NEXT KAMAISHI」が団体名として採用されることとなった。

これらを経て、五月二〇日に設立総会を開催した。A氏が会長に、M氏とO氏が副会長に、KT氏が事務局長に就任し、活動が開始された。この時点では二五名が会員となり、二〇一六年一〇月現在では三〇人程度となっている。

## (二) 活動の展開――「釜石よいさ」の復活

### ①「にぎわいゾーン」への関与の試みと挫折

設立当初、NEXTが具体的にどのような活動を行うかについては明確になってはいなかった。A氏など幹部は、幹部側から活動内容を提示するのではなく、メンバー間での話し合いで活動内容を決めることを考えていた。結成後最初の会合では、釜石で今後何を大事にしていくべきかが議論され、「海」が釜石の重要な資源であるということになり、被災して市が再建に向けて動いていた釜石港の魚河岸地区に関して活動していくことが決まった。

市は、魚市場や水産加工業者が集積していた魚河岸地区を「にぎわいゾーン」と呼び、震災前より活性化を検討していた。震災直前の二〇一一年三月上旬には「釜石漁港魚河岸地区にぎわいゾーン整備事業基本計画(案)」をとりまとめていた。震災で、海辺の同地区は当然のことながら大きく被災し、当時使用していた第一魚市場が使用不可能となるなどしている。市は震災の年の一二月に策定した「復興まちづくり基本計画」の中で、新しい魚市場を整備し、それを核に観光客などを誘致することを施策の一つとして掲げている。二〇一二年八月には、地元町内会などが参加した「魚河岸地区にぎわい創出検討委員会」が開催されている。この年が、にぎわいゾーンの再建に向けた検討が本格的に開始された時期といえるだろう。

NEXTは、この再建プロセスに関与しようと試みる。団体結成についてアドバイスをしたKK氏が、ここでも助力した。同氏の人脈で著名なデザイナーによる魚市場の図面が作成された。A氏とKT氏を中心とするメンバーは図面を手に、一〇月頃からは毎週一、二回は市役所に通ったと述べている（二〇一六年九月五日A氏インタビュー）。

だが、市役所は対話には応じたものの、NEXTが提示する案に対して明確な態度を表明することはなかったようだった。A氏、KT氏とも、市役所は「煮え切らない態度」だったと述べている。提案は受け入れられないと判断したA氏とKT氏は、一二月末のNEXTの忘年会で、にぎわいゾーンへの関与を断念することを表明した。

### ②「釜石よいさ」復活への取り組み

二〇一三年に入り、NEXTは「釜石よいさ」復活に向けて動き出していった。「釜石よいさ」とは、一九八七年に釜石で開始された夏祭り、あるいはそこで実施される踊りのことを指す。一九八七年に開始されたのは、同年に釜石製鉄所の高炉停止が決定（閉鎖は一九八九年）されたことと関係している。高炉停止決定を受けて、釜石に活気をもたらすためのイベントとして夏期の祭りが企画された。このイベントを企画、実施してきたのは、そのために結成された「釜石レボリューション」という任意団体である。初回以来、毎年八月のお盆前の時期に祭りが開催されてきた。だが担い手が壮年期に入ってきたことなどから、震災前には継続を検討する声もあったようである。そこに震災があり、自然に途絶えた形となっていた。

「にぎわいゾーン」に替わる活動を模索していたNEXTは、「釜石よいさ」の復活を検討するようになる。A氏は「釜石よいさ」に着目した理由として、震災前に二四回も続けられてきたという歴史があったことに加え、市内の地区ごとの祭りと比べ「釜石よいさ」の踊りは誰でも踊れるようにつくられており「(震災で)バラバラになった人を一つにして、釜石が一歩前にでるには「よいさ」がよいと思った」と語っている(二〇一六年九月五日インタビュー)。「釜石レボリューション」のメンバーだった人物とも話し合いを行い、「応援するから好きなようにやれ」[7]といわれたNEXTは、復活に向けた取り組みを本格化していった。NEXT以外の主体にも呼びかけて実行委員会を形成し、準備を進めていった。世界的な金融機関であるUBS証券の有志ボランティアもこの取り組みに参加した。

こうして二〇一三年九月七日、「釜石よいさ」は復活した。踊り手としては一七団体、約八〇〇人が参加した。「踊る側も見る側も元気が出るので、祭りの復活がうれしい」という声が伝えられている(二〇一三年九月八日付『毎日新聞』(地方版))。その後、毎年順調に開催が継続されている。第二七回(復活第四回)となる二〇一六年八月は、三六団体、約二〇〇〇人が踊り手として参加しており、見学者も六〇〇〇人を超えている。KT氏は「本当の意味で夏の風物詩になりつつある」と感じている(二〇一五年八月一二日付『復興釜石新聞』)。

## (三)「はしのうえ朝市」の開催

「釜石よいさ」運営の一角を担いつつ、NEXTはさらなる別の事業を仕掛けることも検討していた。それが形となったのが、二〇一六年一〇月に開催された「はしのうえ朝市」である。その前提として、かつて釜石に存在した「橋上市場《きょうじょういちば》」についてみていこう。

橋上市場は、釜石駅と中心市街地の間を流れる甲子川《かっしがわ》の上に架けられた大渡橋《おおわたりばし》に、一九五八年に建設された

**写真１　開始 30 分後（6:30）の「はしのうえ朝市」の様子**

資料：2016 年 10 月 23 日筆者撮影

常設の市場である。水産加工物、生鮮食料品などの食品を中心に、日用品なども扱われていたとされる（新張英明、二〇〇四、「釜石橋上市場」東北都市学会編『東北都市事典』七五－七六）。橋の上に常設された市場は、フィレンツェのポンテベッキオなど世界的にも二、三例しかないとされ、残されていれば貴重な観光資源となっていたかもしれない。だが大渡橋が老朽化し管理者である県が架け替えることにしたことから、二〇〇三年に市場は取り壊された。

一定以上の年齢の釜石市民にとっては、釜石の象徴的存在の一つであったこの橋上市場を、イベント的にでも復活させるべく企画、開催されたのが「はしのうえ朝市」（**写真１**）である。二〇一三年頃から発案されていたが、実現にいたるまではそれなりの時間を要した。先行事例の学習、出店者の募集のほか、大渡橋や付近の道路を使用するのに県や警察の許可を得ることなどが必要だったからである。発案者の一人であるＮＥＸＴメンバーのＫＹ氏の発言として、次のようなものが伝えられている。

釜石よいさを復活させることができて、次に何をするかという話になったとき、この朝市を提案しましたが、関係機関の許可が降りず断念。でも、やはり、まちににぎわいを取り戻すには必要な取り組みじゃないのかという仲間の後押しがあって、今年もう一度チャレンジすることに。関係機関と協議を重ねて、この場所でできる方法を模索しました。そして、三年越しの思いが実現しました（釜石市『広報かまいし』二〇一六年一一月一五日号、二〇）。

こうして長期の検討・準備がなされ、「釜石よいさ」のときと同様にNEXT以外の主体も含めた実行委員会が立ち上げられたうえで、二〇一六年一〇月二三日の朝六時より一〇時にかけて「はしのうえ朝市」が開催された。一〇店ほどの食料品販売者が出店し、生鮮食品等が販売された。二〇〇食分のご飯が振る舞われ、そこに販売されている海鮮品をのせてオリジナルの「釜石のっけ丼」を完成させるという企画も用意された。当日は晴天だったこともあり、多くの人が訪れ、さらに二〇〇食分の振る舞い用ご飯が追加されたものの、八時過ぎには品切れとなるなど、予想を上回る盛況となった。

## (四)「釜石〇〇会議」の呼びかけ

NEXTメンバーの呼びかけによって開始された動きとして、「釜石〇〇《まるまる》会議」もあげることができる。実行委員会の中心部には他団体のメンバーなども含まれており、「NEXTの事業」とまでいってしまうと語弊があるものの、NEXTの動きが釜石市内に伝播して起こったものと捉えることが可能なことから、ここでとりあげておきたい。

「釜石〇〇会議」についてみるには、「東北未来創造イニシアティブ」（以下、「イニシアティブ」）の説明が必要となる。イニシアティブは、東北大学などが全体主催、経済同友会が特別協力として二〇一二年四月に作られた震

### 表4　釜石○○《まるまる》会議で設立されたグループの一覧

| グループ名 | 目的 | 活動内容 | リーダー |
|---|---|---|---|
| いざ釜石 | 市外の関係者をつなぐ | 情報発信 | 外部人材 |
| おまつり男塾 | 祭りの活性化、存続 | 各まつりに踊り手を派遣、参加 | 釜石出身者 |
| 釜石さ あべの会 | 高校生がボランティア活動を通じて地域を知る | 高校生向けボランティア活動の創出 | 釜石出身者（高校生） |
| 釜石大観音仲見世リノベーションプロジェクト | 釜石大観音前の仲見世通りの再活性化 | イベント、仲見世通り物件のリノベーション | 外部人材 |
| カマショク・カマぶら | 食を通じて人と出会い、人を通じて釜石を知る | 「食べログ」に情報投稿、来訪者向けワッペンの作成検討 | 外部人材 |
| 国際化チーム | W杯で外国人観光客をもてなすために、英語や異文化に触れる | 英語勉強会、国際交流会 | 外部人材 |
| コンセプトBar with 趣味のハローワーク | 同じ趣味をもつ仲間と出会う | 趣味が同じ住民を集めるイベント開催（Book Cafeなど） | 外部人材 |
| 平成版日新堂（注1） | 釜石の産業、歴史、文化など釜石の知識を深める | 釜石の歴史などを学ぶためのツアー等の実施 | 釜石出身者 |
| ラグビー活用チーム | 釜石のラグビーを知り、交流・連携に活用 | SeaWaves（注2）の試合応援、意見交換会等 | 釜石出身者 |

（注1）日新堂とは、釜石での製鉄の基礎を築いた南部藩士大島高任（1826～1901）による私塾。
（注2）釜石市のラグビークラブチーム。新日鐵釜石製鉄所ラグビー部が市民クラブ化したもの。

災復興のための機構である。仙台に統括事務所、東京にリエゾンオフィスを置いている。経済同友会会員企業の社員から希望者を募るなどし、気仙沼、大船渡、釜石の各自治体行政に派遣している。二〇一三年四月以降、釜石市には四人程度の人物が派遣されている。各人の派遣期間は二年程度である。

またイニシアティブは、人材育成のための「未来創造塾」も主催している。二〇一三〜一六年度にわたり四期開催された。気仙沼会場と、大船渡・釜石会場とに分けて実施されており、半年超程度の期間を一期として、大企業役員や公認会計士などが講師となり、組織運営等についての講義を行う。参加者には経営者層やNPO職員などが多い。

この「未来創造塾」の第一期が、

**写真 2　第 2 期「釜石○○会議」の様子**

資料：2016 年 11 月 13 日筆者撮影

二〇一三年八月～二〇一四年三月にかけて開催された。釜石からは一〇人が参加し、NEXTのA氏、KT氏も参加した。その大船渡側の卒塾式で「大船渡未来創造会議」が設置されることを知った二人を含めて、釜石でも同様の会を催す企画が進められていった（釜石の企画は、当初「釜石未来創造会議」と呼称されていた）。

この企画は、二〇一四年六月に「釜石百人会議」として実現された。実行委員会にはKT氏が副実行委員長として加わり、A氏、釜石市役所に派遣されたイニシアティブのメンバー、市役所職員、その他市内住民活動団体従事者などが加わった。とくにイニシアティブは事務局として中心的な役割を果たした。

「釜石百人会議」は単発だったものの、名称を「釜石○○会議」に変えて、二〇一五年三月から六月にかけて、四回のワークショップとして開催された。「釜石百人会議」も基本的な狙いは同じであったが、とくに「釜石○○会議」では、釜石で何か活動を行ってみたい人、同好の仲間を見つけたい人が声をあげ、活動を行うグループが形作られることを応援・促進することが意図された。「○○《まるまる》には、参加者がそれぞれのやりたいことを○○に入れて、自ら企画し行動して欲しい、という願い(8)」が込められている。京都市で住民活動の形成などを目的に実施された「京都市未来まちづくり一〇〇人委員会」の第一期(二〇〇八年九月~二〇〇九年九月)から第三期(二〇一〇年一二月~二〇一一年一二月)で運営を担ったNPO法人「場とつながりラボ home's vi(ホームズビー)」のメンバーがファシリテータとして招聘され、回を通じてチームビルディングが進められた。六月の最終回では、九つのグループが発表された(表4)。

これらのグループの中には、活動が停止状態になっているものもあるものの、一~二カ月に一回の頻度で活動を行うなど活発なものもある。釜石〇〇会議は、住民活動の活性化にとって有意義な場となったと判断できる。二〇一六年一〇月~二〇一七年二月にかけて第二期が開催されているのは、その証といえるだろう。一一月一三日に開催された第二期第二回では一二の活動が提案された(うち第一期で結成されたグループ二つの発表が含まれている)。これらのすべてが最終的に新たなグループとして形作られるかは未確定であるものの、筆者の予想よりも多くの提案がなされたことに驚いたことを付け加えておきたい(写真2)。

## 四 考察

### (一)「釜石らしさ」へのこだわり

NEXTの中心人物であるA氏とKT氏は、震災前はともに住民活動にかかわりを持たない人物であった。その二人を活動に向かわせた最大の要因はもちろん震災であるが、具体的な契機となったのはショッピングセンター建設報道であった。それが地域に大きな変化をもたらすであろうことへの違和感が、団体の結成に向けて動き出すきっかけとなった。

こうした活動動機は活動内容に反映されている。最終的には撤退したものの「にぎわいゾーン」への関与の試みは「海」が「釜石らしさ」を構成するための重要な要素という判断に基づいていたし、「釜石よいさ」や「はしのうえ朝市」を具体的な活動として選択したのも、釜石の歴史をふまえてのこととなっている。それが周囲の評価や期待につながり、活動を持続する要因ともなっている。

東日本大震災のような大きな災害の後で、失われた地域の特性や断ち切られた歴史を再生させようとする動きが出てくることは当然ともいえる。釜石でも震災後にできた団体で同様の視点を掲げているものはある。だが、震災前は「釜石らしさ」を意識した活動はそれほど多くはなかった。それをふまえると、NEXTなどの活動は釜石における住民活動にとって新たな視野をもたらすのに有意義だったといえるのではないか。

## (二) 活動を支える市外からの支援者

A氏とKT氏に限らず、NEXTのメンバーの多くは震災前は住民活動に関与していなかった。市内では他にも、活動経験の少ない人物によって震災後に立ち上げられた団体が複数存在する。これもまた釜石だけのことではないと考えられるにせよ、釜石では震災前は住民活動の蓄積が多くはなかったという事情も影響しているかもしれない。

そうした人々が活動を継続していくには、支援者の存在は欠かすことができないであろう。NEXTも初期にはKK氏の存在が重要なものとなっていたし、「釜石よいさ」などにおけるUBS証券有志ボランティアや、「釜石◯◯会議」でもイニシアティブのメンバーが事務局として活躍したことが、企画の成功をもたらした要因の一つとなっている。釜石では、総務省の復興支援員事業を利用して「釜石リージョナルコーディネータ協議会」、通称「釜援隊」を組織しており、市内に加え市外出身の人物も採用され、住民活動団体や行政の支援に携わっている。釜援隊の運営支援のため、震災を期に東京で設立された（一社）「RCF」の職員も釜石に駐在しており（二〇一六年一〇月時点では三名）、それらの人物がNEXTでも中心的な活動者の一角を占めている。市外からの支援者は住民活動を成り立たせる重要な要因となっている。釜石市外の被災地についても、同様の指摘がみられる。(9)

だが、外部からの支援者には期限がある。イニシアティブは二〇一六年度をもって終了とされているし、RCFの職員の今後の駐在も不透明とされている（二〇一六年一一月には一名が離任した）。こうした事態を見据え、支援者が持つスキル等を継承することや、新たな活動者を確保することなどが、活動の継続のために必要となるだろう。これらはすでに十分に意識されてはいるものの、解決が容易なわけではない。

## (三) 住民活動の基盤として

NEXTが契機となって行われた「釜石〇〇会議」は、新たな活動を生み出す場となった。メンバーでもある二〇代の青年は、NEXTの活動や第一期の「釜石〇〇会議」で多くのグループが結成されたことに刺激を受け、二〇一六年一月に「釜石の二〇代でつながろうぜ！の会」を立ち上げた。二〇一六年一〇月現在では三〇名以上が会員となっており、多くのメンバーが第二期の「釜石〇〇会議」にも出席している。

このように、NEXTとして集い活動を開始したことが、その後の新たな動きをもたらすため重要な契機となっている。まず人が集まること自体が、住民活動を活性化する要因となりうることを示唆したともいえるだろう。NEXTは、いくつかのイベントを開催するばかりでなく、住民活動の基盤としての意義をも有しつつあるようにみえる。

これもまた、NEXTだけにみられる特徴ではない。やはり震災後に設立された（一社）「三陸ひとつなぎ自然学校」は、釜援隊のメンバーなどとも協力しながら高校生のボランティア活動の支援に力を入れており、やはり住民活動の基盤として機能しつつある。これらの動きが継続し、相乗効果を発揮するようになれば、住民活動が必ずしも盛んではなかった釜石において新しい地平が開かれていくかもしれない。

**注**

（1）釜石市ウェブページ「釜石市の人口・世帯（平成二八年一〇月末現在）」（http://www.city.kamaishi.iwate.jp/shisei_joho/tokei_joho/jinkou/detail/1201390_2978.html、二〇一六年一一月二〇日アクセス）

（2）釜石市『復旧・復興のあゆみ（二〇一六年三月発行版）』。死者には関連死認定者一〇四人が含まれる。

（3）復興公営住宅数、仮設住宅入居戸数は、釜石市「かまいし復興レポートVol35（二〇一六年一〇月一日）」。なお提示した仮説受託入居戸数は「被災者入居戸数」のもので、同時点で他に応援職員・NPO等入居戸数が三八二ある。

（4）拙著「誰が釜石市を「つくる」のか」（東大社研・玄田有史・中村尚史編、二〇〇九、『希望学3　希望をつなぐ』東京大学出版会、八九－一一八）を参照

（5）http://ameblo.jp/tk530514/day-20111012.html、二〇一六年三月二三日アクセス

（6）http://ameblo.jp/tk530514/day-20111106.html、二〇一六年三月二三日アクセス

（7）釜石市の酒造会社である浜千鳥社の広報パンフレット（二〇一四年一一月発行）による。

（8）釜石市のウェブページからの引用。http://www.city.kamaishi.iwate.jp/shisei_joho/keikaku_torikumi/chihousousei/detail/1197592_3278.html

（9）高浦康有・西出優子・中尾公一・佐藤勝典・横田靖之、二〇一三、「第二節　NPO活動――NPOはいかに被災地を支援したか」（東北大学大学院経済学研究科地域産業復興調査研究プロジェクト編『東日本大震災復興研究Ⅱ　東北地域の産業・社会の復興と再生への提言』河北新報出版センター、二二〇－二四一）を参照

# 足湯ボランティアの聴いた「つぶやき」と被災者ケア

三井さよ

## はじめに

本稿では、ＲＯＡＤプロジェクトによる足湯ボランティアが、被災者がふともらす言葉を書きとめた「つぶやき」に注目し、足湯という場で被災者とボランティアがどのように出会っていたのかを探る。そこから、被災者ケアについて、よく見られるような「何ができる（た）か」という視点だけでは捉えられないものに光を当てていきたい。

よく、被災者への支援やケアでは、「役に立つ」ことと「迷惑をかけない」ことが重要だといわれ、そのため「何ができる（た）」のかと問われる。もちろん、それらの問いをまったく持たない支援活動でいいといいたいわけではないが、そもそも「役に立つ」「迷惑をかけない」とはどのようなことなのかと思うことがある。被災者がお茶やお菓子をふるまおうとしたとき、ボランティアが喜んでそれをいただいたほうが、「役に立つ」「迷惑をかけない」ことにつながるように思われることもあるだろう。被災者とボランティアがなんでもないような世間話をしている（これは足湯のつぶやきでもよく見られる）のが、むしろ「役に立つ」「迷惑をかけない」に近しいように見えるときもある。

だが、ではそこで「何ができた」のかといわれると、なかなか説明は難しい。たとえば、お茶やお菓子をふるまわれたとき、被災者の善意を受け止めることが被災者のケアになるのだと表現することは可能なのだが、その言い方では、被災者はあくまでもケアされる対象でしかなく、ボランティアはいつでも助ける側である。この構図の中にある限り、見えないものがある。それは、この構図そのものを揺るがすような、同時にこの構図を実質的なものとして成り立たせるようなものである。「何ができる（た）か」という問いの立て方をした時点でそれは見失われてしまう。

そのため、本稿ではあえて、足湯ボランティアが被災者に何ができたかという問いを避ける。そうではなく、足湯という場において、ボランティアと被災者がどのように出会っていくのか、そのプロセスを描いてみよう。個々のつぶやきは短く、また大量のつぶやきはあまりにも多様で、出会うプロセスをこれと定めることはとてもできないのだが、それでもつぶやきに多く示されている断片をつなぎ合わせることによって、足湯において起きていた出会いのかたちを仮に作り出してみよう。そこから、足湯ボランティアがなした被災者ケアについて考えてみたい。

## 一　足湯ボランティアと書きとられた「つぶやき」

まず、本稿が取り上げるＲＯＡＤプロジェクトによる足湯ボランティア派遣の「つぶやき」データとは何かについて説明したい。ROADプロジェクトとは、日本財団と震災がつなぐ全国ネットワーク等が共同で行った東日本大震災の支援・救援プロジェクトである。その一部として、関東地域でボランティアを募集し、簡単な研修の後にまとめて被災地域に派遣し、被災者に足湯を提供するという、足湯ボランティア派遣が行われた。

ROADプロジェクトによる足湯ボランティア派遣では、二〇一一年三月二八日に石巻へ派遣されたのをはじめとして、二〇一三年三月三一日までに一九九〇名のボランティアが派遣された。延べ人数（活動日数×人数）でいえば七二九六名である。当初は大型バスで派遣していたが、一年目の後半から一〇名程度のグループになった。参加者は多岐にわたり、学生もいれば、仕事を持つ人、リタイアした人など、さまざまだった。年齢別でみると二〇代が三三%、三〇代が二〇%、四〇代が二四%、五〇代と六〇代がそれぞれ九%である（震災がつなぐ全国ネットワーク編、二〇一四）[1]。

派遣先は、震災がつなぐ全国ネットワークに属する諸団体が、自ら常駐している地域や、深くかかわりのある地域でコーディネイトしていた。避難所、仮設住宅、ときには役所などである。多くは関東から東北への派遣だったが、一部では東京に避難してきた人たちへの足湯提供も行われた。また派遣元も、関東以外に福島県内での派遣、静岡県からの派遣などが行われた。

足湯を受けるのに条件はなかった。足湯を受けた人のほとんどは開催地の仮設住宅や避難所に住む人たちだったが、ふらりと訪ねた近隣の避難所や仮設住宅の住民、あるいは自宅避難者の人たちも含まれていた。また、役所で行われた場合には役所に勤める人たちが主に足湯を受けているなど、いわゆる支援者と呼ばれる立場の人たちも、足湯を受けていることがある。

そこでいう「足湯」とは、被災者の足をたらいに入れた温かい湯につけ、そのあいだに手を軽くマッサージするというものである（足を直接にマッサージすることはない）。被災者が足を湯につけている数分間、ボランティアは椅子に座る被災者の足元に座り、その手に触れていることになる。コーディネイターによって、整体師によるマッサージや「おちゃっこ」と呼ばれるお茶会、弁護士による法律相談とセットになっていたり、帰り際には寄付された靴下が提供されたりといった工夫がなされていた。

そして、足湯を受けているうちに、被災者がふとさまざまなことを口にすることがある。ボランティアはとくに質問などしないようにといわれていたそうなので、まさに「問わず語り」である。ボランティアは、被災者が立ち去った後に、自分が聴いた言葉を記憶に頼って書きとっている。それがここで取り上げる「つぶやき」である。

足湯という形式を震災がつなぐ全国ネットワーク等が活用しはじめたのは阪神・淡路大震災からだが、「つぶやき」の重要性を意識し、書きとるようになったのは、二〇〇四年の中越地震の支援活動からだという。「つぶやき」が重視されるようになったのは、たとえば被災地支援のための施策がなぜ被災者に届かないのか、被災者自身から見ればどう見えているのかなど、いわゆる意識調査でも簡単には出てこない事柄が「つぶやき」には表れていたからである。そのため、ROADプロジェクトではあらかじめ「つぶやきカード」がボランティアに配られており、そのフォーマットにのっとって「つぶやき」が書きとられていた(2)。

こうして書きとられた大量の「つぶやき」が、東京のROADプロジェクト事務局に集まってきた。これらの「つぶやき」に込められている被災者の思いを何らかのかたちで生かせないか。こうした依頼が東京大学被災地支援ネットワークに寄せられ、有志によるテキスト入力の手伝いおよび分析がなされるようになった。中心となったのは、似田貝香門（東京大学名誉教授）、清水亮（東京大学）、三井さよ（法政大学）だが、その他にも東京大学医学部川上研究室、東京大学や法政大学の学生ボランティアなど多くの方々にご協力いただいた。

なお、「つぶやき」データとしてここで分析しているのは二〇一一年三月二八日～二〇一二年一一月に限られる。総数は一万五一四五件。そのうち、女性が七二％を占める。年齢は七〇代がもっとも多く（三二・四％）、六〇代以上だけで四分の三近くを占める。都道府県別では、宮城県六九％、岩手県二六％、福島県四％、東京都一%である。

「つぶやき」の内容は非常に多岐にわたる。今日の天気から、被災時の経験、被災者自身の人生、仮設住宅や避難所の環境、友人のこと、そしてときに足湯ボランティアへの声かけや励まし、人生訓なども含まれている。何も話さずに帰っていく被災者もいたようである。あくまでも問わず語りに語られたものであり、その人そのつどによってテーマも異なれば、長さも異なる。

そして、「つぶやき」はその場で書きとられたものではなく、足湯ボランティアがあとから記憶をたどって書きとめたものである。これは、もし「つぶやき」を被災者の心情を直接的に残すためのデータと見るのであれば、限界だということになるだろう。被災者が用いている方言は消えていることも多く、おそらく言葉の細部も記憶違いのままに書きとめられているだろう。カードの記入者名に注目してデータを見ると、長くメモを残すボランティアもいれば、そうではないボランティアもいる。また、すべての言葉が書きとられているわけではない。足湯ボランティアに行っていたという学生の中には「自分だけに話してもらったのだと思うと、とても書き残せなかった」という人もいるなど、意図的に省かれたものもあると思われる。

むしろ「つぶやき」は、足湯という場において、ボランティアの前に被災者がどのような姿を見せたか、どのような存在として立ち現れたかという記録と考えたほうが正確である。いいかえれば、「つぶやき」は被災者単独の記録というよりも、ボランティアとのあいだでの共同行為として生まれた記録なのである。

こうした「つぶやき」の分析を通して、足湯の場で被災者とボランティアがどのように出会っていたのかが浮かび上がってくる。個々の「つぶやき」は非常に断片的な記録なのだが、それらをつなぎ合わせることで、足湯ボランティア派遣の場においてしばしば生まれていたと思われる出会いのプロセスを浮き彫りにしたい(3)。

## 二　足湯を受けるということ——大切にされる場

つぶやきの中でもっとも多く言及されているのは足湯であり、一万五一四五件中、三割程度が足湯について言及している。その多くが感謝の言葉や足湯の効能について体感したことの報告である。

とくに三月末から四月頃の、避難所での生活が続くなかでは、風呂に入ることが困難だったため、足湯によって身体が温まることや、気持ちが良くて気分転換になること、すっきりした気分になることなどがいわれている。「足湯はこれで三度目、とてもありがたい。お湯に足つけられるというだけでもほっとする。体全体が温まる感じがする」（二〇一一・四・一、石巻六〇代女性）、「昨日も足湯をしたんだけど気持ちよかったからまた来てしまいました。配給をもらうついでにくるのがいいねぇ」（二〇一一・四・一、石巻六〇代男性）、「足湯は昨日もおとといも入ったよ。足湯はいいね。ずっとぐっすり眠れてる。喘息持ちだから昨日はちょっとそれで起きちゃったけれど。それがなければぐっすり眠れるよ」（二〇一一・四・二五、石巻七〇代女性）、「ずっとお風呂に入れてないから足湯に入れてすっきり出来てうれしい。昨日も来たけど、昨晩は久々に寝れた。足湯の効果は凄い」（二〇一一・三・三一、石巻三〇代女性）など。

なお、つぶやきを見ていると、救援のため風呂が用意されていても、なかなか入れないという事情がある人もいることが浮かび上がってくる。たとえば、「お風呂も一キロくらい先で入れるけど、避難所におばあさんひとり置いて出られないから毎日足湯でサッパリして気持ち良い」（二〇一一・四・三、石巻五〇代女性）とある。

二〇一一年の夏頃には、多くの被災者が仮設住宅に移っていく。そうなれば風呂に入ること自体は可能なのだが、それでも足湯のほうが、身体が温まる、気持ちがいいなど繰り返し言及されている。夏は暑いので身体を温める必要はなさそうに見え、実際「冷やしてほしい」という人もいるのだが、むしろこの時期だからこそ温まることが必要だという人もいる。七月のつぶやきであっても、「体がポカポカしてくるね。こんなのやってもらうの気の毒だなあ」（二〇一一・七・三、郡山六〇代女性）、「暖かくて気持ちいい。この時期になると足首から先が冷えて痛い。こないだお灸、針をしてもらったら、少し良くなった。ひどい時は、首、肩や頭まで痛くなる」（二〇一一・七・一二、山元五〇代女性）とある。

これらの言及から、足湯の提供そのものが、被災者への重要なケアになっていることがうかがえる。たらいの湯に足をつけるだけの単純なことなのだが、全身に大きな意味を持つようである。

また、実際に身体に与えられる影響だけでなく、ボランティアのふるまいや身体的な配置・姿勢も大きいようである。先述したように、被災者が椅子に座っているあいだにボランティアが跪いて手をマッサージするのだが、これを恥ずかしがったり喜んだりしているつぶやきは多い。「子どもにもマッサージしてもらったことないのに、ありがたいなあ」（二〇一一・七・一六、気仙沼六〇代男性）など。最後には足を拭くのだが、「全身入ったみたいにぽかぽかしてあったかい。足まで拭いてもらって申し訳ない。天皇?さまみたいだー」（二〇一一・四・二七、気仙沼八〇代女性）という人もいる。また、「お姫様みたい。ありがとう。テレビと向き合ってたら、時間が長く感じるけど、皆と話してるとあっという間やね」（二〇一一・一一・一一、気仙沼七〇代女性）と表現する人もいる。

また、異性に触られる経験があまりない世代が多いからだろうか、そのことへの言及も多い。「女性にさわられてうれしい。毎朝散歩しながら上半身などは動かしている。楽しい話をたくさんできた」（二〇一一・四・四、七ヶ浜六〇代男性）という人もいれば、「若い男性にさわられて嬉しい。一〇〇人程（?）の村で、一〇人逃げ遅れた。二人まだみつかっていない。まだ一度もおふろに入っていない。こつばんに金具が入っている。逃げてくるのが大変だった」（二〇一一・四・四、七ヶ浜八〇代女性）という人もいる。

このように、足湯がもたらす効果は、単に足を温めるというだけでなく、ボランティアによって大切に扱われるということも含めてのもののようである。足湯と、それにともなうボランティアのふるまいが総体として、被災者に対して、あなたを大切に扱いたいというメッセージを発していたのだと思われる。
このように、単に足を温めるというだけでなく、自分を大切にしてもらうという経験が、被災者に、沈黙を含めて、さまざまなことを口にさせていく。

## 三 「全部流された」「全部もうダメだ」――絶望と、それでも立ち上がる姿と

そこから人によって異なる多様な会話が始まっている。震災のことに言及する人も多く、一万五一四五件中の四分の一程度が、震災経験に触れている。といっても、挨拶代わりに震災の状況を簡単に話す人もいたようで、テキストデータだけからでは、どのようなニュアンスで話されているのかは簡単には判断できない。ただ、なかには震災時の過酷な体験について話されていることもあったようである。たとえば次のつぶやきは端的な例の一つである。

地震の時、車ごと流されて、三時間半泳いでやっと丘の上についた。泳いでいる途中、一〇〇人以上の遺体。足つかまれたり、いろいろしたけど自分の事だけで精一杯だった。そこから七時間歩いて避難所に着いて、すぐ病院に連れていかれて四日間入院した。一週間、何食べても戻した。一回死んでいるんだ。弟は車の中で死んでた。見つかって火葬できた、仕様が無い（二〇一一・四・一九、石巻五〇代男性）。

これを書きとめたボランティアは、備考欄に「涙をこらえるので必死でした」と書いており、文字情報で伝わる以上の思いが示されたことがうかがえる。このように、決して簡単な話だけでない、震災経験についての思いが吐露される場面は、足湯の中でよく見られたようである。
なお、津波の被害と原発事故による被害とは少し意味合いが異なるが、そのことはつぶやきで多用されている

表現の違いにも表れている。

津波の被害についてとくによく用いられている表現は、「流された」である。なかでも、「全部流された」「みんな流された」といった表現がよく用いられている。

仙台に仕事で俺は行っていて、一人残った。本家も母ちゃんも子どもも孫も家も服も全部流された。洋服や靴はなくなったからもらったんだ。空手道場もなくなったし、教え子も沢山いないんだよ。俺だけ残ったけど、生きなきゃなぁ（二〇一一・四・八、石巻六〇代男性）。

全部流された。部落も全部流された。一ケ月は（住んでいた）家を見れなかった。（ひざがガクガクして）でも今はやっと近くまで行くことができる。家の土地を見ることができる（二〇一一・四・二五、大船渡八〇代女性）。

（足湯のなべをみて）うちにも大きなナベが五個あったのに全部流されたよ。何一つなくなってしまったよ、まごも……。埼玉の大学に行く予定で入学金もふりこんだのに……。震災のあとは病院に入院したり、避難所にいったりして、ここに来たんだよ（二〇一一・七・二五、陸前高田八〇代女性）。

昔は農家をやっていて三〇代の時に夫が脳梗塞で亡くなってっから一人で仕事をやっていた。息子が今は田んぼをやっていたけど津波で全て流された。新しく買ったトラクターや農機具も全部流された。最近はもう仮設の暮らしにも慣れたから、特に不便なことはないけど、ちょっと交通の便がない。体を動かせないから体が硬くなった。家がある時は草とりなどしていたけど、庭の木も全部流されてしまった。写真などはボラセン（ボランティア・センター）に届けられていて想い出のものは見つかってよかった（二〇一一・八・二三、山元町八〇代女性）。

家も何もみんな流された。壊れたんじゃないんだよ。そのまま沖に流されていったんだって。だから何も残らなかった。でも鍬とかだけは残ったのね。畑には塩入ってしまったけど、また畑やれってことなんだろうね（二〇一一・一〇・二〇、石巻七〇代女性）。

「全部流された」という言葉は、多くの被災者にとっての被害の実感を端的に表しているのだろう。津波による被害は、たしかに「流された」という表現になるが、おそらく単に津波だから「流された」という表現になっているというより、家はもちろん、家の中にあった大切な思い出の品、いまも必要な品、ときに家族や隣人たちが、いっきに暴力的に奪われたことが、この表現には込められているように思われる。そして、「全部」「すべて」「みんな」という表現が繰り返し用いられているのだが、ここには、一人一人の人やモノというだけでなく、そこで営まれていた生活や暮らし、ずっと続いていくと思っていたもの、そこから思い描いていた未来など、その人にとっての時間や人生が大きく変えられてしまったことが示されているのだろう。

原発事故についての言及は、一万五一四五件中一四一件であり、そのほとんどが山元町や郡山など、近隣の地域でなされた足湯の際に出たものである。津波についての言及よりも数が少ないのは、単純に、震災がつなぐ全国ネットワークの団体が常駐していた地域が幅広かったこと、「つぶやき」データの供給には地域によって差があったことなどによる。原発事故の被害を受けている人と想定される人たちの中では原発事故についての言及は多い。

内容としては、足湯を受けているのは年配の女性が比較的多いということもあってか、農業をやっていたのだが、継続できなくなったというつぶやきが多い。そこで繰り返し出てくる表現が「ダメになった」「もうダメ」「おいてきた」であり、これに「すべて」「全部」などの表現が伴っていることが多い。

> 川内村から来た。戦争よりも放射能の方がひどい。全てを失った。菜っ葉も椎茸もダメになった（二〇一一・四・二八、郡山七〇代女性）。

> おれはな、山菜採ったりしてたんだけども、こんなことになって。全部ダメだな。わらびとかぜんまいとかやまめとかさ……牛（食用）飼ってたんだけどもみんな逃してきたよ。殺せないべ？（二〇一一・六・一二、郡山六〇代男性）

農家やってた手だから、ごつごつでごめんね。田んぼとね、いろいろな野菜作ってたんださ。八一でじいちゃん死んで、息子は東電だから、私一人でトラクターでやってね。半分は酪農家に貸してたんだけど、放射能で全部もうダメだね、今頃はどうなってっかなぁって気になるよ（二〇一一・五・一三、郡山八〇代女性）。

富岡にはあまり有名な物はないけど、海、山があるからいいよ。でもできたら帰りたい。畑、牧場やってきて、畑では人参、キャベツとかを育てているけど、原発があったから何もかもダメになったねー。米もダメだし。乳牛を飼っているけど、放して避難してきた。放していない家の牛は死んでいたんだって。一時帰宅した時に家のものがいろいろなくなっていたし（二〇一一・一〇・一、三春町八〇代女性）。

ここには、もう食べられない、以前の生活や農業が続けられないというだけではない思いが示されているように思われる。「ダメ」になったという表現は、単純に続けられないというだけでない、もう少し強い言葉ではないだろうか。おそらく、壊された、汚された、という意味が込められているのだろう。そして「全部」「何もかも」という表現には、続けられなくなったのが、単にコメや椎茸などを育てるということだけではなく、そのためにその人がかけてきた労力や時間、その中で作っていた生活のリズム、思い描いていた未来や将来などのすべてが失われたという意味が込められているのだと思われる。奪われたのは、モノだけではなく、仕事だけではなく、土地だけでもない。人生や将来もまた、奪われたのである。

このように「全部流された」「もうダメだ」という表現には被災者の絶望が込められており、繰り返しつぶやきの中に登場する。ただ、ここで注意したいのは、つぶやきにはそうした絶望とともに、また次や先への希望が語られていることもあるということである。

津波は怖かったんだあ。うちは部落の中でも高いところにあったけど、うちの部落は高いとこにあった二軒以外全部流されてね。津波来た時にうちの隣の〇〇ちゃんはちょっと低かったの。「〇〇ちゃん」って呼んで〇〇ちゃんがこっち来ようとしたまま波にのまれて死んじゃったよ。あと高台に上るとこの入口に一四人も死んでてね。睡眠薬飲んでるけど二時間しか効かないんだ。二時間経つと目が覚めるでしょう。その時の様子が一つも欠けずに思い出されてね。辛いんだ。ボランティアさんとか自衛隊とかほんとにいろいろしてもらってありがたい。私はもう八八でしょう。他のところで何かあっても何もできないけど、孫たちには「今度は何かしてあげる方になんなさい」って言ってんだよ。ほんとにありがたいね。幸せ者だよ、私は（二〇一一・八・二四、山元町八〇代女性）。

原発さえなければって強く思う。お米でも何でも、畑で野菜も作っていたのよ。トマト、とうもろこし、じゃがいも、ピーマン、なす……。作るのが楽しくて、苦じゃないの。夜の森のさくら祭りを毎年楽しみにしていたのよ。桜並木が本当に綺麗で公園でお花見して、ワイワイ、ガヤガヤね。夜は花火。夜の桜も綺麗なのよ。昼間と夜の桜を見に行く仲間が違うのよ。もう土地はダメね。何年かかるか分からない。でも、今後も土地借りて、何か作りたいと考えているの（二〇一一・四・二九、郡山四〇代女性）。

このように絶望的な表現を用いている人が、足湯のわずかな時間を過ごすあいだに、少し希望を持ったこともまた口にしている。こうしたつぶやきは珍しくない。震災や原発被害によって生活や人生が大きく揺るがされ、もうすべてが「流された」「ダメになった」と口にしながらも、それでも被災者の中には、足湯を受ける中で、「幸せ者だよ、私は」「今後も何か作りたいと考えているの」と口にする人がいるのである。

これは被災者個人の強さであると同時に、足湯という場の持つ意味を暗示しているのではないだろうか。つぶやきは、先に述べたように、被災者と足湯ボランティアとの共同行為として生み出されたものである。ならば、足湯ボランティアとのかかわりの中で、被災者は深い絶望をみせるとともに、そこから立ち上がろうともする主体として立ち現れるのだともいえる。たしかに深い絶望がかいま見えるのだが、それと同時に、立ち上がろうとする主体としての被災者もまた、足湯ボランティアとのあいだで浮き彫りになっているのである。

## 四　ボランティアの聴き方——被災者の問いかけ

こうした被災者の立ち上がろうとする姿と無関係ではないと思われるのが、足湯ボランティアの、いわば聴き方である。

ＲＯＡＤプロジェクトの足湯ボランティアは、臨床心理士や看護師などのように一定の専門的訓練を施されてきた人たちではない。参加動機もさまざまであり、日常の仕事もさまざま、先述したように年齢も幅広い。短い研修を受けてはいるが、それほど事細かに指導がなされているわけではない。当時のＲＯＡＤプロジェクトの事務局やコーディネイターたちは、ある程度以上の細かい指導にはどちらかというと否定的だった。むしろ、あまり縛りがない状態でボランティアがのびのびと話ができるようにサポートし、足湯を提供する前後にボランティア同士がそれぞれの思いを話し合えるような場をつくることのほうに力が注がれていた。

そうしたボランティアたちは、プロフェッショナルとしての聴き方をするというより、人それぞれに率直な姿勢で話を聴く。つぶやきそのものにはそのことは書かれていないが、つぶやきカードの備考欄には、ボランティアの反応が書かれていることがあり、その反応は、本当に人それぞれで、その人なりの感情的な反応をしていたり、何も言わなかったりしている。先に挙げたように涙ぐむ人もいれば、夫を亡くしたという女性の話を聴きながら「気の毒で何も言えなかった」（二〇一一・四・二二、陸前高田）という人もいる。家族を失った男性の話を聴きながら「笑い泣きながらのお話で、つい自分も涙がツーっと……」（二〇一一・四・八、石巻）という人もいる。

そして、そうしたボランティアの反応に、触発されるのだろうか。被災者はしばしば、会話の流れの中で、ボランティア個人に関心を向ける。たとえば次の「つぶやき」と備考欄を見てみよう。

（二人とも丸い手で笑いあった）海の近くの家は全部もってかれたんだ。何も残ってないけど、こうしてボランティアの人や周りのみんながよくしてくれるから、なんとかやってる。（お孫さんとご一緒だったので）にぎやかで迷惑かけちゃってるの。三月一一日の日は日赤の駐車場に逃げてるのを、たまたま一回だけ繋がった息子の電話で伝えられたから、三時間歩いて会いに来てくれて。仮設にあたるまで三ヶ月、世話になったの。ココは話し相手もいて、みなさん明るいからいい。「今までがんばって来たのは何だったんだ⁉」と悔しい気持ちになることもあるけど、そう考えたって仕方ない。だって着るものも何もかも流されちゃったんだもの。来てくれてありがとうねぇ。どこから来たの？　ありがとうね、遠いところを。暖まったよ。ありがとう（何度も）（二〇一二・一・一四、石巻六〇代女性）。

備考欄：「全てを失くした」ということを初めて足湯の中で直接聞き、お辛かったですね、大変でしたね、と言いながら思わず涙ぐんでしまった。〇〇さんも笑顔のまま涙を浮かべていて、二人で何度も握手しました。元気なお孫さんの様子に目を細めていらっしゃり、こちらまで笑顔に。足湯も何度もされているみたいです。

このつぶやきには、被災者が自分の話をした後に、「どこから来たの？」と足湯ボランティアに注意を向けているのが示されている。一通りの話をした後、おそらくはボランティアが涙ぐんでいるのを見て、自分も涙を浮かべ、握手をした後なのだと思われるが、自分の話の後に、目の前にいて自分の話に耳を傾ける人がどのような人なのかという、他者への興味や関心が生まれてきているのである。

このように、つぶやきの中でしばしば、被災者が自分の話をした後に、足湯ボランティアに関心を向け、いわば「あなたは何者なのか」と問いかける場面が出てくる。たとえば次のつぶやきでも、震災のことについて話した後にボランティア自身のことを聞いている。

家の基礎しか残っていない。家がなくなり、お父さんも亡くなり。津波が来たときは裏の建物の四階に逃げたの。遠くから津波が押し寄せてくるのが見えた。真下を見ると車に乗った人が津波にのまれて、うずを巻いていたのが見えたのよ。どこから来たの？ 有給をとって？ 涙は枯れ果てたと思ったけど、まだ涙が出てくるのね。本当にありがたい（二〇一一・四・二五、石巻六〇代女性）。

つぶやきは、被災者とボランティアの会話を逐一記録したものではなく、あくまでもボランティアが後で記憶に頼って記録したものである。そのため時系列が事実どおりとは限らず、実際には順番は逆なのかもしれない（実際、つぶやきの冒頭から「どっから来たの？ 偉いねえ、人様のためにねえ」（二〇一一・四・二四、石巻六〇代女性）と始まるものもある）。ただ、ボランティアへの言及がなされているつぶやきの多くは、まず自分の話をしてから、最後にボランティアに問いかけたり礼をいったりするという順序で書きとられている。少なくとも多くのボランティアが記憶にとどめたかたちとしては、被災者が自らの話をした後に、ふとボランティアに関心を向けるというプロセスだったようである。

あるボランティアは、子どもたちから問いかけられている。足湯を受けた人たちで二〇代以下とみられる人たちは全体の一割弱で、その多くは小学校や中学校に通う子どもたちである。子どもたちはあまり震災の話はせず、サッカーやバスケ、柔道など、自分がいま好きなものについての話が多い。そんな中で次のようなつぶやきが書きとめられている。

（サッカーしながら会話）うちはこの辺（胸の辺り）まで水に浸かったけど、○○の家はもっと大変。こーんなに傾いてた。地震がなければベガルタ仙台と試合ができたのに。○○杯で三位以内に入ったから全国大会に出られたのに、地震があってぜ〜んぶダメになった。練習は今までは日曜にやってたけど、親たちが子どもの送り迎えしなくちゃいけないから、夜七時から（週三回）やる。だけどここの門限が九時だから練習いけない。ここには子ども（一八歳以下）が少ない。

話の途中「何でここに来たの？」と聞かれた。「見たかったから？」と。私は「ん〜心配だったからかな」「ほら、サッカーでも味方がドリブルで抜かれたりしたら、仲間を助けに行くだろ？」と答えた（二〇一一・四・一八、石巻・年齢性別記録なし）。

サッカーをしながら、子どもたちの現状や思いについて語られた後に、子どもたちの方から、ボランティアに対する問いかけ「なんでここに来たの？」「見たかったから？」が発せられている。ボランティアはそれに対して、サッカーチームにたとえて答えている。この答えを子どもたちがどのように受け止めたのかはわからないが、少なくとも表面的な感謝や配慮の言葉の応酬とは異なる問いかけと応答とがなされていたことが示されている。

先に述べたように、ボランティアは被災者の話をプロフェッショナルとして聴くというよりは、ただ全身で聴き、ときに涙ぐむ。そしてその反応を前にした被災者は、ときにボランティアに問いかける。あなたは何者で、なぜここに来てくれたのかと。深刻な被害と絶望を抱えていながら、目の前の他者に興味や関心を持つ。警戒心や不信とは異なるかたちで、自分以外の他者が自分を気遣っていることに気づき、あなたは誰でなぜここに来てくれたのかと問いかけるのである。

## 五　「寄り添う」他者に気づく――被災者の孤独

このような問いかけがなされ、ボランティアがその人なりに応えたということは、被災者が、自らの苦しみに対して関心を持つ他者がいる、ということに気づいたことを意味している。足湯ボランティアは、原則としては一回限り（数日間は滞在するが）のかかわりである（ただし、なかにはリピーターになったり、被災地に常駐するボランティアになったりした人もいる）。同じ被災を経験したわけでもなければ、とくに日常生活を支えてもらえるわけでもない。それでも、そうしたほとんどかかわりのない他者が、自分の苦しみに関心を持ち、なんとかしたいと願い、自らの時間と労力を費やしている。被災者はそのことを目の当たりにするのである。

もちろん、かかわりがない他者が関心を持ち、自らの時間と労力を費やしているというのなら、ボランティア一般がそうである。だが、実際に対面し、話をするまでいかなければ、「そういう人がいる」ということは認識していても、実感は薄いのではないだろうか。とくに、たまにしか来ないボランティアの存在は、たとえ目に入っても意識には上りにくい。そうだとすると、遠い関東などの地域でも、被災地や被災者の苦しみを思う人たちがいる、という実感を持つ機会は、実はあまり多くはない。

それに対して足湯の場では、具体的な他者が確かに自分たちを心配して訪れていることに、被災者はしばしば気づかされていく。これは単に「ボランティア」と名乗る人が目の前に立っているという意味ではない。それなら足湯を受けに来た時点で目に入っている。だがそれは単なる「ボランティア」と名乗る人でしかない。それに対して、足湯を受けて心身がほぐされていき、思わず自らの苦しみについても口にした後に、ふとそこに耳を傾けている他者がいることに気づかされるとき、その他者はより立体的で具体的な、まさに自らに寄り添おうとする他者である。

といってももちろん、足湯でのかかわりが、本稿で取り上げてきたような、深刻な震災経験についての話と、のっぴきならないような問いかけであるとは限らない。だが、たとえば普通の世間話であったとしても、その会話から、具体的な他者が確かに自分たちの苦しみを思っていることを知ることはあるだろう。あえて世間話をするというコミュニケーションであっても、言葉とは異なる次元で交わされるものはあるからである。先に挙げた子どもたちから問いかけられたボランティアは、サッカーをしながらサッカーにまつわる話をしているのがほとんどだったのだが、その中で子どもたちに伝わるものがあったからこそ、先述のような問いかけがなされているのだろう。そして直接に問いかけるまでいかなかった被災者もいたかもしれない。ここで取り上げたプロセスをすべて踏まなくとも、そのような他者として被災者がボランティアに気づくということはありうる。このような契機は、「つぶやき」の一部にはテキスト化されたかたちで残り、ここでクローズ・アップすることができたが、実際の足湯の場ではそういうかたちでは残されなかったものが多々起きていたのだろう。

そして、このことが持つ意味は、決して小さくないのだろうと思う。先に述べたように、被災者は「全部流された」「みんな流された」「もう全部ダメだ」としばしば口にする。「全部」「みんな」という表現の中には、当たり前だった生活や暮らし、思い描いていた未来が失われたという気持ちが表されているのだろうと先述した。いいかえれば、何もかもが変わってしまった中、一人取り残されているという、被災者の孤独を示しているのだともいえるのではないか。人は通常、慣れ親しんだ自然環境や社会環境に取り囲まれ、その中で将来や未来を思い描き、今日を生きている。それら自然環境や社会環境が根こそぎ失われたと感じるとき、その人が感じる孤独は、いかほどのものだろうか。

もちろん、被災したのは一人ではない。そのことはつぶやきの中で多くの被災者が繰り返し口にしていることである。だが同時に、つぶやきに繰り返し出てくるのは、同じ被災者たちのあいだでは、多くがわかり合えるとともに、だからこそいえないことが多々あることである。他の被災者には話せないようすだという指摘は備考欄に何度か書かれており、つぶやきの中にも「被災した話は職場では話せない。こういうボランティアの人には話せるから、こういう場はありがたい」（二〇一一・一〇・一五、七ヶ浜四〇代女性）、「話を聞いてもらいたいけど周りの人もみんな大変だし、あんまり話せないんだよね」（二〇一二・一・一五、石巻、年齢不明女性）という声があがっている。

同じ震災や原発被害を受けたといっても、個々人によって具体的に失ったものは異なる。そして失ったものへの向き合い方も人によって異なる。とくに深刻な被害だからこそ、人によって乗り越え方も違ってくるのであり、またお互いの違いを受け入れにくくなることが多い。その意味では、被災者たちのあいだにいても、やはり個々の被災者は、ある意味では常に孤独を抱えているのだともいえるのかもしれない。

震災や原発被害から時間がたてば、新たな生活になじみ、日々の忙しさの中で孤独が紛れていくこともあるのだと思う。ただ、時間がたてば同時に、被災地でもそれ以外の場でも、震災や原発被害について話す機会は減ったただろう。「全部流された」「全部ダメになった」という生々しい思いがそれと同時にすべて消えるのならいいが、そうはいかない人も多いだろうし、そうはいかなくなるときもあるだろう。だとすれば、時間の経過にともなって孤独は減じるという側面と、むしろ増えてしまうという側面と、双方があるのではないだろうか。

このような被災者の抱える孤独の深さを考えれば、わずかなときであっても、被災者を思う人がいることを実感として感じる機会があることには、やはり大きな意味があるといえるだろう。それで孤独が癒やされるとはいえないだろうし、明日からも孤独と苦闘の日々が続いていくのかもしれない。それでも、真剣にその人の苦しみを思う人がいることに気づいたとき、被災者が得るものは、決して小さくないだろう。

阪神・淡路大震災後の仮設住宅で「孤独死」が多発したとき、ボランティアたちが発見していったことは、いま振り返れば、孤独とは何かということでもあった（三井　二〇〇八）。孤独とは、単に人が訪れないということではない。会いたいと思う人が訪れないということを指す。ただ誰でもいいから人がそばに行けばいいということではなく、訪ねて行った人が、個々の被災者が受け入れたい、会いたいと思える人になれなくてはならない。いいかえれば、ある人の孤独に届く支援やケアになるためには、その人に受け入れてもらえなくてはならないのである。

足湯でボランティアが「寄り添おう」とする他者として立ち現れることは、そのような意味で被災者の孤独に、（ほんの少しかもしれないが）届くことだったのだと思う。そのことが持つ意味は、軽視されてはならないだろう。

震災がつなぐ全国ネットワークを作った一人である村井雅清氏が、二〇一二年の福祉社会学会のシンポジウムで登壇した際に、足湯ボランティアを「寄り添う」ボランティアとして紹介した（村井　二〇一三）。フロアの中にはそれが理解できなかった人も少なくなかったようだった。当時の私にはなぜ理解できないのかがわからなかったのだが、いま思えば、たとえば被災地に常駐するボランティアなら「寄り添う」という表現が似合うが、いっときしかそばにいない足湯ボランティアがなぜ「寄り添う」となるのかがわからない、と思われたのだろう。それは、被災者とボランティアの関係を、静態的に捉えすぎた見方である。

被災者にとってボランティアが他者としてそばにいるということは、単に身体的・物理的にそばにいることだけを指しているわけではない（身体的・物理的にそばにいたとしても他者としてそばにいるとは感じないこともある）。何かを提供したり事態を変えたりしてくれることだけを指すのでもない（もちろんそれは重要だろうが）。「寄り添う」とは、そのような身体的・物理的状況や、モノやサービスの提供だけで測られるものではないだろう。

足湯という場では、被災者にとってボランティアが、自らの苦しみに心寄せる他者として浮かび上がってくる瞬間があった。最初からそうだというよりも、足湯を受けて身体が温まり、ボランティアの姿勢から自分が大切にされていると感じ取り、そこで自分の思いを吐露し、それに対するボランティアの受けとめ方を見ている中から、ボランティアが自分の苦しみに確かに思いを馳せている他者として浮かび上がってきたのである。これは、単に物理的にそばにいるかどうかということとはまた次元の異なる、相手が他者として浮かび上がり、確かにそばにいようとしてくれていると感じる瞬間である。そして、被災者が抱えている深い孤独を思ったとき、その瞬間には確かに「寄り添う」という言葉こそがふさわしいのではないか。

# おわりに

本稿では、足湯ボランティアの書きとったつぶやきの分析を通して、足湯ボランティアによる被災者ケアがどのようになされるのかについて描こうとしてきた。本稿が強調したのは、足湯がもたらす効果や、話を聴くというカウンセリング効果というより、そこに自分を思う他者がいることに被災者が気づくということの意味だった。

このことは何も、足湯ボランティア派遣が持つそれ以外の効能や意味を否定するものではない。いいかえれば、何も本稿が描いてきたように被災者とボランティアが出会うことがいつでも必要だということではない。足湯が与える効能だけでも十分に意味はある。足湯があまり気持ちよくなかったとしても、手のマッサージだけでも十分かもしれない。ただおしゃべりするだけでもいいかもしれないし、それ以前に、足湯に行くという目的で避難所の中を移動したり、仮設住宅の自分の家から出てきたりするというだけでも十二分に重要だろう。足湯ボランティア派遣の意味や意義は常に多様に存在し、一つの形だけで捉える必要はない。

ただそれでも、本稿では、被災者が足湯を介して自らの苦しみを吐露し、それをボランティアが率直に聴くことによって、そこに自分の苦しみを思う他者がいることに気づくというプロセスを強調してきた。それは、被災者ケアがどうしても「何かができた」ことによって語られがちなのに対して、そうではない側面にも光を当てたかったからである。

「何ができる（た）」かという問いの立て方は、被災者が助けられる側でボランティアが助ける側だという構図を前提にしている。そのような構図の中での支援が重要でないわけではない。ただ、それとは少し異なる次元でなされるものがある。ボランティアが被災者にとって、自らを気遣い「寄り添おう」とする他者として立ち現れたとき、被災者は自分が助けられる側でボランティアが助ける側という構図から一瞬抜け出て、このボランティアは何者でなぜ来たのかという問いかけを発する。その意味では、本稿で取り上げたような出会いは、この構図を超えたものである。だが同時に、この構図を実質的に成り立たせてもいるのだろう——そのような他者の支援やケアだからこそ、被災者の深い孤独にも届くのかもしれないのだから。

ボランティアは自発的に活動する。故・草地賢一氏は「いわれなくてもやる、いわれてもしない」という名言を残した。ただ、自発的に活動する個人にできることは、決して大きくはない。物流や安全管理などに関しては、国や県などの行政、あるいは大企業などの方がはるかにできることが多い。だが、一人一人の「人」にしかできないことがある。それが、孤独にさいなまれる人に、束の間だけでも「寄り添おう」とすること、あなたのことを気遣っている他者がここにいるということを伝えることである。これだけは、物流システムをいくら整えても、心地よい住処を提供しても、街を再建しても、それだけでは届かないものである。そして、震災から時間がたったからといって、重要度が減るわけではないものでもある。

被災者ケアを考えるとき、「何ができる（た）」だけで語るのではなく、そこで何が起きたか、どのように被災者とボランティアが出会ったかという視点を持つことも必要である。わかりやすい形でのケアや支援ではないかもしれない。だが、被災者の被災ということの意味を考えるなら、わかりやすい形のケアや支援だけが重要なのではないだろう。そのことを足湯ボランティア派遣の記録は私たちに教えてくれているのである。

## 注

（1）阪神・淡路大震災を機に、一九九七年に組織された、お互いに違いを認め合いつつ、災害時に力を合わせて支援活動を行う全国的なネットワーク。参加団体は二〇一三年一〇月現在で二五団体（個人を含めると四八）（http://blog.canpan.info/shintsuna/）

（2）「つぶやき」データに記されているのは、「つぶやき」以外には、日付、足湯提供場所、見た目の性別、見た目の年齢、ボランティアの氏名、ボランティアによる気づいた点などを書き込む備考欄である。被災者の個人情報は実質的にほとんど含まれていない。

（3）足湯ボランティアの歴史と広がりについては、似田貝・村井編（二〇一五）が詳しい。また、その他に足湯ボランティアによる被災者ケアの内実を考えようとするものとして、似田貝（二〇一五）、三井（二〇一五）がある。

## 参考文献

似田貝香門・村井雅清編、二〇一五、『震災被災者と足湯ボランティア――「つぶやき」から自立へと向かうケアの試み』生活

書院
似田貝香門、二〇一五、「被災者の「身体の声」を聴く――被災者の「つぶやき」分析から」似田貝香門・吉原直樹編『震災と市民2――支援とケア』東京大学出版会
三井さよ、二〇〇八、「「人として」の支援――阪神・淡路大震災において「孤独」な生を支える」崎山治男・伊藤智樹・佐藤恵・三井さよ編『〈支援〉の社会学――現場に向き合う思考』青弓社
――、二〇一五、「〈出会い〉の創出と〈共同化〉――足湯ボランティアの生み出すもの」似田貝香門・吉原直樹編『震災と市民2――支援とケア』東京大学出版会
村井雅清、二〇一三、「災害ボランティア活動から見えること」『福祉社会学研究』10
震災がつなぐ全国ネットワーク編、二〇一四、『寄り添いからつながりを――震災がつなぐ全国ネットワーク　東日本大震災支援活動の記録』vol.２、日本財団

# 震災後の〈生きがいとしての農業〉に向けた支援の実践
## ——宮城県亘理郡亘理町「健康農業亘理いちご畑」を事例として

望月美希

## はじめに——なぜ畑を作るのか

二〇一三（平成二五）年五月、私はあるプロジェクト調査の一員として宮城県岩沼市沿岸部を訪れた。このプロジェクトは、津波で失われた海岸林の再生がテーマであり、海岸林の松林の視察に訪れていた。津波によって集落が流され松林も荒れ果てた中、私の目に留まったのは、小さな畑であった。その頃の岩沼市は、県内でも集団移転地の方向性を早い段階からまとめ上げ「復興のトップランナー」と呼ばれていたが、いまだ多くの人々が仮設住宅に住み、住宅の再建を待ち望んでいた。沿岸部に関しては、土地利用構想が決定されていたが、工事は着手されておらず、雑草に覆われた土地であった。そうした状況下で、いったい誰が何を求めて、畑を作ったのだろうか。

その答えは、その後の調査で明らかとなる。岩沼市の農業再開者の調査から明らかとなったのは、震災後の農業再開者は二つの潮流に分かれているということであった（望月美希、二〇一六、「震災復興過程における生きがいとしての仕事——東日本大震災後の宮城県岩沼市玉浦地区の農業者を事例として」『地域社会学会年報』二八）。一つは、行政による復興政策を受け、政策的課題とされている「強い農業」の構築に向かった農業者であり、経営基盤の安定やビジネスチャンスの拡大をめざした。そしてもう一つは、農業による金銭的な収入を得られなくとも、作物や農作業を通じた人とのつながりや、農作業に勤しむという生活習慣の取り戻しを目的とした〈生きがいとしての農業〉である。ここに残された課題として、〈生きがいとしての農業〉は、農業復興政策による後押しは受けにくく、農業のための土地や人的資源を自らの力で整える必要があるため、自助努力により構築していくことが難しい被災者もいることが懸念された点があった。そこで本稿では、こうした「生きがい」を目的とした働きの場を形成する支援活動の実践に焦点をあて、被災者の生活の復興に向けて、今後どのような支援が求められるのかを明らかにする。

## 一　被災地の「生きがい仕事づくり」をめぐる問題

### (一) 心の復興と生きがい仕事づくり

東日本大震災から六年が経過し、政府による復興支援では「心の復興」という点に焦点が当てられている。復興政策では発災からの五年間（二〇一一年度から二〇一五年度）を集中復興期間としており、その進捗状況について、住まいの確保に関しては「おおむね進んでいる」という（復興庁ホームページ「集中復興期間の総括及び平成二八年度以降の復旧・復興事業のあり方について」二〇一六）。二〇一六年度以降の課題として掲げられているのは、ハード面（住宅再建、高台移転等）の復旧事業の加速に加え、被災者支援としての心のケアや見守りである。復興庁の『被災者支援（健康・生活支援）総合対策』（二〇一五）では、「心の復興」という点が挙げられ、相談窓口の開設や専門家の配置がされているほか、生きがいづくり活動の実施がめざされている。こうした背景にあるのは、一九九五年に発生した阪神・淡路大震災において仮設住宅および災害公営住宅移行後の孤独死、震災関連死といった問題である（額田勲、二〇一三、『孤独死――被災地で考える人間の復興』岩波現代文庫）。過去の震災の経験を教訓として、東日本大震災後は、コミュニティの再構築や心のケアといった点が復興課題とされている。

具体的に、「生きがいづくり活動」とは何を指すのだろうか。上述した文書の上では、「地域の産業、社会資源等を踏まえ、例えば、農業や水産業、伝統文化の継承、世代間交流、ものづくりなどの分野で、地域活性化活動等への参画など」（復興庁　二〇一五）とされており、「被災者が主体性を持って参加できるような取り組み」の必要性が謳われている。こうした「生きがいづくり活動」の中でも東日本大震災時に大きく広がった活動として、「生きがい仕事づくり」[1]がある。「生きがい仕事づくり」とは、被災者が生活の自立をめざし、生きがいを持つことを目的とした支援活動であり、その内容には、手芸や編み物といった手仕事、農業や漁業といった地域性と結びついた仕事を創出する活動がある。

## (二) なぜ「仕事づくり」が求められるのか

なぜこうした活動が被災者から求められ、広がりをみせているのだろうか。それは、端的にいえば、震災により仕事を失ってしまったからである。ではなぜ公的な支援ではなく、「生きがい仕事づくり」がなおも必要とされるだろうか。この点について、被災者の離休職問題全体から再考したい。

玄田有史は、二〇一二年度就業構造基本調査の特別集計の結果から、被災地域において「震災時有業者のうち仕事に影響があった人の割合は、全国平均の九・五％に対し、被災市町村では、四七・〇％と半分近くにまで及んでいる。離休職した割合も三一・三％と、全国平均の三・七％を大きく上回る」としている（玄田有史、二〇一四、「東日本大震災が仕事に与えた影響について」『日本労働研究雑誌』五六［一二］）。(2) こうした状況に対し、行政からは雇用対策や自営業者の復旧・復興政策が出された。行政による緊急雇用対策は一定の効果を収めたが、ここにはいくつかの限界がある。

一つは、あくまでも「つなぎ」雇用であり、時限的措置の打ち切り（玄田有史、二〇一二、「震災対策にみる雇用政策の未来」『日本労働研究雑誌』五四［五］）という問題を孕んでいるという点である。二つめとして、公的な雇用対策は、高齢者層に対しては厳しい施策であったという点がある。二〇一二年一〇月の無業者は、一四・五％に落ち着くが、六〇歳以上の離休職状態が続いていることが目立つ結果であった。雇用労働については、一般的に六五歳で定年退職とされているために、中高年期の再就職は難しい状況におかれていると予想される。さらにこの二つめの点は、雇用労働だけではなく農業など自営業への対策においても深刻である。たとえば、農業の復興政策は、制度上ではすべての農業者を対象にしたものであるが、その条件として農業法人の立ち上げや農地の大規模化（区画整備による大区画化）がある。そのため、結果として経営拡大への強い意識や、後継者の存在の有無などが農業再開にあたる暗黙の条件となっており、高齢者層は困難を強いられた。(3) 以上のような政策・制度的背景から、多くの高齢者層の離休職状況が長引いてしまったと考えられる。

ただし、高齢者層の離休職状況には、「諦め」「引退」という側面もある。経済的側面でいえば、高齢者となると、年金受給や家族の援助、医療費や介護サービスに関する補助を受けられる可能性が高い。そのため、離休職が必ずしも経済的困窮につながるわけではない。よって、生活維持のための金銭を目的とした働き方からは、自らの意思で引退している者も一定数存在すると考えられる。実際に、玄田による報告でも、五五歳以降で就業希望が有意に抑制されていることが明らかとなり、離休職状況にあるものの、就業希望は低いことがうかがえる。

雇用政策（あるいは自営業の再生のための政策）は、生計基盤の復興を射程としたものであり、そうとなれば、上述した高齢者層は、雇用政策の範疇から外れるものである。

以上から、「生きがい仕事づくり」の支援が向けられるのは、雇用政策の範疇から外れた働き方を求める高齢層の被災者であると予想される。しかし、実際に「生きがい仕事づくり」の活動がこうした高齢者の受け皿になっているのか、どのような被災者が「生きがい仕事づくり」に参与し、こうした場で働くことにどのような意味を見いだしているのかといった点は、十分明らかとなっていない。[4] これは、「生きがい」という言葉が、なじみ深く受け入れやすい言葉でありながら、あいまいさを持つためでもある。[5] そこで本稿では、支援の受け手である被災者の生活に着目し、こうした活動が持つ意味について考察することで、「生きがい仕事づくり」という支援活動が、復興の途上にある被災者に何をもたらすのかを明らかにする。

## (三) 研究の目的と調査概要——支援活動はどのように受け取られているのか

本稿の目的は、参加者の生活における「生きがい仕事づくり」の意味に迫ることである。この点を考察するにあたって、宮城県亘理郡亘理町における「健康農業亘理いちご畑」（以下、健康農業）の事例に着目する。本調査は、質的調査法に基づくものであり、筆者は二〇一三年六月より健康農業にボランティアとして参加し、スタッフへの継続的なヒアリングと活動の参与観察を行っている。本研究の対象者は、健康農業を運営するスタッフと健康農業の全参加者（二〇一五年九月）計二七名（内調査協力者二六名）であり、今回用いたデータは、二〇一五年八月三一日から九月一四日のあいだに実施した、参加者一人当たり三〇分から一時間のヒアリングによるものである。倫理的配慮として、対象者全員に調査について説明を行い、協力可否の同意をとった。

## 二　農を通じた「生きがい仕事づくり」
### ――宮城県亘理郡亘理町「健康農業亘理いちご畑」

### (一) 亘理町の概要

亘理町は、一九五五(昭和三〇)年に四つの村(亘理村、逢隈村、吉田村、荒浜村)が合併し構成された、仙南地区に位置する自治体である。震災前の人口は、約三万六〇〇〇人(二〇一一年二月)であり、農業と漁業が主要産業であった。津波被害を受けたのは、沿岸部に位置する荒浜地区と吉田地区である。震災前の荒浜地区は、漁港があったため漁業者や水産加工業者も多く、畑や田んぼを所有する半農半漁といった世帯が多い地域であった。一方、吉田地区は荒浜地区に比べると専業農家が多く、東北一の生産量である名産品のいちご栽培を行う農家が多くみられ、地理的には隣り合う地域でありながら生業構造は異なっていた[6]。

震災による被害状況(**図1**)として、町の面積の約四八%が津波による浸水被害を受けた。吉田地区、荒浜地区の多くの住民は住宅被害を受けたため、避難生活の環境が整えられる(**表1**)。町内に九地区の仮設住宅が造成され、二〇一一年四月末より順次入居が始まり、公共ゾーン(計五五八戸)、中央工業団地(計二七二戸)には町内の七割強の仮設住宅が建設された。新たな住まいの整備状況は、**表2**のとおりである。二〇一四年夏には集団移転地の造成工事が終了し、同年秋以降は、災害公営住宅への入居が開始した。参加者への調査を行った二〇一五年九月の時点では、プレハブ仮設住宅入居戸数は、一五一戸であり(宮城県ホームページ発表)、ピーク時の一三・八%まで減少している。

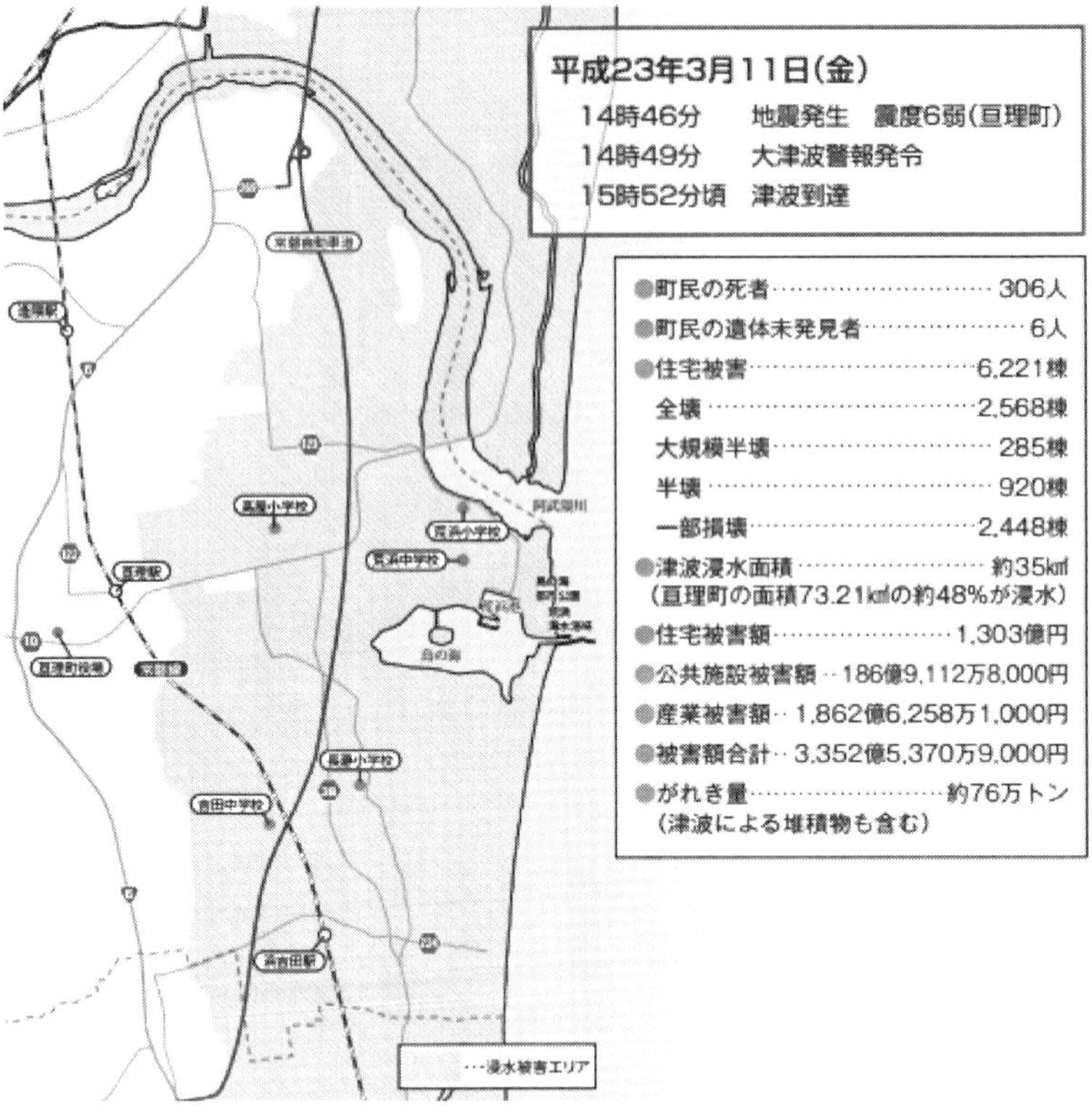


**図 1　亘理町地図**（亘理町『亘理町東日本大震災活動等記録集』2013）

**表 1　亘理町の仮設住宅入居者数**

| 地区別 | 仮設住宅入居者数 | 全人口数（2011 年 4 月末） |
|---|---|---|
| 吉田地区 | 410 世帯 1405 人 | 2519 世帯 7687 人 |
| 荒浜地区 | 577 世帯 1788 人 | 1271 世帯 4058 人 |
| 町内その他 | 19 世帯 54 人 | |
| 町外 | 28 世帯 84 人 | |

住民基本台帳による集計（亘理町発表）および『亘理町東日本大震災活動等記録集』より筆者作成

表2　亘理町内の新たな住まいの整備状況

| 形式 | 住宅名 | 戸数／区画数 | 入居時期 |
|---|---|---|---|
| 災害公営住宅（集合） | 西木倉住宅 | 100戸 | 2014年10月1日 |
| | 下茨田南住宅 | 125戸 | 2015年春 |
| | 上浜街道住宅 | 125戸 | 2015年春 |
| | 大谷地住宅 | 30戸 | 2015年夏 |
| 災害公営住宅（戸建） | 大谷地住宅 | 11戸 | 2014年10月1日 |
| | 南河原住宅 | 1戸 | 2014年10月1日 |
| | 中野住宅 | 28戸 | 2014年12月1日 |
| | 上浜街道住宅 | 40戸 | 2015年春 |
| | 江下住宅 | 17戸 | 2015年春 |
| 集団移転地 | 荒浜江下団地 | 110区画 | 2014年8月造成工事完了<br>※区画数は、災害公営住宅区画分を抜いた数 |
| | 荒浜中野団地 | 32区画 | |
| | 吉田舟入北団地 | 23区画 | |
| | 吉田南河原団地 | 4区画 | |
| | 吉田大谷地団地 | 7区画 | |
| | 吉田上塚団地 | 24区画 | |

亘理町ホームページより筆者作成（2016年11月19日現在）

## （二）健康農業活動開始の経緯と活動内容

まず、健康農業が始まった経緯と活動内容について説明する。(7) 健康農業を実施するロシナンテスは、スーダンへの医療支援を目的に二〇〇六年に設立されたNPO法人である。東日本大震災発災の直後、二〇一一年三月から被災地支援に携わり、住宅復興作業の援助と医療支援の活動を開始した。これらの活動へのニーズが落ち着き、被災者の日常生活支援が必要とされる段階に移ると、子どもへの教育支援活動を始めた。二〇一二年に事務所を名取市から亘理町に移転した際に、「地域支え合い体制作り事業」の一環である「園芸療法事業」の委託を受ける。亘理町では、仮設住宅入居者の健康調査によって、生活不活発病の兆しが多くの人にあることが明らかとなり、民間企業・大学とともに「園芸療法事業」が構想された。その際、事業を実施する主体としてロシナンテスに声がかかった。

園芸療法とは、「園芸作業がもつ心身の癒しと活性化の効果に着目して、保健・医療・福祉の分野で、クライエントの機能回復を促進するために園芸を用いる

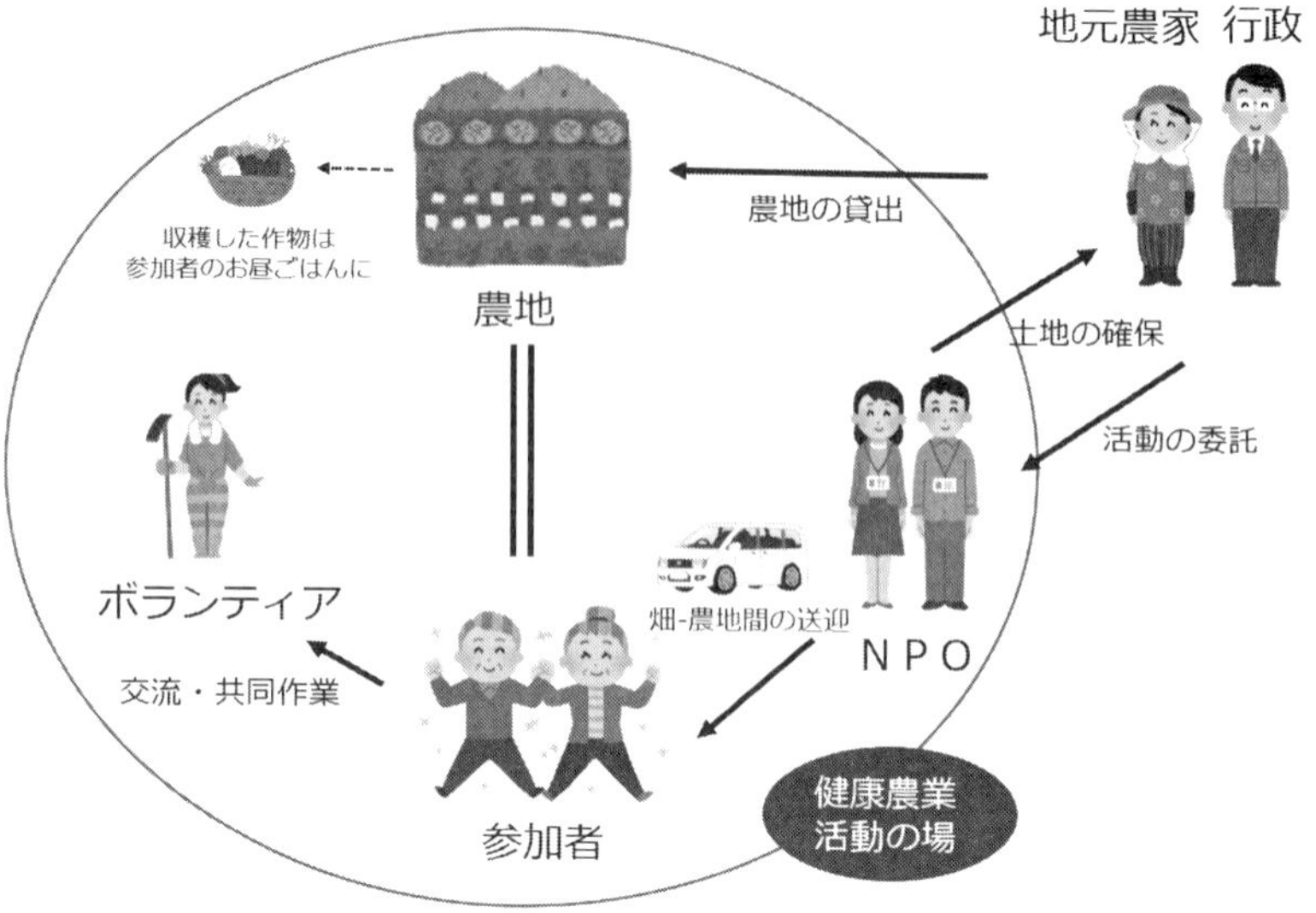


**図2　健康農業の仕組み**（ヒアリングに基づき筆者作成、素材提供：いらすとや）

リハビリテーション体系の一つ」（長尾譲治・武山梅乗、二〇〇〇、「園芸療法——その治療論的視点と地域論的視点」『駒沢社会学研究』三二）である。しかし東北事業部部長のOKさん（四〇代男性）は活動開始の際、園芸療法について学んだが、被災者とかかわる中で、「自分たちが活動している地域の高齢者は、膝が痛い、内臓に若干疾患がある、糖尿病の気があるとかあるけれども、病人ではない。でも、療法というのは病人に対して施すもの。それで、これ（既存の園芸療法）は違う」と感じたという。そこで、「もう思い切って普通に農業やった方がよかろう」と考え、行政に対し、活動を行うための農地を求めた。その結果、事務所として借りた家屋を取り囲む畑、行政が管理するハウス一棟を確保し、近隣住民からも畑を借りることができた。参加者の募集に関しては、スタッフが仮設住宅を一軒ずつ訪問したり、仮設住宅集会所で説明会を開催したりすることで広報を行った。

　健康農業の活動は、月曜日から金曜日まで曜日ごとに、五人から八人ほどのグループに分かれて行う。ロシナンテスのスタッフのほかに、大学生等のボラン

写真 1　苗作りの準備をする参加者の姿（筆者撮影）

写真 2　活動途中の休憩（お茶っこ）の様子
この時間も参加者たちの楽しみである（筆者撮影）

ティアが頻繁に訪れており、活動の補助作業、参加者との交流を行っている。一日の活動の流れをみていこう。朝、スタッフが仮設住宅の集合場所や転居先の住宅に車で迎えに行き、参加者が畑に揃うとラジオ体操を行う。その後、作業を開始し、途中休憩をとりながら、正午に作業を終えて昼食を皆でとり、スタッフが参加者を自宅に送り届ける。活動内容は、苗作りから収穫までその日ごとにさまざまであるが、農業指導に関して、スタッフは農業未経験者であったため、農業経験者である参加者が主体となって進めている。そのため活動の様子をみていくと、大まかなその日の活動内容はスタッフがはじめに指示するものの、参加者が各々作業を始めていき、個人が無理のない範囲で自由に仕事をしている。作物はいちご、野菜など多品目にわたり、収穫物は作業後の昼食の材料と参加者やボランティアの持ち帰りにあてられる。仕事の途中の休憩時間は、参加者から「お茶っこ」と呼ばれ、楽しみにされている。世間話やボランティアに地域のことを語るだけでなく、震災時のことを振り返ったり、住宅の再建状況等最近の暮らしのことを報告しあったりと、普段は別々の地域で暮らす参加者が情報を交換しあう場にもなっている。

現在の状況について、この活動はロシナンテス東北事業部の撤退により、二〇一六年三月をもっていったん終了となった。ロシナンテス東北事業部は、復興関係の助成金をおもな収入源として活動してきたため、助成金の終了により撤退を余儀なくされた。被災者の活動へのニーズは依然として強かったが、北九州市に本部を持ち、アフリカへの支援をおもな活動としてきた外部団体であるため苦渋の決断であった。しかし、ロシナンテススタッフの尽力と亘理町に拠点をもつＮＰＯ法人の協力により、二〇一六年五月に運営主体を変えて町内で活動を再開した。運営元は変わったものの、従来と同様の内容、参加者で活動を継続している。

## (三) 参加者の概況

参加者三六名について(表3)、男性五名、女性三一名、平均年齢は七八・八歳(最小年齢六二歳、最高年齢八八歳)であり、八〇歳代以上が五二・八%と半数以上を占めている。前項の見通しのとおり、参加者は六〇歳以上の高齢者層である。住環境の変化に着目すると、震災前は全員が「一戸建て持ち家」に住んでいたが、住宅被害を受け仮設住宅の生活を経験する。その後は、もとの居住地に家を再建した者、集団移転地へ転居した者、その他亘理町内に転居した者とさまざまであった。

震災前の生計手段については、年齢層が高いにもかかわらず就業率は高い(六六・七%)。内容は、自営農業が多くを占めていたが、雇用による就労では、シルバー人材センター、警備員、洋裁などの内職、地元の商店でのパートがあげられた。参加者は六五歳以上の高齢者ではあるが、震災がなければ普通に働き続けていたであろう人々であるといえる。ただし震災後の状況では、仕事を続けている人は全参加者中二人にとどまっている。理由として、販売農業の引退や雇用元の被災による解雇などがあげられており、年金受給も見込めたことから、再就職や自営業の再開はあきらめている。年金の少なさを心配する語りはあるものの、極度の生活不安(住宅が確保できない、食事をとることができない等)を聞くことはなく、生計手段をある程度確保していると考えられる。

農業とのかかわりについて、震災前は、農作物の販売を行っていた(兼業農家、専業農家)と回答した者が四七・二%、自家消費用の家庭菜園を行っていた者が三三・三%であり、参加者の約八割は農作業の経験がある。震災後も自宅の跡地や新たな自宅の庭等を利用して家庭菜園を営む者が全体の約半数いる。

表 3　参加者の概況

| | 項目 | 人数（%） |
|---|---|---|
| 性別 | 男 | 5（13.9） |
| | 女 | 31（86.1） |
| 年齢 | 60 歳代 | 6（16.7） |
| | 70 歳代 | 11（30.6） |
| | 80 歳代 | 19（52.8） |
| 配偶者 | いる | 8（22.2） |
| | 死別した | 28（77.8） |
| 同居状態 | 独居 | 10（27.8） |
| | 家族と同居 | 26（72.2） |
| 震災後の住まい | 一戸建て持家 | 23（63.9） |
| | 一戸建て借家 | 1（2.8） |
| | 仮設住宅 | 2（5.6） |
| | 復興公営住宅 | 7（19.4） |
| | マンション・アパート | 1（2.8） |
| | 亘理町公営住宅 | 2（5.6） |
| 被害状況 | 全壊 | 31（86.1） |
| | 半壊 | 2（5.6） |
| | 床上浸水 | 1（2.8） |
| | 床下浸水 | 1（2.8） |
| | 無回答 | 1（2.8） |

| | 項目 | 人数（%） |
|---|---|---|
| 出身地 | 亘理町 | 20（55.6） |
| | 隣接市町村 | 8（22.2） |
| | 宮城県内 | 4（11.1） |
| | その他 | 3（8.4） |
| | 無回答 | 1（2.8） |
| 学歴 | 学校に入っていない | 1（2.8） |
| | 中学校 | 21（58.3） |
| | 高等学校 | 13（36.1） |
| | 短期大学・専門学校 | 1（2.8） |
| 震災前農業とのかかわり | 専業農家 | 7（19.4） |
| | 兼業農家 | 10（27.8） |
| | 家庭菜園 | 12（33.3） |
| | その他 | 1（2.8） |
| | かかわりはない | 6（16.7） |
| 震災前の仕事 | 雇用 | 9（25.0） |
| | 自営業 | 15（41.7） |
| | 無職 | 9（25.0） |
| | 無回答 | 3（8.3） |
| 震災後農業をやる機会 | 家庭菜園 | 13（36.1） |
| | 市民農園・共同農園 | 1（3.1） |
| | 家族の手伝い | 2（6.3） |
| | やる機会はない | 16（50.0） |
| | 無回答 | 4（11.1） |

アンケート集計結果より筆者作成

## 三　生活における健康農業活動の意味——参加者のライフヒストリーから探る

この活動の参加者は、どのようなきっかけで活動に参加し、どのような点に意味を見いだしているのだろうか。健康農業の参加者は、性別、年齢にばらつきもあり、震災前の暮らしのあり方も異なる（表4）。そうした個々のライフヒストリーに着目しながら、四名（元農業者であるAGさんとAIさん、町内でパートをしていたEさん、サラリーマンを定年退職したFさん）へのヒアリングに着目したい。

### （一）引退農業者AGさんのケース

まず、引退農業者の状況についてAGさん（七五歳女性）のケースをみていきたい。AGさんは吉田地区の農家（米、野菜）に生まれ、二三歳で同地区内の夫と結婚し、以来専業で農業を続けてきた。八年前に夫が亡くなってからは、長男と二人暮らしであった。震災前は、いちご一〇アール、田んぼ一ヘクタール程度を長男と二人で耕作していた。ただし、長男は勤めに出ていたため手伝い程度であり、収穫や植え付けなどの作業はAGさんが中心となって行っていた。作物は農協に出荷し、長男の収入と合わせて生計を立てていた。震災前の生活について、米価が高かった時代はいちごの収益と合わせると、暮らし向きはよかったという。毎年農家の協同組合で旅行に行ったり、家のリフォームを行ったりする余裕のある生活であった。そのため、「皆さん、家を直したり新築したりした挙句の果ての津波」であったという。

震災時の津波により自宅は全壊の被害を受け危険区域となったため、集団移転地への移住を決めた。長男もAGさん自身もいちご栽培の再開は難しいと感じており、販売のための栽培は行っていない。ただし、AGさんは以前の住宅付近に八〇坪ほどの畑を作り、週に二回ほど自転車で通って農作業をしている。震災後は周りの人々が畑をやめてしまったことから、そうした人たちにもわけてあげることができるようにと、自家消費よりも多く見積もって作物を栽培している。

健康農業の参加のきっかけは、友人に誘われたことであった。他の参加者とは古くから顔なじみであり、「『結』っていうのね。だから結構交流はあったの」と元の地域で農作業をともにしていたという。また、「友達っていうか、あえていうなら仲間だね」と、年齢差があることや同じ地区内でも部落が違ったりということから、「友達」という感覚とも少し異なるという。こうした関係性は、「（仮設住宅に）三年半も一緒にいたから。餅を作れば餅を持っていったり、今も野菜あれば持っていったり。だからって、私は私で好きでやってるということ。友達って言えるかわかんないけど、仲間だね」と互いを気にかけ合う親密なものであり、仮設住宅の生活の中で築かれたものである。さらに、自身の畑があるにもかかわらず、健康農業に参加する理由には、みんなと会えて楽しいからと答える。「やっぱり一週間用事で来ないと、やっぱり寂しいよね。ずるで休んだわけでなく用あって休んだんだけど、悪いなと思うよ。だから反面、寂しい割合もあるけど、やっぱり『悪いね』と思う」という。筆者が、「みんな来てて？」と問いかけると、「みんな働いているのに」といいなおしながら答えた。AGさんは健康農業をあくまでも「働く」場であると捉え、以前の生活において、農業者として周りの人々とともに働いてきたことと重ね合わせているようである。

## （二）引退農業者AIさんのケース

もう一人、引退農業者のケースとしてAIさん（七八歳女性）に着目する。AIさんは亘理町近隣の市町村の農家出身で、中学校卒業後は実家の農業（米、いちご）を手伝い、結婚と同時に亘理町吉田地区へ移った。結婚後は夫とともに水産業（海苔生産）と農業（米、いちご）を営んだ。子どもが独立してからは長らく夫と二人暮らしであったが、震災の八年前に夫が亡くなってからは一人暮らしとなる。所有していた田んぼは耕作が難しくなったため近隣農家に委託したものの、一人になってからも一〇アールほどの畑を耕作し、自給用の野菜を作っていた。毎日作業をし、近隣へお茶飲みに出かけたりなどして過ごしていたという。

震災によって家は全壊の被害を受けたため、仮設住宅に移り、四年間そこで過ごした。震災後は機械や道具が流されてしまったため、畑はやめてしまった。家を再建する際に、息子夫婦、孫夫婦と同居することになり、現在は亘理町内の内陸側に住んでいる。現在の暮らしは、「神経使って一〇キロ痩せた（笑い）。若い人と今までは一緒にいなかったから。自由なんですね、仮設にいてもね」と、一一年ほど一人で暮らしてきたＡＩさんにとって、家族との同居は気を遣う場面もあり、自宅では自室でテレビや雑誌をみて過ごすことが多いという。そのため、健康農業のほかに週二回のデイサービスや支援活動の体操教室に通って、外に出る機会を積極的に作ろうと試みている。

健康農業は友人であるＡＦさんに誘われて参加することを決めた。健康農業の活動について、「やっぱり思い出すもんですから、茶碗洗いだのなんだの楽しみですね、みんなで洗って」と、一人暮らしの頃の家事の風景を思い出しながら、自室にひきこもりがちの震災後の日常生活と対比的にみている。

## (三) 農業になじみがなかったＥさんのケース

参加者には、農業とはなじみの薄かった者もいる。Ｅさん（六九歳女性）は、県外の炭鉱街で生まれ、中学校卒業後は地元の商店で働き、一八歳のときに結婚した。その後、サラリーマンである夫の転勤にともない転居を繰り返す。結婚から五年ほど後に宮城県に転勤となり、亘理町近隣の市町村に四二年住み、震災の約一年半前に夫と二人で亘理町に引っ越した。夫が浜育ちであり、海の近くに家を建てたかったことと、夫の前職場の関係で縁があったということで、荒浜地区N丁目に引っ越した。夫は、仕事のほか趣味で魚釣りや家庭菜園をしており、Eさんは、亘理町内で清掃のパートをしていた。その頃のEさんは、近所付き合いはほとんどなかったという。町内会の会合なども夫が出席しており、町内で付き合いがあるのは、隣の家の人くらいであったという。

震災時、Eさんは亘理町内のスーパーにおり、いったん家に戻り夫と避難した。避難中にEさんは「黒い壁」となって押し寄せる津波をみて、足元が水で浸る中、避難先の中学校の二階へとたどり着いた。しかし、「家が流れていくのみたんだもの。中学校に避難して、お父さんと二人で流れていく家をみて。そのとき何も考えないで、『流れてったね』で終わりだったね」と、命からがら何とかして避難したものの、直後に家が流されていく様子を間近でみてただ呆然とするしかなかったと語る。しかし、そうした震災経験さえも、Eさんは、「良かったことにしよう」という。「『一年半住んだだけでも良かったね』って難しいよね。この津波がなきゃって、みんな思うんだけど。でも、津波があったおかげで、すごい輪でしたよ。私の輪は。人とのつながりがもう見事でした。だから『良かったことにしよう』って」。Eさんは避難所生活の後、仮設住宅に入ったが、偶然にも隣人に知り合いがいた。ある日、その隣人が出掛けるときに声をかけると「N丁目の集まり」という元の地域の集まりに行くといい、「そういえば、あんたもN丁目だよね」と誘われた。Eさんはその集まりに参加し、はじめてN丁目に住んでいた人々と交流する機会が得られた。その後のEさんは、集会所で行われるさまざまな催しに参加するようになり、この健康農業もN丁目の集まりがきっかけとなり参加した。現在は仮設住宅を出て、集団移転地へと移ったが、健康農業やN丁目の集まりへの参加を続けている。震災によってかつてのパート先がなくなってしまったため、外に出る機会は少ないというが、N丁目の集まりや健康農業に参加し、人付き合いを続けている。農業は未経験であったが、震災後に出会った仲間と仕事をすることに楽しみを感じ、継続して参加をしているという。

## （四）定年退職者Fさんのケース

Fさん（六九歳男性）は荒浜地区で生まれ、高校卒業後はサラリーマンとして震災時まで働いてきた。実家は、農業と製氷会社を営んでいたが、Fさん自身は、亘理から仙台に通い仕事を続けていた。就職後は一時期県外に出た時期もあったが、長らく荒浜地区で家族とともに暮らしてきた。四〇代のころに両親の畑を引き継ぎ、機械を揃えて七〇坪ほどの畑を耕していた。

震災時も仙台で勤務中であったが、自宅は津波に流され、その後約三年間の避難生活を送ることとなった。自宅は危険区域の範囲には入らなかったが、家族が皆、津波が襲ってくる姿を目にしているため、自宅に戻ることに対して抵抗を感じ、駅の付近に新たな住宅を建てることにした。新たな居住地では同じ荒浜地区の住民も多く、病院や金融機関等の施設が近いことにも満足している。震災時六四歳であったため、震災後は一年だけ勤め退職した。体調を崩したこともあり、しばらくはゆっくり暮らそうと考えている。

健康農業への参加のきっかけは、「今まで畑をやっていて、それがなくなって、一、二年近く離れていると、本格的じゃなくても少しやってみたいなってこともあったし。健康もあったし」ということから、集会所で開かれた説明会で話を聞き、すぐに参加を決めた。しかし、活動に参加するようになってから、「みんなと会えて楽しくやれるっていうのが今となれば一番の条件でねえかなと思うのね。震災でバラバラになった人たちが、畑仕事という場で楽しくやっているので」と、いまでは「みんな」に会えることが、参加の目的になっているという。Fさんがいう「みんな」とは、震災前から近所付き合いがあった知り合いもいるが、仮設住宅や健康農業を通じて出会った人々のことも指している。「新たな出会いみたいな。昔からはいたんだけども存在はわからなくて。『ああ、あそこのところにいたんですか』というね」と、同地域でも震災後に知り合いになった人は少なくない。

表4　インタビュー実施者のプロフィール

| | 性別 | 年齢 | 最終学歴 | 出身地 | 震災後のすまい | 震災前すまい | 被害状況 | 配偶者 | 同居家族 | 震災前の仕事 | 震災後農業をやる機会 | 震災前農業をやる機会 |
|---|---|---|---|---|---|---|---|---|---|---|---|---|
| A | 女 | 67 | 短期大学・専門学校 | 宮城県内 | 復興公営住宅 | 一戸建て持家 | 全壊 | 死別 | × | 自営業・家族経営 | なし | 家庭菜園 |
| B | 男 | 70 | 中学校 | 亘理町 | 復興公営住宅 | 一戸建て持家 | 全壊 | いる | ○ | 雇用 | 家庭菜園 | 家庭菜園 |
| C | 女 | 85 | 中学校 | 亘理町 | 一戸建て持家 | 一戸建て持家 | 全壊 | 死別 | ○ | 雇用 | なし | その他 |
| D | 女 | 81 | 中学校 | 宮城県内 | 亘理町公営住宅 | 一戸建て持家 | 全壊 | 死別 | × | なし | なし | * |
| E | 女 | 69 | 中学校 | その他 | 一戸建て持家 | 一戸建て持家 | 全壊 | いる | ○ | 雇用 | なし | 家庭菜園 |
| F | 男 | 69 | 高等学校 | 亘理町 | 一戸建て持家 | 一戸建て持家 | 全壊 | いる | ○ | 雇用 | 家庭菜園 | 家庭菜園 |
| G | 男 | 62 | 高等学校 | 亘理町 | 一戸建て持家 | 一戸建て持家 | 全壊 | いる | ○ | 雇用 | 家庭菜園 | 兼業農家 |
| H | 女 | 83 | 中学校 | 隣接市町村 | 一戸建て持家 | 一戸建て持家 | 全壊 | 死別 | ○ | なし | なし | 家庭菜園 |
| I | 女 | 80 | 中学校 | 隣接市町村 | 一戸建て持家 | 一戸建て持家 | 全壊 | 死別 | ○ | * | 家庭菜園 | * |
| J | 女 | 88 | 高等学校 | 亘理町 | 復興公営住宅 | 一戸建て持家 | 全壊 | 死別 | × | なし | なし | 家庭菜園 |
| K | 女 | 83 | 中学校 | 亘理町 | 一戸建て持家 | 一戸建て持家 | 全壊 | 死別 | ○ | なし | なし | * |
| L | 女 | 81 | 高等学校 | 隣接市町村 | 復興公営住宅 | 一戸建て持家 | 全壊 | 死別 | ○ | 自営業・家族経営 | なし | 兼業農家 |
| M | 女 | 83 | 高等学校 | 隣接市町村 | 一戸建て持家 | 一戸建て持家 | 全壊 | 死別 | ○ | * | * | * |
| N | 女 | 83 | 高等学校 | 亘理町 | 一戸建て持家 | 一戸建て持家 | 全壊 | いる | ○ | 自営業・家族経営 | なし | 専業農家 |
| O | 女 | 78 | 中学校 | 亘理町 | 亘理町公営住宅 | 一戸建て持家 | 全壊 | 死別 | × | 自営業・家族経営 | なし | 専業農家 |
| P | 女 | 79 | 中学校 | 亘理町 | 復興公営住宅 | 一戸建て持家 | 全壊 | 死別 | × | 自営業・家族経営 | 市民農園 | 兼業農家 |
| Q | 男 | 68 | 高等学校 | 亘理町 | 一戸建て持家 | 一戸建て持家 | 全壊 | 死別 | × | 雇用 | 家庭菜園 | 兼業農家 |
| R | 女 | 85 | 学校に行かなかった | 亘理町 | 一戸建て持家 | 一戸建て持家 | 半壊 | 死別 | ○ | 自営業・家族経営 | 家庭菜園 | 兼業農家 |
| S | 女 | 81 | 高等学校 | 隣接市町村 | 一戸建て借家 | 一戸建て持家 | * | 死別 | × | 自営業・家族経営 | 家庭菜園 | 兼業農家 |
| T | 女 | 76 | 中学校 | 宮城県内 | 復興公営住宅 | 一戸建て持家 | 床上浸水 | 死別 | × | 雇用 | 家庭菜園 | 家庭菜園 |
| U | 女 | 86 | 中学校 | 亘理町 | 一戸建て持家 | 一戸建て持家 | 全壊 | 死別 | ○ | 自営業・家族経営 | なし | 専業農家 |
| V | 女 | 76 | 高等学校 | 亘理町 | 復興公営住宅 | 一戸建て持家 | 全壊 | 死別 | × | なし | なし | 家庭菜園 |
| W | 女 | 79 | 中学校 | その他亘理町 | 一戸建て持家 | 一戸建て持家 | 全壊 | いる | ○ | 自営業・家族経営 | 家庭菜園 | 専業農家 |
| X | 女 | 85 | 中学校 | 亘理町 | 一戸建て持家 | 一戸建て持家 | 全壊 | 死別 | ○ | なし | 家庭菜園 | 家庭菜園 |
| Y | 女 | 80 | 中学校 | 亘理町 | 一戸建て持家 | 一戸建て持家 | 全壊 | 死別 | ○ | 自営業・家族経営 | なし | * |
| Z | 女 | 86 | 中学校 | 亘理町 | 仮設住宅 | 一戸建て持家 | 全壊 | 死別 | ○ | 自営業・家族経営 | なし | 専業農家 |

| | 性別 | 年齢 | 最終学歴 | 出身地 | 震災後のすまい | 震災前すまい | 被害状況 | 配偶者 | 同居家族 | 震災前の仕事 | 震災後農業をやる機会 | 震災前農業をやる機会 |
|---|---|---|---|---|---|---|---|---|---|---|---|---|
| AA | 女 | 76 | 高等学校 | 隣接市町村 | 一戸建て持家 | 一戸建て持家 | 全壊 | 死別 | × | なし | 家庭菜園 | 家庭菜園 |
| AB | 男 | 88 | 中学校 | 宮城県内 | マンション・アパート | 一戸建て持家 | 全壊 | いる | ○ | 雇用 | * | * |
| AC | 女 | 79 | 中学校 | 亘理町 | 一戸建て持家 | 一戸建て持家 | 全壊 | 死別 | ○ | * | * | 家庭菜園 |
| AD | 女 | 84 | 高等学校 | 亘理町 | 一戸建て持家 | 一戸建て持家 | 床下浸水 | 死別 | ○ | 自営業・家族経営 | なし | 兼業農家 |
| AE | 女 | 87 | 中学校 | | 一戸建て持家 | 一戸建て持家 | 半壊 | 死別 | ○ | なし | 家庭菜園 | 家庭菜園 |
| AF | 女 | 79 | 高等学校 | 隣接市町村 | 仮設住宅 | 一戸建て持家 | 全壊 | 死別 | ○ | 自営業・家族経営 | なし | 専業農家 |
| AG | 女 | 75 | 中学校 | 亘理町 | 一戸建て持家 | 一戸建て持家 | 全壊 | 死別 | ○ | 自営業・家族経営 | 家庭菜園 | 兼業農家 |
| AH | 女 | 83 | 中学校 | 亘理町 | 一戸建て持家 | 一戸建て持家 | 全壊 | 死別 | ○ | 自営業・家族経営 | 家族の手伝い | 兼業農家 |
| AI | 女 | 78 | 中学校 | 隣接市町村 | 一戸建て持家 | 一戸建て持家 | 全壊 | 死別 | ○ | なし | なし | 専業農家 |
| AJ | 女 | 66 | 高等学校 | その他 | 一戸建て持家 | 一戸建て持家 | 全壊 | いる | ○ | 自営業・家族経営 | 家庭菜園 | * |

2015年9月調査より筆者作成、*は無回答

Fさんは、健康農業のほかにも趣味の楽器を生かして、ボランティアグループやお祭りのお囃子隊など、さまざまなグループに所属している。震災後、このような活動に積極的に参加するのは、「仮設にいるときは支援がいっぱいくる。でも、本当の勝負は仮設を出てから。一般のところに入っていけば、『私は被災者です』と看板を背負ってるわけでもないし。仮設でうろうろしていれば、この人被災者だってなるけども、まちでは誰もそういう目ではみないし、自分で頑張って自立していかなければならない。なんぼしたって前の状況に帰るわけにはいかないんだから。でも失ったものもあるけども、これからいろんなものを構築していかなければならないと思っている」という想いがあるからであるという。

# 四　考察――健康農業活動は何を生み出しているのか

## （一）「生きがい仕事づくり」としての健康農業活動

まず、「生きがい仕事づくり」一般からみたときの、健康農業活動の特徴的な点を確認する。健康農業の特徴の一つに、生産物に関する金銭のやりとりが発生していない無償の活動である点がある。[8] たとえば、「生きがい仕事づくり」のプロトタイプでもある「まけないぞう事業」では、一体あたりの販売額四〇〇円のうち一〇〇円が作り手である被災者のもとに入る。手仕事などの仕事づくりでは、こうした内職型の仕組みをとる団体も多く、その場合月に数万程度の収入源となっている（似田貝香門、二〇一五、「モラル・エコノミーとボランティア経済――〈災害時経済〉のもう一つの経済秩序」『震災と市民1』東京大学出版会）。一方、健康農業で生産する農作物は、販売はせずに参加者の持ち帰りや昼食に充てられている。そうでありながら、この活動は支援者、被災者双方の側から、「仕事」として認識されている。

この活動が、レクリエーションではなく「仕事」として捉えられる理由について、スタッフは、活動の場で各々の参加者に「役割」があるという点を挙げている。当初、OKさんは、亘理町の地域性から元農家の被災者が集まるのではないかと考えていた反面、全員に農業の経験があるとも考えていなかった。だからこそ「知ってる人が知らない人に教えながらみんなでやっていけばいいなと。スタッフも素人だから、参加者に教えてもらいながらやれば、なんとかなるんじゃないか」と考えていた。そして、実際に活動をしていくなかで「彼らが先生になって、俺らが生徒」という関係性が生まれてきた。さらに、参加者同士にもさまざまな役割が自然と生まれ、「いちごの時は元いちご農家の人が活躍するし、大きくなった苗を倒すときは男の人が活躍したり。ごはんのあとの洗い物は腰の痛くない人が進んでやったり」（スタッフTAさん）[9]と農作業から食事の準備まで、各々ができることを無理なく行う場となっている。こうしたことから、健康農業における「仕事」とは、必ずしも生産物の流通や金銭的な利益が重要ではなく、被災者が役割をもって「働く」という行為そのものに意味があると考えられる。[10]

もう一つの特徴として、この活動における仕事が、曜日グループごとに共同して行うものであるという点がある。「生きがい仕事づくり」の活動には、一堂に会して仕事をする共同型と自宅などで個人作業する内職型がある。健康農業は、決まった曜日のグループで毎週仕事をし、昼食をともにする、共同型の活動である。そのため、「週に一回同じ曜日の仲間に会えるから楽しみって言ってる。でも毎回少しずつ人数増やしているんだけど、別の人が入ってくるのが嫌だっていうの。せっかくこのメンバーで慣れてきたのにとか。新しい人が入ってきて、最初は『あの人空気読めないわ』みたいな感じなんだけれども。でもしばらくすると、うちの曜日が一番楽しいっていう空気になっている（笑）」（TAさんヒアリング）とスタッフに語られるほど、強固なつながりになっている。健康農業では、従来着目されてきた被災者―被災者間の関係だけではなく、被災者同士にも強く結ばれた関係性が構築されうることがうかがえる。[11]

## （二）働くことが持つ意味――生活の「二重の喪失」を乗り越える場

前項で、「生きがい仕事づくり」では経済的利益の創出ではなく、被災者自らが「働く」という行為そのものに意味をもつことを確認した。では具体的に、生活の復興過程にある被災者は働くことの中に何を見いだしているのか。いうまでもないことではあるが、個人の生活の歩み方が異なれば、健康農業の場で「働くこと」がもつ意味もさまざまである。しかし共通するのは、健康農業に参加する意味や意義が、震災後の生活変化を乗り越えるものとして語られている点である。各人のケースを振り返ると、ＡＧさんは、自らも自家用畑を持つものの活動に参加する理由として、震災前共同作業でつながっていた人々と、再びともに働く点を述べていた。ＡＩさんは、この活動の内容が、なじみの深かった農作業であるという点が参加要因となり、健康農業が家族に気を遣う日常生活の中で、一時的に解放される場となっていた。Ｅさんは、震災前までは農業や地域住民にはなじみがなかったが、つらい被災経験さえも「よかったことにしよう」と昇華できるような人々に出会い、「輪」に加わり、それがきっかけで健康農業に参加した。Ｆさんは仮設住宅を出た後の新たな生活をみすえ、「これからいろんなものを構築していく」ことの一つとして、健康農業を続けている。

ここで、被災者の現在の生活は「二重の喪失」を経験しているという点に留意しなくてはならない。この「二重の喪失」とは、被災者が新たな住まいに入るときには、震災前の生活だけでなく、仮設住宅での生活も失う状況におかれるということである。まず変化の様相を確認すると、居住地だけみても二（一）で確認したように、多くの場合被災者の居住地域は震災前の住宅―避難生活―新たな住宅と移動を経験している。生活の内実の変化として、震災前との比較では、居住形態、仕事（家庭菜園などの自給的活動も含む）、家族との同居形態の変化がみられている。もとの居住地に戻った者もいるが、こうした場合でも周囲の住民の転居等により、社会関係は変化している。

さらに被災者は三年ほどの期間を仮設住宅で過ごしてきたが、新たな住宅に入る際には、この生活とも離れなければならなかった。これまで仮設住宅の生活とは、物理的な環境面での不便さや、震災前の生活との比較から「（仮設住宅の生活は）することがない」などと、ネガティブに語られることが確認されてきた[12]。しかし、新たな住まいへ落ち着いた被災者の口からは、しばしば「仮設住宅のほうが楽しかった」という言葉が聞かれる。スタッフのＴＡさんも仮設住宅を出た参加者から、意外な言葉を聞くことがあったという。ＴＡさんが衝撃を受けたと語るのは、ある参加者の語りであった。その参加者は、周囲よりも少し早い時期に新たな住宅へと移ることができたのだが、新たな住宅は周りに知り合いもおらず、同居する家族は学校や勤めに出ており、平日の昼間のほとんどの時間を一人で過ごしていたのだという。

「仮設にいる人たちがうらやましいんだよ、本当は」って。そんな考え方もあるんだなあって。でも、そんなこと言えないから。「あんたいいじゃない、お家いれてもらったんだから」って、みんなは言うから、そんなことは言えないけれど。でも、「家から出たらすぐ友達に会えるみんながうらやましい」って。この話は衝撃だったね。

（ＴＡさんヒアリング）

筆者も直面した「仮設住宅のほうが楽しかった」という言葉の意味とは、仮設住宅での近隣との距離の近さや集会所での催しなどにより、人との接点が多かった生活への回想である。亘理町の場合は二つの巨大な仮設住宅群が造成されたという物理的条件も影響しているが、この生活では、かつての地域住民、旧友や親戚との再会や、Ｅさんのように震災前まで加わることがなかった地域の集まりへ参加する様子があり、人間関係の広がりの契機となっていた。また、ＡＧさんのようにおすそ分け等の行為によって、近隣を気にかける被災者同士の支え合いの姿もみられた。そのため、新たな住居に移る段階で、再び離散をすることには大きな不安が生じた。とくに高齢者層は、自家用車の移動が難しいなどの制限から、ＡＩさんのように自宅でずっと自室で過ごすような日常生活を送っている者も少なくない。そうした場面において健康農業は、これまで築き上げてきた人間関係に立ち返る場となっていた。

## (三) 働くことがもつ意味——被災者同士が〈共にある〉ということ

「生きがい仕事づくり」の場は、「働く」という行為によって形成されるものであり、居住地に規定されることがないために、生活変化の渦中にある被災者のよりどころとなっている。健康農業がそうした場となりえているのは、この活動には「みんなで働く」という共同性が存在するためである。この「みんな」とは、四人のケースで確認したように、元の地域のつながり、仮設住宅、健康農業での出会いが折り重なってできた集団である。また、元農業者や長らく地域に根づいて生活してきた者だけでなく、農業にかかわりがなかった者も取り込みながら、被災経験と生活の変化を共に乗り越えていく集団となっている。これを「コミュニティ」と表現するべきかどうかは、理論的な整理の上で、再考する必要があるため本稿では留保するが、少なくともここには、被災者同士が〈共にある〉という関係性が存在する。〈共にある〉とは、似田貝によって定義された言葉であり、支援者が、異なる他者である被災者と「語る—聴く」という対話を通じて近傍に寄り、〈そのつど〉〈具体的、一時的、局所的〉に生成される関係性である（似田貝香門、二〇〇一、『自立支援の実践知』東信堂）。従来の議論では、〈共にある〉とは、異質な存在である支援者—被災者間の間に生じる関係として論じられてきた。しかし、本稿では、被災者間にもこうした関係性が生じうることに着目したい。さまざまな人生を歩んできた被災者は、震災あるいは復興の過程で、個別の苦しみを経験している。人が生の固有性をもつならば、生の苦しみもまた固有のものとなる。そうした状況の中で、被災者同士が出会い、〈共にある〉ことで、こころの痛みが癒やされていく。健康農業の場は、個々に異なる被災の苦しみを持つ被災者が出会い、居住場所や期間、職業、年齢あらゆるものにしばられることなく、ただ「みんなで働く」という行為を通じて、〈共にあり〉続けることができる場であったといえよう。

# おわりに

健康農業活動の検討から、「生きがい仕事づくり」の活動が退職高齢者層の受け皿となりえていたこと、こうした活動で「働く」という行為を通じて〈共にある〉という関係性が築かれていたことが明らかとなった。亘理町のケースでは、住宅再建が完了した者、公営住宅へ入居した者がすでに多くを占めているが、福島県をはじめとして震災被害による避難生活が長期化する被災者も少なくない。そのため、居住に規定されない人々のつながりのあり方は、今後も検討されなければならない課題である。

最後に、活動参加者のその後の状況について述べておく。このヒアリングから一年後の二〇一六年八月、Fさんを再訪した。ロシナンテスが撤退し、健康農業の活動が地元NPOに引き継がれた後も活動を続けるFさんは、週に二回活動に参加するようになった。さらに、スタッフとともに活動自体をサポートする役を担うことも多くなった。世間話の後、筆者はふと「復興ってFさんはどういうことだと考えますか」という質問を投げかけた。Fさんは「ここに移り住んで、ここの地域の人たちとかかわること」と答えた。最近の心境の変化として「不思議なことに荒浜の人たちと会うのがおっくうになってきた」という。以前は、元の地域の人々に会いたいという気持ちも強く、会うことも多かったのだが、そうした気持ちが徐々に薄れてきたという。Fさん自身は、そうした変化は新たな生活が定着してきたからであると考えており、「荒浜は大事なふるさとだけれども、戻る場所ではない」と語る。震災から五年がたち、変化せざるをえなかった生活に対して、心の整理がつきはじめ、Fさんは、支援活動を受ける立場から支える立場へと変容している。〈共にある〉という、生活を支え合う関係性の展開を今後も期待していきたい。

**謝辞**　本研究にご協力いただいた、健康農業亘理いちご畑の関係者の皆様に厚く御礼申し上げます。また本研究は、公益財団法人日本農業研究所平成二七年度人文・社会学系若手研究者助成事業の助成を受けたものです。

**注**

（1）「生きがい仕事づくり」という名称は、似田貝によるものを参照した（似田貝香門、二〇一五、「モラル・エコノミーとボランティア経済――〈災害時経済〉のもう一つの経済秩序」『震災と市民1』東京大学出版会）。似田貝がこのように呼ぶ支援活動は、阪神・淡路大震災時の「まけないぞう事業」が原型である。この事業は、被災者の生きがいを目的に支援者が始めたものであり、タオルをぞうのかたちに縫い、一個四〇〇円で販売し、その利益の一部が被災者の手元に渡る。こうした支援活動は、新潟中越地震、東日本大震災などの震災時の支援策として広がりをみせている。

（2）玄田論文は、総務省統計局が二〇一二年に実施した就業構造基本調査の特別集計を基に、東日本大震災が仕事に与えた影響を実証分析したものであり、被災地域の就業構造の全体的な状況に関する統計分析の結果である。具体的な内容については論文を参照されたい。

（3）この点に関しては、望月美希、二〇一六、「震災復興過程における生きがいとしての仕事――東日本大震災後の宮城県岩沼市玉浦地区の農業者を事例として」『地域社会学会年報』二八に詳細を記した。

（4）阪神・淡路大震災時の活動に関する報告や研究としては、先述の「まけないぞう事業」に関する報告と考察がある。この事業の運営者である村井雅清は、「作っていて楽しい」「自信がついた」「みんなで集まってつくることに楽しみがある」「社会の役に立つということに気づいた」という参加者の声を紹介し、自立の萌芽であると述べている（村井雅清、二〇〇〇、「阪神・淡路大震災から生まれた『まけないぞう事業』から考察するボランティア（フィールドレポート）」『ボランティア学研究』一）。また同活動について、西山志保は、活動参加者－まけないぞうの買い手となる支援者間のまけないぞうという商品を通じたメッセージ交換に、支え合いの姿を見出している（西山志保、二〇一〇、『改訂版　ボランティア活動の論理――ボランタリズムとサブシステンス』東信堂）。しかし、参加者に関する詳細な検討は記されておらず、参加者像は十分明らかとなっていない。さらに、こうした阪神・淡路大震災の後、東日本大震災時には、政策の一環としても、市民活動としても、「生きがい仕事づくり」は広がりをみせており、さまざまなタイプの活動が出現した。そのため、支援活動のタイプ、被災地の地域性やニーズの違いも考慮しながら検討を重ねていくことで、さらなる知見を得られると考えられる。

(5) 「生きがい」という概念について、筆者は神谷美恵子による検討を参考にしている(神谷美恵子、一九八〇、『生きがいについて』みすず書房)。ただし、神谷の検討は、「生きがい」概念の哲学的検討であったが、本稿で試みるのは、神谷の「生きがい」概念と実証を尽き合わせることではなく、個々の被災者の生のあり方を描くことで、「生きがい仕事づくり」という支援活動が果たす役割を確認していくことである。

(6) 農林業センサス(二〇一二)によれば、荒浜地区は一〇九経営体(うち法人は一経営体)、吉田地区は四八〇経営体の農業経営体が存在していたが、専業農家数は、荒浜地区一九戸(一七・六%)、吉田地区一三七戸(二八・五%)であった。いちご栽培に関しては、荒浜地区は一二経営体(一一・〇%)、吉田地区は二二一経営体(四六・〇%)と全経営体に対する割合からしても大きな差が見られる(農林水産省)

(7) この内容は、二〇一四年五月ロシナンテス東北事業部部長OKさんへのヒアリングによるものである。

(8) この点に関しては、二〇一六年度に地元NPO団体への引き継ぎにより、新たな展開をみせている。現在、活動経費を補うための仕組みづくりとして、収穫した栽培の販売を試みている。この点に関しては、今後、震災後の持続的な生活支援の仕組みとして別稿で検討したい。

(9) 本稿中のロシナンテスタッフTAさん(二〇代女性)へのヒアリングは、二〇一四年一一月一〇日に実施したものである。

(10) この点は、震災復興の文脈だけではなく、広く一般社会における高齢者就労にも共通して強調すべき点である。長らく高齢者の「生きがい就労」の提唱とその実践を担ってきたシルバー人材センターは、現在抱える課題として、シルバー人材センターにおける仕事の意味が、「生きがい」就労という設立当初の理念から、仕事によって得られる配分金のための就労へと矮小化しているという状況がある。脇坂はこうした状況を、「生きがい就労のダブルスタンダード」と呼び、「配当金が得られる就業」が主軸となったシルバー人材センターのあり方では、「就業が十分にできない」会員にとっての意味合いが薄れていき、退職高齢者の社会参加の基盤としての役割が発揮されなくなってしまうことを懸念している(脇坂幸子、二〇一六、「シルバー人材センターにおける『生きがい就業のダブルスタンダード』とその課題――『ゴールド会員』『プラチナ会員』に対するインタビュー調査をもとに(経済学部特集号　櫻井幸男教授　退職記念号)」『大阪経大論集』=

Journal of Osaka University of Economics』六七（二）

（11） この点は、吉原直樹が「もうひとつの自治会」として仮設住宅におけるサロン活動に着目した点と関連する。吉原は、福島第一原発事故の避難者の状況から、従来の居住地を基盤としたコミュニティの限界を論じたうえで、サロンのような場で「ふれあい」「語り合い」「聞き合う」ことを通じて構築される関係性が、生活の共同の基盤となりうると述べている（吉原直樹、二〇一六、『絶望と希望――福島・被災者とコミュニティ』作品社）

（12） こうした仮設住宅の生活に関する不満は、足湯ボランティアにより集計された、被災者によるつぶやきにしばしばみられている（三井さよ、二〇一三、「足湯ボランティア『つぶやき』質的分析」『東日本大震災支援活動の記録』二）

# 「支援の文化」の蓄積と継承――原発避難と新潟県

松井克浩

## はじめに

二〇一一（平成二三）年三月一一日の東日本大震災から五年半が経過した。多くの被災者はいまだに不自由な避難生活を余儀なくされ、とりわけ主に福島第一原発事故による福島県の避難者は、依然として県内外で八万五〇〇〇人あまりにのぼっている（二〇一六年九月時点）。福島県の隣に位置する新潟県には、原発事故直後から多くの被災者が避難してきた。新潟県は近年、中越地震（二〇〇四年）、中越沖地震（二〇〇七年）など、相次いで自然災害に見舞われており、災害対応のノウハウや人的ネットワークが成熟しつつある。今回の新潟県における原発避難（とくに初期避難）の受け入れを対象として、そこに過去の災害経験にもとづいて蓄積された「支援の文化」がどう生かされたのか（そして経験を超える局面はどこだったのか）を明らかにすることが、本稿の課題である。

原発避難をめぐっては、これまで多くの文献が蓄積されてきた。福島県外への広域避難と支援に限っても、多様な成果が報告されている（後藤・宝田 二〇一五、原田・西城戸 二〇一三、高橋 二〇一三、原口 二〇一二、山根 二〇一三、ほか）。新潟県への避難を対象とした研究も、筆者のものを含めていくつか公表されてきた（髙橋 二〇一二、髙橋編 二〇一六、松井 二〇一一、二〇一三、ほか）。いずれも、原発事故による大規模な広域避難という未曾有の事態について、避難者や支援者の状況、その困難さや課題について取り上げてきた。本稿では、とくに支援への構えや思想、その基盤となる関係や制度など、広い意味での「支援の文化」に着目しながら、新潟県における初期の広域避難者支援のあり方について振り返っておきたい。限定的な対象にもとづく議論になるが、今後も巨大災害の到来が予測されるなかで、将来に備えた経験の蓄積への寄与をめざしたい。

以下ではまず、新潟県が近年経験した二つの地震災害への対応から生まれた「支援の文化」について述べる（第一節）。ついで、県レベルでの原発避難者受け入れの経過をたどり、蓄積されてきた「支援の文化」がどのように生かされてきたのかを探る（第二節）。さらに、近年の自然災害で大きな被害を受けた新潟県内の自治体――小千谷市・三条市・柏崎市――における避難者受け入れのようすから「支援の文化」の継承について検討する（第三節）。最後に以上を受けて、新潟県に蓄積されてきた「支援の文化」の核心をまとめたうえで、今回の原発避難という事態の特異性について述べておきたい（むすび）[1]。

## 一　近年の災害経験と「支援の文化」

### （一）たがいに支えあう関係――新潟県中越地震

二〇〇四年一〇月に新潟県中越地方を最大震度七の激しい揺れが襲った。この中越地震による新潟県内の死者は関連死も含めて六八人、負傷者は約四八〇〇人で、およそ一二万棟の住宅が被害を受けた。余震が繰り返し起こりライフラインが途絶する中、ピーク時には避難者が一〇万人を超えた。中山間地を中心に土砂崩れや地滑りによって道路が寸断され、孤立集落が多数発生した。震源に近い旧山古志村では、全村民がヘリコプターによって避難する事態となった。河道閉塞や宅地の崩落などの被害も加わり、避難指示が長期化した。

地震の後、深刻な被害を受けた集落をどう再生していくかが課題となった。以前から少子高齢化と人口減少が進行していたこれらの地域では、中越地震が大きな打撃となって、「復興」への道筋が見いだせない事例も数多く現れたのである。若い世代が集落を離れ、祭りや年中行事の維持も難しくなった集落の住民を、どのように支えていけばよいのか。避難所・仮設住宅のボランティアから始まった民間の中間支援組織である中越復興市民会議が直面したのは、こうした問題だった。

そこで、中越復興市民会議が取り組んだのは住民のエンパワーメントだった。土地に根ざした集落の文化や歴史、生業の「豊かさ」を掘り起こし、住民のアイデンティティと誇りを回復することが重視された。毎日の暮らしの中に編み込まれているこうした豊かさに、たいていの場合、多くの住民は無自覚である。ボランティアなど「外部のまなざし」を取り入れることによって、何気ない日常の営みがもつ価値を意識することができる。具体的には、被災地のコミュニティ機能の維持・再生や地域復興を目的として配置された地域復興支援員の果たした役割が重要である。当事者の言葉を借りれば、支援員という職名とは正反対の「支援される人」というのがその役割の本質である（髙橋編　二〇一六：一四九）[2]。たとえば、農山村で生活した経験をもたない都会育ちの若者にできる「支援」は限られている。むしろ住民から、集落で生活するための知識や知恵を授けてもらわなければ、活動もおぼつかない。こうした「何も知らない」若者を助けることが、住民の元気と自立を引き出すというのである。

被災した住民に、一律の被災者役割を付与して行われる一方向的な支援は、衰退しつつある地域の復興に結びつかない。「支援する／される」が相互に入れ替わるような双方向的な関係のもとで、被災者の多彩な「顔」――山菜採りや狩猟の名人だったり、太鼓の名手だったり――を引き出すような支援こそが、住民の自立を励まし、地域の再生に結びついていく。たとえば、中越復興市民会議がサポートした長岡市の女性グループの活動が示唆的である。このグループでは、被災した山古志のお母さんたちから郷土料理を教えてもらう企画に取り組んだ。転勤族の多いメンバーの中に、長岡の郷土料理を習いたいという声もあり、復興支援活動の一環としてその講師を山古志の女性たちに依頼したのである。その反省会で、山古志のお母さんたちから次のような言葉が語られた。「震災の後、ボランティアにたくさん来てもらって、あれこれやってもらうばかりだった。でもこうやって自分たちが当たり前につくっていた『ちまき』づくりを教えてこんなに喜ばれて、ああまだ生きてても大丈夫かなって思った。まだやれることもあるんだなって」（松井　二〇一一：七七）。相手から学び、結果的に相手の力を引き出すこと、そうやってたがいに支えあう関係を築くことが本当の支援につながる、ということであろう。

こうした支援が有効に機能するためには、「自立」を支えるための公的な制度や仕組みを整えることが不可欠である。中越地震被災地の復興に寄与した仕組みは、「底辺ガバナンス」と呼ばれている（髙橋編　二〇一六：一三五）。それは、住民の声を行政がきちんと吸い上げて、施策に生かしていくための回路が整備されている状態をさす。最小の自治組織である集落の運営を住民が主体的に担い、それを基礎自治体である市町村が支え、さらにそれを県そして国が支えるというガバナンスのあり方である。

こうした回路を機能させるために効果的だったのが、「復興基金」の制度だった[3]。復興基金事業は、行政が一律に事業内容を決めて適用していくのではなく、ボトムアップによってメニューを作り替え、地域の状況に応じた柔軟な使用を可能にした。事業の実施を通じて、地域の主体性を引き出す支援が可能になったといえる。前述した地域復興支援員の設置もこの復興基金によるものだった。支援員の業務は細かく特定されておらず、担当する地区・集落の実情に応じて、つまり住民の声をくみ取って支援していくことが求められている。

被災住民のエンパワーメントという思想（向き合い方）とそれを支える仕組みが相まって、中越地震被災地の復興を推し進めてきた。とりわけ深刻な被害を受けた中山間地においては、暮らしの場である集落の再生と個人の復興が不可分に結びついていることが特徴である。集落（コミュニティ）をベースとして住民の主体性を引き出し自治に結びつける仕組み（制度）が、その際に重要な鍵を握っていた。

## (二) 届ける支援――新潟県中越沖地震

中越地震の発生から三年も経たない二〇〇七年七月に、新潟県は再び激しい地震に襲われた。柏崎市を中心とする地域に大きな被害をもたらした新潟県中越沖地震である。最大震度は六強で、死者は関連死を含めて一五人、負傷者は二三〇〇人あまりだった。四万棟を超える住宅が被害を受けて、およそ一万一〇〇〇人が避難を余儀なくされた。柏崎市と刈羽村との境に立地する東京電力柏崎刈羽原子力発電所三号機の変圧器から火災が発生し、全機が稼働を停止する事態になった。柏崎市では、地震発生直後に災害対策本部を設置し、同年の九月からは復興支援と総合調整を行う復興支援室が設置された。

柏崎市による被災者支援の大きな特徴は、被災者の抱える課題やニーズを徹底的に把握し、それにもとづいて被災者の生活再建をきめ細かく支援していく取り組みにあった。そのうえで、二年以内に住まいの再建を達成して仮設住宅を解消するという明確な目標が設定された。市の復興支援室職員と保健師、社会福祉協議会の生活支援相談員、さらには市の部課長も加わって被災世帯の戸別訪問がなされた。繰り返し巡回して適切な支援制度を紹介するとともに定期的にアンケートの配布・回収も行い、そのつどの被災者のニーズをくみ上げていった。

こうして得られた情報を集積し、関係者間で共有するために作成されたのが「被災者台帳システム」である。「罹災証明台帳」「生活再建相談台帳」「応急仮設住宅管理台帳」を結びつけた一元的な仕組みの構築により、市役所の中を縦割りにせずに、各部署間で適切に情報を共有することが可能になった。この台帳にもとづいて、さらに世帯ごとの個別の生活再建支援プランが作成された。被災者支援に関する諸制度は、かなり複雑であり、当面の生活の立て直しに追われる被災者自身にとってわかりにくい部分も多い。そこで柏崎市では、被災者からの申請を待つ支援ではなく、こちらから「届ける支援」をめざした。その結果、被災者生活再建支援金への申請率は、罹災世帯のほぼ一〇〇%になったという（髙橋編　二〇一六：三七－三八）。

また、被災者それぞれに異なる事情に配慮しながら、ファイナンシャルプランナーや支援制度の紹介、医療関係者や福祉関係者との協働などがなされていった。被災者の経済状況や健康状態にとどまらず、家族関係にまで配慮が及んでいる。こうした個別の支援プランの作成・更新をていねいに行い、被災者の生活再建を支えたうえで、仮設住宅の解消がはかられた。期限が来たから一律に住宅支援を打ち切るというのではなく、支援のゴールを意識しつつ個別に生活のための条件を整え、自立を促していく施策がとられたのである。

二〇〇七年一〇月には、中越地震時の経験をふまえ、「新潟県中越沖地震復興基金」が設立された。それにより、行政が実施する取り組みを補完する柔軟できめ細かい支援が可能になった。住宅再建支援や生活支援、地域コミュニティ再建などについて、被災者のニーズにもとづいたメニューがつくられ、実施されていった。中越地震の際には、前述した「中越復興市民会議」が、復興基金のメニューをうまく使いながら、行政ではなかなか難しかった個々の集落の思いやニーズに合わせた支援を柔軟に行ってきた。柏崎でも地震の翌二〇〇八年五月に、中越復興市民会議をモデルとした中間支援組織として「中越沖復興支援ネットワーク」が設立された。復興基金を活用して地域に復興の動きをつくり出す受け皿としての役割が期待されたのである。実際に地域の委託を受けて、基金による「地域復興デザイン策定事業」に住民とともに取り組んでいった（松井　二〇一一：一七四－一七七）。

地域コミュニティのレベルでも、経験をふまえた災害対応の仕組みが強化・整備されてきた。たとえば柏崎市北条地区では、すでに中越地震で大きな被害と混乱を経験していたが、その反省をふまえて自主防災組織の設立や要援護者名簿の整備など防災体制の見直しをはかっていた。それが中越沖地震への対応に生かされ、安否確認や情報共有などがスムーズに進められた。また日ごろから熱心な地域活動に取り組んできた比角地区では、緊急アンケートの実施やボランティア・コーディネートなどの対応を独自に行った。地域住民組織などが中心となって「顔の見える関係」を築いてきたコミュニティが、震災に適切に対応し、その成果を生かして地域の再評価が進むといった好循環がみられた（松井 二〇一一：九四－九、一四二－一六五）。

中越地震と中越沖地震では、被災地の地域特性や地震が起こった季節など異なる点も多かったが、中越の経験やネットワークを生かして中越沖の支援が展開された。またそこに、被災者世帯の訪問によるニーズ把握や被災者台帳システム、個別の支援プランの作成など被災者生活再建支援のノウハウが新たに加えられていった。こうした支援の仕組みと文化の蓄積が、次の東日本大震災と原発事故による広域避難者支援に生かされていくことになる。

## 二 原発避難と新潟県の支援体制

### (一) 原発事故と初期の避難者対応

二〇一一年三月一一日の東日本大震災による揺れと津波の被害を受けた福島第一原発は、核燃料を冷却するための電源を喪失し、炉心溶融を起こした。やがて水素爆発により原子炉建屋が吹き飛び、放射性物質が長期間外部に流出する事態にいたった。爆発事故をうけて一二日には、政府の避難指示が第一原発の半径一〇キロ圏から二〇キロ圏に拡大された。この範囲に住む人を中心に、福島県の隣に位置する新潟県にも多くの住民が避難してきた。

新潟県では、スクリーニングなど避難者受け入れの準備を進めるとともに、両県を結ぶ主要国道沿いに相談所を設けた。県内市町村に受け入れ可能施設と可能人数を照会したうえで、避難者の案内を試みたのである。しかし「受け入れ調整のいとまがない中で、大量の避難者が発生」したため、混乱をきたすことになった（髙橋編 二〇一六：四五）[4]。避難の期間も行き先も知らされないまま、文字どおり「着の身着のまま」でバスに乗り込んだ人々が次々と到着したからである。避難者は出身地域も、場合によっては家族もバラバラになっており、情報も不足する中、とりあえず順次各市町村に振り分けるしかなかった。

急増する広域避難者を支援するために、新潟県は三月一八日に避難者支援局を設置した。支援局には、災害対応経験の豊富な〈腕に覚えのある〉メンバーが集められた。彼らはまず、市町村に照会して避難者名簿の作成に着手したが、避難者の移動が激しく作業は難航した。同時に「支援局だより」の発行や説明会などにより、避難者への情報提供に努めた。当初福島県からは、支援対象とする避難者の範囲を、避難指示と屋内避難指示が出ている原発三〇キロ圏内居住者などに限定する方針が示された。だが新潟県としては、この方針を受け入れるわけにはいかなかった。「まだ、原発の状況自体が刻々と変化していてどうなるかわからないし、見通しもわからない。そうした状況のなかで、不安で避難してきた方々を追い返すなんて無理だろうということなんです。だから新潟県としては来た人は全部受け入れ」ることにしたのである（髙橋編 二〇一六：五八）。

また避難者の支援に要する費用は、基本的には災害救助法の枠組みにしたがって措置されることになる。たとえば避難所の運営に必要な費用には基準が定められているが、あまりにも少額のためそのまま適用することはできなかった。したがって特別な基準をつくるしかないが、そのためには関係者の協議が必要になる。「でも、今すぐ食事提供しなきゃいけない、決まってからじゃ遅れちゃう、だから、もう見切りでやるしかないんです。もういいよ、後から決めてもらうから、やっちゃえって」（髙橋編 二〇一六：六一－六二）。規則に杓子定規に縛られるのではなく、目の前の避難者をみながら現場で柔軟な判断を下していったところに、経験に裏打ちされた力量の高さが感じられる。

三月の時点で、避難者は新潟県内のすべての市町村に分散しており、県と市町村との連絡体制を整備することが必要になった。三月中に新潟県は県内市町村を対象とした説明会を行い、「被災者受け入れに関する協定」を締結した。避難者支援に要する費用負担の問題や今後の見通しなどについての意見交換を随時行っている。こうした連携のもとで、避難者の情報をリアルタイムで集約してデータを整備していったことが、その後の支援に結びついていった。

避難者支援局では、四月に入ると、広域避難者を対象とした意向調査を実施した。体育館などの一次避難所を解消して、より住環境の整った二次避難所に移動することを目的とした調査である。福島県が用意した元のアンケート票には、自主避難を含まないという線引きがあったが、新潟県では自主避難を含む独自のバージョンをつくった。「すでに避難を受け入れている方々を区別する理由は何もないですからね。そもそも原発事故は収束していなくて、今後どう推移するかもわからない。その中で、不安を感じて避難してきているのに、追い返すって、無理でしょうということです」（髙橋編　二〇一六：七三）。

それにとどまらず、支援局の全員が避難所をまわって、避難者の「帰りたいという思いの強さ」や「見通しに対する考え」を直接聞いている。メンバー全員に避難所を割り振って、ローラー作戦で話を聞いていった。アンケートに記入するかたちの調査では、どうしても限定された選択肢から選んでもらうことになるため、その背後にある多様な考えをつかみ損ね、一面化する恐れがある。自由記述の欄を設けても、なかなか記入してもらえない。「みんな、むしろ現場に出たがっていました。本当に、話を聞きたいと、みんな思ってましたね」（髙橋編　二〇一六：七八）。現場に出て「生の声」を聞かなければ何も始まらないという強い思いが、災害経験を積んだ支援局のメンバーに共有されていたことがわかる。被災者に直接向き合い、そのニーズから支援を組み立てていく、という〈構え〉の継承である。

## (二)避難者支援体制の構築と支援コンセプト

震災から二カ月後に、新潟県は被災者支援局を広域支援対策課に再編した。広域支援対策課は、避難児童・生徒の就学支援や避難者の継続的な意向調査、体育館などの一次避難所から旅館や公営住宅を活用した二次避難所への移動、さらには民間借り上げ仮設住宅制度を活用した二次避難所の解消などの業務に取り組んでいく(5)。借り上げ仮設住宅制度は、山形県に次いで新潟県が二番目に導入したものだが、当初は県内避難者の移動を想定していた。しかし、子どもの健康を心配した母子避難者を中心に、新たに避難してくる人が続き、借り上げ仮設住宅への申し込みが止まらなかった。二〇一一年一二月には、福島県から新たな受け付けを終了してほしいという要請がきたが、新潟県では避難希望者が多い現状を福島県に伝え、制度を継続するか別の支援策を考えるかを求めた。その結果、福島県は要請を撤回し、翌二〇一二年の末まで借り上げ仮設住宅の入居募集を継続することになる。この制度が、とりわけ自主避難者にとっては命綱となった。

「なかには、週末だけ避難したいとか、夏休みだけとかいわれる方もありました。これほんとうに避難て言えるのかなと悩むケースも結構ありましたね。でも、明らかに違うなというもの以外は一応受け付けしました。ビッグブッダハンド(大きな仏の手)って言って合い言葉にしていましたね。仏様が困っている人を助けるために大きな手ですくい上げれば、ほんとうに助けたい人に混じってそうでない人もすくい上げるかもしれないけれど、だからといって小さな手だと、なかなか助けることができないということなんです」(髙橋編 二〇一六:九二)。

プレハブによる通常の仮設住宅と比べて、借り上げ仮設住宅の場合は民間のアパートなどに居住することになるため、避難者が市中に分散して支援や情報が届きにくくなる。これまでの震災経験をふまえて、一次避難所・

二次避難所では避難者同士のつながり、コミュニティの確保に腐心してきた。しかし、借り上げ仮設住宅に分散してしまうと、ようすもわかりにくくなるし、情報も伝わりにくい。「このようなことを防止するために始めたのが見守り相談員の配置でした。これには前例があって、中越地震や中越沖地震の時に、被災者同士や被災者と行政のつなぎ役として生活支援相談員というのを配置したんです。その経験を活かすことになりました」（髙橋編二〇一六：九九）。具体的には、市町村や社会福祉協議会が国の緊急雇用対策事業を活用して避難者を「見守り相談員」として雇用し、避難者の支援にあたった。それとともに、避難者が気軽に集まれる場所として避難者交流施設の設置も進めた。

福島県内に家族を残して新潟に避難している避難者も多い。とくに二重生活を強いられている母子避難者を中心に、新潟と福島を往復する交通費は大きな負担となっていた。二〇一二年三月で、国による高速道路料金無料化措置が打ち切られることが決まったが、新潟県ではその代替措置として、高速バス料金の支援および高速道路料金の支援を県単独の事業として開始している。同時に国による支援の再開を要望するとともに、国の措置が及ばない避難世帯については、その後も県独自の支援を継続している。

また、震災直後から新潟県内の防災関係者が被災地に出向いて、経験にもとづいた支援を実施してきた。およそ二〇〇〇人の避難者が暮らしていた福島県郡山市の「ビッグパレットふくしま」もその一つである。ほとんどの人々が、突然の避難指示により、まったく着の身着のままの避難を強いられていた。故郷を離れた人々がコミュニティもバラバラになり、しかも複数の市町村からの避難者が混在するという、これまでの災害避難では考えられないような事態が生じていたのである。中越地震を体験した新潟県からの支援者は、福島県と連携しながら、混沌とした状況にあった避難所を立て直していった。避難所の秩序を回復していく際には、中越地震以来の避難所運営のノウハウが生かされることになる。保健師による「健康調査」にもとづいて避難所のマップをつくったり、避難者の移動やフロアごとに自治会をつくるといった取り組みがなされた。

ある朝、「草取りをするので参加したい人は集まってください」という放送をしたところ、予想を超える三〇〇人以上が集まって働いた。それまでは、「みんな下向いたりケンカしたりしてますから、草取りなんて気分じゃねえだろうなあと、思っていたわけです」。この「草取り」をきっかけとして、避難所の雰囲気が大きく変わったという。「避難所がぐるっと回転しはじめて、自主的なサロンができたりだとか、自治会をつくって掃除したりだとか、いろいろなことが起きました」（髙橋編　二〇一六：一一七－一一八）。避難者の〈力を引き出す〉向き合い方が中越地震の経験から継承されており、それが生かされたということを、このエピソードは示している。

## 三　市町村の避難者受け入れにみる「支援の文化」

新潟県内の各市町村は予想外の事態に戸惑い、不安を抱えながらも、目の前にいる避難者に対しては、それぞれが最大限の支援を行ってきた（松井　二〇一一：一八四－二二九）。本節ではその中から、いずれも近年の7・13水害、中越地震、中越沖地震で大きな被害を受けた小千谷市、三条市、柏崎市の対応事例を取り上げ、避難者支援の具体的な取り組みと、その過程に垣間みえる「支援の文化」の成熟を探る。

### (一)「民泊」の実施とそっと寄り添う支援――小千谷市

小千谷市は、二〇〇四年の中越地震でもっとも被害の大きかった自治体である。死者数は一九名で、合併前の市町村単位でみると最多である。市内のほぼすべての住宅が何らかの被害を受け、市民の四分の三ほどが避難生活を送った。地震から七年近くが経過し、その傷もだいぶ癒えてきたが、地震の際に全国から受けた支援のありがたさは、小千谷の人々の心に深く刻みつけられていた。今回の東日本大震災に対しては、このときの支援に対するお返しという意味もこめて、すばやい対応がみられた。とくに県外からの避難者を最初に受け入れた段階で、民家に宿泊してもらう「民泊」を大規模に実施したことが小千谷市の特徴である。

小千谷市では、二〇〇七年度から農家民泊事業を実施してきた。この事業は、農村生活を体験するために農家に宿泊し、田植えなどの農作業を実際に行うもので、おもに関東地方の中学生を受け入れてきた。この経験を土台として、福島県からの避難者を民泊で受け入れていくことになる。福島の避難所から長距離移動して、すぐにまた避難所に入ってもらうのではなく、一週間は民家でゆっくりと過ごして疲れをとってもらおう、という考えによる。そのあいだに避難所の準備を整えることもできる、という思いもあった。

まず、民泊事業を経験した農家に避難者受け入れの可否を確認していった。震災当日は電話がつながりにくかったが、翌日には多くの農家から確認がとれた。三月一四日には、市報や町内会の回覧板を使って市内の一般家庭に対しても、民泊受け入れの募集を開始した。最終的には、二八九世帯が登録し、受け入れ可能人数は一二三〇人にのぼった。市の当初の想定は一〇〇世帯程度だったので、それを大幅に上回る家庭がこの試みに手をあげたことになる。

小千谷市には震災のすぐ後から、親戚等を頼って個別に避難してくる人が現れ始めた。一七日には、南相馬市から一九九人がバス四台で集団避難してきて、その全員を民泊で受け入れることになる。福島県からの避難者数がもっとも多かったのは一九日で、この日は個別避難と集団避難をあわせて合計二四六人が民家に宿泊した。一週間後の三月二三日に原則として民泊は終了し、避難者のほとんどは総合体育館の一次避難所に移動した。

一七日から一週間にわたって南相馬市からの避難者を受け入れた三世帯から、避難者の状況や民泊の経験について聞き取りを行い、以下のような話を聞いた(松井 二〇一一:一九九-二〇三)。避難者は、自宅や避難所から、南相馬の大きな避難所一カ所に集められて、そこで行き先もよくわからないままバスに乗せられた。原発による避難だったので、自宅は無事で、すぐに家に戻れるつもりでいたようだ。金庫に鍵もかけず、冷蔵庫もそのままで来たとも話していた。高齢者なので薬を飲んでいる人が多かったが、長期間の避難に備えて薬を用意している人などいなかった。翌日には、近所にある医院に連れて行って、薬をもらってきた。受け入れた避難者の一人は、認知症だったようで、長時間の移動で少しパニック状態になっていた。

近所の温泉施設やショッピングセンターに案内したり、車で市の中心部で実施された支援物資の配付会場に連れて行ったりした。ただ、疲れやショックが大きかったためか、あまり外出はしたがらなかった。「道路一本向こうで流された家がいっぱいあったらしいんです。だからそういうショックもある程度はあって、あんまり出歩きたくなかったのかな」。避難者を受け入れた家族は、こちらから津波被害のようすや原発避難の状況について尋ねることはしなかった。相手が話し始めると、静かに耳を傾けた。受け入れについて振り返ると、「やってよかった」という思いが強い。何よりも、「中越の人たちは中越地震のときにお世話になったんで、何らかのお返しをしたいという気持ちは全員もってると思うんですよね。その気持ちから、みんな出てると思う」。

民泊の実施によって、避難所の準備には時間をかけることができた。体育館のフロアに発泡スチロールのボードとござを敷き、布団も用意された。足腰の不自由な高齢者用の段ボール製ベッドや世帯ごとの間仕切りも備えつけた。夜泣きをする乳幼児のいる世帯や妊婦のために別室を用意した。食事は民泊の手作り料理から弁当に変わってしまうので、周辺の地域住民やボランティアが一日一回は温かい汁物を提供してくれた。

小千谷市では、災害経験と農家民泊の経験を生かした避難者の「民泊」を大規模に実施したが、受け入れに名乗りを上げた家庭の多さに、中越地震の際の支援に対する「恩返し」の気持ちが表れていた。避難者との接し方についても、彼らのつらい体験に過度に立ち入ることなく、相手が話してくれることに耳を傾けるという態度が貫かれていた。こうした「寄り添い方」に、地震の経験者としての考えが生かされていた。

## (二) おもてなしと自立——三条市

三条市は、二〇〇四年七月の7・13水害（新潟・福島豪雨）で大きな被害を受けた。市内を流れる五十嵐川が破堤し、川の南側の市街地が広く浸水した。被災地には、新潟県の内外からボランティアが駆けつけ、ピーク時で一日二七〇〇人あまりのボランティアが活動した。この後に起こる中越地震とあわせて、行政、社会福祉協議会などが支援経験を積み、民間でも「にいがた災害ボランティアネットワーク」が設立された。

三条市では、三月一六日に新潟県からの要請を受けて福島県からの避難者を迎えるために三カ所の避難所を開設し、この日の深夜に主として南相馬市からの二七〇人の被災者を受け入れた。避難者が来るという連絡があったのは当日の朝だったが、避難所の開設は比較的スムーズに進めることができた。「避難所の立ち上げは、7・13水害の時に避難所の運営をやり、毎年六月になると避難所立ち上げの訓練をしてますので、そうしたことも功を奏したといえます。経験があり、マニュアルがあり、訓練があった成果だと思います」（松井 二〇一一：二〇九）。

翌日には、さらに三〇〇人ほどの集団避難者を受け入れ、自主避難者のための避難所をもう一カ所追加で開設した。市内四カ所の避難所で合計六〇〇人ほどの人々を受け入れることになる。一七日に災害ボランティアセンターを開設し、市民ボランティアの募集を始めたところ、受け付け初日に約一〇〇人、翌日には約三〇〇人の応募があった。とくに水害で被災した地区からの申し出が目立ち、「ものすごく年を取られたおじいさんが、俺みたいなのでもできることはあるかねって来られた」こともあった（松井 二〇一一：二一〇）。市民の「ここで恩返し」という気持ちが強かったのである。

さらに二〇日には、多数の避難者のニーズに的確に対応していくため、災害ボランティアセンターを改組・拡充して「被災者総合支援センター」を立ち上げた。三条市と三条市社協が中核を担い、各班の連絡調整や会議の招集、ボランティアの名簿管理、外部との電話対応などを行う「連絡調整班」のもと、「避難所支援班」「物資支援班」「健康支援班」、炊き出し・マッサージ等のおもてなしに対応する「おもてなし班」、の四班が設置された。被災者総合支援センターに窓口を一本化してボランティアの受け付けを行い、現場に近い四つの班に振り分けていくとともに、避難所を担当した部署と連携して被災者のニーズをくみ上げ、ボランティアとのマッチングを進めていった。

支援センターに前述の「にいがた災害ボランティアネットワーク」などのＮＰＯも加わった支援者側の会議では、早くから「おもてなしと自立」というテーマが議論された。「おもてなし。せっかく三条に来ていただいたんだから、あれもして差し上げたい、これも差し上げたい。でもそれは自立につながらない。自立、自立っていってしまうとどうしても冷たい対応になってしまう。その二つのバランスをみていこうという話が出ていました」（松井　二〇一一：二一一）。苦労して三条に避難してきた人々に対しては、できる限りの「おもてなし」をしたい。度重なる災害を乗り越えてきた三条市民には、とくにその思いが強く、そのために市民の善意をかたちにするための仕組みを整えてきた。

しかしその一方で、ボランティアが過剰にかかわりすぎて、至れり尽くせりになりすぎるのは、むしろ被災者のためにならない面がある。だから、ボランティアが情に駆られて何でもしてあげたいというのに対して、社協の職員がブレーキをかける役割を担ったりした。「これも多分過去の災害の経験だと思います。やっぱりボランティア側とすれば、かわいそうな人だからできるだけサービスをしてあげようっていう発想に陥りがちなんですが、いつかその方々は自立して、自分たちの暮らしを取り戻していく人たちだっていうことも、災害から復旧があって、復興があってというプロセスを経たこの中越では、行政もＮＰＯもそれがみえていたので」（松井　二〇一一：二一二）。「おもてなしと自立」のバランスが重要なのだという認識は、支援にあたった行政、社協、ＮＰＯに共有されていた。

だから避難所においても、早い段階で避難所のフロアごとにリーダーに出てもらって臨時の自治組織をつくり、運営委員会のようなかたちで支援者側と協議をもつ場が整えられていった。炊き出しや清掃、生活のルールづくりなどについて、避難者がある程度自主的に運営していく仕組みが形成されていったのである。

三条市では「おもてなしと自立」というテーマを掲げ、避難してきた人々をまずは全力で「もてなす」とともに、完全に受け身の存在にならないよう早い段階から「自立」も促し、避難者自身による避難所の自主的運営を進めた。市民の善意を有効に支援に結びつけるためのボランティアによるサポートの仕組みづくりや、避難所を出た後で孤立化を防ぐ工夫など、多様な努力がなされている。

## (三) 見守り支援と「仲間」としての支援——柏崎市

新潟県内の自治体で、福島県を中心とする県外避難者の数が当初もっとも多かったのは、中越沖地震で被災した柏崎市である。柏崎市には東京電力の柏崎刈羽原子力発電所が立地しており、福島から避難してきた原発関連企業に勤務する人々の中には、柏崎で働いた経験をもち土地勘もある人が少なくなかった。そのために、避難所には入らないで最初から民間アパート等を借りて住む人も多く、避難者の実態を把握するのには時間がかかった。最大でおよそ二二〇〇人が柏崎市に避難したが、避難所に入った人は六〇〇人ほどだった。この避難所も四月末には閉鎖され、避難者は民間のアパートや親戚・知人宅などに分かれて避難生活を続けていくことになる。

柏崎市では、市内のNPO法人地域活動サポートセンター柏崎に避難者見守り支援事業を委託し、二〇一一年六月から「柏崎市被災者サポートセンター」として業務を開始している(松井　二〇一六a)。もともとこのNPOは、中越沖地震被災者の生活支援を目的として二〇〇九年に設立され、同年八月に柏崎駅前に完成した復興公営住宅入居者への支援などを行ってきた。「サポートセンター」は、福島からの避難者を訪問支援員として雇用し、避難者の住居を巡回して支援にあたる。避難者の相談に乗りつつ、必要に応じて専門の部署につないだり、困難な事例については専門家を加えたケース検討会議などで対応を話しあってきた。この枠組みも、中越沖地震の経験にもとづくものだった。同年七月には市内に避難者の交流拠点サロン「あまやどり」をオープンし、避難者の居場所を提供するとともに、出身町別の「同郷会」結成も働きかけた。その結果、二〇一二年度に浪江町と富岡町、双葉町の同郷会が順次設立された。避難元の町からの助成金なども得て、それぞれ月一〜二回程度の会合と花見や旅行などの行事に取り組んできた。

時間の経過とともに、避難者が抱える悩みや不安も深化・多様化していく。「本当に一〇世帯あれば一〇通り、みんな違ってますよね。それに応じた支援、寄り添う支援といいますか、あまり入り込んでもダメだし、他人事みたいにしてもダメだし」（松井　二〇一三：六四）。見守り支援事業のスタッフは、当初は避難してきた高齢者の心身のケアや孤立の防止が主要な課題だと考えていた。しかし時間がたつにつれて顕在化・深刻化してきたのは、むしろ虐待やいじめ、不登校など子どもの問題だった。その背景や原因として想定されているのは、子どもの親が抱えている問題――将来の見通しが立たず不安定・迷いの状態にある、生活パターンの変化にうまく適応できない、避難先で新たな近隣関係・友人関係を築くことができず孤立している、など――である。避難生活を強いられていることが親にダメージを与え、そのしわ寄せがもっとも弱い部分である子どもにいっていると考えられる。広域避難の問題性が端的に表れている局面である。

柏崎市では「あまやどり」とは別に、民間の女性が主宰するサロン「むげん」が広域避難者支援の場となっている（松井　二〇一六b）。さまざまなプロジェクトを実施するとともに、ふだんはサロンに常駐して避難者の話に耳を傾けてきた。深刻な相談事には継続的につきあい、専門機関も紹介した。このサロンでの出会いをきっかけとして、大熊町の同郷会が結成されるとともに、出身自治体を超えたコミュニティづくりも働きかけてきた。「むげん」を舞台とした避難者支援の活動は、基本的にサロンを主宰する女性の熱意と創意工夫により、周囲の人々にも支えられながら進められている。主宰者の女性は、市役所に勤務していた二〇〇七年に中越沖地震に遭遇した。職員として避難所の運営に携わる中で「被災者が被害者に変わる」姿を目の当たりにした。トイレ掃除でもなんでも職員やボランティアにやってもらうのが当たり前になってしまい、徐々に自立心を失っていくのが耐えられなかった。だから福島からの避難者に対する支援も、つねに一緒に考え、その自立を引き出すことを心がけている。自分たちで動くことを促し、その場を提供し、相談に乗るというスタンスである。

こうした避難者支援に対する構えを端的に言い表すと、〈「仲間」としての支援〉ということになるだろう。支援という関係の中では、どうしても役割がそれぞれに付与され、固定化される傾向がある。災害や事故に遭い支援を求める人々を、余裕のある側が助け、支援するという一方向の役割関係である。被災直後の緊急時には、こうした関係が必要とされる場合も多いだろう。しかしこの関係が長期間持続すると、被災者の側に依存の傾向が強くなり、その自立が損なわれてしまうこともある。また支援側も、一方的に依存される関係には疲れてしまう。あるいは、被災者が被災者であり続けることに、支援する側が〈依存〉してしまうこともあるだろう。中越沖地震の際の避難所支援の経験から、主宰者の女性は、自分の支援がこうした依存関係の形成につながることをなんとしても避けたいと考えてきた。

「むげん」における避難者支援は、柏崎市の行政や避難者交流拠点「あまやどり」の活動とは、相互補完の関係にあるといえる。行政と「あまやどり」は、柏崎市内の避難者全員をもれなく把握してニーズをくみ取り、情報や支援を「平等に」届けることをめざしている。そのために避難者宅の戸別訪問による見守り支援に重点が置かれてきた。それに対して、「むげん」の支援は、自分を必要とする相手に深くコミットして、その必要がなくなるまでとことんつきあうというスタンスである。幅広い組織的な支援と深い個人的な支援は、多くの避難者を抱える柏崎にとって、ともに必要な支援だったといえる。「むげん」も「あまやどり」も、中越沖地震の被災経験をふまえることによって、それぞれ独自の「支援の文化」を成熟させてきたことに着目しておきたい。

# むすび

本稿では、新潟県における近年の災害経験の中で蓄積されてきた「支援の文化」はいかなるもので、それが原発事故による避難者支援にどのように生かされたのかを探ってきた。まず「支援の文化」の外枠を形づくる体制・施策についてみると、県レベルでも市町村レベルでも、避難者を受け入れるための体制構築のスピードが速かった。予想外の事態でありながらも、組織整備や首長による避難者受け入れ表明、避難所の開設、情報の集約と提供などが直後から取り組まれた。民間サイドでも、過去の支援に対する「恩返し」の意識もあって、NPOや市民ボランティアの立ち上がりが早期になされた。

また、早い段階から繰り返された意向調査を通じて、必要とされる支援の情報がくみ上げられ、それに応じたきめ細かな支援がなされていった。住民のニーズを実現するガバナンス、訪問調査による被災者ニーズの徹底的把握といった、過去の災害における取り組みが継承されていたといえる。さらに、経験上先の展開がある程度みえることにより、杓子定規でない柔軟な対応も可能になった。行政による支援は被災自治体の要請にもとづいて行うのが災害救助法の枠組みだが、新潟県は、避難者支援の線引きや受け入れ期限などの点で福島県の方針に再三異を唱え、覆してきた。法規や国・福島県をみて仕事をするのではなく、被災者をみて仕事していたことの現れであり、経験に裏打ちされた健全な現場感覚が示されている。

こうした支援体制の構築や支援文化の継承を支えたのが、災害支援にかかわる人的なネットワークの存在とその連続性である。とりわけ7・13水害以来の災害と復興のプロセスを繰り返し経験することによって、官と民の双方に災害支援のスペシャリストが育つとともに、両者のあいだに「顔の見える関係」が幾重にもかたちづくられた。文字どおり「電話一本で」話が通じるような信頼関係が形成されたのである。

避難者・被災者への向き合い方については、避難者の多様性を尊重し、その選択と自立を支えるという支援コンセプトが共有されていたように思われる。避難者を一方的な支援の対象として扱うのではなく、支援者との相互的な関係の中で、避難者の力を引き出すような取り組みがなされた。手厚くはあるが過剰にならないような支援、避難者と支援者の適切な距離が重視されていた。また「ビッグブッダハンド」の合い言葉に表れているような支援姿勢も、過去の災害経験に裏打ちされたものといえる。避難者全体の利益を考慮した、きわめて合理的な判断に思える。繰り返された災害経験は、こうした支援の文化・思想を成熟させてきた。

新潟県に蓄積されてきた「支援の文化」の基本線をかたちづくっているのは、それぞれに条件や事情の違う被災者一人ひとりの個別性を尊重しようという姿勢であり、その自立を支援していくという取り組みである。それは、つまるところ、「人間の尊厳をどう守るか」ということになるだろう。この「人間の尊厳」という「支援の文化」の核心を念頭に置いたとき、通常の自然災害と今回の原発事故との差異もまた明らかになる。支援の現場では、個々の取り組みによって懸命に「人間の尊厳」の回復がはかられてきた。しかし、避難の広域分散と長期化という今回の事態は、故郷（根っこ）の喪失、さまざまな分断状況、将来の見通しのつかなさといった点で、被災者の「人間の尊厳」を損ない続けている。そのうえ、加害の責任が十分に問われることのないまま、事態の収束がはかられようとしている。ここに、今回の原発事故の根源的な問題性を感じざるをえない。

震災と原発事故から五年半が経過しても、新潟県内では、なお三〇〇〇人を超える人々が広域避難を継続している。避難の長期化とともに、新たな問題が次々と顕在化してきている。災害救助法では、原則として受け入れ側での自主的な判断ができず、避難先での生活を長期にわたってサポートするための制度も確立していない。中越沖地震の際にみられたような、個々の事情にそくしたきめ細かな生活再建支援策がとられないままに、避難指示の解除と帰還が順次進められ、借り上げ仮設住宅の解消がはかられようとしている。復興基金のような制度もコミュニティ再生のための施策も不十分なままである。もっと避難者の生の声に耳を傾け、その生活再建を長期的に支援するとともに、次の世代をも視野に入れたコミュニティ回復への支援も必要とされる。避難の終了と帰還・移住の二者択一を迫る政策の転換と、個々の避難者の立場に寄り添った息の長い支援が求められている。

## 注

（1）本稿は、髙橋若菜編、二〇一六、『原発避難と創発的支援』の第三篇第一章として執筆した「中越・中越沖から引き継がれた経験知」をもとに大幅な加筆修正を行ったものである。

（2）稲垣文彦氏（中越防災安全推進機構震災アーカイブス・メモリアルセンター長）を対象とした「福島被災者に関する新潟記録研究会」（髙橋若菜・小池由佳・田口卓臣・山中知彦の各氏と松井）による聞き取り（二〇一四年六月）にもとづく。なお引用は、髙橋編（二〇一六）に拠っている。

（3）「復興基金」について詳しくは、公益財団法人新潟県中越大震災復興基金ホームページ（http://www.chuetsu-fukkoukikin.jp/index.html）、および稲垣ほか（二〇一四）を参照。

（4）細貝和司氏（新潟県防災局防災企画課課長）を対象とした「福島被災者に関する新潟記録研究会」（髙橋若菜・小池由佳・田口卓臣・山中知彦・稲垣文彦の各氏と松井）による聞き取り（二〇一四年七月）にもとづく。なお引用は、髙橋編（二〇一六）に拠っている。

（5）新潟県では広域避難者を対象とした意向調査の結果をふまえた独自の施策を展開してきた。たとえば、自主避難者も対象に含めた民間借り上げ住宅制度の早期開始や避難者の移動支援などがそれにあたる。詳しくは、髙橋（二〇一四）を参照。

## 参考文献

稲垣文彦ほか、二〇一四、『震災復興が語る農山村再生――地域づくりの本質』コモンズ
後藤範章・宝田惇史、二〇一五、「原発事故契機の広域避難・移住・支援活動の展開と地域社会――石垣と岡山を主たる事例として」『災後の社会学』三（科学研究費「東日本大震災と日本社会の再建――地震、津波、原発震災の被害とその克服の道」年次報告書）、四一‐六一

髙橋征仁、二〇一三、「沖縄県における原発事故避難者と支援ネットワークの研究（1）――弱い絆の強さ」『山口大学文学会志』六三、七九‐九七
髙橋若菜、二〇一二、「新潟県における福島乳幼児・妊産婦家族と地域社会の受容」『アジア・アフリカ研究』五二（3）、一六‐四七
――、二〇一四、「福島県外における原発避難者の実情と受入れ自治体による支援――新潟県による広域避難者アンケートを題材として」『宇都宮大学国際学部研究論集』三八、三五‐五一
髙橋若菜編、二〇一六、『原発避難と創発的支援――活かされた中越の災害対応経験』本の泉社
原口弥生、二〇一二、「福島原発避難者の支援活動と課題――福島乳幼児妊産婦ニーズ対応プロジェクト茨城拠点の活動記録」『茨城大学地域総合研究所年報』四五、三九‐四八
原田峻・西城戸誠、二〇一三、「原発・県外避難者のネットワークの形成過程――埼玉県下の八市町を事例として」『地域社会学会年報』二五、一四三‐一五六
松井克浩、二〇一一、『震災・復興の社会学――二つの「中越」から「東日本」へ』リベルタ出版
――、二〇一三、「新潟県における広域避難者の現状と支援」『社会学年報』四二、六一‐七一
――、二〇一六a、「柏崎市の広域避難者支援と「あまやどり」の五年間」『人文科学研究』一三八、六五‐九〇
――、二〇一六b、「「仲間」としての広域避難者支援――柏崎市・サロン「むげん」の五年間」『災後の社会学』四（科学研究費「東日本大震災と日本社会の再建――地震、津波、原発震災の被害とその克服の道」年次報告書）、六三‐七八
山根純佳、二〇一三、「原発事故による「母子避難」問題とその支援――山形県における避難者調査のデータから」『山形大学人文学部研究年報』一〇、三七‐五一

# 被災経験からの防災教育

## ――理科教育・論理的思考教育との融合への流れ

久利美和

### はじめに

二〇一一（平成二三）年三月一一日の東北地方太平洋沖地震と津波についての科学と社会の関係のかかわる東日本大震災からの教訓が、『平成二四年版科学技術白書』（文部科学省、二〇一二）にまとめられている。一つは、地震や津波について社会が期待するような情報が提示されなかったという点、もう一つは、人工構造物への過信の結果、大きな人的被害が生じたという点である。

一つめの具体的内容として、科学者に対する国民の信頼や期待と現実のあいだの乖離について記載されている。科学の未来について大きな期待をこめた広報の結果、その理想社会と現実の乖離が大きかったことが招いたとされている。さらに踏み込んで、科学・技術への過信が、統一見解、一律の行動指針につながることに社会の期待が大きく膨らんでいたことからの現実との乖離からくる落胆が科学者不信につながったのではないかとされている。解決策として、現状の限界を示すことも必要であったとされている。想定がある以上、適応限界があること、つまりは、低頻度巨大リスクの社会的認知への情報提示が圧倒的に不足していたと指摘された。

二つめの具体的内容は、一部の人々の既存の対策と技術の限界の知識の不足のため、避難行動にいたらなかったことへの指摘である。科学技術にともなうリスクと不確実性は、政府や公共事業の専門家による情報提供に関しては真剣には考慮されていなかったがため、人々のほとんどは、状況を十分に理解していなかったと指摘する。科学的知見の科学技術政策への還元の体制の不十分さが震災により露見することとなった。

大震災以前の背景として、『平成一六年版科学技術白書』（文部科学省、二〇〇四）では、「科学技術と社会の新たな関係」の中で「国民が科学技術に対する最低限の基礎的教養を備え関心をもつとともに、科学者が社会に出て国民に語りかけるような新たな関係の構築」と「科学の理解をさらに進める」ことが必要だと指摘されていた。RISTEX「不確実な科学的状況における法的意思決定（二〇〇九―二〇一二年度採択）」プロジェクトは、科学的な事実は確定論として認知される傾向があり、確定的でない科学や技術の社会への導入の中で、対立とその調停に支障があることを指摘していた。

統一見解への社会的期待と学界の動向に注視すると、震災直後の二〇一一年三月一八日、日本気象学会は理事長名において「防災対策の基本は、信頼できる単一の情報を提供し、その情報に基づいて行動することです。会員の皆様はこの点を念頭において適切に対応されるようにお願いしたいと思います」との文書を公表した。それに対し、研究者のみならず社会的な批判も起こり、翌月四月一一日付で、弁明と解釈できる文書を公表した（四月一二日一部修正）。日本気象学会の事例のように、科学的証拠に基づく社会的な意思決定の場面での混乱の原因として、研究者の個人見解の乱立をあげる意見もあるが、日本地震学会では、二〇一一年秋季大会特別シンポジウム「地震学の今を問う――東北地方太平洋沖地震の発生を受けて」（二〇一一年一〇月一五日開催）において、科学の限界や不確実性の伝達の不足への指摘があった。

二〇一一年に発生した東日本大震災を機に、児童・生徒を対象とする実践的な防災教育の充実が求められている。災害発生直後の一時避難行動や津波避難行動を対象とした防災教育は、避難訓練にみられるように、起こる可能性の高い特定の状況を想定し、その条件での特定の行動を教授する方法が用いられている。秦ほか（二〇一五）は、山梨県内の小・中学校で事前周知のない避難訓練を実施したところ、机の下に入るという一時避難行動の知識は定着していたものの、清掃のために椅子が乗せられた机の下への避難や、教室外から教室の自分の机の下に入るために移動する行動の問題点を指摘し、従来の避難訓練では状況に応じて適切な一時避難行動をとる応用力が養われていないことを報告している。しかしながら、災害はいつ・どこで発生するかわからない。それに対応する防災教育が求められているが、あらゆる状況下での行動を訓練することや知識として提供することには限界がある。また、「地震が発生したら机の下に入る」といった防災教育は、反射的に行動を起こすためには有効であるが、机が周囲にない場合にどうすればよいかなどの応用について教えていない（内閣府大臣官房政府広報室二〇一三）。

本稿では、前半で、東北大学大学院理学研究科の二〇〇九年度から二〇一二年度のアウトリーチ活動記録をもとに、災害の原因となる自然科学現象のメカニズム解明を目的とする理学分野からの東日本大震災前後での情報発信について実践報告を行うとともに、その時系列的な変化について解析することで、発災後の被災地域の情報ニーズの動向を明らかにし、災害にかかわる専門家からの情報発信企画、専門家との対話企画、教材を通した教育活動について、広義で地域防災教育について議論する。後半では、前半の議論をもとに取り組んだ、東北大学リーディング大学院「グローバル安全学トップリーダー育成プログラム」での実践的な取り組み事例を紹介する。

## 一　東日本大震災前後の防災教育の課題

文部科学省では、学校における防災教育のねらいを、一つめは「災害時における危険を認識し、日常的な備えを行うとともに、状況に応じて、的確な判断の下に、自らの安全を確保するための行動ができるようにする」、二つめは「災害発生時及び事後に、進んで他の人々や集団、地域の安全に役立つことができるようにする」、三つめは「自然災害の発生メカニズムをはじめとして、地域の自然環境、災害や防災についての基礎的・基本的事項を理解できるようにする」としている。学校現場における防災教育は学習指導要領の枠内で行われているが、「防災教育」という特定の教科があるのではなく、さまざまな教科の中で進められている。たとえば、地域の安全に役立てるための一つの知識として消防署や消防施設のあり方などを社会科で、自然災害の発生メカニズムを理科などで、また、安全な行動を身につけさせるため、どういったときに怪我をしやすいのか、そのためにどんなことに気をつけたらいいかなどを体育や特別活動・安全指導の時間に教えている。

学習指導要領の記載に基づけば、学校現場での防災・安全教育は一九四七（昭和二二）年に社会科の中で取り入れられ、その後、指導要領の改訂とともに、取扱量は減少となったものの、一九五五年頃から、理科教育の中でも取り扱われ、近年では総合学習で多く扱われている（城下ほか　二〇〇七）。

防災教育の重要性が全国的に広く認識されるようになったのは、一九九五年の阪神・淡路大震災が発端である（矢守　二〇一〇）。直下型地震による建物やインフラの被害と大規模かつ長期の避難生活における困難が多く報告されたことにより（内閣府「阪神・淡路大震災教訓情報資料集」）、転倒する家具などから身を守る災害発生直後の一次避難行動あるいは家具固定や避難生活を想定した準備などの事前防災が注目されるようになった。『防災教育支援に関する懇談会中間とりまとめ（案）』（文部科学省　二〇〇七）に記されているように、防災教育の目的は震災の教訓を伝え、次の災害に備えることであり、その方法として、学校での教育（社会、理科、保健体育、道徳など）や避難訓練などが実施されていた。

## 二　東日本大震災前後の東北大学大学院理学研究科の地域との連携状況と自然災害に関する情報ニーズ

東北地方太平洋沿岸部は、東日本大震災以前から「宮城県沖地震（想定）」に関する教育普及活動が盛んな地域であった。東北大学大学院理学研究科においても、地震噴火予知研究観測センターを中心に、地震に関する市民講座、公開講座、出前授業などが行われていた。震災以降、出前授業や講演依頼は増加傾向だが、高校などへの出前授業が単調増加の傾向にあることに比較して、一般講演は倍増している。

**表1**は東日本大震災に関連する代表的なテーマについての震災前後の動向を示す。震災以前から「宮城県沖地震（想定）」への情報周知に積極的な地域であり、自然災害のメカニズム解説に関する講師依頼があった。震災後、東北地方太平洋沖地震のメカニズム解説依頼も増加するが、震災前からテーマへの依頼も継続していた。**図1**は各講演・講義などへの参加人数の積算値を示す。ただし、参加人数は実数と概数が混在する。震災直後の主催への参加者が多いが、震災前後ともに、小中高の出前授業や市民センターなどでの講演会が主体であるため、企画規模は五〇人前後のものが多い。一〇人以下の企画は、高校での課題研究によるもので、震災とは無関係に増加傾向にあったが、二〇一一年度以降震災にかかわるテーマでの依頼が増加している（久利・村上　二〇一五）。

近年、大学や研究機関などでは、地域の初等・中等教育との連携や社会貢献の視点から、広報室などの充実が図られている。東北大学大学院理学研究科は二〇〇九年度よりアウトリーチ支援室（以下、支援室）を設置し、科

**表1　東日本大震災に関連する代表的なテーマについての震災前後の動向**

| テーマ ＼ 年度別依頼件数 | 2009年度 14件 | 2010年度 19件 | 2011年度 56件 | 2012年度 57件 |
|---|---|---|---|---|
| 「放射線とは」「原子核とは」「霧箱」など | | 2件 | 6件 | 4件 |
| 「仙台にふった放射能とそのリスク」「放射線測定実習」「土壌放射線量」など | | ＃1件 | 18件 | 2件 |
| 「大気による放射性物質拡散」「海洋での放射性物質拡散」 | | ＃2件 | 8件 | ＊3件 |
| 「地球物理学のススメ　地震について考える」「地震研究最前線」「地震ってなんだ」など | 13件 | 11件 | 3件 | 3件 |
| 「東日本太平洋沖地震」など | | ＃1件 | 13件 | 17件 |
| 「活断層」など | 1件 | | 2件 | 1件 |
| JAMSTEC「ちきゅう」343航海 | | | | 12件 |
| 緊急地震速報解説・災害情報など | | 2件 | 3件 | 9件 |
| 「科学と社会」など | | | 3件 | ＊6件 |

(久利・村上　2015に加筆)
2010年度の＃の件数は震災後開催である。
＊の件数は、調査対象期間に理学研究科外へ異動した研究者の話題を一部含む。

学普及活動ニーズの調査と、ニーズに応じた支援活動を開始していた。本節では、理学研究のアウトリーチ活動状況から、地域との関係構築について記す。二〇〇九年度は、大学入試課・教務課を経由した高校からの講師派遣対応、理学研究科と秋田県教育委員会との連携協定による講師派遣対応などがあった。また、学内のプロジェクトによる科学普及活動（東北大学サイエンスカフェ：二〇〇五年度開始、サイエンス・エンジェル：二〇〇七年度開始、科学者の卵養成講座：二〇〇九年度開始など）への協力、それをきっかけとした高校からの理学研究科への直接依頼も増加していた。サイエンス・エンジェル活動は、地域教育施設との協力企画も多く、かつ、二〇〇九年七月には理学研究科と仙台市天文台が連携協定を結び、二〇一〇年度一〇月からの東北大学広報課主催「はやぶさ特別展」（企画3特記事項参照）の問い合わせ窓口を担当したことから、多様なテーマの科学イベント開催に関する問い合わせが増加した。児童館・学童（放課後教室）からの依頼については、二〇一〇年東北大学男女共同参画奨励賞（沢柳賞）活動部門「地域の子育て情報交換の場と父親の育児参加を促す企画としての科学普及活動」と位置づけ、A児童館での「かがくのおはなし（低学年向け出前講座）」として六月一二日に第一回「たてなみ、よこなみ、よーい・どん――緊急地震速

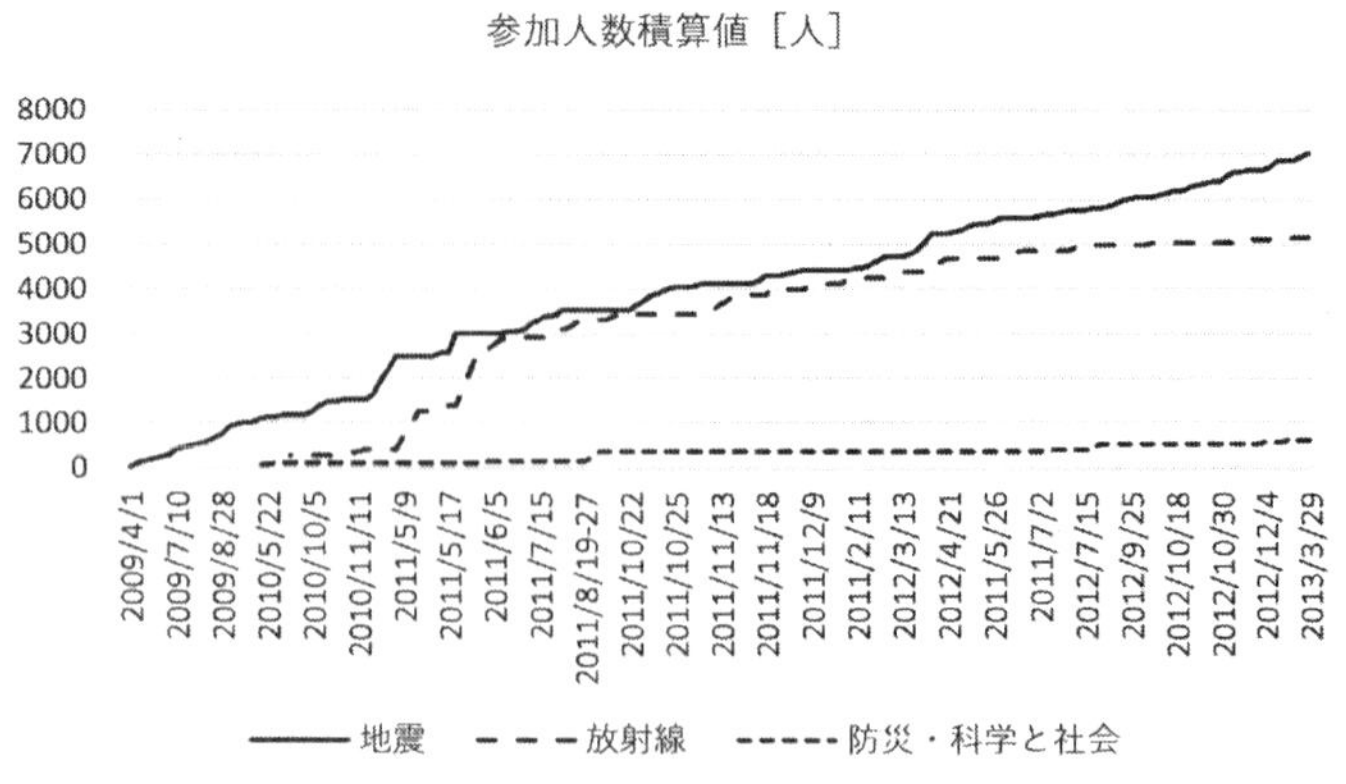


**図１　東日本大震災に関連する代表的なテーマの講演・講義などへの参加人数の積算値**

主催企画、講師派遣企画すべてを含む。
また、各企画の参加人数は概数入力された情報をもとにしている。

報のお話」を行った。

「たてなみ、よこなみ、よーい・どん――緊急地震速報のお話」は、二〇一〇年二月のチリ地震をきっかけとする。二〇一〇年二月二七日のチリでのマグニチュード八・八の地震により、気象庁は翌二月二八日朝に青森県、岩手県、宮城県の沿岸部で三メートル以上の大津波到達の恐れがあると津波警報・注意報を発表し、気仙沼市は約六〇〇〇世帯、一万五〇〇〇人を対象に避難指示を出したが、九八％が大津波警報を認知し、八五％が避難指示を認識していたにもかかわらず、すぐの避難は一〇％にとどまり、その理由として、「ハザードマップは手元にあったが、実際に何をすればよいかわからなかった」などの意見があった（気仙沼市　二〇一〇）。これを機に、起こすべき行動の根拠の解説に重点を置いた「防災のための基礎科学」として、「たてなみ、よこなみ、よーい・どん――緊急地震速報のお話」から着手した。「津波が波浪に比べて長波長であること」「津波は必ずしも引き潮から始まらないこと」についても検討中であったが、それについては後述する。市民向け講演会には、特定の高関心層のみが来場する傾向にあること（中村　二〇〇八）、指導要領に限定せずに多様な内容が提供できることから、児童館や市民センターなどでの放課後教室で実施する方針とした。二〇一一年三月一一日の発災当日に避難所となった小学校にて、「たてなみ、よこなみ、よーい・どん」に参加した何人かの低学年児童から「ちゃんとできたよ！」との声があった。後日、教員および高学年児童にも意見を求めたところ、長い揺れの中で泣き出し動けなくなる児童もいたとのことであったが、周囲の声かけもあり、総じて円滑に、机の下への退避行動、揺れが収まった後の校庭への移動（沿岸部ではない）、点呼、体育館への移動、保護者への引き渡しが行われたとの証言があった。災害に対する具体的なイメージを持つことが、とっさの行動に結びついた事例である。

ＲＩＳＴＥＸ「不確実な科学的状況での法的意思決定」の市民企画にも着手しており、震災前に、法と科学の哲学カフェ「合理性の衝突」を実施し、さらに「自然災害」を題材に「生活者視点での備え」での企画を計画中であったが、震災を迎えたため、震災後に、法と科学の哲学カフェin仙台「災害・プライバシー・法」をテーマに実施した。詳細は対話型企画として後述する。

また、二〇一二年度のＪＡＭＳＴＥＣ地球深部探査船「ちきゅう」三四三航海調査に理学研究科の教員二人が参加したことで、そのアウトリーチ活動が加わった。

二〇一一年震災以降、約一年間の東北大学大学院理学研究科が主催または共催する震災に関する地域住民向け企画とその概要について、以下に時系列で列挙する（東北大学大学院理学研究科評価分析・研究戦略室、二〇一三より転載、特記事項補記）。外部機関主催企画への講師派遣については、情報ニーズの動向として、後述する。

**企画１：地震災害復興状況説明会**

日時：二〇一一年三月二九日
場所：理学研究科大講義室

対象：理学研究科教職員（参加者約三五〇人）
主催：理学研究科
内容：企画での震災の解説として
・松澤暢（理学研究科教授）「二〇一一年東北地方太平洋沖地震について」
・田村裕和（理学研究科教授）「仙台にふった放射能とそのリスク」
・岩崎俊樹（理学研究科教授）「大気による放射性物質拡散」
・花輪公雄（理学研究科教授）「海洋での放射性物質拡散」
特記事項：地震災害復興状況説明会（約二時間）において、一話題約五分程度の合計約二〇分で行われた。企画全体の主旨は、地震による建物の被災状況や復旧の状況に関する情報を教職員で共有し、その他最新の情報をより正確に伝えることであった。

**企画2：理学研究科内説明会「三・一一地震と放射性物質の拡散について」**

日時：二〇一一年五月九日
場所：理学研究科大講義室
対象：学内学生対象（参加者約二八〇人）
主催：理学研究科
内容：
・海野徳仁（理学研究科教授）「二〇一一年東北地方太平洋沖地震」
・田村裕和（理学研究科教授）「仙台にふった放射能とそのリスク」

・岩崎俊樹（理学研究科教授）「大気による放射性物質拡散」
・花輪公雄（理学研究科教授）「海洋での放射性物質拡散」
・今泉俊文（理学研究科教授）「キャンパス内の地割れ・地滑りについて」
特記事項：新学期を迎えた学生対象に、新学期開始時期に合わせて五月九日の日程を決定。WEBを通じて他部局や学外へも周知した。

**企画3：BraveTohoku311サイエンスカフェ「私たちの街で起きたこと、起こっていること」**

日時：二〇一一年五月一二日
場所：カフェモーツァルト仙台一番町店
対象：市民（参加者約二〇人）
主催：BraveTohoku311実行委員会
共催：理学研究科
内容：
・田村裕和（理学研究科助教）「正しく怖がる放射線――仙台に降った放射能は？」
・久利美和（理学研究科助教）「ミクロに見る震源メカニズム、マクロに見る誘発地震」
特記事項：二〇一〇年度東北大学「はやぶさ特別展」に協力した市民団体関係者が主催した。

**企画４：東北大学サイエンスカフェ＋リベラルアーツサロン・スペシャル**

日時：二〇一一年五月一三日
場所：河北新報社一階ホール
対象：市民（参加者約一〇〇人）
主催：東北大学サイエンスカフェ
協力：理学研究科
内容：
・海野徳仁（理学研究科教授）「二〇一一年東北地方太平洋沖地震――どこまでわかったのか、何がわからないのか？」
・平川 新（東北アジア研究センター教授）「大震災から歴史遺産を守る」
・押谷 仁（医学系研究科教授）「震災後の感染症発生のリスクと対策のポイント」

**企画５：理学研究科出前講座「三・一一 地震と放射性物質の拡散について」**

日時：二〇一一年五月一九日
場所：フォレスト仙台（仙台市街地）
対象：市民向け（参加者約四二〇人）
主催：理学研究科
共催：東北大学サイエンスカフェ

内容：
・松澤暢（理学研究科教授）「二〇一一年東北地方太平洋沖地震について」
・田村裕和（理学研究科教授）「仙台にふった放射能とそのリスク」
・岩崎俊樹（理学研究科教授）「大気による放射性物質拡散」
・花輪公雄（理学研究科教授）「海洋での放射性物質拡散」
特記事項：三月二八日の学内企画をきっかけに、市民向けに再企画された。当時の市街地施設は約三〇〇人以上収容施設は天井破損のため使用不可、約一〇〇人以上収容施設は黄金週間明けに消防による点検以降、利用が許可され、五月一九日の開催となった。定員一〇〇人を予定し、スクール形式の机と椅子の配置を予定した。事前周知は、毎回の企画規模が一〇〇人程度である「東北大学サイエンスカフェ」に準じて行ったが、五月一四日（土）の地元新聞朝刊に、五月一三日実施のサイエンスカフェ報告とともに、本企画の開催案内記事が掲載され、問い合わせが殺到した。内容は、会場へのアクセスと、席の予約に関してであった。一六日（月）以降も問い合わせが続いていたため、椅子のみ使用のレイアウトに変更し、二〇〇人収容可能とし、さらに同じ施設内の定員一八〇人の会議室を第二会場として追加手配し、ライブ中継を行った。なお、企画規模が大きくなったことも配慮し、緊急時に備えて、事前に、スタッフ向け誘導ガイダンスを行った。

## 企画6：放射線測定実習セミナー「放射線計測器（放射線量計）について、正しい測定方法を学ぶ」

日時：二〇一一年七月二日
場所：東北大学川内キャンパス学生実験棟
対象：業務として放射線測定を担当することとなったこれまで放射線の専門教育を受けていないもの、および

震災後新たに機器を購入し放射線測定を行う一般の方（参加者約三〇人）

講師：金田雅司（理学研究科助教）・大学院生二人

内容：

・計測器の種類による測定値の違い

・放射線測定数の時間にともなう変動（確率事象）

・同じ種類の測定器でも較正をしていないと値が異なること

特記事項：東北大学自然科学総合実験の環境放射線実習をもとに実施した。参加者には、各自の放射線測定機器の持参をお願いした。

## 企画7：国大協防災・日本再生シンポジウム「東北地方の化学と教育：三・一一から一八九日の歩み」

日時：二〇一一年九月一六日

場所：東北大学片平キャンパスさくらホール

対象：広く化学教育・研究に携わる者（参加者約五〇人）

内容：

・磯部寛之（理学研究科教授）「復興マラソン：東北大学有機化学研究室の一事例」

・指方研二（石巻専修大学理工学部准教授）「東日本大震災での石巻専修大学の状況」

・高橋信幸（福島県立浪江高校津島校教務主任）「東日本大震災からの復興を目指して――原発避難区域の高等学校現場の現状」

・中村彰（秋田大学大学院医学研究科教授）「一九七八年と一九八三年の震災経験と二〇一一年の地震――防

災への心構えと行動規範」
・吉村祐一（東北薬科大学准教授）「免震構造によって守られた東北薬科大学――三三年前の震災からの教訓」
・小間篤（秋田県立大学学長）「東日本大震災後の大学のあり方」
特記事項：震災時、化学棟七階から火災が発生し、消防に通報した。一六時三〇分頃、梯子消防車が到着し放水、鎮火した。消防隊員の指示により、鎮火一時間後に化学専攻教員二人が鎮火を確認した。火元の部屋は黒焦げで天井の配管類も一部曲がるなど、火災の強さがうかがえた。室内で薬品の瓶が倒れたか、あるいは机から落下するなどして火災が発生したものと思われる（東北大学大学院理学研究科評価分析・研究戦略室 二〇一三）。この経験紹介から、危険物を日常的に建物の構造棚・扉の固定等、日常からの備えが議論の中心となった。

**企画8：国大協防災・日本再生シンポジウム「二〇一一年東北地方太平洋沖地震はどのような地震だったのか？――これまでにわかったこと、これからの課題」**

日時：二〇一一年一〇月二二日
場所：仙台国際センター
対象：市民（参加者八〇人）
内容：
・松澤暢（理学研究科教授）「M九の地震が何故起こりえたのか？――現在までにわかったこと」
・日野亮太（理学研究科准教授）「東北地方太平洋沖地震――宮城県沖で何が起こったのか？」
・藤本博己（理学研究科准教授）「地震はどこでどのように準備を進めているのか――その解明に向けた海底地殻変動観測の強化」

・岡村行信（産業技術総合研究所活断層地震研究センター）「地層から見た貞観地震と東北地方太平洋沖地震の比較」

**企画９：国大協防災・日本再生シンポジウム「放射性物質の拡散予測と大学人の役割」**

日時：二〇一一年一一月一三日
場所：ＴＫＰ仙台カンファレンスセンター（仙台市街地）
対象：市民（参加者七七人）
内容：
・谷畑勇夫（大阪大学核物理研究センター教授）「大学などの協力による精密土壌汚染マップの作成」
・福本学（東北大学加齢医学研究所教授）「被災家畜の包括的線量評価事業」
・岩崎俊樹（理学研究科教授）「大気における放射性物質の拡散」
・花輪公雄（東北大学理事）「海洋における放射性物質の拡散」

## 三　情報ニーズの動向

理学研究科アウトリーチ支援室への問い合わせ記録をもとに、情報ニーズの動向について述べる。また、企画2、企画5、企画8、企画9で質問紙調査を実施した（表2）。質問項目は、広報・アウトリーチ企画運営のための意見収集を目的としており、質問紙を企画共催者と合同で作成し、分量を制限したため、統一した質問項目組み合わせ・回答選択肢ではないものの、来場者の興味・関心の動向について報告する。なお、本稿に無関係の質問項目については除外した。

## (二) 震災三カ月後までの情報ニーズ

久利ほか(二〇一二)は、東日本大震災後三カ月までに理学研究科が実施した震災に関する情報発信企画とそのうち二件の質問紙調査速報について報告した。二〇一一年五月一九日の市民向け講演会企画の質問紙調査結果で示されたように、情報公開の迅速性(タイムリー)への高評価と科学者の専門性や科学者にもわからないことがあること(科学の不確実性の受容)への言及が特徴的であった。一方で、行動指針に直結しない情報に情報不足感を感じる傾向があることも示唆された。本稿では、さらなる詳細解析を行った。

五月九日の学生向け企画では約二八〇人の参加者があり、一六五人(含学外者九人)より質問紙への回答を得た。単純集計結果を**表2**に、属性別などの集計結果を**図2**に示す。震災の話題頻度は、多くが雑談程度であるが、一部の学生が専門家の伝聞情報を求められる立場にあったことを示す。内容が参考になったか否かは、属性や話題頻度には依存しておらず、参考になった七六%、参考にならなかった(含未回答)二四%である。参考にならなかった理由は、仙台より深刻な地域の情報や、津波や原子炉のしくみなど情報についての情報不足についての記載があった。

五月一九日の市民向け企画には、約四二〇人の参加者があり、二二一人より質問紙への回答があった。単純集計結果を**表2**に、属性別などの集計結果を**図3**に示す。防災関係、報道関係、教育・保育・野外活動指導関係など、専門職従事者が二〇人、児童・生徒・学生三〇人、保護者(子どもを持つ親としての参加、または大学生の保護者)四一人、一般・その他が一三一人であった。参考になった八〇%、参考にならなかった(含未回答)二〇%であった。企画開催情報入手経路、参考になったか否かについて、属性や震災を話題にする程度による傾向の違いはな

表 2　国大協シンポジウム「2011 年東北地方太平洋沖地震はどのような地震だったのか？」と「放射性物質の拡散予測と大学人の役割」での質問紙調査および理工系学生と沿岸部高校生の防災意識などに関する質問紙調査の結果比較一覧。欄中の「–」は質問項目または回答選択肢なしを示す。

| 企画 | | | 企画 2 学生向け | 企画 5 市民向け | 企画 8 国大協地震 | 企画 9 国大協放射線 | 高専生 | 高校生 |
|---|---|---|---|---|---|---|---|---|
| 実施日 | | | 2011.5.9 | 2011.5.19 | 2011.10.22 | 2011.11.13 | 2011.5–2013.10 | 2013.8.8 |
| 参加者数［人］ | | | 280 | 420 | 77 | 80 | 178 | 784 |
| 回答数［人］ | | | 165 | 221 | 37 | 47 | 178 | 784 |
| 問 | 質問項目 | 回答選択肢 | 回答結果［%］ | | | | | |
| 1 | 居住地域 | 仙台市内 | 95 | 88 | 67 | 81 | – | – |
| | | 宮城県（仙台市外） | 2 | 10 | 21 | 6 | – | – |
| | | 福島県・岩手県 | 1 | – | 3 | 6 | – | – |
| | | その他 | 2 | 2 | 9 | 6 | – | – |
| 2 | 所属 | 大学関係 | 95 | 14 | 21 | 60 | – | – |
| | | 防災関係 | 0 | 2 | 11 | 0 | – | – |
| | | 報道関係 | 1 | 1 | 8 | 2 | – | – |
| | | 教育・保育・野外活動指導関係 | 0 | 4 | 0 | 6 | – | – |
| | | 食品・農林・医療関係 | – | 1 | – | 2 | | |
| | | 一般・生徒・児童・その他 | 4 | 78 | 60 | 30 | – | – |
| 3–1 | 情報入手方法（複数選択可） | 新聞 | – | 24 | – | – | – | – |
| | | WEB・SNS など | 25 | 55 | 59 | 29 | – | – |
| | | 学内メール・掲示物 | 58 | 0 | 0 | 19 | – | – |
| | | 学外掲示物・関係者からの案内文 | 0 | 6 | 14 | 16 | – | – |
| | | 口コミ・その他 | 16 | 13 | 27 | 39 | – | – |
| 3–2 | 5 月企画参加有無 | あり | – | – | – | 19 | – | – |
| | | なし | – | – | – | 81 | – | – |
| 4 | 地震・震災に関連して何か意見を求められたか | 専門家として求められた | 8 | 10 | – | 42 | – | – |
| | | 伝聞情報を求められた | 19 | 0 | – | 0 | – | – |
| | | 自主的な勉強会などを実施 | – | 12 | – | 2 | – | – |
| | | 家族・親族との相談 | – | 3 | – | – | – | – |
| | | 雑談程度 | 61 | 54 | – | 21 | – | – |
| | | あまり話題にしなかった | 8 | 5 | – | 14 | – | – |
| | | その他（自由記述） | 4 | 17 | – | 7 | – | – |

| 問 | 質問項目 | 回答選択肢 | 企画 2 学生向け | 企画 5 市民向け | 企画 8 国大協地震 | 企画 9 国大協放射線 | 高専生 | 高校生 |
|---|---|---|---|---|---|---|---|---|
| 5 | 来場目的（複数選択可） | 地域防災 / 地域安全に生かすため | – | – | 29 | 16 | – | – |
| | | 東北大学でどのような研究や社会貢献が行われているか興味があったため | – | – | 19 | 26 | – | – |
| | | 講演者に興味があったから | – | – | 6 | 26 | – | – |
| | | 震災を経験して地震について知りたいと思ったから | – | – | 40 | – | – | – |
| | | 報道などの内容をより理解するため | – | – | – | 23 | | |
| | | その他 | – | – | 6 | 8 | – | – |
| 6 | 参考度 | 大変参考になった | 51 | 50 | – | 11 | – | – |
| | | まあまあ参考になった | 25 | 30 | – | 81 | – | – |
| | | あまり参考にならなかった | 1 | 2 | – | 0 | – | – |
| | | 参考にならなかった・未回答 | 23 | 18 | – | 8 | – | – |
| 7 | 印象に残ったテーマ（複数選択可） | 東北地方太平洋沖地震 | 25 | 24 | – | – | – | – |
| | | 地割れ・地すべり | 13 | – | – | – | – | – |
| | | 空間放射能 | 31 | 33 | – | 13 | – | – |
| | | 土壌・生物・食品放射能 | – | – | – | 51 | | |
| | | 放射性物質の大気拡散 | 15 | 16 | – | 16 | – | – |
| | | 放射性物質の海洋拡散 | 13 | 23 | – | 17 | – | – |
| 8 | 感想・希望する他テーマ | （自由記載） | 表 3 参照 | | – | – | – | |
| 9 | 震災前の地学への関心 | あった・少しあった | – | – | 86 | – | 33 | – |
| | | あまりなかった・まったくなかった・未回答 | – | – | 14 | – | 67 | – |
| 10 | 震災後の地学への関心 | 思った・少し思った | – | – | 97 | – | 64 | |
| | | あまり思わなかった・思わなかった・未回答 | – | – | 3 | – | 36 | |
| 11 | 地震時にどう感じましたか | 想定宮城県沖地震より大きいと思った | – | – | 48 | 38 | 28 | 24 |
| | | 想定宮城県沖地震がきたと思った | – | – | 19 | 32 | 36 | 22 |
| | | 想定宮城県沖地震については知らなかったが大きい地震だと思った | – | – | 3 | 17 | 22 | 34 |
| | | 想定宮城県沖より小さいと思った | – | – | 3 | 2 | 2 | 1 |
| | | 何も考えられなかった | – | – | 3 | 7 | 8 | 15 |
| | | 未回答 | – | – | 21 | 4 | 3 | 4 |

| 問 | 質問項目 | 回答選択肢 | 企画 2 学生向け | 企画 5 市民向け | 企画 8 国大協地震 | 企画 9 国大協放射線 | 高専生 | 高校生 |
|---|---|---|---|---|---|---|---|---|
| 12 | 震災前に防災に備えていたか | いろいろ準備していた | – | – | 30 | – | 25 | 6 |
| | | 少し準備していた | – | – | 27 | – | 53 | 21 |
| | | あまり準備していなかった | – | – | 16 | – | 14 | 27 |
| | | 何も準備していなかった | – | – | 5 | – | 7 | 18 |
| | | 未回答 | – | – | 22 | – | 0 | 28 |
| 13 | 震災後に防災に備えたか | しっかり準備した | – | – | 19 | – | 25 | 19 |
| | | 最低限準備した | – | – | 49 | – | 53 | 36 |
| | | ほとんど準備していない | – | – | 11 | – | 14 | 11 |
| | | 何も準備していない | – | – | 0 | – | 7 | 5 |
| | | 未回答 | – | – | 21 | – | 0 | 29 |
| 14 | 震災前、地震が来ると津波が来るかもしれないことを知っていたか | どんな地震がおきると津波が来るか知っていた | – | – | – | – | 13 | 17 |
| | | どんな地震かは知らなかったが、地震が来ると津波が来るかもしれないことを知っていた | – | – | – | – | 66 | 50 |
| | | 聞いたことはあったが忘れていた | – | – | – | – | 11 | 16 |
| | | まったく知らなかった | – | – | – | – | 8 | 14 |
| | | 未回答 | – | – | – | – | 1 | 3 |
| 15 | 引き波がなくても津波が来るかもしれないことを知っていたか | 津波が押し波から来る場合も引き波から来る場合もあることを知っていた | – | – | – | – | 17 | 24 |
| | | 津波の前は必ず潮が引くと思っていた | – | – | – | – | 40 | 28 |
| | | 津波についての知識はなかった | – | – | – | – | 42 | 44 |
| | | 未回答 | – | – | – | – | 1 | 4 |
| 16 | 津波到達をはじめにどのように知ったか(複数回答有) | テレビ・パソコンの動画 | – | – | – | – | 18 | 12 |
| | | ラジオ | – | – | – | – | 46 | 27 |
| | | 携帯の文字情報・動画 | – | – | – | – | 16 | 10 |
| | | 周囲の人 | – | – | – | – | 6 | 13 |
| | | 直接見た | – | – | – | – | 6 | 13 |
| | | 地震からしばらく情報なし | – | – | – | – | 4 | 4 |
| | | 防災無線・新聞・その他・未回答 | – | – | – | – | 4 | 22 |

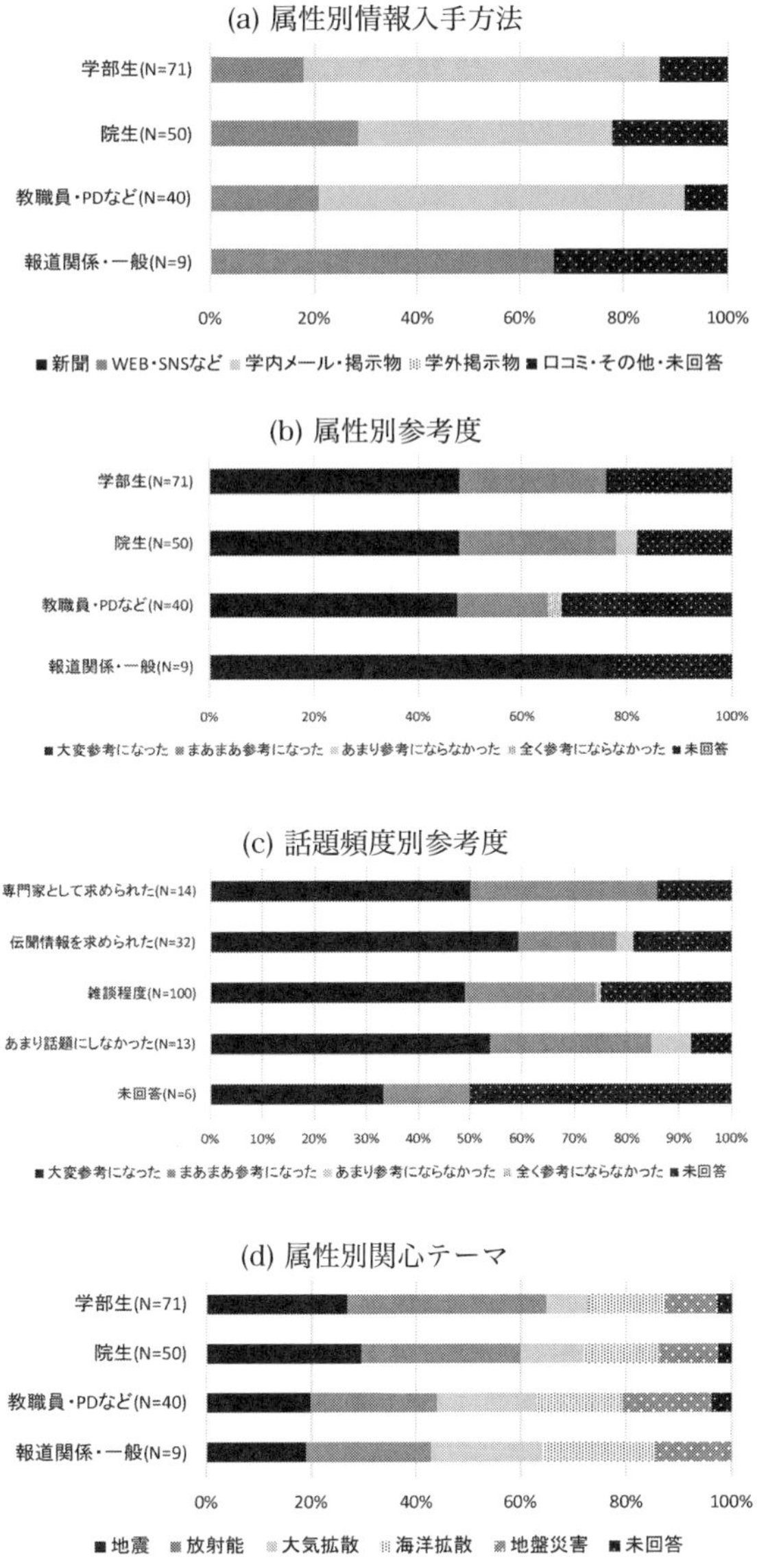


**図2　5月9日学生向け企画の質問紙調査結果**

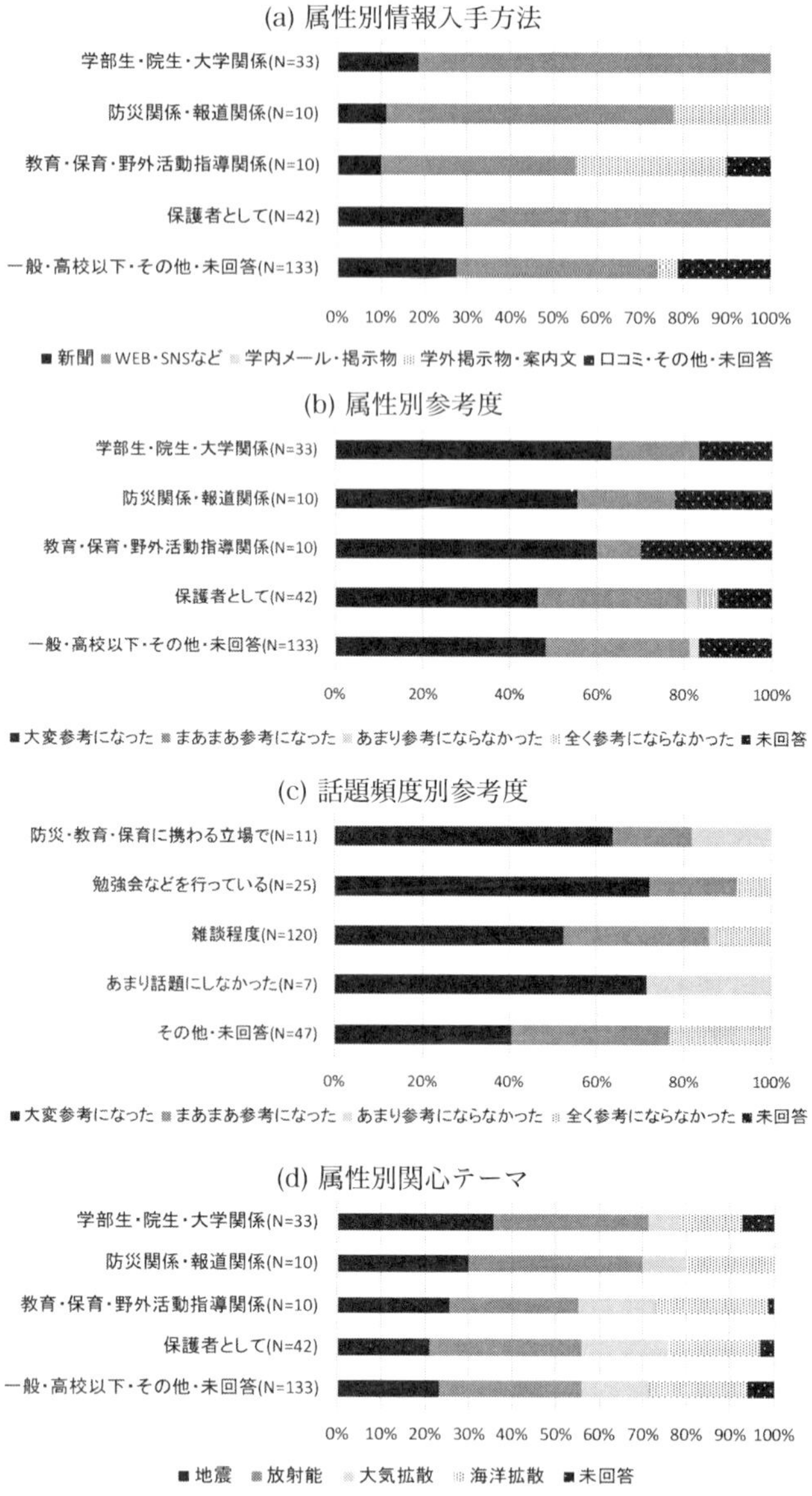


図3　5月19日市民向け企画の質問紙調査結果

**表 3 東日本大震災に関する 5 月 9 日学生向け企画および 5 月 19 日市民向け企画の質問紙自由記載（問 8）の記載項目別頻度**

<table>
<tr><th colspan="2">対象</th><th>学生</th><th>市民</th></tr>
<tr><td colspan="2">参加者数［人］</td><td>280</td><td>420</td></tr>
<tr><td colspan="2">回答者数［人］</td><td>165</td><td>221</td></tr>
<tr><td colspan="2">記載人数［人］</td><td>53</td><td>136</td></tr>
<tr><td colspan="2">回答記載項目合計［個］</td><td>63</td><td>217</td></tr>
<tr><td rowspan="8">回答記載項目別頻度［個］</td><td>項目 1．学術的関心</td><td>10</td><td>29</td></tr>
<tr><td>項目 2．情報公開・迅速性</td><td>0</td><td>30</td></tr>
<tr><td>項目 3．意識のずれ</td><td>2</td><td>3</td></tr>
<tr><td>項目 4．他テーマへの関心<br>（他地域・津波・原子力工学・医療・食品・放射能除去など）</td><td>22</td><td>15</td></tr>
<tr><td>項目 5．科学と社会<br>（情報活用・リスク評価など）</td><td>10</td><td>41</td></tr>
<tr><td>項目 6．研究者の専門性・科学の不確実性</td><td>0</td><td>3</td></tr>
<tr><td>項目 7．感謝・継続依頼<br>（日常での情報不足感・安心・安堵・わかりやすさなど）</td><td>13</td><td>78</td></tr>
<tr><td>項目 8．その他<br>（企画会場・時間・運営・理学研究科ホームページへの要望など）</td><td>6</td><td>19</td></tr>
</table>

かった。参考にならなかったとする理由は、他テーマや他地域の情報ニーズであった。

五月九日、一九日の結果を比較すると、学生向け企画と市民向け企画とし、情報周知を行ったことから、情報入手経路と来場者の属性は想定どおりとなっている。一方で、それにより「参考になったか否か」の差異は認められなかった。「意見を求められた程度・話題にした程度」も有意な差はなく、印象に残ったテーマも有意な差がないとともに、それによる「参考になったか否か」の傾向も同程度であった。

**表3**は、五月九日、一九日の問8の「ほかに聞きたいテーマや本日の講演の感想」についての自由記載から抽出した記載項目の頻度を示す。「項目4．他テーマへの関心」については、学生企画では、参加企画の内容が参考になったので、他のテーマ（津波・原子力工学など）も聞きたいという趣旨の記載であったが、市民向け企画では、情報不足感（医療・食品・放射線除去など）を主張する記載や、テレビや雑誌等で取り上げられていた行動指針についての特定の意見と本企画での研究者の意見の相違への指摘であった。学生向け・市

民向けともに、仙台より深刻な地域の放射線量への情報不足感、専門家と市民の不安への意識のずれを指摘する記載があった。市民向け企画の「科学者には専門分野があってなんでもわかっているわけではないことがわかった」「わからないことをわからないといってくれて安心できた」「わからないという発言に誠実さを感じた」は、研究者の専門性や科学の不確実性についての講師の発言をうけた意見であると考えられる。また、項目1・2・3・4・7や項目1・2・4・5・7を含むような、不安への意識のずれや情報不足感を指摘しつつ、同時に、項目2の情報公開・迅速性への感謝の記載もあった。なお、被災のため会場の空調が使用できず、第二会場はライブ中継のため、来場者からの質問の受付ができなかったため、会場不備に関しての指摘があった。

## (二) 震災一年後までの情報ニーズ

五月以降の震災後一年までの支援室への問い合わせ記録、および震災約半年後の国大協シンポジウムでの質問紙調査結果をもとに、情報ニーズの動向について報告する。支援室記録は具体的な講師依頼を検討するにいたった場合のみ記載されているため、依頼にいたらなかった問い合わせの詳細は著者の記憶に限られる。

五月一九日に実施した市民向け講演会報告のWEB掲載後、「放射性物質」をWEB検索した方からの問い合わせが増えた。おもに市民センター職員や小・中学校の保護者などからで、地域の勉強会講師派遣依頼であった。希望テーマは「放射性物質の拡散」についてで、その後、「放射性物質の健康への影響」「放射性物質除去に効果的な料理方法」「被曝しにくい衣類選び」についての問い合わせが増えた。この状況を受けて、六月下旬に「放射線とは」「放射線測定」「放射性物質の拡散」のテーマに限定して講師派遣を実施する記事をWEBに掲載した。以降、九月から一〇月頃の理学研究科への問い合わせはいったん減少傾向となった。一一月下旬以降、宮城県北部地域在住者から、除染作業を検討する地域自治体、除染作業にかかわる業者、除染器具開発・販売業者などから、「除染作業」についての問い合わせが増えた。支援室への連絡経緯は、近隣地域講演での口コミであり、同地域内の市民センターでの企画がきっかけであったと考えられる。震災一年後頃から、留学生支援を行う市民団体から、「放射線」にかかわる基礎的な解説希望があり、その後同様な依頼が何件かあった。希望テーマは時期とともに変化しているが、「ニュース報道が理解できるように用語解説を講演内容に含めてほしい」との希望が継続的にあった。なお、佐藤ほか（二〇一三）が震災後一五〇〇時間までの報道傾向を、田中ほか（二〇一二）が震災後六カ月までの報道傾向を定量的に解析しているが、原子力災害にかかわる「食品」「衣類」「除染」などキーワードの変遷についての結果は、支援室の報道傾向記録と調和的であった。

国大協シンポジウム「二〇一一年東北地方太平洋沖地震はどのような地震だったのか？」を一〇月二二日に実施し、地震活動のみではなく、地質学的な視点からの津波堆積物研究についても報告が行われた。七七人の参加者があり、質問紙への回答は三七人で、その内訳は一般二二人、大学関係者八人、地域防災関係者三人、報道関係者四人であった。来場目的は、「震災を経験して地震について知りたいと思った」「地域防災に生かすため」が顕著であった（問5）。また、七割が震災前から地学に関心があったと回答した（問9）。日本地震学会主催の二〇一一年秋季大会特別シンポジウムの直後でもあり、会場では報道に関する話題が休憩時間にかわされており、高関心層の来場がうかがえた。

国大協シンポジウム「放射性物質の拡散予測と大学人の役割」を一一月一三日に実施し、八〇人の参加があった。支援部への問い合わせ内容も考慮し、環境放射能、放射性物質の拡散のその後の学術的評価内容に加え、学術関係者の社会貢献活動の体制作りにも焦点を当て、短期的大規模な体制となった土壌汚染の大規模測定プロジェクトの事例と、被災地の家畜の放射性物質の蓄積の学術研究結果について報告を行った。五月一九日への企画参加者で、継続的に勉強会に参加を希望する方へ案内を送ったが、その中の参加者は二割弱にとどまった。欠席返信者の理由は「選挙日のため」であった。質問紙調査回答者は四七人で、その内訳は、一般一四人、大学関係者二八人、食品関係者三人、保育関係者一人、報道関係者一人、であった。放射線企画への参加目的（問5）は、報道内容のより高い理解のためであり、地震企画に比べて、学術的興味よりも、研究者への関心が高かった。また、九割以上が「大変参考になった・まあまあ参考になった」と回答した（問6）。

## 四　対話型(双方向)企画による情報発信と情報収集の試み

前述の『平成二四年版科学技術白書』のとおり、震災後、科学者への不信感や合意形成、個人の価値観と社会的リスク管理の対立の課題についての指摘があった。

震災前の第四期科学技術基本計画では、科学技術政策への市民参画を目的とした方策の一つとして、テクノロジーアセスメントのあり方が検討された。テクノロジーアセスメントとは、「従来の枠組みでは扱うことが困難な技術に対し、将来のさまざまな社会的影響を独立不偏の立場から予測・評価することにより、新たな課題や対応の方向性を提示して、社会意思決定を支援していく活動」（吉澤　二〇一〇）を指す。そのうち市民参加型の代表的なものには、市民と専門家の熟議の元、科学技術がかかわる論争的問題について合意形成をめざすコンセンサス会議が挙げられる。ただし、これらの方法は政策決定への提言を念頭において実施されることが多く、その議論の質が厳しく問われる傾向にあったため、参加者・実施者の双方にとって時間・知識・費用などの面において大きな負担があることが指摘されていた。近年新たな方法として、八木ほか（二〇一三）によって「多様な知識・関心をもつ人々が参画した上での、論争的な科学技術が関わる問題に関する〝気軽な〟対話の場作り」の必要性が指摘されている。

震災を体験した上での、対話型企画の課題と貢献について、著者らの試みを報告する。

## （一）体験を語る

震災後地域学習支援をきっかけに、児童館企画として、震災後通常業務体制にもどりつつある保護者自身が震災を振り返る場をもちたいとの提案があり、児童館より同席依頼があった。「震災時に工夫したこと」や「震災時に便利だと思い伝えたい経験」「他地域での災害の備えへのメッセージ」など、前向きな意見が交換された。

**企画10：みんなで震災体験を語り合いましょう！**

日時：二〇一一年五月二八日
主催：A児童館
参加者：仙台市街地にて乳幼児・児童をもつ保護者約一〇人
同席者：久利美和（教育研究支援部）

## （二）保育関係者を対象とした放射線に関する企画

二〇一一年一一月二四日に関東のB保育園において、保育関係者約二〇人を対象とした「放射線」をテーマとした対話型の勉強会を行った。参加者には「科学者による情報発信のための情報収集」企画であることを事前に伝えた。震災を機に「放射線」に関心を持った保育関係者の、関心を持った時期や具体的理由の聞き取りを行うこととした。対象を、保護者ではなく保育関係者とすることで、対象事象の非専門家でありながら社会的な判断を求められている立場により重点をおいた情報収集をめざした。

以下に概要をまとめる。事前に情報収集の場であることを伝えたうえで、話題提供者の自己紹介・震災時の体験、原子力発電所事故の概要説明から開始した。震災時の様子を保育関係者にも思い出してもらいつつ、思い出したことの発言を促した。とくに、震災後どの時期にどのような情報を欲していたかについて、発言を促した。その後、一般的な放射線についての解説や事故前の自然放射線と事故後の各地域での放射線量、内部被曝と外部被曝についてなど、報道で扱われることの多い内容について話題提供しながら、随時、質問を促し、質問内容に応じて話題の方向を決定した。

来場者からの発言や質問の記録に基づくと、主催者側の情報収集の場と位置づけることで、会場からの発言や質問を促す効果は十分に認められたが、参加者の質問に応じるかたちでの話題提供者側からの情報伝達事項が多く、対等な対話とはなっていなかった。

開始直後は、食品の放射線量とそのメカニズムに質問が集中した。具体的には、魚介類の放射線量について、粘度質土壌の川から海洋への運搬と海底への沈殿による近海底生生物への濃集、食物連鎖、推移の不確定性などについてで、測定機器による測定値のばらつきについてなど、詳細な解説を求められたことから、保育者らが日常から測定を行い、情報収集を行っている実態が示された。

終盤、科学的な観測手法については比較的断定的な説明が可能ながら、その結果の解釈については、専門家でも意見が大きく分かれることを、話題提供側で意図的に強調した。それを受けて、自己の行動にともなう軽度のリスクについて、紫外線を浴びることを事例に、保育関係者が議論を先導する場面も確認された。

**企画11：原子力発電所事故を受けての保育施設での社会対応**

日時：二〇一一年一一月二四日

主催：B保育園
参加者：関東の保育関係者約二〇人
話題提供者：村上祐子・久利美和（教育研究支援部）
進行：立花浩司

## （三）多様な専門家間での対等な議論と相互理解

震災から一年九カ月が経過した二〇一二年一二月三日に、法と科学の哲学カフェin仙台「災害・プライバシー・法」を開催した。政策提言を目的とせず、被災者の個人情報の扱いや避難所でのプライバシーについて、論点整理を行うことを目的とした。対等な議論の場が形成されることを目標とし、開催案内には、あえて平易な文章を用いず、限られたホームページ・SNSでの周知にとどめた。

参加者は主催者も含め約二〇人で、主催者と事前面識のない、社会学、保健、建築、ドイツ哲学、公共法政策、神経科学における哲学など、学術のみならず実務者を含めた多彩な分野の専門家の参加者があった。開始直後に自己紹介を行い「テーマへの視点や関心」として、専門性や立場について述べたうえで、話題提供を開始するとともに、主催者側で途中、質問や議論をさしはさんだことをきっかけに、参加者からの質問が続き、その後、それぞれの専門分野視点から課題点が提示され、その背景での他分野とのかかわりについて議論が展開する流れとなった。主催者側での留意点として、参加者の発言を強く促しつつも、「災害・プライバシー・法」以外の論点への大きな逸脱がないように努めた。

企画12：法と科学の哲学カフェin 仙台「災害・プライバシー・法」

日時：二〇一二年一二月三日
場所：坐カフェ（仙台市街地）
主催：ＲＩＳＴＥＸ「不確実な科学的状況での法的意思決定」プロジェクト
話題提供者：久利美和、吉良貴之、村上祐子
進行：小林史明、記録：立花浩司
流れ：
1．「法と科学のハンドブック」の説明
2．カフェの趣旨説明
3．主催者スタッフの自己紹介
4．参加者の自己紹介
5．震災直後の避難所の様子についての話題提供
6．フロア全体での議論
7．参加者全員が一言ずつ話して総括

## （四）対話型（双方向）企画の意義

発災直後は、専門家との対話よりも、まずは状況を言葉にすることが優先されていた。
保育園での企画で観察されたように、放射線をテーマに主催者である科学の専門家と保育の専門家の対等な対

話づくりをめざしたものの、対等な対話の場にはいたらなかった。しかしながら、通常の一方向性の講演会型よりも、対話型とすることで、科学的な根拠を説明する機会が増えていた。「理解」を促進するための確認作業としての対話として有効であった。参加者からの身近な例えにより、科学的な不確実性を具体的にイメージできていることが確認され、幅のある情報を伝える手段の一つとして有効であった。また、情報の幅を確認しつつ、リスクの受容と個人の価値観について、参加者間で質問や議論が行われていたことが認められた。

気軽に参加可能で、より対等な議論の場づくりは、テーマを絞り、複数の専門家間で行うことで、実行可能なことが示された。政策提言を目的としなかったこともあり、何の結論にもいたっていないが、各自の最後の一言ずつから、それぞれの分野に持ち帰るべき論点が整理されたことがうかがえた。

ただし、福島第一発電所事故を受けての課題となった、専門家と住民が対等に議論しての政策提言に結びつくまでの場づくりには踏み込んでいない。

## 五　科学教育と防災教育と論理的思考教育の融合の試み

### (一) 潜在的高関心層の類推

久利（二〇一七）は、企画来場者と高専生・高校生の結果を比較し、震災前から地学に関心が「ある」との回答者よりも「少しある」との回答者のほうが、地震・津波に関してより適切な知識をもっていた傾向に着目し、顕在的／潜在的高関心層、特定分野／高領域分野高関心層の動向を検討し、関心が「ある」と「少しある」を合わせた四割程度に、学術からの発信が何らかの方法で伝達され、発災時には災害情報が活用されうることを示した。以下、その概要と補足事項を報告する。

質問紙調査を実施した企画5・8・9はいずれも、市民向け企画である東北大学サイエンスカフェの周知方法に準じており、直接的な周知効果は同程度であったと考えられる。また、東北大学サイエンスカフェ、企画8・9も一〇〇人前後の規模であるが、企画5は、数倍程度の集客（潜在的関心層）があった。企画5（五月一九日開催）は、地震の話題が一件、放射線の話題が三件であったことから、放射線の話題目的とした来場者が多かったことが予測され、企画9（国大協放射線企画）参加者との類似性が期待されるが、来場者の発災前の自然災害や防災への関心については未調査のため、直接比較できない。

地学への関心度に幅があり、義務教育課程の教育を理解したうえで、地域・社会への貢献が期待される教育環境にある対照群として、東北地域の大学二学年相当の高等専門学校生（高専生一七八人、二〇一一－二〇一三年度東北地方太平洋沖地震および津波についての講義）、および東北地域沿岸部高台に立地する高等学校生（高校生七八四人、二〇一三年度の災害情報活用に関する出前講義）に質問紙調査を行い、対策を行う国大協企画二件の結果と比較した（表2参照）。

震災後半年以降の地震企画来場者は発災前からの高関心層で、「顕在的・継続的高関心層」に分類される。高専生と比較して震災前から地学への関心が高い（問9）。地震規模認知（問11）の「想定宮城県沖地震より大きいと思った」の割合は、高校生、高専生、放射線企画参加者、地震企画参加者の順に増加し、「何も考えられなかった」の割合が逆に減少する。このことは、高専生より地震企画来場者が震災前から地学への関心が高く（問9）、より規模を適切に認知できたと解釈して矛盾しない。一方、地震企画来場者の防災意識（問12、問13）は、必ずしも高くなかった。

放射線企画の参加目的は、地震企画に比べて、学術的興味よりも、社会貢献や研究者への関心が高く（問5）、参加者の九割以上が「大変参考になった」「まあまあ参考になった」との回答であった（問6）。ただし、地域安

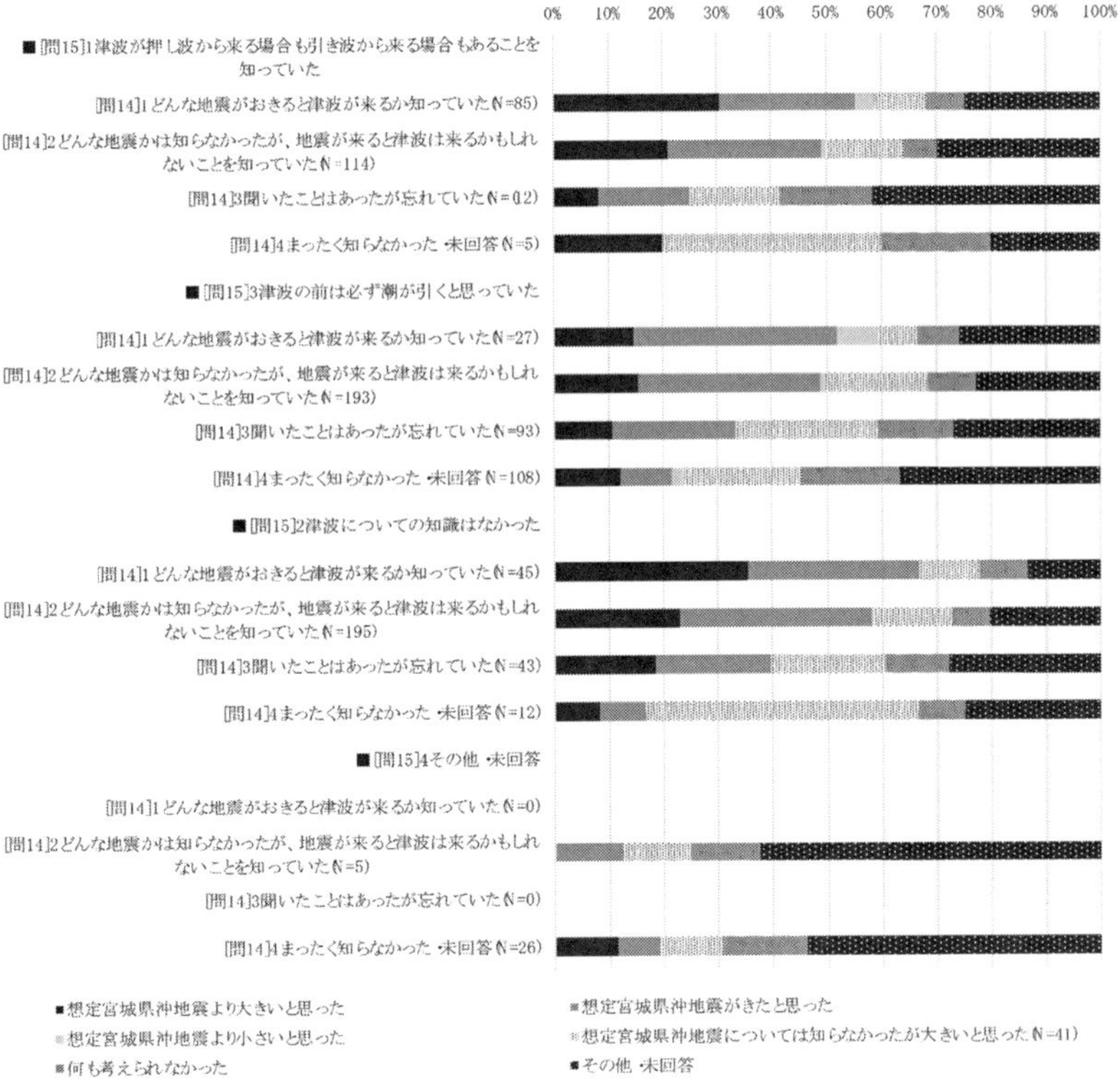


**図4　高専生と高校生（合算）の地震・津波の知識（問14、問15）と地震規模の認知（問11）**

全や社会貢献の意識が高い（問5）ことから、震災前から地学への関心（問9）は未調査ながら、比較的高関心層の結果を反映している可能性が高い。

地震の規模認知（問11）は、地震後の津波発生の危険性（問14）、津波潮位の認知（問15）とあわせて、集団の地震・津波の総合的な知識の定性的指標となり得る（図4）。ただし、地盤の良い場所の居住者は、家屋や壁の倒壊の危険を感じなかったため宮城県沖よりも小さいと認識し、免振棟居住者は激しい揺れを感じなかったため、長い地震とのみ認識したとの証言もあり、個人の知識の指標とはなり得ない。地震規模の過小認知と正常性バイアスの関係については、本調査のみからの考察は困難であ

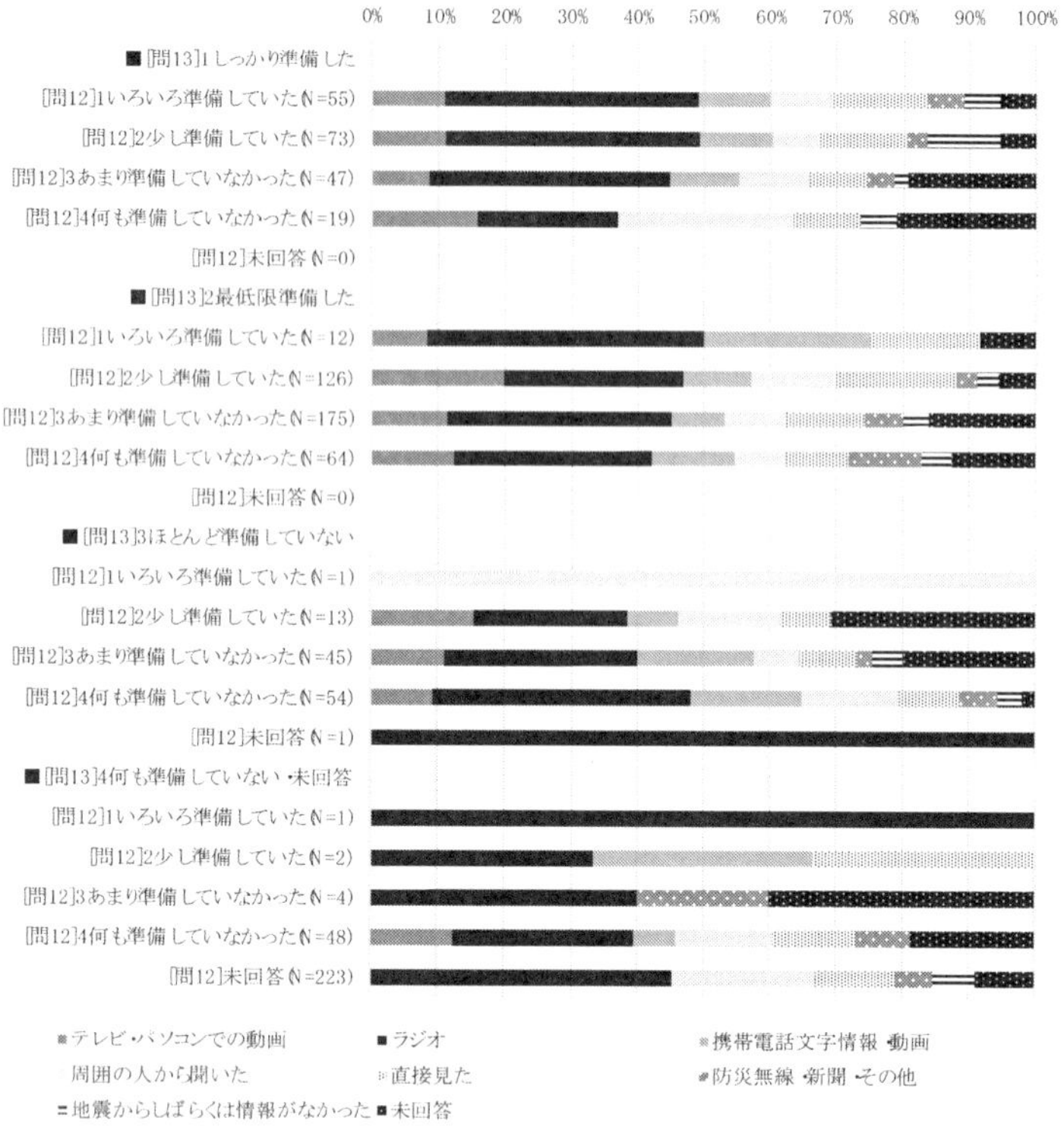


**図5　高専生と高校生（合算）の防災意識（問12、問13）と津波到達の情報入手方法（問16）**

問16については、複数回答があるため、回答者数と回答数の合計が異なる。なお、いろいろ準備していた/しっかり準備した(3点)、少し準備していた/最低限準備した(2点)、あまり準備していなかった/ほとんど準備していない（1点)、何も準備していなかった・未回答/まったく準備していない・未回答（0点)、問12/問13（配点）とすると、以下の近似式が成り立つ。
[問13期待値] = 0.7925×[問12期待値] + 0.7601　$R^2 = 0.4749$

る。

高専生と高校生の地震の規模認知（問11）は有意な差ではなく、地震後の津波発生の危険性（問14）は高専生の九割、高校生の八割が認識しており、津波が押し波から来る場合も引き波から来る場合もある（問15）ことを知っていた高専生は二割以下、津波の前には必ず潮が引くとの誤認率は三〜四割で、正答率より誤認率が高く、事前の地学への関心と正の相関にあり、高関心層がより誤った知識を有していることが示された。情報源として地域の中で聞いたことがあるとの複数の挙手があったが、詳細は不明である。津波到達の情報入手法の第一位はラジオだが、しばらく（数日以上）情報がなかったと回答する高専生・高校生もいた（問16）。高校生の防災意識は大学生よりも高かった（問12、問13）。津波情報の入手状況に基づくと、「直接見た」「周囲の人から」「防災無線」の回答が高専生より高校生で高く、高校が沿岸部高台に立地しており、被災経験を反映していると考えられ、これらの回答者は、発災前後での防災意識が高まる傾向にあった（図5）。

本稿での取り組み事例は、いずれも科学教育、防災教育、論理的思考教育を題材としており、防災行動とその啓発を重視した内容ではない。また、比較的最近に被災を経験した地域での事例であるが、被災経験から世代交代した地域では、企画に足を運ぶことは少ないながらも、潜在的な関心を持つ層に対して、いかに有効に働きかけを行うかが喫緊の課題である。これまでは「高関心層」を対象とする高度な防災知識の伝達と「低関心層」を想定した「気軽で・楽しい」防災教育が多数行われていたが、「潜在的関心層」や「広領域分野関心層」向けの義務教育課程の自然科学知識を土台とし、論理性を重視した防災教育プログラムの開発を課題とする。

## （二）分野融合教育・防災情報活用に向けた取り組み

前述のとおり、震災後に「自然科学と社会」をテーマとした依頼が増加した。分野融合教育や、異なる立場の円滑な議論（対話）の教育、災害情報の吟味の習慣を目的に、批判的思考（クリティカル・シンキング）教育の導入を検討した（久利・村上　二〇一五）。また、発災前より「津波が波浪に比べて長波長であること」「津波は必ずしも引き潮から始まらないこと」の内容についても検討中であったことから、高校生向けに「科学的とは何か推論の性質」「情報を吟味する　科学的な情報とは何か？——災害情報を活用するために」、と題した講義を二〇一三年度より実施した。

防災情報には、短期的な判断に必要な情報と、長期的な備えに必要な情報がある。短期的な判断では、通常の意思決定手続きでは時間的に対応が困難なため、現場での判断が重要となる。一方、長期的な備えの判断では、十分な知識を求めるために、それが参加障壁となり、特定者のみでの意思決定となる傾向がある。これら異なる局面で共通するのは意思決定層の裾野を広げる教育である。参加に負担感のない対話式の企画は、現状、結論を得るための場としての機能は果たせていないが、科学的に幅のある情報の伝達の場としては機能した。長期的な備えについては、費用対効果が指標の一つとなるため、時間（頻度）と被災規模に幅のある具体的なイメージを持つことが必要となる。専門家と住民の協働による「政策提言」として結論を得るための場ととらえるのではなく、「減災に向けた合意形成の教育プログラム」の場として展開の可能性がある。その試みとして、「エネルギー選択」を題材に、技術、環境や経費について話題提供と意見交換の場を提供する高校生向けプログラム（藤田ほか 二〇一五、小川ほか 二〇一五）や、工場立地について地理や文化について意見交換を行う高校生・大学生向けのプログラム（小川ほか 二〇一六）の提案が行われている。

## 六　防災教育教材の開発と地域での教育体制の構築

学校現場における防災教育では「学校教育法第三十条第二項」に明示されているように、「知識・技能を実生活に活用する力」の育成が求められている。防災標語の活用や防災標語作成による教育などの実践が行われていたが、震災後は「命を守る」「自分で考える」防災教育が強調されるようになり、教材開発は現在進行中である。地域での防災教育も本質は同じと考えられる。「わかりやすさ」「実践しやすさ」に過剰な重点が置かれると、二〇一〇年二月のチリ地震での事例にみられるように、ハザードマップが住民の身近に十分にいきわたっていたにもかかわらず、読み取るべき情報や行動の応用にいたらない可能性（気仙沼市　二〇一二）や、東日本大震災時の釜石市鵜住居市民センターの事例のように、訓練時に使用していたがため、津波避難には不適切な施設への避難や、ハザードマップが安全マップとして読み替えられる可能性もある（釜石市　二〇一四）。

## （二）思考促進型防災教育教材「減災アクションカードゲーム」の開発

教材開発では、一般に、①「どう行うのか」方法論の提示、②「これならできる」実行性、③「活用力」「探究力」をつけるための活動を保証、が考慮すべき点とされている。

久松ほか（二〇一五）は、既存の防災教育教材を、「防災カルタ」など知識を与えることを目的とする「知識提供型」と、「クロスロード」や「ＨＵＧ」など防災に関する問題提起をし、参加者自身が考えることを目的とする「思考促進型」に大別した。そのうえで、児童・生徒自身で「いのちを守る」ことを目的に、体験的に防災について学べる教材開発を目指した。一般に、日常できることしか非常時に行うことができないといわれている。「応用可能」で「行動に結びつく」には、詳細な条件ごとの行動指針の作成や伝達は困難であることから、現象の理解が有効との仮説のもと、防災教育については「危険を察知しようとする習慣」と「状況依存の存在の認知」を日常から養い、自ら危険を察知し、より安全なとっさの行動を行う習慣づけが重要であると考え、「減災アクションカードゲーム」の開発を行った。

減災アクションカードゲームのルールは簡便である。まず、四〜七人ずつのグループを形成し、各グループにサブマスターと呼ばれるファシリテーター担当者一人ずつを配置する。参加者はプレイヤーと呼ばれ、災害発生時の行動が示された二七枚の災害時の行動を示すピクトグラムカードを囲む。ゲームマスターと呼ばれる進行担当者がいくつかの災害発生場面を想定して問題を出す。問題が出されるとプレイヤーは、三秒以内にカードを取ることが求められる。選択するカードは一人一枚で、同じカードを複数のプレイヤーが取ることはできない。カードの選択後、プレイヤーはそのカードの行動やその行動を選んだ理由を他のプレイヤーに説明する。プレイヤー全員が説明に納得したら得点を得る。サブマスターは、説明が苦手なプレイヤーに対し助言をするなど、発言促進の役割を担う。ゲーム終了後、グループ内でもっとも成績が良かったプレイヤー（得点が高い、または説明が優れていた）に「防災ミニリーダー」の称号を、賞状とともに与える。

また、以下の大きな特徴がある。①災害発生時の子どもが、自分を自分で身を守るための「とっさの」判断を鍛えることができる、②災害時に遭遇する可能性がある危険を他人との議論を通して認識し、共有することができる、③ユニバーサルデザインとすることで国や世代を超えて防災学習ができる、の三点である。①については、問題文が読まれてからカードを取る時間を三秒に限定することで、参加者は災害発生時に「とっさ」にとる行動を意識することになる。たとえば地震であれば、地震発生直前（緊急地震速報の受信）、地震発生中（地面が揺れている）、地震発生直後（揺れが収まった）の各ターニングポイントでの「とっさの」行動を考えることになる。このカードゲームを繰り返し行うことで、さまざまな状況での「とっさの」判断を身につけることが期待される。とくに、ハザードと場所と状況を組み合わせた問題文を工夫することで、「状況依存性」があることを伝える効果もある。②については、状況やカード図柄はあえて抽象化して作成しており、参加者の想定した具体的な状況次第で回答が何通りにもなる。したがって、参加者がさまざまな状況を想像することができ、一つの問題から複数の危険を参加者全員で共有することができる。③については、カードに言葉での表記を避け、災害時の「とっさの」行動を表すピクトグラムのみが描かれている。年齢・国籍（母国語）によらず、災害時の行動を思い描くことができる。以上により「危険の察知」と「危険からの逃避行動の判断」の習慣が醸成される。

二〇一四年度に「地震・津波編」が開発され、開発者および周辺の協力者で東北地方太平洋沖地震の被災地を中心に年間一〇件以上実施した。実施時の前後にアンケート調査を行い、効果測定を行った。設計どおりの教育効果の有無については、現在評価中である。

## (二) 減災アクションカードゲームの展開

日本語のほか、英語とインドネシア語での実践を行った(表4)。定量的な評価はまだ不十分であるが、コメントシートなどから、言語による障害はとくに認められなかった。日本への留学生には抵抗なく受け入れられているが、母国での実践については、災害の特徴や建物や文化の特徴から躊躇がうかがえた。

他の災害についても検討を行い「身近な災害」として、熊との遭遇なども含め、同様のルールで実施したが、とくに、「気象災害」や「火山噴火」などは、「とっさの判断」よりも、随時、情報を収集しながら行動を決定する場面が多いことから、ルール変更を行った。具体的には、場所カードの追加と、注意報段階と警報段階での二問一セットでの出題形式である。ルールが複雑化することで、児童・生徒での実践の妨げになることを懸念したが、試行段階では支障はなかった。現在、問題を増やして、実践を行う段階である。

一般に、「教材」は、開発者や専門家だけが利用することを目的としておらず、広く学校や地域での活用を前提としていることから、本教材についても開発者以外が容易に実践できることを目標に、実施者向けの解説書を作成した。実施の流れと、ゲームマスター、サブマスターの役割とともに、代表的な問題文に対して「危険」「危険回避行動」「問題の意図と解説すべきポイント」をまとめるとともに、参加者の学習到達状況に合わせて学年別に異なるサブマスターによるファシリテーション方針についても解説を加えた。低学年児には、状況を思い浮かべ、行動とその理由を述べることに重点をおき、中学年児には他の人の意見を聞くことにも重点を置き、高学年児・中学生には他の人の意見を吟味し、行動の時系列を理解することに重点をおいている。また、サブマスターは、とくに小学校低学年に対しては、必要に応じて出された意見をもとに基本的な防災知識の解説も補足的

表4　減災アクションカードゲームの実践一覧

| 日付 | イベント | 場所 | 対象 | 人数 | 言語 |
|---|---|---|---|---|---|
| 2014/7/20 | 学都「仙台・宮城」サイエンスデイ 2014 | 東北大学 | 地域住民、「地震・津波編」試行 | 70 | 日本語 |
| 2014/8/5 | 日英サイエンスワークショップ | 東北大学 | 日英高校生 | 10 | 英語 |
| 2014/9/30 | 仙台市通町児童館 | 仙台市通町児童館 | 小学1年生 | 20 | 日本語 |
| 2014/11/15 | M フェス | 宮城野区中央市民センター | 地域住民 | 10 | 日本語 |
| 2014/10/18 | 八木山南小学校 | 八木山南小学校 | 小学3年生 | 20 | 日本語 |
| 2914/11/18 | 宮城教育大学附属中学校 | 宮城教育大学附属中学校 | 中学1年生 | 150 | 日本語 |
| 2014/11/19 | 東北大学英語サークル EZ | 東北大学川内図書館 | 大学生、留学生 | 5 | 英語 |
| 2014/12/14 | 鹿児島大学合同企画 | かごしま環境未来館 | 未就学児～小学生 | 15 | 日本語 |
| 2014/12/20 | 飛翔型科学者の卵養成講座英語交流サロン | 東北大学 | 留学生、高校生 | 40 | 英語 |
| 2014/12/24 | いわき冬休み学習会 | いわき市沼の内公民館 | 小学1～6年生 | 10 | 日本語 |
| 2015/1/14 | 女川向学館 | 女川向学館 | 小学5～6年生 | 20 | 日本語 |
| 2015/1/18 | 飛翔型科学者の卵養成講座発展コース | 東北大学 | 留学生、高校生 | 10 | 英語 |
| 2015/3/21 | 楢葉ならでは祭 | 楢葉中学校 | 地域住民 | 10 | 日本語 |
| 2015/3/22 | 飛翔型科学者の卵養成講座海外研修 | 米国リバーサイド STEM 高校 | 米国リバーサイド STEM 高校 | 20 | 英語 |
| 2015/4/26 | 気仙沼さくら祭り | 気仙沼浄念寺 | 地域住民 | 20 | 日本語 |
| 2015/6/10 | いわき市豊間小学校 | いわき市豊間小学校 | 小学1～6年生 | 100 | 日本語 |
| 2015/7/19 | 学都「仙台・宮城」サイエンスデイ 2015 | 東北大学 | 地域住民、「身近な災害編」試行 | 80 | 日本語 |
| 2015/7/30 | 宮城野区防災チャレンジ | 仙台市宮城野区中野5丁目津波避難タワー | 少年防火クラブ小学高学年～中学生 | 60 | 日本語 |
| 2015/9/24 | いわき市立高久小学校 | いわき市立高久小学校 | 小学5～6年生 | 30 | 日本語 |
| 2015/10/15 | 八木山南小学校 | 八木山南小学校 | 小学3～4年生 | 60 | 日本語 |
| 2015/11/7 | 水戸市立双葉台小学校 | 水戸市立双葉台小学校 | 全学年の希望者 | 400 | 日本語 |

| 日付 | イベント | 場所 | 対象 | 人数 | 言語 |
|---|---|---|---|---|---|
| 2015/11/7・8 | 東北大学文学研究科ボランティア・スタディツアー | 陸前高田市 | 留学生・日本人大学生 | 30 | 英語 |
| 2015/11/19 | 東北大学文学研究科安全教育 | 東北大学 | 留学生 | 10 | 英語 |
| 2015/12/19 | 飛翔型科学者の卵養成講座英語交流サロン | 東北大学 | 留学生・高校生 | 180 | 英語 |
| 2016/2/26 | 復興大学 | 東北大学 | 復興大学受講大学生 | 30 | 日本語 |
| 2016/3/20 | 東北大学グローバルラーニングセンター | 東北大学 | 米国・日本人大学生 | 30 | 英語 |
| 2016/3/24 | 東北大学ボランティア HABATAKI | 東北大学 | ネパール高校生 | 18 | 英語 |
| 2016/3/24 | 仙台育英高校・米国ホーレスマン高校交流事業 | 東北大学 | 仙台育英高校・米国ホーレスマン高校 | 60 | 英語 |
| 2016/4/8 | 東北大学文学研究科新入生安全教育研修 | 東北大学 | 大学１年生 | 100 | 日本語 |
| 2016/7/17 | 学都「仙台・宮城」サイエンスデイ 2016 | 東北大学 | 地域住民、「気象災害編」試行 | 90 | 日本語 |
| 2016/7/6 | G-Safety C-Lab A1 | 東北大学 | 米国スタンフォード大学 | 20 | 英語 |
| 2016/7/30 | インドネシア留学生交流企画 | 東北大学 | インドネシア人留学生 | 55 | インドネシア語 |
| 2016/8/3・4 | 日英サイエンスワークショップ | 東北大学 | 日英高校生 | 10 | 英語 |
| 2016/10/15 | 八木山南小学校 | 八木山南小学校 | 小学３～４年生 | 60 | 日本語 |
| 2016/11/7 | 熊本大学 HIGO プログラム | 熊本大学 | 地域住民、「地震・津波」「火山」 | 20 | 日本語 |
| 2016/11/15 | いわき市豊間小学校 | いわき市豊間小学校 | 小学１～６年生 | 100 | 日本語 |
| 2016/11/22 | キワニス大分 | 湯布院 | 湯布院地域３児童館 | 100 | 日本語 |
| 2016/12/17 | 飛翔型科学者の卵養成講座英語交流サロン | 東北大学 | 留学生・高校生 | 180 | 英語 |

に行う。このようなファシリテーション方針は、本カードゲームの実践を通して経験的に編み出したものである。解説の実施のための解説書を作成し、二〇一五年度以降上記解説書をもとに、実施者向けのサブマスター講習会を実施している。実践を前提としたサブマスター受講者が多く、講習が機能し、多くの実践につながっている（**表5**）。

教員免許状更新講習会では、地震のメカニズムに関する講義を二時間、津波のメカニズムと災害に関する講義を二時間、サブマスター講習を二時間で実施している。コメントシートによれば、専門的知識と具体的避難行動が連続的である観点で高評価を得た。

**表5　減災アクションカードゲーム実践希望者向けの講習会など**

| 日付 | イベント | 場所 | 対象 | 人数 | 受講者による実践 |
|---|---|---|---|---|---|
| 2014/9/4 | 勉強会 | 仙台市役所 | 市職員・消防士・市民活動グループ | 20 | 開発協力・企画実施協力へ |
| 2014/10/10 | サブマスター講習会 | 東北大学 | リーディング大学院生（以降随時） | 40 | 小中学生向け実践多数 |
| 2014/11/27 | 宮城県学校安全研修会 | 気仙沼合同庁舎 | 幼小中高教員 | 60 | 気仙沼唐桑小学校 |
| 2014/12/6 | 飛翔型科学者の卵養成講座発展コース | 東北大学 | 高校生 | 3 | 留学生向け実施<br>米国リバーサイド STEM 高校 |
| 2015/2/20 | サブマスター講習会 | 仙台市市民活動サポートセンター | わしん倶楽部・消防士・防災士・高校教員ほか | 20 | 支援学校<br>国連防災世界会議ほか |
| 2015/3/1 | 勉強会 | 東北電力グリーンプラザ | わしん倶楽部・市職員ほか | 15 | 少年防火クラブほか |
| 2015/5/10 | サブマスター講習会 | 国士舘大学 | 救命救急コース学生 | 20 | 多摩地域小学校、赤十字東京支部、海外など多数 |
| 2015/8/7 | 地震学会教員免許更新 | 東北大学 | 小中高教員 | 20 | 名取市小学校<br>もえぎ野小学校 |

| 日付 | イベント | 場所 | 対象 | 人数 | 受講者による実践 |
|---|---|---|---|---|---|
| 2015/11/6 | サブマスター講習会 | 茨城大学 | 水戸市双葉台小学校保護者・茨城大学学生ほか | 25 | 水戸市双葉台小学校 |
| 2015/12/13 | サブマスター講習会 | 岩手県立大学政策学科 | 仙台市クロスロード研究会ほか | 30 | 介護士向け研修会<br>高知県黒潮町 |
| 2015/12/19 | サブマスター講習会 | 東北大学 | 神戸大学附属高校 | 7 | 神戸地域小学校５年生 |
| 2015/12/29 | サブマスター講習会 | 東北大学 | 広島大学学生簿連ティアサークル「OPERATIONつながり」 | 20 | – |
| 2016/1/24 | サブマスター講習会 | NPO法人明日のたね | NPO法人明日のたね（山形県鶴岡市） | 6 | 法人研修会・地域小学校 |
| 2016/1/30 | サブマスター講習会 | 東北大学 | 仙台育成高等学校 | 4 | 米国ホーレスマン高校生（英語実施） |
| 2016/3/5 | サブマスター講習会 | 東北大学 | 東北大学グローバルラーニングセンタースタッフ | 3 | 米国メリーランド大学生（英語実施） |
| 2016/3/16 | サブマスター講習会 | 松島高校 | 松島高校観光科２年 | 80 | – |
| 2016/3/24 | サブマスター講習会 | 東北大学 | しおがま女性防災ネット（仮） | 2 | しおがま女性防災ネット（仮）研修会 |
| 2016/4/8 | サブマスター講習会 | 東北大学 | 東北大学文学研究科学生 | 15 | 東北大学文学研究科新入生安全教育研修 |
| 2016/6/26 | サブマスター講習会 | 東北福祉大学 | Support Our Kids　高校生海外研修事前教育 | 100 | – |
| 2016/7/17 | サブマスター講習会（気象災害編） | 東北大学 | 猪苗代町青年組合 | 2 | 猪苗代町防災イベント |
| 2016/8/8 | 地震学会教員免許更新 | 東北大学 | 小中高教員 | 28 | – |
| 2016/11/6 | リーディング大学院活動報告会 | 熊本大学 | 熊本大学 HIGO プログラム | 20 | リーディング大学院共催企画 |

### (三) 地域に根ざした防災教育の取り組み事例

二〇一三年三月、被災地である仙台での国連防災会議が開催された。その中で、被災地外の人へ向けた情報提供、被災地の中での伝承は、ジオパークの枠組みの中でどのように実践できるかの議論の場として、「被災地でジオパークを考える！――大地の災いと恵み」と題したフォーラムが、二〇一五年三月一七日に開催された。世界・日本ジオパークの流れと、被災経験に基づく先駆的な取り組み事例が紹介されるとともに、災いと恵みが同じプロセスの中にあることを理解し、被災地の人自身で発信していくジオパークを目指して、ハード整備ではなく、人材育成の視点に重点をおくことが強調された。発災直後は、災害から身を守る教えに関心が集まりがちだが、時の経過とともに、楽しめる視点が必要であり、その連続的・統合的なしくみとしてジオパークへの期待が大きい。また、体験者の声は印象的ではあるものの、それを次世代に伝えることは簡単ではなく、さらに、将来的対策のためには、体験だけではなくその背景にあるしくみについての専門的な知識も必要で、より適切に伝えることのできる人材の育成が求められていると締めくくられた（Kuri. et. al, 2016）。

地域防災教育の充実を行うことで、若い世代の定住促進を目指す地域で、試行的ながら、地域の実情に合わせた教育プログラムを開発し、展開する試み（山田・松本 二〇一五、長谷川ほか 二〇一六）も始まっている。

## おわりに

東日本大震災後の学術からの情報発信事例と、発信された情報の受容や活用の観点から「情報発信企画」「対話型企画」「教材開発」に分類して、それぞれの特徴を報告した。発災後の市民の情報ニーズは、震災後三カ月程度までは「何が起こったかの把握」に始まり、半年後にかけて「日常生活において何をすればよいか」が続き、その後、地域復興に向けた具体的対策に向けての現場での情報収集に重点がおかれた。時間経過については、被災の規模や対応組織の規模によっても異なるが、サイクルについては大きな差異はないと考えられる。

本稿では、「潜在的関心層」や「広領域分野関心層」向けの義務教育課程の自然科学知識を土台とし、論理性を重視した防災教育プログラムの開発を提案した。

「わかりやすさ」への配慮の結果としての蓋然性の高い事例に特化した対策と説明が、住民にとって応用のしにくい情報となった可能性を指摘し、その改善策として、原理の説明を行う基礎科学重視の防災教育に取り組んだ。「応用可能」で「行動に結びつく」防災教育を目指して、具体的な危険や具体的な状況依存の判断については現象の理解が有効との仮説のもと、「危険を察知しようとする習慣」と「状況依存の存在の認知」を日常から養う「減災アクションカードゲーム」の開発を行った。行動の理由を説明することで論理的な思考の訓練を取り入れ、サブマスターには発言の促進とともに、現象の理解への解説の役割を担わせた。さらに、解説の実施のための解説書を作成し、講座を実施した。災害情報の活用には「防災行動」にいたる「とっさの判断」と「刻一刻と変わる状況の情報に基づく判断」と、「長期的に備えるための判断」があり、時間の概念が重要となる。対象とする災害に応じて「とっさの判断」と「刻一刻と変わる状況の情報に基づく判断」を対比的に学ぶことの効果測定は今後の課題である。

社会実装の視点からニーズ志向が指摘されているが、シーズ（先端学術）との齟齬の評価と説明が課題である。たとえば、地震予知のニーズに対して地震予知の現状に関する社会への説明が求められる。また、ハザードマップを「安心マップ」と誤認しないためには、ハザードマップの「想定」を理解する教育が課題となる。ただし、東日本大震災では「想定外」という言葉に注目が集まったが、現状は、「想像外」と「対策外」の混同があると考える。蓋然性の高い事例を基準にした対策が、最適解とはなりえない。また、最大規模の想定に悲観し、思考停止につながる可能性もある。長期的な視点での災害情報の活用では、費用対効果の概念も必要である。費用対効果は、個人や団体・組織の価値観とも関連する。地域の実情を知る人材を対象に、価値判断能力と科学的判断能力を培う教育プログラムの開発が課題であり、現在取り組みが始まったところである。

**謝辞**　本調査対象の企画は、東北大学大学院理学研究科教育研究支援部アウトリーチ支援室（著者前所属）およびＲＩＳＴＥＸ「不確実な科学的状況での法的意思決定」、東北大学リーディング大学院「グローバル安全学トップリーダー育成プログラム」の協力を得て実施した。記して感謝する。

**参考文献**

小川剛史・小桧山朝華・ジョンイジョウ・大塚光・佐藤春樹・藤田遼・久利美和、二〇一五、「アンケート調査に見る高校生の科学と社会に関する認識」科学技術社会論学会『第一四回科学技術社会論学会予稿集』
小川剛史・牛増渊・蘇亮・李允成・久利美和、二〇一六、「ＳＴＳ教育実践――工場地帯誘致をめぐるワークショップ」『第一五回科学技術社会論学会予稿集』
釜石市、二〇一四、「釜石市鵜住居地区防災センターにおける東日本大震災津波被災調査報告書」http://www.city.kamaishi.iwate.jp/kurasu/bosai_saigai/oshirase/detail/__icsFiles/afieldfile/2015/02/25/20140312-130741.pdf.（参照年月日：二〇一六年一二月一日）
気仙沼市、二〇一〇、「チリ地震津波における気仙沼市民の避難に関するアンケート結果等」http://www.kesennuma.miyagi.jp/sec/s002/020/030/050/010/010/2301/230112/2011-01-12-002.pdf.（概要）（参照年月日：二〇一六年一二月一日）
久利美和・村上祐子・立花浩司、二〇一一、「科学的不確実性を伝える企画としてのサイエンスカフェ」『日本地震学会ニュースレター』二三巻四号、三〇－三二
久利美和・村上祐子、二〇一五、「高等学校課題研究支援からみる地学と地震・災害の科学」『日本地震学会モノグラフ』四号、「学校・社会教育による地震知識の普及」一三九－一四三

久利美和、二〇一七、「東北地方太平洋沖地震後の大学理学分野からの情報発信における企画の主旨・形態・規模——潜在的関心層の動向」（投稿中）

Kuri, M., I. Miyahara, M. Watanabe, S. Sato, K. Nakagawa, 2016,「Report of "Geopark on Stricken Areas: Disasters and Gifts of Geo"」『Journal of Disaster Research』Vol. 11. No.3, p.425-436

佐藤翔輔・今村文彦・林春男、二〇一三、「ウェブニュースから東日本大震災を分析する」平川新・今村文彦、東北大学災害科学国際研究所編『東日本大震災を分析する二　震災と人間・まち記録』明石書店、第三部第七章、二三五－二四八

城下英行・河田恵昭、二〇〇七、「学習指導要領の変遷過程にみる防災教育の課題」『自然災害科学』二六－二、一六三－一七六

田中幹人・丸山紀一朗・標葉隆馬、二〇一二、『災害弱者と情報弱者——三・一一後、何が見過ごされたのか』筑摩選書

東北大学大学院理学研究科評価分析・研究戦略室、二〇一三、『東北大学大学院理学研究科・理学部、二〇一一年東日本大震災後の記録』

内閣府大臣官房政府広報室、二〇一三、『防災に関する世論調査』http://survey.gov-online.go.jp/h25/h25-bousai/index.html（参照年月日：二〇一五年一二月一日）

——、『阪神・淡路大震災教訓情報資料集』http://www.bousai.go.jp/kyoiku/kyokun/hanshin_awaji/data/index.html.（参照年月日：二〇一六年一二月一日）

中村征樹、二〇〇八、「サイエンスカフェ——現状と課題」『科学技術社会論研究』第五号、三三－四三

長谷川翔・平田萌々子・石澤尭史・伊藤大樹・昆周作・山田修司・磯崎匡・松岡祐也・佐々木隼相・松本行真・久利美和、二〇一六、「福島県いわき市沿岸部における地域の安全・安心の社会実装に関する取組」『第一五回科学技術社会論学会予稿集』

秦康範・酒井厚・一瀬英史・石田浩一、二〇一五、「児童生徒に対する実践的防災訓練の効果測定——緊急地震速報を活用した抜き打ち型訓練による検討」『地域安全学会論文集』二六号

久松明史・山田修司・渡邉俊介・金子亮介・牧野嶋文泰・秋戸優花・望月達人・吉田奈央・三嶋葵・久利美和・今村文彦・湯上浩雄、二〇一五、「防災学習の新教材「減災アクションカードゲーム」の開発と普及」『津波工学研究報告』、第三二号、三〇一－三一八

藤田遼・小林龍一・小桧山朝華・大塚光・ジョンイジョウ・小川剛史・山田修司・久利美和、二〇一五、「異分野融合大学院生

によるＳＴＳ教育の実践へ至る背景」『第一四回科学技術社会論学会予稿集』
文部科学省、二〇〇四、『平成一六年版科学技術白書』
――――、二〇〇七、『防災教育支援に関する懇談会中間とりまとめ（案）』
――――、二〇一〇、『学校安全参考資料「生きる力」をはぐくむ学校での安全教育（平成二二年三月）』http://www.mext.go.jp/a_menu/kenko/anzen/1289310.htm（参照年月日：二〇一六年一二月一日）
――――、二〇一一、『第四期科学技術基本計画』http://www.mext.go.jp/component/a_menu/science/detail/__icsFiles/afieldfile/2011/08/19/1293746_02.pdf（参照年月日：二〇一六年一二月一日）
――――、二〇一二、『平成二四年版科学技術白書』
八木絵香・山内保典、二〇一三、「論争的な科学技術の問題に関する「気軽な」対話の場作りに向けて――「生物多様性」をテーマとしたプログラムの開発を例に」『科学技術コミュニケーション』（一三）七一-八六
山田修司・松本行真、二〇一五、「沿岸被災地における「安全・安心」の社会実装に向けた課題――福島県いわき市平豊間地区を事例に」吉原直樹・仁平義明・松本行真編著『東日本大震災と被災・避難の生活記録』六花出版
矢守克也、二〇一〇、「防災教育の現状と展望」『自然災害科学』二九（三）二九一-三〇二
吉澤剛、二〇一〇、「テクノロジーアセスメントの現代的意義」『科学』八〇（七）、岩波書店
ＲＩＳＴＥＸ、二〇一一、「不確実な科学的状況での法的意思決定」プロジェクト『法と科学のハンドブック』

# 知識と復興支援

松平好人

## はじめに

津波被災地域の復興支援のための法律、条令の制定、また防災に関する専門知や技術知を動員して、防潮堤、防災緑地や高台移転が進められている。これらは、新しい知識の当該地域への導入ということができる。本稿では、復興支援は新しい知識の導入ないしは移転であるとの視点から、第一に、人間的な知はグローバルなのか、それともローカルなのか、第二に、導入する新しい知識と対象地域のローカルナレッジといかにして折り合い、関係をつけていくのか、という二つの問題を検討する。

この二つの問題を考察するための準備として、第一節では、混同されることが多いと思われる情報と知識の区別を試みる。第二節では、やや歴史的に知識がどのように捉えられ、考えられてきたのかをみていく。そこでは、知識の正当化についても取り上げる。そして第三節で、本稿で扱う第一の問題、人間的な知はグローバルなのか、それともローカルなのかについて検討する。第四節で第二の問題、新しい知識の導入に際し、対象地域のローカルナレッジといかにして折り合いをつけていくのか、について論じる。

# 一　情報

本稿では知識を取り上げるが、知識について論じる前に情報について論じておきたい。というのも、日常の文脈では、とくに区別なしに知識と情報を同じように使用していることもしばしば見受けられるからである。たとえば、「真央は沖縄についての知識をもつ」という文の「知識」の部分を「情報」という言葉に入れ替えたとしても、強い違和感を覚えない人も少なくないのではないだろうか。しかし、知識と情報とは、違うものである。知識も情報も、何人も同意する最終版といわれる定義があるわけではない。それは知識について、哲学が知識の理論あるいは認識論の中で論究してきた歴史からもすぐにわかる。しかし、だからといって知識や情報をどのように捉えるかについて何も論じられないわけではない。それでは、情報について考えていきたい。

## (一) 情報とは

情報というのは何であろうか。「情報」について辞書で確認すると、次のようである。

広辞苑 第二版（岩波書店）

・或ることがらについてのしらせ。

国語辞典 新版（旺文社）

・事柄の内容・事情の報告。事件のようすの知らせ。「――網」

・ある意味をもった文字・記号などで、それを受けた人間や電子計算機などの機械の動きに何らかの変化をあたえるもの。

情報は、形をもっていない。そのため、情報は物理的対象のようなものではない。つまり、自然科学が対象とするような実体あるものとしての具体的事物ではない。情報というのは、構成状態の変化や事物のあり方の変化に関係する概念だと考えられる。こうした、捉えどころのなさから、具体的事物であるコンピュータを頼りにして、情報＝コンピュータとの考え方も広く見受けられる。ここには、ハードウエアである情報機器やソフトウエアを活用する能力の重視がうかがえ、大学には、学生の初年次教育に「コンピュータリテラシー」や「情報リテラシー」という授業がある。このリテラシーの向上は情報についての一側面についての習熟ではあるが、情報の広範な世界を理解することとは違うのである。

情報を考えていくのに、他の概念との関係から考えていく。具体的には、「情報」の概念に「意味」という概念を関係づけて考えていくのである[1]。

「情報」という言葉について、情報を扱う学問である情報学、情報科学の文脈における専門的意味と私たちの日常生活の文脈における日常的意味とが区別されよう。前者の専門的意味における情報とは、「ビット（binary digit）」で計測される量的な面であり（Shannon 1948）、後者の日常的意味におけるそれは、入荷情報、お天気情報といった「意味内容」を包含する質的な面である。「ビット（binary digit）」で計測される量的な面を研究するのは、情報科学であり、他方、「意味内容」を包含する質的な面を研究するのは、意味論（semantics）となる。

Shannon の固い信念とは、「価値ある情報を高速、かつ、正確に送りたい」というものであった。そうした信念から、現代の通信技術の基礎となる「情報源符号化定理」「通信路符号化定理[2]」などの定理を世に出した。

Shannonは、一九四八年の「通信の数学的理論」という論文で、確率という面から情報の量を定義して、それを土台にして情報理論という分野を切り拓いたのである。

情報科学での情報は、「ビット」という単位で計られるメッセージの量的概念である。一方、「不動産情報」「株式情報」など日常の文脈における情報という言葉の使用では、情報は、先に広辞苑でみたような「お知らせ」というニュアンスとともに連想される。この場合、情報は意味内容を持つ質的概念である。こうした用法における情報は、意味論に関係する。情報は、質的概念としては意味論の対象であり、量的概念としては情報科学の対象となる（Floridi 2004）。本稿では、意味論の対象とする情報の質的側面についてより(3)、量的概念としての情報をおもに取り上げることにする。

情報科学の対象である量的概念としての情報と、意味論の対象である質的概念としての情報とでは、何の共通性もないのだろうか。もし共通性が一切ないとしたら、同じ「情報」という語で呼ぶ必要などない。では、何かというとそれは「意外性」という性質である。エントロピーの考え方では、起こる確率がちょうど二分の一のときに情報量（個々の情報が持つ大きさ）が最大となる。すなわち、エントロピーは、意外性が最大のときに情報量も最大となるので、意外性を含む情報がもっとも価値ある情報と考える。ゆえに、判断がつきかねる場合に、意外性ある情報が必要となってくる。意外性が高ければ、情報性も高いとされる。つまり、誰もが知っているような情報では、情報性がないということである。

広辞苑によれば、情報とは「或ることがらについてのしらせ」のことである。ここでいえば、知らせという概念が情報という語の意味の中心となる。あるメッセージが、情報価値を持つか否かを決める要因には、情報を発する送り手の意図、それからメッセージの中の新規性に気づく受け手の理解というコミュニケーションレベルにおける語用論の要素も含まれる。したがって質的概念としての情報には、意味論的次元に加え、文の意味を文脈や意図も考慮して分析する語用論的次元も含まれるのである（Cherry 1957）。

こうした捉え方に対して、情報理論では、情報をメッセージの確率論的特性と捉え、意味とは無関係とされる。ある信号が、情報を持つというのは、Martinet（1960）によれば、「あるものの代わりに出現可能な代替の信号を除く限りにおいて」とされる。果物の嗜好の話をしているときに、「grape」の後にfと続けばそれは「grapefruit」しかなくなり、代替信号「grape」は除かれる。この文脈では、grapeで終わるか、grapeに続きfruitとなりgrapefruitの二つのどちらかを二分の一の確率で予想できる。

情報の量を決めるのは、確率論的特性、すなわち除かれる代替信号の数である。除かれる代替数が多い信号は、出現の可能性が低い信号である。この信号は、除かれる信号が少数、出現の可能性が高い信号よりも多くの情報を持つといえるのである。つまり、出現の可能性が低い信号、いいかえれば、意外な信号であればあるほど多くの情報を持つと考えられる。

情報理論では、ある長さを持つメッセージの任意の部分に、ある信号が出現すると予想される確率を基準として、情報値が算出される。情報の量化というのは、信号の出現の統計的な確率という観点から行われるのである(Cherry 1957)。

情報の量化(4)について、簡単に確認しておこう。

情報の量化というのは、確率の計算に基づいている。情報理論で用いられる基準は「二進コード」での信号数、信号の確率、組み合わせの制約などである。情報理論においては、一と〇と表記される電気信号のON・OFFという二つの信号だけからなる二進コードが使用される。

たとえば、アルファベットの二六文字に「space」「.」「,」「—」「?」「-」を含めた三二文字のアルファベット体系を二進コードで翻訳し、スタートから一か〇を次々に選んでいけば、ある文字にたどり着く。アルファベットのAなら〇〇〇〇〇、Zなら一一〇〇一と表される。こうした場合、選択回数（C）の信号数（N）とは、次のように対応する。

選択回数（C）＝一、二、三、四、五

信号数（N）＝二、四、八、一六、三二

この選択回数と信号数との関係を式で表すと、

C＝log2N

この式の値が示すのは、一つのコード体系から、特定の信号を選ぶのに必要な選択回数である。たとえば、コード体系の一つとしてアルファベット体系を考えると、上の対応表からN＝三二の中から、文字Yを選択するためには五回の選択が必要だとわかる。式で表せば、

C＝log232=5

情報理論では、この選択回数を「ビット（binary digit）」といい、情報値を測定する基本単位となっている。文字Yの場合であれば、情報値は五ビットとなる。

ある信号の情報量とは、それが出現する可能性が低さに比例して大きくなる。すなわち、ある信号の情報量は、出現確率に反比例するのである。このことが情報の量化の基本であり、ある信号が持つ情報量（i）は、それの確率（p）の逆数といえる。

i＝1/p

これは、確率pが小さければ小さいほど、情報iの値が大きくなることを示している。

以上みてきたように、情報には、意味論の対象である質的概念のものと、情報学の対象である量的概念のものと二つの側面から捉えることが可能であるということができる。

## 二　なぜ「知識」は問題となるのか

前節では、情報の基本を確認した。それでは、知識について論じていきたい。知ることがなければ、私たちは生活することができない。普段、意識していないのでこういわれると本当かと思われるかもしれない。知は、何も哲学の議論を待たずとも、私たちの生という場面に深く浸透し、生の維持に不可欠な役割を果たしている。「あの里山では、大きな熊がよく出る」との知識は、山間部に暮らす人たちには、生きるために役立つものである。大げさにいえば、ヒトという生物の生存に寄与する知識である。

「知識（episteme）」という語は、ギリシア語では、「知ある」（sophos）という形容詞、「知っている」（eidenai）という動詞から派生した抽象名詞である。この語源からすれば、ある人が、知っている者であるということが基本で、そのあり方を抽象化してはじめて「知」が扱われるということになる。

知識の考察について、ギリシアの哲学者 Plato の対話篇に見いだすことができる。たとえば、対話篇『メノン』で、Socrates は次のようにいう。

「正しい意見（真な意見）と知識との間には違いがあるということは、私の場合、推測ではなく、私が知っていることだと特に断言したいことなのである。それについてこういう断言を私がすることがらは、多くはない。しかし、少なくともこのことは、知っていることのなかにふくめていることなのである」（『メノン』九七C）

また、『テアイテトス』で Plato は次のような問いを立てた。

「多くの種類の知識を一つの定義でいいあらわそう」（『テアイテトス』一四八E）

Plato は、『テアイテトス』の中で知識の定義について、十分なものは与えられなかった。

古代ギリシアでは「知恵」が人間の徳（arete）に含まれていて、「知」がある状態というのは、勇気があるのと同じように、人のあり方を指すのである。[5]「勇気」は人の振る舞いやあり方と分離されて成立をみないのと同じように、「知」というのも人間の一つの善いあり方として理解されている。つまり、知があるということが、善き人のあり方なのである。

Aristotle は、知恵、賢慮、技術などを徳とし、「知」は人間の最高善である幸福を構成する要素、基本となるきっかけであると考えた。知の活動は、人間存在の本性の実現であり、そうした生き方が、最高に善く幸せであるとし、知ある者こそ、人間の理想とされた（Aristotle『ニコマコス倫理学』）。

みてきたように、もともと知は「知っている人のあり方」を指していた。しかし、現在では「知られたもの」が捉えられ、私たちの中にあり、獲得、蓄積、消されたりするものとして扱われる。私たちのいる世界では、「情報」の概念はときに「知識」と同じものとされている。

知識が、人間と切り離され、独立して蓄積されたり、やりとりされたりするものであるとするならば、知識を担う主体である人間が必要でなくなり、コンピュータで事が足りる。知るということは、私たちが生きていることから不可分であり、生きることの基底をなすであろう。

## （一）知の境界

知識と情報は異なり、現代社会で信じられている「知識とは情報を持つことだ」というのは正しくない。ただ情報を持つだけで、役立て、すなわち行為が伴わなければ知っているとはいえない。

たとえば、「知識を持っている」という言語表現を考えてみると、「持っている」は動詞であり、対象となるものを身につけていたとしても、所持を自覚していないことを許す。というのも、真央という人が出かけるときに、雨を疑い、折り畳み傘をカバンに入れていたが、カバンに入れたことをすっかり忘れ、雨が降り出したときに、「折り畳み傘を持ってこなかった」と後悔することもあるからである。

知識を持っているといわれる人が、その知識に関して間違った判断を下すのであれば、それは「知識がある」とはいいがたい。その場合、そもそも知っていると思い込んでいただけで、知っていなかった、不十分にしか知ってはいない、と判定される。

先に述べたように、「知っている」とは、情報を蓄積し、持っている状態ではない。それを役立て、利用、活用するという能力を含む。それには、知っているかどうかを自覚していることが必要となる。たとえば、天文学の専門家は、自分の知識の範囲、範囲外を自覚しているだろう。知っているという知の境界線を自覚していることは、知の理解には重要であろう。どれくらい多くの情報を蓄積し、持つのかという問題は、知っていることの自覚と比較するならば、ごく副次的なものだといえる。

## (二) 近代における知

近代に入ると、知の特徴の一つとして、形而上学的関心から離れて、知識そのものの独立した捉え方が強くなる。しかし、先にも触れたが、それは知識が、人間の生活世界から独立したことを示しているのではない。近代の知は、私たちの日常の場面である生活に役立つであるとか、実践的であるとかが、考えられている。

また、近代の知が、近代科学として前面に出てきて、加えて第一に近代の自然科学としての性格を含んでいくことになったことは、注意しておいてよい。「知識の近代性」ということをいうのであれば、それは近代科学としての特徴に見いだせるのである。

近代では、新たな知識は、おもに自然に対する研究分野で開拓されていく。こうした分野では、直接に技術とつながる知識を求めた。

近代の知の特徴の一つに、経験重視がある。いいかえれば、実証性である。経験、つまり私たちが行う観察や実験が、数量的な観察へと移行したのは、近代である。たとえば、Harvey の血液循環説では、心臓からポンプのように送り出される血液量に注目した。近代初頭の自然科学において発見にいたった諸法則は、量への着眼から成功を重ねていく。Galileo は、科学は神が自然の書物の中に示したものを対象とするとしたうえで、「この書物は数学的な記号で書かれている」という言葉を残し、ここには量への視点がよく表れているといえるだろう。近代の知は、実証性にその特徴を確認できるが、旧い科学と決別し、新たな学として科学的な方法を重視したことも重要だろう。その代表として、英国の Bacon を挙げることができる。Bacon は、徹底的なスコラ的方法を批判した。正しい知識を手に入れるための障害となる先入見として、「偶像（イドラ）説」を唱える。これを部族の偶像（人間という種の限界に由来、知覚は人間に相対的）、洞窟の偶像（個人の性格、好き嫌いという心理的なものに左右）、市場の偶像（使用する言語の誤用により混乱が生ずる）、劇場の偶像（権威の乱用、悪用により混乱が生ずる）に区分し、各部分で挙げられている典型的先入見とは、スコラ哲学のものを指していた。

こうした批判の後、Bacon は、とりわけはじめの三つの偶像を持つことなく、客観的な観察を行うことから始める。そして、そうした観察による個別の言明から出発し、普遍的・一般的言明を引き出す帰納法を主張した。Bacon の知識についての主張でより重要な点は、帰納法で得られる知識の性格に関する見解であり、それは、自然への働きかけである。『ノヴム・オルガヌム』の中で、「知識と力とは一つに合致する」という一節があり、帰納法で自然の内にある形相（原因や法則など）を明らかにしていくことで終わるのではなく、自然を私たちのために働かせる、これが先の一節にある「力」である（桂　一九七一）。

こうした知識の私たちの生活への活用、応用は、近代における知識に対する一般的な捉え方を示しているのではないか。桂（一九七一）によれば、こうした捉え方は、Descartes にもみられるという。その説明に従えば、『哲学原理』の仏訳者に与えた序文にかわる『書簡』で、学問を一本の木にたとえている。根が形而上学、幹を自然学、枝を諸学とし、そのおもなものとして医学、道徳、機械に関する学を挙げている。Descartes は、果実を収穫するのは木の根からでも幹からでもない、それは枝の先からである、と述べている。そして、哲学の効用も、最後に出てくると説明する。直接的に実用性を説いているとはみえないが、諸学の成果としての知識の人間の生活への効用が、自然なかたちで説かれているといえるのかもしれない。みてきたように実用性は、近代の知の起こり始めたときには、広く一般的に認めていたと解することができる。

近代の知が、かつての形而上学的な関心事から離れて、私たちの生活向上のために直接に役立つとなるならば、それは個人の所有ということではなくて、社会が持つ財という捉え方になる。なぜならば、そうでなければ、知の機能を十分なかたちでもって発揮することができないからである。知識の役に立つという成果を受けて、これを生活のために役立てる側、加えて、知識の生産側という二つの側において、一人の優れた能力の持つ仕事のような性格のものではなくなる。これは、経験から出発する実証性に発している。個人の限定された能力、経済力でもってある知識のための経験さえ、すべて準備することはできない。他の多くの人の共同や支援がいる。こうしたところに、一種の社会の財となるような知識の特性がみられるだろう。近代における知というのは、個人の独立した営みからではなく、多くの人との共同の営みにより、社会に属している一つの資本として社会性を帯び、その獲得、蓄積、活用を通じて大きくなり、そして、必要に迫られて、使用するものではないだろうか。

最後に、知識との関係からみた Kant の哲学に少し触れておきたい。

Kant 哲学は、理論哲学という枠内だけでも知識論は主たるテーマではない。Kant は、認識というのは対象に従うものであるという代わりに、対象が認識に従うものであると考えた。これは、経験の世界は精神により構成されるのであり、経験の世界のさまざまな性質というのは、こうした構成の産物であるとする観念論の考え方である。対象が従う相手である認識があくまでも認識形式であり、対象が認識により産み出されるのではない。加えて、その認識形式が個人の主観ではなくして、論理的とか、経験に先だってといわれるものであったとして、また「物自体」「現象」とを区別し、現象のみが認識に従うのであるから、物の存在は否定しない。そこからは、知識や認識の成立について、主観的なものにかなりの優位を認めている。

対象が認識に従うという考え方は、観念論を主張している。これは、Kant は自らの立場を新たに表明している。経験の世界を主観の精神の対象のもとに限定して認めようとする姿勢を明確にしたのが Kant の批判哲学であったであろう。知を成立させるためには、Kant の観念論が背景にあって、それを白日の下にするのが Kant の哲学上の第一の論究だったであろう。Kant の仕事は、知識に関していえば、近世の始まりから観念論をはっきりとしたかたちでもって表明したのである。

Kant は観念論を手がかりにして、哲学の新しい企てをしていた。それが、Kant の理論哲学で解決にいたらなかった「物自体」と「自我」への探究に向かうように見受けられるが定かではない。この点について、ここでいうるのは、知識論の範疇ではないということである。

## (三) 知識の定義とその正当化

近代哲学の認識論、同じであるが知識の理論では、人間の認識の可能性に注目し、その条件を論じてきた。古代では知っている人のあり方が焦点であったが、近代では知識の成立条件に焦点が移っていたのである。

Russell は、一九一二年に著した『哲学の諸問題』の中で、いろいろな知識を対象によって分類し、地図を描いた。その中に真理の知識と呼ぶものがあり、それを二つに分類した。

・真理の直接的知識：直観的、自明な真理の知識
・真理の派生的知識：直観的あるいは自明な真理から、直観的・論理的真理を推論規則とし、それを使い演繹

された知識

Russell は、真とか偽といわれるのは、信念や信じられる命題でなくてはならず、偽である信念を持つことはあるのだから、自明な信念はいつも真理を保証はしない、と考えた。ではいったい、真な信念、偽な信念を線引きする基準とは何なのか。

（一）真な信念にも偽な信念にも、具体的な例が存在する

（二）信念が真か偽かには、信念の外にある何かに依拠する

真理の知識を考えてみると、「SはPを知る」という形式の言明で表現される。

（Ⅰ）真央は神戸にポートタワーがあることを知っている

この言明は、Russell によると「命題的知識」を表現しているという。というのは、「神戸にポートタワーがある」という命題[6]を真央が知っているからである。

文がある状況を正しく記述しているとき、その文は真な命題を表すということができる。命題的知識というのは、真な命題により与えられるものであり、ある人間Sと、ある命題Pとの間の関係を示している。Russell は、人間Sと命題Pとの関係をどう定義すべきかを考えた。

（Ⅱ）SはPを知っている　⇕　SとPとが$C_1$、$C_2$、$C_3$……を満たしている

「⇕」という記号は、必要十分条件を表す

伝統的に「知識」はどう定義されてきたかといえば、「正当化された真なる信念」とされた。これを論じた文献としてはじめにいわれるのは、先ほど触れた Plato の『メノン』や『テアイテトス』である。

人が何かを知っているというときに、その何かとは何を指すのか。それは、真な意見（信念）である。真央が二〇一六年に大隅良典教授がノーベル生理学・医学賞を受賞したことを知っているとき、大隅良典教授がノーベル生理学・医学賞を受賞したことは真なはずである。知識を持つというのは、世界が真な命題が記述しているとおりであると信じているときである。

（Ⅲ）　SはPを知っている　⇕　SはPを信じ、かつ、Pは真である

しかしこれでは安心できないのである。あることを信じたときに、のちにその信念には根拠となるような証拠がないという場合がある。いいかえれば、正当化がされない信念だったのである。知識を（Ⅲ）のごとく定義すると、Pが真でも、それのみでは、SがPを知っているとはいえなくなる。ゆえに、SがPを知っているといいうるためには、Pが真である以外にも、Pが満たすべき条件があるのではないか、ということがわかってくる。

（Ⅳ）　SはPを知っている　⇕　SはPを信じ、Pであるとの S の信念は正当化されて、かつ、Pは真である

## （四）知識についての内在主義と外在主義

ここで、正当化の意味をどのように考えたらいいのだろうか。[7] 正当化の理論には大きく二つある。内在主義と外在主義である。

内在主義：正当化の諸条件が内部的、すなわち、信念が正当化されているかどうかが私たちの心の中の認知状態だけで決まる

外在主義：正当化の諸条件が外部的、すなわち、信念が正当化されているかどうかにその人の心の中の認知状態以外の要因が関係しても構わない

内在主義には、二つのタイプが存在する。一つに基礎づけ主義、もう一つが整合主義である。他方、外在主義の代表格には、信頼主義がある。それでは、その主張に耳を傾けよう。

基礎づけ主義[8]は、推論によってでは正当化できない信念の最終的段階があるという考え方である。他のあらゆる知識は、こうした最終段階の信念から導出される。ゆえに、信念は二つのクラスに分類される。

①他の信念から支えられる必要のある信念

②他の信念から支えられる必要のない信念

基礎づけ主義者が何よりも恐れたのは無限後退である。すべての正当化された信念が、別の正当化された信念から推論を通して正当化されるのであれば、この正当化の過程は果てしなく続くことになる。こうした無限後退を防ぐには、推論のつながりを切り、後退を止める直接的に正当化ができる信念にたどり着くと仮定しないといけない。推論からではなく、直接的に正当化された信念は、他の信念に基礎を置いていない。それらは、心が直接に把握できるような特別な領域の事実であるからという理由で、知識とみなされる。

次に整合主義[9]に入る。基礎づけ主義とは異なり、一種類の正当化された信念だけを認める。整合主義の考え方によれば、すべての信念は、それが他の信念に対して持っている関係により正当化されるとする。それゆえに、基礎づけ主義のような基礎的な信念が入り込むことはない。すべての信念は、他の信念との整合性により正当化されると考える。先に述べたように、正当化の整合主義は内在主義の理論である。ということは、その正しさは、信念のあいだに内部的な関係を必要とし、その正しさが整合性にあるとする説である。

正当化に関する基礎づけ主義と整合主義は、内在主義のものであった。基礎づけ主義ならば基礎的信念と上部構造の信念の関係、整合主義ならば、信念のあいだの整合性という、いってみれば信念と信念との関係に焦点が向けられた。

これから述べるRamsey、Goldmanらの信頼主義の中心的な主張は次のとおりである。

知識に関するいかなる主観的要求にも根拠はないのである。信念を形づくる過程が信頼のおけるものであるためには、その過程の存在というのは意識される必要はなく、ある過程が真な信念を生じさせることがうまくいく確率が高ければ、私たちはその過程を信頼できると考えていいのである。信念を生じさせる過程の信頼性が、その信念を正当化する。

真理は、それを信じている人に対して外側、つまり外在的であるとするから外在主義といわれる。信頼主義は、信念と真理とのあいだに、外部的な関係を用意し、知識の定義に上手に利用しようともくろむのである。

これまでの話を整理しておこう。現代の認識論では内在主義と外在主義という区分があり、それが知識の正当化と説明において用いられている。認識の上での正当化についての内在主義は、信念が正当化されるために必要なあらゆる要素というのは、主体が認識の上でそうしたものに近づくことができなければならない。ゆえに、主体の心の中にないといけないとする。他方、正当化についての外在主義では、正当化に使われる要素は何も主体の内側だけに限らず、要素のいくつかは主体の認識の視野の外にあることができるとする。内在主義では、正当化された真なる信念が知識であるためには、主体はその信念が正当化されることを知る、あるいは最低限、正しく信じることが求められる。一方、外在主義では、主体が知識を持つためには、正当化の条件が成り立たなくてはならない。しかし、主体はそうした条件が成り立つことを知るだとか、正しく信じるだとかは求められない。いくぶん奇異に聞こえるかもしれないが、主体は自らが知っていると考えるわけを別に持たなくとも、知ることが可能である。信頼主義は、外在主義の典型なのである。

ここまでは、一般的な知識について論じてきた。次に、さまざまな種類の知識の中の一つ、ローカルナレッジを取り上げる。

## (五) ローカルナレッジ

日常生活の営みの中で生産されたり継承されたりする知識というものがある。それは生活の中での経験、発見、試行錯誤、観察などにより形づくられ、地域社会やさらには家庭という生活圏において、私たちの日々の生業や生活を通じて受け継がれていく。こうした知識は、「局所的知識 (local knowledge)」「土着的知識 (indigenous knowledge)」などといわれる。文化人類学者のGeertz (1983) によると、ローカルナレッジとは、一般的・普遍的知識に対して、「局所的であることを避けられず、手段に分割できず、現場の状況からは分離ができない知識」であるとし、住民の視点から紡ぎ出される固有の知識であり、人間の生をある知でとった形とする。また、Irwin and Wynne (1996) によれば、ローカルナレッジとは「現地で経験してきた実感と整合性をもって主張がなされる現場の勘」である。加えて、ローカルナレッジは、人々の日常の場面での価値判断と結びついており、地域特有の状況に対応する。それは人々の行動原理、行動規範の源を形成している。

ローカルナレッジは、一つの対比関係で捉えることができる。すなわち、ローカルナレッジと一般的・普遍的知識の対立の構図である。場所と時間を問わずに成立する一般的・普遍的知識に対して、場所ないしは時間という文脈に依存する特有の知識という関係である。[10] ローカルナレッジと一般的・普遍的知識の関係についてもう少し考えてみよう。一般的・普遍的知識の代表は、科学的知識であろう。客観的な事実を通じた観察や実験を積み重ねることで、科学的知識は予測性を有するようにまとめられ、現実の物理世界への応用を可能にしてくれる。しかし、科学的知識は万能ではない。地域社会が固有の歴史と伝統を持ち、自然という対象との立ち位置も個別であるところでは、普遍性という特徴は及ばない。つまり、科学的知識はもともと、個別具体的な文化、伝統、慣習などに対応するものではない。科学が提供するたとえば復興支援における一般的対策は、一つのスタンダードとして地域に導入される。その中では、個別性は捨象される。その結果、一般的には正しい対策かもしれないが、特定の地域においては機能不全となるということが起こりうる。こうしたことから、第四節では、新しい知識を地域に導入するというときにどのように考えたらいいのかということを検討する。その前に、第三節で知識を物語化するということを足がかりにして、人間的な知はグローバルなのか、それともローカルなのかについて考える。

## 三　知識を物語化する——人間的な知はグローバルか、それともローカルか

誰かが「東京ファースト」というと喝采を浴びるが、別の誰かが「アメリカファースト」と叫ぶと、ブーイングの嵐になる。この違いはいったい何なのか。人々の評価はグローバルとローカルに関してかくも異なる。いったいなぜこのような違いが生まれるのか。東京なら保護主義とは呼ばれず、アメリカだとモンロー主義と非難される。知識は普遍的であることが望ましいが、最近はそれがグローバルと混同される場合が増えた。同じように、特殊で専門的知識と局所的な知識も異なる。「普遍―特殊」という対と「グローバル―ローカル」という対は違うものである。

知識、情報について「普遍的＝グローバル」というのが正しいという信念は、この数世紀揺るぎないものとなっている。というより、その信念が真理だと暗黙に前提されてきた。その一方で、民族や地域に応じて異なる知識があったことが忘れられつつある。局所的で、孤立し、分断された概念が、伝統、文化、習慣、常識等には必ず含まれているのだという主張はもはや記憶にしか残っていない。だが、異なる歴史、文化を持つ地域が散在し、互いにわずかな交流しかないという状況がかつての世界のあり方だった。それはときにはよいこともあったはずなのに、いつのまにか一律に弱点、欠点だとみなされるようになっている。世界中が同一の基準、製品、文

化、暮らし向きを持つことがよいことで、それを推進することが善だと誤解されている。

では、知識や情報についての民主主義、自由主義、グローバリズムは地域の振興や復興、活性化に対してどのような意味を持っているのか。異なった知恵、コツ、技、身のこなし、生き方などが伝統、文化として、歴史的にそれぞれの地方に独特の仕方で根づいてきた。それは外部の人たちからみれば、内在主義的な知恵、その地域だけに共通する閉鎖的な意識であるから、地域の伝統を守ることは、見方によっては反グローバリズム、反自由主義だと解釈されることになる。

自己中心的な家族主義、民族主義は大概否定的に受け取られ、復興や振興は新知識、新技術を使ってダメージを受けた箇所を治療することだとみなされ、知識をどのようにうまく地域に適用するかだけが高く評価され、そのために正確で効率的なコミュニケーションを図る必要があると考えられている。知識や技術の情報化とは、地域や心身への知識の適用を最適化することだと信じられている。グローバルなものとローカルなものが相反する様相を呈する場合、世界基準か地域基準かの選択が求められ、疑いなくグローバルなものが優先される。そしてその優先理由は、グローバルなものは普遍的で正しいというとんでもない誤解に基づいているのである。選択の話の前に、知識を使うことが知識の物語化なのだという基本的なことをはっきりさせておこう。

## (一) 知識の物語化

知識を整理していけば最終的に理論にまとめることができる。その理論に文脈をつけて情報化(モデル化)すると、物語ができあがる。そこでさまざまな理論を思い浮かべながら、理論がどのように物語性を獲得できるのか探ってみよう。医学の知識を使って治療することは、医学的知識の物語化の一例である。

まずは、もっとも物語とは縁遠いと思われている数学を取り上げてみよう。数学理論の例としてユークリッド幾何学を取り上げるなら、そこに登場するのは点や線、面や図形といった一群の対象である。Hilbert 流の形式主義(11)では数学的対象は単なる記号で構わないのだが、ギリシア以来、点、線、面といった対象として解釈されてきた。「点が集まると線になる」が、その線をつくり出す物理的過程は物語には登場しない。点をどのように並べると線になるのかという実際の細部にはこだわらず、「線を引く」という私たちの行為を信用して、「点から線が生まれる」ことが物語では前提とされている。そもそも点とはどんな対象なのかさえ定かではないのである。

次は物理学の物語。すべての科学に共通する実証的な実験や観測は因果的でなければ実現できず、それゆえ、実験や観測の手続きは因果的あるいは物語的になっている。つまり、実証的＝手続き的＝因果的＝物語的なのである。さて、物理学の関心の対象は運動である。運動の原因や結果は、運動の一般的な記述とは別に特定の状況として考えられる場合がほとんどである。そうでない場合は運動法則に言及するだけで説明や予測ができ、因果連関を持ち出す必要はない。どのように個別の状況として解釈されても、運動法則の一般的適用は同じようになされる。

化学の物語に登場するのは元素である。運動と並んで物質の構造の解明に人々は好奇心を持ってきた。原子論はギリシア以来の優れた物質と運動についての理論である。原子という不変の粒子の組み合わせによる物質と運動の説明は実に見事な仮説である。それが化学的な原子論仮説になるには一八世紀まで待たねばならなかった。

生物学の物語となれば、生命である。いまは誰も信じていない「生気論」は、生命は他のどのようなものにも還元できない原理であると主張した。

これら物語に登場する主役たちはいずれも正体不明で、謎に満ちた対象といえる。それらは私たちの知識を生み出し、好奇心を掻き立てるもので、永遠の謎、憧れである。知識はそれら謎の原理を主役とする物語によって生まれ、物語によって脚色され、物語によって修正、変更され、その過程そのものがまた物語になっている。物語の筋は、因果的な過程の青写真である。主人公とおもな登場者がどのように因果変化をするかの叙述が物語になっている。たとえば、Descartes の方法的懐疑のシナリオ、それぞれの人の持つ人生という物語は私たちが何かを考えるだけでなく、疑い、信じ、恨み、苦しむという心理レベルの物語になっている。信念、そして知識、さらには感情や欲求の内容は本質的に因果的、それゆえ物語的である。論理や言語は論理的、形式的な規則を持っているが、それは表現レベルの話であり、論理や言語を使って表現される内容は因果的、歴史的、それゆえ物語なのである。情報は物語的で、物語的でない情報は暗号化された情報で、わからない情報である。

これまでの話は科学知識についてのもので、その物語化は素直に行われればグローバルなものになる。だが、グローバルなものとローカルなものの違いは本質的ではなく、文脈づくりに応じて変わるものというのが強調したい見立てである。知識の理想は普遍性にあり、その特徴がそのままグローバルな物語の一方的な採用につながった、というのがここまでの議論からの結論である。

## (二) 因果性

因果性 (causation) は人間が太古より変化を捉える際の暗黙の基本的原理である。神話や物語は因果連関に基づいて構成され、基本原理を具体化した例になっている。Aristotle の四原因説[12]も因果的世界観の骨格の要約のようなものである。これは仏教世界でも同じで、因果性は「縁起」「空」「因縁」などとさまざまに呼ばれてきた。そして、私たちは自分の住む世界を因果的に理解するという習慣をずっと守り続けてきた。それは私たちの言葉にも色濃く反映されていて、「ならば」という接続詞は論理的な「ならば」だけでなく、因果的な「ならば」も意味し、兼用されてきた。「因果性」概念を理論から追放した物理学でさえ、その理論を解釈する際には現象変化を因果的に解釈せざるをえない。というのも、そうしないことには私たち自身がその現象変化を理解できず、その知識を使うことができなくなるからである。

因果性は「縁起」と呼ばれ、仏教の根幹を支えている。「縁起の法」は、釈迦の悟りの本質で、「すべては種々の因（直接の原因）や縁（間接の原因）によって生じる」と説く。つまり、すべての事物は、そのもの自体で独立して存在しているのではなく、原因や条件に依存して、他の事物との関係の中で生起している。世界のすべてのものは、相互依存によって存在し、自分だけで自立的に存在しているものはない。これは考えてみれば当たり前の話で、世界がバラバラで相互に何の関係もない事物からなっているとは誰も考えない。変化は多彩でダイナミックであり、その多様な変化を変化のない実体によって十分に説明することができなく、すべては可変であると考えることによって説明を回避したとも考えることができる。縁起の法は、過去の原因が未来の結果を生むといった時間的な因果関係だけでなく、時間、空間を含むあらゆる現象にかかわる法と解されている。

大乗仏教では「空《くう》」「無自性《むじしょう》」「仮《け》」が強調される。縁起の法に基づいて、「すべてのものは、固定した実体がない＝空である」、「すべては無自性で、実体として存在しているのではなく、仮に設定されたもの、現象したものである」という結論が導き出される。日常生活で「現実、現象」と呼んでいるもの、つまり出来事の集まりは縁起の法に基づいている。私たちの日常世界は、私たちの感覚器官を通して入ってきた情報を脳で処理し、解釈したものにすぎない。それは五感と脳によって情報処理されたものであって、実際に外界に存在しているもの自体ではない。

この意味で、生き物が経験している世界は、それをとらえる生き物の側の、さまざまな肉体的、精神的な条件によって、さまざまに作り出される仮象にすぎない。だから、「現実とは、生き物の数だけ存在する」。これをいいかえれば、「現実」とは、その「現実」を「観察する側」から独立した実体を有しておらず、「観察する側」が変わるとまったく変わってしまう。それは、「観察する主体」と「観察される客体」との相互関係によって現れてくるものにほかならない。縁起の法は、「すべての事物は相互に依存しあって存在し、独立した実体を有さない」と説き、「私たちが経験している世界の現実は、私たちの心の現れである」という仏教思想の基本になっている。仏教は本質的に観念論だということが見て取れる。

観念論的世界観は感覚知覚により大きな役割を与え、情報を個人の心に生まれるものとする場合が圧倒的に多いのだが、仏教はそのわかりやすい例といえないこともない。だが、観念論、唯心論(13)が世界の構造や仕組みについてパラダイムシフトを何度も繰り返し、新たな知識を生み出す仕組みを供給できなかったように、仏教も他の宗教と同じように知識のパラダイムシフトを起こすことはできなかった。それは実証的な追究をしない宗教の限界で、シフトは解釈に限定されている。

## (三) まとめ

知識の形式となれば理論、その理論の解釈（＝モデル）の最終ゴールは物語である。その解釈が私たちの住む世界についてのものなら、その知識は情報と呼ばれ、文脈や状況が具体的に決まると、日常活動の説明になる。文脈や状況の定義は残念ながらはっきりしない。

知識が「正当化された真なる信念」なら、「正当化」は経験的に行われる。本来の知識は意識内の「知る」作用で、デカルト的には単なる「真なる信念」で構わない。というのも、真であることは意識内で明晰判明な観念によって保証されるからである。つまり、知識は「真なる信念」である。その正当化を経験的に行おうとすれば、知識の「情報化」が必要となる。情報とは経験主義化された知識のことで、モデルまでは知識、そのモデルが実際の世界の構成要素を含むなら、そのモデルは情報と呼んで構わない。情報は必ず文脈がつく。というのも、実証性という哲学的理由もあるが、より肝心の理由は、情報量の定義に確率が使われ、それには少なくとも確率空間という文脈が不可欠だからである。

文脈を一つ設定することは、物語を一つ作ることである。文脈は「適用条件」といいかえてもいいだろう。モデルも文脈もともに物語構造を共有している。物語は世界の中で起こる出来事からなっている。複数の文脈があることは、その中の一つを選択することが必要になってくる。目標や手法の選択だけでなく、文脈自体も選択の対象となる。

モデルの領域は抽象的なままで構わないが、文脈はこの世界の文脈であり、それが知識の外在化ということである。文脈の構成要素は伝統、歴史、文化などで、それらによって知識は情報化され、さらにグローバル、ローカルな情報に改変される。

知識や情報の普遍性とグローバル性は違うものである。グローバルやローカルなのは文脈であって、知識の範囲ではない。グローバルな文脈とローカルな文脈がそれぞれ物語のサイズを決める。対立する文脈、相補的な文脈、競合する文脈が混在し、文脈の相互関係が複雑に交錯している。階層的文脈論が必要になるほどである。知と情を含む文脈、意識という文脈、欲望という文脈も知識や情報を的確に使うには考えなくてはならない項目となろう。そして、最終的には文脈選択論が不可欠である。それは、文脈の選択によってある程度の画一化、類別化を図ることが求められ、とりわけグローバリズムを断念することを意味している。

本節での主張をまとめると次のようになる。知識を解釈したものが情報であり、情報の究極は因果的な物語である。物語を作成する鍵は、文脈である。この文脈の設定の仕方がグローバル、ローカルの違いを生み、それは普遍性とは無関係なのである。

## 四　新たな知識とローカルナレッジ

第二節の（五）においてローカルナレッジの定義について確認したが、広義の定義による議論の発散を避けるため、ここでは、ローカルナレッジを「地域固有の伝統、しきたり、慣習」と狭義に捉えて議論を進める。

本節では、地域の伝統、しきたり、慣習のようなローカルナレッジと新しい知識、法律・条令、復興政策にしろ、新しい考えや方法を地域に導入しようという状況を想定する。そうしたときに、地域に本来ある伝統、しきたり、慣習と新しい知識とをどんなふうに折り合いをつけるのかという問題を考察する。

地域に残る伝統・慣習とは何であろうか。一言でいえば、すべてマニュアルだ、ということができる。いいかえれば、ある行事をどうやって実行するかというマニュアルであり、地域の共同体ではどんな人が、どのように集まり、どういう手立てで物事を決めるのかという役割分担などを含んでいる。それらが、いわば伝統・慣習として地域に残ってきたといえる。たとえば、祭礼の開催時に、どの地域が、どんなふうにいつ頃集まり、どういう取り決めで実行し、計画どおりにやっていくかが綿々と受け継がれてきたのである。こうしたタイプの知識の積み重ねが伝統・慣習を形成してきたのである。ここでは、そこに新しい知識を入れるときに、どうしたらいいかを考えていく。

## (二) ローカルナレッジと新しい知識の導入

先に述べたように、地域に残っているものは「マニュアルとしての知識」である。そこには暗黙知もありすべて明示的にされているわけではないが、プロセスが共有知として了解されている。新しく入れる知識、それはその知識を作った人が地域に直接やって来て、その知識を導入しようとすることはない。導入の際には、誰かから習った知識、もらい受けた知識を入れるわけである。

新しい知識を作ろう、というときの知識は、誰かのまねをするとか、学習するとか、教えるときの知識ではない。また、哲学が目標にしてきた「知識とは何か」という類の知識の探求で出てくる知識でもない。

ここで、二種類の知識を分類しておこう。

・自分が新しい知識を追求しようというときの知識

・人から教えられた知識をどうやって正しく他の人に伝達していくかというときの知識

法律は一度成立すれば、その法律の本質は何かを追求するのではなく、その法律をどう有効に使うか、活用していくかという施行細則の話になる。これは明らかにマニュアルである。この法律の精神は何かではなく、その法律をどうやって具体的・有効的に実行するかの話は、マニュアルであって施行細則といえる。それと同様、知識も使うときには、マニュアル、施行細則である。

新しいタイプの知識を地域に持っていき、活用しようというとき、その知識を扱う人はそれをマニュアルとして考えるべきである。理由は、扱う人はその知識を作った人でもなければ、その知識を深めて新しい知識を作ろうという人でもなく、その知識を使う人だからである。使う人だから、マニュアルとしての知識を他の人にどうやって正しく伝え、正しく実行するかである。この点で、昔からある地域の伝統的な慣習、つまりマニュアルとして残る知識と同レベルにある。

## (二) 知識と実行

繰り返すが、新しい知識を実行するとき、それはマニュアルとして実行するという話であり、実は伝統として残っている慣習と同じレベルにある。知識の中身はまったく新しいが、それを実行するという点が重要なのであり、その知識が正しいか否かを確かめる話ではなく、実行するわけである。実行するという点では、昔からある伝統・慣習として残っている知識の取り扱い方と実はまったく同じ話である。全然、違うところなどどこにも存在しない。

一見すると、一方は最新の科学の知見や新しい防災の知識であるかもしれない。しかし、それを使用し、具体的に何かを実行していくというときには、昔からある伝統的なお祭りのしきたりを実行するのと実は何も変わらない。知識の中身は異なる。しかし、その知識を使い、何かを実行するというのは、同じようなことをやっているわけである。それゆえに、中身が違うことに惑わされてしまい、実際に知識を活用する仕方まで違うということではなく、同じなのである。

津波に関する新しい知識と秋祭りの知識ではみかけ上、明らかに異なる。異なるけれども、実際に生活の中で使用するときのやり方、手続きは共通している部分が圧倒的に多いだろう。なぜならば、同じように生活に役立つように使い、使う人間は同じだからである。むしろ、実行、運用に違いがあったらおかしい。

いま述べた共通基盤を置いたうえで、伝統的な慣習と新しい知識という二つをどんなふうに折り合いをつけながらやるかは、話し合いでやっていくよりほかなく、手続きを決めていくということになる。私たちの生活の中で知識を使うときは、知識はマニュアルであり、そうでないと使えない。生活の中で使えない知識は、知識ではない。生活で使えない知識は、哲学では知識なのかもしれないが、使えない知識は生活の中では知識とは呼ばないだろう。

## (三) 知識の使用

津波被災地域の復興のような話になると、ある知識が使えるのか使えないのかというところは、判断が難しい。そこは慎重になる必要がある。使う自信がないならば、使わないのが鉄則（例：自治体による避難マニュアル）。だから、マニュアル化しないところで、抑えるというのは一つの手である。それが、安全とか危険とかの話である。それを勝手に使うという何の歯止めもないところで、この知識はすぐに使える、だから使おうというのは稚拙な行為となる。

知識を使う、使えないについての判断は容易ではない。いくつかハードル（規準）を設けておき、使えるとなったら、津波被災地域の復興だろうと祭礼だろうと、基本的には同じである。ところが、使えるか使えないかの判断は、これは新しい知識の場合、いままでに使用した実績がないという話になるので難しくなる。そうしたハードルを設けておかないと、能天気な話になる。新しい知識がすぐに使える、だから使おうというのではいけない。それが、安全性の話につながるのである。

使う、使えないという話も、実は生活の中のマニュアル化している一部といえよう。いろいろな手続きを経て、これは使える、これは使えない、というマニュアルができると一番よい。しかし、まだ津波被災地域の復興に関しては、そこまではいかないが、他ではある程度、これは使える、これは使えない、というマニュアルはあるといってもいいだろう。何に対しても、使えるか、使えないかという意思決定の基準も、ある種マニュアル化するのが一番よい。本当は、判断もマニュアル化してしまうほうが、恣意的なものが介入せずによい。

マニュアル化の問題として、二つを考えなければならない。

・マニュアル化して話をするということが一つ
・マニュアル化の手前で、マニュアル化していいのかどうかが一つ

## (四) 問題のずれ

津波被災地域の復興を考えたとき、さまざまな政策を容認するのかしないのか、という話を始めると、被災地の人たちにとっては、最適な政策の組み合わせは何かというのはわからないであろう。ここで注意したいのは、最適な政策の組み合わせとは何かという話は、問題をずらしていないかということである。どういうことかとい

えば、津波被災地の経済発展にとって、政策は何が最適であるべきか、という問題にずらしてしまう。以下を比べてもらいたい。

①政策Aというのは、津波被災地の将来にとってよいのか悪いのかという問題

②政策Aというのは、津波被災地の経済にとってよいのか悪いのかという問題

政権を担う政党なら、②にずらしたいであろう。なぜかといえば、最終的に、津波被災地域の将来は津波被災地域の経済の将来とほぼ同じだ、と考えるからである。そうした議論と、津波被災地域にとっての経済的側面ではなく、そもそも政策自体が津波被災地域の将来にとっていいのか悪いのか、という話とはずれているのである。

津波被災地域の政策の組み合わせをどうするのかという話は、今回の慣習と新しい知識とをどんなふうに折り合いをつけたらいいのかという話とは異なる。政策の組み合わせの話は、マニュアルの話ではない。いうなれば、基本的には原理・原則の話である。今回は地域に新しい知識を入れるときにどうしたらいいのかという話であるから、原理・原則ではなく、新しいものをどうマニュアル化して、地域のローカルナレッジである既成マニュアルとどううまく結合させていくかという話である。

## （五）法律・条令と地域のローカルナレッジ

法律・条令と地域のローカルナレッジについて考えよう。

法律・条令は、地域の慣習に優先との考え方がある。理由は慣習は曖昧であり、それを明瞭にするのが法律・条令と受け取られているからである。慣習は明文化されていない場合が多く、慣習の法律化には問題が出ることがある。たとえば、慣習の一部を法律化しただけの場合、慣習のどの範囲が法律化されているか不明なことが多い。ときには、法律と慣習が両立しないことさえ生じる。慣習は、法律と矛盾する内容を含むこともある。法律

では、男女平等や人種平等を定めている。しかし、慣習においては、明らかに男女は不平等のときがあり、人種差別もなくならない。法律と慣習との落差、乖離、これは私たちの前に厳然とした歴史的事実として存在している。

## (六) 科学的知識と科学的でない信念

科学的知識は、私たちの生活に深く浸透し、一般的知識の代表として捉えられている。科学的知識の社会での採用基準は真偽、つまり正しいか間違っているかであり、きわめて単純である。採用基準に個人の意見の介入はなく、真なら採用され、偽なら却下される。

ではこの単純明快な基準が通用するのは科学者だけなのだろうか。普通の社会では、そこに利害や人間関係が絡み、真偽が基準になりにくいように思われるが、科学的知識への信頼が高い今日の社会では受け入れられるのは難しくないだろう。

科学的ではない信念にも、慣習はある。民主主義集団では、投票により賛否が問われ、選択がなされる。この場合の基準は真偽でなく、多数決である。たとえば、アイルランドの同性婚については、国民投票で決せられる。しかし、かつての君主制なら時の君主の意見で決まっていただろう。カトリックの教義が、ヨーロッパ社会の命運を左右してきた歴史がある。他にはみられない宗教に独特な特徴として「異端」という考え方がある。教義に従わなければ、異端ということになる。宗教の教義は法律と条令、そして科学的知識とも違い原理的に変更が不可能であり、それが「異端」「異安心」という概念により表されている。

## （七）慣習の変容

慣習や文化は歴史的なものと考えられ、それは時代とともに変化していく。もし、規則が古くなり、時代に合わなくなれば、変更、修正が加えられるのが普通である。規則を変えること自体は問題ではなく、どう変えるかがいつも問題となる。しかし、不思議なことに、どんな方法で、どのように変えるのかという手続きが意外と重視されない。法律を決める際、受け入れる際、施行する際の決定は、地域の慣習的な仕方に従うのが無難である。ただそれにも限界があり、伝統的な慣習の中には住民投票のような民主的手続きは、含まれていないのが普通である。

## （八）法とマニュアル

マニュアルは、「Aをやったら次にBをして、Cをしなさい」という形式である。マニュアルはある種、命令の形式をとっている。「あなせよ、こうせよ」という形式をとり、命令形どおりに進めれば、物事は滞りなく行えることとなっている。他方、法律の条文は、命令形ではない。それは説明文にしなければならない。「こうこうすれば、こうなる」という説明文で表現される。

伝統慣習の維持されてきた仕方はどうかといえば、行動マニュアル形式であり、他方、法律は命題による行動の意味や目的を規範として規定した知識形式といえる。「ああせよ、こうせよ」という形式をとるのである。

## (九) まとめ

これまで論じてきたことから、法律など新しい知識の導入に際して、対象地域のローカルナレッジといかにして折り合い、関係をつけていくのかについてまとめる。

法律か慣習かという二者択一が起こる場合、法律の内容と施行、慣習の内容と実行の比較を混同しないようにすべきである。慣習はいわば生活の知恵、法律はその慣習の知恵を知識として明示化しなければならない、そこには幅広い教養と知識の要請がある。法律・条令を変えよう、新しいものにしようというとき、いままでの地域の慣習が何であったかをまずはしっかりと見極める必要がある。さらに、法律・条令を決める際、地域の慣習に含まれるようなこれまでの地域での人の役割分担、人の意向のくみ方などを考える必要も出てくる。

慣習は、目標を決めてくれるようなものでも判断基準でもないが、法律の施行の際には慣習に従うことが求められる。部分的な教訓は、慣習は基本的に手順からなるものであり、慣習の目的や規範がその手順に埋め込まれている。文字どおり、手順の部分で慣習を生かすべきである。

法律、条令、科学的知識など新しい知識の導入による復興支援の解決策が、地域社会の中で効果的に活用されるためには、新しい知識がローカルナレッジにうまく取り込まれる必要があり、それが意思決定に反映されなければならない。新しい知識の導入による地域固有の状況下においては、地域の人々に受け入れられるように、意思決定には地域のローカルナレッジである慣習(物事の進め方や決め方)を取り込んではじめて、合意形成の土台として有効に機能する。たとえば、津波被災地域復興の町づくりの進め方、決め方に地域の慣習を活用すべき、ということである。

**謝辞**　慶應義塾大学の西脇与作教授には、多大なご教示を頂戴しました。ここに心より感謝を申し上げます。

## 注

（1）こうした考えは、加藤（二〇〇五）に負う。
（2）詳しくは、高岡（二〇一二）を参照。
（3）たとえば、Frege など哲学における意味論の展開を参照されたい。
（4）加藤（二〇〇五）による説明に負う。
（5）こうした理解は、納富（二〇〇八）から得た。
（6）ここでの「命題」とは、文の意味である。Frege は、文の意味を「思想」（Gedanke）と呼んだ。
（7）正当化が真理を含意しないのであれば、偽な正当化された信念はありうる。その立場を可謬説（fallibilism）という。可謬的に正当化された真な信念が、たまたまそう信じられているにすぎない場合があることを簡明な例でもってみごとに示したのが、Gettier（1963）の反例といわれるものである。
（8）基礎づけ主義の説明は、西脇（二〇〇三）に負う。
（9）整合主義には、強い整合性理論と弱い整合性理論とがあるがここでは立ち入らない。
（10）ちなみに専門知は、ローカルナレッジと対立した概念ではない。専門知は、文字どおり専門家が持つ知識である。専門知、とりわけ科学的な専門知は、場所や時間を問わず、つまり、普遍的に成立する知識を追求するが、すべての分野の専門知が普遍性をめざしているわけではない。それゆえに、ローカルナレッジと専門知は対立しない。
（11）Hilbert は、自然数、集合、論理などに支えられた演繹体系としての数学に着目した。数学的理論を形式的体系と捉え、その形式的体系の無矛盾性の証明をめざした。形式主義とは形式的体系が数学である、とする立場である。
（12）Aristotle は、自然の諸事物を生成し存在せしめている原因として、質量因（当のものが何からできているかの説明）、形相因（当のものが何であるかの説明）、起動因（当のものが成立するための動きや変化を与えたものの説明）、目的因（当のものが何のために成立したかの説明）の四つを挙げた。
（13）心は物質的世界をつつみ、より広いもの、この世界の一切をつつむものとする哲学上の立場。

## 参考文献


Broadie, S. and Rowe. C., 2002, *Aristotle, Nicomachean Ethics, with an English translation by S. Broadie. and C. Rowe*, New York: Oxford University Press.

Cherry, C., 1957, *On Human Communication*, Cambridge, Mass.

Floridi, L., 2004, *Philosophy and Computing: An Introduction*, London and New York.

藤垣裕子、二〇〇三、『専門知と公共性』東京大学出版会

――――、二〇〇八、「ローカルナレッジと専門知」中岡成文編『岩波講座哲学４　知識／情報の哲学』岩波書店、一〇一－一二〇

Geertz, C., 1983, *Local Knowledge*, Basic Books, New York: Inc.

Gettier, E.L., 1963, "Is justified True Knowledge?" *Analysis*, 23, pp.121-123.

Goldman, A. I., 1986, *Epistemology and Cognition*, Cambridge, MA: Harvard.

Irwin, A. and Wynne, B., 1996, *Misunderstanding Science*, Cambridge University Press.

岩崎武雄、一九五八、『カント』勁草書房

加藤雅人、二〇〇五、『意味を生み出すシステム』世界思想社

桂寿一、一九七一、「知識論の歴史」桂寿一・岩崎武雄編『岩波講座哲学８　存在と知識』岩波書店、一七－六一

Martinet, A., 1960, *Elements of General Linguistics*, Chicago.（三宅徳嘉訳、一九七二、『一般言語学要理』岩波書店）

西脇与作、二〇〇三、『新・哲学』慶應義塾大学出版会

納富信留、二〇〇八、「知の創発性――古代ギリシア哲学からの挑戦」中岡成文編『岩波講座哲学４　知識／情報の哲学』岩波書店、七七－九七

Plato、一九七四－一九七八、田中美知太郎・藤澤令夫編『プラトン全集』全一五巻・別巻、岩波書店

Ramsey, F. P., 1990, *Philosophical Papers*, eds., D.H. Mellor, Cambridge: U.P.

Russell, B., 1912, *The Problems of Philosophy*, London: Williams and Norgate.

Shannon, C, E., 1948, *A Mathematical Theory of Communication*, The Bell System Technical Journal, Volume 27, No.3, pp.379-423.

高岡詠子、二〇一二、『シャノンの情報理論入門』講談社

# 「実装」プロセスにおける安全・安心を決める論理と倫理

山田修司

## はじめに[1]

本稿では、地域において自然災害からの安全・安心を実現する技術が定まる論理と、その技術の倫理的側面を論じる。日本における津波防災の主要な言説、とくに「ハードとソフトの両輪」について批判的検討を加え、復興期における津波防災の問題や課題を実装プロセスという観点から明らかにする。そして、こうした作業が実践的な防災へ寄与することを期待する。

東北地方太平洋沖地震の発生から六年目に入り、津波によって被災した沿岸地域では目にみえた変化が現れている。こうした「変化」そのものの是非および「変化」の地域間における速度の是非についての判断を保留し、本稿では変化のプロセスへ注目する。地域の復興とは、いわゆる「安全・安心なまちづくり」と同義である。とくに沿岸部の被災地において、津波災害からの安全・安心は、まちづくりによって解決すべき中心的な問題に位置づけられている。その一方で、地域の復興が取り組まれるなかで、地域をめぐる「主体」の関係は複雑化・多様化している。自然災害からの安全・安心を実現する技術は、一般に防災ということができる。防災とまちづくりとの技術的解決において、いわゆる東日本大震災の被災地に生じている、復興の課題とは何か。

安全・安心なまちづくりにおいて、防災の領域も他の領域と同様に「ハード対策とソフト対策の両輪」が提言されている。ハード対策とは防潮堤などの土木構造物を、ソフト対策とは避難訓練や防災教育などを指すことが、防災の言説において多数である。しかしながら、この「ハードとソフトの両輪」において想定されていることは、津波災害からの安全・安心を充たす機能要件であるのだろうか。ある種の精神論的な、防災意識の向上へと帰着してはいないだろうか。こうした疑問は、安全・安心の実装プロセスにおいて生じる。地域における防災の正当性が問われているといえる。

また実装プロセスにおいて、上記のような防災の正しさと表裏の問題が、地域のあり方と密に関連している。防災という技術は経済合理性や科学（技術）合理性によってのみ定まるのではなく、地域社会における諸価値との適合性によって定まる。防災という技術をこのように捉えたとき、その適合性の倫理を問うことができよう。防潮堤などの設計において、さらには避難訓練の立案においても、科学、技術、そして法政策等の専門知の役割は欠かせないであろう。問題は、その担い手となる「主体」による役割の遂行の仕方にあるといえる。「地域の安全・安心は誰が、どのように決めるのか」という問いとして、防災の倫理を捉える。

本稿では、技術としての防災の論理と倫理を、人工物の設計・デザインという観点から論じる。ある意味でのパターナリズムを認めつつも、テクノクラシー的正当化（正統化）とは異なる、諸価値の折り合いのつけ方について論じたい。

# 一　問題の所在

二〇一六（平成二八）年現在、東北地方太平洋沖地震の被災地は、津波による壊滅的被害から防災マネジメントサイクルにおける「復旧・復興」フェーズの後半にあるといえる。そして、もちろん地域差はあり厳密な線引きはできないが、復興期から「予防（被害抑止・軽減）」フェーズの過渡期でもあるといえる。地域の復興において防災の契機が生じてくる。

## （一）安全と防災

地域の復興へ向けて、都市計画の分野からすでにいくつかの問題点の指摘がある。越山は東日本大震災の現状分析として、①「安全と再建の乖離」、②「合意形成の困難」、③「市街地整備手法の限界」の三点をおもな課題にあげている（越山健治、二〇一六、「東日本大震災における住宅再建の現状と地域復興との関係」『東日本大震災　復興五年目の検証』ミネルヴァ書房）。住民と行政や住民間での合意形成の問題は、震災に特有の問題ではなく、通底する問題であろう。ここでは①と③の問題を詳しくみてみる。

③は手法上の問題点であり、「日本では、中山間地や農村、漁村といった都市地域以外の面的整備を実行する計画的手段を持ち合わせていない」（同、六七）。「都市」の整備、つまり再整備と開発に長けた技術を、被災地域へ実行することは可能であるが、しかし適合するかどうかの懸念がある。そして、管見ではあるがこの懸念は現実のものとなっている。①は「津波の想定が先にあり、堤防高が決定し、それが地域計画の制約条件となるといった、いわば逆立ちの計画」（同、六五）となっていることによる、安全と地域再建がどこか乖離してしまう問

題である。

こうした都市計画上の指摘から次の二つの問いを、本稿では考察していく。まず前者は都市計画としての、防災ガバナンスという観点から、住民は何を・どこまで・することができるのか、またはするべきなのか。そして後者はより深刻な、防災にとって本質的な問いを生じさせる。越山が指摘するように地域の再建に先行する津波の想定が前提となり、地域再建が計画され施工される。防災のより本質的な問いとは、誰が・どのように・地域のリスクを決めるのだろうか、という安全・安心についてのより本質的な問いかけにほかならない。

次項からは、防災における「ハードとソフトの両輪」という言説を取り上げ、この二つの問いを考えていこう。

## (二) 防災の陥穽

日本における防災の主要な言説に「ハードとソフトの両輪」がうたわれている。このことは次のようなことを意味するのだろうか。防潮堤等の土木構造物がハード対策であり、国家が担う。一方、土木構造物の限界が露呈したいま、住民に求められる防災はソフト対策であり、発災時には避難することと同意である。政府や地方自治体の意図と合致するかはさておき、「避難せよ」というソフト対策はこのような理解の延長にあるといえるだろう。そのための諸策として避難訓練や、防災意識の向上を目的とした防災教育などがその例である。

こうしたソフト対策の実行性を考える際、現実の状況下で発災しなければわからない、という防災一般のジレンマが障壁となりうる。しかし、先の震災を振り返れば、その検証から何かが得られるであろう。発災からこの六年間ではさまざまな分野や機関による膨大な分析の蓄積がある。そうした分析の一つが、社会科学に基づく関谷による「避難の陥穽」という警鐘である。関谷は、現状の日本の防災（政策）を「ソフト対策重視主義」と批判し、ソフト対策の重視の背景に、「想定主義」「精神主義」「仮説主義」の三点を理由にあげる（関谷直也、二〇

一二、「東日本大震災における『避難』の諸問題にみる日本の防災対策の陥穽」『土木工学会論文集F6（安全問題）』Vol. 68 No. 2、I―I―I―10）。以下、関谷の記述を確認していこう。想定主義とは、行政側の対応に顕著なもので、災害被害を想定しそれに備えることを指す。典型例はハザードマップとそれに記載の浸水想定とされる。精神主義とは、被災者による避難の手段や場所、動機を考慮せずに原則論や理想論を掲げる、素朴に理解された避難を指す。仮説主義とは、メディアの論調や思い込みに基づいて仮説を構築し改善策を導くことを指す。関谷は、精神主義と仮説主義に対して、刊行当時の情報ではあるが社会科学的な事実によって反証し、「現実主義」への転換を主張している。また岩手県普代村の事例を「ハード対策の成功」あるいは「ハード対策とソフト対策の融合のあるべき姿」（同、I―3）と評価し、やはり現実主義的なハード対策整備の重要性を主張している。

こうした関谷による日本の防災に対する精神主義と仮説主義からの脱却という指摘は、実証的に解明してきた社会科学からの知見として留意すべきである。しかしながら、関谷の述べる想定主義は、ややもすると工学的立場とは対立しがちだ。なぜならば理学や人文学と区別される工学の分野的使命は問題解決にあり、そのための想定は欠かせない判断要素であるからだ。関谷は、ハザードマップ等における安全な場所という想定にこだわるが故に想定が裏目に出てしまい、想定外への対応がおろそかになった点を問題視している。

今後、求められる防災は「想定」を大きくすること、「想定」を前提にすることではない。考えられうる最悪の事態を考え、どう行動すべきか、その規範を構築していくことにほかならない。各自治体職員や関係機関職員、消防関係者についても、避難誘導や避難の呼掛けを行うことを主とするのではなく、水門の操作など危険な作業はできるだけ機械化し、まずは「より安全な場所に逃げる」ということを規範とし、その上で可能な限りの活動をすることが求められる。（同、I―3）

たしかに、引用文の後半における行政職員の役割についての主張は、リスクマネジメントの観点だけでなく、自助・共助・公助の枠組みの再考といった防災ガバナンスの観点からも参考となるだろう。しかしながら、「想定を大きくすること」と「考えられうる最悪の事態を考える」ということは、はたしてどのような違いがあるのだろうか。さらには、「想定を前提にしない」ことは、可能であるのだろうか。

発災後しばしば聞かれた「工学知の限界」や「想定／想定外」。コミュニティ礼賛や防災教育による防災意識向上といったソフト対策重視の主張は、意外ではあるが工学（社会工学）側の防災言説に多くみることができよう。こうした防災言説は先述した関谷を代表とし、社会科学が解明してきた（かつ解明しつつある）事実とは乖離している。関谷による精神主義と仮説主義からの脱却による現実主義へ、という問題意識を引き継ぎつつ、防災における「想定」について考察を進めよう。

想定を大きくし想定外を小さく、ということには科学・技術の不確実性という問題のほかに、工学的設計という点からも問題がある。というのも、後述するが工学的設計の特徴はトレードオフにあるからだ。津波からの安全について想定を大きくしていく、または最悪の事態を考えることの極北には、人の住めないまちづくり、という逆説が生じているだろう。

防災における「想定」。ここに「避難の陥穽」からより根本的な問題、いわば「防災の陥穽」がある。誰が・何を・どのように・何のために・想定するのか。(2) このような問題を取り上げる際、防災における工学の役割のなかで工学知の限界とは、あくまでも一面にすぎない。工学のより生産的な役割を引き出すためには、工学の哲学において近年議論される製作知の優位と使用知の軽視といった指摘が参照されるべきであろう。ハードとソフトの両輪について、ハードの使用知へ注目することにより、ハード・ソフトの対置あるいは二項対立的ではない問題構制が焦点化される。この際に重要となるのが設計（デザイン）という観点である。防災の設計（デザイン）と使用、この二つの論点から、防災の本質的な問いにおける技術倫理的課題を明らかにしよう。

# 二　防災と技術倫理

本稿では、防災という技術の倫理に言及するが、技術者倫理とは区別して考えたい。というのも、確かに災害対策基本法では、行政に防災の義務が課せられている。そして復興の現場、とくに住民との協議という形式において各自治体職員や科学者・技術者が何らかのコミュニケーションを試みている。また「問題の所在」で述べたように、避難訓練は「上からのガバメント」として、防災の専門家がしばしば主幹となる。こうした彼ら彼女らの技術者倫理／専門職倫理について考察することも可能かもしれないが、本稿の主眼ではない。技術者倫理における、技術が有するリスクの取り扱いをどのようにすべきかという問いは防災の設計（デザイン）という観点からは、従来の技術者倫理の枠から外れた別の側面が浮かび上がる。防災へ技術者倫理のモデルを適用することによる問題点が指摘できる。

## (一)　防災とリスクコミュニケーション

技術者倫理において、適切なモデルはインフォームド・コンセントかリスクコミュニケーションかという論争がある。[3] インフォームド・コンセント（およびその拡張したモデル）やリスクコミュニケーションは、論争による優劣はさておき、防災においてどちらもそのままでは適用できない。しかし、技術者倫理の議論が提示する論点は参考となる。

インフォームド・コンセントは、もともとは医療現場をモデルとするものだ。医療技術の恩恵とリスクを被る患者の権利を守り、自己決定権を尊重する。技術の対象は患者（あるいは代理者）として特定されている。これに対して、技術者は、「公衆」(the public) の存在において、医療従事者とは区別される。公衆は医療現場における患者のように特定されていない。技術者は専門家として非専門家である公衆とリスクコミュニケーションを行うのである。

防災という技術における実質的な意思決定者はインフォームド・コンセントの「患者」よりもおそらくは広く、リスクコミュニケーションの「公衆」よりもおそらくは狭い。実質的には、行政と住民との対話が意思決定プロセスとなっている。

行政（とくに第一次的責務を負う市町村）は専門知（科学者・技術者）の語りを用い、住民はそうした行政の協力を求めざるをえない。こうした点から行政を専門家、住民を非専門家とみなして、技術者倫理のモデル、とくにリスクコミュニケーション・モデルの適用可能性を主張できるかもしれない。

現実に行政側がどのように位置づけているかは横に置いて、復興の現場における行政と住民の対話をリスクコミュニケーションであるとしたとき、しかしながら、いくつかの問題が生じる。ある地域において、専門家としての行政側が地域の安全を技術サービスとして提供するが、そうした技術のリスク（ないし地域に住むことのリスク）を非専門家としての住民へもたらすという図式が考えられる。このとき、リスクコミュニケーションの目標と手法は、どのように正当化／正統化されうるのか。つまり防災によって実現される安全ないしはそのリスクの受容可能性が問われている。

復興期の後半、予防フェーズにある地域ではモノの整備はほぼ決定済みである。この時期の地域におけるリスクコミュニケーションとして、典型例に避難訓練があげられる。住民が当事者として訓練に参加することは、いわゆる市民参加としてのリスクコミュニケーション手法と捉えることができるかもしれない。

東日本大震災以前の刊行ではあるが、『リスク学事典』には次のような記述がある。

情報公開とともに、「険しきに立つ」自立した市民の参加する合意形成が欠かせない。リスクの事象を専門的事象として専門家の判断にゆだねたり、彼らがもっぱら執行管理する領域や集団のなかに封じ込めることによっては、ぎりぎりの判断と選択のうえに極小化されたリスクをみずから受け入れる市民の意識は育たない（日本リスク学研究会編、二〇〇六、『増補改訂版　リスク学事典』阪急コミュニケーションズ）。防災の実践において、東北地方太平洋沖地震が代表するように、科学・技術の不確実性を無視することは不可能である。その意味において、『リスク学事典』が述べるように住民がもはや受け身の態勢ではなく、市民の一員として何らかの判断に加わることは道理であろう。ただし、問題は受け入れるリスクや安全の内実である。この問題について、直江は次のように指摘している。

客観的リスク評価と主観的リスク認知という枠組みを前提とした上で語られるリスク・コミュニケーションは所詮貧困なものたらざるをえず、場合によっては市民参加は市民を巻き込んだ動員と大差ないものになる危険すらはらんでいよう（直江清隆、二〇〇二、「リスクの『受容可能性』」『情況』七〇－八五、七一）。

防災の文脈においても、こうした直江の指摘が有効であるように思われる。つまりリスクコミュニケーションとしての避難訓練は一見すると市民参加型であるようだが、実のところは動員と大差ないのではないか。多くの自治体において、沿岸行政区での津波避難訓練は上からのガバメントとして各自治体が主幹となり、詳細は各行政区に委任という形式で実施されることが多いが、その内実が正当な防災へ結びつくかは、冒頭で述べた関谷による指摘のとおりである。そして、避難訓練において想定される浸水域とそこからの避難方法や避難場所、つまり安全を誰が・どのように決めているか、という問いは後景に退き、テクノクラシーの兆候がみられる。

ここで避難訓練は無駄だ、ということを主張したいわけではない。避難訓練を仮にリスクコミュニケーションと捉え、防災の論理を技術者倫理のモデルとして考えた場合にも、客観的リスク評価と主観的リスク認知という枠組みを採用する限りにおいて、防災の文脈にとって、より本質的な問いは解消されえない。そして、「患者」よりも広く「公衆」よりは狭い、実質的な対話の対象である住民の技術的位置づけという問題である。防災は、杉原による倫理問題の三区分のうち、マクロ・レベルに分類されるだろう（杉原桂太、二〇〇七、「科学技術社会論と統合された技術者倫理の研究」名古屋大学博士学位論文）。マクロ・レベルにおいて科学技術と社会との関係が検討対象とされる。防災とは科学技術の一種であり、社会においてその安全の意義を問うことができよう。また技術者倫理はミクロ・レベルに位置づけられているが、防災における行政職員等の専門職倫理は、むしろメソ・レベルの問題として考えられるべきであろう。杉原によれば、メソ・レベルでは技術システムや組織が検討の対象とされる。行政職員は個人としてではなく組織の一員としてその役割を担っているのであり、したがってミクロ・レベルの技術者倫理をモデルとして防災を捉えることは不適切であろう。

安全の想定とその裏返しの受容可能なリスク、そして住民の技術倫理的位置づけという、二つの論点が浮き彫りとなった。次項からは、この切り離しがたい二つの論点についてみていこう。

## （二）技術と安全・安心

まず、安全と技術の関係について、予備的考察を加えよう。[4]

安全はしばしば、安心と関係的に論じられてきた。安全と安心は「安全・安心」という語として人口に膾炙しており、たとえば、「客観的な『安全』を技術的に追求することを通じて、一人一人の主観的な『安心』を保証することを目指す」（藤井聡、二〇〇九、「安全と安心の心理学」『日本建築学会総合論文誌』七、二九－三二）といった一般理解があげられるだろう。安全を考える際には、まず「〜からの安全」という、安全に先立って「危険」やそれに類することを想定する必要があると指摘できよう（松永澄夫、二〇〇五、「安全を求める人々の営み」松永澄夫編『環境――安全という価値は…』東信堂、三－三九）。また安心についても、security の語源から、se-cure という「危険からの自由」「気遣いのない状態」という意味としてよく知られる。このように、想定される危険を仲介として、安全と安心は関係的に論じることができよう。だが「安全・安心」はさまざまな文脈において多義的に用いられている。安全と安心の用法について吉川らのサーヴェイによれば、「安全＝客観的」および「安心＝主観的」という区別が、明示的ではなくとも、日常的および専門的な用法にみられるという。また、専門家による「安全」の定義に着目して、吉川らは三つの立場に分類にしている。第一、第二の立場は、安全と安心の区別を認める。第一と第二の立場において、技術的な安全基準の達成が安全の定義である点で共通するが、第二の立場は安全基準の達成によっても未解決の部分を「安心」の確保の問題と考える、つまり社会への配慮を考慮している点に違いがある。これに対して第三の立場は、安全に心理的要素や社会的合意、価値的要素を含めることを主張する立場とされる（吉川肇子・白戸智・藤井聡ほか、二〇〇三、「技術的安全と社会的安心」『社会技術研究論文集』一‐八）。このように安全と安心を関係的に論じる立場は、「Xは安全である」という判断を、事実的要素のみで構成される判断とみなすか、それとも価値的要素を含む判断とみなすか、という大別して二つの立場に分けることができる。

防災の言説において、工学や自然科学、さらには人文学の領域においても、社会の安心が課題として注目されている。先の吉川らは概念の多義性を認めつつも、暫定的ではあるが安全と安心を次のように定義している。「安全」を技術的に達成可能な問題として「技術的安全」と、そして「安心」を安全と関連しつつも心理的要素を含むものとして、「社会的安心」と命名している（同、五）。吉川らの関心は「社会的安心」の実現、つまり安心する主体が知識や情報を取得するという能動的な安心の状態を達成することに向けられている（同、六）。安全と安心を関係的に考察することは、「関係性のスタイル」[5]として社会の安全・安心を扱うことである（矢守克也・渥美公秀編著、二〇一一、『防災・減災の人間科学』新曜社、二六f）。とくに近代社会において、一般の人々の安心を、語源でいう「気遣い」を専門家や行政に委ねている（＝外化）という関係であるとして、「近代的なスタイル」と矢守らは呼ぶ（同、二七）。「近代的なスタイル」においては、素人と専門家による知識や認知にギャップが生じる。そのギャップを解消する、または信頼することが、「近代的なスタイル」における問題とされる。

しかしながら、こうした議論が前提とする、安全を客観に、安心を主観に還元するような枠組みの問題は、すでに指摘したとおりである。社会的安心の重要性が逓減することはないが、安全がもっぱら技術的解決（technological fix）されるかどうかは、議論の余地があるだろう。防災における本質的な問いにわれわれが向かうためには、異なる枠組みを必要とする。(6)

## （三）技術の政治と防災

近年の技術社会学や技術哲学の研究は、技術についての本質主義や技術決定論的な見方に再考を迫っている。いうまでもなく、技術決定論を否定したからといって安易に社会決定論へ与するわけではない。ウィナーは技術に内在する政治性について論じている（ラングドン・ウィナー、吉岡斉・若松征男訳、二〇〇〇、『鯨と原子炉』紀伊國屋書店）。技術の政治性という観点から、日本の津波防災や震災以後の防潮堤について概観しよう。日本における津波防災を振り返ると、科学技術の進歩に基づいて科学技術合理的に直線的な対策が施されてきたわけではなく、政治的な問題として扱われている。(7)現代の例として、防潮堤を単純化して考えてみよう。(8)防潮堤は、津波防護を目的として、目標となる設計津波に対して耐津波設計がなされる。その機能は、設計津波の規模の津波が実際に起こったとき、津波防護が果たされたか否かで評価される。ここでいう防潮堤の機能とは、奇妙にも設計津波に耐えることに限定されてはおらず、設計津波を超える規模の津波に対しても、胸壁の粘り強い構造が求められている。このように防潮堤の設計の意図には政治的、価値的な「防災・減災」の思想が組み込まれていることが見いだされる。ここでの「防災」とは、「発生頻度の高い津波に対して可能な限り構造物で人命・財産を守る」ことを意味する。他方の「減災」とは、「発生頻度は極めて低いが影響が甚大な最大クラスの津波を想定し、最低限人命を守る」ことを意味する。

このような「防災・減災」の設計には、科学的または技術的合理性に基づくものではない、ウィナーが指摘したような技術に内在する安全性および政治性の契機がみてとれる。「防災・減災」は価値判断であり、したがって目標となる設計津波の基準そのものは事実的であっても、基準の選択そのものが、価値負荷的であるといえる。(9)さらにいえば、「津波からの危険」に対する解決手段として、防潮堤などの施設・構造物は、決定論的に選ばれたわけではない。この傍証としては、ある津波被災地において、災害危険区域指定による防災集団移転促進事業にもとづく高台移転が行われるにもかかわらず、防潮堤または津波防災緑地が整備されるその経緯をあげることができよう。

ここで、防災技術のミクロな政治とマクロな政治との区別を導入しよう。(10)技術のミクロな政治とは、防潮堤の耐津波設計など、ある一つの技術における政治を指す。これに対してマクロな政治とは、防災をさまざまな技術選択の比較衡量に置いた、多種多様な価値の折り合いのつけ方のことである。防潮堤というモノは社会において、あるいは人々の「生活」において検討の対象となる。

防災技術のマクロな政治という観点が、創造的復興（よりよい復興、Build Back Better）に潜む暴力を明るみに出すことを可能とする。「被災者や被災地のための善意に包まれた制度が、実は根本的に被災者を圧迫」し、この圧力こそが、「誰が誰の生をどこまでコントロールするのか」という問題を不問にする〈暴力〉であると、矢守らは述べている（矢守克也・渥美公秀編著、二〇一一、『防災・減災の人間科学』新曜社、一八〇f）。矢守らの述べる〈暴力〉とは、防災のより本質的な問いを不問とするものでもある。〈暴力〉的な防災は、安全を客観的な技術的解決へ還元し、住民へは「ひたすら避難せよ」というソフト対策をおしつける。安全について「誰が・何を・どのように決めるのか」という、より本質的な問いは技術の政治性という観点によって明るみに出される。

復興期の被災地では、こうした〈暴力〉にさらされる人間に感受的な防災の設計（デザイン）が求められている。次節では、技術における設計（デザイン）に焦点をあてて、第二の論点である住民の技術倫理的位置づけについて考えていきたい。

## 三　設計(デザイン)と倫理

設計をデザインと同様に扱うことに違和感を覚えるかもしれない。たしかに、デザインという語はある種の外見的・表面的な装飾のことであり、観察対象の物理的な機能というよりは芸術的、または美的（aesthetic）な機能という意味でしばしば用いられている。しかし近年の美学、とくに日常の美学（everyday aesthetics）において、インダストリアル・デザインの流れから装飾だけではない、観察対象の物理的な機能も美的な考察の範囲となっている。[11]デザインという用語は、美学・芸術学だけではなく、技術哲学や工学分野、商業的な理論と実践といった多種多様な領域にまたがる用語として使用されつつある。

本稿では、こうした流れを汲み取りつつ、従来の工学における設計を「工学的設計」（エンジニアリング・デザイン）あるいは単に「設計」と呼び、工学的設計を含むより広い概念として「設計（デザイン）」を用いることにする。先立って述べるならば、設計（デザイン）という用語では、技術者倫理においてモデルとされたような設計者と利用者とのあいだに、単純な二項関係に限定しない関係性を支持する。

### (一) 工学的設計と設計解

設計は、工学ではどのように定義されているのか。まず日本技術者教育認定機構（ＪＡＢＥＥ）の定義を確認してみよう。基準一（二）（ｅ）「デザイン能力」とその解説には、次のように記載されている。

ここでいう「デザイン」とは、「エンジニアリング・デザイン（engineering design）」を指す。すなわち、単なる設計図面制作ではなく、「必ずしも解が一つでない課題に対して、種々の学問・技術を利用して、実現可能な解を見つけ出していくこと」であり、そのために必要な能力が「デザイン能力」である。デザイン教育は技術者教育を特徴づける最も重要なものであり、対象とする課題はハードウェアでもソフトウェア（システムを含む）でも構わない（『「認定基準」の解説』六－七）。

ここでは、課題が「必ずしも解がひとつでない」こと、「実現可能な解」をみつけることがエンジニアリング・デザイン（工学的設計）とされていることに注目したい。また、あくまでもＪＡＢＥＥによる質保証の一環として技術者に求められる能力と限定されている。

技術者によってみつけ出された解が、工学的設計解と呼ばれている。別府らは工学的設計解に次のような特徴を指摘している。

　エンジニアリング・デザインとは、クライアント要求に適合するシステムやコンポーネント、プロセスを開発するプロセス……あるいはユーザ要求をかなえるために、工学的製品やシステムを製造するための情報である「設計解」を作り上げるプロセス

デザインされる設計解は、安全かつ信頼されるものでなければならない

工学的設計解では……物理・化学原理や現象が用いられる

工学的設計解は要素の組み合わせによって構成され……構成要素は入れ子構造を示す

設計解は、なんらかの自然的必然性によってできあがるものではない。工学的製品やシステムのデザインは、エンジニアの意思決定の集まりである

（別府俊幸・原元司、二〇一五、「エンジニアリング・デザイン教育に必要な失敗学」『工学教育』六三－五、一八－二三）

ここでは、クライアントまたはユーザからの要求があり、それに応えるかたちで対象に機能が組み込まれるこ

と、自然的必然性ではなくエンジニアの意思決定という政治性を契機に含むことが特徴にあげられていることを確認できる。先述したように、文学や理学と区別される工学の使命は問題解決にある。その手法が工学的設計（エンジニアリング・デザイン）であり、工学的設計によって開発されるのが工学的設計解と呼ばれる。

こうした工学的設計においては、ユーザの安全のために技術者がどうすべきか、設計解はどのようなものであるべきか、という規範（技術的、道徳的）が考慮されている点は評価できよう。ユーザは軽視されているわけではないが、ユーザの役割には言及されず、もっぱら技術者側の問題として工学的設計は考えられている。

工学的設計はすぐさま、防災へと適用することはできない。安全を「誰が・どのように決めるのか」という問いはやはり後景へ退いている。また、それだけではない、設計を技術者・設計者側だけの問題として扱うことの限界が指摘されうる。

技術は構造を見ても歴史を見ても、設計された機能にはどうしても還元できない。……文学における「意図の誤謬」と同様な役割をする「設計者の誤謬」（designer fallacy）がある。つまり、文学作品の意味が作者の意図から跡づけられたり、それに限定されたりしえないとすれば、同様に、技術においてはその使用、機能、影響は設計意図に還元しえないし、またしばしば現に還元されないのである。

（ドン・アイディ、中村雅之訳、二〇〇一、「技術と予測が陥る困難」『思想』一四五―一五六、一五〇）

アイディが「設計者の誤謬」として指摘するように、設計解としての人工物（システムや制度も含む）はユーザによる使用という側面において複雑である。防災という技術は、安全・安心を要求する「主体」の関係が複雑化・多様化する地域において、「多様に安定する」（アイディ）のである。かつて筆者らは福島県いわき市の沿岸に位置する隣接三行政区の避難訓練を報告した。[12] 各行政区における避難訓練は、上からのガバメントとしていわき市により設計され行政区を組み込んだが、各行政区の政治的・社会的文脈に置かれて異なる様相を示している。避難訓練を評価する際に、安易な単一の評価軸では防災の正しさを計ることは難しいだろう。

先述したように、防災において、（工学的）設計者とクライアント・ユーザという二項関係の成立は疑わしい。防災という技術によって実現されるべき機能とは、まずもって津波からの安全である。しかし、この安全とは個別の技術に内在する安全性とは区別されることに注意したい。個別の技術に内在する安全性とは、たとえば防潮堤に求められる粘り強い構造であり、減災の設計の反映として設計津波を越えた際にいわばフェイル・セーフまたは本質安全の工学的設計といえるだろう。しかしここで問題としているのは、防災によって実現される安全や受け入れ可能なリスクの内実である。もっぱら設計者によってのみ決めることはもはや技術的にだけでなく倫理的にも許容されない。行政を（工学的）設計者、住民をクライアント・ユーザと限定する図式は、専門家と非専門家という図式と照応するだろう。この図式には〈暴力〉が潜んでいることは先に指摘したとおりである。パターナリスティクに安全を定める防災は、住民の生や生活をしばしば脅かす。

## (二) 防災の設計(デザイン)

防災における本質的な問いを解決する一つの解は、住民を主体として設計へ参画する機会を設けることであろう[13]。つまり、工学的設計における限定合理性のうえでのパターナリズムと両立する、協働としての設計である。これを工学的設計から拡張した概念として、「設計（デザイン）」と呼ぶことにする。住民が設計プロセスの段階から設計解の開発へ参加する設計が、設計（デザイン）である。設計（デザイン）において住民は、クライアント・ユーザではあるが、一方向的な設計解の消費者ではない。住民が設計プロセスへ参加するからといって、設計者の役割がなくなるわけではない。防災の設計者は従来の工学的技術者とは異なるかもしれないが、科学技術や法、政策等の専門家として、住民の言語化・非言語化された意図を汲み取り、法的・技術的等の要素を考慮した実現可能な解を開発する能力が求められることになる[14]。

科学や技術における決定的な安全と安心（客観的リスク評価と主観的リスク認知というフレーミング）について、現代の防災の文脈において妥当性はもはや疑わしい。地域における安全のテクノクラシー的正当化を回避するためには、防災におけるクライアント・ユーザの主要な一員である住民を単なる消費者として扱うのではなく、権利や価値を反映する住民参加型の設計（デザイン）が求められる。住民を単なる消費者として扱うことが、住民参加の避難訓練を、動員と変わらない状況にしてしまうのではないだろうか。工学的設計解はエンジニアの意思決定の集まりであるとされていた。ここにはトレードオフや受容可能なリスクについての価値的要素を含む工学的判断がなされる、技術の政治的契機である。この判断がなされる設計プロセスを住民へも開くことが、技術倫理的に許容されるべきであろう。

## (三) 防災の設計(デザイン)を評価する

防災の設計（デザイン）において、安全性はどのように組み込まれるべきであろうか。工学的設計における制御安全や本質安全という概念は、技術のマクロ的視点からは適応しにくい。それでも、防災の設計（デザイン）においても、やはり何かしらの評価基準は必要だろう。

非専門家（科学・技術の担い手ではないという意味）である住民による意図が設計解へ反映されるとき、クライアント・ユーザが求めたのだから、という「何でもあり」となる相対主義が危惧されるかもしれない。安全が近代技術的には定まらない際に、「よい」設計（デザイン）とは何か、が問われている。おそらくは、「Xは安全である」と「Xを安心に思う」というあいだに「安全・安心」＝「よい」設計（デザイン）がある。その評価は、設計（デザイン）が実現する機能（function）を媒介にして可能となるのではないだろうか。設計（デザイン）が実現する機能とは、地域住民の価値を反映した設計解であり、設計解にさまざまな専門的要素の制限や条件を満たした実現可能な解であり、意思決定の結果である。こうした点から、設計（デザイン）の機能を客観的な評価項目とすることが可能ではないだろうか。また、地域住民が機能要件を要求できる設計（デザイン）プロセスそのもの、つまり機会の保証や対話の内実なども、何らかの評価対象となるだろう。

## （四）安全・安心の公共的領域

機能を評価項目にするといっても、住民が要求する機能すべてが機能要件となるような設計（デザイン）が必ずしも認められるとは限らない。設計（デザイン）によって実現される機能が、たとえば、住民のニーズ（needs）かウォンツ（wants）かという点[15]から、設計（デザイン）にどのような価値を組み込むべきかについて、人文学が積み重ねてきた議論が寄与できるだろう。ただし、ニーズとウォンツを明瞭に線引きすることは難しい。ニーズをベーシック・ニーズに限定して考えることも可能であるかもしれないが、防災＝自然災害からの安全[16]がベーシック・ニーズであるかは検討の余地があるだろう。こうした議論は、防災技術のマクロな政治性という観点から議論の俎上にあげるべきであろう。防災とは行政サービスであるのか、福祉の一環であるのか。リバタリアン的思想の政策であるのか。まさに防災とは日本の社会をどのように設計（デザイン）するか、という問いにほかならない。

このような問いの領域を、安全・安心の公共的領域と呼ぼう。公共という領域における安全・安心を取り上げることで、一方的な危険（リスク）＝安全の想定という公による私への侵害の観点や、それと逆説的な安心の私的所有を（過剰に）追求する「没公共的な私有」（大庭健、二〇〇〇、「所有という問い」『所有のエチカ』ナカニシヤ出版）という観点から、設計（デザイン）の機能要件を評価できよう。もうひとつは、設計（デザイン）への住民参加の評価であるが、共（common）の不在という観点、ガバナンスの観点から取り上げることができる。行政からの一方的に「公助には限界があるから自助・共助して地域防災力を向上せよ」という指令は、「あったけどなかったコミュニティ」（吉原直樹、二〇一三、「ポスト3・11の地層から」伊豫谷登士翁・吉原直樹・齋藤純一『コミュニティを再考する』平凡社新書、八九―一二四）に代表されるような問題をはらんでいる。この観点からは住民参加を動員としないための民主主義の手法が評価の対象となる。

## 四　安全・安心の社会実装とプロセス

さて、設計（デザイン）とその機能について論じてきたが、そうした機能の現実における実現はどのようになされるのか。機能の実現は実装と呼ばれ、電気工学や電子工学、計算機科学等の分野で用いられることが多い。実装は、たとえば次のように定義されている。

> 設計された必要機能を具現化するため、ハード・ソフト両者を含む構成要素を、空間的・機能的に最適配置・接続することにより、システムを実体化する操作
>
> （須賀唯知、二〇一一、「実装が拓く新しいもの作りの世界」『Panasonic Technical Journal』五七―一二、四―八）

設計（デザイン）された防災の実装は社会における操作であるため、社会実装と呼ぶことができよう。引用した定義やこれまでの議論から、マクロ政治的な防災の技術という観点において防潮堤や避難訓練などを組み合わせ最適化することで、安全・安心を実体化する操作が社会実装である。

社会実装は上流と下流とに便宜的に分類できるだろう。上流とは、これまで述べてきた設計（デザイン）およびそのプロセスを指す。どのような構成要素を選択するか、そして選択された要素の配置・接続を最適化することが、設計（デザイン）においてまさに遂行されている。他方の下流とは実体化の操作であるが、これには防災

の実践を位置づけることができよう。実践においては、防災をハード対策というモノ（そして、その対置としてのソフト対策）ではなく、コトとして捉えることが重要ではないか。コトとして捉えるということは、設計（デザイン）の解を現実社会に実現すること、あるいは機能の顕在化を意味する。防災の機能が実際に遂行されるとき、そのトリガーとなるのは自然災害の発災であるが、同時にその機能の消費者が不可欠である。防災において、機能の消費者はハサミのように直接的な使用者ではないときもある。防潮堤の物理的な機能の一つは設計津波へ耐えることだが、津波を防ぐことによる、より高次の機能としての安全・安心を提供するいわば間接的な消費者が住民となる。防災をコトとして捉えることによって、防災における実践が重要となってくる。

また、防災をコトとして捉えることは、二〇一六年現在の被災地の活動を住民の参加という観点から意味づけることが可能となる。復旧における大規模な土地改良、防災緑地の造成といったモノはすでに固定してしまった。しかし、行政と住民の対話において焦点となっているのは、コトとしての使用（運用・保全）が議論の的となっている。まちづくりにおいて、空間的な整備はほぼ規定路線ではあるが、「生活」の場としての「場所」の創出は今後ますます重要な課題となるだろう。まちづくりとしての復興への官民協働、そこにおける防災のマクロ的技術の価値が、問われてくるのである。

## おわりに

本稿では、防災における「誰が・何を・どのように決めるのか」という問いに対して、安全の想定と住民の役割について、設計（デザイン）という観点から、住民参加の内実と意義について明らかにしてきた。最後に残された課題について述べておこう。住民の消費者主義的ではない参加を設計（デザイン）することが求められるが、その際には、代表性と可能な制度設計が課題となる。これには公共に関する一連の議論が参照されよう。また、防災が現実に実現するための実践についてこれからますます重要性が高まる。たとえば、発災直後に状況に応じた行動を促すための防災教育や、地域特性に即した避難訓練のＰＤＣＡサイクルなど、より「よい」設計（デザイン）が開発されなければならない。

防災は発災しなければ本当の意味では評価できないジレンマがある。しかし防災を無用ではないものとするためには、文化的・ローカリティという文脈に適合した防災技術の実装をめざすべきであろう。(17)

**注**

（１）本稿は、二〇一六年度科学技術社会論学会第一五回年次研究大会（於北海道大学）の発表原稿に加筆を加えたものである。

（２）「何のため」への回答としては、第一に人間のためでなくてはならない。自然災害とは、自然現象の人間にとって好ましくない側面にすぎない。自然の恩恵とリスクという両義性を技術的行為において関与する際には、環境倫理的観点からの配慮が不可欠であろう。本稿では環境倫理的観点から立ち入って防災を論じることはできない。「何のため」への回答が人のためであることの妥当性は、ヴィンセントによる、環境正義についての、環境「のための正義（justice for）」と環境「に対する正義（justice to）」との区別が参考となる。「正義とは、あくまでも人間の生命・自由・財産の安全保障」であるという立場では、後者はカテゴリーミステイクとみなされる。Vincent, Andrew. "Is Environmental Justice Misnomer?" in David Boucher and Paul Kelly eds. *Social Justice from Hume to Waltzer* (Routledge, 1998).; 栗栖聡訳、二〇〇二、「環境的正義は誤称なのか」飯島昇藏・佐藤正志訳者代表『社会正義論の系譜　ヒュームからウォルツァーまで』ナカニシヤ出版

（３）石原孝二、二〇〇六、「リスクコミュニケーションと技術者倫理」『工学教育』五四－一、五五－六〇。また以降のインフォームド・コンセントとリスクコミュニケーションとの違い、技術者倫理におけるリスクコミュニケーションの適切性などの記述も参考とした。

（４）本節と次節は、二〇一五年度科学技術社会論学会第一四回年次研究大会（於東北大学）における発表原稿に一部を負っ

ている。

（5）矢守らは「関係性のスタイル」から、「近代的なスタイル」ではない新しい「安全・安心」のあり方を提案している。安全と安心との関係を動的プロセスとして捉え、社会的に実現するものとする矢守らの提案は、本稿の主張と一部重なる。しかし、矢守らの提案は、心理学的なアプローチから安心に中心が置かれており、吉川らの社会的安心と軌を一にする「安全／安心」論に立脚しているように思われる。本稿が強調する点は、安全それ自体が社会的構成物であり公的な評価にさらされていることである。

（6）佐藤仁、二〇〇二、「『問題』を切り取る視点」石弘之編『環境学の技法』東京大学出版会。フレーミングの仕方は「問題の定義、解決において何が重要な情報で、何が重要ではないかを仕切る力をもっている」（同、四三）

（7）首藤伸夫、二〇〇〇、「津波対策小史」『津波学研究報告一七』一－一九を参照。また二〇一一年以後の津波対策については、次を参照されたい。大成出版社編集部編、二〇一二、『津波防災地域づくり法ハンドブック』大成出版社

（8）以下の記述は、次を参照にした。国土交通省港湾局、二〇一三、『港湾における防潮堤（胸壁）の耐津波設計ガイドライン』および同、二〇一三、『防波堤の耐津波設計ガイドライン』

（9）防潮堤ではないが、環境アセスメントにおける「科学的」な「客観性」について、価値負荷的であるという事例が報告されている。次を参照。日野明日香・佐藤仁、二〇〇一、「環境アセスメントにおける『客観性』――藤前干潟埋め立て事業を事例として」『環境情報科学論文集』一五。また、社会において求められる妥当性の階層性を、構成主義の観点から解説したものとして、次を参照。藤垣裕子、二〇〇五、「『固い』科学観再考――社会構成主義の階層性」『思想』九七三

（10）技術の政治におけるミクロとマクロの区別は、鬼頭による環境倫理の議論から得た。鬼頭秀一、一九九六、『自然保護を問いなおす』筑摩書房

（11）Parsons, Glenn. "Design," B. Gaut and D. Lopes, eds. in *the Routledge Companion to Aesthetics*, 3rd edition (Routledge, 2013).

（12）山田修司・松本行真、二〇一五、「沿岸被災地における「安全・安心」の社会実装に向けた課題――福島県いわき市平豊間地区を事例に」吉原直樹・仁平義明・松本行真編著『東日本大震災と被災・避難の生活記録』六花出版

（13）防災の文脈から離れるが、このようなデザインのありかた、実践については、ユニバーサルデザインという先例がある。ユニバーサルデザインの技術哲学的分析には、次を参照。村田純一編、二〇〇六、『共生のための技術哲学』未來社

（14）防災の現場における専門家の役割について、「媒介知／代替知を担う地域専門家の萌芽」として吉原が次のように述べて

いることは参照となる。「地域に根ざす、すなわち被災者の生活の実相から立ちあらわれる等身大の知の世界に足を下ろしながら、官主導の一律性や公平性の観点に立つ専門知を相対化するとともに、自らが拠って立つ等身大の知をより広い文脈で受容可能なものへと変換する集合的主体」(吉原直樹、二〇一六、『絶望と希望——福島・被災者とコミュニティ』作品社、二三二)

(15) Parsons, Glenn. 2015, *The Philosophy of Design* (Polity Press). とくに第七章を参照

(16) デザインの倫理は、応用倫理に属すると考えられている。しかし、ミルが「安全」を重要なものと位置づけていること、そして功利主義が少なからず公的な政策の是非を問う役割を担ってきたことから、規範倫理における議論も考慮しなければならないだろう。「……利益とは安全という利益であり、それはすべての人にとってあらゆる利益のなかで最も重要なものである」(ミル、一八六一＝二〇一〇、「功利主義」(川名雄一郎・山本圭一郎訳『功利主義論集　近代社会思想コレクション05』京都大学学術出版会、三三〇)

(17) 本研究は、文部科学省博士課程教育リーディングプログラム「グローバル安全学トップリーダー育成プログラム」による支援を受けた。

## 参考文献

Feenberg, Andrew. *Questioning Technology* (Routledge,1999). ; 直江清隆訳、二〇〇四、『技術への問い』岩波書店
Vermaas, P. E., Kroes, P., Light, A., & Moore, S. A. eds. *Philosophy and Design. From Engineering to Architecture* (Springer, 2008).
中島秀人編著、二〇一〇、『エンジニアのための工学概論』ミネルヴァ書房
村田純一、二〇〇六、『技術の倫理学』丸善
吉原直樹編著、二〇一二、『防災の社会学　第二版』東信堂

# あとがき

やがて3・11から六年が経とうとしている。そうしたなかで、震災の風化／忘却とともに、容易ならざる復興の「かたち」が取りざたされるようになっている。いま復興と呼ばれるものは、どのようなものとしてわれわれの前に立ちあらわれているのであろうか。そしてそのことを通して、われわれに何を問いただそうとしているのであろうか。一つだけ、たしかにいえることは、被災者にとどまらずわれわれすべてが復興に向き合いながら、自分たちの立ち位置（ポジション）をどう定めるかが大きな課題となっていることである。つまり、われわれはあまりにも重い課題を背負って、ポスト3・11を生きているのである。

さて本書は、表題にあるように、東日本大震災における復興のありようを、とくに人びと（被災者）の生活世界に照準を合わせて明らかにしようとする幾多の記録をおさめたものである。おりしも、政府（復興庁）による集中復興期間から復興・創生期間への移行がなされてからほぼ一年になる。「序」で述べられているように、その間、あるいはそれ以前の阪神・淡路大震災から今日にいたるまで政府において一貫していわれてきたことは、「創造的復興」である。「序」によると、それはもともと「被災地の原形復旧、改良復旧、原形復興を乗り越え、地域が自立的に発展していける『創造的復興』へ、という希望」とともに、「経済成長以降の社会的、制度的に新たな構築、新しい社会のあり方を構想するチャンス」を抱合するものであった／ある。しかし、「創造的復興」のもとに実際に行われてきた復興施策をみると、必ずしもそうした希望やチャンスをふくらませるものではなかったように思われる。

考えてみれば、集中復興期間から復興・創生期間への移行が実りあるものになるには、中間的な総括と検証が欠かせなかったはずである。しかし政府が二〇一五年に公表した復興・創生期間の施策案には、マクロの視点に立脚した身振りの大きい提案はみられるものの、集中復興期間における施策の、被災者の生活復旧・復興に降り立った内在的な検証はほとんどなされていないといってよい。他方、そうした政府の検証抜きの施策を批判する側においても、「強固な統治体制や日本社会のあり方への認識を深める」ということにはなっていない。こうしてみると、震災復興を契機にみられるかもしれないと、「序」でいわれているような「市民社会」の立て直し（「新しい市民社会」の形成）は、夢のまた夢であるといわざるをえない。ここで想起されるのは、3・11直後に「これで日本は変わるに違いない」あるいは「変わらなければならない」という期待感が社会に広く行き渡ったことである。だが、いまから考えてみると、期待したほどに日本は変わらなかったというのが、この間の多くの人びとの偽らざる気持ちではないだろうか。ともあれ、いま復興のありようが多重的／多面的に問われているのである。

本書は、そうしたなかで市民／被災者サイドからの復興の検証そのものではないが、そうした検証に向けて一つの素材提供の役割を担うものとしてある。第Ⅰ部では復興を一方向的（単数的）にではなく、多方向的（複数的）にとらえる必要があるという主張を基調音としている。現実に進んでいる「創造的復興」は、政府主導のきわめて経済的色調の強いものであるが、もとより復興は一つではない。現実にはいくつもの復興、すなわち「複線型の復興」（山川充夫）がみられるのである。第Ⅱ部では、すぐれて「多管的」なものとしてあるそうした復興のありようを、コミュニティの位相で各人各様の筆致で浮き彫りにしている。そこでは、コミュニティが復興の主体としていかなる可能性と隘路を有するのかが、さまざまな観点から透かしながら明らかにされる。同時にコミュニティが施策ときりむすばれる地平で、いわゆるガバメントとガバナンスの相克の場となっていることが示される。最後に第Ⅲ部では、被災者に寄り添い、寄り添われるボランティアに底礎してコミュニティ主導の復興景が描き出されるとともに、そこに伏在するコモンズの意味が読み解かれる。そして「被災地責任」から始まって「新しい市民社会」の形成にいたる道筋がそれぞれの手法で探られる。ちなみに、いま概観した三部構成については、編者間のゆるやかな調整と相互確認に基づいている。

こう述べてしまうと、あるいは本書に寄せられている個々の作品の息吹が損なわれてしまうかもしれない。しかしそれはわれわれの本意ではない。走り抜けの上記の叙述は、あくまでも本書の内容を大くくりに概観したものであり、それぞれの作品のもつ個性を否定するものではない。当然のことながら、本書は復興についてプルーラル（複数的）な立場に立っている。同時に、被災者の生活世界に照準を合わせて復興を論じるかぎりで、ある種の傾向性を帯びていることは否定しがたい。だがここでは、そのことよりもむしろ、それぞれの作品が少なからず記録としてあるということを強調しておきたい。

ちなみに、「序」では、「記録するとは、記録者が、被災地・被災者に対し、人々の苦しい現状とそこからの希望とを世界に発信することを〈約束・関与＝責任 engagement〉するということである」と述べている。きわめて達意の表現であることを認めたうえで、さらに記録の対象者＝被災者が、それぞれの作品において程度の違いはあれ、かつて村井吉敬が「開発独裁の前で佇む小さな民」と呼んだ人びとと相同的に捉えられていることを指摘しておきたい（村井『インドネシア・スンダ世界に暮らす』）。

村井はそうした「小さな民」をさまざまな困難や悪条件に遭遇しながら懸命に生きようとする人びとであり、「長いものに巻かれながらも、多少なりとも自分たちの利益になりそうな可能性を選びとってゆく」人びとであるとしている。他方で、「小さな民」がそうであるように、記録の対象に据えられた被災者は、自分たちを押し包む「より大きな醜悪なもの」にたいして憤激に似た怒りを抱いている。本書に収められた記録としての作品は、「小さな民」としての被災者にたいする共感とともに、被災者のそうした怒りを何ほどか共有している。だからこそ、記録が伝える被災地における臨場感が、それぞれの作品にたいして安易な民衆礼賛論を越えて深みと拡がりを与えているのである。記録を介しての被災者と記録する者との存在論的往還が作品を色鮮やかなものにしているといってよい。もちろん、この存在論的往還があってはじめて「人々の苦しい現状とそこからの希望とを世界に発信することを〈約束・関与＝責任 engagement〉する」（再出）ことができるのである。

もう一つ指摘しておかなければならないのは、本書は、同じ出版社から刊行されている『東日本大震災と被災・避難の生活記録』ときわめて強い親和性を有していることである。それは執筆者の多くが重なっているからではない。前書と併せて読むと、本書とのあいだにモノグラフとしてのある種の連続性が担保されていることがわかるからである。むろん、「序」で言及されているような「記録主義的モノグラフ」にはいまだ達していないかもしれないが、前書から本書を貫いて細谷昂のいう「モノグラフ調査」、すなわち復興が「何故、如何にして、このような姿になり、他のようにはならなかったのか、という因果連関を、多面的、重層的に追及する」調査の内実を多少とも保持していることはたしかである（細谷『家と村の社会学』）。

最後に本書が刊行されるまでの経緯をごく簡単に記しておきたい。本書は前書（『東日本大震災と被災・避難の生活記録』）をともに編み上げた吉原と松本が、（前書刊行後）それぞれのフィールドで得た知見を交換するなかで、「何かもっと広い枠組みの下で知見を集め、復興のいまを明らかにしたい」という共通の思いから立ちあがったものである。同時に、吉原はもう一人の編者である似田貝氏と、この間、震災がもたらす「新しい市民社会」形成の契機をさぐってきた。その中間的な成果は『震災と市民』（上・下、二巻）に結実した。本書はこの成果がベースとなってできあがったものでもある。

ちなみに、松本と吉原は、もっぱら相双地区から避難した被災者を訪ね歩き、聞き取りを行うということを繰り返してきた。それにたいして、似田貝氏は志を同じくする気鋭の研究者とともに、岩手、宮城における津波被災地でのボランティアとしての実践を重ね、それらを通して「連帯経済のしくみ」をさぐってきた。似田貝氏らのめざすところは壮大であり、復興を論じながらグローバル、マクロの問題構制と共振する射程の拡がりに腐心している。繰り返しになるが、松本と吉原はもっぱらフィールドを這いずりまわり、ミクロの世界の人びとの「したたかさ」と悲哀（絶望と希望）の相を記録にとどめることに従事してきた／いる。こうしてみると、三人の編者の復興にたいするスタンス、つまり復興から何を読み取り、それを社会に向けてどう発信していくかについては、明らかに異なっている。しかし被災者にたいして存在論的に向き合うという点では共通の地平に立っている。

本書はこの共通の地平に立って、それぞれのフィールドで得た知見とその知見をそれぞれのテーマに即して整序したものを集成している。そうした点では、多分に経験的研究のいわば「棚卸し」という性格を有している。三人の編者は相互にこのことを確認しながら、周りの研究仲間に寄稿を依頼した。似田貝氏はきわめて凝集性の高いグループのメンバーと協議した。松本はおもに自らが籍を置く研究機関の仲間に呼びかけた。そして吉原はさまざまなところで出会った個別の研究者に協力を依頼した。結果的に多くの研究者から玉稿が寄せられ、本書の刊行が可能になった。

なお、念のために記すなら、本書の企画段階で三四名の方々が手をあげてくれたが、もっぱら刊行までの工程があまりにも窮屈なものであったために、何人かからは玉稿をいただくことができなかった。これらの人びとには率直にお詫びしたいと思う。同時に、制約された時間のなかで玉稿を寄せていただいた執筆者各位にはあらためてお礼を申し述べたい。繰り返すまでもないが、本書はこうした人びとのフィールドへの真摯な「思い」とわれわれに寄せてくれた善意が下支えとなって、日の目をみることになったのである。もちろん、本書が掲げたような表題のもとで記録集としての内実をどの程度獲得しているかについては、最終的には読者諸氏の判断にゆだねるしかない。さらに本書が仮に何らかの魅力を兼ね備えているとするなら、その源泉をさぐりあてるのもまた読者諸氏ということになるであろう。

それにしても、本書はここにいたるまでに数多くの人びとの助力と支援によって支えられてきた。何よりも八〇〇頁近くの大部のものを短期間にまとめることができたのは、そうした助力と支援のおかげである。そうしたなかでとりわけ大きな役割を果たしたのが、六花出版の大野康彦さん、山本有紀乃さん、黒板博子さん、大塚直子さんである。これらの諸氏は、企画段階から編集にいたるそれぞれの段階において適切な指導と助言を惜しまなかった。まさにこれらの諸氏は、本書の生みの親であるといっても過言ではない。最後になったが、感謝して記すことにする。

吉原直樹
松本行真

**久利　美和**（くり　みわ）

1969年　長崎県生まれ

現　　在　気象庁福岡管区気象台

主な著作　“Science communication for hazard with scientific uncertainly: in the case of volcanic activity,” *Journal of Disaster Research*, Vol. 11, No. 4, 2016.

**松平　好人**（まつだいら　よしと）

1972年　東京都生まれ

現　　在　元・江戸川大学社会学部准教授

主な著作　『日産モノづくりの知識創造経営』（単著）晃洋書房、2014年

**山田　修司**（やまだ　しゅうじ）

1988年　福島県双葉郡浪江町生まれ

現　　在　東北大学大学院文学研究科博士課程後期

主な著作　「沿岸被災地における「安全・安心」の社会実装へ向けた課題――福島県いわき市平豊間地区を事例に」（共著）『東日本大震災と被災・避難の生活記録』六花出版、2015年

**瀬谷　貢一**（せや　こういち）

1965年　福島県いわき市生まれ
現　在　福島県立いわき総合高等学校教諭
主な著作　「学校での災害発生時における避難や避難所対応について――東日本大震災発生時の豊間小・中学校の事例から」（単著）『東日本大震災と被災・避難の生活記録』六花出版、2015年

**川上　直哉**（かわかみ　なおや）

1973年　北海道生まれ
現　在　日本基督教団仙台北三番丁教会担任教師・NPO法人「東北ヘルプ」事務局長
主な著作　『被ばく地フクシマに立って』（単著）ヨベル、2016年

**大堀　研**（おおほり　けん）

1970年　福島県生まれ
現　在　青山学院大学コミュニティ人間科学部准教授
主な著作　「災害後の計画策定と住民参加とが両立する条件についての考察――岩手県釜石市の事例」（単著）『地域社会学会年報』第25集、2013年

**三井　さよ**（みつい　さよ）

1973年　石川県金沢市生まれ
現　在　法政大学社会学部教授
主な著作　「支援と虐待のはざまで――虐待を防止するとはどのようなことか」（単著）『社会福祉研究』127、2016年

**望月　美希**（もちづき　みき）

1990年　静岡県静岡市生まれ
現　在　東京大学大学院新領域創成科学研究科客員共同研究員
主な著作　「震災復興過程における生きがいとしての仕事――東日本大震災後の宮城県岩沼市玉浦地区の農業者を事例として」（単著）『地域社会学会年報』28号、2016年

**松井　克浩**（まつい　かつひろ）

1961年　新潟県生まれ
現　在　新潟大学人文学部教授
主な著作　『震災・復興の社会学――2つの「中越」から「東日本」へ』（単著）リベルタ出版、2011年

**新　雅史**（あらた　まさふみ）
1973年　福岡県北九州市生まれ
現　在　学習院大学非常勤講師
主な著作　『商店街はなぜ滅びるのか』（単著）光文社、2012年

**齊藤　綾美**（さいとう　あやみ）
1974年　長野県生まれ
現　在　八戸学院大学ビジネス学部准教授
主な著作　「戦後開拓集落における『共同』の変容」――『地域学校連携協議会』による地域づくり」（単著）『東北都市学会研究年報』15・16号、2016年

**後藤　一蔵**（ごとう　いちぞう）
1945年　宮城県生まれ
現　在　元・東北福祉大学兼任講師
主な著作　『消防団――生い立ちと壁、そして未来』（単著）近代消防社、2014年

**齊藤　康則**（さいとう　やすのり）
1977年　東京都生まれ
現　在　東北学院大学経済学部准教授
主な著作　「仮設住宅におけるコミュニティ形成を再考する」（単著）『地域社会学会年報』28号、2016年

**高橋　雅也**（たかはし　まさや）
1976年　神奈川県秦野市生まれ
現　在　埼玉大学教育学部准教授
主な著作　"Cultural Norms of Japanese Folk and Traditional Music," Mathieu Deflem ed., *Music and Law, Bingley*, UK: Emerald Group Publishing, 2013.

**佐藤　真理子**（さとう　まりこ）
1962年　福島県会津若松市生まれ
現　在　福島県立若松商業高等学校教諭
主な著作　「原発災害避難者の食生活のいま」（単著）『東日本大震災と被災・避難の生活記録』六花出版、2015年

**松本　早野香**（まつもと　さやか）
1977年　東京都生まれ
現　在　大妻女子大学社会情報学部専任講師
主な著作　『「思い出」をつなぐネットワーク――日本社会情報学会・災害情報支援チームの挑戦』（共著）昭和堂、2014年

**菅野　拓**（すがの　たく）

1982年　大阪府高槻市生まれ

現　　在　京都経済短期大学経営情報学科講師

主な著作　「社会問題への対応からみるサードセクターの形態と地域的展開――東日本大震災の復興支援を事例として」『人文地理』67巻4号、2015年

**菅野　瑛大**（かんの　あきひろ）

1992年　福島県双葉郡楢葉町生まれ

現　　在　船井総合研究所

主な著作　「東日本大震災復興に向けた組織の現状とその類型 ――いわき市被災沿岸部豊間・薄磯・四倉地区を事例に」（共著）『日本都市学会年報 』47号、2014年

**山岡　徹**（やまおか　とおる）

1971年　滋賀県生まれ

現　　在　横浜国立大学大学院国際社会科学研究院国際社会科学部門

主な著作　『変革とパラドックスの組織論』（単著）中央経済社、2015年

**磯崎　匡**（いそざき　ただし）

1989年　神奈川県横浜市生まれ

現　　在　東北大学大学院文学研究科博士課程後期

主な著作　「『事実性と妥当性』におけるハーバーマスの民主的法治国家論の解明」（修士論文）2014年

**地引　泰人**（ぢびき　やすひと）

1980年　東京都生まれ

現　　在　東北大学理学研究科次世代火山研究者育成プログラム 准教授

主な著作　「人道支援における調整制度の受入れに関する研究――「人道支援の改革」におけるクラスター制度を中心に」博士学位論文

**井内　加奈子**（いうち　かなこ）

1972年　徳島県生まれ

現　　在　東北大学災害科学国際研究所准教授

主な著作　“*The 2011 Japan Earthquake and Tsunami — Reconstruction and Restoration Insights and Assessment after 5 years*”（編著）2017年刊行予定

**松本　行真**（まつもと　みちまさ）＊

1972年　茨城県勝田市（現ひたちなか市）生まれ

現　　在　近畿大学総合社会学部准教授

主な著作　『被災コミュニティの実相と変容』（単著）御茶の水書房、2015年

# 執筆者紹介（掲載順）＊は編者

**似田貝　香門**（にたがい　かもん）＊

1943年　東京都生まれ

現　　在　東京大学名誉教授

主な著作　『震災被災者と足湯ボランティア――「つぶやき」から自立へと向かうケアの試み』（共編）生活書院、2015年

**吉原　直樹**（よしはら　なおき）＊

1948年　徳島県生まれ

現　　在　横浜国立大学大学院都市イノベーション研究院教授・東北大学名誉教授

主な著作　『「原発さまの町」からの脱却』（単著）岩波書店、2013年

**野々山　和宏**（ののやま　かずひろ）

1975年　愛知県名古屋市生まれ

現　　在　弓削商船高等専門学校商船学科准教授

主な著作　「東日本大震災の教訓からみた「新たな国土形成計画（全国計画）」」（単著）『東北都市学会研究年報』15・16号、2016年

**成　元哲**（そん　うぉんちょる）

1966年　韓国生まれ

現　　在　中京大学現代社会学部教授

主な著作　『終わらない被災の時間――原発事故が福島県中通りの親子に与える影響』（共著）石風社、2015年

**佐藤　翔輔**（さとう　しょうすけ）

1982年　新潟県新潟市生まれ

現　　在　東北大学災害科学国際研究所助教

主な著作　「超広域災害に立ち向かう――東日本大震災被災地での住民参加・組織型フィールドワークの試み」（単著）『災害フィールドワーク論』古今書院、2014年

**神田　順**（かんだ　じゅん）

1947年　岐阜県生まれ

現　　在　東京大学名誉教授・日本大学理工学部客員教授

主な著作　『安全な建物とは何か』（単著）技術評論社、2010年

## *Part III　Restoration Project, Civil Society, and Volunteer*

## *Part II Restoration, Community, Medium, and Network*

# Contents

***Records of 'Restoration' of the Victims' Refugee Lives in the Great East Japan Earthquake***

# 東《ひがし》日《に》本《ほん》大《だい》震《しん》災《さい》と〈復《ふっ》興《こう》〉の生《せい》活《かつ》記《き》録《ろく》

編著者――吉原直樹・似田貝香門・松本行真
定価――八、〇〇〇円＋税
発行日――二〇一七年三月一一日　初版第一刷
　　　　二〇二〇年二月二八日　初版第二刷
発行者――山本有紀乃
発行所――六花出版
〒一〇一―〇〇五一　東京都千代田区神田神保町一―二―八　電話〇三―三二九三―八七八七　振替〇〇一二〇―九―三二二五二六
出版プロデュース――大野康彦
校閲――黒板博子・大塚直子
組版――寺田祐司
カバー・表紙・本扉組版――前澤晃
印刷所――栄光
製本所――東和製本
写真提供――岩手県陸前高田市（表紙・カバー）
吉原直樹（カバー）
「生業を返せ、地域を返せ！」福島原発事故被害弁護団（第I部扉）
大野康子（裏表紙・第II部扉・第III部扉）
ISBN978-4-86617-027-5 